C 언어 *for* Beginner
자료구조와 알고리즘

지은이 **우재남**

서강대학교에서 정보시스템 전공으로 석사 과정을 마친 후 다양한 IT 관련 분야에서 실전 업무를 수행했고, 대학교에서 프로그래밍, 데이터베이스, 운영체제 등을 강의하고 있습니다. 현재 디티솔루션의 공간데이터베이스 연구소장으로 재직 중이며 공간 정보와 IT 융합 학문인 유시티 IT 분야의 공학박사 학위를 취득했습니다. 또한 한양사이버대학교 컴퓨터공학과와 삼성, LG, 현대, CJ, KT, SK, 대한상공회의소 등에서 인공지능 및 IT 전문 분야를 강의하고 있습니다. 자신이 체험한 다양한 IT 실무 경험과 지식을 최대한 쉽고 빠르게 수강생과 독자에게 전달하는 것을 모토로 강의와 집필을 하고 있습니다. 한빛미디어와 한빛아카데미에서 『뇌를 자극하는 Redhat Fedora: 리눅스 서버 & 네트워크』(2005)를 시작으로 『IT@CookBook, Android Studio를 활용한 안드로이드 프로그래밍(8판)』(2023) 등 50권 이상의 책을 집필 및 번역했습니다.

C 언어 자료구조와 알고리즘 *for* Beginner

초판발행 2023년 7월 10일
지은이 우재남 / **펴낸이** 전태호
펴낸곳 한빛아카데미(주) / **주소** 서울시 서대문구 연희로2길 62 한빛아카데미(주) 2층
전화 02-336-7112 / **팩스** 02-336-7199
등록 2013년 1월 14일 제2017-000063호 / **ISBN** 979-11-5664-657-0 93000

총괄 박현진 / **책임편집** 유경희 / **기획** 유경희 / **편집** 정지윤
디자인 박정화 / **전산편집** 김미경 / **제작** 박성우, 김정우
영업 김태진, 김성삼, 이정훈, 임현기, 이성훈, 김주성 / **마케팅** 길진철, 김호철, 심지연

이 책에 대한 의견이나 오탈자 및 잘못된 내용에 대한 수정 정보는 아래 이메일로 알려주십시오.
잘못된 책은 구입하신 서점에서 교환해 드립니다. 책값은 뒤표지에 표시되어 있습니다.

홈페이지 www.hanbit.co.kr / 이메일 question@hanbit.co.kr

C 언어 for Beginner 자료구조와 알고리즘

우재남 지음

한빛아카데미
Hanbit Academy, Inc.

자료구조와 알고리즘 입문자를 위한 C 언어로 풀어 쓴 친절하고 쉬운 교과서

인공지능 시대의 IT 분야에 종사하고자 한다면 프로그래밍 언어와 더불어 자료구조/알고리즘이 필수 기술로 요구됩니다. 예전에는 자료구조/알고리즘을 컴퓨터 관련 학과에서만 배웠으나, 이제는 공학 및 이학뿐 아니라 상경계열에서도 반드시 알아야 하는 분야로 자리 잡았습니다. 그래서인지 많은 IT 기업에서 신입직원 선발 및 승진 시험에 알고리즘과 관련한 평가 시험을 시행하고 있습니다.

자료구조와 알고리즘은 처음에는 어렵다고 느낄 수 있으나, 그 개념과 원리를 이해한다면 전공자뿐 아니라 비전공자도 어렵지 않게 배울 수 있습니다. 또한 자료구조/알고리즘은 직접 프로그래밍 언어로 구현해야 의미가 있습니다. 이 책은 가장 많이 사용하는 C 언어로 자료구조/알고리즘을 구현합니다. C 언어는 프로그래밍 기초 정도를 수업에서 다뤄봤다면 충분합니다. 또한 이 책은 C 언어로 구현하기 복잡한 부분들은 간결한 C++의 추가 기능을 사용함으로써 프로그래밍 언어가 능숙하지 않은 초보자도 자료구조/알고리즘 학습을 부담 없이 진행하도록 구성했습니다.

자료구조와 알고리즘이 IT 분야에서 필수로 자리 잡게 된 가장 큰 이유는 다양한 분야에서 '문제 해결 능력'이 요구되기 때문입니다. 이제 자료구조와 알고리즘은 컴퓨터 공학뿐 아니라 전기·전자, 화학, 생물, 건설 등 다양한 공학 분야와 더불어 상경 분야와 인문학에서도 문제 해결을 위한 기본 소양으로 요구됩니다. 또 자료구조와 알고리즘은 미래에 더욱 가치가 높아질 인공지능, 빅데이터, 머신러닝, 딥러닝 분야의 기초가 되는 기반 기술이기도 합니다.

자료구조와 알고리즘을 더욱 쉽고 효과적으로 학습할 수 있도록 이 책은 다음과 같이 구성했습니다.

❶ 필수적인 내용 위주로 최대한 쉽게 담았습니다

자료구조와 알고리즘에서 기본적으로 알아야 하는 내용과 필수로 알아야 하는 내용 위주로 담아 학습 부담을 줄였습니다. 또 주요 개념을 그림이나 다양한 예제 코드와 함께 차근차근 설명하여 쉽게 이해할 수 있습니다. 학습을 진행함에 따라 자료구조/알고리즘 실력이 조금씩 향상되어 가는 것을 느낄 수 있을 것입니다.

❷ 최대한 간결하게 구현했습니다

가장 많이 사용하는 C 언어를 사용하며, 편리한 C++ 기능을 일부 추가해서 최대한 간결하게 구현했습니다.

❸ 자료구조/알고리즘을 현실 세계에서 사용하는 내용으로 접근할 수 있도록 구현했습니다

각 장마다 실생활에서 응용되는 자료구조/알고리즘 내용을 소개하면서 시작하기에 자연스럽게 자료구조/알고리즘의 개념과 용도를 이해할 수 있습니다. 본문에서도 실제로 사용하는 내용으로 각종 설명 및 예제를 구성해서 자연스럽게 자료구조/알고리즘에 익숙해지게 했습니다.

❹ 다양한 응용예제를 담았습니다

각 장 마지막에는 난이도별 응용예제가 수록되어 있습니다. 난이도는 별 1개짜리부터 3개짜리까지 다양합니다. 이 응용예제에서 다루는 코드를 이해한다면 실무에서 사용하는 자료구조/알고리즘의 내용도 충분히 이해할 수 있습니다.

❺ 배운 내용을 테스트할 수 있는 SELF STUDY, 연습문제, 도전예제가 있습니다

본문 중간중간에 학습한 내용을 스스로 점검할 수 있는 SELF STUDY가 있습니다. 앞에서 설명한 개념과 코드를 반복해서 학습할 수 있도록 가능하면 쉽게 구성했습니다. 연습문제는 배운 내용의 전반적인 이해를 돕도록 단답형 및 객관식으로 구성하여 스스로 문제를 해결하도록 유도했습니다. 또한 본문 마지막에 제시된 도전예제를 통해 처음부터 혼자 문제를 해결하고 코드를 작성해보며 배운 내용을 종합적으로 점검할 수 있습니다.

이 책은 자료구조/알고리즘 초보자에게 필수적인 내용 위주로 구성했으며, 나아가 중·고급자도 학습할 수 있는 다양한 응용예제를 수록했습니다. 부디 이 책으로 자료구조/알고리즘 입문자는 중급자로, 중급자는 고급 프로그래머로 도약할 수 있기를 바랍니다.

끝으로 책을 출간하기까지 많은 지원을 해 주신 전태호 대표님을 비롯한 한빛아카데미㈜ 임직원 분들께 감사 말씀을 전합니다. 특히 책 완성도를 높일 수 있게 많은 노력을 쏟아 주신 유경희님과 정지윤님께 감사를 전합니다.

우재남

이 책의 사용 설명서

강의 보조 자료

한빛아카데미 홈페이지에서 '교수회원'으로 가입하신 분은 인증 후 교수용 강의 보조 자료를 제공받을 수 있습니다. 한빛아카데미 홈페이지 상단의 〈교수전용공간〉 메뉴를 클릭해 주세요.

http://www.hanbit.co.kr/academy

연습문제 해답 안내 본 도서는 대학 강의용 교재로 개발되었으므로 연습문제 해답은 제공하지 않습니다.

구성 요소

단계별 학습 구성

기본 주요 개념을 그림과 예를 통해 설명합니다.

간단 구현 [기본]에서 다룬 단순 예를 C 언어로 구현하며 개념과 구현을 연결합니다.

일반 구현 일반화된 형태로 구현합니다.

응용 [일반 구현]의 응용 형태로 응용을 위한 추가 이론과 함께 소개합니다.

생활 속 자료구조와 알고리즘

실생활에서 응용되는 자료구조와 알고리즘 내용을 소개합니다.

여기서 잠깐

본문과 관련된 도움말이나 참고로 알아 두면 좋을 내용입니다.

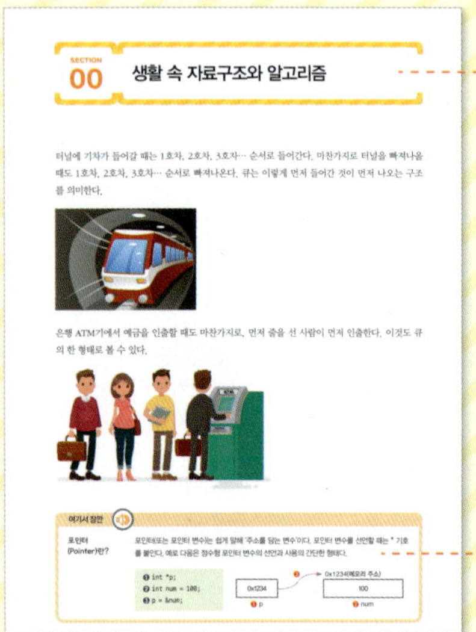

SECTION 02 단순 연결 리스트의 간단 구현

1 노드 생성과 연결

단순 연결 리스트를 구현하려면 먼저 노드를 구현해야 한다. 노드는 C 언어 문법 중에서 구조체를 사용해서 구현할 수 있다.

SECTION 03 단순 연결 리스트의 일반 구현

1 배열을 이용한 단순 연결 리스트 생성

앞서 데이터가 5개로 제한된 단순 연결 리스트를 구현하는 방법을 익혔다. 하지만 실제로는 데이터 개수가 제한적이지 않을 때가 일반적이다. 단순 연결 리스트의 일반 형태는 [그림 4-16]의 환경으로 구현할 것이다.

SECTION 04 단순 연결 리스트의 응용

단순 연결 리스트를 응용하는 프로그램을 작성해 보자. 간단한 [명함 관리] 프로그램인데, 이름과 연락처를 랜덤하게 입력하면 이름 순서대로 단순 연결 리스트에 저장하는 기능이 있다.

예를 들어 [지민, 010-1111-1111], [정국, 010-2222-2222], [뷔, 010-3333-3333], [슈가, 010-4444-4444], [진, 010-5555-5555]를 차례대로 입력한다고 하자.

예제 소스

http://www.hanbit.co.kr/src/4657

커뮤니티

〈비기너 카페〉에 접속하면 본 도서와 관련된 각종 정보를 제공받을 수 있습니다.

https://cafe.naver.com/itCookBook

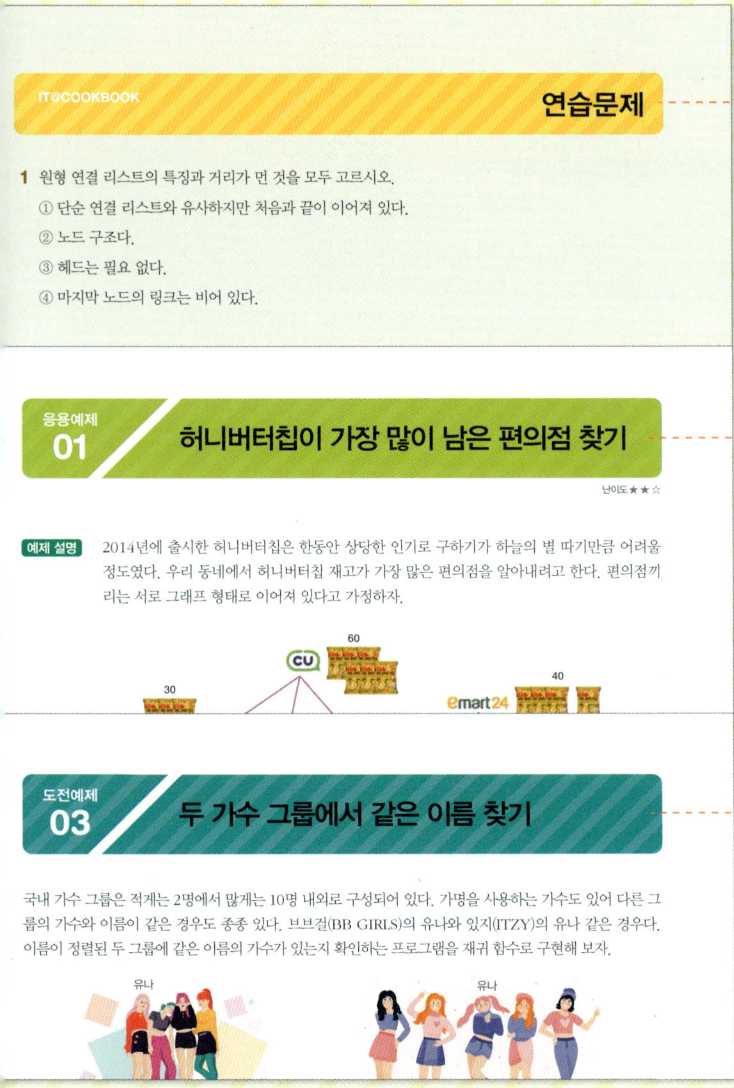

실습 환경

- **운영체제 :** Windows 10/11
- **개발 도구 :** 비주얼 스튜디오 커뮤니티 2022/2019

연습문제

해당 장에서 기억해야 할 중요한 내용을 문제 형식으로 정리했습니다. 그리고 코드의 빈 부분을 채워 넣거나 직접 작성하는 문제를 이용하여 자신의 실력을 테스트해 볼 수 있습니다.

응용예제

각 장에서 익힌 이론과 기능을 실무 프로그램처럼 응용해 보는 예제 모음입니다. 다양한 난이도의 프로그램을 구현하며, 자료구조/알고리즘의 수준을 한 단계 업그레이드할 수 있습니다.

SELF STUDY

코드에서 익힌 내용을 중간중간 스스로 체크할 수 있도록 간단한 문제를 제시합니다. SELF STUDY로 자신의 학습 이해도를 직접 점검해 볼 수 있습니다.

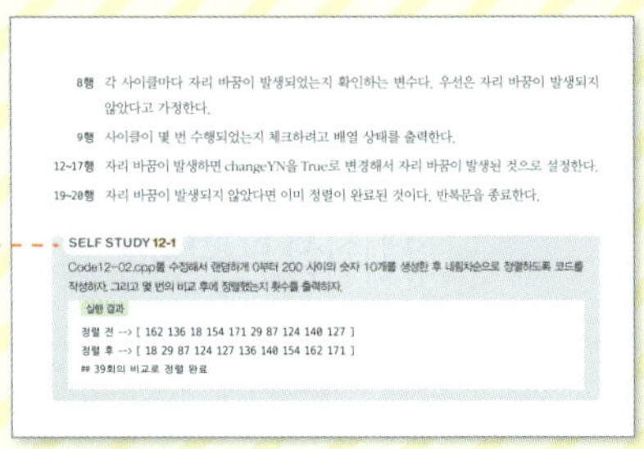

도전예제

배운 내용을 종합적으로 점검할 수 있는 응용예제 유형의 문제입니다. 문제와 참고해서 해결할 수 있는 골격 코드를 함께 제시합니다.

목차

목차

목차

Chapter 07 큐 223

목차

목차

목차

CHAPTER 01

자료구조와 알고리즘 소개

학습목표

- 자료구조의 개념을 파악할 수 있다.
- 네 가지 자료구조의 종류를 알 수 있다.
- 알고리즘의 정의를 이해하고, 알고리즘과 자료구조의 관계를 알 수 있다.
- 알고리즘을 표현하는 다양한 방법을 이해하고, 성능 측정 방법을 확인한다.
- 비주얼 스튜디오를 설치해서 실습 환경을 구축한다.

SECTION 00

생활 속 자료구조와 알고리즘

자료구조와 알고리즘은 일상생활에서도 빈번하게 적용되는 개념이다. 설거지 후에 그릇을 아무렇게나 섞어서 쌓아 둘 수도 있지만 종류별로 분류해 둔다면 요리할 때 용도에 맞는 그릇을 쉽게 찾을 수 있을 것이다. 자료구조는 이렇게 그릇(자료)을 효율적으로 관리하는 방법이다.

알고리즘도 생활 속에 많이 숨어 있다. 목적지까지 가장 빠른 시간에 또는 가장 저렴한 비용으로 가려고 할 때 버스 → 지하철 → 버스로 가면 좋을지, 지하철 → 택시로 가면 좋을지, 환승을 최소로 하는 방법은 무엇인지 등 최적의 이동 경로를 찾는 방법이 알고리즘이다.

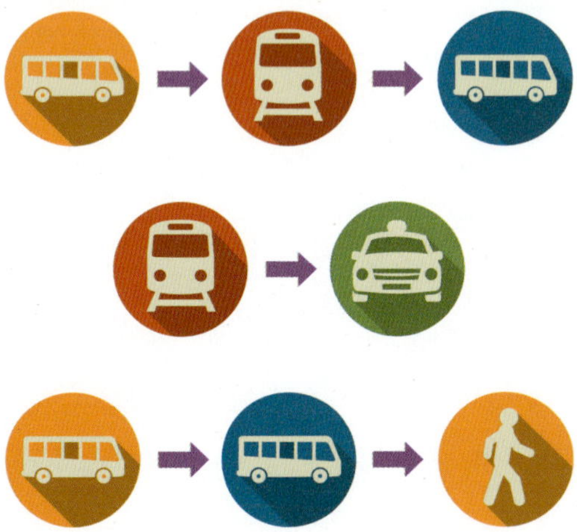

SECTION
01 자료구조의 개념과 종류

1 자료구조의 개념

자료구조(Data Structure)에 대한 정의는 다양하지만, 아주 간단히 표현한다면 '컴퓨터 프로그래밍 언어에서 효율적인 자료(데이터)의 형태'를 의미한다.

현대 사회에서는 엄청나게 많은 정보와 데이터가 발생되고, 이 정보들을 저장하고 처리해야 한다. 이런 데이터를 단순하게 저장하면 그 효율이 많이 떨어질 수밖에 없다. 하지만 데이터를 잘 정리해서 저장해 놓는다면 데이터를 찾을 때 훨씬 빠르고 효율적인 결과가 나올 수 있다. 예를 들어 동물원에서 동물들을 모두 커다란 하나의 울타리 안에 가둔다면, 하나하나 찾기도 어려울뿐더러 먹이를 주는 등 관리가 너무 혼란스러울 것이다. 동물별로 나누어 울타리에 가둔다면 훨씬 효율적으로 관리할 수 있을 것이다. 즉, 데이터는 동일하지만 효율적인 자료구조에 저장함으로써 동물들의 관리도 효율적이게 된다.

(a) 자료구조가 없는 동물원 (b) 자료구조가 있는 동물원

그림 1-1 동물원 자료구조 예

2 자료구조의 종류

자료구조는 크게 네 가지 정도로 분류할 수 있는데, 먼저 가장 단순한 자료구조인 정수, 실수, 문자, 문자열 등 데이터형이 있다. 두 번째로 리스트, 스택, 큐 등 선형 자료구조도 대표적인 자료구조의 종류다. 세 번째로 트리와 그래프 같은 비선형 자료구조가 있고, 마지막으로 순차 파일, 색인 파일, 직접 파일 같은 파일 자료구조가 있다.

그림 1-2 자료구조의 종류

단순 자료구조

단순 자료구조(Simple Data Structure)를 좀 더 자세히 설명하면 일반적인 프로그래밍 언어의 데이터 형식들이다. 정수는 주로 int 또는 integer 형태로 소수점이 없다.

```
정수  0, 100, 1234, -27 등
```

실수는 소수점이 있는 형태로 float 등으로 표현한다.

```
실수  0.1, 3.14, 1.234567 등
```

문자는 한 글자를 의미하며, char로 표현한다. 주로 작은따옴표(' ')로 묶어 준다.

```
문자  'A', '채', '3' 등
```

문자열은 글자 여러 개를 연결한 것으로, string으로 표현한다. 주로 큰따옴표(" ")로 묶어 준다.

```
문자열  "안녕", "1234", "한" 등
```

선형 자료구조

선형 자료구조(Linear Data Structure)는 데이터를 한 줄에 순차적으로 표현한 형태다.

그림 1-3 선형 자료구조의 형태

선형 자료구조는 선형 리스트, 연결 리스트, 스택, 큐 등이 대표적이다. 이것은 3장부터 상세히 설명한다.

비선형 자료구조

비선형 자료구조(Nonlinear Data Structure)는 하나의 데이터 뒤에 여러 개가 이어지는 형태다.

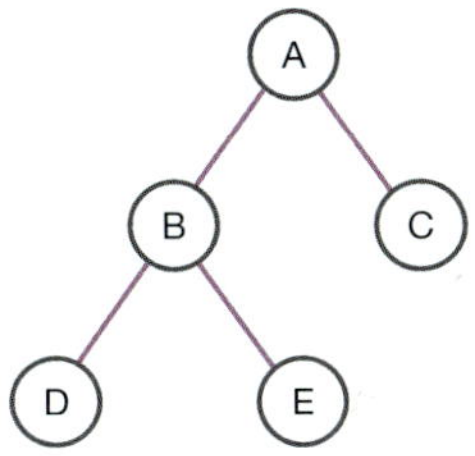

그림 1-4 비선형 자료구조의 형태

비선형 자료구조는 트리와 그래프가 대표적이다. 책 후반부에서 상세히 설명한다.

파일 자료구조

파일 자료구조(File Data Structure)는 파일 내용이 디스크에 저장되는 방식으로 구분한다. 순차 파일(Sequential File)은 파일 내용을 논리적인 처리 순서에 따라 연속해서 저장하는 것을 의미한다. 즉, 입력되는 순서대로 저장된다고 보면 된다. 구조가 간단하기에 저장되는 공간 효율이 높지만, 다른 내용을 추가하거나 삭제할 경우에는 파일 내용을 재구성해야 하므로 시간이 상당히 오래 걸린다.

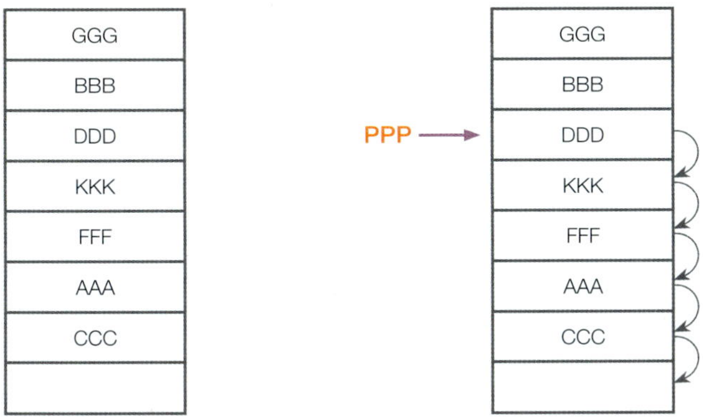

(a) 구성이 완료된 순차 파일 (b) 중간에 데이터가 추가된 경우

그림 1-5 순차 파일에서 중간에 내용이 추가된 경우 예

[그림 1-5]에서 (a)는 구성이 완료된 순차 파일이다. 이 상태에서 (b)와 같이 PPP라는 새로운 데이터가 세 번째 위치에 추가된 경우에는 세 번째 이후의 모든 데이터가 한 칸씩 아래로 밀려야 하므로 시간이 오래 걸린다. 또 데이터를 검색하려면 처음부터 끝까지 모두 찾아야 하므로 비효율적이다.

직접 파일(Direct File)은 직접 접근 방식(Direct Access Method)이라고도 하며 파일 내용을 임의의 물리적 위치에 기록하는 방식을 사용한다. 내용을 저장하는 위치를 해시 함수(Hash Function)라는 계산식으로 결정한다.

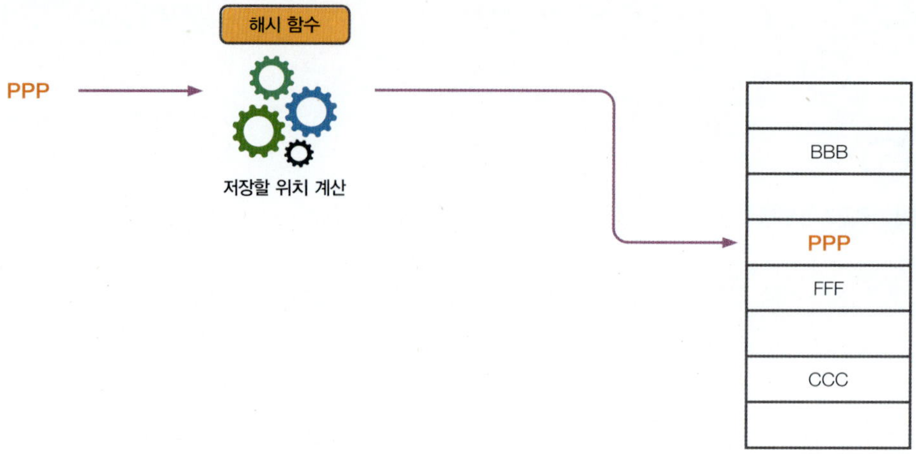

그림 1-6 해시 함수로 내용을 저장할 위치를 계산하는 직접 파일 예

이외에 순차 파일과 직접 파일이 결합된 색인 순차 파일(Indexed Sequential File) 형태도 있다.

이 책에서는 여러 자료구조 중 알고리즘과 연계해서 기본적으로 알아야 할 자료구조를 중심으로 다룬다. 다음 장부터 하나씩 살펴볼 순차 리스트, 연결 리스트, 스택, 큐, 트리, 그래프 등이 이에 해당한다.

SECTION
02 알고리즘

1 알고리즘 개념과 자료구조와의 관계

알고리즘(Algorithm)이란 '어떤 문제를 해결해 가는 논리적인 과정'으로 정의할 수 있다. 다음 예로 알고리즘 개념을 익혀 보자.

[그림 1-7]에서 동물 일부를 트럭에 태워 동물원으로 이동시켜야 한다. 울타리 안에는 다양한 동물이 있고 각 동물은 무게와 사람들의 선호도가 다르다. 트럭에는 최대 7톤의 무게를 실을 수 있고 단 1회만 운송할 수 있다면, 선호도 합이 최대가 되도록 동물을 태우는 방법은 무엇일까?

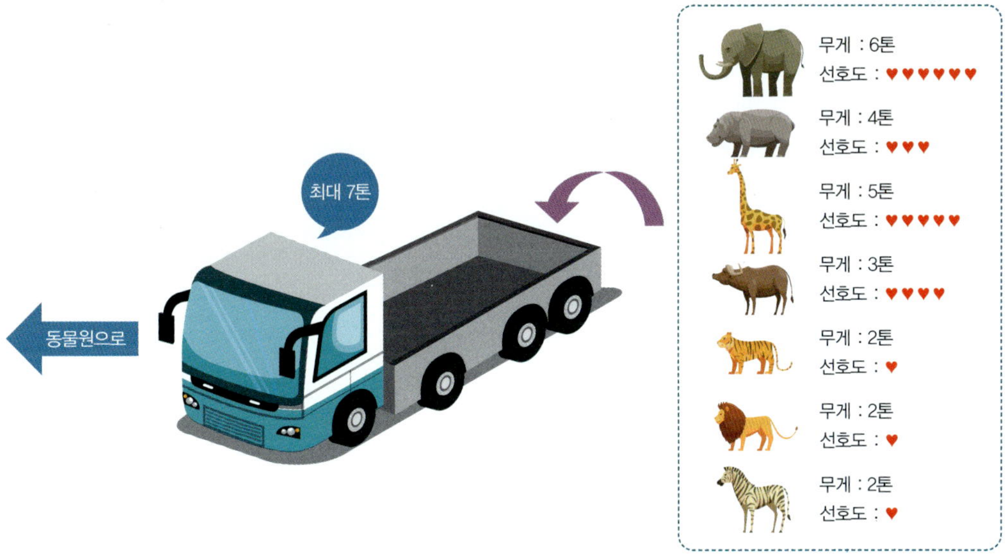

그림 1-7 동물원으로 동물 이동시키기

- **동물** 코끼리(6톤, 선호도 6), 하마(4톤, 선호도 3), 기린(5톤, 선호도 5), 물소(3톤, 선호도 4), 호랑이(2톤, 선호도 1), 사자(2톤, 선호도 1), 얼룩말(2톤, 선호도 1)
- **동물을 트럭에 태우기**

  ❶ 선호도가 가장 높은 코끼리를 먼저 태운다. 현재 트럭의 무게는 6톤이 되었다.

  ❷ 다음으로 선호도가 높은 기린을 태운다. 그런데 트럭의 최대 중량 7톤이 넘어서 태울 수 없다.

❸ 다음으로 선호도가 높은 물소를 태운다. 그런데 트럭의 최대 중량 7톤이 넘어서 태울 수 없다.

❹ 다음으로 선호도가 높은 하마를 태운다. 그런데 트럭의 최대 중량 7톤이 넘어서 태울 수 없다.

❺ 다음으로 선호도 높은 호랑이, 사자, 얼룩말을 차례대로 태우지만 최대 중량 7톤이 넘어서 태울 수 없다.

❻ 최종적으로 코끼리 한 마리만 태워서 총 선호도는 6이 되었다.

❼ 트럭이 동물원으로 출발한다.

앞서 표현된 동물이 '자료'고, 울타리에 들어 있는 형태가 '자료구조'다. 그리고 동물을 트럭에 태우는 방법을 '알고리즘'으로 보면 된다. 결국 자료구조와 알고리즘은 서로 별개가 아닌 데이터와 그 데이터를 처리하는 방법의 관계로 볼 수 있다.

자료구조(동물의 종류 및 동물원의 울타리)를 먼저 결정한 후 이를 처리하는 효율적인 알고리즘(동물을 선택하는 방법)을 선택할 수 있다. [그림 1-7]의 예에서는 가장 선호도가 높은 동물을 먼저 태우는 알고리즘을 사용해서 총 선호도 6의 결과를 낼 수 있었다.

하지만 코끼리를 먼저 태우지 말고 두 마리를 짝지어 선호도 합이 높은 것을 찾아보는 것은 어떨까? 결과적으로 하마와 물소를 짝짓는다면 총 7톤이므로 트럭에 태울 수 있을 뿐 아니라, 선호도 합도 7이 되어 코끼리 한 마리만 태우는 것보다 더 좋은 결과가 된다. 즉, 같은 자료구조에서도 다른 알고리즘을 적용하면 더 좋은 결과를 낼 수도 있다. 이렇게 자료구조와 알고리즘은 상당히 밀접하고 상호 의존적이라고 볼 수 있다.

TIP • 예에서는 동물 종류가 많지 않아 하마와 물소의 짝을 어렵지 않게 찾을 수 있었지만, 종류가 많아지면 최적의 결과를 얻기 위해 복잡한 알고리즘을 사용해야 한다.

좀 딱딱하지만, 학술적인 의미에서 자료구조와 알고리즘을 정의하면 다음과 같다. 자료구조란 컴퓨터 분야에서 효율적으로 접근하고 수정할 수 있도록 자료를 구성·관리·저장하는 것을 말한다. 알고리즘이란 컴퓨터 분야나 수학 등 관련 분야에서 어떤 문제를 해결하기 위해 정해진 일련의 단계적인 절차나 방법을 공식화한 형태로 표현한 것을 의미한다.

SELF STUDY 1-1

[그림 1-7]에서 트럭 무게에 제한이 없다면, 동물을 태우는 경우가 몇 가지나 될지 생각해 보자. 예를 들어 트럭에 동물을 태우지 않는 경우(한 가지), 동물을 한 마리씩만 태우는 경우(일곱 가지), 동물을 두 마리씩 태우는 경우(21가지), 동물을 세 마리씩 태우는 경우(20가지) 등을 생각해 보자.

2 알고리즘 표현법

알고리즘을 표현하는 방법을 몇 가지 알아보자.

일반 언어 표현

앞 동물의 예처럼 일반적인 자연어로 설명하듯이 표현한 알고리즘은 사람이 이해하기 쉽지만 최종적으로 코드로 변경하는 데는 한계가 있다. 어떤 알고리즘을 사용해야 할지 아이디어가 떠오르지 않는 시점에서, 생각 범위를 넓히는 수준 정도로 사용하면 무난하다.

그림 1-8 일반 언어 표현

순서도를 이용한 표현

순서도(Flowchart)는 여러 종류의 상자와 상자를 이어 주는 화살표를 이용해서 명령 순서를 표현하는 방식이다. 즉, 알고리즘을 순서도로 표현할 수 있다. 간단한 알고리즘은 순서도로 쉽게 표현할 수 있지만, 복잡한 알고리즘은 순서도로 표현하기 어려운 경우가 많다.

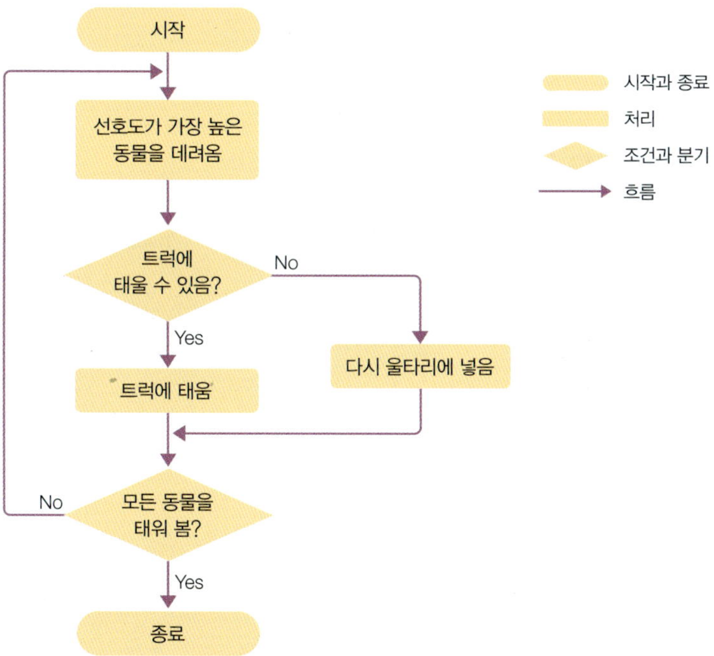

그림 1-9 순서도 표현

의사코드를 이용한 표현

의사코드(Pseudo Code)는 프로그래밍 언어보다는 좀 더 인간의 언어에 가까운 형태다. 프로그램 코드와 일반 언어의 중간 형태라고 보면 된다. 의사코드를 사용하면 프로그램 코드를 직접 코딩하는 것보다 알고리즘을 좀 더 명확하게 정립하는 데 도움이 된다. 또 코드에 설명을 달지 않아도 이해하는 데 무리 없다.

```
: 레이블 1
animal ← get animal
IF  트럭에 태울 수 있으면 THEN
    Put on a truck ← animal
ELSE
     Put in the fence ← animal
ENDIF

IF  아직 태워 볼 동물이 남았으면 THEN
    GOTO 레이블 1
ELSE
    finish program
ENDIF
```

그림 1-10 의사코드로 표현

프로그램 코드로 표현

실제로 사용하는 프로그래밍 언어의 코드로 바로 작성할 수 있다.

```
void main() {
    while (1) {
        animal = getAnimal();
        if (truck_weight + animal.weight <= 7) {
            truck[put_count] = animal;
            put_count ++;
        } else {
            fence[wait_count] = animal;
            wait_count ++;
        }

        if (checkAnimal() != null)
            continue;
        else
            return;
    }
}
```

그림 1-11 프로그램 코드로 표현(C 언어 예)

혼합 형태

간단한 알고리즘은 직접 코드로 작성한다. 복잡한 알고리즘은 일반 언어, 의사코드, 순서도, 그림 등을 종합적으로 활용해서 표현할 수 있다.

3 알고리즘 성능

알고리즘 성능 측정

한 가지 문제도 주어진 상황에 따라 수십 가지의 알고리즘으로 해결할 수 있다. 어떤 알고리즘은 몇 초 만에 해결하기도 하고, 어떤 알고리즘은 몇 시간 또는 수십 시간이 걸리기도 한다.

간단한 예로 1부터 100까지 합계를 구하는 경우를 생각해 보자. 가장 간단한 방법인 1, 2, 3, …, 100을 100번 합하는 것으로 의사코드는 [그림 1-12]와 같다. 결과인 5050이 나오기까지 for 문이 1부터 100까지 반복되어 100회 연산으로 결과를 낸다.

```
합계 ← 0

for 숫자가 1부터 100까지 반복 :
    합계 ← 합계 + 숫자

합계 출력
```

그림 1-12 알고리즘 1

반면 [그림 1-13]의 의사코드는 마찬가지로 1부터 100까지 합계를 구하지만 1회 연산으로 계산된다. a부터 b까지 합계를 구하는 공식인 (a + b)*(a부터 b까지 숫자의 개수)/2를 사용하여 100회 연산을 1회만으로 해결한 것이다.

```
합계 ← 0

합계 ← (1 + 100) * (100) / 2

합계 출력
```

그림 1-13 알고리즘 2

만약 1부터 10,000까지 합계를 구하려면 첫 번째 방법으로는 연산을 10,000회 하지만 두 번째 방법으로는 역시 연산을 1회만 해도 된다. 두 의사코드에서 사용한 알고리즘 성능을 그래프로 비교하면 [그림 1-14]와 같다.

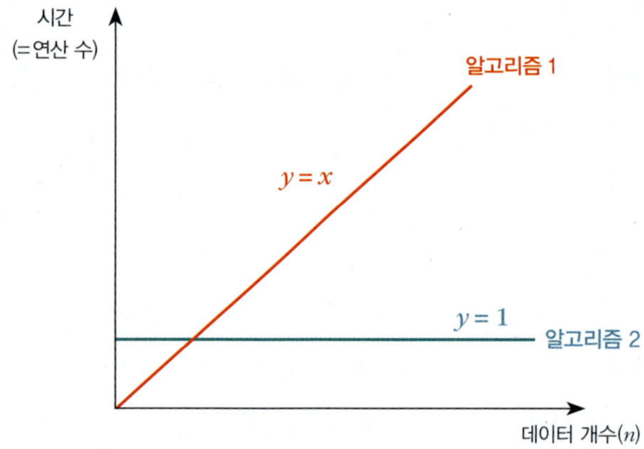

그림 1-14 두 알고리즘의 연산 시간 비교

[그림 1-14]에서 알고리즘 1은 데이터 개수에 비례해서 시간이 늘어나지만, 알고리즘 2는 데이터 개수에 관계없이 시간이 동일하게 1이다. 결국 알고리즘 2가 알고리즘 1보다 시간이 훨씬 적게 걸리기 때문에 알고리즘 2가 더 좋은 알고리즘이라고 평가할 수 있다. 이런 알고리즘 성능 분석 방법을 '시간 복잡도(Time Complexity)'라고 한다.

그럼 알고리즘 1처럼 데이터 개수에 시간이 비례하는 알고리즘은 성능이 나쁜 것일까? 이 예는 시간 복잡도를 설명하는 가장 간단한 예라서 알고리즘 2와 비교하면 알고리즘 1이 성능이 떨어져 보인다. 하지만 현실에서 이런 알고리즘은 별로 없다. 알고리즘 2처럼 개수에 상관없이 일정 시간이 걸리는 알고리즘은 매우 드물고 알고리즘 1과 같은 꽤 좋은 성능의 알고리즘도 현실에서는 많지 않다.

알고리즘 성능 표기

알고리즘 성능은 다양한 표기법으로 비교할 수 있는데 가장 많이 사용하는 것은 빅-오 표기법(Big-Oh Notation)으로 $O(f(n))$ 형태로 표기한다. 앞의 예에서 알고리즘 1은 $O(n)$으로, 알고리즘 2는 $O(1)$로 표기하면 된다.

빅-오 표기법에서는 가장 높은 항만 표기하고 계수는 생략한다. 예로 $(5n^2+n+100)$은 빅-오 표기법으로 $O(n^2)$으로만 표현한다. 빅-오 표기법은 정확한 연산 횟수를 위한 것이 아니라, 대략적인 시간 측정을 위한 것으로 생각하면 된다.

알고리즘 시간을 측정하는 빅-오 표기법의 대표적인 함수는 $O(1)$, $O(\log n)$, $O(n)$, $O(n \log n)$, $O(n^2)$, $O(n^3)$, $O(2^n)$ 정도가 있다.

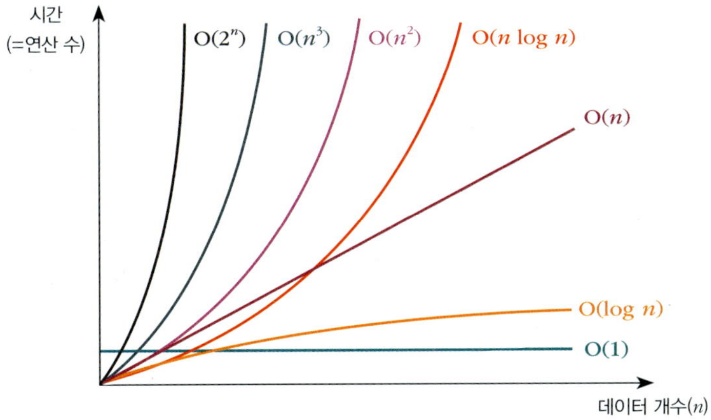

그림 1-15 시간 복잡도 함수의 그래프

앞의 그래프를 보면 $O(2^n)$의 시간 복잡도 알고리즘은 데이터 개수가 몇 개 되지 않더라도 시간이 기하급수적으로 증가하는 것을 확인할 수 있다. 당연히 $O(2^n)$보다는 $O(n^2)$ 또는 $O(n \log n)$의 시간 복잡도를 가진 알고리즘이 더 효율적이다.

예로 데이터를 오름차순 또는 내림차순으로 나열하는 정렬 알고리즘은 여러 가지가 있다. 그중 버블 정렬의 경우 $O(n^2)$의 시간 복잡도를 가지지만, 퀵 정렬은 $O(n \log n)$의 시간 복잡도를 가진다. 퀵 정렬이 효율성이 좋은 알고리즘이라고 할 수 있다.

데이터 개수에 따른 알고리즘 연산 수를 계산하면 다음과 같다.

표 1-1 입력 데이터에 따른 알고리즘 연산 횟수

입력 데이터(n)	알고리즘 연산 횟수					
	$O(\log n)$	$O(n)$	$O(n \log n)$	$O(n^2)$	$O(n^3)$	$O(2^n)$
10	4	10	40	100	1000	1024
30	5	30	150	900	27000	1.07E+09
50	6	50	300	2500	125000	1.13E+15
100	7	100	700	10000	1000000	1.27E+30
1,000	10	1000	10000	1000000	1E+09	1.1E+301
10,000	14	10000	140000	1E+08	1E+12	
100,000	17	100000	1700000	1E+10	1E+15	
1,000,000	20	1000000	20000000	1E+12	1E+18	

성능이 좋지 않은 알고리즘일수록 데이터 개수에 따라서 연산 수가 가파르게 증가한다. 특히 $O(n^2)$ 이후의 알고리즘은 데이터 개수가 100만 개만 되어도 아무리 빠른 컴퓨터를 사용해도 처리가 어려워진다. 예로 컴퓨터가 1초당 10억 개의 데이터를 처리한다고 가정한다면, 100만 개를 처리하는 데 $O(n^2)$은 약 16.7분이 걸린다. $O(n^3)$은 약 31.7년이 걸린다. 데이터 개수가 상당히 적은

수가 아니라면, $O(n^3)$은 현실적으로 사용할 수 없는 알고리즘이 된다. $O(2^n)$은 데이터가 50개만 되어도 약 13.03일이 걸린다.

여기에서 자료구조와 효율적인 알고리즘을 공부해야 하는 이유가 나온다. 데이터 개수가 많아질수록 효율적인 알고리즘을 사용해야 처리가 가능하기 때문이다.

자료구조와 알고리즘과 프로그램의 관계

자료구조와 알고리즘의 개념을 잡았으므로 최종적으로 자료구조, 알고리즘, 프로그래밍 언어, 프로그램(=소프트웨어)의 관계를 표현하면 [그림 1-16]과 같다.

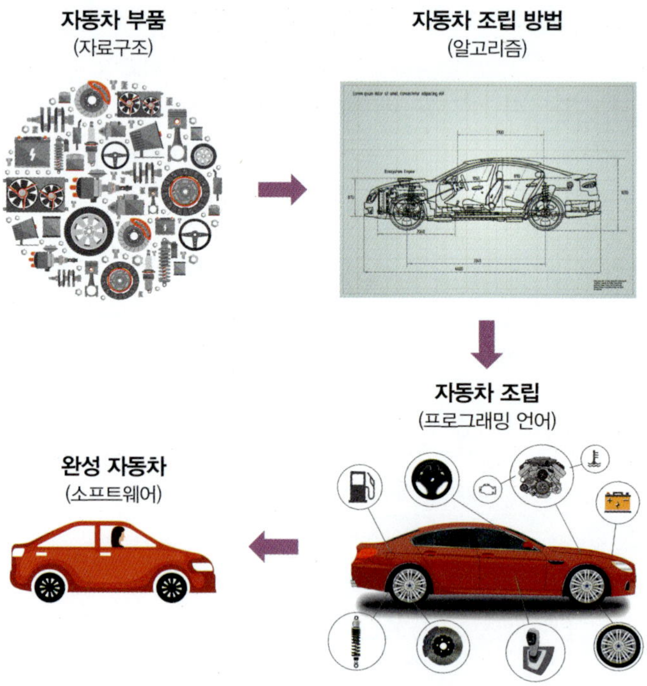

그림 1-16 자료구조, 알고리즘, 프로그래밍 언어, 소프트웨어의 관계

자료구조를 자동차 부품이라고 하면 자동차를 조립하는 방법은 알고리즘으로 볼 수 있다. 이 알고리즘으로 실제 자동차 조립은 프로그래밍 언어를 사용해서 진행된다. 마지막으로 완성된 자동차는 소프트웨어(=프로그램)로 생각하면 된다. 이 책의 목표와 내용은 자료구조와 알고리즘을 익히고 C 언어를 이용해서 최종적인 소프트웨어를 완성하는 과정을 배우는 것이다.

SELF STUDY 1-2

11~12장에서 데이터를 순서대로 나열하는 정렬 알고리즘을 배운다. 그중 선택 정렬은 $O(n^2)$의 연산 횟수가 필요하고, 퀵 정렬은 평균 $O(n\log n)$의 연산 횟수가 필요하다. 데이터가 15개라면 각각 얼마의 연산 횟수가 필요할까?

SECTION 03

실습 환경 구축

1 C 언어 소개

C 언어는 1970년대 초에 유닉스(Unix) 운영체제를 만들기 위해 고안된 프로그래밍 언어로 50년이 훨씬 넘은 오래된 언어다. 그동안 많은 프로그래밍 언어가 등장했지만 지금까지 명맥을 유지하고 있는 언어는 그리 많지 않으며 대부분 사라지거나 일부 특화된 분야에서만 사용되고 있다. 이렇게 오래된 C 언어가 지금까지도 인기를 끄는 이유는 다음과 같은 장점이 있기 때문이다.

그림 1-17 C 언어 및 C++ 로고

- 윈도(Windows), 리눅스(Linux), 유닉스(Unix), 맥(Mac) 등 여러 운영체제에서 코드를 거의 동일하게 사용한다.
- 하드웨어 관련된 부분도 접근할 수 있다.
- 구문이 간결하고 명확하다.
- C++ 언어로 확장하기가 쉽다.

C++는 C 언어를 확장한 것으로 C 언어에 확장된 기능 및 객체 지향 프로그래밍을 추가한 것으로 보면 된다. C 언어와 C++ 언어의 관계는 [그림 1-18]과 같다.

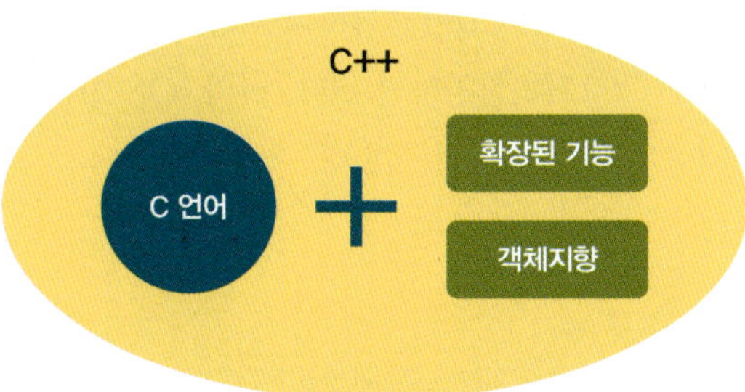

그림 1-18 C 언어와 C++ 언어의 관계

이 책은 주로 C 언어를 기반으로 코드를 작성할 것이며, 추가로 C++의 확장된 기능을 일부 사용할 것이다. C++는 C 언어를 모두 포함하며, C 언어의 확장명인 *.c가 아닌 C++ 언어의 *.cpp를 사용한다.

2 비주얼 스튜디오 설치와 사용

윈도 환경에서 C 언어를 사용하기 위해서는 C/C++ 컴파일러인 마이크로소프트의 비주얼 C++를 사용하면 된다. 그런데 마이크로소프트의 비주얼 C++는 별도의 제품으로 나와 있지 않고 비주얼 스튜디오(Visual Studio) 제품에 포함되어 있다. 비주얼 스튜디오는 C++, C#, VB, F# 등의 다양한 언어를 포함하고 있는 개발 환경이다. 여기서는 비주얼 C++ 컴파일러만 사용할 것이다.

비주얼 스튜디오는 유료와 무료 버전이 있는데 이 책에 다루는 코드는 유료든 무료든 상관없이 사용할 수 있다. 다만 사용하는 윈도 종류에 따라 설치할 수 있는 비주얼 스튜디오 유료와 무료 버전은 다음과 같이 다르다.

표 1-2 윈도 운영체제에 따라 설치 가능한 비주얼 스튜디오 버전

운영체제	유료 버전(Enterprise, Professional)	무료 버전(Community)
윈도 7(sp1)/8/8.1	Visual Studio Professional(또는 Enterprise) 2008, 2010, 2012, 2013, 2015, 2017, 2019	Visual Studio Community 2013, 2015, 2017, 2019
윈도 10/11	Visual Studio Professional(또는 Enterprise) 2012, 2013, 2015, 2017, 2019, 2022	Visual Studio Community 2013, 2015, 2017, 2019, 2022

[표 1-2]에 나온 다른 버전을 사용해도 이 책의 실습을 따라할 수 있고 설치 방법도 거의 차이가 없으나 이 책에서는 무료 버전인 비주얼 스튜디오 커뮤니티를 사용한다.

비주얼 스튜디오 설치

비주얼 스튜디오 커뮤니티를 설치하기에 앞서 사용하는 시스템의 윈도 버전과 시스템 종류를 먼저 확인해둔다. 먼저 ⊞+R을 누른 후, msinfo32 명령을 입력하고 〈확인〉을 클릭하면 [시스템 정보]가 나온다. [OS 이름]이 Windows 11 또는 Windows 10이고, [시스템 종류]가 x64 기반 PC라면 필자와 동일하게 비주얼 스튜디오 커뮤니티 2022를 설치하면 된다. 만약 [OS 이름]이 Windows 7/8/8.1 중 하나라면 비주얼 스튜디오 커뮤니티 2019를 설치한다.

여기서 잠깐

C 언어는 배웠지만 C++를 배운 적이 없다면?

C++의 객체 지향 내용은 책에서 다루지 않는다. 즉 객체 지향 프로그래밍을 전혀 몰라도 책을 학습하는 데 지장은 없다. 이 책에서 주로 사용하는 C++ 기능은 편리한 입출력 기능과 표준 템플릿 라이브러리(STL: Standard Template Library)의 일부분이다. 2장에서 필요한 부분들을 다루므로, C 언어의 기본 경험이 있는 독자라면 C++를 몰라도 상관 없다.

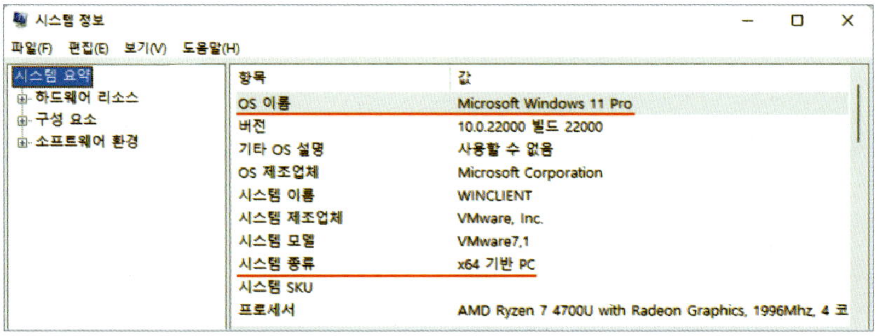

그림 1-19 시스템 정보

비주얼 스튜디오 커뮤니티 설치를 위해 https://visualstudio.microsoft.com에서 비주얼 스튜디오 커뮤니티 설치 파일을 다운로드한다.

TIP • 책에서 사용한 모든 파일은 이 책의 자료실에도 등록되어 있다. 설치 파일을 찾기 힘들다면 책의 자료실에서 받도록 한다.

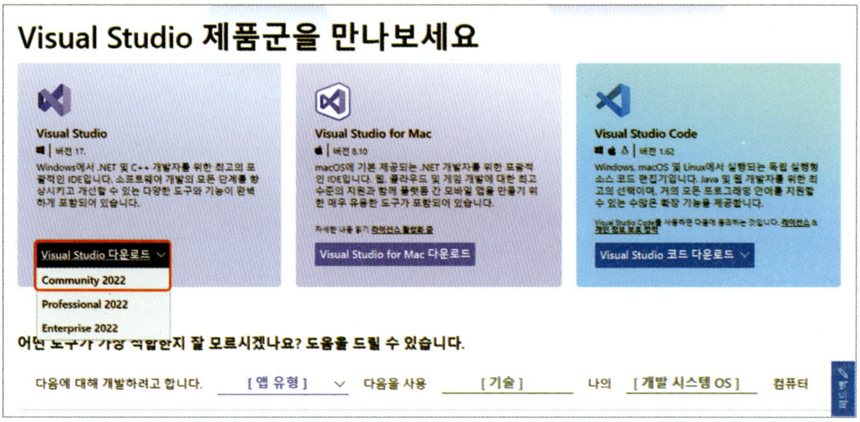

그림 1-20 비주얼 스튜디오 커뮤니티 설치 파일 다운로드

다운로드한 파일을 더블클릭해 설치를 시작한다. ❶ [Visual Studio Installer] 화면에서 [계속]을 누르면 잠시 다운로드 및 설치가 진행된다. ❷ [워크로드]에서는 아래로 약간 스크롤해서 'C++를 사용한 데스크톱 개발'만 체크한 뒤 [설치]를 누른다. 설치하려면 10GB 정도의 하드디스크 여유 공간이 필요하다. ❸ 한동안 설치가 진행된다. [설치 후 시작]이 체크되어 있으면 설치가 완료된 후 자동으로 시작한다.

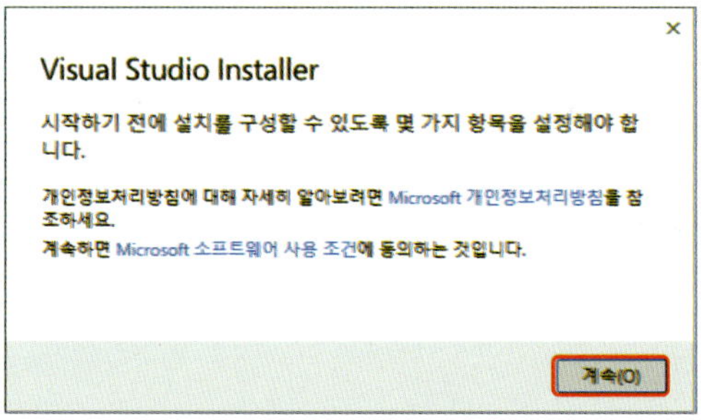

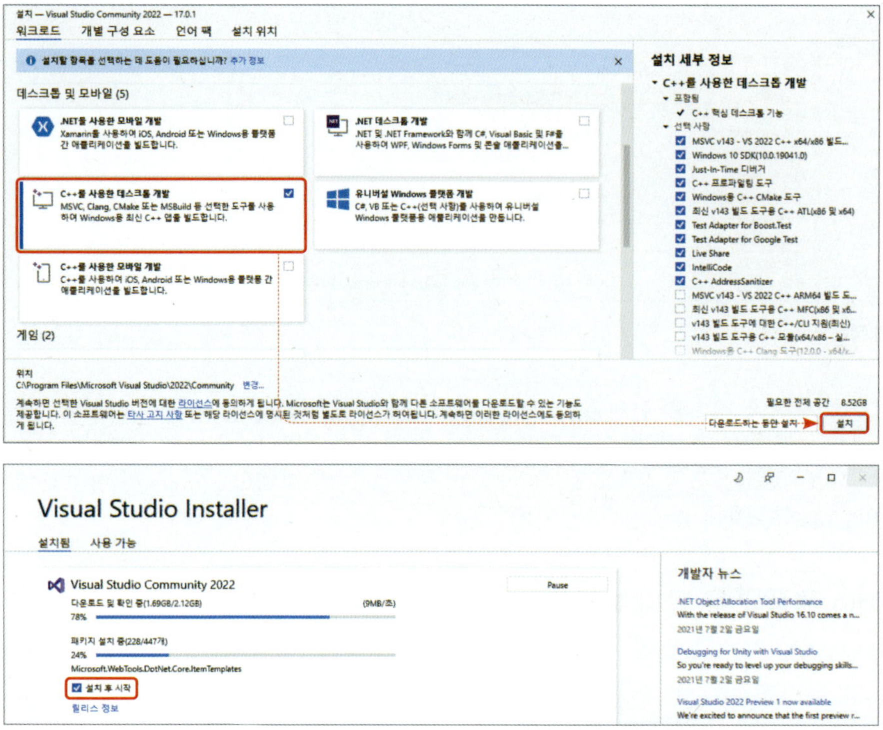

그림 1-21 비주얼 스튜디오 설치

TIP • 설치가 완료된 후, 윈도를 재부팅하자. 재부팅하지 않으면 실행에 문제가 생기는 경우가 있다.

비주얼 스튜디오 사용

설치를 완료하면 윈도의 [시작] 버튼을 누른 후 [모든 앱]–[V]–[Visual Studio 2022]를 선택해 비주얼 스튜디오를 실행한다. 잠시 비주얼 스튜디오의 로고가 나오는데 로고 모양은 버전별로 다를 수 있으며, 같은 2022 버전이라도 내부 버전에 따라 모양이 조금 다를 수 있다.

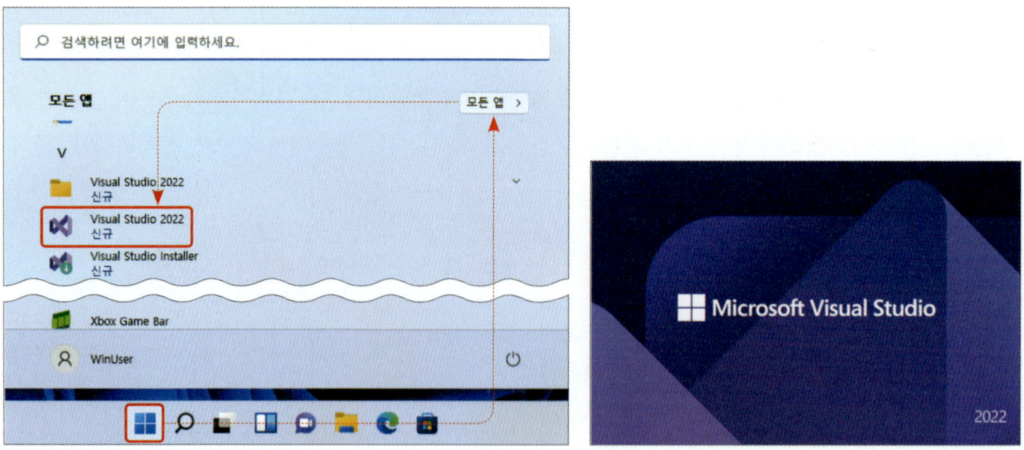

그림 1-22 비주얼 스튜디오 시작

[Visual Studio 로그인] 화면이 나오면 제일 아래 [나중에 로그인]을 누른다. 그러면 [친숙한 환경에서 시작] 창이 나오는데 원하는 화면 색상을 선택하고 [Visual Studio 시작]을 누른다. 비주얼 스튜디오 초기 화면이 나와 실습을 진행할 수 있다.

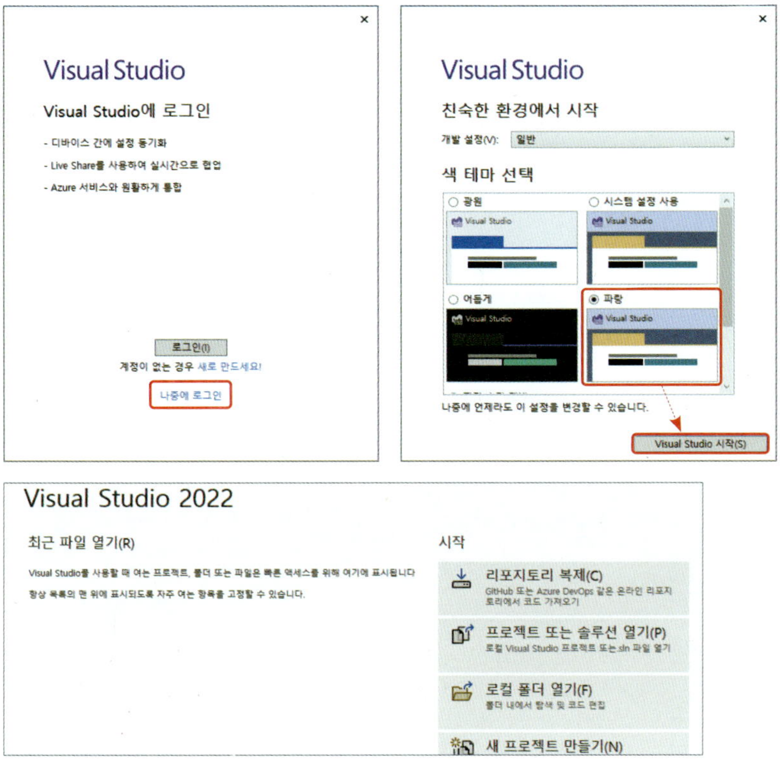

그림 1-23 비주얼 스튜디오 로그인 및 색 테마 선택 및 초기 화면

자료구조 및 알고리즘에 대한 개념을 파악했고, 학습을 위한 C 언어 개발 환경의 구축을 완료했다. 2장에서는 이 책을 학습하기 위한 C 언어의 핵심 내용 및 C++ 표준 템플릿 라이브러리를 살펴보고, 자료구조 학습을 위한 공통 기능들을 미리 학습하고 구현해 보겠다.

여기서 잠깐

평가 기간의 종료 시

비주얼 스튜디오 커뮤니티는 마이크로소프트 계정으로 로그인해야 기간 제한 없이 무료로 사용할 수 있다. 로그인 절차 없이도 30일간 무료로 사용할 수 있으나, 30일이 지나면 마이크로소프트 계정으로 로그인해야 된다. 30일 후에 로그인 창이 나오면 [로그인]을 클릭하여 마이크로소프트 계정으로 로그인하거나, 계정이 없다면 '새로 만드세요'를 클릭해서 무료로 계정을 만들 수 있다.

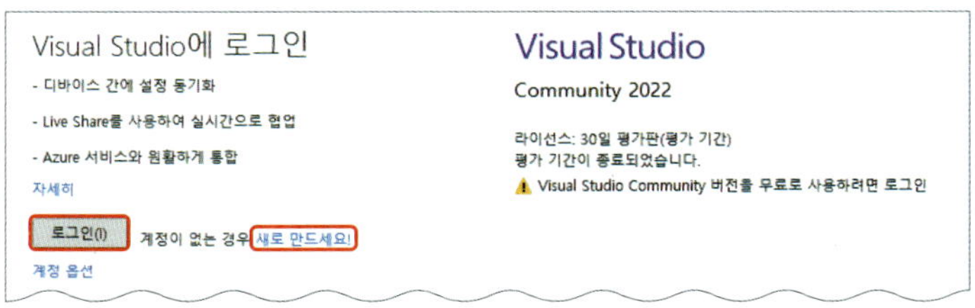

연습문제

IT@COOKBOOK

1 어떤 용어에 대한 정의다. ❶과 ❷에 들어갈 용어를 각각 채우시오.

[❶]는(은) 컴퓨터 분야에서 효율적으로 접근하고 수정할 수 있도록 자료를 구성·관리·저장하는 것이다.

[❷]는(은) 컴퓨터나 수학 등 관련 분야에서 어떤 문제를 해결하기 위해 정해진 일련의 단계적인 절차나 방법을 공식화한 형태로 표현한 것이다.

2 다음 중 단순 자료구조인 것을 모두 고르시오.

색인 파일, 정수, 리스트, 큐, 실수, 문자열, 트리, 그래프, 순차 파일

3 다음을 데이터 간의 일대일 대응 구조의 선형 자료구조와 데이터 간의 일대다 또는 다대다 대응 구조의 비선형 자료구조로 구분하시오.

리스트, 트리, 큐, 스택, 그래프

4 ❶에 들어갈 용어는?

[❶]는(은) 파일 내용을 논리적인 처리 순서에 따라 연속해서 저장하는 것이다. 즉, 입력되는 순서대로 저장된다고 보면 된다. 구조가 간단하기에 저장되는 공간 효율이 높지만, 다른 내용을 추가하거나 삭제할 경우에는 파일 내용을 재구성해야 하므로 상당히 시간이 오래 걸린다.

5 알고리즘 표현법에 대한 설명이다. 다음 중에서 ❶~❹의 설명에 해당하는 것을 고르시오.

순서도로 표현, 일반 언어로 표현, 프로그램 언어로 표현, 의사코드로 표현

❶ 프로그램이나 알고리즘을 표현할 때, 프로그래밍 언어보다는 좀 더 인간의 언어에 가까운 형태로 표현한 것이다. 프로그램 코드와 일반 언어의 중간 형태라고 보면 된다.

❷ 여러 종류의 상자와 상자를 이어 주는 화살표를 이용해서 명령 순서를 표현하는 방식이다.

❸ 일반 사람이 이해하기 쉽게 표현할 수 있으나, 최종적으로 코드로 변경하는 데는 한계가 있다.

❹ 실제로 사용하는 프로그래밍 언어의 코드로 바로 작성하는 방식이다.

CHAPTER 02

프로그래밍 핵심 문법과 실습 파일 설정

학습목표

- 비주얼 스튜디오 프로젝트를 생성하고 기본 프로그램을 작성하는 방법을 배운다.
- 자료구조와 알고리즘 구현에 필요한 프로그래밍 문법을 학습한다.
- 자료구조와 알고리즘을 쉽게 구현할 수 있는 프로그래밍 고급 문법을 학습하고 공통 헤더 파일로 설정한다.

SECTION 00

C와 C++의 역사

C 언어는 1972년 벨 연구소의 데니스 리치(Dennis Ritchie)가 켄 톰슨(Ken Thompson)이 만든 B 언어를 개량해서 만들어졌다고 알려져 있다. C 언어는 다른 기존 언어의 장점을 대부분 흡수한 범용적인 언어로 현재도 널리 사용하고 있다.

C++ 언어는 1980년대 초에 C 언어의 문법을 그대로 유지하면서 객체 지향 프로그래밍 기능을 추가하며 만들어졌다. C++에서 +가 아닌 ++가 붙은 이유는 C 언어보다 한 단계 이상 발전한다는 의미로 해석된다. C++는 C 언어를 승계하면서 동시에 확장되고 편리한 문법들도 추가했으며, 특히 C++의 표준 템플릿 라이브러리(STL: Standard Template Library)를 사용하면 C 언어에서는 상당히 구현이 어려운 기능들을 한두 줄만으로 간단히 코딩할 수 있다.

자료구조와 알고리즘의 개념을 C 언어로 구현하기 위해서는 C 언어를 어느 정도 익숙하게 다룰 수 있어야 한다. 이 책은 C 언어 문법을 다루는 책은 아니므로 이 장에서는 C 언어 대신 좀 더 편리하게 구현할 수 있는 C++ 문법을 C 언어와 비교해 살펴볼 것이다. 또한 이 책의 내용을 원활하게 실습하기 위한 공통 설정 내용도 담고 있으므로 C 언어에 익숙한 독자더라도 한번씩 읽어보기를 권장한다.

SECTION
01 프로젝트의 개념과 사용

1 프로젝트 구조

비주얼 스튜디오에서 C 언어로 코드를 작성하기 위해서는 프로젝트라는 것을 생성해야 한다. 프로젝트는 [그림 2-1]의 (a)와 같이 1개 이상의 C 언어(*.cpp) 소스 파일과 헤더 파일(*.h)로 구성된다. 이 책에서는 프로젝트별로 헤더 파일 1개와 C 언어 소스 파일 1개를 사용하므로 이 책의 예제 코드는 그림 (b)와 같은 프로젝트 구조를 갖게 된다.

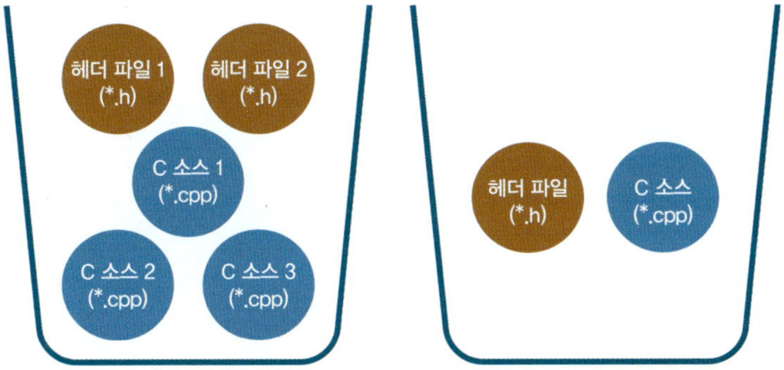

(a) 일반 프로젝트 구조 (b) 이 책에서 사용할 프로젝트 구조

그림 2-1 비주얼 스튜디오 프로젝트 일반 구조와 이 책에서 사용할 프로젝트 구조

2 프로젝트 생성

실습을 위해 프로젝트를 생성하기 앞서 프로젝트를 모아놓을 'C:\CookDataC' 폴더를 생성한다. 여러 명이 함께 사용하는 실습실의 컴퓨터라면 'C:\CookDataC(본인 이름)' 형태로 생성한다. 작업할 폴더를 생성한다면 비주얼 스튜디오를 실행해 프로젝트를 생성해보자.

01 비주얼 스튜디오 실행하기 앞서 설치한 비주얼 스튜디오를 닫았다면 윈도의 [시작] 버튼을 누른 후 [모든 앱]-[V]-[Visual Studio 2022]를 선택해 다시 실행한다.

02 새 프로젝트 생성하기 1 시작 화면 오른쪽 아래 [새 프로젝트 만들기]를 클릭한다. [새 프로젝트 만들기] 창에서 [모든 언어]-[C++]를 선택하고 [Windows 데스크톱 마법사]를 선택한 후 [다음]을 누른다.

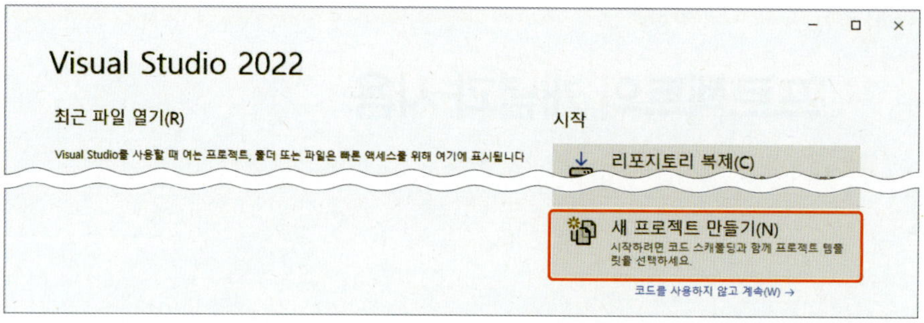

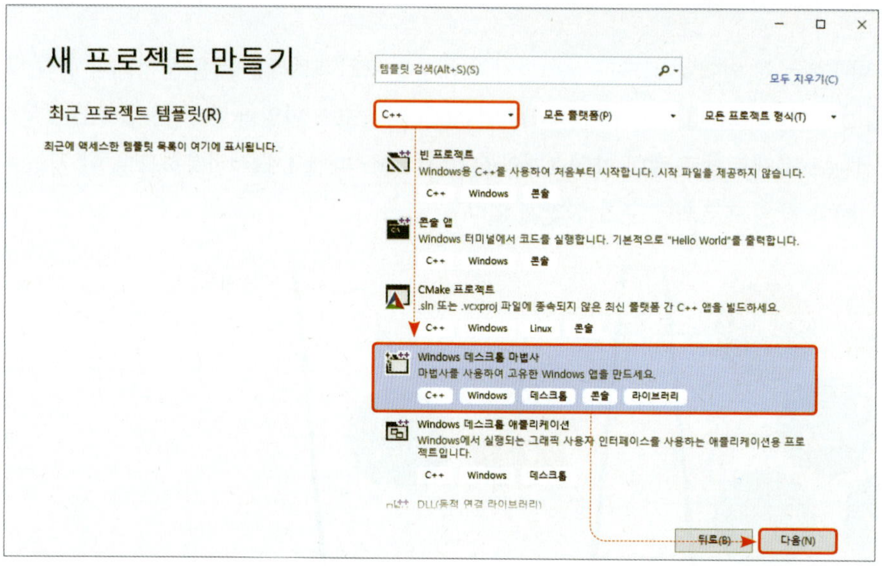

03 새 프로젝트 생성하기 2 프로젝트 이름에 'Code02-01'을 입력하고, 저장 위치는 'C:\CookDataC'로 설정한다. 그리고 '솔루션 및 프로젝트를 같은 디렉터리에 배치'를 체크한 뒤 [만들기]를 누른다. [Windows 데스크톱 프로젝트] 창에서 애플리케이션 종류가 '콘솔 애플리케이션(.exe)'인지 확인한 후 '빈 프로젝트'에 체크하고 [확인]을 누른다.

TIP • 앞으로 프로젝트 이름은 'Code장번호-순서'로 지정하고, C 소스 파일도 Code02-01.cpp처럼 'Code장번호-순서.cpp'로 지정할 것이다.

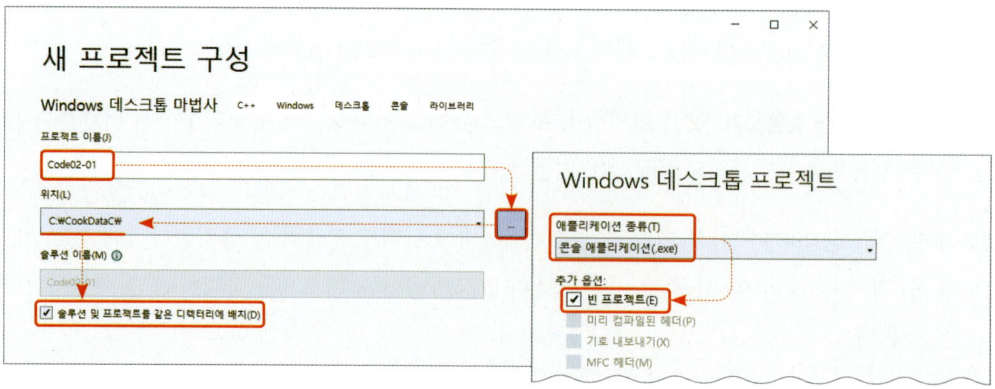

04 프로젝트 생성 확인하기 빈 프로젝트가 완성되었다. 이제부터는 생성한 프로젝트에 C 소스를 추가하고 코딩하면 된다.

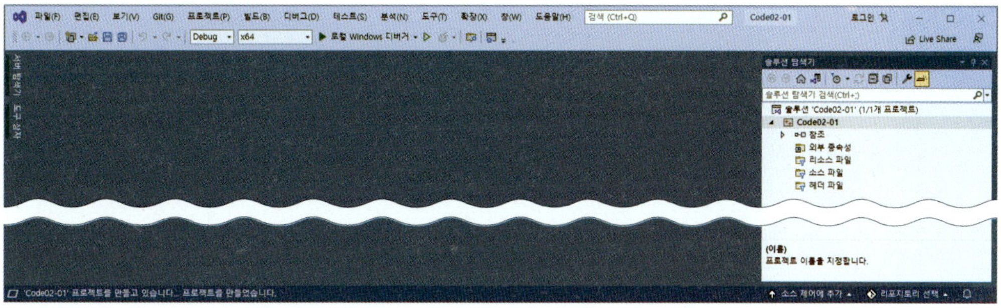

3 프로그램 작성과 실행

생성한 프로젝트에 C 소스 파일을 추가해 작성한 후 실행 결과까지 확인해보자.

01 C 소스 파일 추가하기 [솔루션 탐색기] 창의 [프로젝트 이름(현재 Code02-01)]-[소스 파일] 폴더에서 마우스 오른쪽 버튼을 누른 후 [추가]-[새 항목]을 선택한다. [새 항목 추가] 창에서 [Visual C++]-[C++ 파일(.cpp)]를 선택한 뒤 이름에 'Code02-01'을 입력하고 [추가]를 누른다.

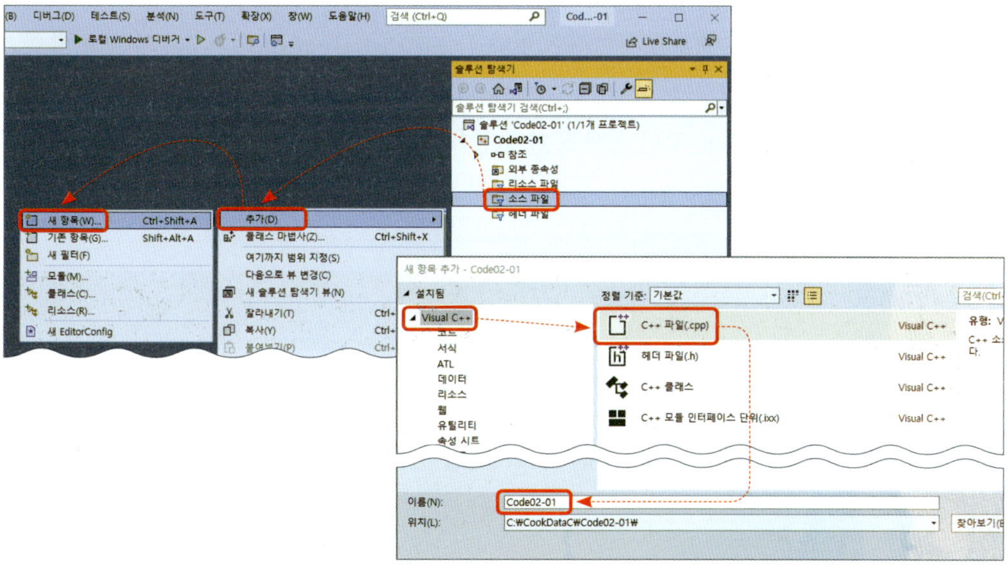

TIP • ❶ C 소스 파일 이름을 프로젝트와 동일하게 할 필요는 없지만 이 책에서는 프로젝트와 같은 이름을 사용한다.
❷ 확장자를 .c로 하면 C 소스가 되고 .cpp로 하면 C++ 소스가 된다. 이 책은 C 언어 문법을 기반으로 하지만 C++의 편리한 기능을 일부 사용하기 위해 .cpp를 사용한다.

02 C 소스 코드 작성하기 간단히 텍스트를 출력하는 코드를 작성한다.

Code02-01.cpp 텍스트 출력

```
1  #include <iostream>     // 5행의 printf()를 사용하기 위해 <iostream> 기능을 포함시킴
2
3  int main() {            // 3~7행은 메인 함수로 프로그램이 실제로 시작되는 부분
4
5      printf("IT CookBook C 언어 자료구조와 알고리즘 for Beginner");
6
7  }
```

03 빌드 및 실행하기 프로젝트를 빌드(=컴파일+링크)한 후에 실행해야 하지만 빌드와 동시에 실행하도록 하기 위해 비주얼 스튜디오의 [디버그]–[디버그하지 않고 시작] 메뉴(또는 Ctrl+F5)를 선택한다.

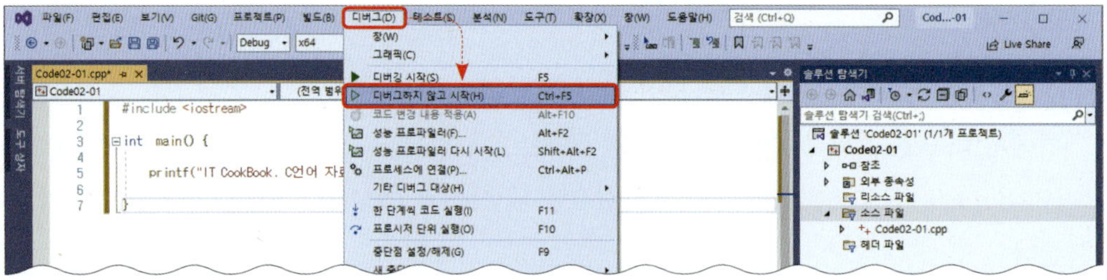

04 실행 결과 확인하기 코드에 오류가 없다면 [Microsoft Visual Studio 디버그 콘솔]이 나오고 코드가 실행된다. 실행 이후에 나오는 'C:\CookDataC~~~ 종료되었습니다(코드: 0개)' 메시지는 무시한다. 임의 키를 누르면 실행 창이 닫힌다. 만약 오류가 발생한다면 오류를 수정한 후에 다시 비주얼 스튜디오의 [디버그]–[디버그하지 않고 시작] 메뉴를 선택하면 된다.

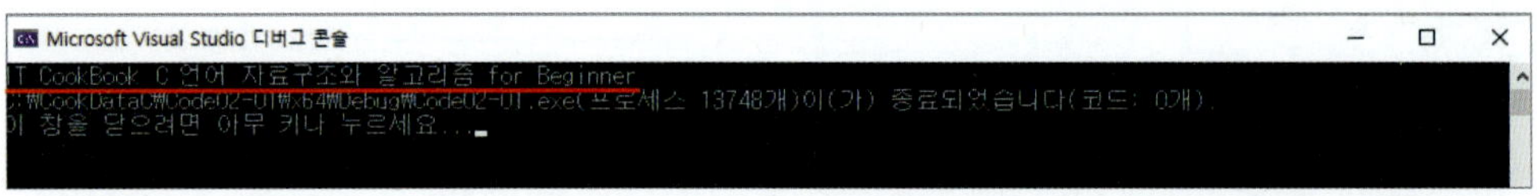

TIP • [디버그] – [디버그하지 않고 시작]을 선택하면 모든 소스 파일이 자동 저장되므로 코드를 수정한 후에 저장을 신경쓰지 않아도 된다.

05 비주얼 스튜디오 종료하기 비주얼 스튜디오의 [파일]–[끝내기] 메뉴를 선택하면 비주얼 스튜디오가 종료된다.

SECTION 02

프로그래밍 기본 문법

C 언어 필수 문법과 보다 편리하고 간편한 C++ 문법을 살펴보자.

1 화면 출력

C 언어의 printf( ) 함수를 사용해 화면에 출력할 수 있다. 다음 (a)는 printf( )의 일반적인 용도로, 예와 같이 서식을 지정해야 하지만 C++는 (b)와 같이 cout 예약어를 사용해 서식을 지정하지 않고도 문자열, 정수, 실수 등을 있는 그대로 출력할 수 있어 사용이 간편하다. 또한 <<를 통해 연속으로 이어서 출력도 가능하다. 원칙적으로 std::cout이라고 써야 하지만 using namespace std 문을 사용하면 cout만 사용할 수 있다. 잠시 후 Code02-02.cpp에서 확인해 보자.

(a) C 언어

```
printf("안녕하세요?");        // 문자열 출력
printf("%d", 100);            // 정수 출력
printf("%5.2f \n" 3.14);      // 실수 출력 후 \n은 한 줄 띄움
```

(b) C++

```
cout << "안녕하세요?";        // 문자열 출력
cout << 100;                  // 정수 출력
cout << 3.14 << endl.;        // 실수 출력 후 endl은 한 줄 띄움
```

2 #define 문

#define 문을 사용해 함수 이름을 다르게 또는 간단한 매크로 형태로 정의할 수 있다. 다음은 cout을 print( )라는 이름의 함수처럼 정의해 사용한 예다. 이렇게 정의한 print( )의 결과는 위에서 사용한 printf( )나 cout과 동일하다.

```
#define print(data)  cout << data << " "

print("안녕하세요?");
print(100);
print(3.14);
```

Code02-02.cpp는 출력 후 한 칸만 띄우고 줄바꿈이 없는 print( ) 매크로와 출력 후 줄바꿈이 있는 println( ) 매크로를 정의해 사용한 예제다. 4행처럼 한 줄로 써도 되지만 5~6행처럼 끝에 백슬래시(\)를 붙여 가독성 있게 행을 바꿔 두 줄로 쓸 수도 있다.

TIP • #define 문은 매크로를 만드는데, 매크로는 함수와 비슷하게 사용하면 된다. 또한 #define에서 제일 끝의 세미콜론(;)은 생략한다.

Code02-02.cpp 화면 출력과 #define의 활용

```
1  using namespace std;            // std::cout 대신 cout으로 간단히 사용하기 위해 추가
2  #include <iostream>             // 입출력에 필요
3
4  #define print(data) cout << data << " "
5  #define println(data) \
6                      cout << data << endl
7
8  int main() {
9      println("안녕하세요?");      // println()은 출력 후 한 줄을 띄움
10     println(100);
11     print("또 안녕하세요?");     // print()는 출력 후 한 칸만 띄움
12     print(3.14);
13 }
```

실행 결과

```
안녕하세요?
100
또 안녕하세요? 3.14
```

3 키보드 입력

C 언어는 scanf( )를 사용해 키보드로 값을 입력할 수 있지만 printf( )와 마찬가지로 입력할 데이터를 정수, 실수, 문자열 등으로 형식을 구분해야 하는 불편함이 있어 C++의 cin을 사용하면 더 편리하다. 다음은 intData 변수와 문자열 strData 변수에 키보드로 값을 입력하는 예로, cin을 사용해 별도의 서식을 지정하지 않아도 문자열 또는 정수가 알아서 입력된다.

```
string strData;
int intData;
cout << "문자열 입력 -->";
cin >> strData;
cout << "정수 입력 -->";
cin >> intData;
```

입력 받을 때 메시지도 함께 출력했는데 이를 더 편리하게 사용하도록 input(변수, 메시지) 형식의 매크로로 정의한 후 코드로 확인해보자. Code02-03.cpp의 4~6행이 매크로 정의 부분이고 11~12행에서 input( )에 변수와 메시지를 넘겨 변수에 값을 입력 받는다.

Code02-03.cpp 키보드로 입력하는 기능 구현

```
1  using namespace std;
2  #include <iostream>
3
4  #define input(data, msg) \
5                  cout << msg; \
6                  cin >> data
7
8  int main() {
9       string strData;
10      int intData;
11      input(strData, "문자열 입력 -->");
12      input(intData, "정수 입력 -->");
13 }
```

실행 결과

```
문자열 입력 -->안녕하세요?
정수 입력 -->100
```

4 문자열 처리와 변환

C 언어의 char*를 사용해 문자열을 사용할 수 있다. 초기에 문자열 값을 대입하려면 다음 ❶과 같이 char* 앞에 const를 붙여야 한다. C++에서는 ❷와 같이 string 형도 사용할 수 있다. string 형 문자열은 ❸과 같이 '문자열.size( )' 함수를 사용해 길이를 구할 수 있다. char* 형은 ❹와 같이 string 형으로 먼저 변환한 후 '문자열.size( )' 함수로 확인하면 된다.

```
❶ const char* char1 = "자료구조와 알고리즘";
❷ string str1 = "IT CookBook";
❸ int len1 = str1.size();
❹ int len2 = ((string)char1).size()
```

char* 형은 ❶과 같이 string 형에 바로 대입할 수 있으며, string 형은 ❷와 같이 '문자열.c_str( )' 함수를 사용해 char* 형으로 변환할 수 있다.

```
❶ string str2 = char1;
❷ const char* char2= str1.c_str();
```

문자열을 정수로 변환할 때는 stoi(문자열) 함수를 사용한다. 반대로 숫자를 문자열로 변환하려면 to_string(숫자)를 사용한다.

```
str1 = "100";
char1 = "200";
int value = stoi(str1) + stoi(char1);
str1 = to_string(value);
```

문자열 처리와 변환을 적용해보면 Code02-04.cpp와 같다.

Code02-04.cpp 문자열 처리와 변환

```
1  using namespace std;
2  #include <iostream>
3  #include <string>
4
5  #define println(data)  cout << data << endl
6
7  int main() {
8      string str1 = "IT CookBook";
9      const char* char1 = "자료구조와 알고리즘";
10
11     println(str1);
12     println(char1);
13
14     string str2 = char1;                    // char* --> string
15     println(str2);
16
17     const char* char2 = str1.c_str();       // string --> char*
18     println(char2);
19
20     println(str1.size());
21     println(((string)char1).size());
22
23     str1 = "100";
24     char1 = "200";
25     println(str1 + char1);
26
27     int value = stoi(str1) + stoi(char1);
28     println("합계는 " + to_string(value));
29 }
```

실행 결과

```
IT CookBook
자료구조와 알고리즘
자료구조와 알고리즘
IT CookBook
11
19
100200
합계는 300
```

3행 to_string() 함수를 사용하기 위해 포함시킨다.

8~9행 string 형과 char* 형 문자열을 각각 한 개씩 준비한다.

11~12행 문자열을 출력한다.

14~15행 char* 형을 string 형에 대입해 출력한다.

17~18행 string 형을 '문자열.c_str()' 함수를 사용해 char* 형에 대입해 출력한다.

20~21행 '문자열.size()' 함수를 이용해 string 형의 문자 길이를 출력한다. char* 형은 string 형으로 변환한 후에 문자 길이를 출력한다. 참고로 한글은 글자당 2바이트를 차지한다.

23~25행 문자열을 더하면 문자열을 잇는 효과를 준다.

27~28행 문자열을 stoi() 함수를 이용해 정수로 변환한 후 to_string(숫자) 함수를 사용해 다시 문자열로 변환한다.

5 고정 배열과 가변 배열

C 언어에서 배열을 사용할 때는 처음에 크기를 지정해 생성해야 하고, 이렇게 한번 지정한 크기는 변경할 수 없어 고정 배열로만 사용이 가능하다. 다음 ❶에서 ary1은 3개짜리 배열로 고정되어 첨자 0~2번에만 접근할 수 있다. 만약 ❷와 같이 할당되지 않은 3번 첨자에 접근하려고 하면 오류가 발생한다.

```
❶ int ary1[] = { 10, 20, 30 };          // 크기가 3개로 고정됨
❷ ary1[3] = 40;                         // 오류 발생
```

TIP • C 언어에서 메모리 할당 방식으로 고정 배열 방식을 해결할 수 있으나 이 책은 자료구조와 알고리즘의 원리에 집중하기 위해서 메모리 할당 방식은 사용하지 않는다.

C++는 벡터(vetor)라고 부르는 가변 배열을 지원한다. 배열 크기를 원하는 만큼 추가할 수 있다. 다음 ❶처럼 'vector 〈데이터형〉 벡터이름' 형식을 사용한다. 그리고 벡터에 추가할 때는 ❷처럼 '벡터이름.push_back(값)'으로 하면 배열 크기가 자동으로 1개 늘어나고, 늘어난 마지막 칸에 값이 대입된다. 그러면 ❸처럼 일반 배열과 동일하게 '벡터이름[첨자]'로 사용할 수 있다.

```
❶ vector <int> ary2 = { 10, 20, 30 };
❷ ary2.push_back(40);
❸ print(ary2[3]);
```

이 책에서는 가변 배열 역할을 하는 vector를 Array라는 이름으로 재정의해서 사용한다. 벡터보다는 배열을 의미하는 Array 용어를 사용해 코드의 직관성을 높였다.

```
#define Array vector

Array <int> ary2 = { 10, 20, 30 };
ary2.push_back(40);
```

또한 가변 배열을 출력하기 쉽게 'printArray(배열명)'을 정의한다. 가변 배열의 크기는 문자열의 크기와 마찬가지로 '배열명.size()'로 확인할 수 있는데 이 기능도 'len(배열명)'으로 정의해 사용한다. 배열의 항목을 삭제하려면 '배열명.erase(배열시작+위치)' 형식을 사용하는데 이 기능도 간단히 'del(배열명, 위치)'로 정의해 사용한다. 다음은 2번 첨자 위치의 항목을 삭제하는 예다.

```
ary2.erase(ary2.begin() + 2);
```

Code02-05.cpp에서 확인해 보자.

Code02-05.cpp 배열의 사용과 출력

```
using namespace std;
#include <iostream>
#include <string>
#include <vector>

#define println(data) cout << data << endl

#define Array vector
#define len(ary) (int)ary.size()
#define del(ary, position) ary.erase(ary.begin() + position)

#define printArray(ary) \
            cout << "[ "; \
            for(int i = 0; i< (int)ary.size(); i++) \
                cout << ary[i] << " "; \
            cout << "]" << endl

int main() {
    Array <int> myAry = { 10, 20, 30 };
    myAry.push_back(40);

    printArray(myAry);
    println("배열 크기 -->" + to_string(len(myAry)));
    del(myAry, 2);
    printArray(myAry);
}
```

실행 결과

```
[ 10 20 30 40 ]
배열 크기 -->4
[ 10 20 40 ]
```

4행 가변 배열(=벡터)을 사용하기 위해 포함시킨다.

8행 배열을 선언할 때 vector 대신 Array 이름을 사용한다.

9행 len(배열명) 매크로로 배열의 길이를 구하도록 정의한다. len(문자열)로 문자열의 길이를 구할 때 사용해도 된다.

10행 del(배열명, 위치) 매크로로 배열의 해당 위치의 항목을 삭제하도록 정의한다.

12~16행 배열을 넘겨 받아 배열의 내용을 [ ] 안에 출력한다. 14~15행에서 배열의 개수만큼 내용을 출력하고 한 칸씩 띄운다.

19행 배열을 정의하고 3건의 값을 초깃값으로 넣는다.

20행 배열에 네 번째 값을 추가한다. 배열은 자동으로 크기가 4로 늘어난다.

22, 25행 7행에서 정의한 배열을 출력하는 기능을 사용한다.

23행 9행에서 정의한 len() 매크로를 사용해 배열의 크기를 구한다.

24행 10행에서 정의한 del() 매크로를 사용해 배열에서 두 번째 항목을 삭제한다.

6 2차원 배열

앞에서 정의한 Array를 2차원 배열로 정의해서 사용할 수 있다. 2차원 배열은 다음과 같은 형식으로 사용한다.

수학	90
영어	70
과학	88

```
Array <Array <string>> grade = { {"수학", "90"}, {"영어", "70"}, {"과학", "88"} };
```

2차원 배열에 행을 추가하려면 '배열명.push_back({값1, 값2})' 형식을 사용한다.

수학	90
영어	70
과학	88
역사	75

```
grade.push_back( {"역사", "75"} );
```

2차원 배열의 각 항목에 접근하려면 첨자를 2개 사용하면 된다.

```
println(grade[1][0]);
```

앞으로 이 책에서는 종종 비어있는 정수형 2차원 배열을 선언할 필요가 있는데, 'emptyArray2(행크기, 열크기)' 형식의 함수를 생성해서 함수만 호출하면 해당 크기의 0으로 채워진 2차원 배열이 반환되도록 하겠다. 또 2차원 배열을 출력하는 'printArray2(배열)'도 정의해 간단히 활용할 수 있도록 하겠다. 다음 코드에서 2차원 배열에 대한 전반적인 사용을 확인해 보자.

Code02-06.cpp 2차원 배열의 사용

```
using namespace std;
#include <iostream>
#include <vector>

#define Array vector

#define printArray2(ary2) \
            cout << "[ "; \
            for(int i = 0; i< (int)ary2.size(); i++) { \
                cout << "{ "; \
                for(int k = 0; k<(int)ary2[i].size(); k++) { \
                    cout << ary2[i][k] << " "; \
                } \
                cout << "} "; \
            } \
            cout << "]" << endl

Array <Array <int>> emptyArray2(int row, int col) {
    Array <Array <int>> ary2;
    Array <int> tmp;
    for (int i = 0; i < row; i++) {
        tmp.clear();
        for (int k = 0; k < col; k++)
            tmp.push_back(0);
        ary2.push_back(tmp);
    }
    return ary2;
}

int main() {
    Array <Array <string>> grade = { {"수학", "90"}, {"영어", "70"}, {"과학", "88"} };
    grade.push_back({ "역사", "75" });
    printArray2(grade);

    Array <Array <int>> empArray = emptyArray2(3, 4);
    printArray2(empArray);
}
```

실행 결과

```
[ { 수학 90 } { 영어 70 } { 과학 88 } { 역사 75 } ]
[ { 0 0 0 0 } { 0 0 0 0 } { 0 0 0 0 } ]
```

7~16행 2차원 배열을 출력하는 기능을 정의한다.

18~28행 행과 열 크기를 넘겨 받아서, 해당 크기의 정수형 2차원 빈 배열을 생성해서 반환하는 emptyArray2() 함수를 선언한다.

31행 문자열 2차원 배열을 만들고 값을 초기화한다.

32행 2차원 배열에 한 행을 추가한다.

33, 36행 2차원 배열을 출력한다.

35행 emptyArray2() 함수를 호출해 빈 2차원 정수형 배열을 생성한다.

7 구조체

구조체 기본

구조체는 여러 변수를 하나의 데이터형으로 묶은 데이터 형식을 말한다. 다음은 간단한 구조체의 정의로, 구조체의 이름을 Node로 정의한다. 문자열 변수 data와 정수형 변수 num이 정의되어 있다. 이렇게 구조체 안에 정의된 변수를 멤버 변수라고 부른다.

```
struct Node {
    string data;
    int num = 0;
};
```

위에서 정의한 Node 구조체의 선언 및 사용은 다음과 같다. ❶에서 구조체 변수 n1을 선언하고, ❷에서는 구조체 변수 안에 있는 멤버 변수를 사용한다.

```
❶ struct Node n1;
  n1.data = "C언어";
❷ n1.num = 100;
```

구조체를 좀 더 간단하게 사용하기 위해서 typedef를 활용하면 좋다.

```
typedef struct _Node {
    string data;
    int num = 0;
} Node;
```

구조체의 이름은 _Node이지만, typedef를 사용해 Node로 정의해 사용하도록 한다. 이제는 구조체의 선언을 좀 더 간단히 할 수 있다. 1행에서 Node라는 데이터 형이 있는 것처럼 간단하게 구조체를 선언해서 사용할 수 있다. 2~3행의 사용은 동일하다.

```
Node n1;
n1.data = "C언어";
n1.num = 100;
```

구조체 포인터

구조체를 포인터로 선언하기 위해서는 C++의 new와 delete를 활용하면 편리하다. 앞에서 선언한 Node 구조체를 포인터로 사용하려면 다음과 같다. ❶에서 포인터 형으로 노드를 할당한다. ❸에서 할당된 노드를 해제한다. ❷에서는 ->를 사용해서 멤버 변수에 접근한다.

```
❶ Node* n1 = new Node;
   n1->data = "C언어";
❷ n1->num = 100;
❸ delete n1;
```

구조체 안에서 멤버 변수가 다시 자신의 형태의 구조체를 가리키도록 선언할 수 있다. ❶에서 link 멤버 변수는 다시 Node 구조체를 가리키는 포인터 변수로 선언한다.

```
typedef struct _Node {
    string data;
  ❶ struct _Node* link = NULL;
} Node;
```

위 구조체를 다음과 같이 사용할 수 있다. 그러면 그림과 같이 구조체 포인터가 구성되는데 이러한 형태는 4장 이후에서 자주 사용하게 된다.

```
Node* node1 = new Node;
node1->data = "자료구조";

Node* node2 = new Node;
node2->data = "알고리즘";
node1->link = node2;

Node* node3 = new Node;
node3->data = "C언어";
node2->link = node3;
```

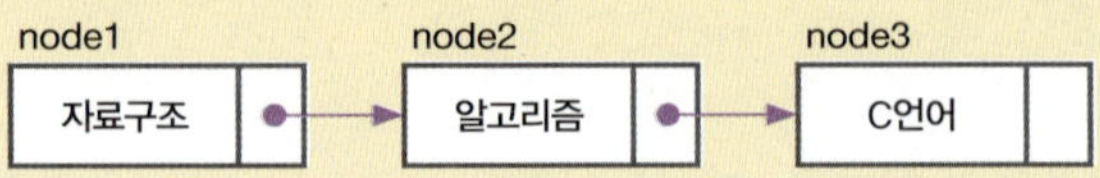

그림 2-2 구조체 포인터의 구성

구조체 배열

구조체 역시 Array 배열에 넣어서 관리할 수 있다. 다음은 3개의 구조체 변수를 생성해서 배열에 넣는 방식이다.

```
Array <Node*> memory;
Node* n;
for (int i = 0; i < 3; i++) {
    n = new Node;
    memory.push_back(n);
}
```

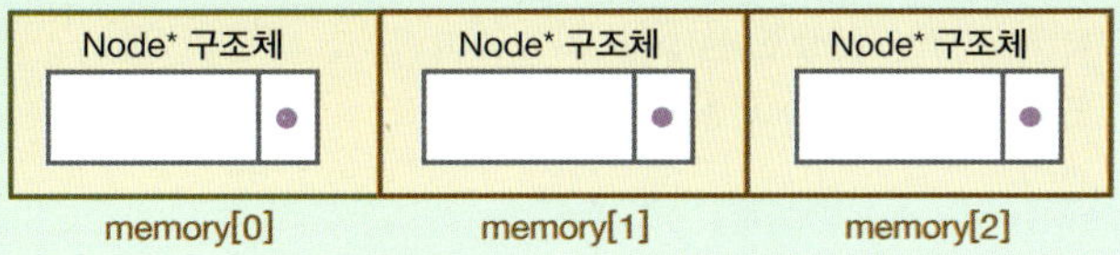

그림 2-3 구조체 배열의 구성

이 책에서 주로 사용될 구조체와 관련된 코드를 종합하면 Code02-07.cpp와 같다.

Code02-07.cpp

```
using namespace std;
#include <iostream>
#include <vector>

#define Array vector
#define print(data) cout << data << " ";

typedef struct _Node {
    string data;
    struct _Node* link = NULL;
} Node;

Array <Node*> memory;

int main() {
    Node* node1 = new Node;
    node1->data = "자료구조";

    Node* node2 = new Node;
    node2->data = "알고리즘";
    node1->link = node2;

    Node* node3 = new Node;
    node3->data = "C언어";
    node2->link = node3;

```

```
27      memory.push_back(node1);
28      memory.push_back(node2);
29      memory.push_back(node3);
30
31      for (int i = 0; i < 3; i++)
32          print(memory[i]->data);
33
34      for (int i = 0; i < 3; i++)
35          delete memory[i];
36  }
```

실행 결과

```
자료구조 알고리즘 C언어
```

8~11행 Node 구조체를 정의한다.

13행 Node* 구조체 형의 배열을 선언한다.

16~17행 Node* 형 구조체 변수를 생성하고, 멤버 변수 data에 값을 대입한다.

21행 node1의 멤버 변수 link에 node2를 대입한다. [그림 2-2]와 같은 형태가 구성된다.

27~29행 가변 배열에 생성한 3개의 구조체 변수를 대입한다. [그림 2-3]과 비슷한 형태가 구성된다.

31~32행 배열의 각 구조체 변수에 있는 멤버 변수 data를 출력한다.

34~35행 배열 안의 구조체 변수를 해제한다.

여기서 잠깐

포인터 (Pointer)란?

포인터(또는 포인터 변수)는 쉽게 말해 '주소를 담는 변수'이다. 포인터 변수를 선언할 때는 * 기호를 붙인다. 예로 다음은 정수형 포인터 변수의 선언과 사용의 간단한 형태다.

```
❶ int *p;
❷ int num = 100;
❸ p = &num;
```

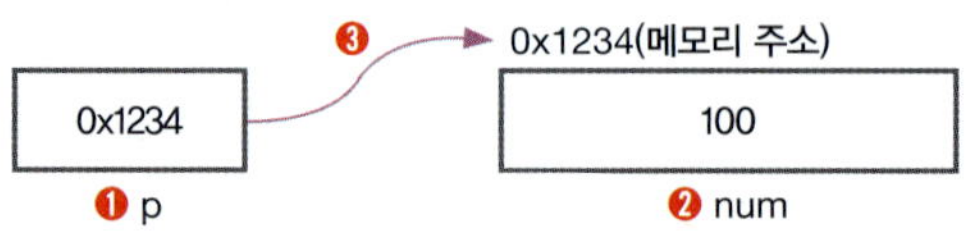

SECTION 03

프로그래밍 고급 문법과 공통 헤더 파일 설정

C/C++ 기본 문법 외에 강력한 C++의 기능을 사용하면 훨씬 효율적으로 구현할 수 있다. 특히 C++의 STL을 사용하면 몇 십 또는 몇 백 줄의 코딩이 필요한 부분도 한두 줄로 간단히 구현이 가능하다. 이 절에서는 이와 관련된 C++ 고급 기능을 살펴본다.

1 랜덤 값 추출

C나 C++에서 랜덤 값을 추출하는 방법은 다양하지만 이 책에서는 다음 초기화 코드를 사용한다. ❶은 랜덤에서 사용할 장치를 정의하고, ❷는 랜덤 값을 추출하는 엔진이라 부르는 mt19937 엔진을 사용한다는 의미다. 핵심은 ❸의 '함수명(시작값, 끝값)'인데, 함수명은 사용자가 지정할 수 있으며 시작값과 끝값도 사용자가 지정한다. 코드가 좀 어려워 보이지만 잠시 후에 #define 문으로 간단한 매크로로 만들겠다.

```
❶ random_device rd;
❷ mt19937 gen(rd());
❸ uniform_int_distribution<int> 함수명(시작값, 끝값);
```

위와 같이 초기화 이후에 랜덤 값은 'int value = 함수명(gen);'과 같이 추출할 수 있다. 초기화 때 지정한 시작값~끝값 사이의 정수값 중 하나를 랜덤하게 추출한다. 코드를 통해서 확인해 보자.

Code02-08.cpp 랜덤한 값의 추출

```
using namespace std;
#include <iostream>
#include <random>

#define print(data) cout << data << " "

#define randomInit(start, end) \
     random_device rd; \
     mt19937 gen(rd()); \
     uniform_int_distribution<int> cookRandom(start, end)

```

```
12 int main() {
13     randomInit(0, 9999);
14 
15     for (int i = 0; i < 5; i++)
16         print(cookRandom(gen));
17 }
```

실행 결과

```
5755 383 3965 8923 1627
```

3행 랜덤을 추출하기 위해서 포함시킨다.

7~10행 랜덤을 초기화하는 randomInit() 매크로를 정의한다. 시작값 start와 끝값 end를 전달 받는다. 10행의 cookRandom()은 필자가 지어준 이름이다. 16행에서 이 이름을 사용한다.

13행 7행에서 정의한 초기화를 수행한다. 0부터 9999까지 수 중 하나를 추출하도록 초기화한다.

15~16행 5개의 랜덤한 값을 출력한다. 16행의 cookRandom(gen)은 10행에서 정의한 이름과 동일해야 한다. gen은 예약어이므로 변경하지 말고 그대로 써야 한다.

2 배열 처리

배열 정렬

배열 자체가 오름차순으로 바뀌고 별도의 반환값은 없다.

```
sort(배열명.begin(), 배열명.end());
```

배열 차례 반전

배열의 차례가 반대 순서로 반전되고 별도의 반환값은 없다.

```
reverse(배열명.begin(), 배열명.end());
```

배열 복사

배열1(원본)과 동일하게 배열2(대상)를 만들어 배열1이 배열2로 복사된다. 별도의 반환값은 없다.

```
배열2.assign(배열1.begin(), 배열1.end());
```

배열 중간에 값 삽입

배열 중간에 지정한 위치에 값을 삽입한다. 별도의 반환값은 없다.

```
배열명.insert(배열명.begin() + 위치, 삽입값);
```

배열 중복 값 삭제

배열의 값 중에서 중복된 값을 제거하고 하나만 남긴다. 별도의 반환값은 없다.

```
배열명.erase(unique(배열명.begin(), 배열명.end()), 배열명.end());
```

배열에 찾는 값이 존재하는지 확인

배열에 찾는 값이 있는지 확인해 값이 있으면 true를 의미하는 1을, 없으면 false를 의미하는 0을 반환한다.

```
bool 반환값 = find(배열명.begin(), 배열명.end(), 찾는값) != 배열명.end();
```

문자열에서 특정 문자 삭제

문자열에서 지정한 문자를 삭제하고 별도의 반환값은 없다.

```
문자열.erase(remove(문자열.begin(), 문자열.end(), 지울문자), 문자열.end())
```

배열 처리의 전반적인 코드를 작성하고 이해해 보자. 사용법을 간단히 하기 위해서 위에서 확인한 기능들을 모두 #define 문을 사용해 매크로로 정의하겠다.

Code02-09.cpp 배열 처리 고급 기능

```
using namespace std;
#include <iostream>
#include <vector>
#include <algorithm>

#define Array vector
#define println(data) cout << data << endl
#define printArray(ary) \
            cout << "[ "; \
            for(int i = 0; i< (int)ary.size(); i++) \
                cout << ary[i] << " "; \
            cout << "]" << endl

```

```
#define sortArray(ary) sort(ary.begin(), ary.end())
#define reverseArray(ary) reverse(ary.begin(), ary.end())
#define copyArray(source, target) target.assign(source.begin(), source.end())
#define insertArray(ary, position, data) ary.insert(ary.begin() + position, data)
#define setArray(ary) ary.erase(unique(ary.begin(), ary.end()),ary.end())
#define isInArray(ary, data) find(ary.begin(), ary.end(), data) != ary.end()
#define removeChar(strr, chr) strr.erase(remove(strr.begin(), strr.end(), chr), strr.end())

int main() {
    Array <int> ary1 = { 8, 4, 3, 1, 3, 7, 7, 4, 6, 3, 1, 1, 9 };
    Array <int> ary2;

    sortArray(ary1);
    printArray(ary1);

    reverseArray(ary1);
    printArray(ary1);

    copyArray(ary1, ary2);
    printArray(ary2);

    insertArray(ary1, 2, 8888);
    printArray(ary1);

    setArray(ary1);
    printArray(ary1);

    bool yn = isInArray(ary1, 8888);
    println(yn);

    string myStr = "IT CookBook Algorithm";
    removeChar(myStr, 'o');
    println(myStr);
}
```

실행 결과

```
[ 1 1 1 3 3 3 4 4 6 7 7 8 9 ]
[ 9 8 7 7 6 4 4 3 3 3 1 1 1 ]
[ 9 8 7 7 6 4 4 3 3 3 1 1 1 ]
[ 9 8 8888 7 7 6 4 4 3 3 3 1 1 1 ]
[ 9 8 8888 7 6 4 3 1 ]
1
IT CkBk Algrithm
```

14~20행 앞에서 설명한 기능을 #define 지시문을 사용해 매크로로 정의한다. 간단한 이름으로 사용하기 위함이다.

23~24행 ary1 배열에는 적당한 값을 넣었다. ary2는 빈 배열로 준비한다.

26~46행 앞에서 설명한 각 기능을 확인하고, 결과를 출력한다.

3 공통 헤더 파일 준비

앞으로 3장 이후에서 사용할 공통 헤더 파일을 준비하자. 헤더 파일의 이름은 CookHeader.h로 지정하고, C:\CookDataC 폴더에 저장시켜 놓자.

01 새 프로젝트 생성하기 Code02-10 프로젝트를 생성한다.

02 새 헤더 파일 생성하기 [솔루션 탐색기] 창의 [프로젝트 이름(현재 Code02-10)]-[헤더 파일] 폴더에서 마우스 오른쪽 버튼을 누르고 [추가]-[새 항목]을 선택한다. [새 항목 추가] 창에서 [Visual C++]-[헤더 파일(.h)]를 선택한 뒤 이름에 'CookHeader.h'를 입력한다. 이후의 모든 C 코드가 이 헤더 파일을 참조할 수 있도록 위치를 C:\CookDataC로 변경하고 [추가]를 누른다.

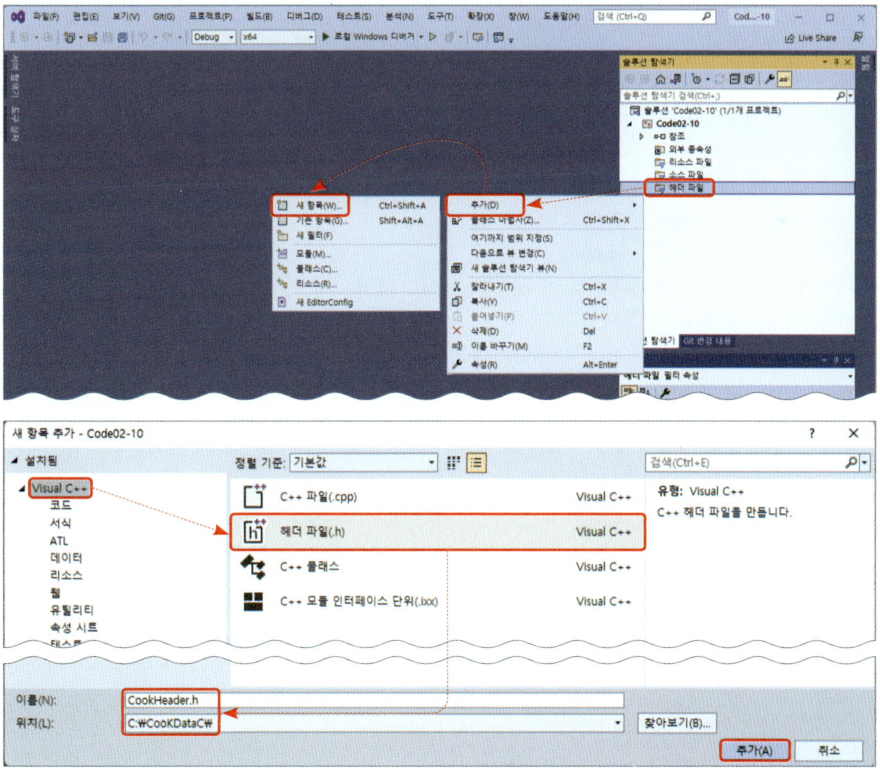

03 헤더 파일 작성하기 헤더 파일을 지금까지 학습한 내용으로 채운다. 1행은 향후에 일부 C 언어 코드 중 경고가 나오는 것을 미리 방지하기 위해 넣은 코드다. 일부 소스 코드는 이 행이 없어도

되지만, 종종 이 행이 없으면 오류가 발생하는 코드도 있으므로 그냥 넣어두는 것으로 한다. 나머지는 앞서 모두 설명한 내용이다. 21행의 printArray_( ) 매크로는 배열을 출력한 후에 행이 넘어가지 않도록 printArray( )와 별도로 작성한다.

TIP • CookHeader.h는 3장 이후의 모든 코드를 참조하므로 오타 등이 생기지 않도록 특히 주의하자. 이 책의 소스 파일을 그대로 사용하는 것도 좋은 방법이다.

CookHeader.h 공통 헤더 파일

```
1  #define _CRT_SECURE_NO_WARNINGS
2
3  using namespace std;
4  #include <iostream>
5  #include <string>
6  #include <vector>
7  #include <algorithm>
8  #include <random>
9
10 #define Array vector
11
12 #define print(data) \
13             cout << data << " "
14 #define println(data) \
15             cout << data << endl
16 #define printArray(ary) \
17             cout << "[ "; \
18             for(int i = 0; i < (int)ary.size(); i++) \
19                 cout << ary[i] << " "; \
20             cout << "]" << endl
21 #define printArray_(ary) \
22             cout << "[ "; \
23             for(int i = 0; i < (int)ary.size(); i++) \
24                 cout << ary[i] << " "; \
25             cout << "]"
26 #define printArray2(ary2) \
27             cout << "[ "; \
28             for(int i = 0; i < (int)ary2.size(); i++) { \
29                 cout << "{ "; \
30                 for(int k = 0; k < (int)ary2[i].size(); k++) { \
31                     cout << ary2[i][k] << " "; \
32                 } \
33                 cout << "} "; \
34             } \
35             cout << "]" << endl
36
37 #define input(data, msg) \
38             cout << msg; \
39             cin >> data
```

```
#define del(ary, position) \
            ary.erase(ary.begin()+position)
#define len(ary) \
            (int) ary.size()

#define randomInit(start, end)  \
    random_device rd; \
    mt19937 gen(rd()); \
    uniform_int_distribution<int> cookRandom(start, end)

#define sortArray(ary) sort(ary.begin(), ary.end())
#define reverseArray(ary) reverse(ary.begin(), ary.end())
#define copyArray(source, target) target.assign(source.begin(), source.end())
#define insertArray(ary, position, data) ary.insert(ary.begin() + position, data)
#define isInArray(ary, data) find(ary.begin(), ary.end(), data) != ary.end()
#define setArray(ary) ary.erase(unique(ary.begin(), ary.end()),ary.end())
#define removeChar(str, chr) str.erase(remove(str.begin(), str.end(), chr), str.end())

Array <Array <int>> emptyArray2(int row, int col) {
    Array <Array <int>> ary2;
    Array <int> tmp;
    for (int i = 0; i < row; i++) {
        tmp.clear();
        for (int k = 0; k < col; k++)
            tmp.push_back(0);
        ary2.push_back(tmp);
    }
    return ary2;
}
```

04 공통 헤더 파일 테스트하기 테스트를 위해 C:\CookDataC\Code02-10 폴더에 Code02-10.cpp를 추가하자. 그런 다음 다음과 같이 간단히 테스트하는 코드를 작성하자. 특히 1행은 앞으로 모든 C 소스에 공통으로 들어갈 문장으로, 현재 폴더의 앞 폴더를 의미하는 '..\'를 사용한다. 현재 폴더가 C:\CookDataC\Code02-10이므로, 결국 C:\CookDataC\CookHeader.h 파일을 포함하는 것이다. 나머지는 CookHeader.h 파일의 일부 기능으로, 테스트하는 코드다.

Code02-10.cpp 공통 헤더 파일 테스트

```
1 #include "..\CookHeader.h"
2
3 int main() {
4     randomInit(1, 100);
5
6     println(cookRandom(gen));
7 }
```

실행 결과

```
33
```

연습문제

1 다음 중 단위가 가장 큰 것을 고르시오.

C 소스, 헤더 파일, 프로젝트

2 C 언어의 기능과 동일한 기능을 하는 C++ 예약어를 보기에서 고르시오.

```
cin, endl, \n, #define, cout
```

(1) printf( )

(2) scanf( )

3 다음 설명하는 것이 무엇인지 예약어를 쓰시오.

이름을 다르게 정의하거나 간단한 매크로 형태로 정의할 수 있다. 예로 cout을 print( )라는 이름의 함수처럼 정의할 수 있다.

4 다음은 입력 기능을 매크로로 정의한 것이다. 사용법이 맞는 것을 고르시오.

```
#define input(data, msg)  cout << msg;  cin >> data
```

① int value = input(data, "값 -->");

② int value; input(value, "값 -->");

③ int value; input(data, "값 -->");

④ input(100, "값 -->");

5 화면 출력 및 입력을 위한 문법으로 옳은 것을 고르시오.

① cout << "내용"; cin << 변수

② cout >> "내용"; cin >> 변수

③ cout << "내용"; cin >> 변수

④ cout >> "내용"; cin << 변수

6 문자열과 관련된 설명으로 거리가 먼 것을 고르시오.

① C++는 string 형을 지원한다.

② const char* 형을 사용하면 문자열을 사용할 수 있다.

③ 문자열의 길이는 '문자열.len()' 함수를 사용해 구할 수 있다.

④ char* 형은 string 형에 바로 대입할 수 있다.

7 배열과 관련된 설명으로 거리가 먼 것을 모두 고르시오.

① int ary[3] 형식으로 배열을 선언한 이후는 크기를 변경할 수 없다.

② 벡터(Vector)는 고정 배열 방식을 제공한다.

③ 벡터로 생성한 배열에 값을 추가하려면 push_back() 함수를 사용한다.

④ 고정 배열에 값을 추가하려면 append() 함수를 사용한다.

8 2차원 배열을 다음과 같이 선언하면 배열은 몇 행 몇 열로 생성되는가?

```
Array <Array <string>> grade = {{"수학", "90", "101호"}, {"영어", "70", "202호"}};
```

9 구조체를 선언하는 코드의 ❶을 채우시오.

```
[      ❶      ] _Node {
    string data;
    int num = 0;
} Node;
```

10 구조체 포인터를 다음과 같이 선언했을 때, 값을 대입하는 방법으로 옳은 것을 고르시오.

```
typedef struct _Node {
    string data;
    int num = 0;
} Node;
Node* myNode = new Node;
```

① myNode.data = "값";

② myNode>data = "값";

③ myNode-data = "값";

④ myNode->data = "값";

연습문제

IT@COOKBOOK

11 배열에 구조체 변수 세 개를 추가하는 코드를 ❶에 채우시오.

```
Array <Node*> memory;
Node* node;
for (int i=0; i<3; i++) {
    node = [          ❶          ];
    memory.push_back(node);
}
```

12 랜덤한 값을 초기화하고 추출하는 코드를 올바른 순서대로 나열하시오.

```
(1) random_device rd;
(2) int value = 함수명(gen);
(3) uniform_int_distribution<int> 함수명(시작값, 끝값);
(4) mt19937 gen(rd());
```

13 각 코드가 하는 기능을 다음 보기에서 각각 고르시오.

> 배열 정렬, 배열 차례 반전, 배열 복사, 배열 중간에 값 삽입, 배열 중복 값 제거, 배열에 찾는 값이 있는지 확인, 문자열 중에서 특정 문자 삭제

(1) 배열명.erase(unique(배열명.begin( ), 배열명.end( )), 배열명.end( ));.

(2) find(배열명.begin( ), 배열명.end( ), 찾는값) != 배열명.end( );.

(3) 배열2.assign(배열1.begin( ), 배열1.end( ));.

(4) reverse(배열명.begin( ), 배열명.end( ));

응용예제 01

자동 로또 번호 생성기

난이도★★★

예제 설명 1~45 숫자 중에서 로또 번호 6개를 자동으로 뽑아 주는 프로그램을 작성하자. 사용자가 입력한 횟수만큼 번호 쌍을 생성해 주는 기능을 한다.

실행 결과

```
Microsoft Visual Studio 디버그 콘솔
** 로또 번호 생성을 시작합니다. **
몇 번을 뽑을까요? 5
자동번호--> [ 18 23 26 31 37 40 ]
자동번호--> [ 10 14 16 22 31 36 ]
자동번호--> [ 4 5 19 20 34 41 ]
자동번호--> [ 8 21 26 28 40 44 ]
자동번호--> [ 6 12 16 19 26 38 ]
```

코드

```
#include "..\CookHeader.h"

int main() {
     Array <Array <int>> totalLotto;
     Array <int> lotto;
     int pickNum;
     int totCount;

     println("** 로또 번호 생성을 시작합니다. **");
     input(totCount, "몇 번을 뽑을까요? ");

```

```
12     randomInit(1, 45);
13     for (int i = 0; i < totCount; i++) {
14         lotto = {};
15         while (true) {
16             pickNum = cookRandom(gen);
17             if (!(isInArray(lotto, pickNum)))
18                 lotto.push_back(pickNum);
19             if (len(lotto) >= 6)
20                 break;
21         }
22         totalLotto.push_back(lotto);
23     }
24
25     for (int i = 0; i < totCount; i++) {
26         lotto = totalLotto[i];
27         sortArray(lotto);
28         print("자동번호--> ");
29         printArray(lotto);
30     }
31 }
```

코드 설명

4~7행	사용할 변수를 선언한다. totalLotto는 여러 회의 추첨 번호를 모두 저장할 2차원 배열이다. lotto는 한 회의 추첨 번호를 저장할 1차원 배열이다. pickNum은 뽑은 숫자 1개, totCount는 몇 회를 뽑을지 입력받는 변수다.
10행	몇 회를 추첨할지 입력받는다.
12행	랜덤을 초기화한다. 1~45 사이의 숫자로 초기화한다.
13~23행	입력한 횟수만큼 로또를 추첨한다. 14행에서 각 회의 로또 번호를 초기화한다. 15~21행은 뽑은 숫자가 중복되면 안 되므로, 19행에서 중복되지 않고 뽑힌 숫자가 6개 이상이 될 때까지 무한 반복해서 숫자를 추첨한다. 17~18행에서 추첨한 숫자가 중복되어 있지 않으면 1회 추첨 번호로 추가한다. 22행에서 1회 추첨된 번호를 전체 추첨 번호 목록에 넣는다.
25~30행	추첨한 2차원 목록을 형식에 맞춰 각 행별로 출력한다. 27행에서 각 회의 번호를 정렬한다.

응용예제 02

가장 많이 나온 글자 세기

난이도★★★

예제 설명 영어 동요에서 10회 이상 나온 글자를 센다. 단, 알파벳만 해당하고, 그 외 공백이나 특수문자 등은 인정하지 않는다. 대소문자는 별도의 글자로 취급한다.

```
One little, Two little, Three little Indians
Four little, Five little, Six little Indians
Seven little, Eight little, Nine little Indians
Ten little Indian boys
```

실행 결과

```
Microsoft Visual Studio 디버그 콘솔
원문
One little, Two little, Three little Indians
Four little, Five little, Six little Indians
Seven little, Eight little, Nine little Indians
Ten little Indian boys
---------------------
문자 빈도수 (10회 이상)
---------------------
n ---->12
e ---->18
l ---->20
i ---->18
t ---->21
```

코드

```
#include "..\CookHeader.h"

int main() {
    string poet = "One little, Two little, Three little Indians \n";
    poet += "Four little, Five little, Six little Indians \n";
    poet += "Seven little, Eight little, Nine little Indians \n";
    poet += "Ten little Indian boys ";

```

```
9       Array <char> charAry;
10      Array <int>  countAry;
11
12      for (int i = 0; i < len(poet); i++) {
13          char ch = poet[i];
14          if (('a' <= ch and ch <= 'z') || ('A' <= ch and ch <= 'Z')) {
15              if (isInArray(charAry, ch)) {
16                  int index = find(charAry.begin(), charAry.end(), ch) -
                    charAry.begin();
17                  countAry[index] ++;
18              }
19              else {
20                  charAry.push_back(ch);
21                  countAry.push_back(1);
22              }
23          }
24      }
25      println("원문");
26      println(poet);
27      println("--------------------");
28      println("문자 빈도수 (10회 이상)");
29      println("--------------------");
30      for (int i = 0; i < len(charAry); i++) {
31          if (countAry[i] >= 10) {
32              print(charAry[i]);
33              println("---->" + to_string(countAry[i]));
34          }
35      }
36 }
```

코드 설명

4~7행	긴 문자열을 준비한다.
9~10행	문자 배열과 해당 문자의 개수 배열을 준비한다. 두 배열을 쌍으로 함께 처리한다.
12~24행	문자열의 글자 개수만큼 반복한다. 13행에서 한 글자씩 추출한다.
14~23행	영문자만 처리한다. 15행에서 추출한 문자가 문자 배열에 있으면, 16행에서 추출한 문자가 배열의 어느 위치에 있는지 첨자를 계산한다. 17행에서 해당 위치의 개수 배열에 1개 증가시킨다. 문자가 문자 배열에 없다면(= 처음으로 나왔다면) 20~21행에서 새로운 문자와 개수 1을 배열에 추가한다.
30~35행	개수 배열에서 10 이상인 문자만 문자 및 개수를 출력한다.

CHAPTER 03

선형 리스트

학습목표

- 선형 리스트의 개념을 파악한다.
- 선형 리스트의 데이터 삽입/삭제 원리를 이해한다.
- C 언어로 선형 리스트를 조작하는 코드를 작성한다.
- 다항식을 선형 리스트로 표현하는 방법을 학습한다.

SECTION

00 생활 속 자료구조와 알고리즘

TV 프로그램 [골목 식당]에 나왔던 '연돈(구 포방터 돈까스)'이라는 맛집이 제주도에서 상당히 인기라고 한다. 그곳에서 돈까스를 먹으려면 새벽부터 줄을 서야 한다. 하루에 만드는 분량도 제한되어 있다는데, 과연 몇 시쯤에 줄을 서야 오늘 먹을 수 있을까? 중간에 포기하고 대기줄에서 빠져나가는 사람과 중간에 새치기 하는 사람이 있다면……. 이렇게 맛집이나 마트에서 줄을 서는 것이 이 장에서 배울 선형 리스트의 개념이다.

SECTION 01

선형 리스트의 기본

1 선형 리스트의 개념

선형 리스트(Linear List)는 데이터를 일정한 순서로 나열한 자료구조로, 순차 리스트(Ordered List)라고도 한다. 선형 리스트는 입력 순서대로 저장하는 데이터에 적당하다. 예를 들어 좋아하는 프로그래밍 언어 종류, 카톡으로 연락이 많이 온 친구 목록, 오늘 수업할 과목 등을 저장하기에 적당하다.

그림 3-1 선형 리스트 사용 예

선형 리스트는 다양한 방법으로 구현할 수 있지만 가장 기본적인 방법은 배열을 이용하는 것이다. [그림 3-1]에서 예로 든 '카톡으로 연락이 많이 온 친구'는 배열을 이용하여 [그림 3-2]와 같이 표현할 수 있다.

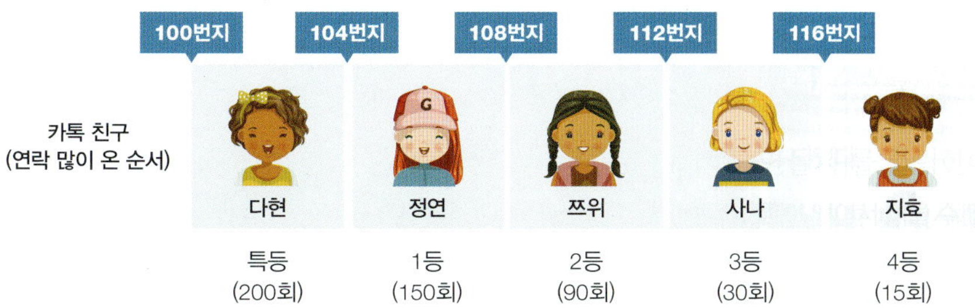

그림 3-2 배열에 저장된 선형 리스트 예

[그림 3-2]와 같이 선형 리스트는 메모리에서도 차례로 저장된다. 그림 위쪽 메모리 주소를 보자. 100번지부터 저장하면 이름 두 글자를 저장할 4바이트만큼 공간을 확보한 후 서로 다닥다닥 붙어 있음을 알 수 있다.

TIP • [그림 3-2]에서는 글자당 2바이트라고 가정하고 한 칸을 4바이트로 표현했다. 저장하는 데이터 형식에 따라서 4바이트가 아닐 수 있다.

2 선형 리스트의 원리

선형 리스트의 기본 구조를 이해했다면, 이제는 선형 리스트에 데이터를 삽입하고 삭제하는 방법을 알아보자.

데이터 삽입

선형 리스트에 데이터를 삽입하는 과정을 알아보자. 카톡을 40회 보낸 미나를 삽입한다면 2등과 3등 사이에 들어가야 한다. 그런데 2등과 3등 사이에는 빈칸이 없으므로 1단계에서 맨 끝에 빈칸을 확보한 후 2단계에서 3~5등을 4~6등으로 옮겨 3등 자리를 비운다. 마지막으로 3단계에서 빈 3등 자리에 미나를 삽입하면 된다.

여기서 잠깐

string 형식의 메모리 주소

[그림 3-2]와 달리, 이 책에서 사용하는 string 형식은 28바이트씩 자리를 차지한다. 그래서 이 책에서 사용하는 배열의 주소는 16진수로 다음과 같이 출력된다. 실행할 때마다 주소는 달라질 수 있지만 28(16진수 1C)씩 차이는 동일할 것이다.

```
cout << &katok[0] << endl;
cout << &katok[1] << endl;
cout << &katok[2] << endl;
```

→

```
0132EA48
0132EA64
0132EA80
```

그림 3-3 선형 리스트에서 데이터를 삽입하는 과정

데이터 삭제

이번에는 중간에 데이터가 삭제되는 것을 생각해 보자. [그림 3-4]와 같이 미나가 삽입된 상태에서 '사나'가 카톡을 차단했다면, 사나는 더 이상 친구가 아니므로 삭제된다. 그런데 선형 리스트는 삭제된 후 빈칸을 그대로 두지 않고 뒤의 지효와 모모를 앞으로 한 칸씩 이동시킨다. 1단계에서 사나를 삭제하면 4등 자리가 비게 된다. 2단계에서 지효, 모모를 앞으로 한 칸씩 옮겨 4등 자리를 채우고 3단계에서 맨 마지막 빈칸을 제거한다.

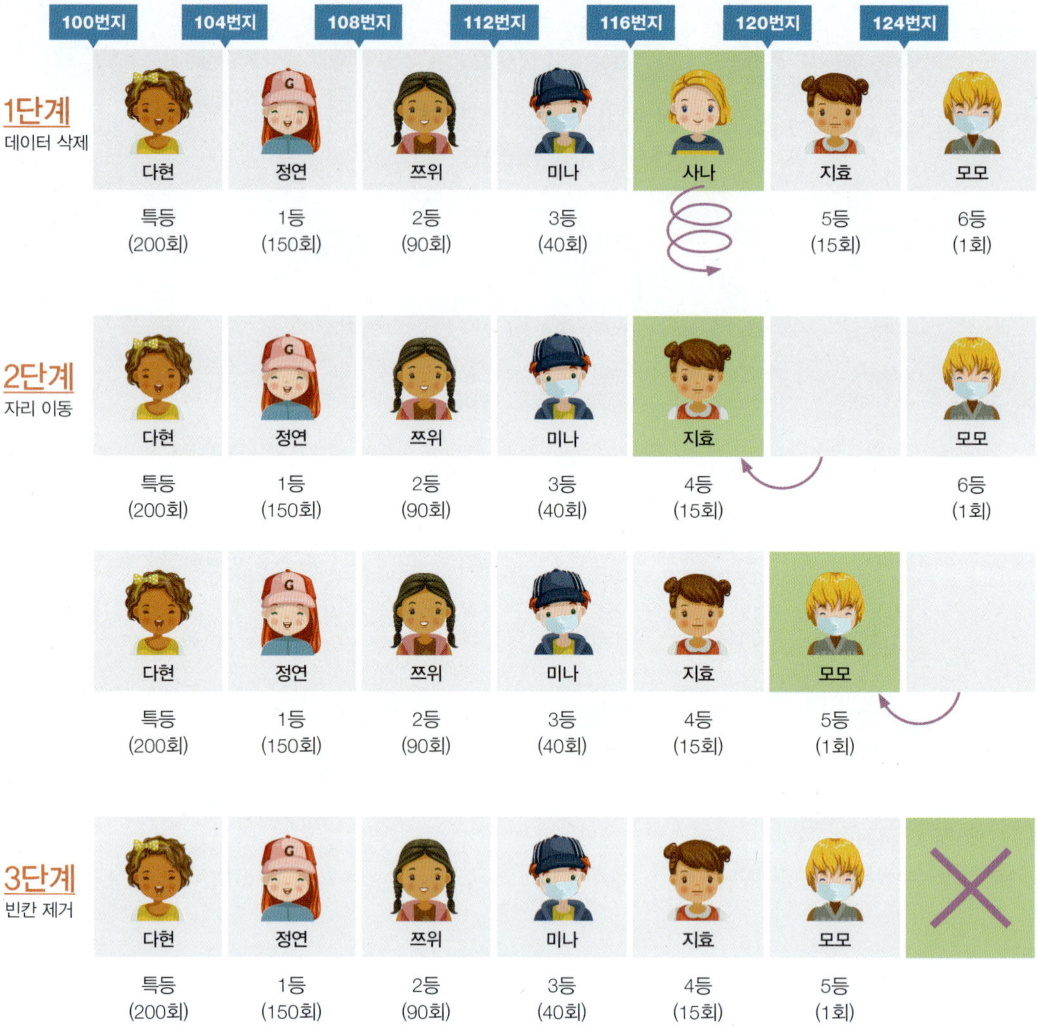

그림 3-4 선형 리스트에서 데이터를 삭제하는 과정

SECTION 02 선형 리스트의 간단 구현

1 데이터가 5개인 선형 리스트 생성

다음 예를 선형 리스트로 구현하면서 작동 원리를 이해해 보자.

그림 3-5 생성할 선형 리스트 예

[그림 3-5]의 선형 리스트는 다음과 같이 데이터가 5개 있는 배열로 생성한다.

```
Array <string> katok = { "다현", "정연", "쯔위", "사나", "지효" };
printArray(katok);
```

→

```
[ 다현 정연 쯔위 사나 지효 ]
```

배열은 0번째부터 시작하므로 다음과 같이 특등은 첫 번째, 1등은 두 번째, 2등은 세 번째 순으로 들어간다.

```
println(katok[0]);  // 특등
println(katok[4]);  // 4등
```

→

```
다현
지효
```

2 데이터 삽입

앞서 생성한 선형 리스트 예에 데이터를 삽입하는 방법을 알아보고 C 언어로 직접 구현해 보자. 카톡 연락 횟수가 1회인 모모 데이터를 삽입할 때는 다음과 같이 맨 끝에 빈칸을 추가하여 데이터를 삽입한다.

❶ 선형 리스트에 빈칸을 추가한다.

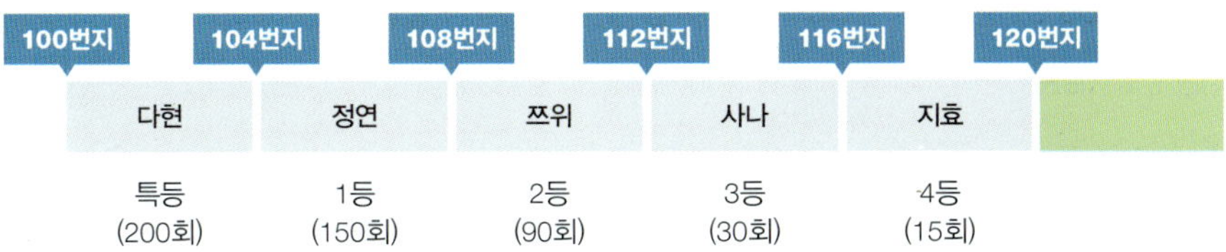

❷ 추가한 빈칸에 모모 데이터를 삽입한다.

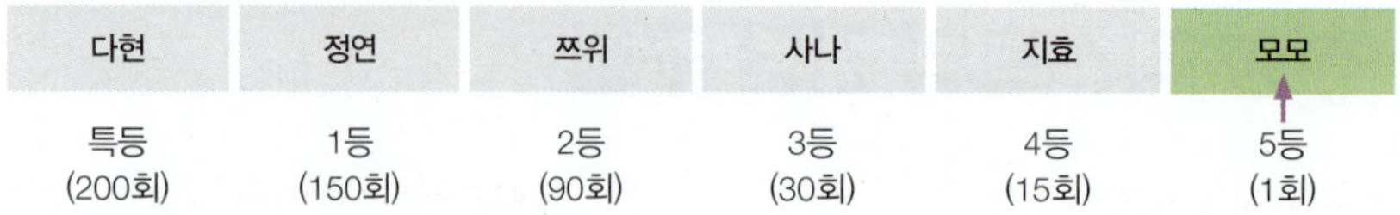

그림 3-6 선형 리스트의 끝에 데이터 삽입

[그림 3-6]의 삽입 과정은 다음과 같이 구현한다. 앞서 생성한 선형 리스트에 빈칸을 추가한 후 그 빈칸에 데이터를 삽입한다.

❶
```
katok.push_back("None");
printArray(katok);
```
→ [다현 정연 쯔위 사나 지효 None]

❷
```
katok[5] = "모모";
printArray(katok);
```
→ [다현 정연 쯔위 사나 지효 모모]

이번에는 카톡 연락 횟수가 40회인 미나 데이터를 삽입해 보자. 2등인 90회보다 적고 3등인 30회보다 많으므로 3등 자리에 들어가야 한다.

❶ 선형 리스트에 빈칸을 추가한다.

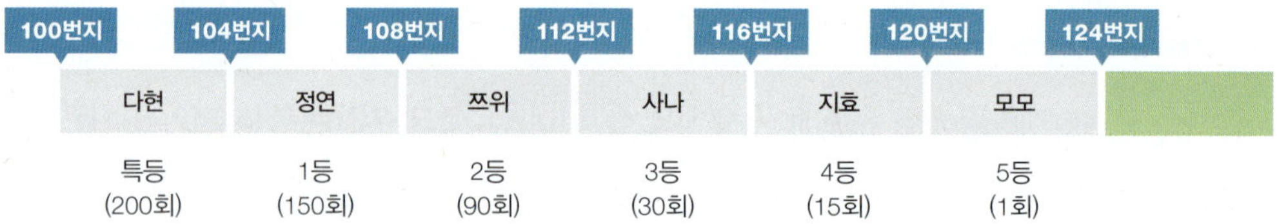

❷ 5등 데이터를 마지막 칸인 6등 자리로 옮기고, 원래 5등 자리는 빈칸으로 만든다.

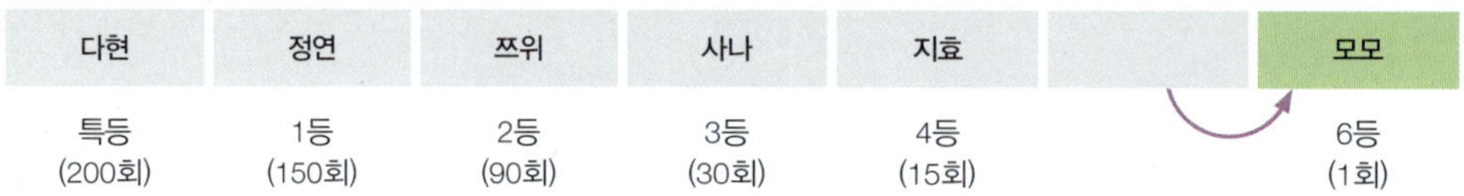

❸ 4등 데이터를 5등 자리로 옮기고, 원래 4등 자리는 빈칸으로 만든다.

다현	정연	쯔위	사나		지효	모모
특등 (200회)	1등 (150회)	2등 (90회)	3등 (30회)		5등 (15회)	6등 (1회)

❹ 3등 데이터를 4등 자리로 옮기고, 원래 3등 자리는 빈칸으로 만든다.

다현	정연	쯔위		사나	지효	모모
특등 (200회)	1등 (150회)	2등 (90회)		4등 (30회)	5등 (15회)	6등 (1회)

❺ 3등 자리에 미나를 삽입한다.

다현	정연	쯔위	미나	사나	지효	모모
특등 (200회)	1등 (150회)	2등 (90회)	3등 (40회)	4등 (30회)	5등 (15회)	6등 (1회)

그림 3-7 선형 리스트에 중간 데이터 삽입

[그림 3-7]의 삽입 과정은 다음과 같이 구현한다. ❶ [그림 3-6]의 선형 리스트에 빈칸을 추가한다. ❷~❹ 3~5등을 한 칸씩 옮기고, 3등 자리는 빈칸으로 만든다. ❺ 빈 3등 자리에 미나를 삽입한다.

❶
```
katok.push_back("None");
printArray(katok);
```
→ [다현 정연 쯔위 사나 지효 모모 None]

❷
```
katok[6] = katok[5];
katok[5] = "None";     // 빈 칸으로 만들기
printArray(katok);
```
→ [다현 정연 쯔위 사나 지효 None 모모]

❸~❹
```
katok[5] = katok[4];
katok[4] = "None";
katok[4] = katok[3];
katok[3] = "None";
printArray(katok);
```
→ [다현 정연 쯔위 None 사나 지효 모모]

❺
```
katok[3] = "미나 ";
printArray(katok);
```
→ [다현 정연 쯔위 미나 사나 지효 모모]

3 데이터 삭제

앞서 삽입했던 카톡 연락 횟수가 30회인 사나 데이터를 삭제해 보자.

그림 3-8 선형 리스트의 데이터 삭제

[그림 3-8]의 삭제 과정은 다음과 같이 구현한다. ❶ 데이터를 삭제하려면 4등 자리에는 그냥 None을 대입한다. ❷~❸ 5등 자리에 있던 데이터를 4등 자리로 옮기고, 6등 자리에 있던 데이터를 5등 자리로 옮긴다. ❹ 빈 6등 자리를 del() 함수로 삭제한다.

❶

```
katok[4] = "None";
printArray(katok);
```

→ [다현 정연 쯔위 미나 None 지효 모모]

❷~❸

```
katok[4] = katok[5];
katok[5] = "None";
katok[5] = katok[6];
katok[6] = "None";
printArray(katok);
```

→ [다현 정연 쯔위 미나 지효 모모 None]

❹

```
del(katok, 6);
printArray(katok);
```

→ [다현 정연 쯔위 미나 지효 모모]

SECTION 03

선형 리스트의 일반 구현

지금까지 잘 따라 했다면 선형 리스트의 기본 작동 과정을 어떻게 프로그램 코드로 구현했는지 확인할 수 있었을 것이다. 이번에는 그림과 같이 고정되지 않고 사용자가 입력하는 데이터가 가변적으로 작동하는 범용적인 코드를 작성해 보자.

1 배열을 이용한 선형 리스트 생성

빈 카톡 친구 배열을 만들고, 친구를 맨 뒤에 추가하는 방법을 알아보자. 앞서 5등일 때는 katok[5]로 숫자를 지정해 추가했지만, 배열의 맨 끝 위치는 len(배열이름)−1로 구할 수 있다.

먼저 카톡 친구를 저장할 배열을 준비한다.

```
Array <string> katok;
```

카톡 배열에 다현을 추가해 보자. 먼저 카톡 배열의 맨 뒤에 빈칸을 추가한 후 위치를 확인한다. 이때는 한 칸만 추가했으므로, 카톡 배열의 인덱스는 0번이 된다. 그리고 확인한 위치에 다현을 대입한다. 이를 그림과 코드로 표현하면 다음과 같다.

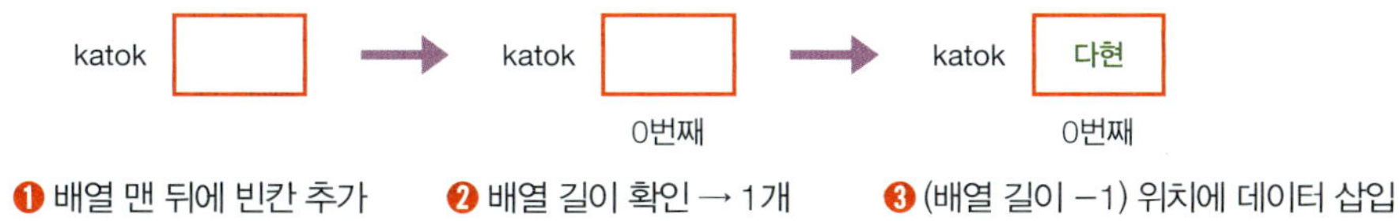


```
❶ katok.push_back("None");
❷ 배열길이 = len(katok);
❸ katok[배열길이-1] = "다현";
```

그림 3-9 단순 연결 리스트의 첫 번째 데이터 입력

추가로 정연을 입력해 보자. 동일한 과정을 반복하면 된다.

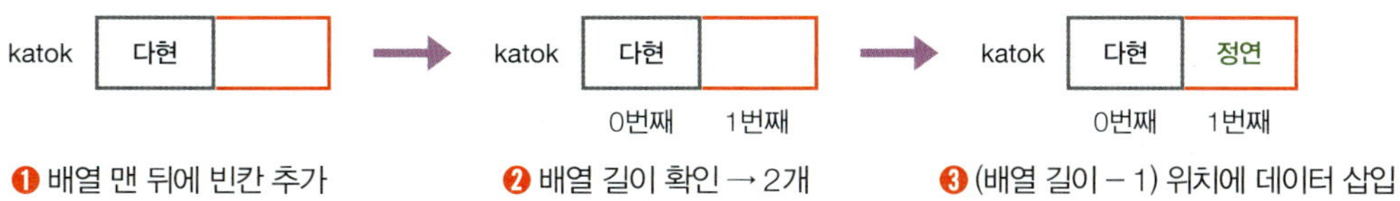

```
❶ katok.push_back("None");
❷ 배열길이 = len(katok);
❸ katok[배열길이-1] = "정연";
```

그림 3-10 단순 연결 리스트의 두 번째 데이터 입력

선형 리스트의 끝에 데이터를 추가하는 함수를 작성해서 5명을 차례대로 추가하는 완전한 코드를 만들자.

katok	다현	정연	쯔위	사나	지효

그림 3-11 선형 리스트 예

Code03-01.cpp 선형 리스트를 생성하는 함수

```
1  #include "..\CookHeader.h"
2  
3  Array <string> katok;
4  
5  void add_data(string data) {
6      katok.push_back("None");
7      int kLen = len(katok);
8      katok[kLen - 1] = data;
9  }
10 
11 int main() {
12     add_data("다현");
13     add_data("정연");
14     add_data("쯔위");
15     add_data("사나");
16     add_data("지효");
17 
18     printArray(katok);
19 }
```

실행 결과

```
[ 다현 정연 쯔위 사나 지효 ]
```

1행 2장에서 학습한 헤더 파일을 포함한다(이후 모든 코드 동일).

3행 빈 배열을 전역 변수로 준비한다.

5~9행 배열 맨 뒤에 데이터를 추가하는 함수를 선언한다. 저장할 데이터를 매개변수로 전달받는다. 6행에서 배열 맨 뒤에 빈칸을 추가한다. 7행에서 배열의 현재 크기를 구하여 kLen 변수에 저장한다. 8행에서 배열 맨 뒤에 전달받은 매개변수를 대입한다.

12~16행 add_data() 함수에 [그림 3-11]의 데이터를 차례대로 호출한다.

18행 katok 배열을 출력한다.

2 데이터 삽입

선형 리스트에 데이터를 삽입하는 방식을 구현해 보자. 선형 리스트의 지정 위치에 데이터를 삽입하는 과정을 중간(2번 자리)에 있는 쯔위 앞에 솔라를 삽입하는 예로 알아보자.

중간 데이터 삽입

0 데이터 삽입 전 초기 상태

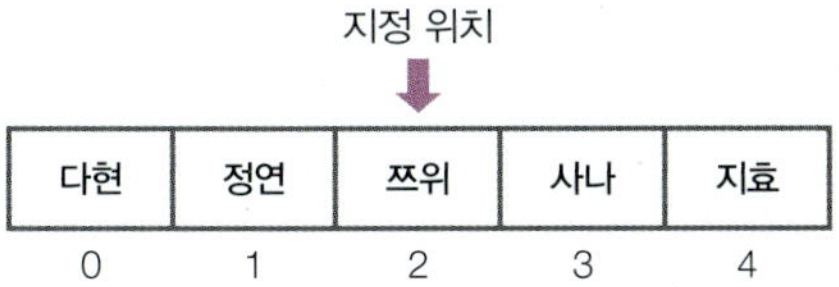

1 선형 리스트에 빈칸을 추가한다.

2 마지막 자리(5번)에 바로 앞 자리(4번)를 넣고, 원래 4번 자리는 빈칸으로 만든다.

3 다시 4번 자리에 3번 자리를 넣고, 원래 3번 자리는 빈칸으로 만든다. 지정 위치에 있던 데이터가 다음 칸으로 이동할 때까지 **2**단계를 반복한 후 멈춘다.

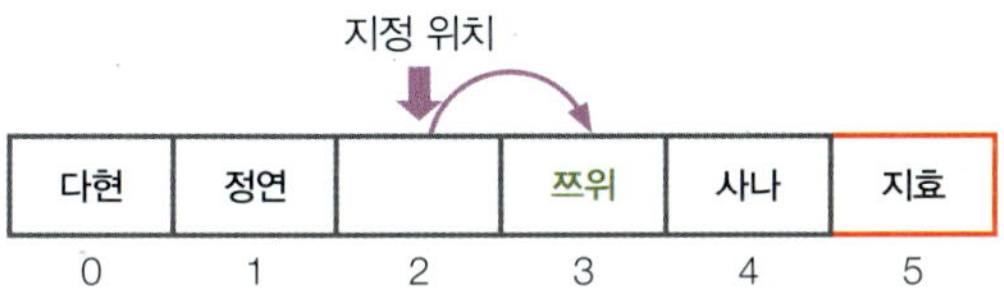

4 지정 위치(2번)에 솔라를 추가한다.

선형 리스트에 데이터를 삽입하는 과정을 코드 형태로 구현하면 다음과 같다.

```
1     katok.push_back("None");

2~3 for (int 현재위치 = 마지막위치; 지정위치 > position; 현재위치--) {
          katok[현재위치] = katok[현재위치 - 1];
          katok[현재위치-1] = "None";
     }

4     katok[지정위치] = data;
```

맨 마지막 데이터 삽입

중간에 솔라 데이터를 추가한 앞의 결과에서 마지막(6번 자리)에 문별을 삽입할 때는 다음과 같이 맨 끝에 빈칸을 추가한 후 지정 위치인 6번 자리에 삽입하면 된다. 과정을 보자.

1 선형 리스트에 빈칸을 추가한다.

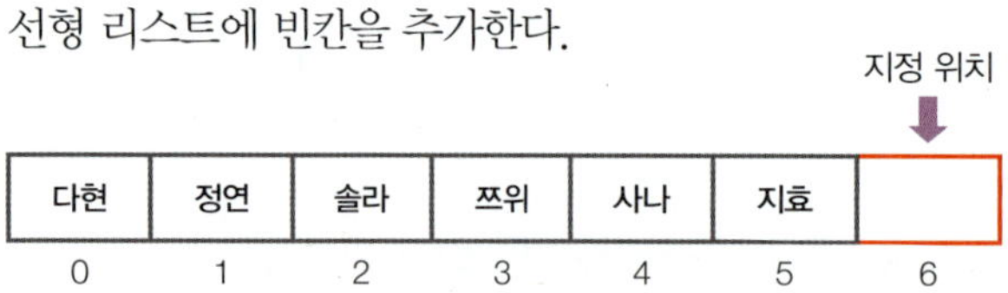

2 지정 위치(6번 자리)에 문별을 추가한다.

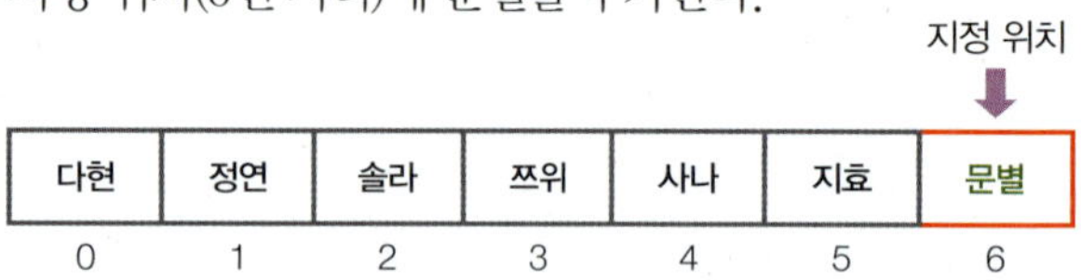

그런데 작동 코드는 중간에 삽입하는 코드와 동일하다. for 문 조건에서 마지막 위치(6번 자리)가 지정 위치(6번 자리)와 처음부터 같아 for 문을 수행하지 않고 바로 빠져나온다. 결국 삽입할 위치가 중간이든 마지막이든 간에 동일한 코드로 작동하므로, 삽입 위치는 신경 쓰지 않아도 된다.

```
1 katok.push_back("None");

2 for (int 현재위치 = 마지막위치; 지정위치 > position; 현재위치--) {   // 어차피 작동하지 않음
      katok[현재위치] = katok[현재위치 - 1];
      katok[현재위치-1] = "None";
  }

  katok[지정위치] = data;
```

데이터 삽입 함수의 완성

데이터가 삽입되는 함수를 완성해 보자.

Code03-02.cpp 데이터를 삽입하는 함수

```
1  #include "..\CookHeader.h"
2
3  Array <string> katok = { "다현", "정연", "쯔위", "사나", "지효" };
4
5  void insert_data(int position, string data) {
6      if ((position < 0) || (position > len(katok))) {
7          print("데이터를 삽입할 범위를 벗어났습니다.");
8          return;
9      }
10
11     katok.push_back("None");
12     int kLen = len(katok);
13
14     for (int i = kLen - 1; i > position; i--) {
15         katok[i] = katok[i - 1];
16         katok[i - 1] = "None";
17     }
18
19     katok[position] = data;
20 }
21
22 int main() {
23     insert_data(2, "솔라");
24     printArray(katok);
25     insert_data(6, "문별");
26     printArray(katok);
27 }
```

실행 결과

```
[ 다현 정연 솔라 쯔위 사나 지효 ]
[ 다현 정연 솔라 쯔위 사나 지효 문별 ]
```

3행　테스트용 데이터를 미리 넣는다.

5~20행　중간에 데이터를 삽입하는 함수를 선언한다. 매개변수로 삽입할 위치와 데이터를 넘겨받는다. 6~9행은 삽입할 위치가 배열 범위 안에 있어야 한다. 그렇지 않으면 오류 메시지를 출력하고 함수를 종료한다. 11~12행은 빈칸을 하나 추가하고 현재 배열 길이를 계산한다. kLen−1 값이 '마지막 위치'가 된다. 배열의 전체 길이가 6이라면 마지막 인덱스(=마지막

위치)는 5가 된다. 14~17행은 마지막 위치(배열 길이-1)부터 삽입할 위치(position)까지 1씩 감소시키면서 반복한다. 반복하면서 [중간 데이터 삽입] 과정의 2~3단계처럼 맨 뒤부터 한 칸씩 오른쪽으로 자리 이동시킨다. 여기에서는 i가 5부터 반복하므로 처음에는 4번을 5번 자리로 이동시키고, 4번 자리는 빈칸으로 만든다. 이렇게 position 위치까지 반복한다. 19행은 [중간 데이터 삽입] 과정의 4단계처럼 position 위치에 넘겨받은 데이터를 삽입한다.

23~26행 insert_data() 함수의 작동을 확인하는 테스트용 코드다.

> **여기서 잠깐**
>
> **반복문이 한 번도 실행되지 않는 경우**
>
> 다음과 같이 for 문에서 for(int i=값1; i<값2; i++) 또는 for(int i=값1; i>값2; i--)의 값 1과 값 2가 같으면 한 번도 수행하지 않아 아무 것도 출력하지 않는다.
>
> ```
> for (int i = 6; i > 6; i--)
>     print("OK");
>
> for (int i = 6; i < 6; i++)
>     print("OK");
> ```

3 데이터 삭제

완성된 선형 리스트에 데이터를 삭제하는 방식을 구현하기 위해 삭제 과정을 살펴보자.

중간 데이터 삭제

예로 중간(1번 자리)에 정연이 삭제되는 과정을 알아보자.

0 중간에 데이터가 삭제되기 전 초기 상태

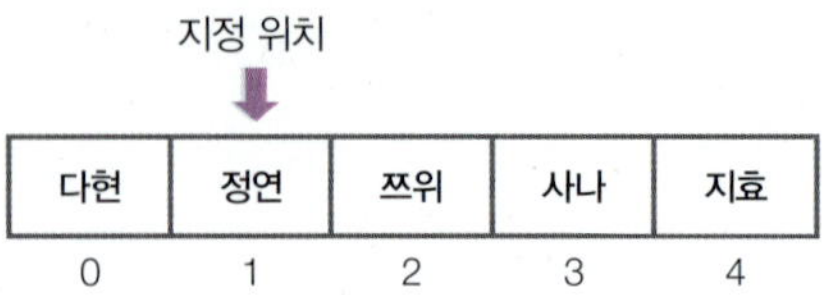

1 지정 위치의 데이터를 삭제한다.

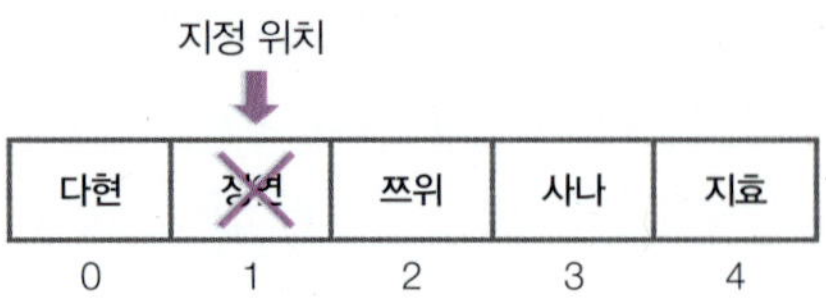

❷ 지정 위치 다음(2번 자리)에 있는 데이터를 지정 위치(1번 자리)로 이동하고, 2번은 빈칸으로 만든다.

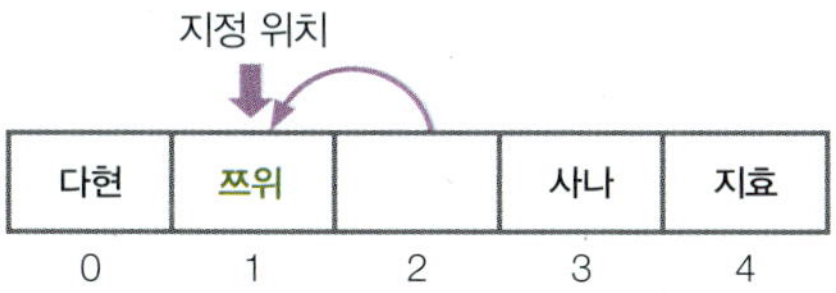

❸ 다시 3번 자리를 2번 자리로 이동하고, 3번 자리는 빈칸으로 만든다. 배열의 맨 마지막 위치가 앞 칸으로 이동할 때까지 ❷단계를 반복한 후 멈춘다.

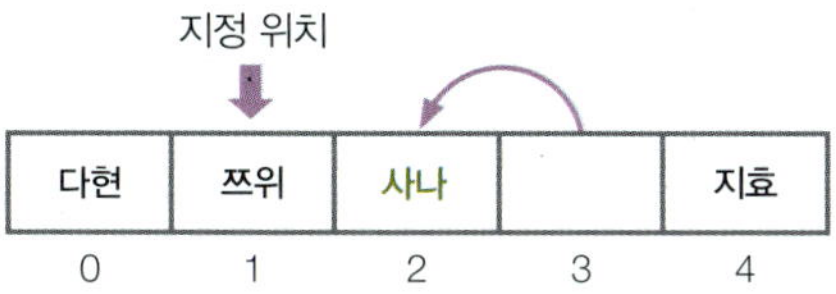

❹ 배열 맨 마지막 위치를 완전히 제거한다.

선형 리스트에 데이터를 삭제하는 과정을 코드 형태로 구현하면 다음과 같다.

```
❶    katok[지정위치] = "None";

❷~❸ for (int 현재위치 = 지정위치 + 1; 현재위치<마지막위치 + 1; 현재위치++) {
         katok[현재위치 - 1] = katok[현재위치];
         katok[현재위치] = "None";
     }

❹    del(katok, 마지막위치);
```

맨 마지막 데이터 삭제

정연을 삭제한 앞의 결과에서 마지막 자리에 있는 지효를 삭제하는 과정을 살펴보자.

0 마지막 데이터가 삭제되기 전 초기 상태

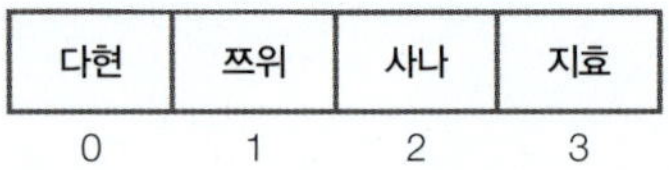

1 지정 위치의 데이터를 삭제한다.

2 지정 위치(=배열의 맨 마지막 위치)를 완전히 제거한다.

그런데 작동 코드는 중간에 삽입하는 코드와 동일하다. for 문 range( )에서 마지막 위치(3번 자리)가 지정 위치(3번 자리)와 처음부터 같아 for 문을 수행하지 않고 바로 빠져나온다. 결국 삭제할 위치가 중간이든 마지막이든 간에 동일한 코드로 작동하므로, 삭제 위치는 신경 쓰지 않아도 된다.

```
1 katok[지정위치] = "None";

  for (int 현재위치 = 지정위치 + 1; 현재위치 < 마지막위치 + 1; 현재위치++) {
     katok[현재위치 - 1] = katok[현재위치];
     katok[현재위치] = "None";
  }

2 del(katok, 마지막위치);    // 지정위치 == 마지막위치
```

데이터 삭제 함수의 완성

지정한 위치의 데이터를 삭제하는 함수를 만들자. 함수의 매개변수는 삭제할 위치를 전달받는다.

Code03-03.cpp 데이터를 삭제하는 함수

```
1  #include "..\CookHeader.h"
2
3  Array <string> katok = { "다현", "정연", "쯔위", "사나", "지효" };
4
5  void delete_data(int position) {
6      if ((position < 0) || (position > len(katok))) {
7          println("데이터를 삭제할 범위를 벗어났습니다.");
8          return;
9      }
10
11     int kLen = len(katok);
12     katok[position] = "None"; // 데이터 삭제
13
14     for (int i = position + 1; i < kLen; i++) {
15         katok[i - 1] = katok[i];
16         katok[i] = "None";
17     }
18
19     del(katok, kLen - 1);
20 }
21
22 int main() {
23
24     delete_data(1);
25     printArray(katok);
26     delete_data(3);
27     printArray(katok);
28 }
```

실행 결과

```
[ 다현 쯔위 사나 지효 ]
[ 다현 쯔위 사나 ]
```

3행 테스트용 데이터를 미리 넣는다.

5~20행 지정한 위치의 데이터를 삭제하는 함수를 선언한다. 매개변수로 삭제할 위치를 넘겨받는다. 6~9행은 삭제할 위치가 배열 범위 안에 있어야 한다. 그렇지 않으면 오류 메시지를 출력하고 함수를 종료한다. 11~12행은 현재 배열의 길이를 계산하고, 삭제할 위치(position)의 데이터를 삭제한다. [중간 데이터 삭제] 과정의 1단계와 동일하다. 14~17행

은 삭제한 다음 위치(position+1)부터 배열 길이−1까지 1씩 증가시키면서 반복한다. 반복하면서 [중간 데이터 삭제] 과정의 2~3단계처럼 한 칸씩 왼쪽으로 자리 이동시킨다. 23행에서 지정위치를 1로 호출하여 i가 2부터 반복하므로 처음에는 2번을 1번 자리로 이동시키고, 2번 자리를 빈칸으로 만든다. 이렇게 배열 끝까지 반복한다. 19행은 [중간 데이터 삭제] 과정의 4단계처럼 맨 뒤의 빈칸을 삭제한다.

24~27행 delete_data( ) 함수의 작동을 확인하는 테스트용 코드다.

SELF STUDY 3-1

Code03-03.cpp를 수정하여 입력한 위치 이후가 모두 삭제되도록 하자. 즉, 23행에서 delete_data(1)이 실행되면 1번 이후가 모두 삭제되도록 하자. 실행 결과는 다음과 같다.

실행 결과

```
[ 다현 ]
데이터를 삭제할 범위를 벗어났습니다.
[ 다현 ]
```

4 선형 리스트의 완성

Code03-01.cpp에서 Code03-03.cpp까지 작성한 함수 3개를 통합해서 완전한 선형 리스트를 처리하는 프로그램을 완성하자. 이 프로그램은 처음에는 빈 선형 리스트에서 데이터 입력, 중간 삽입, 삭제를 사용자가 원하는 만큼 반복할 수 있다.

Code03-04.cpp 선형 리스트 처리 프로그램

```
#include "..\CookHeader.h"

// 전역 변수 선언 부분
Array <string> katok;
int sel_num = -1; // 1: 추가, 2: 삽입, 3: 삭제, 4: 종료

// 함수 선언 부분
void add_data(string data) {
    katok.push_back("None");
    int kLen = len(katok);
    katok[kLen - 1] = data;
}

void insert_data(int position, string data) {
    // 생략(Code03-02.cpp 6~19행과 동일)
}

```

```
void delete_data(int position) {
    // 생략(Code03-03.cpp 6~19행과 동일)
}

// 메인 코드
int main() {

    string data;
    int pos;

    while (sel_num != 4) {
        input(sel_num, "선택하세요(1: 추가, 2: 삽입, 3: 삭제, 4: 종료)--> ");

        switch (sel_num) {
            case 1:
                input(data, "추가할 데이터--> ");
                add_data(data);
                printArray(katok);
                break;
            case 2:
                input(pos, "삽입할 위치--> ");
                input(data, "삽입할 데이터--> ");
                insert_data(pos, data);
                printArray(katok);
                break;
            case 3:
                input(pos, "삭제할 위치--> ");
                delete_data(pos);
                printArray(katok);
                break;
            case 4:
                printArray(katok);
                return 0;
            default :
                println("1~4 중 하나를 입력하세요.");
                continue;
        }
    }
}
```

실행 결과

```
선택하세요(1: 추가, 2: 삽입, 3: 삭제, 4: 종료)--> 1
추가할 데이터--> 다현
[ 다현 ]
선택하세요(1: 추가, 2: 삽입, 3: 삭제, 4: 종료)--> 1
추가할 데이터--> 정연
[ 다현 정연 ]
선택하세요(1: 추가, 2: 삽입, 3: 삭제, 4: 종료)--> 1
추가할 데이터--> 쯔위
[ 다현 정연 쯔위 ]
선택하세요(1: 추가, 2: 삽입, 3: 삭제, 4: 종료)--> 2
삽입할 위치--> 1
삽입할 데이터--> 하나
[ 다현 하나 정연 쯔위 ]
선택하세요(1: 추가, 2: 삽입, 3: 삭제, 4: 종료)--> 2
삽입할 위치--> 0
삽입할 데이터--> 문별
[ 문별 다현 하나 정연 쯔위 ]
선택하세요(1: 추가, 2: 삽입, 3: 삭제, 4: 종료)--> 3
삭제할 위치--> 3
[ 문별 다현 하나 쯔위 ]
선택하세요(1: 추가, 2: 삽입, 3: 삭제, 4: 종료)--> 4
[ 문별 다현 하나 쯔위 ]
```

4~5행 카톡 배열과 사용자가 작업할 동작을 저장할 변수를 전역 변수로 준비했다.

8~46행 Code03-01.cpp에서 Code03-03.cpp까지 구현한 함수 세 개와 동일하다.

55행 사용자가 작업할 동작을 입력받는다. input()은 CookHeader.h에 정의되어 있다.

54~81행 사용자가 4를 누를 때까지 무한 반복한다.

57~80행 사용자가 입력한 숫자에 따라서 추가, 삽입, 삭제, 종료 등 네 가지 작동을 한다.

58~62행 1을 선택하면 추가할 데이터를 입력받고 add_data() 함수를 호출한다.

63~68행 2를 선택하면 삽입할 위치와 추가할 데이터를 입력받고 insert_data() 함수를 호출한다.

69~73행 3을 선택하면 삽입할 위치와 삭제할 위치를 입력받고 delete_data() 함수를 호출한다.

74~76행 4를 선택하면 프로그램을 종료한다.

77~79행 그 외의 숫자를 입력하면 다시 54행의 while 문으로 이동한다.

SECTION 04

선형 리스트의 응용

1 다항식의 선형 리스트 표현

선형 리스트의 가장 많은 응용 중 하나는 다항식(Polynomial)을 저장하고 활용하는 것이다. 다항식 형식은 다음과 같다.

$$P(x) = a + bx + cx^2 + dx^3 + \cdots + zx^n$$

P(x)를 다항식이라고 하며 a, b, c, …, z 등을 계수, x를 변수, x의 1, 2, …, n 등을 지수라고 한다. 여기에서 n이 가장 크므로, 이 다항식을 n차 다항식이라고 할 수 있다. 더 일반적인 형식은 최고차항부터 나열하므로 다음은 일반적인 형태다. x^3이 최고차항이므로 3차 다항식이라고 할 수 있다. ❶에서 생략한 항까지 모두 표현하면 ❷와 같다.

❶ $P(x) = 7x^3 - 4x^2 + 5$
❷ $P(x) = 7x^3 - 4x^2 + 0x^1 + 5x^0$

이처럼 x^1에 대한 것은 없지만 계수가 0이라 간주하고, 마지막 상수항은 x^0이므로 1을 곱한 것과 효과가 동일하다. 따라서 이 다항식 예를 선형 리스트로 표현한다면 다음과 같이 할 수 있다. 코드로 표현할 때 각 배열은 최고차항부터 나열한다고 가정한 후 다항식 계수들을 배열에 저장시키는 방식을 사용한다.

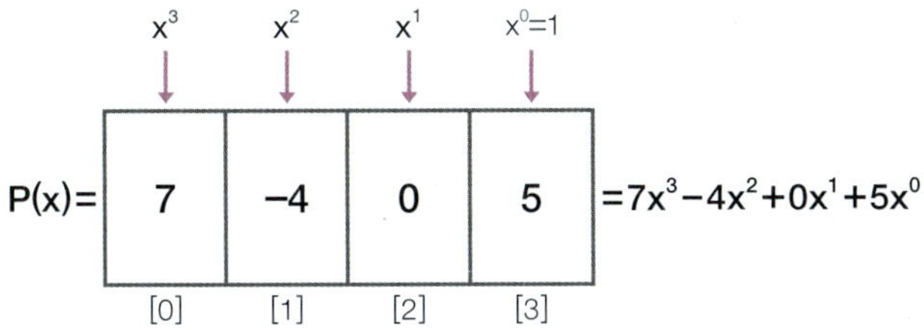

그림 3-12 다항식 예의 선형 리스트 표현

```
Array <int> px = { 7, -4, 0, 5 };
```

전체 배열 길이는 4이므로 4−1인 3부터 카운트해서 x^3, x^2, x^1, x^0 항으로 계산하면 된다. 즉, $7 \times x^3 - 4 \times x^2 + 0 \times x^1 + 5 \times x^0$으로 계산할 수 있다. x 값이 2라면 다음과 같은 수식으로 계산 가능하다.

```
int x = 2;
int pxVal = 7 * pow(x, 3) - 4 * pow(x, 2) + 0 * pow(x, 1) + 5 * pow(x, 0);
print(pxVal);
```

실행 결과

```
45
```

이번에는 다항식 형태를 출력해 보자.

```
Array <int> px = { 7, -4, 0, 5 };
string polyStr = "P(x) = ";
polyStr += " + " + to_string(px[0]) + "x^" + to_string(3);
polyStr += " + " + to_string(px[1]) + "x^" + to_string(2);
polyStr += " + " + to_string(px[2]) + "x^" + to_string(1);
polyStr += " + " + to_string(px[3]) + "x^" + to_string(0);
print(polyStr);
```

실행 결과

```
P(x) = + 7x^3 + -4x^2 + 0x^1 + 5x^0
```

2 다항식의 선형 리스트 표현과 계산 프로그램

앞서 부분적으로 확인한 내용을 기반으로 다항식을 선형 리스트로 표현하고 계산하는 완전한 코드를 구현해 보자. 다항식 형태를 출력하는 printPoly() 함수와 다항식을 계산하는 calcPoly() 함수를 생성해서 코드를 작성하자.

Code03-05.cpp 다항식 선형 리스트 표현과 계산 프로그램

```
#include "..\CookHeader.h"

Array <int> px = { 7, -4, 0, 5 }; // = 7x^3 -4x^2 +0x^1 +5x^0

string printPoly(Array <int> p_x) {
    int term = len(p_x) - 1;     // 최고차항 숫자 = 배열길이 - 1
    string polyStr = "P(x) = ";

    for (int i = 0; i < len(p_x); i++) {
        int coef = p_x[i];      // 계수

```

```
12          if (coef >= 0)
13              polyStr += "+";
14          polyStr += to_string(coef) + "x^" + to_string(term) + " ";
15          term--;
16      }
17
18      return polyStr;
19  }
20
21  int calcPoly(int xVal, Array <int> p_x) {
22      int retValue = 0;
23      int term = len(p_x) - 1;     // 최고차항 숫자 = 배열길이 - 1
24
25      for (int i = 0; i < len(p_x); i++) {
26          int coef = p_x[i];       // 계수
27          retValue += coef * (int) pow(xVal, term);
28          term--;
29      }
30
31      return retValue;
32  }
33
34  int main() {
35      string pStr = printPoly(px);
36      println(pStr);
37
38      int xValue;
39      input(xValue, "X값-->");
40
41      int pxValue = calcPoly(xValue, px);
42      println(pxValue);
43  }
```

실행 결과

```
P(x) = +7x^3 -4x^2 +0x^1 +5x^0
X값-->2
45
```

3행 다항식 계수 배열이다. 어떤 배열 값을 넣어도 다항식이 처리된다.

5~19행 다항식 형식을 출력한다. 매개변수 p_x는 3행의 다항식 계수 배열이다.

6행 최고차항 숫자를 계산한다. 배열 크기가 4라면 최고항은 x3이 된다.

7행 polyStr에 다항식 형태의 문자열을 만들고자 "P(x)=" 값을 우선 대입한다.

9~16행 polyStr에 "계수x^차수" 형식을 반복해서 추가한다. 10행 배열에서 계수를 추출하고, 12~13행에서는 계수가 양수면 앞에 "+"를 붙여 준다. 14행에서 "+7x^3" 같은 항의 형식을 만들어 polyStr에 추가한다. 15행에서 항의 차수를 1 감소시킨다.

18행 생성된 다항식 문자열을 반환한다.

21~32행 사용자가 입력한 값으로 다항식을 계산한다. 매개변수 xVal은 사용자가 입력한 x 값이며, p_x는 3행의 다항식 계수 배열이다.

22행 계산할 다항식 값을 0으로 초기화한다.

23행 최고항 숫자를 계산한다. 배열 크기가 4라면 최고항은 x3이 된다.

25~29행 배열 개수만큼 다항식을 계산한다. 26행에서 계수를 추출하고 27행에서 "계수*x값차수"를 계산한다. 예로 x 값이 2라면 처음에는 7*23을 계산해서 56을 누적시킨다. 28행에서 항의 차수를 1 감소시킨다.

31행 계산된 다항식의 결과 값을 반환한다.

35~42행 함수를 테스트하려고 각 함수를 호출하며 결과를 출력한다. 39행에서는 x 값을 직접 입력받는다.

SELF STUDY 3-2

Code03-05.cpp의 printPoly( ) 함수를 수정해서 계수가 0인 항은 출력되지 않도록 하자. 또 첫 번째 항의 + 부호도 출력되지 않도록 한다. 즉, 다음 결과를 만들자.

실행 결과

```
P(x) = 7x^3 -4x^2 +5x^0
```

3 특수 다항식 처리 프로그램

앞서 다항식이 별 문제없이 처리되었다. 하지만 다음과 같이 지수가 상당히 큰 다항식은 어떻게 처리해야 할지 생각해 보자. ❶의 다항식에서 생략된 항까지 모두 표현하면 ❷와 같다.

❶ $P(x) = 7x^{300} - 4x^{20} + 5$

❷ $P(x) = 7x^{300} + 0x^{299} + 0x^{298} + 0x^{297} + \cdots + 0x^{21} - 4x^{20} + 0x^{19} + 0x^{18} + 0x^{17} + \cdots + 5x^{0}$

중간에 상당히 많은 것을 생략했다. 이 형식을 그대로 Code03-05.cpp 코드로 적용하려면 3행의 계수 배열을 다음과 같이 선언해야 한다.

```
Array <int> px = { 7, 0, 0, 0, ..., -4, 0, 0, 0, …, 5 } ;      // 총 301개
```

현실적으로 처리하기 어렵다. 이를 간단히 처리하고자 모든 계수를 저장하지 않고 0이 아닌 계수와 항의 차수만 저장하는 방식을 사용할 수 있다.

```
Array <int> tx = { 300, 20, 0 };        // 항 차수
Array <int> px = { 7, -4, 5 };          // 각 항 위치의 계수
```

tx 배열은 차수를 저장하고, px 배열은 해당 항의 계수를 저장해서 처리하면 된다. 완전히 작동하는 코드를 작성하자. Code03-05.cpp와 거의 비슷하지만 항의 차수를 tx 배열에서 직접 추출하여 사용한다.

Code03-06.cpp 특수 다항식의 선형 리스트 표현과 계산 프로그램

```
#include "..\CookHeader.h"

Array <int> tx = { 300, 20, 0 };
Array <int> px = { 7, -4,  5 };

string printPoly(Array <int> t_x, Array <int> p_x) {
    string polyStr = "P(x) = ";

    for (int i = 0; i < len(p_x); i++) {
        int term = t_x[i];      // 항 차수
        int coef = p_x[i];      // 계수

        if (coef >= 0)
            polyStr += "+";
        polyStr += to_string(coef) + "x^" + to_string(term) + " ";
        term--;
    }

    return polyStr;
}

int calcPoly(int xVal, Array <int> t_x, Array <int> p_x) {
    int retValue = 0;

    for (int i = 0; i < len(p_x); i++) {
        int term = t_x[i];      // 항 차수
        int coef = p_x[i];      // 계수
        retValue += coef * (int) pow(xVal, term);
    }

    return retValue;
}
```

```
33
34 int main() {
35     string pStr = printPoly(tx, px);
36     println(pStr);
37
38     int xValue;
39     input(xValue, "X값-->");
40
41     int pxValue = calcPoly(xValue, tx, px);
42     println(pxValue);
43 }
```

실행 결과

```
P(x) = +7x^300 -4x^20 +5x^0
X 값-->1
8
```

3~4행 다항식 차수 배열과 계수 배열이다. 어떤 배열 값을 넣어도 다항식이 처리된다.

6~20행 다항식 형식을 출력한다. 매개변수 t_x는 3행의 항 차수 배열이고, p_x는 4행의 다항식 계수 배열이다.

9~17행 polyStr에 "계수x^차수" 형식을 반복해서 추가한다. 10행에서 항 차수를 추출하고, 11행에서 계수를 추출한다. 15행에서 "+7x^300" 같은 항의 형식을 만들어 polyStr에 추가한다.

22~32행 사용자가 입력한 값으로 다항식을 계산한다. 매개변수 xVal은 사용자가 입력한 x 값이다. t_x는 3행의 항 차수 배열이고, p_x는 4행의 다항식 계수 배열이다.

25~29행 배열 개수만큼 다항식을 계산한다. 26행에서 항 차수를, 27행에서 계수를 추출한다. 28행에서 "계수*x값차수"를 계산한다. x 값이 1이라면 처음에는 7*1300을 계산해서 7을 누적시킨다.

35~42행 함수를 테스트하고자 각 함수를 호출하고 결과를 출력한다. 39행에서 x 값을 직접 입력받는다. 2를 넣으면 값이 너무 크므로 테스트는 1을 입력한다.

IT@COOKBOOK

연습문제

1 ❶에 들어갈 용어는?

[❶]는(은) 데이터를 일정한 순서로 나열한 자료구조로, 입력 순서대로 저장하는 데이터에 적당하다.

2 다음은 선형 리스트에 데이터를 삽입하는 과정이다. 거리가 먼 것은?

① 맨 앞에 공간을 하나 추가해야 한다.

② 마지막 위치에 바로 앞 위치의 데이터를 이동시킨다.

③ 삽입할 위치까지 ②를 반복한다.

④ 삽입할 위치에 데이터를 삽입한다.

3 다음은 선형 리스트에 데이터를 삭제하는 과정이다. 순서대로 나열하시오.

① 맨 마지막 칸을 제거한다.

② 삭제된 위치의 다음 데이터를 삭제한 위치로 이동시킨다.

③ 마지막 위치까지 ②를 반복한다.

④ 삭제할 위치의 데이터를 삭제한다.

4 다음은 선형 리스트의 맨 마지막에 빈칸을 추가하는 코드다. ❶을 채우시오.

```
Array <string> katok = { "다현", "정연", "쯔위", "사나", "지효", "모모" };
[              ❶              ]
printArray(katok);
```

실행 결과

```
[ 다현 정연 쯔위 사나 지효 모모 None ]
```

5 다음은 선형 리스트의 맨 마지막 빈칸을 삭제하는 코드다. ❶을 채우시오.

```
Array <string> katok = { "다현", "정연", "쯔위", "사나", "지효",  "모모", "None" };
[              ❶              ]
printArray(katok);
```

실행 결과

```
[ 다현 정연 쯔위 사나 지효 모모 ]
```

연습문제

6 다음 각 행을 순서대로 조합해서 선형 리스트에 데이터를 추가하는 함수를 만드시오.

```
1 void add_data(string data) {
2     int kLen = len(katok);
3     katok[kLen - 1] = data;
4     katok.push_back("None");
5 }
```

7 다음은 선형 리스트에 데이터를 추가하는 함수다. ❶에 들어갈 내용은?

```
void insert_data(int position, string data) {
    katok.push_back("None");
    int kLen = len(katok);
    [          ❶          ]
        katok[i] = katok[i-1];
        katok[i-1] = "None";
    }
    katok[position] = data;
}
```

① for (int i = kLen − 1; i 〉 position; i++)

② for (int i = kLen; i 〉 position; i++)

③ for (int i = kLen; i 〉 position; i−−)

④ for (int i = kLen − 1; i 〉 position; i−−)

8 다음 중 선형 리스트로 구현할 수 있는 응용 분야는?

① 트리 구조 ② 그래프 구조

③ 최단 경로 ④ 다항식

9 다음 중 선형 리스트로 구성하기에 적절하지 않은 것을 고르시오.

① 좋아하는 과목 목록 ② 시간별 할 일 목록

③ 일찍 출근한 사람 목록 ④ 지하철 전체 환승 노선도

응용예제 01

카톡 친구 자동 삽입하기

난이도★★☆

예제 설명

카톡 친구 이름과 카톡 횟수를 입력하면 자동으로 위치를 찾아 삽입하는 프로그램이다. 카톡 친구의 초기 정보는 [그림 3-2]의 정보를 모두 저장하도록 {"친구이름", "연락횟수"} 배열로 시작한다.

```
{ {"다현", "200"}, {"정연", "150"}, {"쯔위", "90"}, {"사나", "30"},  {"지효", "15"} }
```

새로운 친구 '미나'와 40회를 입력하면 자동으로 해당하는 순위의 위치를 찾아 삽입된다. 동일한 연락 횟수라면 새로운 친구를 앞 순위로 지정한다.

```
[ { 다현 200 } { 정연 150 } { 쯔위 90 } { 미나 40 } { 사나 30 } { 지효 15 } ]
```

실행 결과

```
C:\CookDataC\Ex03-01\Debug\Ex03-01.exe
추가할 친구--> 미나
카톡 횟수--> 40
[ { 다현 200 } { 정연 150 } { 쯔위 90 } { 미나 40 } { 사나 30 } { 지효 15 } ]
추가할 친구--> 혜리
카톡 횟수--> 200
[ { 혜리 200 } { 다현 200 } { 정연 150 } { 쯔위 90 } { 미나 40 } { 사나 30 } { 지효 15 } ]
추가할 친구--> _
```

코드

```
#include "..\CookHeader.h"

Array <Array <string>> katok = { {"다현", "200"}, {"정연", "150"},
{"쯔위", "90"}, {"사나", "30"},  {"지효", "15"} };

void insert_data(int position, Array <string> pairData) {
    if ((position < 0) || (position > len(katok))) {
        print("데이터를 삽입할 범위를 벗어났습니다.");
        return;
    }

    katok.push_back({ "None", "None" });
    int kLen = len(katok);

    for (int i = kLen - 1; i > position; i--) {
        katok[i] = katok[i - 1];
        katok[i - 1] = { "None", "None" };
    }

    katok[position] = pairData;
}
```

```
21
22 void find_and_insert_data(string data, string k_count) {
23     int findPos = -1;
24
25     for (int i = 0; i < len(katok); i++) {
26         Array <string> pair = katok[i];
27         if (stoi(k_count) >= stoi(pair[1])) {
28             findPos = i;
29             break;
30         }
31     }
32     if (findPos == -1)
33         findPos = len(katok);
34
35     Array <string> pairPara = { data, k_count };
36     insert_data(findPos, { data, k_count });
37 }
38
39 int main() {
40     string data;
41     string count;
42
43     while (true) {
44         input(data, "추가할 친구--> ");
45         input(count, "카톡 횟수--> ");
46         find_and_insert_data(data, count);
47         printArray2(katok);
48     }
49 }
```

코드 설명

3행	초기 친구 목록을 미리 입력해 놓았다.
5~20행	새 친구를 삽입하는 코드다. Code03-02.cpp에서 설명한 것과 동일하다.
22~37행	친구 목록에서 삽입할 위치를 찾아 해당 위치에 새 친구를 삽입하는 함수다. 매개변수로 친구 이름과 연락 횟수를 받는다.
23행	일단 새 친구의 위치를 -1로 설정한다.
25~31행	카톡 친구 숫자만큼 반복한다. 26행에서 현재 친구의 연락 횟수를 추출한 후 27행에서 새 친구의 횟수와 비교한다. 새 친구의 연락 횟수가 더 크다면 현재 위치를 새 친구의 삽입할 위치로 결정하고 반복문을 종료한다.
32~33행	findPos가 계속 -1이라면 새 친구의 위치를 찾지 못했다는 의미다. 그러므로 제일 연락 횟수가 적은 것이므로 맨 뒤로 위치를 설정한다.
35~36행	찾은 위치에 새 친구를 삽입한다. 삽입할 새 친구의 데이터는 {"친구이름", "연락횟수"} 배열로 구성했다.
40~48행	Ctrl+C를 누를 때까지 계속 친구 이름과 연락 횟수를 입력받는다. 그리고 46행에서 새 친구를 삽입하고, 47행에서 결과를 출력한다

응용예제 02 2차원 배열 활용하기

난이도★☆☆

예제 설명 Code03-06.cpp '특수 다항식의 선형 리스트 표현과 계산 프로그램'에서 3~4행에 있는 차수 배열과 계수 배열을 2차원 배열로 지정한 후 결과가 동일하게 나오도록 하자.

실행 결과

```
Microsoft Visual Studio 디버그 콘솔
P(x) = +7x^300 -4x^20 +5x^0
X값-->1
8
```

코드

```
#include "..\CookHeader.h"

Array <Array<int>> px = { { 300, 20, 0 }, { 7, -4,  5 } };

string printPoly(Array <Array<int>> p_x) {
    string polyStr = "P(x) = ";

    for (int i = 0; i < len(p_x[0]); i++) {
        int term = p_x[0][i];  // 항 차수
        int coef = p_x[1][i];  // 계수

        if (coef >= 0)
            polyStr += "+";
        polyStr += to_string(coef) + "x^" + to_string(term) + " ";
        term -= 1;
    }

    return polyStr;
}

int calcPoly(int xVal, Array <Array<int>> p_x) {
    int retValue = 0;

    for (int i = 0; i < len(p_x[0]); i++) {
        int term = p_x[0][i];  // 항 차수
        int coef = p_x[1][i];  // 계수
        retValue += coef * (int) pow(xVal, term);
    }

    return retValue;
}
```

```
32
33 int main() {
34     string pStr = printPoly(px);
35     println(pStr);
36
37     int xValue;
38     input(xValue, "X값-->");
39
40     int pxValue = calcPoly(xValue, px);
41     println(pxValue);
42 }
```

코드 설명

3행	2차원 배열로 항 차수 정보와 계수 정보를 저장한다.
5행, 21행	두 번째 매개변수로 2차원 배열을 받는다.
8~16행, 24~28행	항 차수의 개수만큼 반복한다. 차수와 계수를 모두 2차원 배열에서 추출한다.

CHAPTER 04

단순 연결 리스트

학습목표

- 단순 연결 리스트의 개념을 파악한다.
- 단순 연결 리스트와 선형 리스트의 차이를 이해한다.
- 단순 연결 리스트의 데이터 삽입/삭제 원리를 이해한다.
- C 언어로 단순 연결 리스트를 조작하는 코드를 작성한다.

생활 속 자료구조와 알고리즘

사람들은 여행 중에서도 [맛집 여행]을 많이 좋아한다. 맛집 여행을 떠날 때, 방문할 맛집의 순서는 이미 마음속에 결정되어 있다. 방문 순서를 차례대로 두면 3장에서 배운 선형 리스트가 된다.

방문 순서	1	2	3	4	5
지역	속초	대구	대전	부산	목포
이름	만석 닭강정	제일콩국	광천식당	황산냉밀면	하당먹거리

그런데 실제로 방문할 식당을 지도상에 표현하면 붙어 있지 않다. 그래서 방문할 식당을 지도에 순서대로 연결해 보았다. 이렇게 실제로 식당 위치는 다르지만, 방문할 순서대로 연결한 것이 단순 연결 리스트의 형태다.

SECTION 01 단순 연결 리스트의 기본

1 단순 연결 리스트의 개념

3장에서 배운 선형 리스트는 배열에 데이터를 차례대로 저장하므로 데이터의 실제 위치 순서로 구성된다. 예를 들어 [그림 4-1]과 같이 다현, 정연, 쯔위, 사나, 지효가 물리적인 순서대로 저장되었고, 각 위치도 100, 104, 108, 112, 116번지로 4씩 증가한다. 이런 물리적인 순서는 카톡이 많이 온 친구의 논리적인 순서와 구조가 동일하다.

그림 4-1 선형 리스트

반면 이 예를 단순 연결 리스트(Singly Linked List) 구조로 표현하면 [그림 4-2]와 같다. 단순 연결 리스트에서는 다현, 정연, 쯔위 등이 저장된 노드들이 물리적으로 떨어진 곳에 위치한다. 각 노드의 번지도 100, 200, 130 등으로 순차적이지 않다. 하지만 화살표로 표시된 연결(링크, Link)을 따라가 보면 첫 노드인 '다현'은 다음 노드인 '정연'을 가리키고, '정연'은 다음 노드인 '쯔위'를 가리킨다. 이런 방식으로 쭉 따라가면 다현, 정연, 쯔위, 사나, 지효까지 순서대로 나열되어 [그림 4-1]의 선형 리스트 순서와 같다.

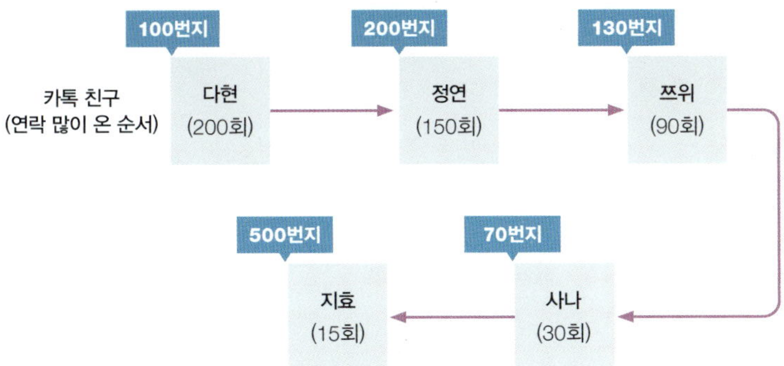

그림 4-2 단순 연결 리스트

선형 리스트는 [그림 4-1]과 같이 배열에 구성했기에 단순하고, 물리적인 순서와 논리적인 순서가 동일하여 데이터를 찾기 간단하다. 또 프로그램으로 구현하기도 비교적 쉽다. 하지만 데이터를 삽입하거나 삭제할 때는 많은 작업이 필요하다.

예를 들어 [그림 4-1]의 1등과 2등 사이에 새로운 데이터를 삽입할 때는 [그림 4-3]과 같이 현재 2~4등을 모두 한 칸씩 뒤로 미룬 후 데이터를 삽입해야 한다. 데이터를 삭제할 때도 삭제한 데이터 위치를 메우려면 뒤쪽 데이터를 모두 한 칸씩 앞으로 이동시키는 작업이 필요하다. 데이터가 100만 개인 선형 리스트의 맨 앞에 데이터 하나를 삽입하려고 약 100만 개를 뒤로 이동시키는 작업을 해야 하는 것이다. 이렇게 과하게 발생하는 작업을 오버헤드(Overhead)라고 한다. 데이터를 삭제할 때도 삭제 위치를 메우려면 데이터를 앞으로 한 칸씩 이동해야 하므로 오버헤드가 발생한다.

TIP • 선형 리스트의 데이터 삽입/삭제 과정은 [그림 3-3]과 [그림 3-4]에서 학습했다.

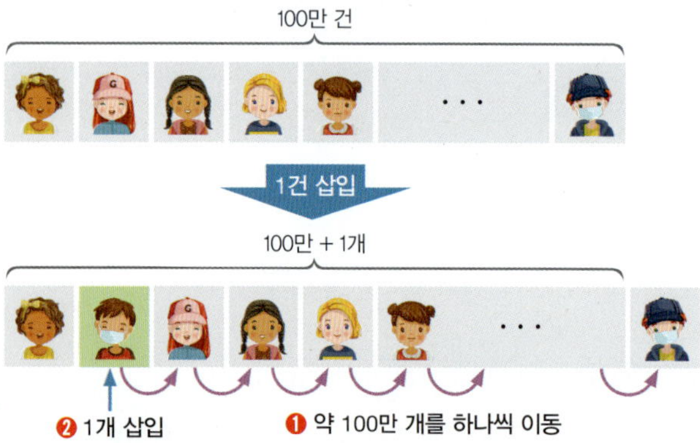

그림 4-3 선형 리스트에서 데이터 삽입 : 오버헤드 발생

이번에는 데이터가 100만 개인 단순 연결 리스트의 두 번째 위치에 데이터를 삽입하는 과정을 살펴보자.

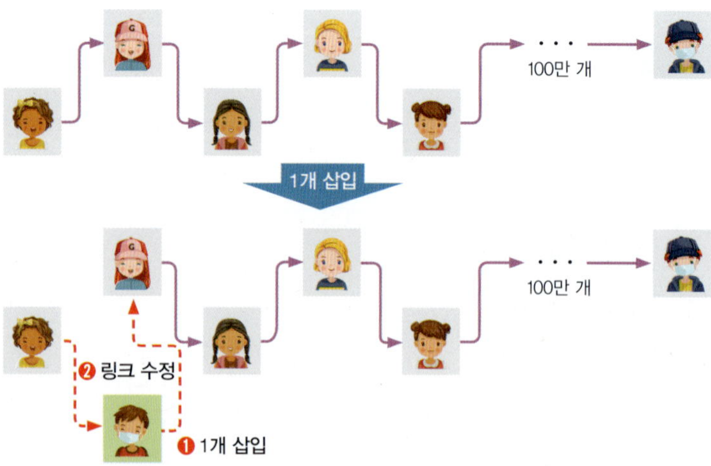

그림 4-4 단순 연결 리스트에서 데이터 삽입 : 오버헤드 없음

[그림 4-4]와 같이 새로운 데이터가 담긴 노드를 임의 위치에 준비한 후 해당 노드의 앞뒤 링크만 수정하면 기존 노드는 변경 없이 그대로 유지된다. 즉, 오버헤드가 거의 발생하지 않는다.

2 단순 연결 리스트의 원리

단순 연결 리스트를 구현하려면 우선 '노드' 개념을 파악해야 한다. 노드 구조를 알아본 후 노드를 통해서 서로 연결된 단순 연결 리스트를 알아보자.

노드 구조

선형 리스트는 배열에 순서대로 저장되기 때문에 데이터만 있으면 된다. 즉, [그림 4-1]에서 다현, 정연, 쯔위 등 값만 있으면 된다. 반면 단순 연결 리스트는 다음 데이터를 가리키는 링크(Link)가 더 필요하다. [그림 4-2]와 같이 다현 데이터뿐만 아니라 다음 데이터인 정연을 가리키는 화살표 개념의 링크도 저장해야 한다. 이렇게 데이터와 링크로 구성된 항목을 노드(Node)라고 하며, [그림 4-5]의 구조가 된다.

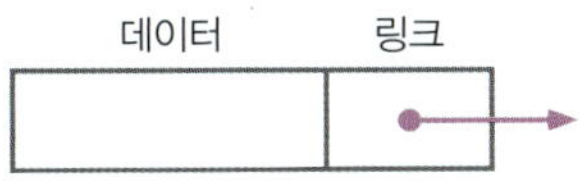

그림 4-5 노드 구조

[그림 4-2]의 예를 노드로 표현하면 [그림 4-6]과 같이 데이터에 다현, 정연, 쯔위, 사나, 지효 등이 하나씩 들어가고, 링크에 다음 노드를 가리키는 주소가 들어간다. 다현 노드의 링크는 정연을 가리키고, 정연 노드의 링크는 쯔위를 가리키고……, 마지막으로 지효 노드의 링크에는 빈 값을 넣어 마지막 노드임을 표시한다.

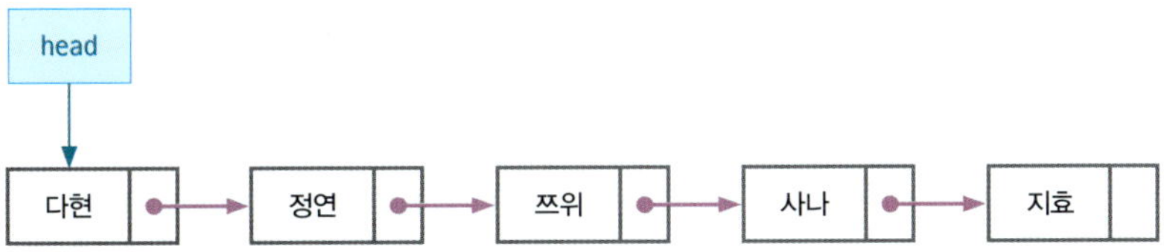

그림 4-6 노드로 구성된 단순 연결 리스트

단순 연결 리스트에는 첫 번째 노드를 가리키는 헤드(head)를 사용한다. 단순 연결 리스트가 한쪽 방향으로만 진행되어 다음 노드로는 찾아갈 수 있지만 이전 노드로는 돌아갈 수 없는데, 헤드를 이용하면 처음부터 다시 진행 가능하다. [그림 4-6]의 예에서 마지막 지효를 찾은 상태에서 다시 쯔위를 찾고 싶다면 헤드부터 재시작하면 되는 것이다. 자세한 동작은 잠시 후 C 언어 코드로 살펴보겠다.

노드 삽입

단순 연결 리스트에 노드를 삽입하는 과정을 알아보자. 정연과 쯔위 사이에 재남 노드를 삽입한다면 1단계에서 삽입할 재남 노드를 생성한 후 2단계에서 순서에 맞게 링크를 수정한다. 즉, 새 노드의 링크에 정연 노드의 링크를 복사하고 정연 노드의 링크에 재남 노드를 지정한다.

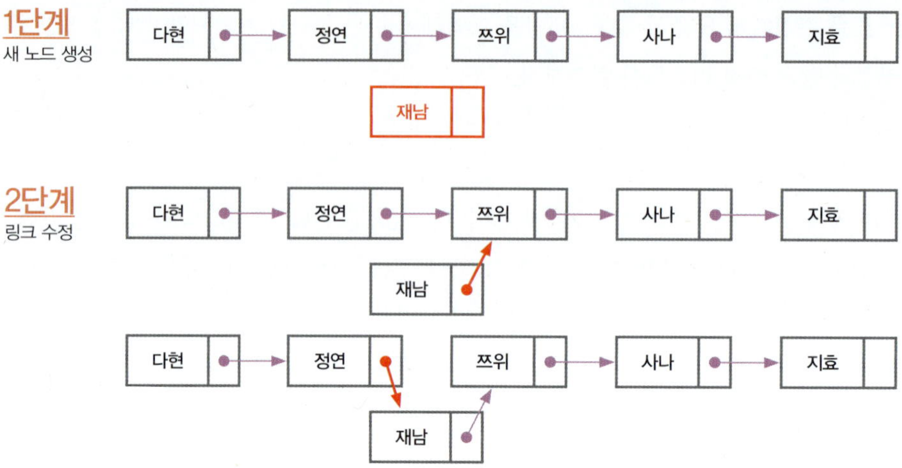

그림 4-7 단순 연결 리스트에서 데이터를 삽입하는 과정 예

노드 삭제

단순 연결 리스트의 중간 노드를 삭제하는 과정을 알아보자. 정연과 사나 노드 사이에 있는 쯔위 노드를 삭제한다면 1단계에서 삭제할 쯔위 노드의 바로 앞 노드 링크를 먼저 수정한다. 즉, 삭제할 쯔위 노드의 링크를 바로 앞 정연 노드의 링크로 복사하여 정연 노드가 사나 노드를 가리키게 된다. 2단계에서 쯔위 노드를 삭제한다.

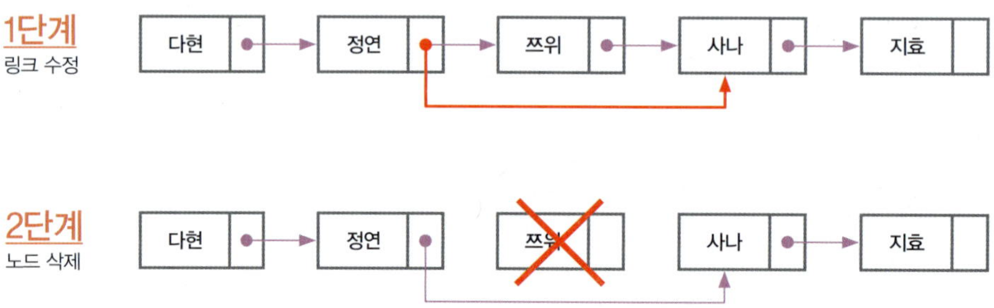

그림 4-8 단순 연결 리스트에서 데이터를 삭제하는 과정 예

SECTION 02 단순 연결 리스트의 간단 구현

1 노드 생성과 연결

단순 연결 리스트를 구현하려면 먼저 노드를 구현해야 한다. 노드는 C 언어 문법 중에서 구조체를 사용해서 구현할 수 있다.

노드 생성

노드를 C 언어에서 구현하는 코드를 살펴보자. C 언어에는 정수형, 실수형, 문자형 등 데이터 형식만 있을 뿐 [그림 4-5]와 같은 노드 모양의 데이터형은 없다. 그래서 구조체를 사용하여 다음과 같이 Node 데이터 형을 정의한다.

```
typedef struct _Node {
    string data;
    struct _Node * link = NULL;
} Node;
```

❶ _Node라는 구조체 정의
❷ 데이터가 저장되는 부분
❸ 링크가 저장되는 부분
❹ Node라는 새로운 데이터 형을 만드는 것

그리고 [그림 4-9]와 같이 첫 번째 다현 노드를 만들려면, 우선 첫 노드를 가리키는 헤드를 포인터형으로 준비한다. 그리고 2행에서 빈 노드를 생성한 후(= 메모리를 할당한 후), 3행에서 다현을 노드의 data에 대입한다. 다현 노드는 첫 번째 노드이므로 헤드에 다현 노드(node1)를 대입하면 된다. 5행은 확인 차원에서 노드의 데이터를 출력한다.

```
Node* head;
Node* node1 = new Node;
node1->data = "다현";
head = node1;
print(head->data);
```

실행 결과

```
다현
```

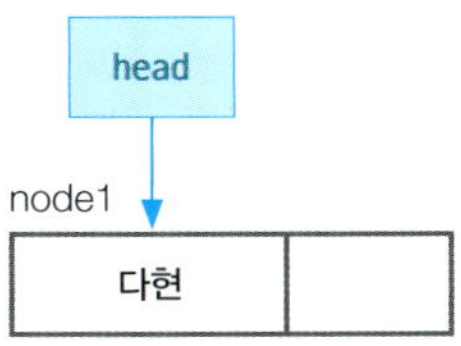

그림 4-9 첫 번째 노드 생성 결과

노드 연결

두 번째 정연 노드를 생성하고, 정연 노드를 첫 번째 노드의 링크로 연결하는 코드는 다음과 같다.

```
Node* node2 = new Node;
node2->data = "정연";
node1->link = node2;        // 첫 번째 노드의 링크에 두 번째 노드를 넣어 연결
```

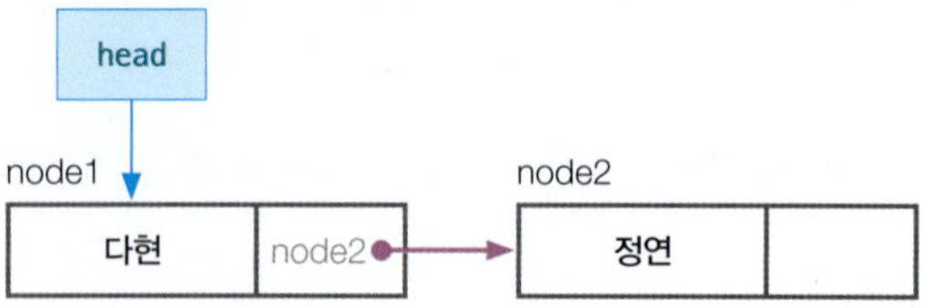

그림 4-10 두 번째 노드 생성 결과

두 번째 노드를 생성한 후 첫 번째 노드의 링크에 두 번째 노드 이름(여기에서는 node2)을 넣어 주면 두 노드가 단순 연결 리스트로 연결되는 것이다. [그림 4-10]에서 보라색 화살표는 개념적으로 연결된 것을 표시하며 실제로는 존재하지 않는다. 이런 방식으로 나머지 노드들을 추가로 생성하고 연결할 수 있다.

2 데이터가 5개인 단순 연결 리스트 생성

단순 연결 리스트는 모든 상황을 고려해서 구현하면 너무 복잡하다. 그러니 다음과 같이 5명으로 구성된 예를 단순 연결 리스트로 구현하면서 작동 원리를 이해해 보자.

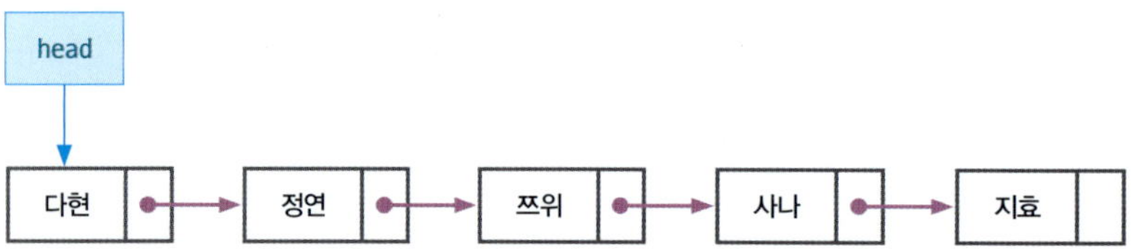

그림 4-11 생성할 단순 연결 리스트 예

[그림 4-11]의 단순 연결 리스트는 Code04-01.cpp처럼 구현한다.

TIP • New로 메모리를 할당하면, 프로그램 종료 전에 delete로 메모리를 해제해 주는 것이 좋다. 지금은 코드를 간단히 하기 위해서 메모리 해제를 생략했으나, 완전한 버전의 코드(Code04-04.cpp)부터는 메모리를 해제한다.

Code04-01.cpp 데이터가 5개인 단순 연결 리스트 생성

```
1 #include "..\CookHeader.h"
2
3 typedef struct _Node {
4     string data;
5     struct _Node* link = NULL;
6 } Node;
7
8 int main() {
9     Node* head;
10
11     Node* node1 = new Node;
12     node1->data = "다현";
13     head = node1;
14
15     Node* node2 = new Node;
16     node2->data = "정연";
17     node1->link = node2;
18
19     Node* node3 = new Node;
20     node3->data = "쯔위";
21     node2->link = node3;
22
23     Node* node4 = new Node;
24     node4->data = "사나";
25     node3->link = node4;
26
27     Node* node5 = new Node;
28     node5->data = "지효";
29     node4->link = node5;
30
31     print(head->data);
32     print(head->link->data);
33     print(head->link->link->data);
34     print(head->link->link->link->data);
35     print(head->link->link->link->link->data);
36 }
```

실행 결과

```
다현 정연 쯔위 사나 지효
```

3~6행 Node 구조체를 정의한다.

9행 첫 노드를 가리킬 헤드를 준비한다.

11~12행 첫 번째 빈 노드를 생성하고, 데이터에 다현을 입력한다.

13행 헤드에 첫 번째 노드를 대입한다.

15~17행 두 번째 빈 노드를 생성하고 데이터에 정연을 입력한다. 첫 번째 노드의 링크에 두 번째 노드를 대입하여 두 노드를 연결한다.

19~29행 세 번째부터 다섯 번째 노드까지 생성하고 연결한다.

31행 헤드(head)가 가리키는 노드(=node1)의 데이터를 출력한다. print()는 출력 후, 줄바꿈을 하지 않는다.

32행 헤드가 가리키는 노드(=node1)의 링크가 가리키는 노드, 즉 node2의 데이터를 출력한다.

33행 헤드가 가리키는 노드(=node1)의 링크가 가리키는 노드(=node2)의 링크가 가리키는 노드, 즉 node3의 데이터를 출력한다.

34~35행 같은 방법으로 node4, node5의 데이터를 출력한다.

32행을 보면 정연은 헤드(=다현 노드) 다음 노드의 데이터다. 33행의 쯔위는 헤드(=다현 노드) 다음다음 노드의 데이터다. 이런 식으로 첫 번째 노드를 기준으로 마지막 노드까지 전체를 접근하고 출력할 수 있다.

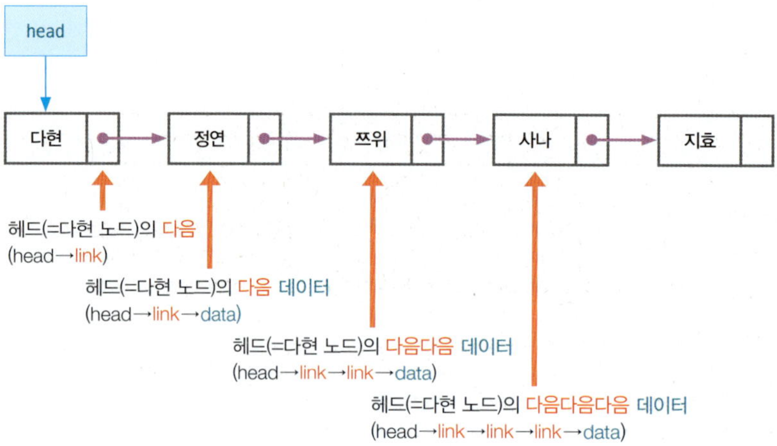

그림 4-12 첫 번째 노드부터 단순 연결 리스트의 노드 접근 방법

지정된 노드 5개만 출력하는 31~35행을 다음과 같이 노드의 처음부터 끝까지 출력하는 함수로 작성하고자 이 부분의 동작 과정을 살펴보면 [그림 4-13]과 같다.

❶ 헤드(=첫 번째 노드)를 현재(current) 노드로 지정하고, 현재 노드의 데이터인 다현을 출력한다.

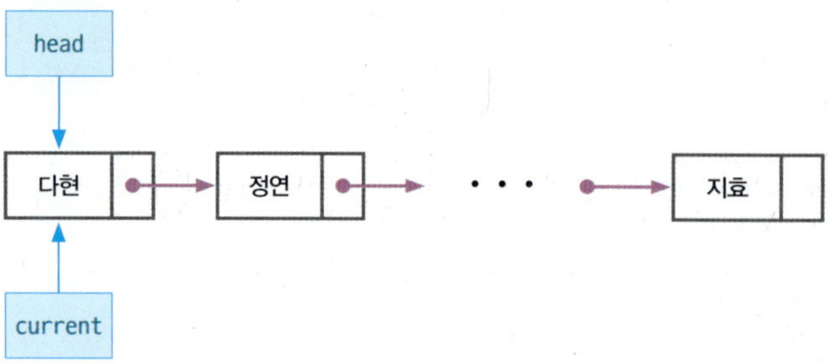

❷ 현재 노드의 링크가 비어 있지 않다면 현재 노드를 현재 노드의 링크가 가리키는 노드로 변경한 후 현재 노드의 데이터인 정연을 출력한다.

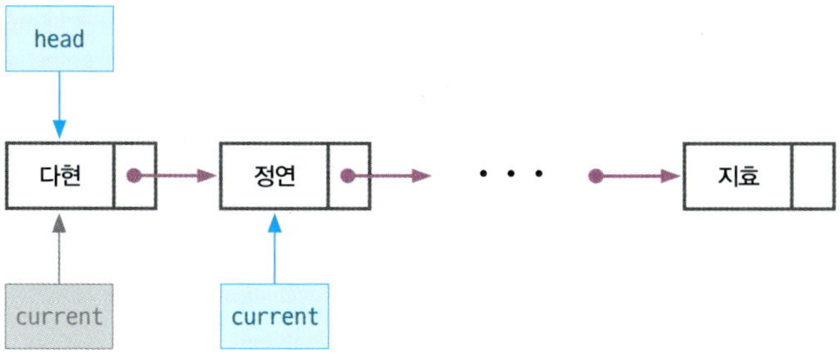

❸ 앞의 ❷단계를 반복하다 현재 노드의 링크가 비어 있으면 종료한다.

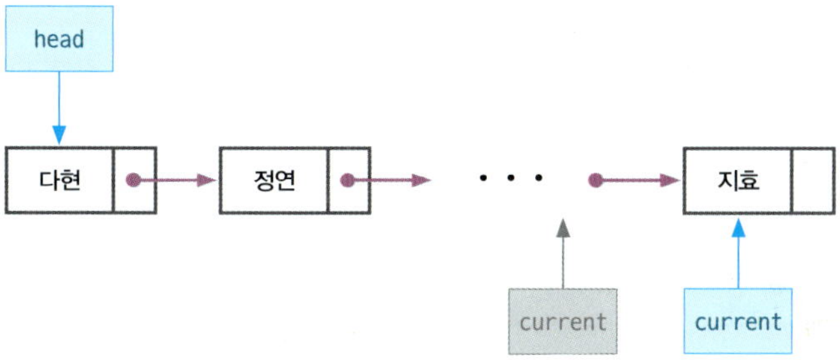

그림 4-13 단순 연결 리스트의 모든 노드 출력

Code04-01.cpp의 31~35행을 Code04-02.cpp처럼 변경하여 [그림 4-13]과 같이 단순 연결 리스트를 모두 출력하도록 개선할 수 있다.

Code04-02.cpp 데이터가 5개인 단순 연결 리스트 생성(개선 버전)

```
… // 생략(Code04-01.cpp의 1~29행과 동일)
30
31     Node* current = head;              } ❶
32     print(current->data);              }
33     while (current->link != NULL) {    }
34         current = current->link;       } ❷~❸
35         print(current->data);          }
36     }                                  }
37 }
```

실행 결과

```
다현 정연 쯔위 사나 지효
```

31~32행 헤드(=첫 번째 노드)를 현재(current) 노드로 지정하고 데이터를 출력한다.

33~36행 현재 노드의 링크가 비어 있지 않은 동안 반복한다. 34행은 다음 노드를 현재 노드로 지정한다. 35행은 현재 노드의 데이터를 출력한다.

3 노드 삽입

앞서 생성한 단순 연결 리스트의 중간에 데이터를 삽입해 보자. 정연 다음에 '재남' 데이터를 삽입한다.

❶ 새 노드를 생성하고 데이터에 재남을 입력한다.

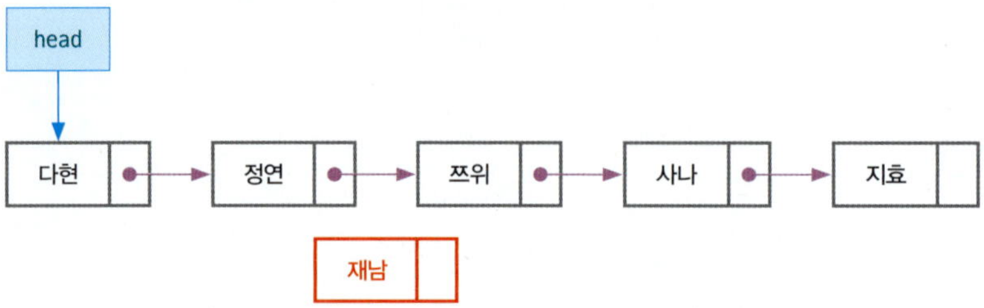

❷ 새 노드(재남 노드)의 링크에 정연 노드의 링크를 복사한다. 그러면 정연 노드와 재남 노드 모두 쯔위 노드를 가리킨다.

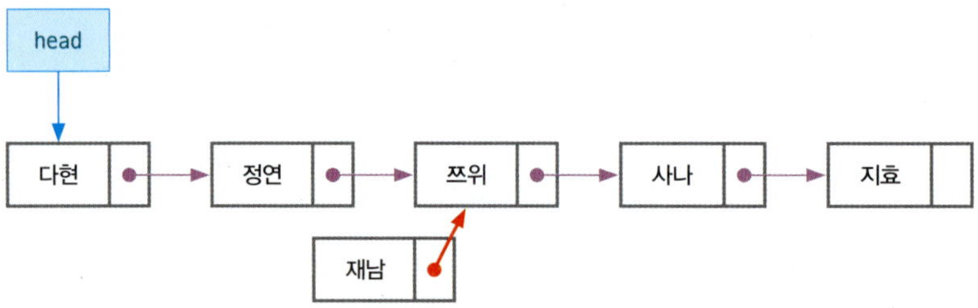

❸ 정연 노드의 링크에 재남 노드를 지정한다.

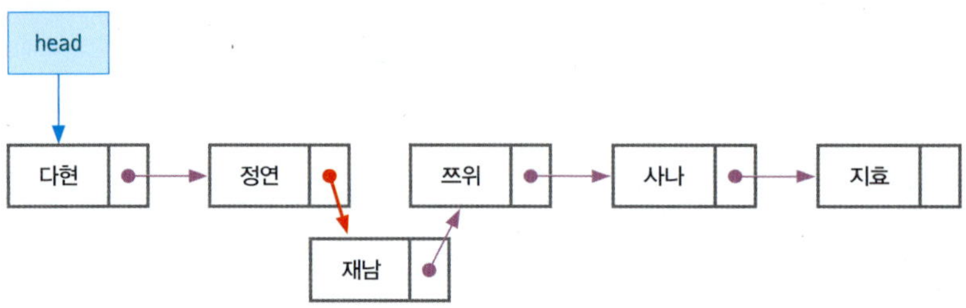

그림 4-14 단순 연결 리스트의 중간 노드 삽입

[그림 4-14]의 과정은 Code04-03.cpp처럼 구현한다.

Code04-03.cpp 데이터가 5개인 단순 연결 리스트의 노드 삽입

```
… // 생략(Code04-01.cpp의 1~29행과 동일)

    Node* newNode = new Node;          } ❶
    newNode->data = "재남";            }
    newNode->link = node2->link;  ❷      // 정연의 링크
    node2->link = newNode;  ❸

… // 생략(Code04-02.cpp의 31~37행과 동일)
```

실행 결과

다현 정연 재남 쯔위 사나 지효

31~32행 새 노드를 생성하고 데이터에 재남을 대입한다.

33행 새 노드의 링크에 정연 노드의 링크를 복사한다.

34행 정연 노드의 링크에 새 노드를 지정한다.

4 노드 삭제

단순 연결 리스트의 중간에 있는 데이터를 삭제해 보자. 쯔위 노드를 삭제할 것이다.

❶ 삭제할 쯔위 노드의 링크를 바로 앞 정연 노드의 링크로 복사한다. 그러면 정연 노드가 사나 노드를 가리킨다.

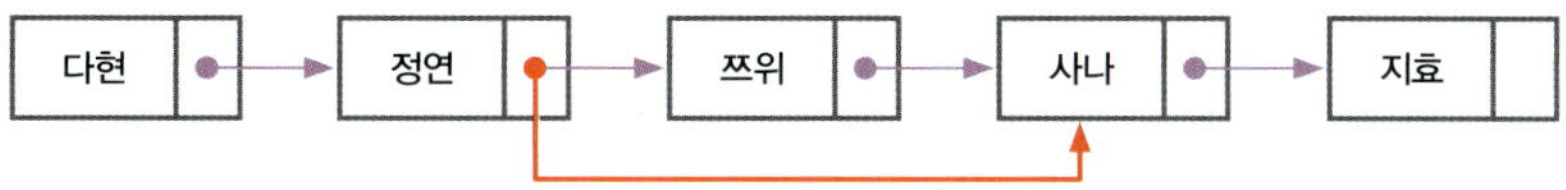

❷ 쯔위 노드를 삭제한다.

그림 4-15 단순 연결 리스트의 데이터 삭제

[그림 4-15]의 과정은 Code04-04.cpp처럼 구현한다.

Code04-04.cpp 데이터가 5개인 단순 연결 리스트의 노드 삭제

```
…  // 생략(Code04-01.cpp의 1~29행과 동일)
30
31       node2->link = node3->link; ❶
32       delete node3; ❷
33
…  // 생략(Code04-02.cpp의 31~37행과 동일)
```

실행 결과

다현 정연 사나 지효

31행 삭제할 쯔위 노드(node3)의 링크를 바로 앞 정연 노드(node2)의 링크로 복사한다.

32행 쯔위 노드를 메모리에서 완전히 삭제한다.

SECTION 03

단순 연결 리스트의 일반 구현

1 배열을 이용한 단순 연결 리스트 생성

앞서 데이터가 5개로 제한된 단순 연결 리스트를 구현하는 방법을 익혔다. 하지만 실제로는 데이터 개수가 제한적이지 않을 때가 일반적이다. 단순 연결 리스트의 일반 형태는 [그림 4-16]의 환경으로 구현할 것이다.

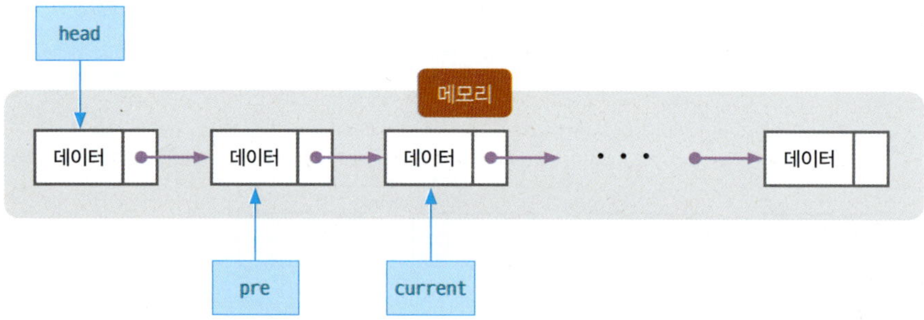

그림 4-16 단순 연결 리스트의 전체 구성 환경

생성되는 모든 노드를 메모리 공간에 넣어 둘 것이다. 메모리 크기는 무한대고 [그림 4-16]에는 노드가 가지런히 들어 있지만, 실제로 노드의 순서는 상관없이 링크로만 연결된다. 변수 3개를 추가하여 사용한다. 헤드(head)는 첫 번째 노드를 가리키고, 현재(current)는 지금 처리 중인 노드를 가리키며, 이전(pre)은 현재 처리 중인 노드의 바로 앞 노드를 가리킨다. 처음에는 모두 비어 있으면 되므로 다음과 같이 초기화한다.

```
Array <Node*> memory;
Node * head, * current, * pre;
```

사용자가 입력하거나 배열에서 데이터를 추출한 후 값을 계속 단순 연결 리스트로 만드는 코드를 작성해 보자. 작동 순서는 첫 번째 데이터와 두 번째 이후 데이터로 나누어 생각해 볼 수 있다.

먼저 첫 번째 데이터는 [그림 4-17]과 같이 빈 노드를 생성하고, 사용자가 키보드로 첫 번째 데이터를 입력하거나 데이터 저장소에서 데이터를 가져와서 대입한다. 완성된 노드를 메모리 공간에 넣는다. 이런 방식은 node1, node2, …처럼 변수 이름을 여러 개 사용하지 않아도 되며, 모든 노드는 head를 시작으로 연결된다. 그리고 사용자가 원하는 만큼 데이터를 입력할 수 있다.

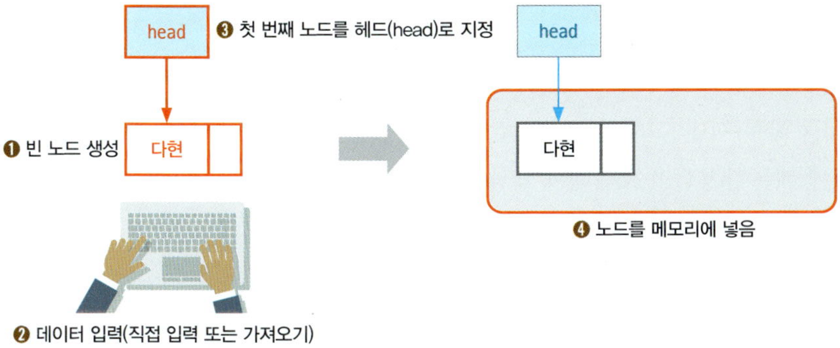

그림 4-17 단순 연결 리스트의 첫 번째 데이터 입력

[그림 4-17]의 과정을 코드 형태로 구현하면 다음과 같다.

```
❶ Node* node = new Node;
❷ node->data = "다현";    // 첫 번째 노드
❸ head = node;
❹ memory.push_back(node);
```

두 번째 이후 데이터는 [그림 4-18]과 같이 새 노드를 기존 노드의 링크에 저장하기 전에 기존 노드를 잠시 저장한 후 생성해야 한다.

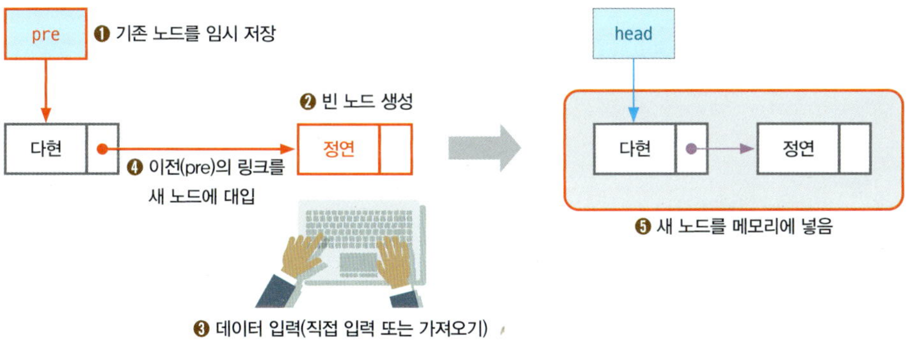

그림 4-18 단순 연결 리스트의 두 번째 이후 데이터 입력

[그림 4-18]의 과정을 코드 형태로 구현하면 다음과 같다.

```
❶ pre = node;
❷ node = new Node;
❸ node->data = data;      // 두 번째 이후 노드
❹ pre->link = node;
❺ memory.push_back(node);
```

배열에 저장된 데이터를 모두 꺼내 [그림 4-19]와 같은 단순 연결 리스트를 생성하는 완전한 코드를 작성해 보자. 기존에 배운 내용들을 조합해서 작성한다.

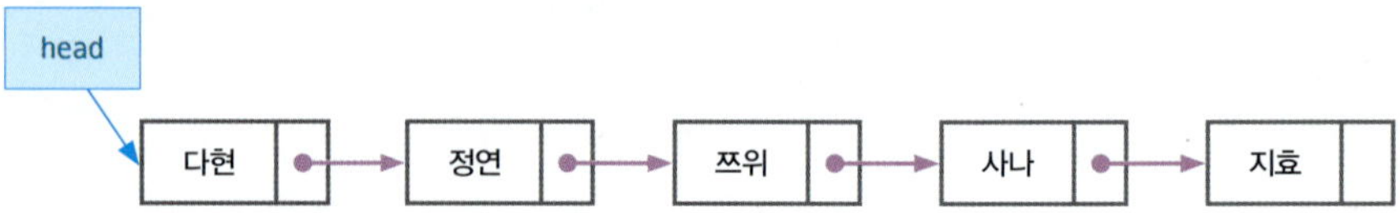

그림 4-19 배열을 이용하여 생성할 단순 연결 리스트 예

[그림 4-19]의 단순 연결 리스트 생성 과정은 Code04-05.cpp처럼 구현한다.

Code04-05.cpp 단순 연결 리스트 생성

```
#include "..\CookHeader.h"

// 구조체 및 전역 변수 선언 부분
typedef struct _Node {
    string data;
    struct _Node* link = NULL;
} Node;

Array <Node*> memory;
Node * head, * current, * pre;
Array <string> dataArray = { "다현", "정연", "쯔위", "사나", "지효" };

// 함수 선언 부분
void printNodes(Node* start) {
    if (start == NULL)
        return;
    Node* current = start;
    print(current->data);
    while (current->link != NULL) {
        current = current->link;
        print(current->data);
    }
    println("");
}
```

```
25
26 void freeMemory() {                              // 할당된 모든 노드의 메모리를 해제한다.
27     for (int i = 0; i < len(memory); i++)
28         delete memory[i];
29 }
30
31 // 메인 코드 부분
32 int main() {
33     Node* node = new Node;
34     node->data = dataArray[0];                    // 첫 번째 노드
35     head = node;
36     memory.push_back(node);
37
38     for (int i = 1; i < len(dataArray); i++) {    // 두 번째 이후 노드
39         string data = dataArray[i];
40         pre = node;
41         node = new Node;
42         node->data = data;
43         pre->link = node;
44         memory.push_back(node);
45     }
46     printNodes(head);
47     freeMemory();
48 }
```

실행 결과

```
다현 정연 쯔위 사나 지효
```

3~7행 노드 구조체를 정의한다. 기존에 사용하던 것과 동일하다.

9행 생성한 노드를 넣을 메모리를 준비한다.

10행 시작 노드, 현재 노드, 이전 노드에서 사용할 변수를 준비한다.

11행 배열에 예제 데이터를 5개 넣는다. 이 데이터로 단순 연결 리스트를 생성한다.

13~24행 단순 연결 리스트의 전체 노드를 출력한다. 매개변수로 시작 노드를 전달받는다.

15~16행 노드가 하나도 없는 연결 리스트인 경우 그냥 반환한다.

17행 전달받은 시작 노드를 현재 노드로 지정한다.

18행 현재 노드를 출력한다.

19~22행 노드의 링크가 빌 때까지 다음 노드를 계속 추적해서 출력한다.

26~29행 memory 배열에 들어 있는 모든 노드의 메모리를 해제한다. 앞으로 다른 코드에서도 공통적으로 사용한다.

33~36행 첫 번째 노드를 생성한다. 34행에서 배열의 첫 번째 데이터를 추출하여 첫 번째 노드를 만들었다. 35행에서 첫 번째 노드를 헤드로 지정했다. 36행에서 프로그램 종료시에 모든 노드의 메모리 해제를 위해서 memory 배열에 넣었다.

38~45행 배열의 두 번째부터 추출해서 단순 연결 리스트를 만든다. 39행에서 연결리스트에 저장할 데이터를 추출하고, 40행에서 현재 노드를 이전 노드로 저장하고, 41행에서 새 노드를 생성한다. 42행에서 노드에 데이터를 넣고, 43행에서 이전 노드의 링크에 새 노드를 대입한다. 44행에서 새 노드를 memory 배열에 넣는다.

46행 생성이 완료된 단순 연결 리스트를 출력한다.

47행 프로그램을 종료하기 전에 할당한 모든 노드의 메모리를 해제한다.

2 노드 삽입

완성된 단순 연결 리스트에 노드를 삽입하는 방식을 구현해 보자. 노드를 단순 연결 리스트의 맨 앞, 중간, 마지막에 삽입하는 경우로 나누어 생각해 볼 수 있다. 앞서 생성한 단순 연결 리스트에 노드를 삽입하는데, 각 경우를 단계별로 살펴보자.

첫 번째 노드 삽입

다음 단순 연결 리스트의 다현 노드 앞에 화사 노드를 삽입하는 과정을 살펴보자.

0 맨 앞에 노드를 삽입하기 전 초기 상태

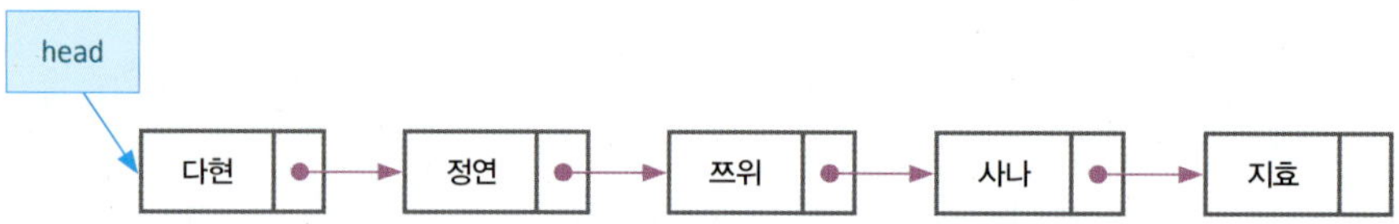

1 새 노드(화사 노드)를 생성한다.

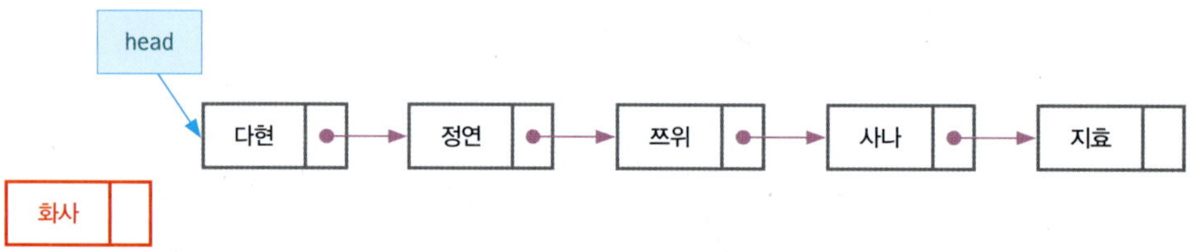

2 새 노드의 링크로 헤드(head) 노드가 가리키는 노드를 지정한다.

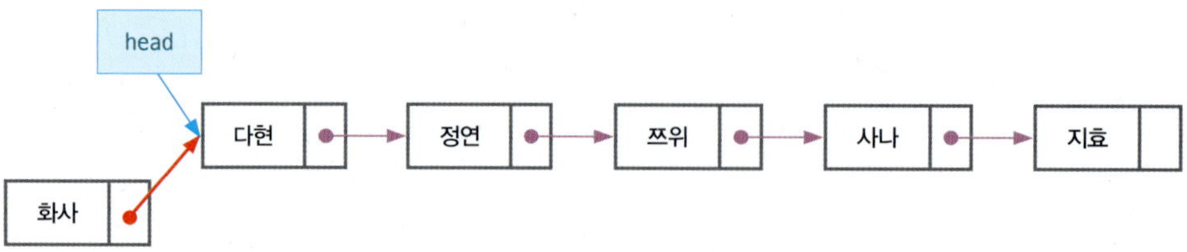

3 헤드 노드를 새 노드로 지정한다.

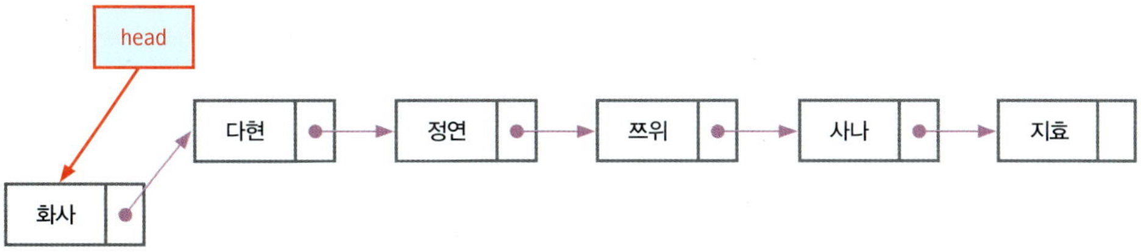

단순 연결 리스트에 첫 번째 노드를 삽입하는 과정을 코드 형태로 구현하면 다음과 같다.

```
1 { node = new Node;
  { node->data = "화사";
2 node->link = head;
3 head = node;
```

중간 노드 삽입

중간 노드인 사나 노드 앞에 솔라 노드를 삽입하는 과정을 알아보자.

0 중간 노드 삽입 전 초기 상태

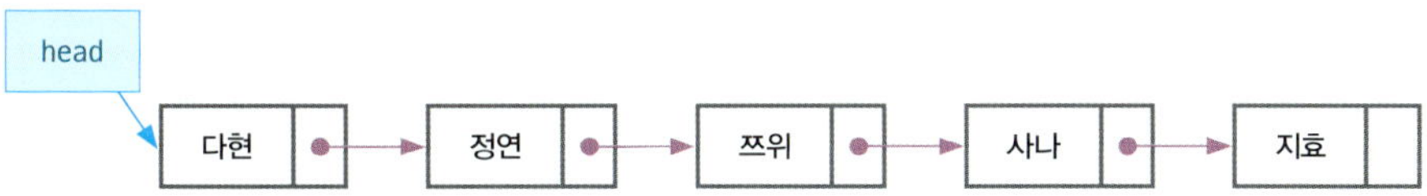

1 헤드(head)에서 시작해서 현재(current) 노드가 사나인지 확인한다.

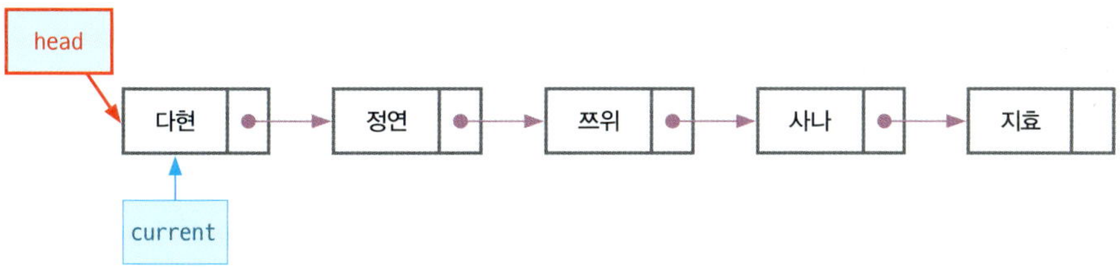

2 현재 노드를 이전(pre) 노드로 저장하고, 현재 노드를 다음 노드로 이동한다. 그리고 현재 노드가 사나인지 확인한다.

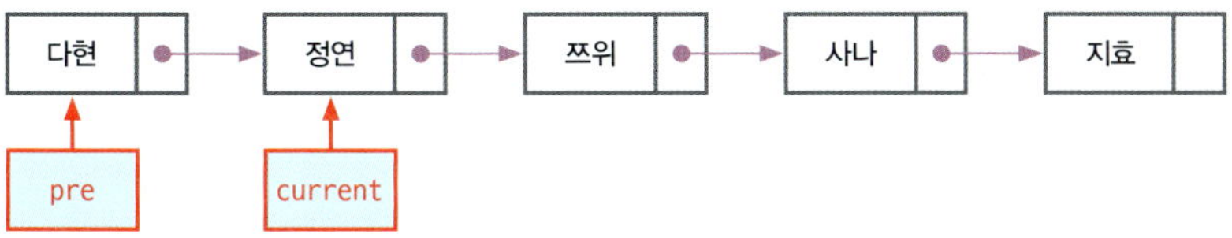

3 현재 노드가 사나일 때까지 **2**단계를 반복한다.

4 현재 노드가 사나라면 우선 새 노드(솔라 노드)를 생성한 후 새 노드의 링크를 현재 노드로 지정한다.

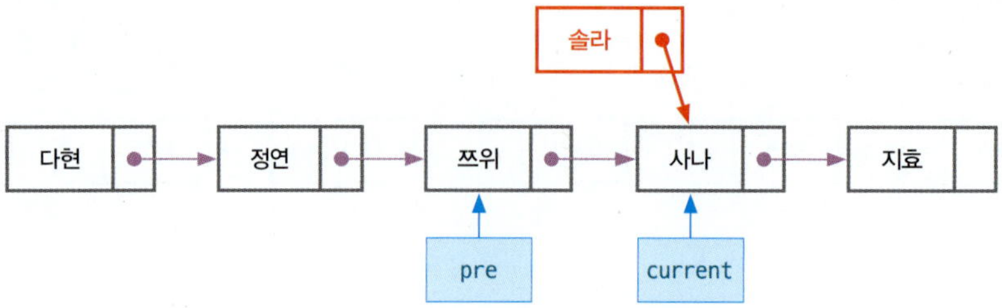

5 이전 노드의 링크를 새 노드로 지정한다.

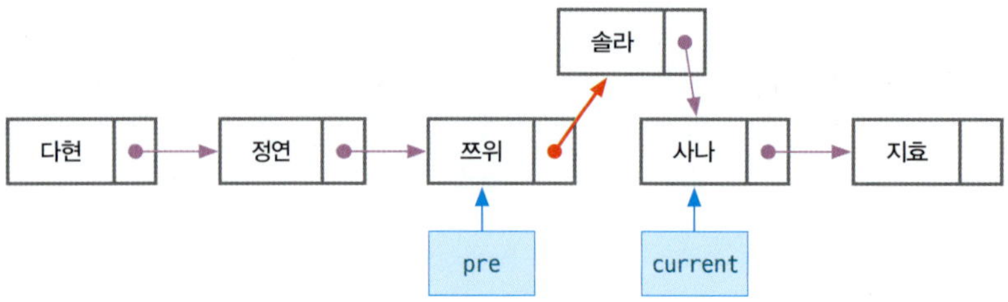

단순 연결 리스트에 중간 노드를 삽입하는 과정을 코드 형태로 구현하면 다음과 같다.

```
1 current = head;
while (마지막 노드까지) {
 2  pre = current;
    current = current->link
 3  if (current->data == "사나") {
 4      node = newNode;
        node->data = "솔라";
        node->link = current;
  5     pre->link = node;
    }
}
```

마지막 노드 삽입

문별 노드를 마지막 노드로 삽입하는 과정을 알아보자. 존재하지 않는 데이터(예 재남) 앞에 문별 노드 삽입을 시도한다면 끝까지 데이터(재남)를 찾지 못하게 된다. 결국 마지막 노드에 문별을 삽입한다.

0 마지막 노드 삽입 전 초기 상태

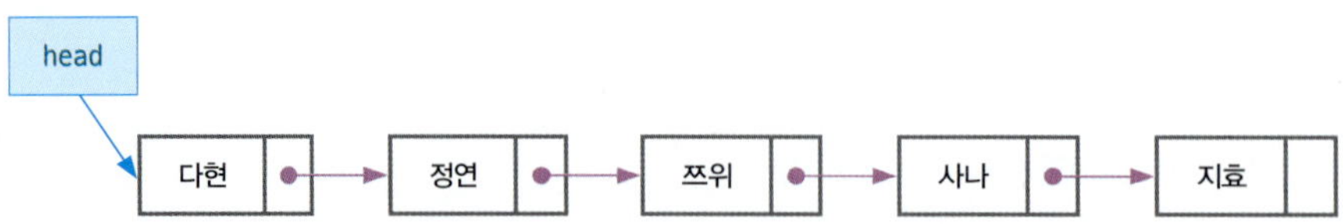

1~3 중간 노드 삽입 과정과 동일하므로 없는 데이터인 재남을 찾는다.

4 마지막 노드까지 재남을 찾지 못했다면 우선 새 노드(문별 노드)를 생성한 후 현재(current) 노드의 링크를 새 노드로 지정한다.

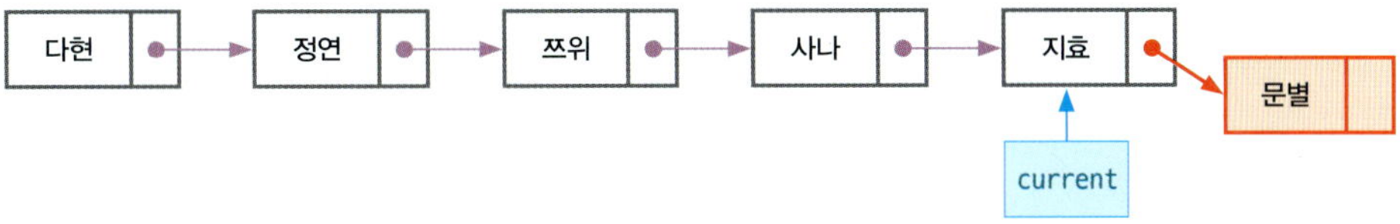

단순 연결 리스트에 마지막 노드를 삽입하는 과정을 코드 형태로 구현하면 다음과 같다.

```
1~3 // 마지막 노드까지 "재남"을 찾지 못한 후
    node = new Node;
4   node->data = "문별";
    current->link = node;
```

노드 삽입 함수의 완성

세 가지 경우의 데이터를 입력하는 함수를 작성하자. 함수의 매개변수로 찾을 데이터와 삽입할 데이터를 받도록 한다.

Code04-06.cpp 단순 연결 리스트의 노드 삽입 함수

```
#include "..\CookHeader.h"

// 구조체 및 전역 변수 선언 부분
typedef struct _Node {
    string data;
    struct _Node* link = NULL;
} Node;

Array <Node*> memory;
Node* head, * current, * pre;
Array <string> dataArray = {"다현", "정연", "쯔위", "사나", "지효"};

// 함수 선언 부분
void printNodes(Node* start) {
    // 생략(Code04-05.cpp의 15~23행과 동일)
}

void freeMemory() {   // 할당된 모든 노드의 메모리를 해제한다.
    for (int i = 0; i < len(memory); i++)
        delete memory[i];
}
```

```
void insertNode(string findData, string insertData) {
    Node* node;
    if (head->data == findData) {        // 첫 번째 노드 앞에 삽입
        node = new Node;
        node->data = insertData;
        node->link = head;
        head = node;
        memory.push_back(node);
        return;
    }
    current = head;
    while (current->link != NULL) {     // 중간 노드 삽입
        pre = current;
        current = current->link;
        if (current->data == findData) {
            node = new Node;
            node->data = insertData;
            node->link = current;
            pre->link = node;
            memory.push_back(node);
            return;
        }
    }
    node = new Node;                     // 마지막 노드 삽입
    node->data = insertData;
    current->link = node;
    memory.push_back(node);
}

// 메인 코드 부분
int main() {

    // 생략(Code04-05.cpp의 33~46행과 동일)

    insertNode("다현", "화사");
    printNodes(head);

    insertNode("사나", "솔라");
    printNodes(head);

    insertNode("재남", "문별");
    printNodes(head);

    freeMemory();
}
```

실행 결과

```
다현 정연 쯔위 사나 지효 → 초기 상태
화사 다현 정연 쯔위 사나 지효
화사 다현 정연 쯔위 솔라 사나 지효
화사 다현 정연 쯔위 솔라 사나 지효 문별
```

31~58행 노드를 삽입하는 함수다. 매개변수로 삽입할 위치의 찾을 데이터(findData)와 삽입할 데이터(insertData)를 넘겨받는다.

33~40행 찾을 데이터가 첫 번째일 때 처리한다. 34~36행에서 새 노드를 생성하고, 링크를 헤드가 가리키는 노드(=첫 번째 노드)로 지정한다. 37행에서 헤드를 새 노드로 변경하고 39행에서 함수를 종료한다.

38, 50, 57행 삽입한 노드를 메모리 공간에 넣는다(추후 모든 노드의 메모리 해제를 위함).

41~53행 찾을 데이터가 중간에 있을 때 처리한다. 41행에서 현재 노드에 헤드를 지정하고, 42행에서 현재 노드가 마지막이 아닐 때까지 반복한다. 43행에서 이전 노드를 현재 노드로 지정하고, 44행에서 현재 노드를 한 칸 이동한다. 45행에서 현재 노드의 데이터가 찾을 데이터라면 46~49행에서 새 노드를 생성하고, 이전 노드와 현재 노드 사이에 새 노드를 삽입한다. 51행에서 함수를 종료한다.

54~57행 찾을 데이터가 메모리에 없으면 42행 while 문이 종료된다. 54~57행에서 새 노드를 생성하고 현재 노드(=마지막 노드)의 링크를 새 노드로 지정한다. 이제는 새 노드가 마지막 노드가 된다.

78~79행 다현 노드 앞에 화사 노드를 삽입한 후 출력한다(첫 노드 앞에 삽입).

81~82행 사나 노드 앞에 솔라 노드를 삽입한 후 출력한다(중간 노드 삽입).

84~85행 존재하지 않는 데이터인 재남 노드 앞에 문별 노드를 삽입한 후 출력한다. 결국 맨 마지막에 삽입된다.

87행 프로그램을 종료하기 전에 할당한 모든 노드의 메모리를 해제한다.

3 노드 삭제

완성된 단순 연결 리스트에 노드를 삭제하는 방식을 구현해 보자. 노드 삭제는 맨 앞의 노드를 삭제할 때와 나머지 노드를 삭제할 때로 나누어 생각해 볼 수 있다. 노드 삽입과 동일한 다음 예를 사용하여 각 과정을 살펴보자.

첫 번째 노드 삭제

다음 단순 연결 리스트에서 첫 번째 노드인 다현을 삭제하는 과정을 알아보자.

0 노드 삭제 전 초기 상태

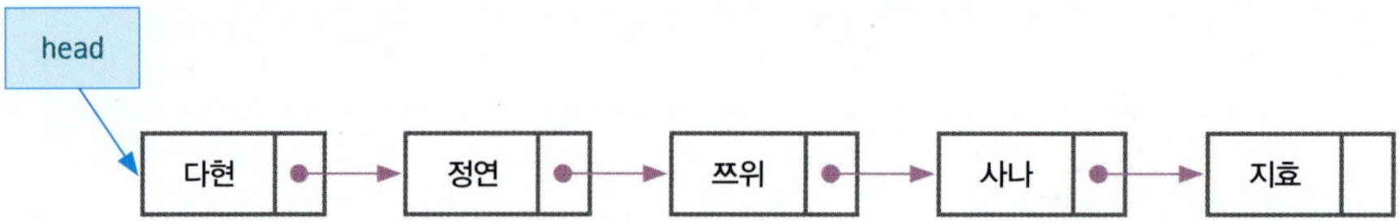

1 현재 노드(current)를 삭제할 노드인 헤드(head)와 동일하게 만든다.

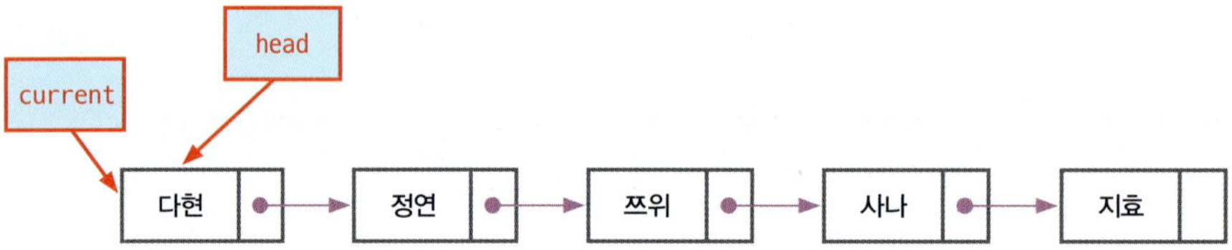

2 헤드를 삭제할 노드(다현 노드)의 링크가 가리키던 정연 노드로 변경된다.

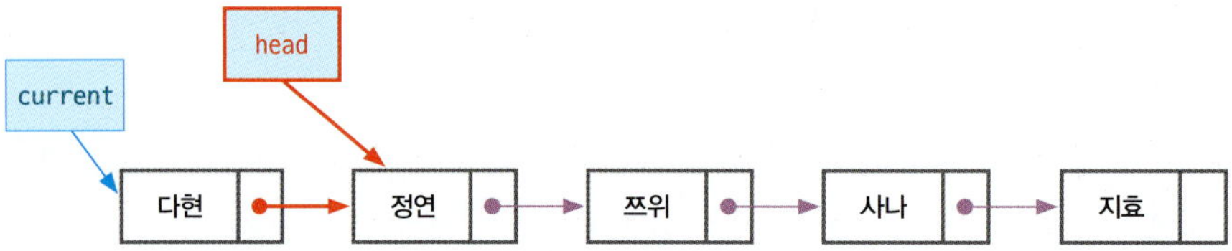

3 현재 노드를 삭제한다.

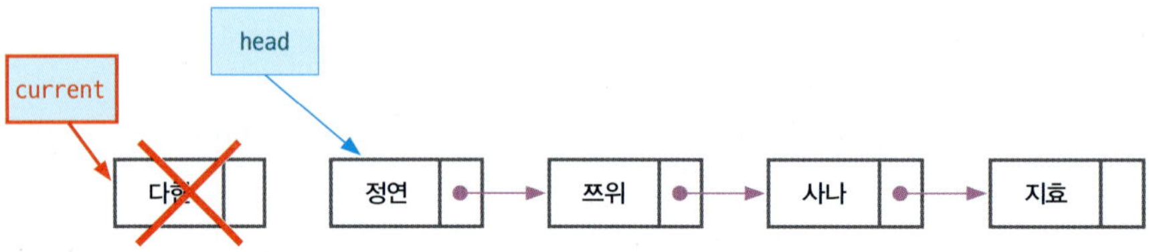

단순 연결 리스트의 첫 번째 노드를 삭제하는 과정을 코드 형태로 구현하면 다음과 같다.

```
❶ current = head;
❷ head = head->link;
❸ current->data = "None";        // 현재 노드 제거
```

TIP • 현재 노드(=다현 노드)를 제거하는 ❸ 과정은 생략해도 된다. 어차피 다현 노드는 단순 연결 리스트에서 빠져 있기 때문이다. 코드가 명확하게 보이는 것이 좋으므로 ❸을 넣었다.

첫 번째 외 노드 삭제

다음 단순 연결 리스트에서 첫 번째 노드가 아닌 쯔위 노드를 삭제하는 과정을 알아보자.

0 노드 삭제 전 초기 상태

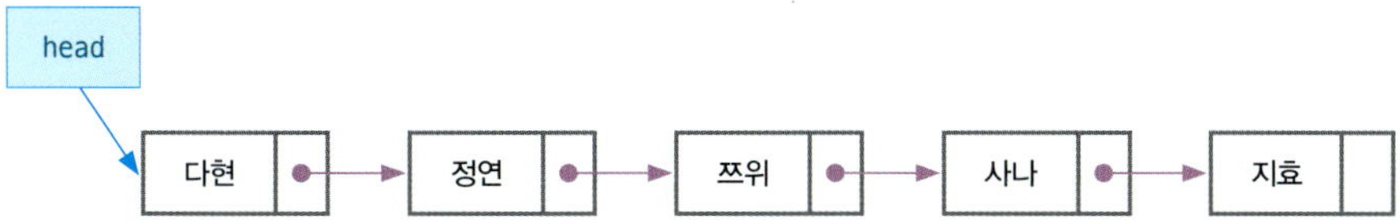

1 헤드(head)에서 시작해서 현재 노드(current)가 쯔위인지 확인한다.

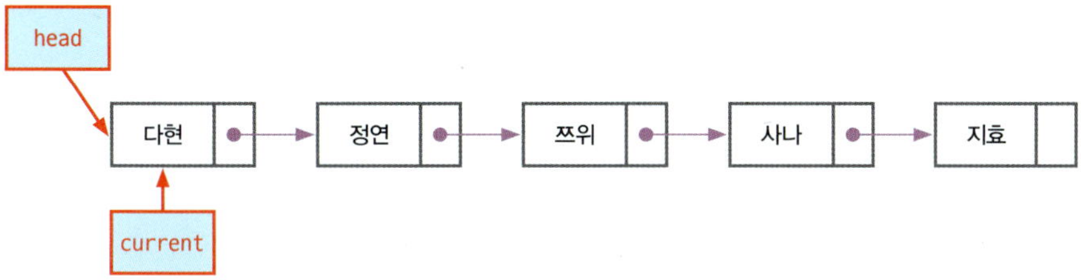

2 현재 노드를 이전 노드(pre)로 저장하고, 현재 노드를 다음 노드로 이동한다. 그리고 현재 노드가 쯔위인지 확인한다.

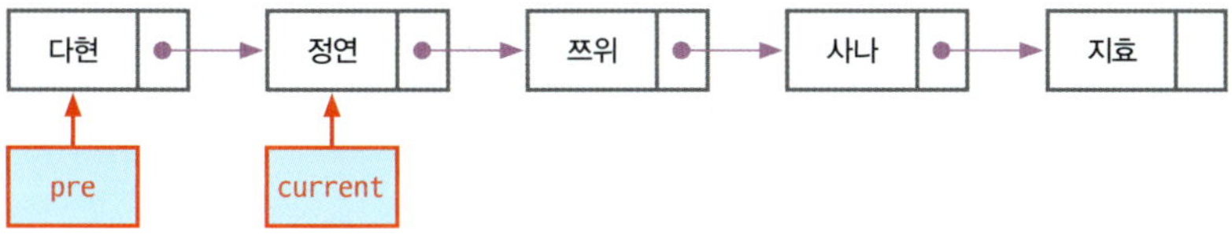

3 현재 노드가 쯔위일 때까지 **2**단계를 반복한다.

4 현재 노드가 쯔위라면, 이전 노드의 링크를 현재 노드의 링크로 지정한다.

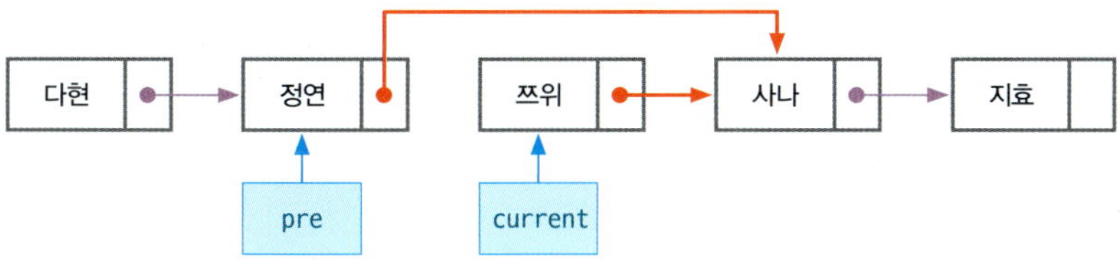

5 현재 노드를 삭제한다.

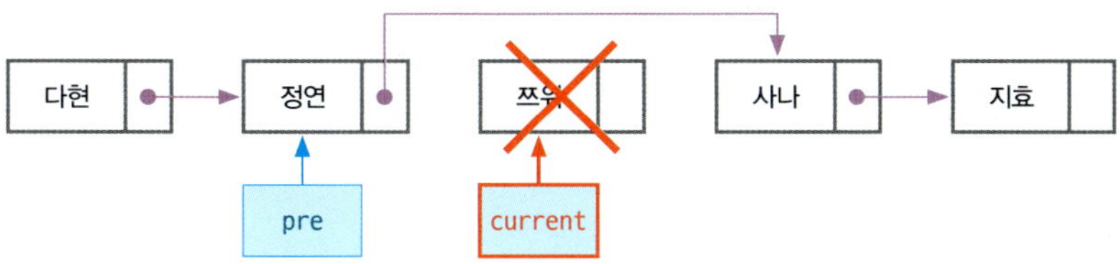

단순 연결 리스트에서 첫 번째가 아닌 노드를 삭제하는 과정을 코드 형태로 구현하면 다음과 같다.

```
[1] current = head;
[3] while (마지막 노드까지) {
    [2] pre = current;
        current = current->link;
    [4] if (current->data == "쯔위") {
            pre->link = current->link;
        [5] current->data = "None";
        }
    }
```

노드 삭제 함수의 완성

두 가지 경우의 데이터를 삭제하는 함수를 작성하자. 함수의 매개변수로 삭제할 데이터를 받도록 한다.

Code04-07.cpp 단순 연결 리스트의 노드 삭제 함수

```
#include "..\CookHeader.h"

// 구조체 및 전역 변수 선언 부분
typedef struct _Node {
     string data;
     struct _Node* link = NULL;
} Node;

Array <Node*> memory;
Node* head, * current, * pre;
Array <string> dataArray = { "다현", "정연", "쯔위", "사나", "지효" };

// 함수 선언 부분
void printNodes(Node* start) {
     // 생략(Code04-05.cpp의 15~23행과 동일)
}

void freeMemory() { // 할당된 모든 노드의 메모리를 해제한다.
     for (int i = 0; i < len(memory); i++)
          delete memory[i];
}

void deleteNode(string deleteData) {
     if (head->data == deleteData) {
          current = head;
```

```
34            head = head->link;
35            current->data = "None";
36            return;
37        }
38        current = head;
39        while (current->link != NULL) {
40            pre = current;
41            current = current->link;
42            if (current->data == deleteData) {
43                pre->link = current->link;
44                current->data = "None";
45                return;
46            }
47        }
48    }
49
50    // 메인 코드 부분
51    int main() {
···       // 생략(Code04-05.cpp의 33~46행과 동일)
66
67        deleteNode("다현");
68        printNodes(head);
69
70        deleteNode("쯔위");
71        printNodes(head);
72
73        deleteNode("지효");
74        printNodes(head);
75
76        deleteNode("재남");
77        printNodes(head);
78
79        freeMemory();
80    }
```

실행 결과

```
다현 정연 쯔위 사나 지효 → 초기 상태
정연 쯔위 사나 지효
정연 사나 지효
정연 사나
정연 사나
```

31~48행 노드를 삭제하는 함수다. 매개변수로 삭제할 데이터(deleteData)를 넘겨받는다.

32~37행 삭제할 노드가 첫 번째일 때 처리한다. 33행에서 현재 노드(=첫 번째 노드)를 헤드 노드와 동일하게 만든다. 34행에서 헤드 노드를 다음 노드로 변경한다. 35행에서 첫 노드를 삭제하고, 36행에서 함수를 종료한다.

38~47행 삭제할 노드가 중간에 있을 때 처리한다. 38행에서 현재 노드에 헤드를 지정하고, 39행에서 현재 노드가 마지막이 아닐 때까지 반복한다. 40행에서 이전 노드를 현재 노드로 지정하고, 41행에서 현재 노드를 한 칸 이동한다. 42행에서 현재 노드의 데이터가 삭제할 데이

터라면 43행에서 이전 노드의 링크를 현재 노드의 링크로 변경한다. 44행에서는 현재 노드를 삭제한다. 45행에서 함수를 종료한다.

67~68행 첫 번째 노드인 다현을 삭제한 후 출력한다.

70~71행 중간 노드인 쯔위를 삭제한 후 출력한다.

73~74행 마지막 노드인 지효를 삭제한 후 출력한다. 마지막 노드를 삭제할 때도 중간 노드의 삭제와 동일한 코드인 38~47행이 실행된다.

76~77행 존재하지 않는 노드인 재남을 삭제한 후 출력한다. 아무 변화도 일어나지 않는다.

79행 프로그램을 종료하기 전에 할당한 모든 노드의 메모리를 해제한다.

SELF STUDY 4-1

Code04-07.cpp를 수정해서 데이터가 삭제되면서 삭제되는 위치가 출력되도록 하자. 예를 들어 첫 번째 노드가 삭제되면 '첫 노드가 삭제됨'이, 중간 노드가 삭제되면 '중간 노드가 삭제됨'이, 삭제된 노드가 없으면 '삭제된 노드가 없음'이 출력되도록 한다.

실행 결과

```
다현 정연 쯔위 사나 지효
# 첫 노드가 삭제됨 #
정연 쯔위 사나 지효
# 중간 노드가 삭제됨 #
정연 사나 지효
# 중간 노드가 삭제됨 #
정연 사나
# 삭제된 노드가 없음 #
정연 사나
```

4 노드 검색

완성된 단순 연결 리스트에서 노드를 검색하는 방식을 구현해 보자. 검색할 데이터의 노드를 반환하는 방식으로 처리하자.

1 현재 노드(current)를 첫 번째 노드인 헤드(head)와 동일하게 만들고, 현재 노드가 검색할 데이터인지 비교한다. 검색할 데이터와 동일하다면 현재 노드를 반환한다.

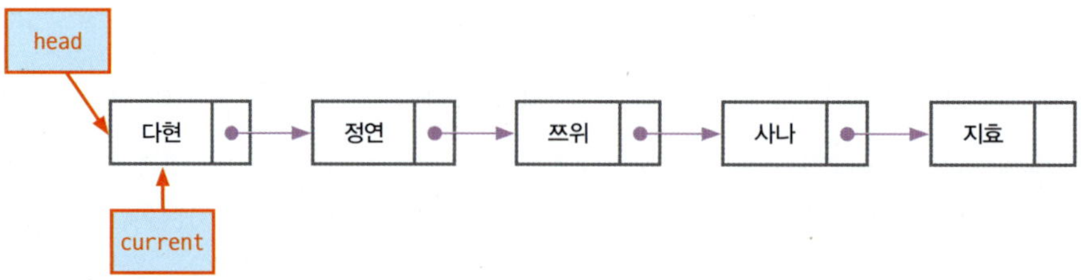

❷ 현재 노드를 다음 노드로 이동하고, 검색할 데이터와 동일하다면 현재 노드를 반환한다.

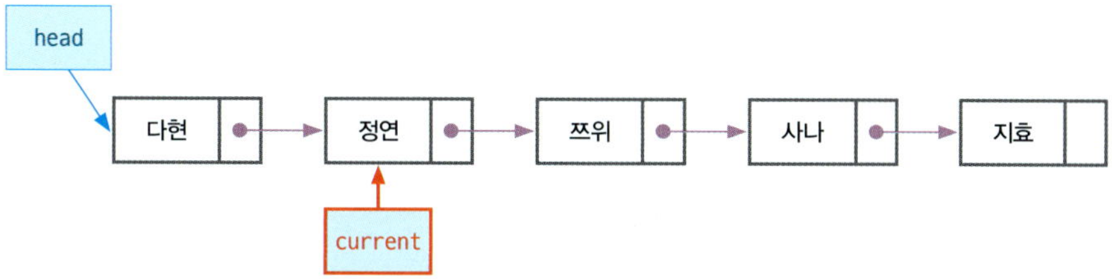

❸ 앞의 ❷단계를 끝까지 진행하고, 검색할 데이터를 찾지 못했다면 None을 반환한다.

단순 연결 리스트에서 노드를 검색하는 과정은 Code04-08.cpp처럼 구현한다.

Code04-08.cpp 단순 연결 리스트의 노드 검색 함수

```
#include "..\CookHeader.h"

// 구조체 및 전역 변수 선언 부분
typedef struct _Node {
     string data;
     struct _Node* link = NULL;
} Node;

Array <Node*> memory;
Node* head, * current, * pre;
Array <string> dataArray = { "다현", "정연", "쯔위", "사나", "지효" };

// 함수 선언 부분
void printNodes(Node* start) {
     // 생략(Code04-05.cpp의 15~23행과 동일)
}

void freeMemory() {             // 할당된 모든 노드의 메모리를 해제한다.
     for (int i = 0; i < len(memory); i++)
          delete memory[i];
}

Node* findNode(string findData) {
     current = head;
     if (head->data == findData)
          return current;
     while (current->link != NULL) {
          current = current->link;
          if (current->data == findData) {
               return current;
          }
     }
```

```
41      return new Node{"None", NULL};       // 빈 노드 반환
42 }
43
44 // 메인 코드 부분
45 int main() {
…       // 생략(Code04-05.cpp의 33~46행과 동일)
60
61      Node* fNode;
62      fNode = findNode("다현");
63      println(fNode->data);
64
65      fNode = findNode("쯔위");
66      println(fNode->data);
67
68      fNode = findNode("재남");
69      println(fNode->data);
70
71      freeMemory();
72 }
```

실행 결과

```
다현 정연 쯔위 사나 지효 → 초기 상태
다현
쯔위
None
```

31~42행 노드를 검색하는 함수다. 매개변수로 삽입할 위치의 검색할 데이터(findData)를 넘겨받는다.

32~34행 검색할 데이터가 첫 번째일 때 처리한다. 32행에서 현재 노드를 헤드 노드와 동일하게 만든다. 33~34행에서 검색할 데이터와 현재 노드의 데이터가 같다면 현재 노드를 반환한다.

35~40행 찾을 노드가 중간 또는 마지막에 있다면 단순 연결 리스트의 마지막까지 검색해서 반환한다.

41행 노드를 찾지 못했다면 빈 노드(None)를 반환한다.

SECTION
04 단순 연결 리스트의 응용

단순 연결 리스트를 응용하는 프로그램을 작성해 보자. 간단한 [명함 관리] 프로그램인데, 이름과 연락처를 랜덤하게 입력하면 이름 순서대로 단순 연결 리스트에 저장하는 기능이 있다.

예를 들어 [지민, 010-1111-1111], [정국, 010-2222-2222], [뷔, 010-3333-3333], [슈가, 010-4444-4444], [진, 010-5555-5555]를 차례대로 입력한다고 하자.

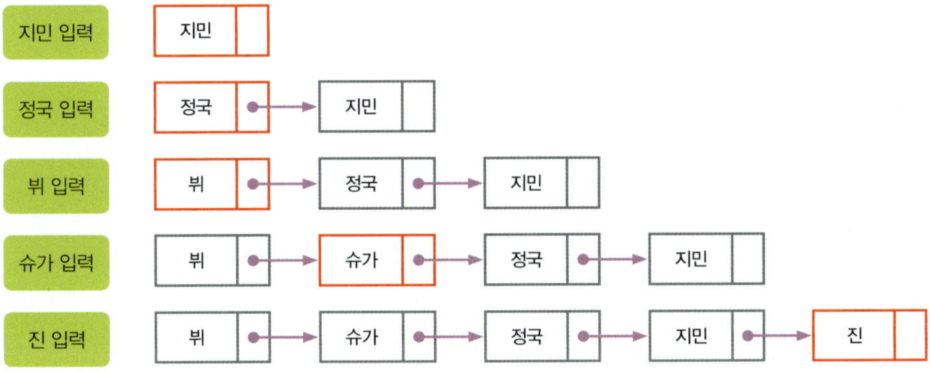

그림 4-20 이름 순서로 정렬된 단순 연결 리스트

1 입력할 데이터를 2차원 배열에 저장한다.

```
Array <Array <string>> dataArray = { {"지민", "010-1111-1111"}, {"정국", "010-2222-2222"},
                {"뷔", "010-3333-3333"}, {"슈가", "010-4444-4444"}, {"진", "010-5555-5555"} };
```

2 데이터를 차례대로 가져온다. 먼저 지민을 단순 연결 리스트로 생성하자. 헤드(head)가 비어 있을 때는 헤드에 첫 노드를 지정한다.

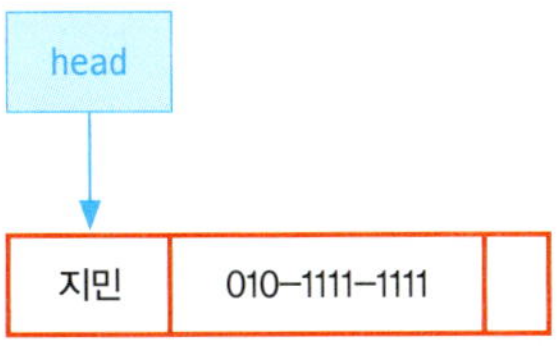


```
head = node;
```

3 두 번째 정국을 대입한다. 새로운 데이터가 첫 노드보다 작다면 새 노드의 링크에 첫 노드를 입력하고, 헤드에는 새 노드를 지정한다.

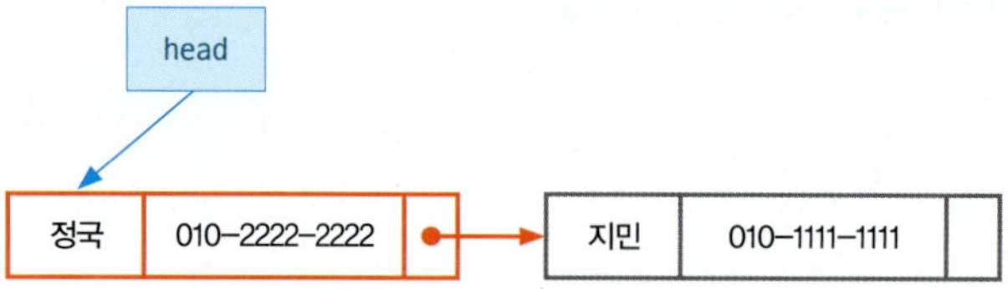


```
node->link = head;
head = node;
```

4 다음으로 뷔를 대입한다. 역시 새로운 데이터가 첫 노드보다 작다면 새 노드의 링크에 첫 노드를 입력하고, 헤드에는 새 노드를 지정한다.

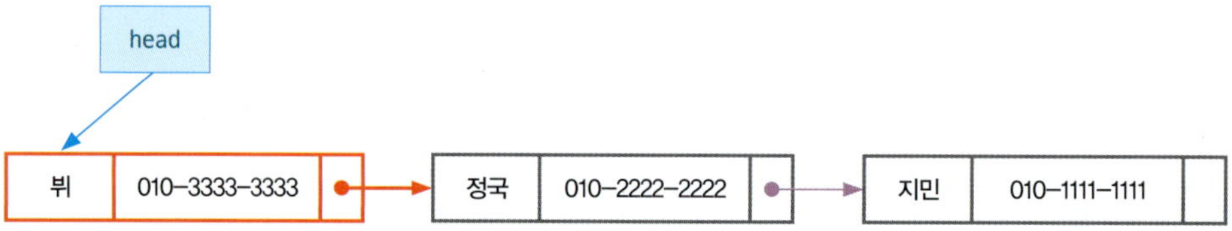

5 다음으로 슈가를 입력한다. 슈가는 첫 노드보다 크기 때문에 중간에 삽입된다. 현재 노드(current)와 이전 노드(pre)를 이용해서 현재 노드가 슈가보다 크다면 이전 노드 링크를 슈가로 지정하고, 슈가 노드의 링크를 현재 노드로 지정한다.

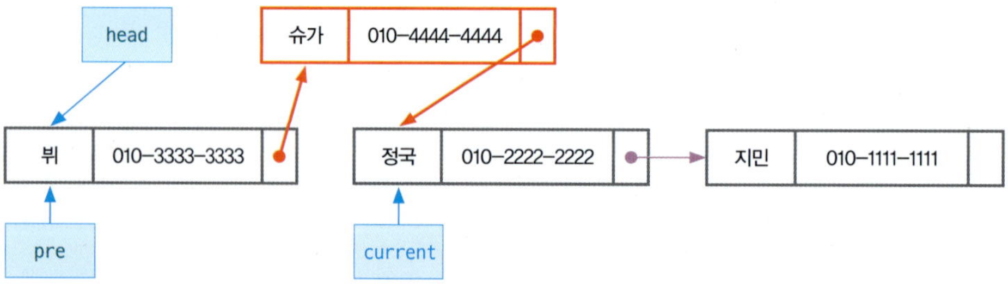


```
current = head;
while (노드의 끝까지) {
    pre = current;
    current = current->link;
    if (현재노드 > 입력할노드) {
        pre->link = node;
        node->link = current;
    }
}
```

6 마지막으로 진을 입력한다. 진은 마지막 노드보다 크므로 마지막에 추가한다.

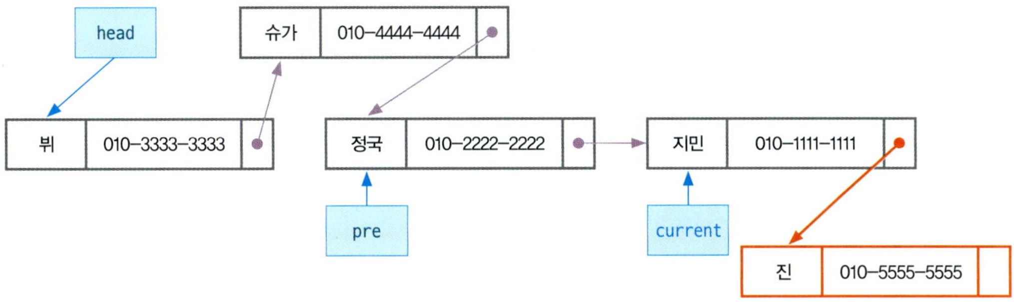


```
current->link = node;
```

앞의 과정을 통합하여 Code04-09.cpp처럼 구현할 수 있다.

Code04-09.cpp 단순 연결 리스트를 활용한 명함 관리 프로그램

```
#include "..\CookHeader.h"

typedef struct _Node {
	string data[2];    // 이름, 연락처
	struct _Node* link = NULL;
} Node2;

Array <Node2*> memory;
Node2* head, * current, * pre;
Array <Array <string>> dataArray = { {"지민", "010-1111-1111"}, {"정국", "010-2222-2222"},
                    {"뷔", "010-3333-3333"}, {"슈가", "010-4444-4444"}, {"진", "010-5555-5555"} };

void printNodes2(Node2* start) {
	if (start == NULL)
		return;
	Node2* current = start;
	print("[" + current->data[0] + "," + current->data[1] + "]");
	while (current->link != NULL) {
		current = current->link;
		print("[" + current->data[0] + "," + current->data[1] + "]");
	}
	println("");
}

void freeMemory() {    // 할당된 모든 노드의 메모리를 해제한다.
	for (int i = 0; i < len(memory); i++)
		delete memory[i];
}

```

```
void makeSimpleLInkedList(Array <string> namePhone) {
    printNodes2(head);

    Node2* node;
    node = new Node2;
    node->data[0] = namePhone[0];
    node->data[1] = namePhone[1];
    memory.push_back(node);
    if (head == NULL) {                  // 첫 번째 노드일 때
        head = node;
        return;
    }
    if (head->data[0] > namePhone[0]) { // 첫 번째 노드보다 작을 때
        node->link = head;
        head = node;
        return;
    }
    // 중간 노드로 삽입하는 경우
    current = head;
    while (current->link != NULL) {
        pre = current;
        current = current->link;
        if (current->data[0] > namePhone[0]) {
            pre->link = node;
            node->link = current;
            return;
        }
    }
    // 삽입하는 노드가 가장 큰 경우
    current->link = node;
}

int main() {
    for (int i = 0; i < len(dataArray); i++) {
        makeSimpleLInkedList(dataArray[i]);
    }
    printNodes2(head);

    freeMemory();
}
```

실행 결과

```
[지민,010-1111-1111]
[정국,010-2222-2222] [지민,010-1111-1111]
[뷔,010-3333-3333] [정국,010-2222-2222] [지민,010-1111-1111]
[뷔,010-3333-3333] [슈가,010-4444-4444] [정국,010-2222-2222] [지민,010-1111-1111]
[뷔,010-3333-3333] [슈가,010-4444-4444] [정국,010-2222-2222] [지민,010-1111-1111] [진,010-5555-5555]
```

10~11행 이름과 전화번호로 구성된 2차원 배열 예를 준비한다.

30~60행 이름과 전화번호가 1개씩 들어 있는 배열을 넘겨받아 이름 순서로 단순 연결 리스트를 생성하는 함수다.

31행 새 노드를 추가하기 전 연결 리스트 상태를 출력한다.

33~37행 새 노드를 생성한 후, 이름과 전환번호를 분리해서 새 노드의 데이터로 넣는다. 그리고, 메모리 공간에 새 노드를 넣는다.

38~41행 연결 리스트가 비어 있다면(= 첫 번째 노드라면), 새 노드를 헤드로 지정하고 함수를 종료한다.

42~46행 새 노드가 첫 노드보다 작다면 새 노드의 링크에 첫 노드를 지정하고, 헤드를 새 노드로 지정한 후 함수를 종료한다.

48~57행 두 번째 이후의 노드에 새 노드가 삽입되는 경우 처리된다. 48행에서 헤드가 가리키는 노드부터 처리한다. 49~57행을 마지막 노드까지 반복한다. 50~51행에서 이전 노드를 현재 노드로 변경하고, 현재 노드는 다음 노드로 변경한다. 52~56행에서 새 노드의 이름이 현재 노드보다 작다면, 이전 노드와 현재 노드 사이에 새 노드를 삽입하고 함수를 종료한다.

59행 앞에서 아무런 처리가 되지 않고 59행까지 왔다면, 마지막 노드보다 새 노드가 더 큰 경우이므로 새 노드를 마지막 노드로 추가한다.

63~65행 데이터를 하나씩 추출해서 연결 리스트에 추가하는 함수를 호출한다.

SELF STUDY 4-2

Code04-09.cpp를 수정해서 전화번호 대신에 dataArray에 키를 사용하자. 그리고 키 순서대로 단순 연결 리스트를 생성하자.

Array 〈Array 〈string〉〉 dataArray
= { {"지민", "180"}, {"정국", "177"}, {"뷔", "183"}, {"슈가", "175"}, {"진", "179"} };

실행 결과

```
[지민,180]
[정국,177] [지민,180]
[정국,177] [지민,180] [뷔,183]
[슈가,175] [정국,177] [지민,180] [뷔,183]
[슈가,175] [정국,177] [진,179] [지민,180] [뷔,183]
```

연습문제

1 ❶과 ❷에 알맞은 용어를 각각 채우시오.

> [❶]는(은) 배열에 데이터를 차례대로 저장하므로 데이터의 실제 위치 순서로 데이터가 구성된다.
> [❷]에서는 데이터를 노드 단위로 삽입/삭제한다.

2 선형 리스트와 비교한 단순 연결 리스트에 대한 설명이다. 거리가 먼 것은?

① 물리적으로 연결되어 있지 않은 데이터가 연결된다.

② 연결을 위한 링크(Link)가 필요하다.

③ 중간에 새로운 데이터를 삽입할 때는 비효율적이다.

④ 노드(Node)를 사용해서 데이터를 표현한다.

3 노드 구조에서 ⓐ와 ⓑ를 무엇이라고 하는지 다음 중에서 고르시오.

> 리스트, 링크, 헤드, 배열, 주소, 번지, 데이터

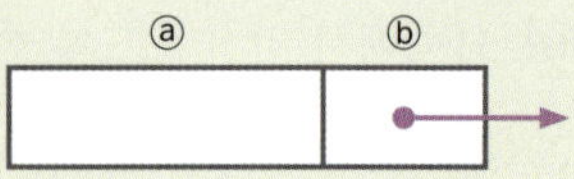

4 그림과 같이 노드를 생성하고 연결하는 코드를 차례대로 올바르게 나열한 것은?

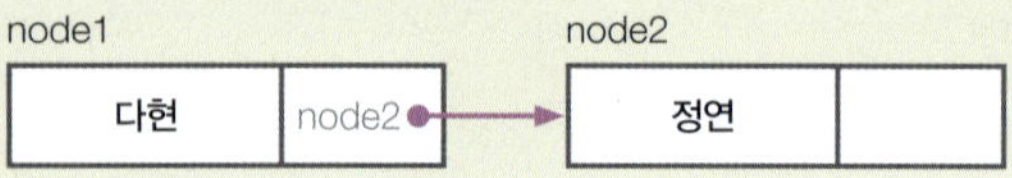


```
ⓐ node1->data = "다현";      ⓑ node1->link = node2;      ⓒ Node* node1 = new Node;
ⓓ node2->data = "정연";      ⓔ Node* node2 = new Node;
```

① ⓔ–ⓓ–ⓑ–ⓐ–ⓒ　　② ⓒ–ⓐ–ⓔ–ⓓ–ⓑ

③ ⓔ–ⓐ–ⓒ–ⓑ–ⓓ　　④ ⓐ–ⓑ–ⓒ–ⓓ–ⓔ

5 단순 연결 리스트의 맨 앞 데이터를 삭제하는 코드를 차례대로 나열하시오.

```
ⓐ head = head->link;
ⓑ current = head;
ⓒ current->data = "None";
```

6 다음과 같이 코드가 작성되어 있을 때, 쯔위를 출력하는 코드로 올바른 것은?

```
Node* node1 = new Node;
node1->data = "다현";
Node* node2 = new Node;
node2->data = "정연";
node1->link = node2;
Node* node3 = new Node;
node3->data = "쯔위";
node2->link = node3;
```

① print(node1);

② print(node1->data);

③ print(node1->link->data);

④ print(node1->link->link->data);

7 단순 연결 리스트의 맨 앞에 야옹이 데이터를 삽입하는 ❶~❸에 들어갈 코드를 다음 중에서 고르시오.

```
node, Node, head, "야옹이", data, node->data, link, node->link
```

```
node = new Node;
[    ❶    ] = "야옹이";
[    ❷    ] = head;
head = [    ❸    ];
```

8 노드에서 데이터를 검색하는 함수다. ❶에 들어갈 코드를 고르시오.

```
Node* findNode(string findData) {
    current = head;
    if (head->data == findData) {
        return current;
    }
    [        ❶        ] {
        current = current->link;
        if (current->data == findData) {
            return current;
        }
    }
    return new Node{"None", NULL};
}
```

① while (current->link == NULL)　　② while (current->link != NULL)

③ while (head->link != NULL)　　④ while (head->link == NULL)

응용예제 01

사용자가 입력한 정보 관리하기

난이도★★☆

예제 설명 사용자가 이름과 이메일을 입력하면 이메일 순서대로 단순 연결 리스트를 생성하는 프로그램을 작성한다. 이름에서 x나 X를 입력하면 종료한다.

실행 결과

```
Microsoft Visual Studio 디버그 콘솔
이름-->혜리
이메일-->herry@girls.com
[혜리,herry@girls.com]
이름-->유라
이메일-->youra@girls.com
[혜리,herry@girls.com] [유라,youra@girls.com]
이름-->소진
이메일-->sojin@girls.com
[혜리,herry@girls.com] [소진,sojin@girls.com] [유라,youra@girls.com]
이름-->민아
이메일-->bma@girls.com
[민아,bma@girls.com] [혜리,herry@girls.com] [소진,sojin@girls.com] [유라,youra@girls.com]
이름-->
```

코드

```
#include "..\CookHeader.h"

// 구조체 및 전역 변수 선언 부분
typedef struct _Node {
    string data[2];    // 이름, 이메일
    struct _Node* link = NULL;
} Node2;

Array <Node2*> memory;
Node2* head, * current, * pre;

// 함수 선언 부분
void printNodes2(Node2* start) {
    if (start == NULL)
        return;
    Node2* current = start;
    print("[" + current->data[0] + "," + current->data[1] + "]");
    while (current->link != NULL) {
        current = current->link;
        print("[" + current->data[0] + "," + current->data[1] + "]");
    }
    println("");
}

void freeMemory() {    // 할당된 모든 노드의 메모리를 해제한다.
    for (int i = 0; i < len(memory); i++)
        delete memory[i];
}
```

```
void makeSimpleLInkedList(Array <string> nameEmail) {
    Node2* node;
    node = new Node2;
    node->data[0] = nameEmail[0];
    node->data[1] = nameEmail[1];
    memory.push_back(node);
    if (head == NULL) {                     // 첫 번째 노드일 때
        head = node;
        return;
    }
    if (head->data[1] > nameEmail[1]) { // 첫 번째 노드보다 작을 때
        node->link = head;
        head = node;
        return;
    }

    current = head;                         // 중간 모드로 삽입하는 경우
    while (current->link != NULL) {
        pre = current;
        current = current->link;
        if (current->data[0] > nameEmail[0]) {
            pre->link = node;
            node->link = current;
            return;
        }
    }

    current->link = node;                   // 삽입하는 노드가 가장 큰 경우
}

// 메인 코드 부분
int main() {

    string name, email;
    while (true) {
        input(name, "이름-->");
        if (name == "x" || name == "X")
            break;
        input(email, "이메일-->");
        makeSimpleLInkedList({ name, email });
        printNodes2(head);
    }

    freeMemory();
}
```

코드 설명

30~58행	이메일 순서대로 단순 연결 리스트를 구성하는 함수다. 매개변수로 이름과 이메일이 각 1개인 배열을 받는다.
31~35행	새 노드를 생성한 후 메모리 공간에 새 노드를 넣는다. 33~34행에서 이름과 이메일을 분리한다.
36~39행	새 노드가 첫 노드라면 헤드로 지정하고 함수를 종료한다.
40~44행	새 노드의 이메일이 첫 노드의 이메일보다 빠르다면 새 노드의 링크에 첫 노드를 지정하고, 헤드를 새 노드로 지정한 후 함수를 종료한다.
46~55행	두 번째 이후의 노드에 새 노드가 삽입되는 경우에 처리된다. 46행에서 헤드가 가리키는 노드부터 처리한다. 47~55행의 마지막 노드까지 반복한다. 48~49행에서 이전 노드를 현재 노드로 변경하고, 현재 노드는 다음 노드로 변경한다. 50~54행에서 새 노드의 이메일이 현재 노드의 이메일보다 빠르다면, 이전 노드와 현재 노드 사이에 새 노드를 삽입하고 함수를 종료한다.
57행	57행까지 아무런 처리가 되지 않았다면 마지막 노드보다 새 노드의 이메일이 더 늦는 경우다. 새 노드를 마지막 노드로 추가한다.
64~71행	이름에 x나 X를 입력할 때까지, 이름과 이메일을 입력받는다. 입력받은 이름과 이메일을 배열로 만들어서 makeSimpleLinkedList() 함수를 호출한다. 생성된 연결 리스트를 출력한다.

응용예제 02 로또 추첨하기

난이도★★☆

예제 설명

1~45 숫자 6개를 뽑는 로또 추첨 프로그램을 작성한다. 뽑은 숫자는 순서대로 단순 연결 리스트로 저장한다.

실행 결과

```
Microsoft Visual Studio 디버그 콘솔
20 27 28 37 41 45
```

코드

```
#include "..\CookHeader.h"

// 구조체 및 전역 변수 선언 부분
typedef struct _Node {
    int data;
    struct _Node* link = NULL;
} Node;

Array <Node*> memory;
Node* head, * current, * pre;

// 함수 선언 부분
void printNodes(Node* start) {
    if (start == NULL)
        return;
```

```
    Node* current = start;
    print(current->data);
    while (current->link != NULL) {
        current = current->link;
        print(current->data);
    }
    println("");
}

void freeMemory() {    // 할당된 모든 노드의 메모리를 해제한다.
    for (int i = 0; i < len(memory); i++)
        delete memory[i];
}

void makeLottoList(int num) {
    Node* node;
    node = new Node;
    node->data = num;
    memory.push_back(node);
    if (head == NULL) {                  // 첫 번째 노드일 때
        head = node;
        return;
    }
    if (head->data > num) {              // 첫 번째 노드보다 작을 때
        node->link = head;
        head = node;
        return;
    }

    current = head;                      // 중간 모드로 삽입하는 경우
    while (current->link != NULL) {
        pre = current;
        current = current->link;
        if (current->data > num) {
            pre->link = node;
            node->link = current;
            return;
        }
    }

    current->link = node;                // 삽입하는 노드가 가장 큰 경우
}

bool findNumber(int num) {
    if (head == NULL)
        return false;
    current = head;
```

```
63     if (current->data == num)
64         return true;
65
66     while (current->link != NULL) {
67         current = current->link;
68         if (current->data == num) {
69             return true;
70         }
71     }
72     return false;
73 }
74
75 // 메인 코드 부분
76 int main() {
77     int lottoCount = 0;
78     int lotto;
79
80     randomInit(1, 45);
81     while (true) {
82         lotto = cookRandom(gen);
83         if (findNumber(lotto))
84             continue;
85         lottoCount++;
86         makeLottoList(lotto);
87         if (lottoCount >= 6)
88             break;
89     }
90     printNodes(head);
91     freeMemory();
92 }
```

코드 설명

30~57행	로또 번호를 넘겨받아 순서대로 단순 연결 리스트를 생성한다. [응용예제 01]의 makeSimpleLinkedList( ) 함수와 기능이 거의 비슷하다.
59~73행	숫자를 넘겨받아 기존 단순 연결 리스트에 해당 숫자가 있는지 결과를 알려 주는 함수다. 60~61행에서 처음으로 단순 연결 리스트가 생성된다면 False를 반환한다. 62행에서 헤드를 현재 노드로 지정한다. 63~64행에서 현재 노드의 데이터가 넘겨받은 숫자라면 중복되므로 True를 반환한다. 66~71행은 노드의 끝까지 넘겨받은 숫자가 있는지 확인하고 있다가 True를 반환한다. 72행까지 진행되면 단순 연결 리스트에는 해당 숫자가 없는 것이므로 False를 반환한다.
77행	뽑은 로또 숫자 개수다. 6개까지만 로또 추첨을 하면 된다.
80행	랜덤하게 1~45 숫자를 뽑히도록 초기화한다. randomInit( )는 CookHeader.h에 정의되어 있다.
81~89행	로또를 추출한다. 82행에서는 80행에서 설정한 1~45 숫자 중 하나를 추출하고, 83~84행에서 중복된다면 그 번호는 무시하고 다시 추첨한다. 85행까지 오면 뽑지 않은 숫자이므로 카운트를 1 증가시키고, 83행에서 단순 연결 리스트를 생성한다. 87~88행에서 뽑은 로또 숫자가 총 6개 이상이라면 로또 추첨을 종료한다.
90행	뽑은 로또 숫자를 출력한다.

CHAPTER 05

원형 연결 리스트

학습목표

- 원형 연결 리스트의 개념을 파악한다.
- 원형 연결 리스트와 단순 연결 리스트의 차이를 이해한다.
- 원형 연결 리스트의 데이터 삽입/삭제 원리를 이해한다.
- C 언어로 원형 연결 리스트를 조작하는 코드를 작성한다.

SECTION 00 생활 속 자료구조와 알고리즘

SECTION 01 원형 연결 리스트의 기본

SECTION 02 원형 연결 리스트의 간단 구현

SECTION 03 원형 연결 리스트의 일반 구현

SECTION 04 원형 연결 리스트의 응용

연습문제

응용예제

SECTION 00

생활 속 자료구조와 알고리즘

코레일(Korail)에서는 2008년부터 2019년까지 '해랑'이라는 열차로 전국을 일주하는 여행 상품을 제공한 적이 있다. 여행은 서울에서 출발해서 전국을 돌고 다시 서울로 돌아오는 일정이다. 이렇게 시작 위치와 다음 위치가 계속 이어진 후 마지막에 다시 시작으로 돌아오는 형태를 원형 연결 리스트라고 한다.

전국일주 2박 3일
전국 방방곡곡을 다니는 명품 기차 여행

동부권 1박 2일
동남부권을 다니는 명품 기차 여행

서부권 1박 2일
서남부권을 다니는 명품 기차 여행

SECTION 01

원형 연결 리스트의 기본

1 원형 연결 리스트의 개념

이 장에서 학습할 원형 연결 리스트는 4장 단순 연결 리스트와 구조와 구현 코드가 상당히 유사하다. 비슷한 부분이 많기 때문에 아주 기본적인 부분을 제외하고 단순 연결 리스트의 복습을 겸해서 다시 설명하겠다.

4장에서 배운 단순 연결 리스트는 배열에 데이터를 차례대로 저장하므로 데이터의 실제 위치 순서로 데이터가 구성된다. 그리고 시작부터 끝까지 차례대로 방문할 수 있다.

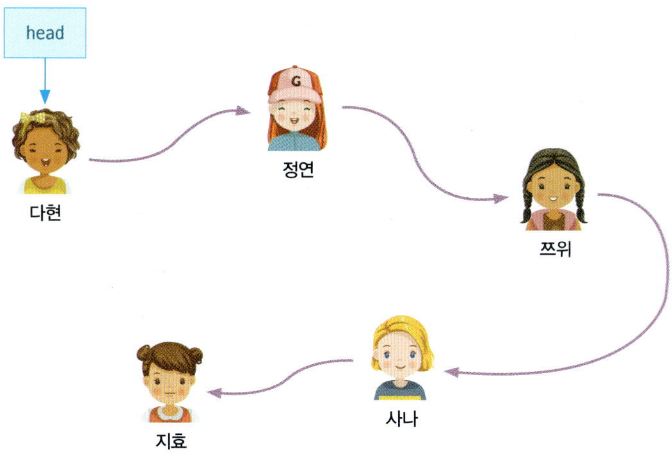

그림 5-1 단순 연결 리스트 예

그렇지만 단순 연결 리스트는 끝까지 방문한 후에는 더 이상 방문할 곳이 없어 종료되므로 다시 방문하려면 헤드(head)부터 재시작해야 한다. 반면 원형 연결 리스트(Circular Linked List)는 단순 연결 리스트의 마지막 노드가 다시 첫 번째 노드를 가리키도록 설정되어 리스트 형태가 원(Circle)의 형태로 구성된다. 예를 들어 [그림 5-2]와 같이 마지막 노드인 지효가 다시 첫 번째 노드인 다현을 가리키는 형태이므로 계속 회전하면서 연속 방문이 가능하다.

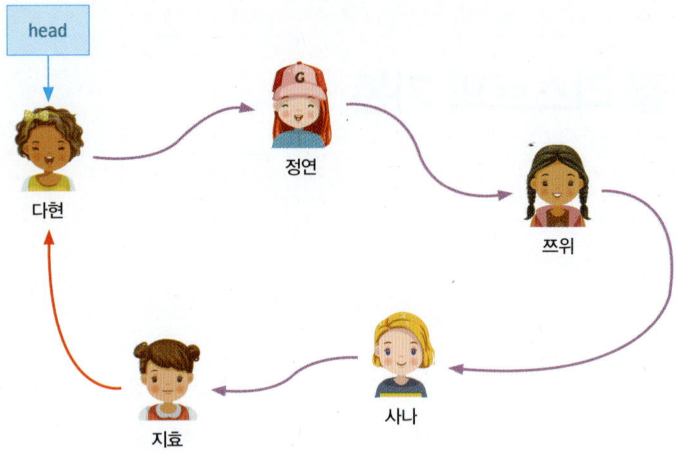

그림 5-2 원형 연결 리스트 예

원형 연결 리스트의 장점은 단순 연결 리스트와 마찬가지로 데이터 삽입에서 오버헤드가 발생하지 않는다는 것이다. 원형 연결 리스트에서 데이터 삽입은 [그림 4-4]와 동일하게 작동한다. 단 원형 연결 리스트는 마지막 노드가 첫 번째 노드와 다시 연결된 것이다.

2 원형 연결 리스트의 원리

원형 연결 리스트의 원리 및 구조도 단순 연결 리스트와 많은 부분이 비슷하다. 원형 연결 리스트와 단순 연결 리스트의 공통점 및 차이점을 파악해 보자.

노드 구조

원형 연결 리스트를 구현하려면 '노드'를 사용해야 하는데, 이미 4장 단순 연결 리스트에서 노드 구조를 학습했다. 형태가 동일한 노드를 원형 연결 리스트에서도 사용한다.

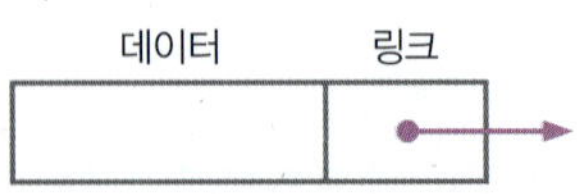

그림 5-3 노드 구조(단순 연결 리스트와 원형 연결 리스트 공통)

[그림 5-2]의 예를 노드로 표현하면 [그림 5-4]와 같이 데이터에 다현, 정연, 쯔위, 사나, 지효 등이 하나씩 들어가고, 링크에 다음 노드를 가리키는 주소가 들어간다. 다현 노드의 링크는 정연을 가리키고, 정연 노드의 링크는 쯔위를 가리키고……, 마지막 지효 노드의 링크에는 첫 번째 노드인 다현을 지시해서 원형으로 구성한다.

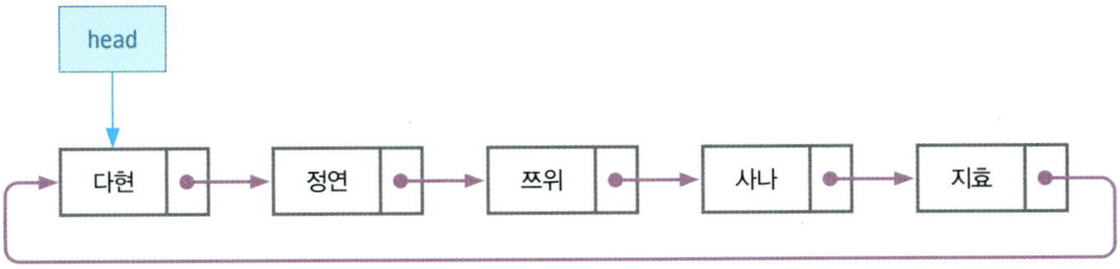

그림 5-4 **노드로 구성된 원형 연결 리스트**

원형 연결 리스트도 단순 연결 리스트와 마찬가지로 첫 번째 노드를 가리키는 헤드(head)를 사용한다. 헤드는 원형 연결 리스트의 시작점으로 사용한다. 자세한 동작은 잠시 후 C 언어 코드로 살펴보겠다.

노드 삽입

원형 연결 리스트에 노드를 삽입하는 과정을 알아보자. 중간 노드인 정연과 쯔위 사이에 재남 노드를 삽입한다면 1단계에서 삽입할 재남 노드를 생성한 후 2단계에서 순서에 맞게 링크를 수정한다. 즉, 새 노드의 링크에 정연 노드의 링크를 복사하고 정연 노드의 링크에 재남 노드를 지정한다.

TIP • 원형 연결 리스트에서 중간 노드를 삽입하는 과정은 단순 연결 리스트의 과정과 방식이 동일하다. 하지만 첫 번째 노드 삽입이나 마지막 노드 삽입 등은 좀 다르게 처리되는데, 이는 잠시 후 구현과 함께 살펴보겠다.

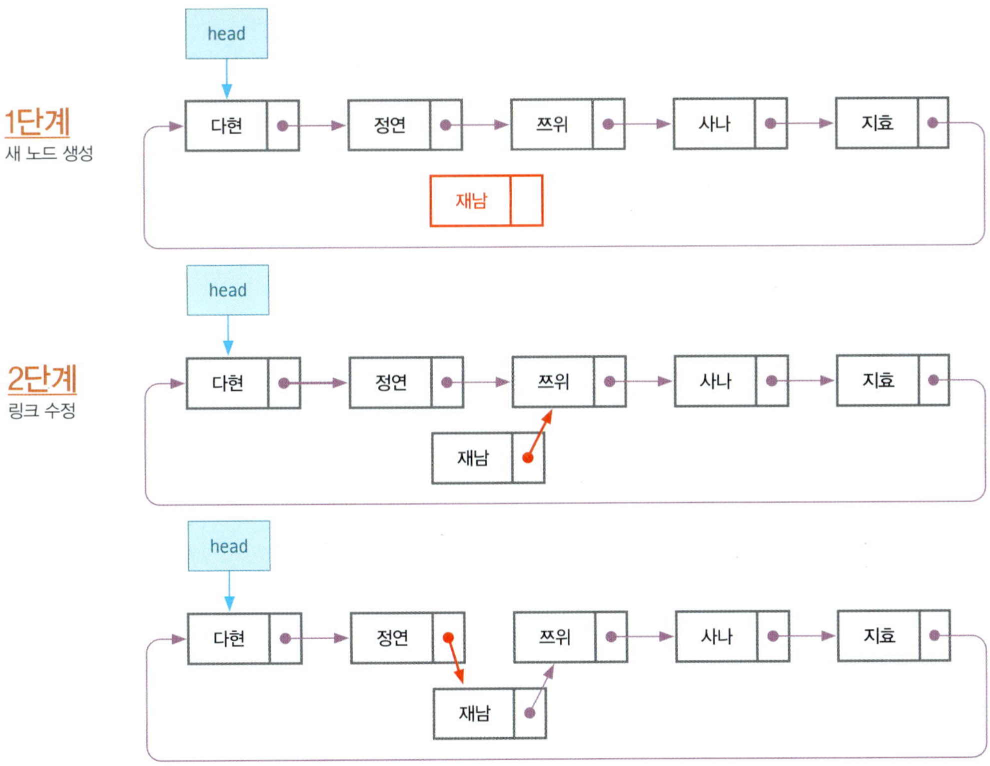

그림 5-5 **원형 연결 리스트에서 중간 위치에 노드를 삽입하는 과정 예**

노드 삭제

원형 연결 리스트의 중간 노드를 삭제하는 과정을 알아보자. 정연과 사나 노드 사이에 있는 쯔위 노드를 삭제한다면 1단계에서 삭제할 바로 앞 정연 노드의 링크를 먼저 수정한다. 즉, 삭제할 쯔위 노드의 링크를 바로 앞 정연 노드의 링크로 복사하여 정연 노드가 사나 노드를 가리키게 한다. 2단계에서 쯔위 노드를 삭제한다.

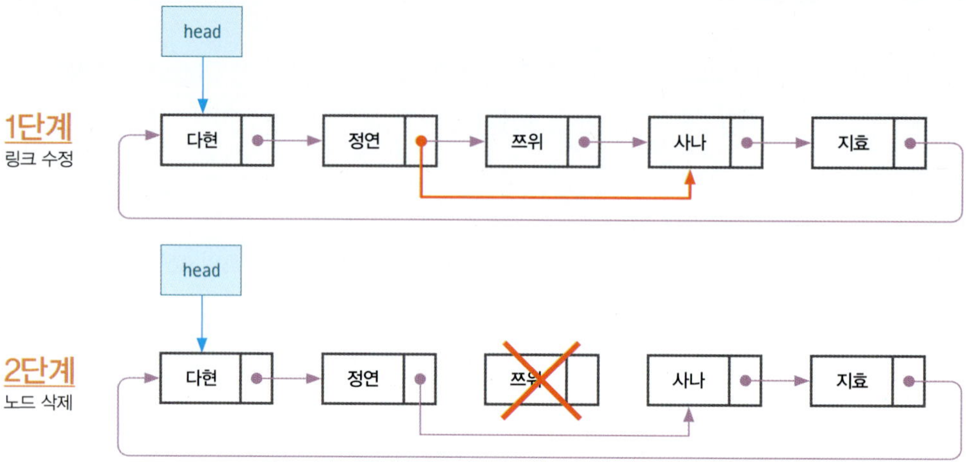

그림 5-6 원형 연결 리스트에서 데이터를 삭제하는 과정 예

TIP • 원형 연결 리스트에서 중간 노드를 삭제하는 과정은 단순 연결 리스트의 과정과 방식이 동일하다. 하지만 첫 번째 노드 삭제나 마지막 노드 삭제 등은 좀 다르게 처리되는데, 이는 잠시 후 구현과 함께 살펴보겠다.

SECTION 02

원형 연결 리스트의 간단 구현

1 노드 생성과 연결

원형 연결 리스트의 구현은 단순 연결 리스트의 구현과 많은 부분이 비슷하다. 코딩 복습을 겸해서 앞 장에서 구현한 코드 내용과 비슷하더라도 원형 연결 리스트의 구현을 모두 완성해 보자.

노드 생성

노드 구조는 단순 연결 리스트에서 사용했던 것과 동일하다. ❶처럼 Node 데이터형을 생성한다. 그런 다음 ❷처럼 첫 번째 다현 노드를 생성하면 [그림 5-7]의 (a)와 같은 첫 번째 노드가 생성된다. 그런데 원형 연결 리스트는 첫 번째 노드와 마지막 노드가 연결되는 구조를 가져야 한다. 첫 번째 노드이므로 우선 ❸처럼 헤드를 노드로 지정해서 [그림 5-7]의 (b)와 같은 형태로 만든다. 그리고 ❹처럼 노드의 링크를 헤드가 가리키는 노드와 연결해서 [그림 5-7]의 (c)와 같은 형태로 만든다. 현재는 노드가 1개뿐이어서 자기 자신과 연결되는 형태로 완성된다.

```
❶ typedef struct _Node {              ── _Node라는 구조체 정의
       string data ;                   ── 데이터가 저장되는 부분
       struct _Node *link = NULL;      ── 링크가 저장되는 부분
   } Node;                             ── Node라는 새로운 데이터 형을 만드는 것

❷ Node *node1 = new Node;
   node1->data = "다현";

❸ Node* head = node1;

❹ node1->link = head;
```

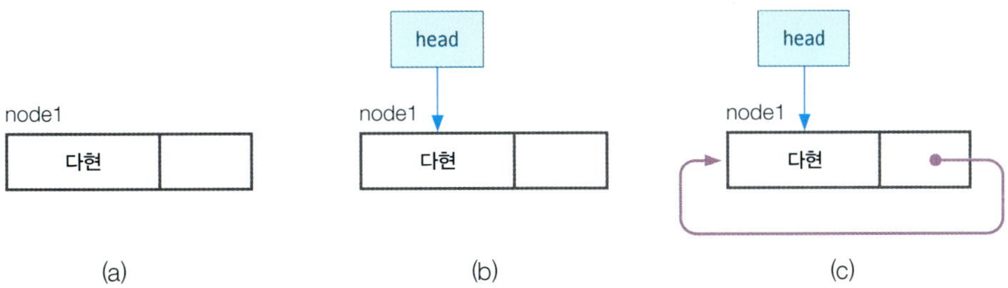

그림 5-7 첫 번째 노드 생성 결과

노드 연결

두 번째 정연 노드를 생성하고, 정연 노드를 첫 번째 노드의 링크로 연결하는 코드는 다음과 같다.

```
   Node* node2 = new Node;
   node2->data = "정연";
❶ node1->link = node2;
❷ node2->link = head;
```

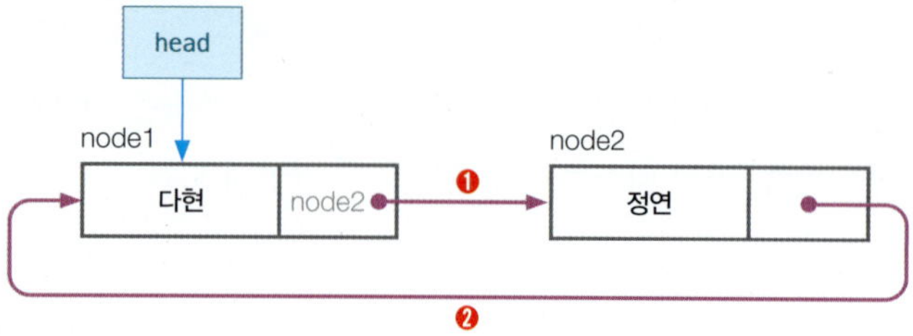

그림 5-8 **두 번째 노드 생성 결과**

두 번째 노드를 생성한 후 첫 번째 노드의 링크에 두 번째 노드를 연결하고, 두 번째 노드의 링크에는 헤드를 연결해서 원형 구조를 갖게 하면 된다.

2 데이터가 5개인 원형 연결 리스트 생성

원형 연결 리스트도 단순 연결 리스트와 마찬가지로 모든 상황을 고려해서 구현하면 좀 복잡하다. 그러니 다음과 같이 5명으로 구성된 예를 원형 연결 리스트로 구현하면서 작동 원리를 이해해 보자.

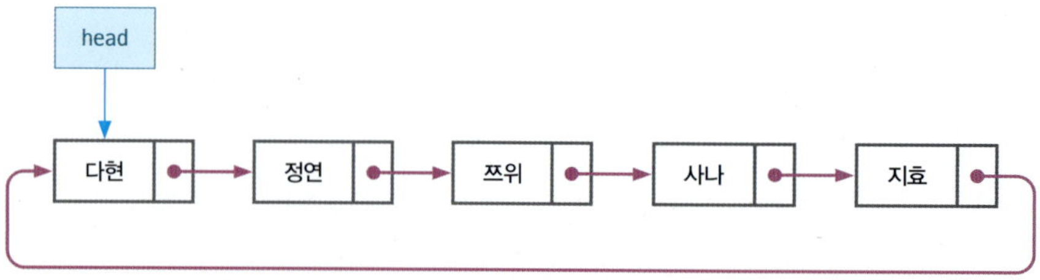

그림 5-9 **생성할 원형 연결 리스트 예**

[그림 5-9]의 원형 연결 리스트는 Code05-01.cpp처럼 구현한다.

Code05-01.cpp 데이터가 5개인 원형 연결 리스트 생성

```
#include "..\CookHeader.h"

typedef struct _Node {
    string data;
    struct _Node* link = NULL;
} Node;

int main() {
    Node* head;

    Node* node1 = new Node;
    node1->data = "다현";
    head = node1;
    node1->link = head;

    Node* node2 = new Node;
    node2->data = "정연";
    node1->link = node2;
    node2->link = head;

    Node* node3 = new Node;
    node3->data = "쯔위";
    node2->link = node3;
    node3->link = head;

    Node* node4 = new Node;
    node4->data = "사나";
    node3->link = node4;
    node4->link = head;

    Node* node5 = new Node;
    node5->data = "지효";
    node4->link = node5;
    node5->link = head;

    Node* current = head;
    print(current->data);
    while (current->link != head) {
        current = current->link;
        print(current->data);
    }
}
```

실행 결과

```
다현 정연 쯔위 사나 지효
```

3~6행 Node 구조체를 정의한다.

9행 첫 노드를 가리킬 헤드를 준비한다.

11~14행 첫 번째 노드를 생성하고 데이터에 다현을 입력한다. 노드가 1개뿐이므로 [그림 5-9]와 같이 14행에서 헤드에 연결한다. 결국 자기 자신에게 연결된다.

16~19행 두 번째 노드를 생성하고 데이터에 정연을 입력한다. 첫 번째 노드의 링크에 두 번째 노드의 이름을 입력하여 두 노드를 연결한다. 그리고 새 노드의 링크를 헤드로 연결해서 원형 연결 리스트의 형태를 구성한다.

21~34행 세 번째부터 다섯 번째 노드까지 생성하고 연결한다. 새로 생성한 노드는 모두 헤드로 연결한다.

36~37행 헤드를 현재(current) 노드로 지정하고 데이터를 출력한다.

38~41행 현재 노드에 연결된 노드가 헤드가 아닐 동안에만 반복한다. 즉, 한 바퀴를 모두 방문하는 동안 반복한다. 39행은 다음 노드를 현재 노드로 지정한다. 40행은 현재 노드의 데이터를 출력한다.

3 노드 삽입

원형 연결 리스트의 중간에 데이터를 삽입해 보자. 예로 정연 다음에 재남을 삽입해 보자.

❶ 새 노드를 생성하고 데이터에 재남을 입력한다.

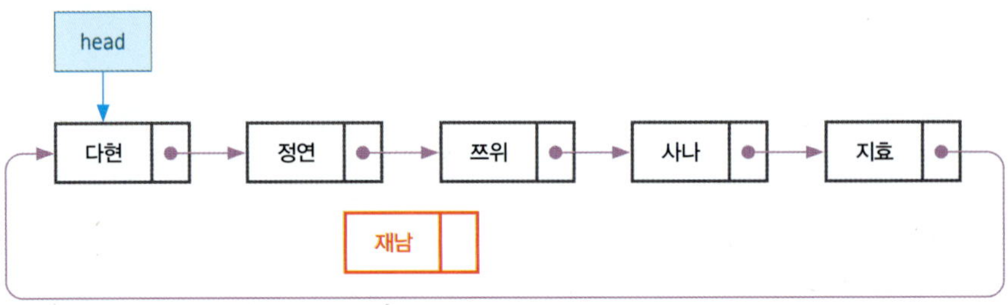

❷ 새 노드(재남 노드)의 링크에 정연 노드의 링크를 복사한다. 그러면 정연 노드와 재남 노드 모두 쯔위 노드를 가리킨다.

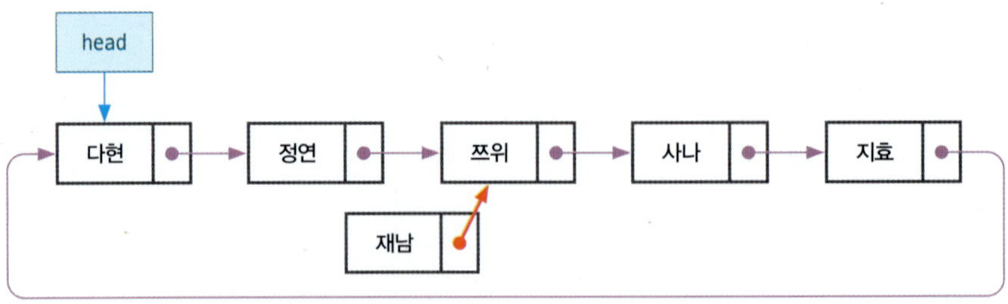

3 정연 노드의 링크에 재남 노드를 지정한다.

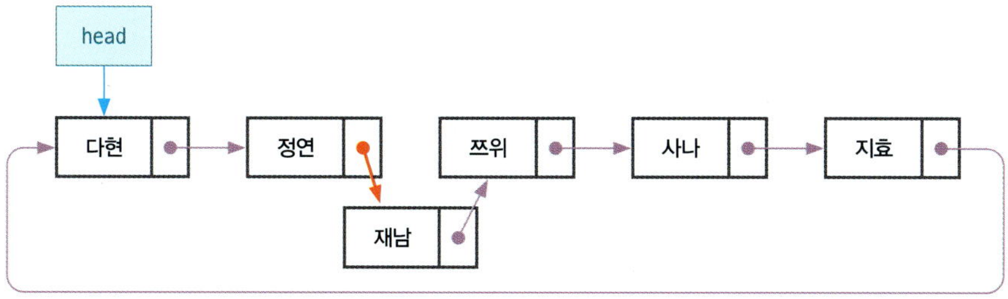

그림 5-10 원형 연결 리스트의 중간 노드 삽입

[그림 5-10]의 과정은 Code05-02.cpp처럼 구현한다.

Code05-02.cpp 데이터가 5개인 원형 연결 리스트의 중간 노드 삽입

```
 … // 생략(Code05-01.cpp의 1~34행과 동일)
35
36      Node* newNode = new Node;
37      newNode->data = "재남";
38      newNode->link = node2->link;
39      node2->link = newNode;
40
41      Node *current = head;
42      print(current->data);
43      while (current->link != head) {
44          current = current->link;
45          print(current->data);
46      }
47 }
```

실행 결과

```
다현 정연 재남 쯔위 사나 지효
```

36~37행 새 노드를 생성하고 데이터에 재남을 대입한다.

38행 새 노드의 링크에 정연 노드(node2)의 링크를 복사한다. 즉, 쯔위를 가리킨다.

39행 정연 노드(node2)의 링크에 새 노드(재남 노드)를 지정한다.

4 노드 삭제

원형 연결 리스트의 중간에 있는 데이터를 삭제해 보자. 예로 쯔위 노드를 삭제해 보자.

1 삭제할 쯔위 노드의 링크를 바로 앞 정연 노드의 링크로 복사한다. 그러면 정연 노드가 사나 노드를 가리킨다.

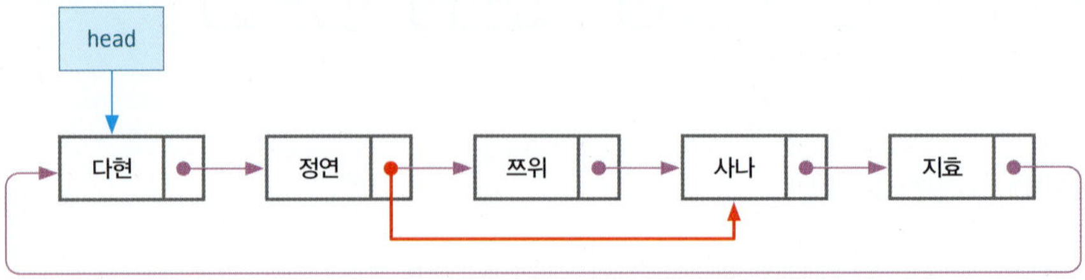

2 쯔위 노드를 삭제한다.

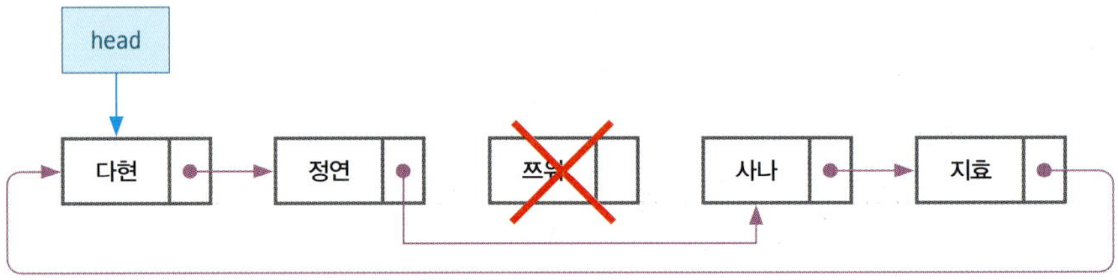

그림 5-11 원형 연결 리스트의 노드 삭제

[그림 5-11]의 과정은 Code05-03.cpp처럼 구현한다.

Code05-03.cpp 데이터가 5개인 원형 연결 리스트의 중간 노드 삭제

```
··· // 생략(Code05-01.cpp의 1~34행과 동일)
35
36      node2->link = node3->link;
37      delete node3;
38
39      Node *current = head;
40      print(current->data);
41      while (current->link != head) {
42          current = current->link;
43          print(current->data);
44      }
45 }
```

실행 결과

```
다현 정연 사나 지효
```

36행 삭제할 쯔위 노드(node3)의 링크를 바로 앞 정연 노드(node2)의 링크로 복사한다.

37행 쯔위 노드를 메모리에서 완전히 삭제한다.

SECTION 03

원형 연결 리스트의 일반 구현

1 배열을 이용한 원형 연결 리스트 생성

앞서 데이터가 5개로 제한된 원형 연결 리스트를 구현하는 방법을 익혔다. 하지만 실제로는 데이터 개수가 제한적이지 않을 때가 일반적이다. 원형 연결 리스트의 일반 형태는 [그림 5-12]의 환경으로 구현할 것이다.

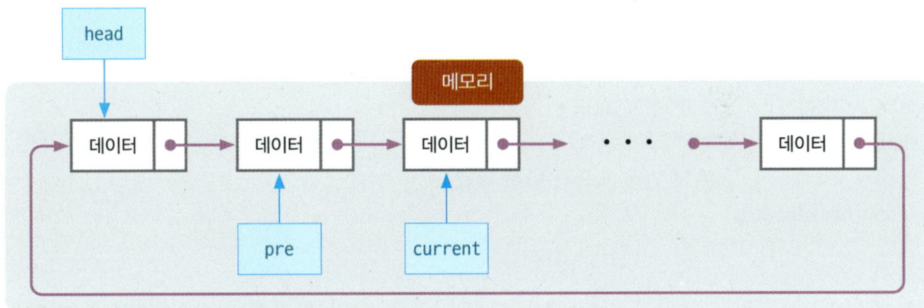

그림 5-12 원형 연결 리스트의 전체 구성 환경

생성되는 모든 노드를 메모리에 넣어 둘 것이다. 메모리 크기는 무한대고 [그림 5-12]에는 노드가 가지런히 들어 있지만, 실제로 노드의 위치나 순서는 상관없이 링크로만 연결된다. 변수 3개를 추가하여 사용한다. 헤드(head)는 첫 번째 노드를 가리키고, 현재(current)는 지금 처리 중인 노드를 가리키며, 이전(pre)은 현재 처리 중인 노드의 바로 앞 노드를 가리킨다. 처음에는 모두 비어 있으면 되므로 다음과 같이 초기화한다.

```
Array <Node*> memory;
Node * head, * current, * pre;
```

사용자가 입력하거나 배열에서 데이터를 추출한 후 값을 계속 단순 연결 리스트로 만드는 코드를 작성해 보자. 작동 순서는 첫 번째 데이터와 두 번째 이후 데이터로 나누어 생각해 볼 수 있다.

먼저 첫 번째 데이터는 [그림 5-13]과 같이 빈 노드를 생성하고, 사용자가 키보드로 첫 번째 데이터를 입력하거나 데이터 저장소에서 데이터를 가져와서 대입한다. 첫 번째 노드이므로 헤드는 첫 번째 노드를 가리키도록 하고, 새 노드의 링크는 헤드가 가리키는 노드로 연결한다. 첫 번째 노드이므로 결국 자신이 자신을 가리키는 형태가 된다. 그리고 완성된 노드를 메모리 공간에 넣는다.

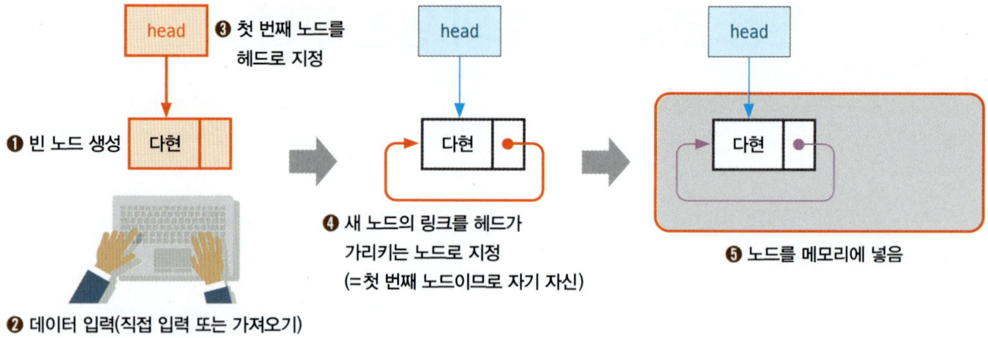

그림 5-13 원형 연결 리스트의 첫 번째 데이터 입력

[그림 5-13]의 과정을 코드 형태로 구현하면 다음과 같다.

```
❶ Node* node = new Node;
❷ node->data = "다현";        // 첫 번째 노드
❸ head = node;
❹ node->link = head;          // 첫 번째 노드와 다시 연결
❺ memory.push_back(node);
```

두 번째 이후 데이터는 [그림 5-14]와 같이 새 노드를 기존 노드의 링크에 저장하기 전에 기존 노드를 잠시 저장한 후 생성해야 한다. 그리고 새 노드의 링크에 헤드가 가리키는 노드를 연결함으로써 원형 연결 리스트의 구조를 유지해야 한다. 마지막으로 새 노드를 메모리에 넣으면 된다.

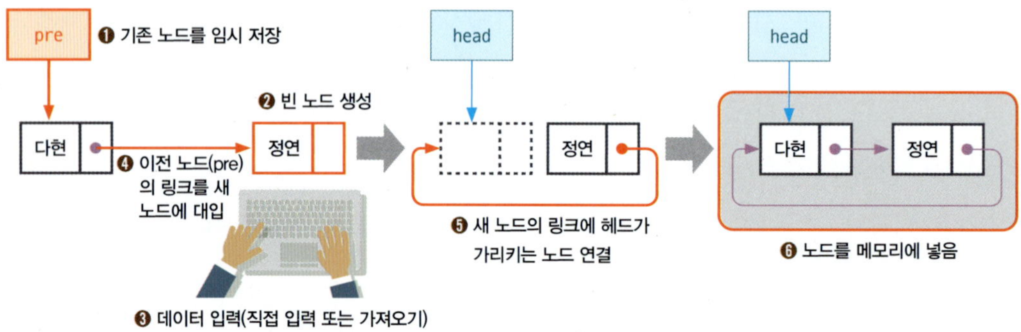

그림 5-14 원형 연결 리스트의 두 번째 이후 데이터 입력

[그림 5-14]의 과정을 코드 형태로 구현하면 다음과 같다.

```
❶ pre = node;
❷ node = new Node;
❸ node->data = data;    // 두 번째 이후 노드
❹ pre->link = node;
❺ node->link = head;    // 첫 번째 노드와 다시 연결
❻ memory.push_back(node);
```

배열에 저장된 데이터를 모두 꺼내 [그림 5-15]와 같은 원형 연결 리스트를 생성하는 완전한 코드를 작성해 보자. 기존에 배운 내용들을 조합해서 작성한다.

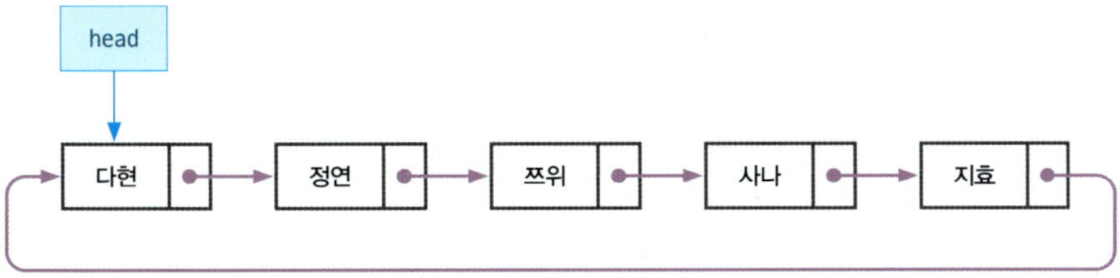

그림 5-15 배열을 이용하여 생성할 원형 연결 리스트 예

[그림 5-15]의 원형 연결 리스트 생성 과정은 Code05-04.cpp처럼 구현한다.

Code05-04.cpp 원형 연결 리스트 생성

```
#include "..\CookHeader.h"

typedef struct _Node {
    string data;
    struct _Node* link = NULL;
} Node;

Array <Node*> memory;
Node* head, * current, * pre;
Array <string> dataArray = { "다현", "정연", "쯔위", "사나", "지효" };

void printNodes(Node* start) {
    if (start == NULL)
        return;
    Node* current = start;
    print(current->data);
    while (current->link != start) {
        current = current->link;
```

```
19          print(current->data);
20      }
21      println("");
22 }
23
24 void freeMemory() {                          // 할당된 모든 노드의 메모리를 해제한다.
25      for (int i = 0; i < len(memory); i++)
26          delete memory[i];
27 }
28
29 int main() {
30      Node* node = new Node;
31      node->data = dataArray[0];                        // 첫 번째 노드
32      head = node;
33      node->link = head;
34      memory.push_back(node);
35
36      for (int i = 1; i < len(dataArray); i++) {        // 두 번째 이후 노드
37          string data = dataArray[i];
38          pre = node;
39          node = new Node;
40          node->data = data;
41          pre->link = node;
42          node->link = head;
43          memory.push_back(node);
44      }
45      printNodes(head);
46      freeMemory();
47 }
```

실행 결과

```
다현 정연 쯔위 사나 지효
```

3~6행 노드 구조체를 정의한다. 기존에 사용하던 것과 동일하다.

8행 생성한 노드를 넣을 메모리를 준비한다.

9행 시작 노드, 현재 노드, 이전 노드에서 사용할 변수를 준비한다.

10행 배열에 예제 데이터를 5개 넣는다. 이 데이터로 원형 연결 리스트를 생성한다.

12~22행 원형 연결 리스트의 전체 노드를 출력한다. 매개변수로 시작 노드를 전달받는다. 13~14행은 노드에 데이터가 하나도 없는 연결 리스트인 경우 그냥 반환한다. 15행은 전달받은 시작 노드를 현재 노드로 지정한다. 16행은 현재 노드를 출력한다. 17~20행은 현재 노드의 링크가 전달받은 노드(=첫 번째 노드)가 아닐 때까지 반복한다. 즉, 전체 노드를 한 바퀴 방문한다(현재 노드의 링크가 첫 번째 노드라면 원형 연결 리스트에서는 마지막 노드를 의미한다).

30~34행 첫 번째 노드를 생성한다. 31행에서 배열의 첫 번째 데이터를 추출하여 첫 번째 노드를 만들었다. 32행에서 첫 노드이므로 헤드로 지정했다. 33행에서 노드의 링크를 헤드에 연결했다. 첫 번째 노드이므로 [그림 5-13]과 같이 자신이 자신과 연결된 형태가 된다. 34행에서 첫 노드를 메모리에 넣었다.

36~44행 배열의 두 번째부터 추출해서 원형 연결 리스트를 만든다. 37행에서 데이터를 준비했다. 38행에서 현재 노드를 이전 노드로 저장하고, 39행에서 새 노드를 생성한다. 40행에서 노드에 데이터를 넣고, 41행에서 이전 노드의 링크에 새 노드를 대입한다. 42행에서 추가한 노드의 링크를 헤드와 연결해서 [그림 5-14]와 같이 원형 연결 리스트의 구조를 계속 유지한다. 43행에서 새 노드를 메모리에 넣는다.

45행 생성이 완료된 원형 연결 리스트를 출력한다.

46행 프로그램을 종료하기 전에 할당한 모든 노드의 메모리를 해제한다.

2 노드 삽입

완성된 원형 연결 리스트에 노드를 삽입하는 방식을 구현해 보자. 노드를 단순 연결 리스트의 맨 앞, 중간, 마지막에 삽입하는 경우로 나누어 생각해 볼 수 있다. 앞서 생성한 원형 연결 리스트에 노드를 삽입하는데, 각 경우를 단계별로 살펴보자.

첫 번째 노드 삽입

다음 원형 연결 리스트의 다현 노드 앞에 화사 노드를 삽입하는 과정을 살펴보자.

0 맨 앞에 노드를 삽입하기 전 초기 상태

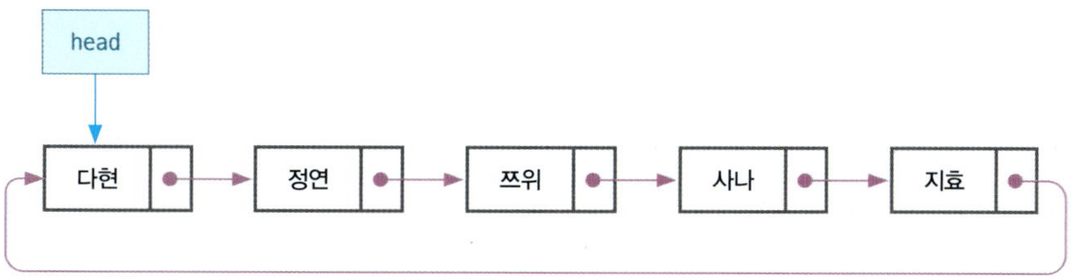

1 새 노드(화사 노드)를 생성한다.

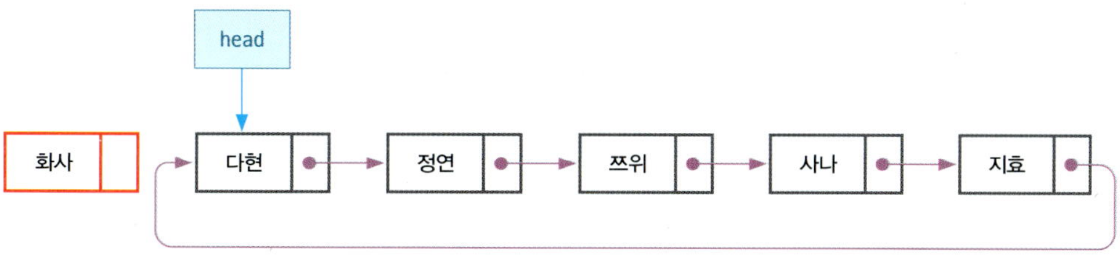

2 새 노드의 링크로 헤드(head)가 가리키는 노드를 지정한다.

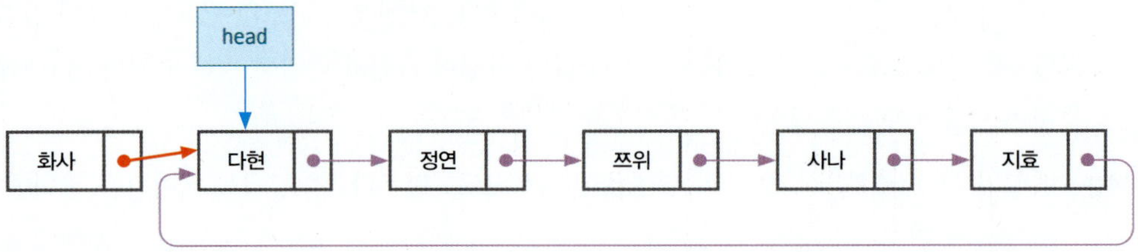

3 헤드가 가리키는 노드에서 시작해서 last를 다시 다음 노드로 변경하며 마지막 노드를 찾는다.

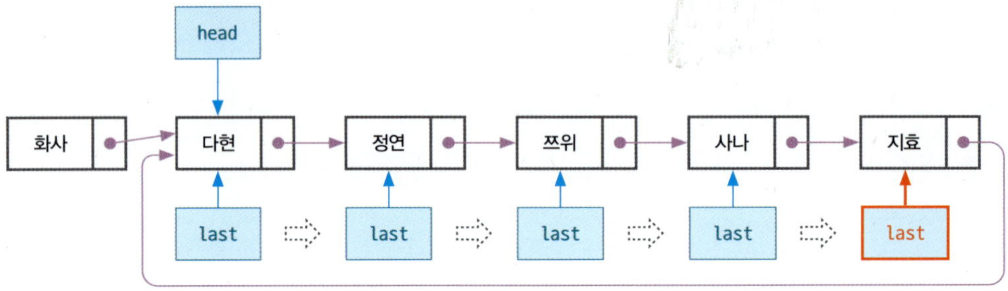

4 마지막 노드의 링크에 새 노드를 지정한다.

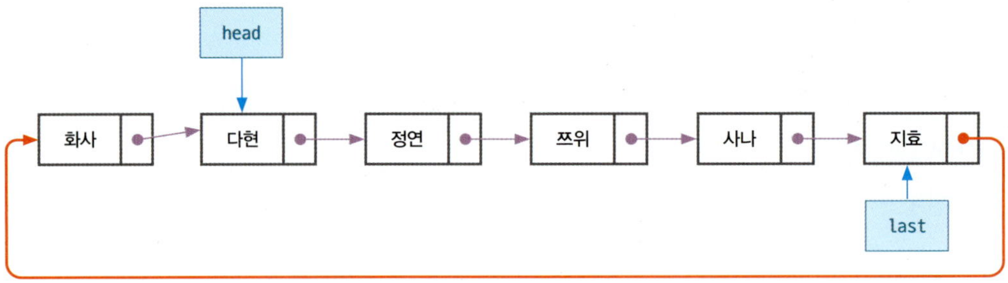

5 헤드 노드를 새 노드로 지정한다.

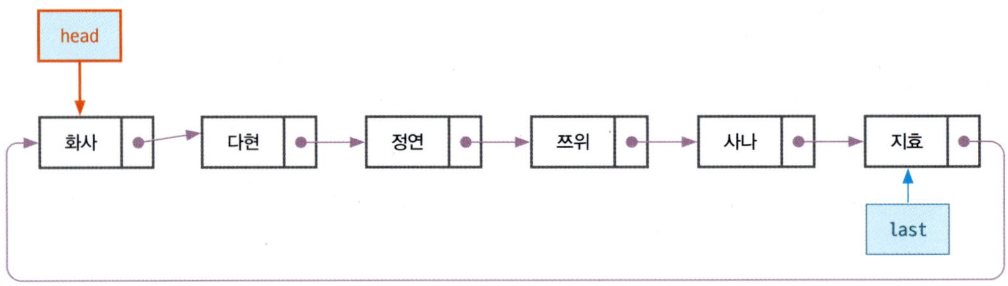

원형 연결 리스트에 첫 번째 노드를 삽입하는 과정을 코드 형태로 구현하면 다음과 같다.

```
❶ node = new Node;
  node->data = "화사";
❷ node->link = head;
  last = head;                 // 마지막 노드를 첫 번째 노드로 우선 지정
❸ while (마지막 노드까지)      // 마지막 노드를 찾으면 반복 종료
      last = last->link;       // last를 다음 노드로 변경
❹ last->link = node;           // 마지막 노드의 링크에 새 노드 지정
❺ head = node;
```

중간 노드 삽입

중간 노드인 사나 노드 앞에 솔라 노드를 삽입하는 과정을 알아보자.

0 중간 노드 삽입 전 초기 상태

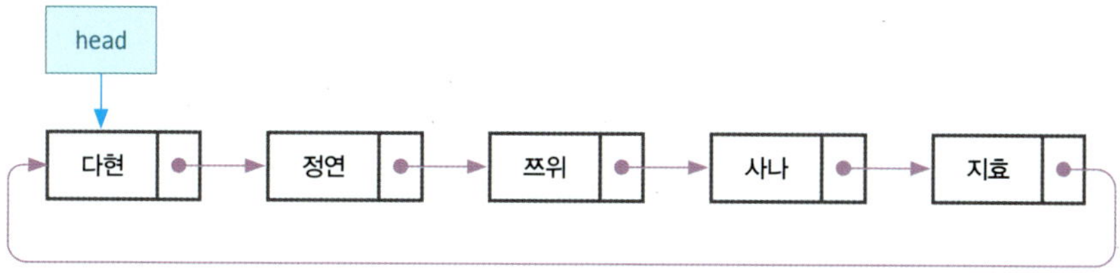

1 헤드(head)에서 시작해서 현재(current) 노드가 사나인지 확인한다.

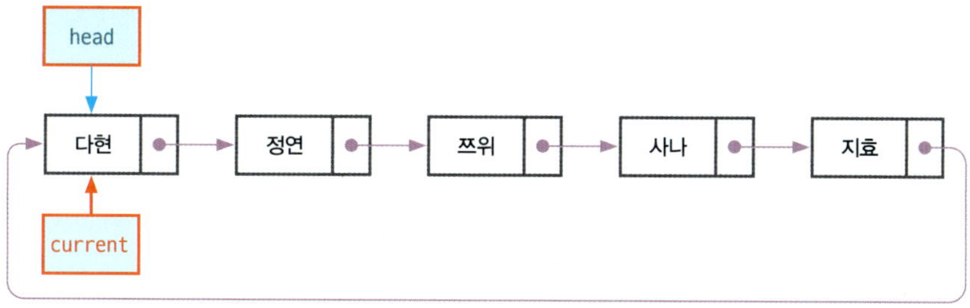

2 현재 노드를 이전(pre) 노드로 저장하고, 현재 노드를 다음 노드로 이동한다. 그리고 현재 노드가 사나인지 확인한다.

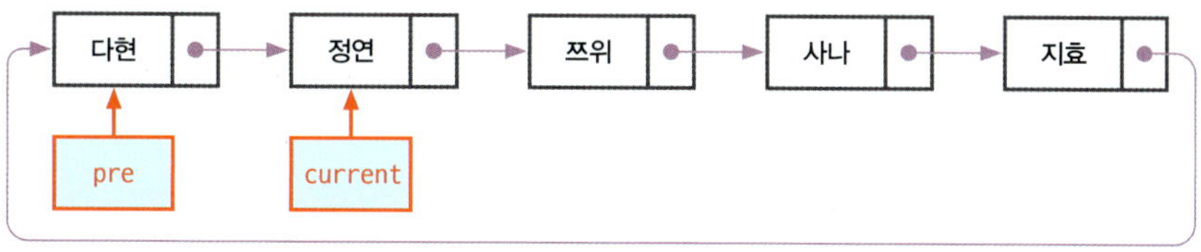

3 현재 노드가 사나일 때까지 2단계를 반복한다.

4 현재 노드가 사나라면 우선 새 노드(솔라 노드)를 생성한 후 이전 노드의 링크를 새 노드의 링크로 지정한다.

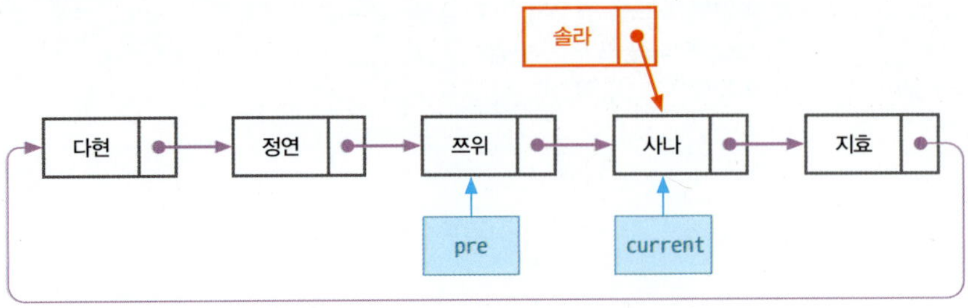

5 이전 노드의 링크를 새 노드로 지정한다.

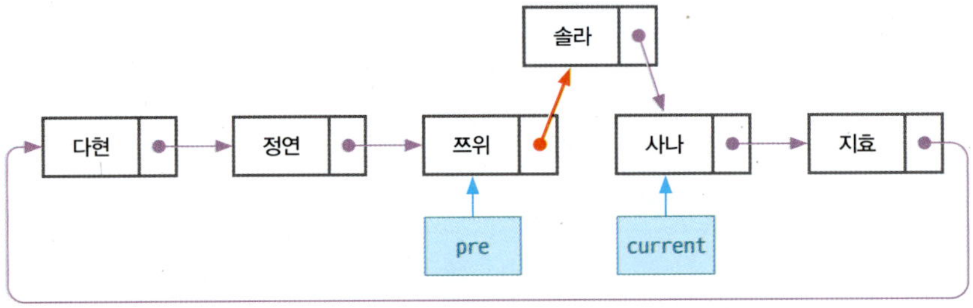

원형 연결 리스트에 중간 노드를 삽입하는 과정을 코드 형태로 구현하면 다음과 같다.

```
1 current = head;
  while (마지막 노드까지)
      pre = current;
   2  current = current->link;
      if (current->data == "사나") {
3           node = new Node;
         4  node->data = "솔라";
            node->link = current;
         5  pre->link = node;
      }
  }
```

마지막 노드 삽입

문별 노드를 마지막 노드로 삽입하는 과정을 알아보자. 존재하지 않는 데이터(예 재남) 앞에 문별 노드 삽입을 시도하면 끝까지 데이터(재남)를 찾지 못하게 된다. 결국 마지막 노드에 문별을 삽입한다.

0 마지막 노드 삽입 전 초기 상태

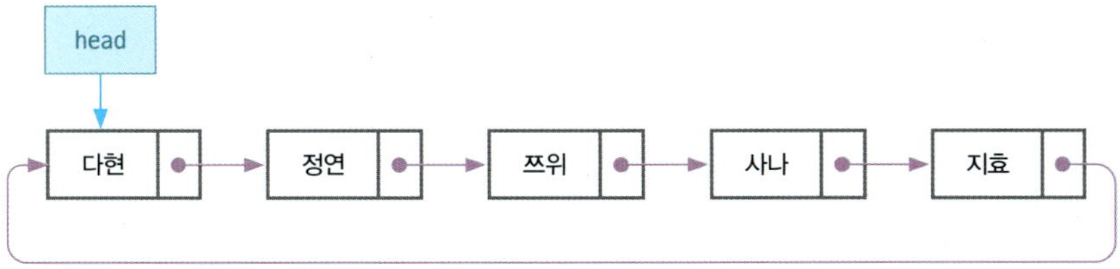

1~**3** 중간 노드 삽입 과정과 동일하므로 없는 데이터인 재남을 찾는다.

4 마지막 노드까지 재남을 찾지 못했다면 우선 새 노드(문별 노드)를 생성한 후 현재(current) 노드의 링크를 새 노드로 지정한다.

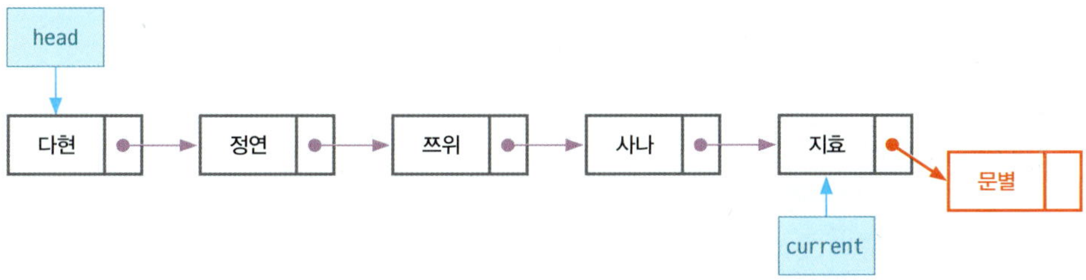

5 새 노드의 링크를 헤드가 가리키는 노드로 지정한다.

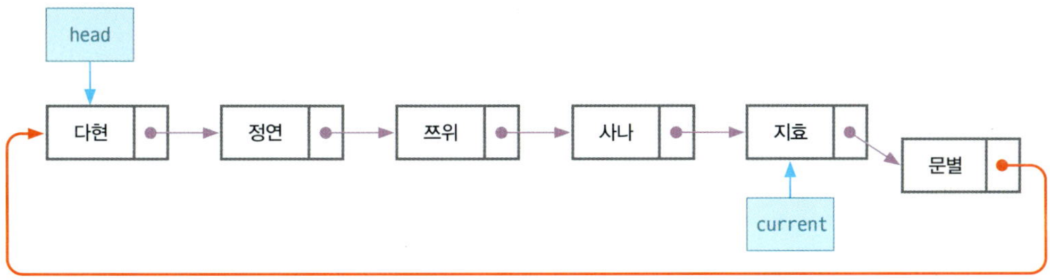

원형 연결 리스트에 마지막 노드를 삽입하는 과정을 코드 형태로 구현하면 다음과 같다.

```
1~3 // 마지막 노드까지 "재남"을 찾지 못한 후
      node = new Node;
    4 node->data = "문별";
      current->link = node;
    5 node->link = head;
```

노드 삽입 함수의 완성

세 가지 경우의 데이터를 입력하는 함수를 작성하자. 함수의 매개변수로 찾을 데이터와 삽입할 데이터를 받도록 한다.

Code05-05.cpp 원형 연결 리스트의 노드 삽입 함수

```
// 생략(Code05-04.cpp의 1~27행과 동일)

void insertNode(string findData, string insertData) {
    Node* node;
    Node* last;
    if (head->data == findData) {  // 첫 번째 노드 삽입
        node = new Node;
        node->data = insertData;
        node->link = head;
        last = head;                // 마지막 노드를 첫 번째 노드로 우선 지정
        while (last->link != head) // 마지막 노드를 찾으면 반복 종료
            last = last->link;     // last를 다음 노드로 변경
        last->link = node;          // 마지막 노드의 링크에 새 노드 지정
        head = node;
        memory.push_back(node);
        return;
    }
    current = head;
    while (current->link != head) {
        pre = current;
        current = current->link;
        if (current->data == findData) {
            node = new Node;
            node->data = insertData;
            node->link = current;
            pre->link = node;
            memory.push_back(node);
            return;
        }
    }
    node = new Node;
    node->data = insertData;
    current->link = node;
    node->link = head;
    memory.push_back(node);
}

int main() {
    // 생략(Code05-04.cpp의 30~45행과 동일)

    insertNode("다현", "화사");
    printNodes(head);

    insertNode("사나", "솔라");
```

```
86      printNodes(head);
87
88      insertNode("재남", "문별");
89      printNodes(head);
90
91      freeMemory();
92 }
```

실행 결과

```
다현 정연 쯔위 사나 지효 → 초기 상태
화사 다현 정연 쯔위 사나 지효
화사 다현 정연 쯔위 솔라 사나 지효
화사 다현 정연 쯔위 솔라 사나 지효 문별
```

29~62행 노드를 삽입하는 함수다. 매개변수로 삽입할 위치의 찾을 데이터(findData)와 삽입할 데이터(insertData)를 넘겨받는다.

32~43행 찾을 데이터가 첫 번째일 때 처리한다. 33~35행에서 새 노드를 생성하고, 링크를 헤드가 가리키는 노드(=첫 번째 노드)로 지정한다. 36행에서 last를 헤드로 지정한 후 37~38행에서 마지막 노드까지 반복한다. 39행에서 마지막 노드의 링크에 새 노드를 지정한다. 40행에서 헤드를 새 노드로 변경하고 42행에서 함수를 종료한다.

44~56행 찾을 데이터가 중간에 있을 때 처리한다. 44행에서 현재 노드에 헤드를 지정하고 45행에서 현재 노드가 마지막이 아닐 때까지 반복한다. 46행에서 이전 노드를 현재 노드로 지정하고, 47행에서 현재 노드를 한 칸 이동한다. 48행에서 현재 노드의 데이터가 찾을 데이터라면 49~53행에서 새 노드를 생성하고, 이전 노드와 현재 노드 사이에 새 노드를 삽입한다. 54행에서 함수를 종료한다.

57~61행 찾을 데이터가 메모리에 없으면 45행 while 문이 종료된다. 57~60행에서 새 노드를 생성하고 현재 노드(=마지막 노드)의 링크를 새 노드로 지정한다. 그리고 새 노드의 링크를 헤드로 지정한다. 이제는 새 노드가 마지막 노드가 된다.

82~83행 다현 노드 앞에 화사 노드를 삽입한 후 출력한다(첫 번째 노드 앞에 삽입된다).

85~86행 사나 노드 앞에 솔라 노드를 삽입한 후 출력한다(중간 노드에 삽입된다).

88~89행 존재하지 않는 데이터인 재남 노드 앞에 문별 노드를 삽입한 후 출력한다. 결국 맨 마지막에 삽입된다

3 노드 삭제

완성된 원형 연결 리스트에 노드를 삭제하는 방식을 구현해 보자. 노드 삭제는 맨 앞의 노드를 삭제할 때와 나머지 노드를 삭제할 때로 나누어 생각해 볼 수 있다. 노드 삽입과 동일한 다음 예를 사용하여 각 과정을 살펴보자.

첫 번째 노드 삭제

다음 원형 연결 리스트에서 첫 번째 노드인 다현을 삭제하는 과정을 알아보자.

0 노드 삭제 전 초기 상태

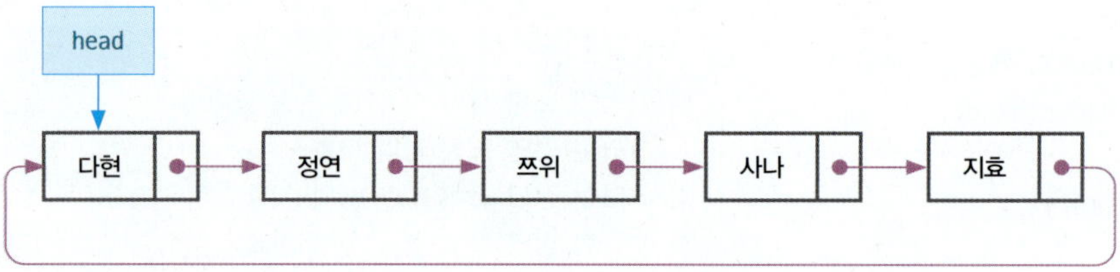

1 현재 노드(current)를 삭제할 노드인 헤드(head)와 동일하게 만든다.

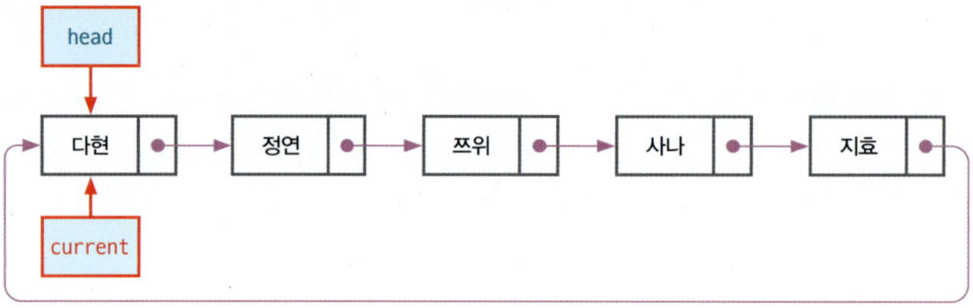

2 헤드를 삭제할 노드(다현 노드)의 링크가 가리키던 정연 노드로 변경된다.

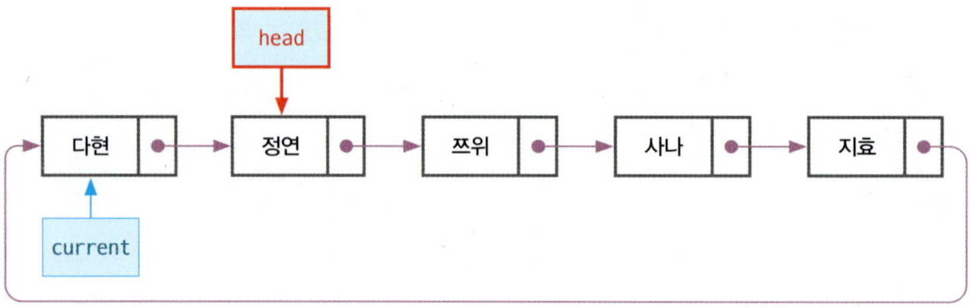

3 헤드에서 시작해서 마지막 노드를 찾는다.

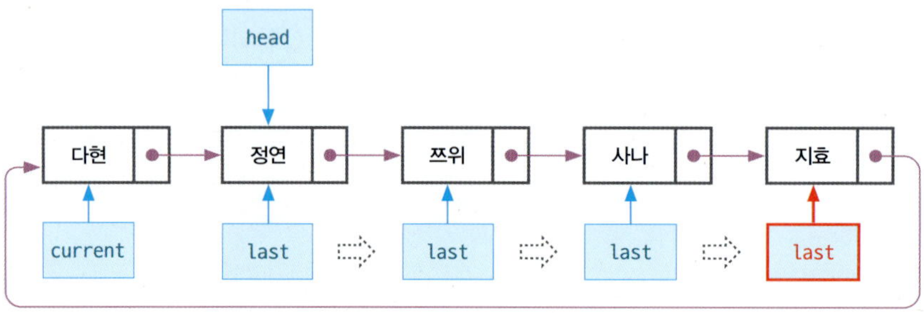

4 마지막 노드의 링크에 헤드가 가리키는 노드를 지정한다.

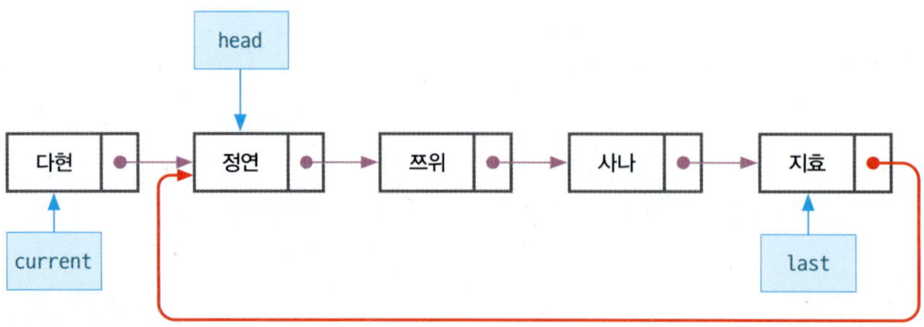

5 현재 노드를 삭제한다.

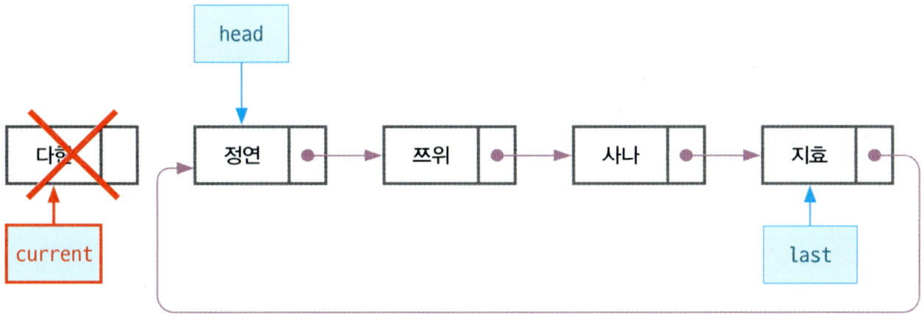

원형 연결 리스트의 첫 번째 노드를 삭제하는 과정을 코드 형태로 구현하면 다음과 같다.

```
1 current = head;
2 { head = head->link;
  { last = head;
3 { while (last->link != current)  // 마지막 노드를 찾으면 반복 종료
  {     last = last->link;         // last를 다음 노드로 변경
4 last->link = head;               // 마지막 노드의 링크에 head가 가리키는 노드 지정
5 current->data = "None";          // 현재 노드 삭제
```

TIP • 단순 연결 리스트에서도 언급했지만, 현재 노드(=다현 노드)를 제거하는 **5** 과정은 생략해도 된다. 어차피 다현 노드는 단순 연결 리스트에서 빠져 있기 때문이다. 코드가 명확하게 보이는 것이 좋으므로 **5**을 넣었다.

첫 번째 외 노드 삭제

다음 원형 연결 리스트에서 첫 번째 노드가 아닌 쯔위 노드를 삭제하는 과정을 알아보자.

0 노드 삭제 전 초기 상태

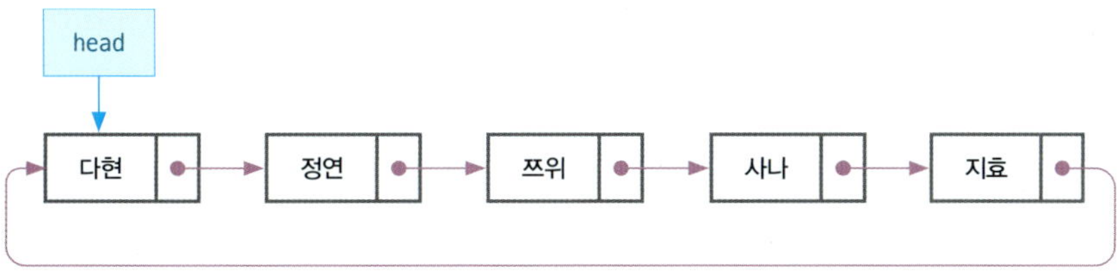

1 헤드(head)에서 시작해서 현재 노드(current)가 쯔위인지 확인한다.

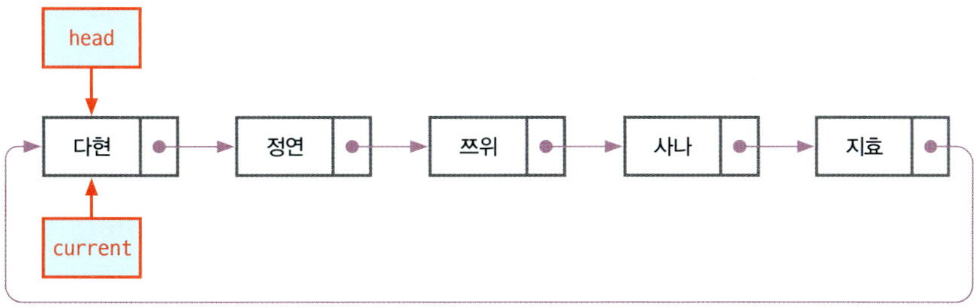

2 현재 노드를 이전 노드(pre)로 저장하고, 현재 노드를 다음 노드로 이동한다. 그리고 현재 노드가 쯔위인지 확인한다.

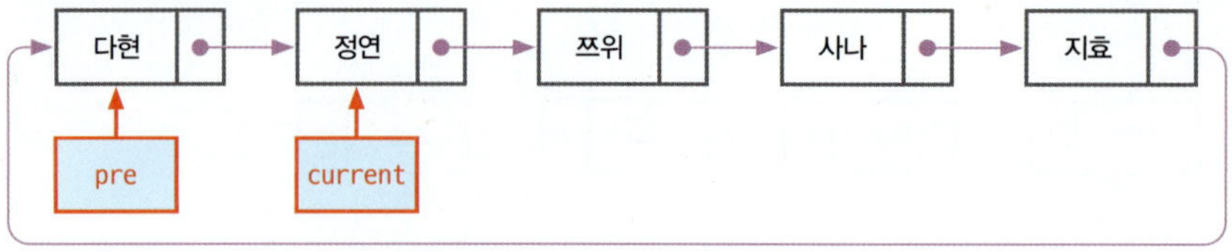

3 현재 노드가 쯔위일 때까지 **2**단계를 반복한다.

4 현재 노드가 쯔위라면, 이전 노드의 링크를 현재 노드의 링크로 지정한다.

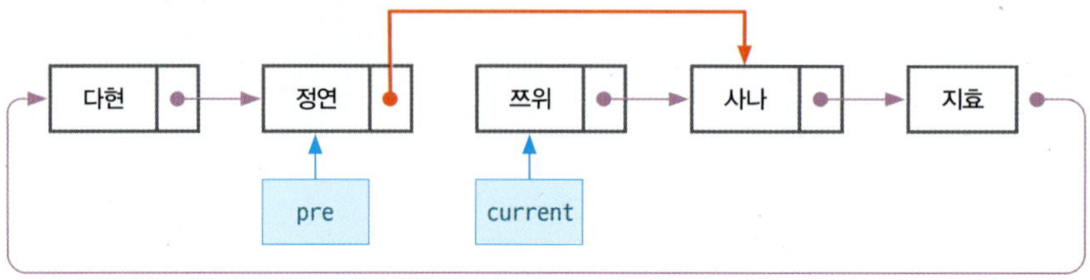

5 현재 노드를 메모리에서 삭제한다.

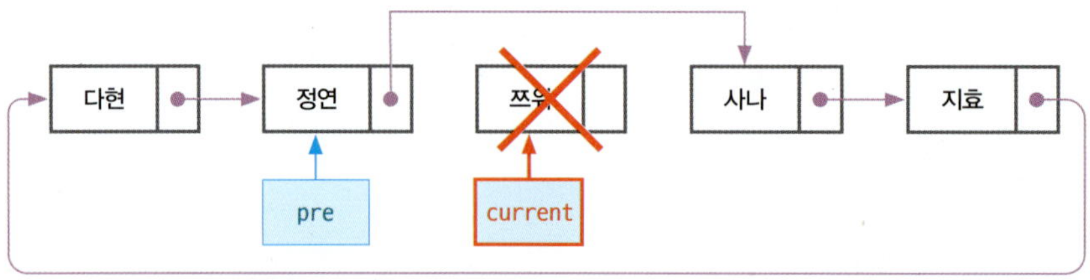

원형 연결 리스트에서 첫 번째가 아닌 노드를 삭제하는 과정을 코드 형태로 구현하면 다음과 같다.

```
current = head;
while (current->link != head) {
    pre = current;
    current = current->link;
    if (current->data == "쯔위") {
      pre->link = current->link;
      current->data = "None";
    }
}
```

노드 삭제 함수의 완성

두 가지 경우의 데이터를 삭제하는 함수를 작성하자. 함수의 매개변수로 삭제할 데이터를 받도록 한다.

Code05-06.cpp원형 연결 리스트의 노드 삭제 함수

```cpp
// 생략(Code05-04.cpp의 1~27행과 동일)

void deleteNode(string deleteData) {
    Node* last;
    if (head->data == deleteData) {
        current = head;
        head = head->link;
        last = head;
        while (last->link != current)    // 마지막 노드를 찾으면 반복 종료
            last = last->link;           // last를 다음 노드로 변경
        last->link = head;               // 마지막 노드의 링크에 head가 가리키는 노드 지정
        current->data = "None";          // 현재 노드 제거
        return;
    }
    current = head;
    while (current->link != head) {
        pre = current;
        current = current->link;
        if (current->data == deleteData) {
            pre->link = current->link;
            current->data = "None";
            return;
        }
    }
}

int main() {
    // 생략(Code05-04.cpp의 30~45행과 동일)

    deleteNode("다현");
    printNodes(head);

    deleteNode("쯔위");
    printNodes(head);

    deleteNode("지효");
    printNodes(head);

    deleteNode("재남");
    printNodes(head);

    freeMemory();
}
```

실행 결과

```
다현 정연 쯔위 사나 지효 → 초기 상태
정연 쯔위 사나 지효
정연 사나 지효
정연 사나
정연 사나
```

29~51행 노드를 삭제하는 함수다. 매개변수로 삭제할 데이터(deleteData)를 넘겨받는다.

31~40행 삭제할 노드가 첫 번째 노드일 때 처리한다. 32행에서 현재 노드(=첫 번째 노드)를 헤드 노드와 동일하게 만든다. 33행에서 헤드 노드를 다음 노드로 변경한다. 34~36행에서 마지막 노드를 찾는다. 37행에서 마지막 노드의 링크를 헤드 노드로 지정한다. 38행에서 현재 노드를 삭제하고, 39행에서 함수를 종료한다.

41~50행 삭제할 노드가 중간에 있을 때 처리한다. 41행에서 현재 노드에 헤드를 지정하고, 42행에서 현재 노드가 마지막이 아닐 때까지 반복한다. 43행에서 이전 노드를 현재 노드로 지정하고, 44행에서 현재 노드를 한 칸 이동한다. 45행에서 현재 노드의 데이터가 삭제할 데이터라면 46행에서 이전 노드의 링크를 현재 노드의 링크로 변경한다. 47행에서는 현재 노드를 삭제한다. 48행에서 함수를 종료한다.

71~72행 첫 번째 노드인 다현을 삭제한 후 출력한다.

74~75행 중간 노드인 쯔위를 삭제한 후 출력한다.

77~78행 마지막 노드인 지효를 삭제한 후 출력한다. 마지막 노드를 삭제할 때도 중간 노드의 삭제와 동일한 코드인 41~50행이 실행된다.

80~81행 존재하지 않는 노드인 재남을 삭제한 후 출력한다. 삭제된 것이 없으므로 아무 변화도 일어나지 않는다.

4 노드 검색

완성된 원형 연결 리스트에서 노드를 검색하는 방식을 구현해 보자. 검색할 데이터의 노드를 반환하는 방식으로 처리하자.

1 현재 노드(current)를 첫 번째 노드인 헤드(head)와 동일하게 만들고, 현재 노드가 검색할 데이터인지 비교한다. 검색할 데이터와 동일하다면 현재 노드를 반환한다.

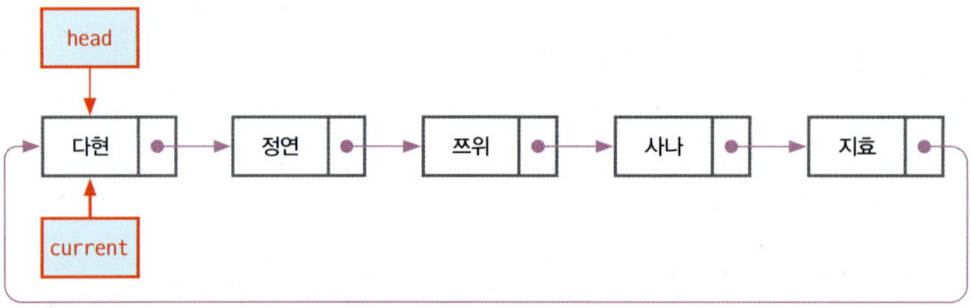

2 현재 노드를 다음 노드로 이동하고, 검색할 데이터와 동일하다면 현재 노드를 반환한다.

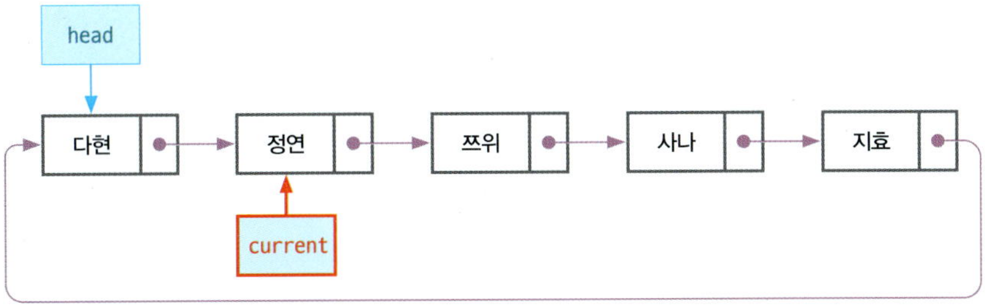

3 앞의 **2**단계를 끝까지 진행하고, 검색할 데이터를 찾지 못했다면 None을 반환한다.

원형 연결 리스트에서 노드를 검색하는 과정은 Code05-07.cpp처럼 구현한다.

Code05-07.cpp 원형 연결 리스트의 노드 검색 함수

```
… // 생략(Code05-04.cpp의 1~27행과 동일)

Node* findNode(string findData) {
    current = head;
    if (head->data == findData)
        return current;
    while (current->link != head) {
        current = current->link;
        if (current->data == findData) {
            return current;
        }
    }
    return new Node{ "None", NULL };
}

int main() {
…   // 생략(Code05-04.cpp의 30~45행과 동일)

    Node* fNode;
    fNode = findNode("다현");
    println(fNode->data);

    fNode = findNode("쯔위");
    println(fNode->data);

    fNode = findNode("재남");
    println(fNode->data);

    freeMemory();
}
```

실행 결과

```
다현 정연 쯔위 사나 지효 → 초기 상태
다현
쯔위
None
```

29~41행 노드를 검색하는 함수다. 매개변수로 삽입할 위치의 검색할 데이터(findData)를 넘겨받는다.

30~32행 검색할 데이터가 첫 번째일 때 처리한다. 30행에서 현재 노드를 헤드 노드와 동일하게 만든다. 31~32행에서 검색할 데이터와 현재 노드의 데이터가 같다면 현재 노드를 반환한다.

33~38행 찾을 노드가 중간 또는 마지막에 있다면 원형 연결 리스트의 마지막까지 검색해서 반환한다.

39행 노드를 찾지 못했다면 빈 노드(None)를 반환한다.

SELF STUDY 5-1

Code05-07.cpp를 수정해서 데이터를 찾은 경우와 찾지 못한 경우를 출력하도록 한다. 예로 첫 번째 노드가 찾는 데이터이면 "첫 노드에서 찾음"이, 중간 노드가 찾는 데이터이면 "중간 노드에서 찾음"이, 찾는 노드가 없으면 "찾는 노드가 없음"이 출력되도록 한다.

실행 결과

```
다현 정연 쯔위 사나 지효
# 첫 노드에서 찾음 #
다현
# 중간 노드에서 찾음 #
쯔위
# 찾는 노드가 없음 #
None
```

SECTION

04 원형 연결 리스트의 응용

원형 연결 리스트를 응용하는 프로그램을 작성해 보자. 우선 랜덤하게 1~100 숫자 중 7개(중복 허용)를 뽑은 후 뽑은 순서대로 [그림 5-16]과 같이 원형 연결 리스트로 구성한다.

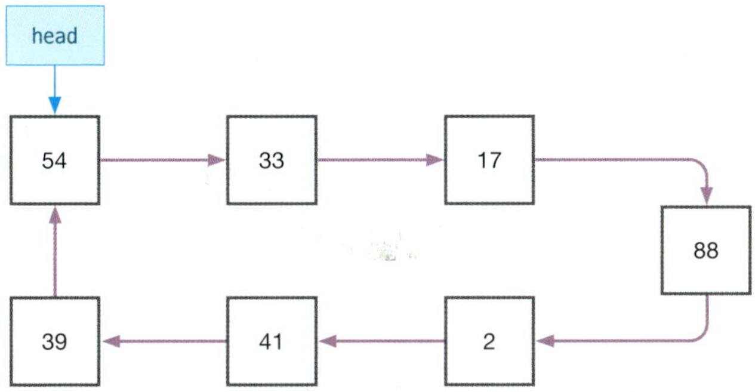

그림 5-16 랜덤 숫자 7개로 구성된 원형 연결 리스트 초기 구성

헤드(head)부터 한 바퀴 방문하면서 홀수와 짝수의 개수를 센다. 이 예에서 홀수는 4개고, 짝수는 3개다. 그리고 연속해서 다시 한 바퀴를 방문하면서 홀수 또는 짝수 중 많은 것을 모두 음수로 변경한다. 이 예에서는 홀수가 4개로 더 많으므로 홀수를 모두 음수로 변경한다. 결과는 [그림 5-17]과 같다.

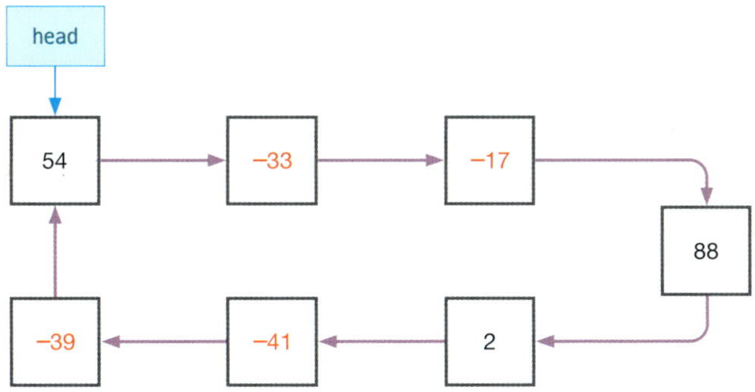

그림 5-17 랜덤 숫자 7개로 구성된 원형 연결 리스트 결과 구성

❶ 입력할 데이터를 랜덤하게 7개 발생시켜 dataArray 배열에 저장한다.

```
randomInit(1, 100);    // 1~100 사이의 숫자를 랜덤하게 추출하도록 초기화
Array <int> dataArray;
for (int I = 0; I < 7; i++)
    dataArray.push_back(cookRandom(gen));    // 랜덤 숫자 추출
```

❷ 데이터를 차례대로 가져와 원형 연결 리스트를 만든다. 다음과 같은 원형 연결 리스트가 만들어질 수 있다. dataArray 배열에서 원형 연결 리스트를 생성하는 코드는 Code05-04.cpp의 30~44 행과 동일하다. 결과는 [그림 5-16]과 같다.

```
Node* node = new Node;
node->data = dataArray[0];
head = node;
node->link = head;
memory.push_back(node);

for (int i = 1; i < len(dataArray); i++) {
    int data = dataArray[i];
    pre = node;
    node = new Node;
    node->data = data;
    pre->link = node;
    node->link = head;
    memory.push_back(node);
}
```

❸ 원형 연결 리스트 전체를 1회 방문하면서 홀수와 짝수의 개수를 센다.

```
current = head;
while (true) {
    if (current->data가 홀수이면)
        홀수개수 ++;
    else
        짝수개수++;
    if (current->link == head)
        break;
    current = current->link;
}
```

❹ 짝수 또는 홀수의 개수 중 많은 쪽 숫자를 음수로 만든다.

```
if (홀수개수 > 짝수개수)
    나머지값 = 1;
else
    나머지값 = 0;

current = head;
while (true) {
    if (current->data % 2 == 나머지값)
        current->data *= -1;
    if (current->link == head)
        break;
    current = current->link;
}
```

앞의 과정을 통합하여 Code05-08.cpp처럼 구현할 수 있다.

Code05-08.cpp 원형 연결 리스트를 활용한 홀수와 짝수 구분 프로그램

```
#include "..\CookHeader.h"

typedef struct _Node {
        int data;           // int 형 데이터
        struct _Node* link = NULL;
} Node;

Array <Node*> memory;
Node* head, * current, * pre;

void printNodes(Node* start) {
        if (start == NULL)
            return;
        Node* current = start;
        print(current->data);
        while (current->link != start) {
            current = current->link;
            print(current->data);
        }
        println("");
}

void freeMemory() {    // 할당된 모든 노드의 메모리를 해제한다.
        for (int i = 0; i < len(memory); i++)
            delete memory[i];
}
```

```
Array <int> countOddEven() {    // 홀수와 짝수 개수를 배열로 반환
    Array <int> retData;        // {홀수, 짝수} 형태 배열
    int odd = 0, even = 0;

    current = head;
    while (true) {
        if (current->data % 2 != 0)
            odd++;              // 홀수
        else
            even++;             // 짝수
        if (current->link == head)
            break;
        current = current->link;
    }
    retData = { odd, even };
    return retData;
}

void makeZeroNumber(int odd, int even) {
    int reminder;               // 나머지 값
    if (odd > even)
        reminder = 1;
    else
        reminder = 0;

    current = head;
    while (true) {
        if (current->data % 2 == reminder)
            current->data *= -1;
        if (current->link == head)
            break;
        current = current->link;
    }
}

int main() {
    randomInit(1, 100);

    Array <int> dataArray;
    for (int i = 0; i < 7; i++)
        dataArray.push_back(cookRandom(gen));

    Node* node = new Node;
    node->data = dataArray[0]; // 첫 번째 노드
```

```
72      head = node;
73      node->link = head;
74      memory.push_back(node);
75
76      for (int i = 1; i < len(dataArray); i++) {      // 두 번째 이후 노드
77          int data = dataArray[i];
78          pre = node;
79          node = new Node;
80          node->data = data;
81          pre->link = node;
82          node->link = head;
83          memory.push_back(node);
84      }
85
86      Array <int> retCount = countOddEven();          // {홀수, 짝수}로 반환
87      int oddCount = retCount[0];
88      int evenCount = retCount[1];
89
90      println("홀수 개수 --> " + to_string(oddCount));
91      println("짝수 개수 --> " + to_string(evenCount));
92
93      makeZeroNumber(oddCount, evenCount);
94      printNodes(head);
95
96      freeMemory();
97  }
```

실행 결과

```
홀수 개수 --> 3
짝수 개수 --> 4
-98 57 53 95 -42 -2 -12
```

28~44행 dataArray 배열에서 홀수와 짝수의 개수를 세서 {홀수, 짝수} 형식의 배열을 반환한다. 30행에서 홀수와 짝수의 개수를 초기화한다. 32~41행에서 첫 번째 노드부터 마지막 노드까지 홀수 또는 짝수의 개수를 센다. 34~37행에서 2로 나눈 나머지가 0이 아니면 홀수 개수로 세고, 그렇지 않으면 짝수 개수로 센다. 38~39행에서 현재 노드가 마지막이면 반복문을 종료한다. 그렇지 않으면 40행에서 현재 노드를 다음 노드로 이동한다. 42, 43행에서 홀수와 짝수의 개수를 배열로 만들어서 반환한다.

46~61행 홀수와 짝수의 개수를 매개변수로 받아 원형 연결 리스트에서 더 많은 쪽 데이터를 음수로 만든다. 48~51행에서 odd가 크면 나머지 값을 1로 설정하고, even이 크면 나머지 값을 0으로 설정한다. 53~59행에서 전체 노드를 방문하면서 나머지 값으로 홀수 또는 짝수를 음수로 만든다.

64~85행 랜덤하게 7개의 숫자를 추출해서 원형 연결 리스트로 만든다. randomInit()과 cookRandom(gen)은 CookHeader.h에 정의되어 있다.

86~94행 원형 연결 리스트에서 홀수/짝수의 개수를 센 후에, 더 많은 것을 음수로 만들어서 출력한다.

SELF STUDY 5-2

Code05-08.cpp를 수정해서 랜덤하게 -100~100 숫자 중 7개를 뽑고(중복 허용), 이번에는 양수와 음수의 개수를 센다. 그리고 양수가 많으면 전체를 양수로, 음수가 많으면 전체를 음수로 변경한다. 0은 양수도 음수도 아닌 것으로 간주한다.

실행 결과

```
원래 숫자 --> 95 90 61 -60 -48 78 -47
양수 개수 --> 3
음수 개수 --> 4
변경 숫자 --> -95 -90 -61 -60 -48 -78 -47
```

IT@COOKBOOK

연습문제

1 원형 연결 리스트의 특징과 거리가 먼 것을 모두 고르시오.

① 단순 연결 리스트와 유사하지만 처음과 끝이 이어져 있다.

② 노드 구조다.

③ 헤드는 필요 없다.

④ 마지막 노드의 링크는 비어 있다.

2 다음 중 원형 리스트로 구성하기 적절한 것을 고르시오.

① 계속 회전하는 서울 지하철 2호선 노선도

② 다른 지역으로 이사 가기

③ 친한 친구 목록

④ 오늘 수업 시간표

3 그림과 같은 원형 연결 리스트를 만드는 코드의 ❶을 채우시오.

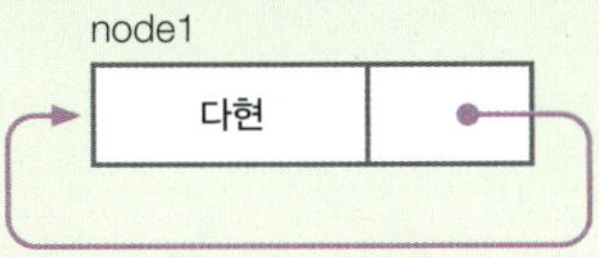


```
node1 = new Node;
node1->data = "다현";
head = node;
[    ❶    ]
```

4 원형 연결 리스트를 삭제하는 그림이다. 정연 노드를 node2, 쯔위 노드를 node3, 사나 노드를 node4라고 했을 때 다음 ❶~❸을 노드 이름으로 채우시오.

```
[    ❶    ]->link = [    ❷    ]->link
delete [    ❸    ]
```

5 원형 연결 리스트의 마지막 노드가 참이 되는 조건은?

① current->link != head

② current->link == head

③ current->link != Null

④ current->link == Null

연습문제

IT@COOKBOOK

6 원형 연결 리스트의 첫 번째 노드를 삭제하는 코드다. ❶~❸에 적합한 코드를 다음 중 고르시오.

```
current = head
last->link = head
last = last->link
```

```
[      ❶      ];
head = head->link;
last = head;
while (last->link != current)
    [      ❷      ];
[      ❸      ];
current->data = "None";
```

7 원형 연결 리스트의 노드를 검색하는 함수다. ❶~❸에 적합한 코드를 다음 중 고르시오.

```
current->link != head
current = current->link
return current
```

```
Node* findNode(string findData) {
    current = head;
    if (head->data == findData)
        [      ❶      ];
    while ([      ❷      ]) {
        [      ❸      ];
        if (current.data == findData) {
            return current;
        }
    }
    return new Node {"None", NULL};
}
```

응용예제 01 현재 위치부터 가까운 편의점 관리하기

난이도★★★

예제 설명 현재 위치를 (0, 0)이라 가정하고, 편의점 위치(x, y)와 거리가 가까운 순서대로 원형 연결 리스트를 생성하는 프로그램을 다음 조건에 맞게 작성한다.

- 편의점 10개를 A, B, C, … 순서로 이름을 부여한다.
- 편의점 위치 x와 y는 1부터 100까지 랜덤하게 좌표가 생성되도록 한다.
- 현재 위치와 편의점 거리는 ($x^2 + y^2$)의 제곱근(sqrt)으로 계산한다.
- 편의점 데이터 1개는 (편의점이름, x좌표, y좌표) 형식의 구조체로 구성한다.

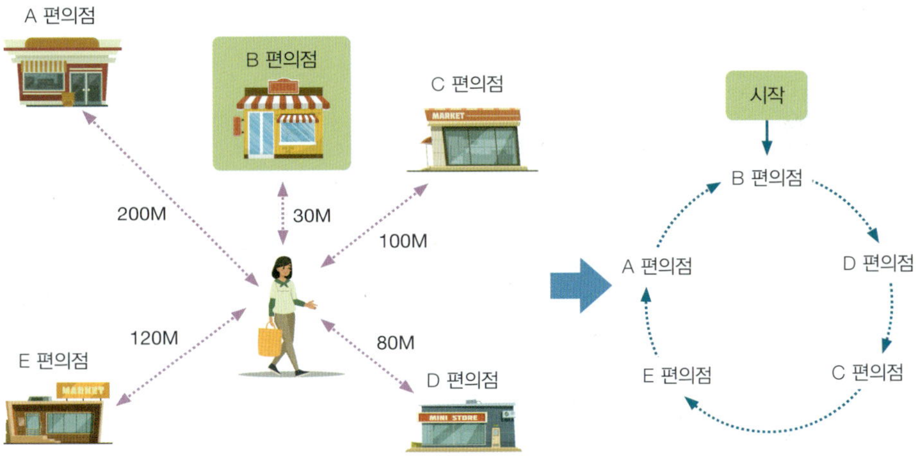

실행 결과

```
Microsoft Visual Studio 디버그 콘솔
I 편의점 거리:  55.081757
E 편의점 거리:  56.364883
D 편의점 거리:  66.121101
F 편의점 거리:  72.917762
G 편의점 거리:  82.024387
H 편의점 거리:  86.539009
C 편의점 거리:  95.294281
B 편의점 거리:  98.310732
J 편의점 거리:  102.044108
A 편의점 거리:  104.804580
```

코드

```
#include "..\CookHeader.h"

typedef struct _Store {          // 편의점 구조체
    char storeName;
    int x;
    int y;
} Store;

typedef struct _StoreNode {     // 편의점 노드 구조체
    Store store;
    struct _StoreNode * link = NULL;
} StoreNode;

Array <StoreNode*> memory;
StoreNode* head, * current, * pre;

void printStores(StoreNode* start) {
    current = start;
    if (current == NULL)
        return;

    current = start;
    int x = current->store.x;
    int y = current->store.y;
    print(current->store.storeName);
    print("편의점 거리: ");
    println(to_string(sqrt(x * x + y * y)));

    while (current->link != head) {
        current = current->link;
        x = current->store.x;
        y = current->store.y;
        print(current->store.storeName);
        print("편의점 거리: ");
        println(to_string(sqrt(x * x + y * y)) );
    }
    println("");
}

void freeMemory() {              // 할당된 모든 노드의 메모리를 해제한다.
    for (int i = 0; i < len(memory); i++)
        delete memory[i];
}

void makeStoreList(Store store) {
```

```
    StoreNode* node = new StoreNode;
    node->store = store;
    memory.push_back(node);

    if (head == NULL) {          // 첫 번째 편의점
        head = node;
        node->link = head;
        return;
    }

    // 새 편의점이 첫 번째 편의점보다 가까우면 첫 편의점으로 만듦
    int nodeX = node->store.x;
    int nodeY = node->store.y;
    int nodeDist = (int)sqrt(nodeX * nodeX + nodeY * nodeY);
    int headX = head->store.x;
    int headY = head->store.y;
    int headDist = (int)sqrt(headX * headX + headY * headY);

    if (headDist > nodeDist) {          // 헤드 앞에 삽입
        node->link = head;
        StoreNode* last = head;
        while (last->link != head)      // 마지막 편의점 찾기
            last = last->link;
        last->link = node;
        head = node;
        return;
    }
    // 편의점을 중간에 추가할 경우
    current = head;
    while (current->link != head) {
        pre = current;
        current = current->link;
        int currX = current->store.x;
        int currY = current->store.y;
        int currDist = (int)sqrt(currX * currX + currY * currY);
        if (currDist > nodeDist) {
            pre->link = node;
            node->link = current;
            return;
        }
    }
    // 편의점을 마지막에 추가할 경우
    current->link = node;
    node->link = head;
}
```

```
91
92 int main() {
93     randomInit(1, 100);
94     Array <Store> storeArray;
95
96     char storeName = 'A';
97     for (int i = 0; i < 10; i++) {
98         int x = cookRandom(gen);
99         int y = cookRandom(gen);
100        Store s = { storeName, x, y };
101        storeArray.push_back(s);
102        storeName++;              // A -> B -> C ...
103    }
104
105    for (int i = 0; i < len(storeArray); i++) {
106        Store s = storeArray[i];
107        makeStoreList(s);
108    }
109    printStores(head);
110
111    freeMemory();
112}
```

코드 설명

3~7행	편의점 구조체를 선언한다. 이름, x, y 세 개로 구성한다.
9~12행	편의점 노드 구조체를 선언한다. 편의점 데이터와 링크로 구성한다. 기존에 사용하던 Node 구조체와 거의 동일한 형태다.
14~15행	편의점 노드를 저장할 메모리와, 원형 연결리스트를 구성할 편의점 헤드 및 현재, 이전 노드 포인터를 준비했다.
17~38행	원형 연결 리스트를 출력한다. 편의점 이름 및 현재 위치(0, 0)부터 편의점까지 거리를 출력한다. 각 편의점은 (편의점이름, x좌표, y좌표) 형식의 구조체이므로, 22~26행은 첫 번째 편의점을 출력한 후, 29~36행에서 나머지 편의점을 출력한다. 23, 24행에서 x, y 좌표를 추출해서 27행에서 편의점의 거리를 계산한다.
45~90행	매개변수로 편의점 구조체(편의점이름, x좌표, y좌표)를 입력받고, 거리를 계산해서 거리가 가까운 순서대로 원형 연결 리스트를 생성한다.
50~54행	첫 편의점은 그대로 원형 연결 리스트의 첫 번째 노드로 만든다.
57~62행	두 번째 편의점부터는 편의점 거리 및 첫 편의점의 거리를 계산한다.
64~71행	첫 편의점보다 입력할 편의점 거리가 가까울 때는 헤드를 입력할 편의점으로 변경한다.
74~86행	첫 편의점보다 입력할 편의점 거리가 멀 때는 해당 위치를 찾아 중간에 삽입한다.
88~89행	입력할 편의점이 원형 리스트의 모든 편의점보다 가장 거리가 멀다면 맨 뒤에 삽입한다.
95~96행	편의점 구조체를 저장할 배열을 준비하고, 편의점 이름은 A부터 시작한다.
97~103행	편의점 구조체(편의점이름, x좌표, y좌표)을 생성해서 편의점 배열에 추가한다.
105~108행	편의점 배열에서 편의점을 하나씩 추출해서 원형 연결 리스트로 생성한다.
109행	생성한 편의점의 원형 연결 리스트를 출력한다.

응용예제 02

이중 연결 리스트 구현하기

난이도★★☆

예제 설명 다음과 같이 양방향으로 링크가 연결되는 이중 연결 리스트를 만든다. 헤드부터 차례대로 출력한 후 이어서 마지막 노드부터 거꾸로 다시 출력해 보자.

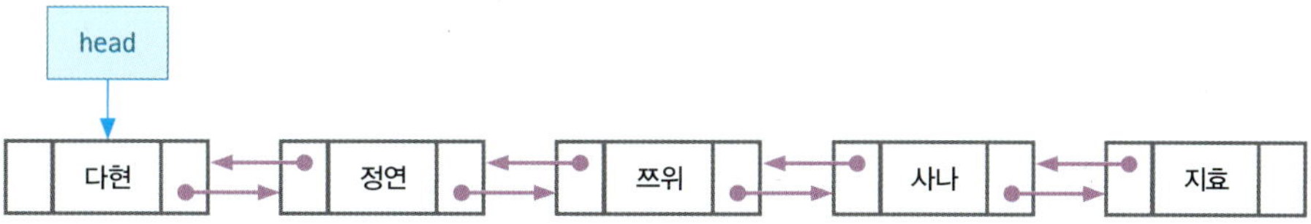

실행 결과

```
Microsoft Visual Studio 디버그 콘솔
정방향--> 다현 정연 쯔위 사나 지효
역방향--> 지효 사나 쯔위 정연 다현
```

코드

```
#include "..\CookHeader.h"

typedef struct _DoubleNode {
      struct _DoubleNode* pLink = NULL;    // 앞쪽 링크
      string data;
      struct _DoubleNode* nLink = NULL;    // 뒤쪽 링크
} DoubleNode;

Array <DoubleNode*> memory;
DoubleNode* head, * current, * pre;
Array <string> dataArray = { "다현", "정연", "쯔위", "사나", "지효" };

void printDoubleNodes(DoubleNode* start) {
      DoubleNode* current = start;
      if (current->nLink == NULL)
           return;
      print("정방향-->");
      print(current->data);
      while (current->nLink != NULL) {
           current = current->nLink;
           print(current->data);
      }
      println("");
      print("역방향-->");
      print(current->data);
      while (current->pLink != NULL) {
```

```
27            current = current->pLink;
28            print(current->data);
29        }
30        println("");
31  }
32
33  void freeMemory() {     // 할당된 모든 노드의 메모리를 해제한다.
34        for (int i = 0; i < len(memory); i++)
35            delete memory[i];
36  }
37
38  int main() {
39        DoubleNode* node = new DoubleNode;
40        node->data = dataArray[0];                        // 첫 번째 노드
41        head = node;
42        memory.push_back(node);
43
44        for (int i = 1; i < len(dataArray); i++) {      // 두 번째 이후 노드
45            string data = dataArray[i];
46            pre = node;
47            node = new DoubleNode;
48            node->data = data;
49            pre->nLink = node;
50            node->pLink = pre;
51            memory.push_back(node);
52        }
53        printDoubleNodes(head);
54
55        freeMemory();
56  }
```

코드 설명

3~7행	이중 연결 리스트용 노드 구조체를 정의한다. 앞쪽 링크, 데이터, 뒤쪽 링크 세 가지로 구성한다.
13~30행	이중 연결 리스트를 출력한다. 시작 노드부터 마지막 노드까지 출력한 후 반대로 마지막 노드부터 시작 노드까지 출력한다.
39~42행	첫 번째 노드를 생성한다.
44~52행	두 번째 노드 이후를 생성한다. 49~50행에서 두 노드를 상호 링크로 연결한다.
53행	생성한 이중 연결 리스트를 출력한다.

CHAPTER 06

스택

학습목표

- 스택의 개념을 파악한다.
- 스택에 데이터를 넣거나 추출하는 원리를 이해한다.
- C 언어로 스택을 조작하는 코드를 작성한다.
- 스택으로 활용되는 다양한 응용 프로그램을 작성한다.

SECTION

00 생활 속 자료구조와 알고리즘

초콜릿맛, 바닐라맛, 딸기맛이 차례대로 쌓여 있는 아이스크림콘을 만드는 과정을 생각해 보자.

아이스크림콘을 만들 때 우선 가장 아래쪽에 초콜릿을 녹여 넣은 후 그 위에 커피맛을, 그 위에 바닐라맛을, 그 위에 딸기맛을 쌓았을 것이다. 즉, 아이스크림을 쌓은 차례는 초콜릿 → 커피 → 바닐라 → 딸기 순이다.

그런데 철수는 아이스크림 맨 아래쪽에 있는 초콜릿을 좋아한다. 좋아하는 초콜릿을 먹으려면 어떻게 해야 할까? 순서대로 쌓여 있는 딸기 → 바닐라 → 커피를 차례대로 먹어야 초콜릿을 먹을 수 있다. 즉, 아이스크림콘을 쌓았던 순서와 반대로 먹어야 한다. 이렇게 가장 먼저 넣은 초콜릿을 가장 나중에 먹을 수 있는 구조가 스택 구조다.

SECTION 01
스택의 기본

1 스택의 개념

스택(Stack) 자료구조는 한쪽 끝이 막힌 형태다. 스택의 예로 한쪽 끝이 막힌 주차장, 프링클스 과자통, 종이컵 수거함, 연탄 화로, 카페의 디스펜서 등이 있다. 입구와 출구를 공통으로 사용하는 모든 형태를 스택 예로 볼 수 있다.

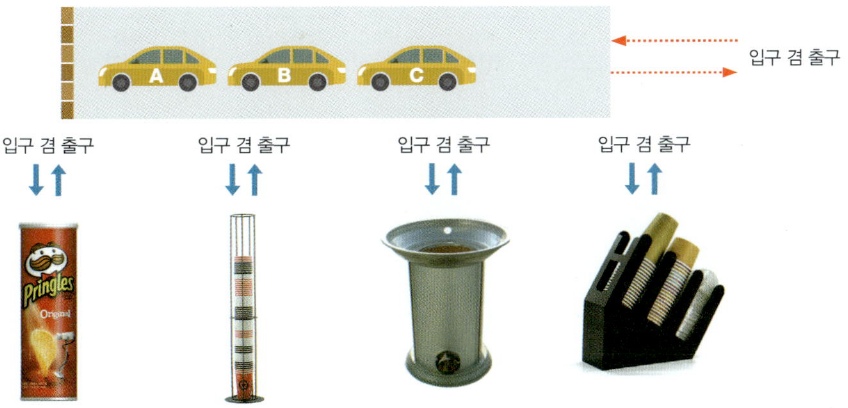

그림 6-1 스택의 실생활 사례

스택은 개념이 어렵지 않은 자료구조다. [그림 6-1]에서 유추할 수 있듯이 스택은 입구가 하나뿐이기 때문에 먼저 들어간 것이 가장 나중에 나오는 구조다. 이를 선입후출(First In Last Out, FILO)이라고 하거나 반대로 후입선출(Last In First Out, LIFO)이라고 한다.

예로 종이컵 수거함에 종이컵을 넣고 빼는 [그림 6-2]를 생각해 보자. 수거함이 처음에 비어 있다고 가정하면, 첫 번째로 들어간 커피 종이컵은 삽입 1단계처럼 맨 아래로 들어갈 것이다. 먼저 넣었으므로 이를 First In이라고 한다. 이어서 삽입 2단계 및 삽입 3단계를 거쳐 녹차 종이컵과 꿀물 종이컵이 차례로 쌓이게 된다.

이제는 종이컵을 빼내 보자. 추출 1단계에서 '종이컵 빼기' 작동을 하면 맨 위의 꿀물 종이컵이 나온다. 그리고 연속으로 '종이컵 빼기' 작동을 하면 녹차 종이컵과 커피 종이컵이 나온다. 삽입한 순서는 커피→녹차→꿀물이지만, 빠져나온 순서는 역순인 꿀물→녹차→커피가 된다. 가장 먼저 들어간 커피 종이컵이 가장 나중에 나오게 되므로 First In Last Out이라고 하는 것이다.

스택 구조에서 주의할 점은 수거함에 넣을 때는 사용자가 커피, 녹차, 꿀물 등 종이컵을 지정해서 넣을 수 있지만, 빼낼 때는 특정 종이컵을 선택할 수 없다는 것이다. 빼낼 때는 항상 수거함(=스택)의 맨 위에 있는 종이컵이 나올 수밖에 없는 구조다. 그래서 [그림 6-2]에서도 '꿀물 종이컵 빼기'가 아닌 그냥 '종이컵 빼기' 작동으로 적은 것이다.

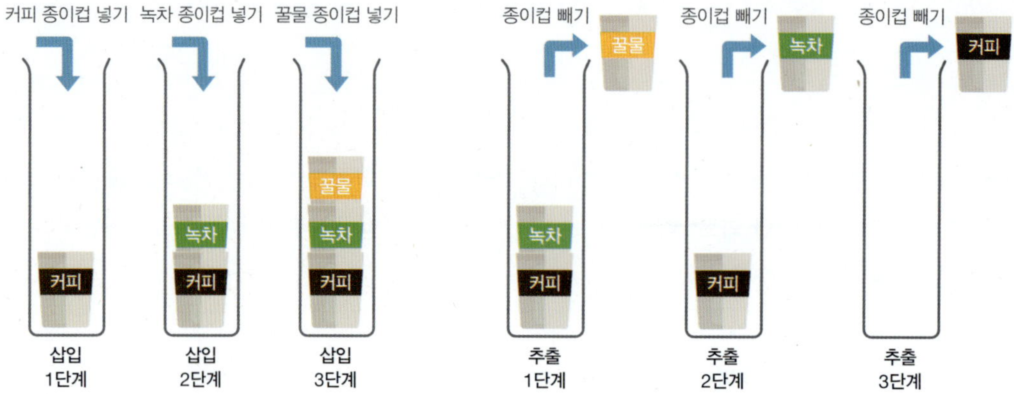

그림 6-2 종이컵 수거함의 작동 원리

2 스택의 원리

스택은 한쪽만 뚫려 있는 구조이기 때문에 삽입과 추출이 한쪽에서만 진행된다. 스택에 데이터를 삽입하는 작동을 push(푸시)라고 하며, 반대로 데이터를 추출하는 작동을 pop(팝)이라고 한다. 스택에서는 top(톱)이라는 용어가 중요한데, 현재 스택에 들어 있는 가장 위의 데이터 위치를 가리키는 개념이다. [그림 6-3]에서는 top이 맨 위에 들어 있는 데이터 위치인 2번을 가리킨다. 스택은 입구가 1개뿐이므로 push와 pop이 모두 한쪽에서만 작동한다.

TIP • 스택을 구현할 때는 주로 배열을 사용하므로 0번부터 시작 번호를 붙여 설명을 진행한다.

[그림 6-3]과 같이 크기가 5칸인 스택에서 데이터를 삽입하는 push와 추출하는 pop이 어떻게 작동하는지 살펴보자.

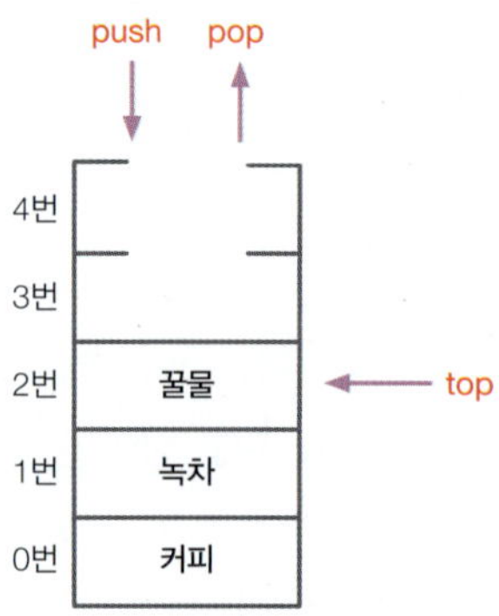

그림 6-3 스택 기본 구조

데이터 삽입 : push

스택에 데이터를 삽입하는 push 과정을 알아보자. 스택 5칸이 모두 빈 상태, 즉 top 값이 비어 있다는 의미로 −1인 상태에서 커피 종이컵을 삽입(push)하려면 먼저 1단계처럼 top을 1 증가시킨다. 그런 다음 2단계처럼 증가시킨 top 위치인 0번 칸에 데이터(커피 종이컵)를 삽입한다.

그림 6-4 스택에 데이터를 삽입(push)하는 과정

데이터 추출 : pop

스택에서 데이터를 추출(pop)하는 것은 맨 위에 있는 데이터를 꺼내는 과정이다. 입구가 하나뿐이므로 맨 위에 있는 것을 꺼낼 수밖에 없으며, 중간에 있는 데이터는 꺼낼 수 없다. 그래서 데이터를 추출할 때는 어떤 값을 지정해서 꺼낼 수 없고, 그냥 추출 과정만 전달하면 된다.

TIP • 스택에서는 '삭제'보다는 꺼내다(또는 뽑아내다)는 의미의 '추출'이나 '출력'이라는 표현이 더 적당하다. 스택에서 데이터를 꺼내면 삭제까지 되도록 구현되어서 일부 교재나 인터넷에서는 pop을 '삭제'로도 표현하지만, 이 책에서는 좀 더 명확한 '추출'로 표현한다.

즉, 현재 녹차와 커피가 들어 있다고 가정한 [그림 6-5]에서 녹차를 지정해서 꺼내는 것이 아니라 그냥 pop하면 1단계에서 top이 가리키는 위치의 데이터(녹차 종이컵)를 꺼내고, 2단계에서 top을 1 감소시킨다.

그림 6-5 스택에서 데이터를 추출(pop)하는 과정

SECTION

02 스택의 간단 구현

1 스택 생성

스택은 배열 형태로 구현할 수 있다. 배열 크기를 미리 지정한 후 해당 크기의 빈 스택을 만들어 보자.

스택은 초기에 크기를 지정하고 배열로 생성할 수 있다. 다음 코드처럼 작성하면 [그림 6-6]과 같이 크기가 5칸인 빈 상태의 스택이 생성된다. 스택의 맨 위쪽을 표현하는 top은 아직 데이터가 없으므로 −1로 초기화한다. top이 −1이라는 것은 스택이 비었다는 의미로 해석하면 된다.

TIP • Array(사실은 vector)를 사용하면 배열 크기를 가변적으로 지정할 수 있지만, 스택은 크기가 고정되어 있다. 따라서 책에서는 스택을 고정된 크기의 배열로 사용한다.

```
Array <string> stack = { "None", "None", "None", "None", "None" };
int top = -1;
```

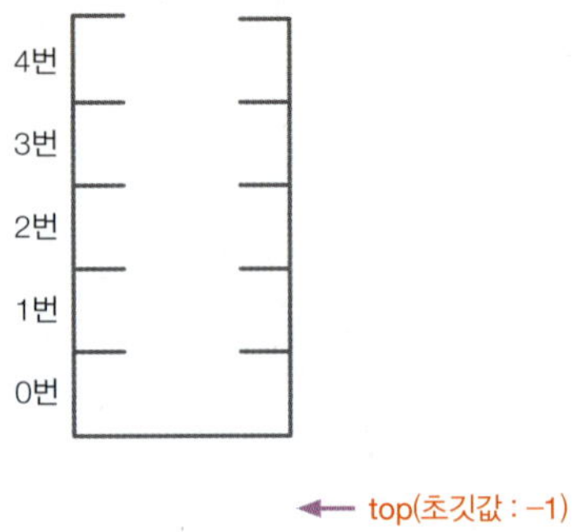

그림 6-6 크기가 5칸인 스택의 초기 상태

TIP • 스택의 해당 칸이 비었다는 것을 명확히 하기 위해서 이 책에서는 "None" 문자열을 사용했다. 즉, "None" 문자열은 아무것도 들어있지 않은 상태로 취급하면 된다.

2 데이터 삽입 : push

생성한 스택에 데이터를 넣으려면 [그림 6-7]의 왼쪽과 같이 ❶ top을 1 증가시킨 후 ❷ top 위치에 커피 종이컵 데이터를 넣는다. 이어서 같은 방식으로 녹차 종이컵과 꿀물 종이컵을 삽입하면 오른쪽과 같이 완성된다.

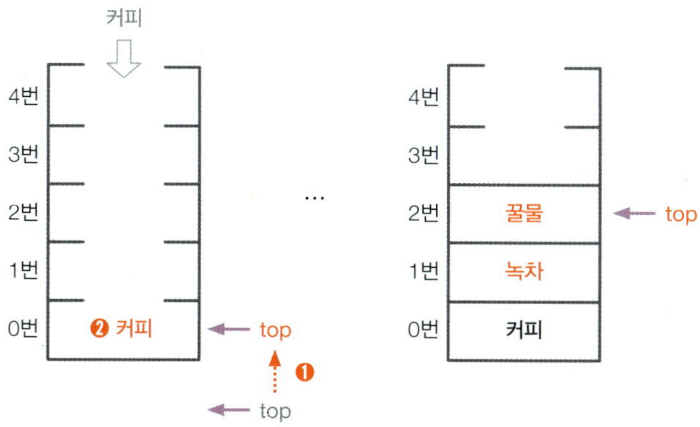

그림 6-7 스택의 데이터 삽입 과정

[그림 6-7]과 같은 방법으로 데이터를 3개 입력하는 스택은 Code06-01.cpp처럼 구현한다.

Code06-01.cpp 크기가 5칸인 스택의 생성과 데이터 3개 입력

```
1  #include "..\CookHeader.h"
2
3  Array <string> stack = { "None", "None", "None", "None", "None" };
4  int top = -1;
5
6  int main() {
7      top++;
8      stack[top] = "커피";
9      top++;
10     stack[top] = "녹차";
11     top++;
12     stack[top] = "꿀물";
13
14     println("------- 스택 상태 -------");
15     for (int i = len(stack)-1; i > -1; i--)
16         println(stack[i]);
17 }
```

실행 결과

```
------- 스택 상태 -------
None
None
꿀물
녹차
커피
```

3~4행 크기가 5칸인 빈 스택을 준비하고, top의 초깃값을 −1로 지정한다.

7~8행 top을 1 증가시키고(= top을 0으로 만들고), 해당 위치에 데이터를 삽입한다. 즉, 배열의 0번째 데이터가 처음으로 입력된다.

9~12행 데이터 2개를 추가로 삽입한다.

15~16행 스택 상태를 확인한다. 스택의 맨 위쪽부터 출력하려고 '스택 크기−1(=4)'부터 1씩 감소하면서 출력한다. 즉, 4, 3, 2, 1, 0번째 데이터가 출력되어 [그림 6-7]의 오른쪽과 모양이 같다.

3 데이터 추출 : pop

데이터가 3개 있는 스택에서 데이터를 추출하려면 [그림 6-8]의 왼쪽과 같이 ❶ top 위치의 데이터를 밖으로 추출한 후 ❷ top 위치의 데이터는 None으로 만들고 ❸ top을 1 감소시킨다. 같은 방식으로 2회 더 추출을 수행하면 오른쪽과 같이 빈 스택이 된다.

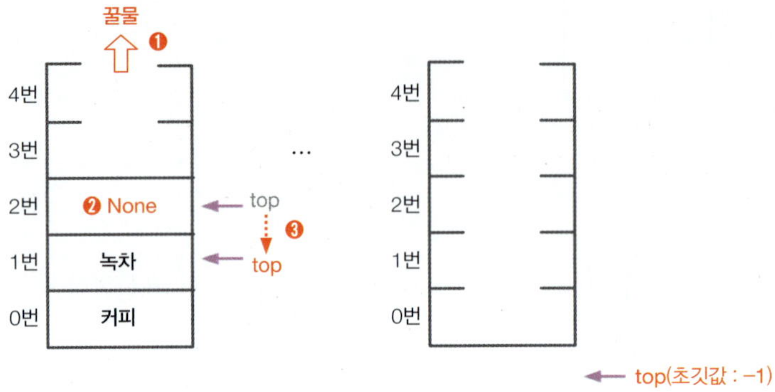

그림 6-8 스택의 데이터 추출

TIP • 사실 ❷의 작동은 생략해도 상관없다. 어차피 스택은 top 위치를 조절해서 작동하므로 위쪽 빈칸은 꼭 None이 아니라 아무 쓰레기 값이 있어도 된다.

[그림 6-8]과 같은 방법으로 스택에서 데이터를 3개 추출하는 과정은 Code06-02.cpp처럼 구현한다.

Code06-02.cpp 스택에서 데이터 3개 추출

```
#include "..\CookHeader.h"

Array <string> stack = { "커피", "녹차", "꿀물", "None", "None" };
int top = 2;

int main() {
     println("------- 스택 상태 -------");
     for (int i = len(stack) - 1; i > -1; i--)
          println(stack[i]);

     string data;
     println("---------------------");
     data = stack[top]; ❶
     stack[top] = "None"; ❷
     top--; ❸
     println("pop-->" + data);

     data = stack[top];
     stack[top] = "None";
```

```
20       top--;
21       println("pop-->" + data);
22
23       data = stack[top];
24       stack[top] = "None";
25       top--;
26       println("pop-->" + data);
27       println("----------------------");
28
29       println("------- 스택 상태 -------");
30       for (int i = len(stack) - 1; i > -1; i--)
31           println(stack[i]);
32 }
```

실행 결과

```
------- 스택 상태 -------
None
None
꿀물
녹차
커피
----------------------
pop-->꿀물
pop-->녹차
pop-->커피
----------------------
------- 스택 상태 -------
None
None
None
None
None
```

3~4행 테스트용으로 크기가 5칸인 스택에 3칸을 채운 상태로 준비했다. 그래서 top 값을 2로 지정한다.

8~9행 데이터 추출 이전의 스택 상태를 확인한다.

13~16행 현재 top 위치의 데이터를 추출하고, top 위치에 None을 대입해서 데이터를 삭제한다. 그리고 top을 1 감소시킨다. 16행에서 추출한 데이터를 출력한다.

18~27행 두 번 더 스택에서 데이터를 추출한다.

30~31행 데이터가 3개 추출된 스택 상태를 확인한다. 빈 스택이 출력된다.

SECTION 03

스택의 일반 구현

1 스택 초기화

앞서 데이터가 5개로 제한된 스택을 구현하는 방법을 익혔다. 다음 코드는 5개짜리 빈 스택을 생성한다.

```
Array <string> stack = { "None", "None", "None", "None", "None" };
```

하지만 훨씬 큰 스택에는 일일이 None 값의 타이핑을 반복할 수 없어 다음과 같은 스택 초기화가 필요하다. SIZE 값만 변경하면 원하는 크기의 빈 스택이 생성된다.

```
int  SIZE = 5;    // 스택 크기
Array <string> stack;
int top = -1;

for (int i = 0; i < SIZE; i++)
    stack.push_back("None");
```

지금까지는 세워진 스택을 표현했지만, 실제 코드에서는 배열로 처리하므로 앞으로는 배열처럼 가로 모양으로 표현하겠다. 지금까지 표현한 스택을 오른쪽으로 눕힌 모양이라고 생각하면 된다.

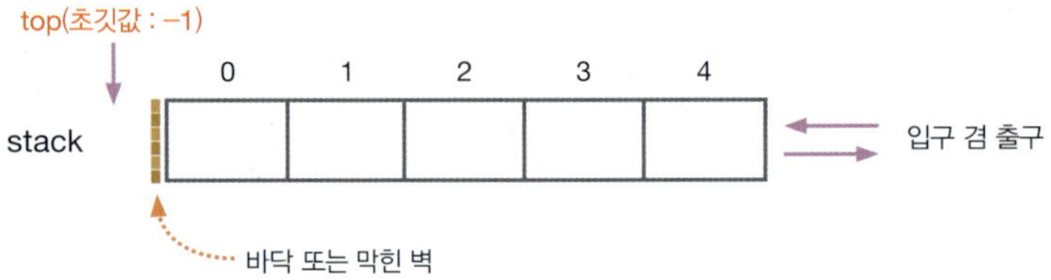

그림 6-9 초기화된 스택

2 데이터 삽입

스택에서 데이터를 삽입하는 함수를 만들어 손쉽게 삽입할 수 있다. 단 삽입할 때는 스택이 이미 꽉 찼는지 확인해야 한다. 앞서 예로 든 5칸짜리 스택도 데이터가 5개 이미 들어 있는 상태에서 데이터를 삽입할 때는 더는 삽입되지 않도록 조치할 필요가 있다.

스택이 꽉 찼는지 확인하는 함수

먼저 스택이 꽉 찼는지 확인한 후 스택에 여유 칸이 있을 때 데이터를 삽입해야 한다. top 값이 '스택 크기-1'과 같다면 스택이 꽉 찬 상태다.

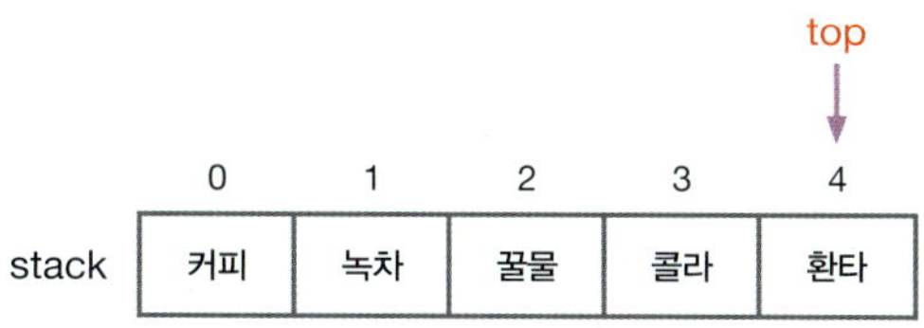

그림 6-10 스택이 꽉 찬 상태

[그림 6-10]은 크기가 5칸인 스택에 이미 데이터가 5개 모두 들어 있다. top이 4번 칸(0번부터 시작)을 가리키고 있으며, 스택 크기는 5이므로 다음과 같이 확인한다.

```
if (top == 스택 크기-1)    // 또는 (top >= 스택 크기-1)
    스택이 꽉 찼음;
```

스택이 꽉 찼는지 확인하는 isStackFull() 함수는 Code06-03.cpp처럼 구현한다.

Code06-03.cpp 스택이 꽉 찼는지 확인하는 함수

```
#include "..\CookHeader.h"

int SIZE = 5;
Array <string> stack = { "커피", "녹차", "꿀물", "콜라", "환타" };
int top = 4;

bool isStackFull() {
    if (top >= SIZE - 1)
        return true;
    else
        return false;
}

int main() {
    print("스택이 꽉 찼는지 여부-->");
    println( (isStackFull() ? "true" : "false") ); // 0: false, 1: true
}
```

실행 결과

```
스택이 꽉 찼는지 여부 --> true
```

3~5행 테스트용 스택을 크기 5로 설정하고 미리 꽉 채워 놓았다. 데이터 5개가 모두 찼으므로 top 값은 4로 설정한다.

7~12행 스택이 꽉 찼는지 여부를 확인하는 함수다. 8행에서 [그림 6-10]과 같이 top이 '스택 크기-1'과 크거나 같으면 스택이 꽉찬 것이므로 true를 반환하고, 그렇지 않으면 여유가 있는 것이므로 false를 반환한다.

16행 함수를 호출해서 스택이 꽉 찼는지 테스트한다. 3항 연산자를 사용해서 isStackFull()의 반환값이 true(=1)이면 "true"를, false(=0)이면 "false"를 출력한다.

스택에 데이터를 삽입하는 함수

스택에 데이터를 삽입하는 함수를 작성하자. 앞서 생성한 isStackFull() 함수를 사용해서 먼저 스택이 꽉 찼는지 확인하고, 여유가 있다면 데이터를 삽입하도록 코드를 작성하자.

Code06-04.cpp 스택에 데이터를 삽입하는 함수

```
1  #include "..\CookHeader.h"
2
3  int SIZE = 5;
4  Array <string> stack = { "커피", "녹차", "꿀물", "콜라", "None" };
5  int top = 3;
6
7  bool isStackFull() {
…         // 생략(Code06-03.cpp의 8~11행과 동일)
12 }
13
14 void push(string data) {
15     if (isStackFull()) {
16         println("스택이 꽉 찼습니다.");
17         return;
18     }
19     top++;
20     stack[top] = data;
21 }
22
23 int main() {
24     printArray(stack);
25     push("환타");
26     printArray(stack);
27     push("게토레이");
28 }
```

실행 결과

```
[ 커피 녹차 꿀물 콜라 None ]
[ 커피 녹차 꿀물 콜라 환타 ]
스택이 꽉 찼습니다.
```

3~5행 테스트용 스택을 크기 5로 설정하고, 데이터 4개를 미리 넣어 놓았다. 데이터가 4개이므로 top 값은 3으로 설정한다.

14~21행 매개변수로 넘겨받은 data를 스택에 삽입하는 함수다. 15행에서 우선 스택이 꽉 찼는지 확인하고, 꽉 찼다면 메시지를 출력한 후 함수를 종료한다. 여유가 있으면 19~20행으로 데이터를 스택에 삽입한다.

24~27행 24행에서 현재 스택 상태를 출력하고, 25행에서 데이터를 삽입한다. 26행에서 정상적으로 삽입된 후의 스택 상태를 출력한다. 27행에서 꽉 찬 스택에 다시 데이터 삽입을 시도하지만, 메시지만 출력되고 데이터는 삽입되지 않았다

SELF STUDY 6-1

Code06-04.cpp의 isStackFull() 함수를 없애고, 대신에 push() 함수만으로 그 기능을 모두 구현하자. 실행 결과는 Code06-04.cpp와 동일하다.

실행 결과

```
[ 커피 녹차 꿀물 콜라 None ]
[ 커피 녹차 꿀물 콜라 환타 ]
스택이 꽉 찼습니다.
```

3 데이터 추출

스택에서 데이터를 추출하는 함수를 만들어 효율적으로 추출할 수 있도록 하자. 데이터를 추출하기 전에 먼저 스택에 데이터가 있는지 확인해야 한다. 스택에 데이터가 없는데도 데이터를 추출하려고 시도할 때는 별도의 조치를 취해야 한다.

스택이 비었는지 확인하는 함수

먼저 스택이 비었는지 확인한 후 스택에 데이터가 있을 때만 추출해야 한다. top 값이 −1이라면 스택은 비어 있는 상태다.

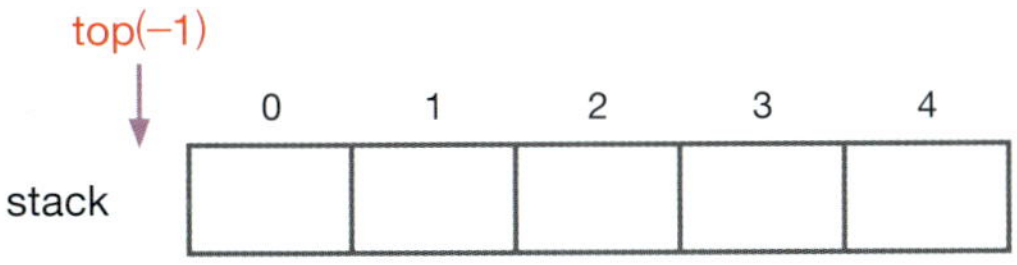

그림 6-11 스택이 비어 있는 상태

[그림 6-11]은 크기가 5칸인 스택에 아무런 데이터도 없는 상태다. top이 −1을 가리키면 데이터가 없는 상태다.

```
if (top == -1)
    스택이 비었음;
```

스택이 비었는지 체크하는 isStackEmpty() 함수는 Code06-05.cpp처럼 구현한다.

Code06-05.cpp 스택이 비었는지 확인하는 함수

```
1  #include "..\CookHeader.h"
2
3  int SIZE = 5;
4  Array <string> stack;
5  int top = -1;
6
7  bool isStackEmpty() {
8      if (top == -1)
9          return true;
10     else
11         return false;
12 }
13
14 int main() {
15     for (int i = 0; i < SIZE; i++)          // 스택 초기화(SIZE만큼 빈 스택으로 만들기)
16         stack.push_back("None");
17
18     print("스택이 비었는지 여부-->");
19     println((isStackEmpty() ? "true" : "false")); // 0: false, 1: true
20 }
```

실행 결과

```
스택이 비었는지 여부 --> true
```

3~5행 테스트용 스택을 크기 5로 설정하고 비워 놓았다. 데이터가 없으므로 top 값은 −1로 초기화 했다.

7~12행 스택이 비었는지 여부를 확인하는 함수다. 8행에서 [그림 6-11]과 같이 top이 −1이면 스택이 빈 것이므로 true를 반환하고, 그렇지 않으면 여유가 있는 것이므로 false를 반환한다.

15~16행 스택을 빈 스택으로 초기화 했다. SIZE 크기만큼 초기화한다.

18~19행 함수를 호출해서 스택이 비었는지 테스트한다.

스택에서 데이터를 추출하는 함수

스택에서 데이터를 추출하는 함수를 작성하자. 앞서 생성한 isStackEmpty() 함수를 사용해서 먼저 스택이 비었는지 확인하고, 스택에 데이터가 있다면 데이터를 추출하도록 코드를 작성하자.

Code06-06.cpp 스택에서 데이터를 추출하는 함수

```
1  #include "..\CookHeader.h"
2
3  int SIZE = 5;
4  Array <string> stack = { "커피", "None", "None", "None", "None" };
5  int top = 0;
6
7  bool isStackEmpty() {
…      // 생략(Code06-05.cpp의 8~11행과 동일)
12 }
13
14 string pop() {
15     if (isStackEmpty()) {
16         println("스택이 비었습니다.");
17         return "None";
18     }
19     string data = stack[top];
20     stack[top] = "None";
21     top--;
22     return data;
23 }
24
25 int main() {
26     string retData;
27     printArray(stack);
28     retData = pop();
29     println("추출한 데이터-->" + retData);
30     printArray(stack);
31     retData = pop();
32 }
```

실행 결과

```
[ 커피 None None None None ]
추출한 데이터-->커피
[ None None None None None ]
스택이 비었습니다.
```

3~5행 테스트용 스택을 크기 5로 설정하고, 데이터 1개만 미리 넣어 놓았다.

14~23행 스택에서 데이터를 추출하여 반환하는 함수다. 15행에서 우선 스택이 비었는지 확인하고, 비었다면 메시지를 출력한 후 None 값을 반환한다. 데이터가 있다면 19행에서 top 위치의 데이터를 추출하고, 20행에서 그 자리에 None을 대입해서 지운다. 21행에서 top을 하나 감소시킨 후 추출한 데이터를 반환한다.

26~31행 27행에서 현재 스택 상태를 출력하고, 28행에서 데이터를 추출한다. 29행에서 추출한 데이터를 화면에 출력한다. 30행에서 다시 현재 스택 상태를 출력한다. 31행에서 빈 스택에 다시 데이터 추출을 시도하나 메시지만 출력되고 데이터는 추출되지 않았다.

SELF STUDY 6-2

Code06-06.cpp의 isStackEmpty() 함수를 없애고, 대신에 pop() 함수만으로 그 기능을 모두 구현하자. 실행 결과는 Code06-06.cpp와 동일하다.

실행 결과

```
[ 커피 None None None None ]
추출한 데이터-->커피
[ None None None None None ]
스택이 비었습니다.
```

4 데이터 확인

데이터를 pop하면 해당 데이터를 스택에서 추출해서 삭제하고 top 위치는 한 칸 내려간다. 데이터를 뽑아내는 효과를 주는 것이다. top 위치의 데이터를 확인만 하고 스택에 그대로 두는 것을 peek(픽)이라고 한다. [그림 6-12]와 같이 top 위치의 꿀물을 확인만 한 후 top 값은 변경 없이 그대로 두는 것이다.

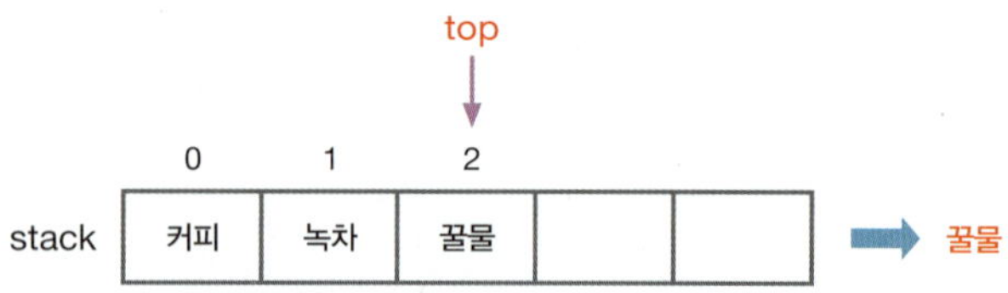

그림 6-12 데이터를 확인하는 peek 작동

peek() 함수는 Code06-07.cpp처럼 구현한다.

Code06-07.cpp 스택에서 top 위치의 데이터를 확인하는 함수

```
#include "..\CookHeader.h"

int SIZE = 5;
Array <string> stack = { "커피", "녹차", "꿀물", "None", "None" };
int top = 2;

bool isStackEmpty() {
      // 생략(Code06-05.cpp의 8~11행과 동일)
}

string peek() {
    if (isStackEmpty()) {
        println("스택이 비었습니다.");
        return "None";
```

```
18     }
19     return stack[top];
20 }
21
22 int main() {
23     string retData;
24     printArray(stack);
25     retData = peek();
26     println("top의 데이터 확인-->" + retData);
27     printArray(stack);
28 }
```

실행 결과

```
[ 커피 녹차 꿀물 None None ]
top의 데이터 확인-->꿀물
[ 커피 녹차 꿀물 None None ]
```

3~5행 테스트용 스택 크기를 5로 설정하고, 데이터를 3개 미리 넣어 놓았다.

14~20행 스택에서 top 위치의 데이터를 반환하는 함수다. 15행에서 우선 스택이 비었는지 확인하고, 비었다면 메시지를 출력한 후 None 값을 반환한다. 데이터가 있다면 19행에서 top 위치의 데이터를 반환한다.

23~27행 24행에서 현재 스택 상태를 출력하고, 25행에서 데이터를 확인한다. 26행에서 확인한 데이터를 화면에 출력한다. 27행에서 다시 현재 스택 상태를 출력한다. 스택 상태는 변함이 없을 것이다.

5 스택 완성

앞서 작성한 스택의 데이터 삽입, 추출, 확인을 통합한 코드를 작성하자. 사용자에게 스택 크기를 입력받은 후 스택을 초기화해서 입력한 크기만큼 생성한다. 그리고 사용자가 삽입, 추출, 확인을 선택해서 작동하도록 코드를 완성해 보자. 앞서 다룬 함수들과 중복된 코드가 많지만, 전체를 보여 주고자 모든 코드를 그대로 표현하겠다.

Code06-08.cpp 스택 작동을 위한 통합 코드

```
#include "..\CookHeader.h"

int SIZE;
Array <string> stack;
int top = -1;

```

```
bool isStackFull() {             // 스택이 꽉 찼는지 확인하는 함수
    if (top >= SIZE - 1)
        return true;
    else
        return false;
}

bool isStackEmpty() {            // 스택이 비었는지 확인하는 함수
    if (top == -1)
        return true;
    else
        return false;
}

void push(string data) {         // 스택에 데이터를 삽입하는 함수
    if (isStackFull()) {
        println("스택이 꽉 찼습니다.");
        return;
    }
    top++;
    stack[top] = data;
}

string pop() {                   // 스택에서 데이터를을 추출하는 함수
    if (isStackEmpty()) {
        println("스택이 비었습니다.");
        return "None";
    }
    string data = stack[top];
    stack[top] = "None";
    top--;
    return data;
}

string peek() {                  // 스택에서 top 위치의 데이터를 확인하는 함수
    if (isStackEmpty()) {
        println("스택이 비었습니다.");
        return "None";
    }
    return stack[top];
}

```

```
int main() {
    input(SIZE, "스택 크기를 입력하세요 ==> ");
    for (int i = 0; i < SIZE; i++)
        stack.push_back("None");

    char select;
    input(select, "삽입(I)/추출(E)/확인(V)/종료(X) 중 하나를 선택 ==> ");

    string data;
    while (select != 'X' && select != 'x') {
        switch (select) {
        case 'I':
        case 'i':
            input(data, "입력할 데이터--> ");
            push(data);
            print("스택 상태 : ");
            printArray(stack);
            break;
        case 'E':
        case 'e':
            data = pop();
            println("추출한 데이터-->" + data);
            print("스택 상태 : ");
            printArray(stack);
            break;
        case 'V':
        case 'v':
            data = peek();
            println("top의 데이터 확인-->" + data);
            printArray(stack);
            break;
        default:
            println("입력이 잘못됨");
        }
        input(select, "삽입(I)/추출(E)/확인(V)/종료(X) 중 하나를 선택 ==> ");
    }
    println("프로그램 종료!");
}
```

실행 결과

```
스택 크기를 입력하세요 ==> 5
삽입(I)/추출(E)/확인(V)/종료(X) 중 하나를 선택 ==> I
입력할 데이터--> 커피
스택 상태 : [ 커피 None None None None ]
삽입(I)/추출(E)/확인(V)/종료(X) 중 하나를 선택 ==> I
입력할 데이터--> 녹차
스택 상태 : [ 커피 녹차 None None None ]
삽입(I)/추출(E)/확인(V)/종료(X) 중 하나를 선택 ==> I
입력할 데이터--> 꿀물
스택 상태 : [ 커피 녹차 꿀물 None None ]
삽입(I)/추출(E)/확인(V)/종료(X) 중 하나를 선택 ==> V
top의 데이터 확인-->꿀물
[ 커피 녹차 꿀물 None None ]
삽입(I)/추출(E)/확인(V)/종료(X) 중 하나를 선택 ==> E
추출한 데이터-->꿀물
스택 상태 : [ 커피 녹차 None None None ]
삽입(I)/추출(E)/확인(V)/종료(X) 중 하나를 선택 ==> E
추출한 데이터-->녹차
스택 상태 : [ 커피 None None None None ]
삽입(I)/추출(E)/확인(V)/종료(X) 중 하나를 선택 ==> E
추출한 데이터-->커피
스택 상태 : [ None None None None None ]
삽입(I)/추출(E)/확인(V)/종료(X) 중 하나를 선택 ==> E
스택이 비었습니다.
추출한 데이터-->None
스택 상태 : [ None None None None None ]
삽입(I)/추출(E)/확인(V)/종료(X) 중 하나를 선택 ==> X
프로그램 종료!
```

7~47행 스택 작동과 관련된 함수가 모두 있다. 이미 앞서 작성했던 코드와 동일하다.

50~52행 스택 크기를 사용자에게 입력받은 후 빈 스택을 생성한다.

55행 사용자에게 삽입(I)/추출(E)/확인(V)/종료(X) 중 하나를 입력받는다.

58~84행 사용자 입력에 따라 스택에 작동하는 함수를 호출한다. 83행에서 다시 사용자 입력을 받는다. 사용자가 X나 x를 입력하면 프로그램을 종료한다.

SECTION 04

스택의 응용

스택은 컴퓨터 시스템에서 상당히 많이 사용하는 자료구조다. 웹 서핑을 할 때 이전 페이지로 돌아가기, 문자열을 거꾸로 만들기, 수식의 괄호 쌍 확인하기, 후위 표기식 계산 등에 응용한다.

1 웹 서핑에서 이전 페이지 돌아가기

웹 서핑을 할 때, 여러 웹 페이지를 방문하다가 웹 브라우저 왼쪽 위에 있는 [이전 페이지] 버튼을 클릭하면, 마지막 방문한 웹 페이지부터 차례대로 다시 방문한다. 이를 간단히 스택으로 구현해 보자.

C 언어는 Windows 명령어를 실행하는 system(명령어) 함수를 제공한다. Windows에 내장된 Microsoft Edge 브라우저의 명령어는 msedge.exe인데, 저장된 경로까지 정확히 명시해야 한다. 예로 한빛아카데미(www.hanbit.co.kr)에 접속하려면 명령 프롬프트에서 다음과 같이 입력하면 된다. 그런데, 폴더명 중에 띄어쓰기가 있기 때문에 전체 명령어는 큰따옴표로 묶어줘야 한다.

```
"C:\Program Files (x86)\Microsoft\Edge\Application\msedge.exe"  www.hanbit.co.kr
```

이를 C 코드에서는 string 타입으로 저장해야 하는데, 큰따옴표까지 함께 저장해야 하므로 다음과 같이 앞뒤에 \를 추가로 사용하고 폴더 경로 \는 \\로 변경해야 된다.

```
string browser = "\"C:\\Program Files (x86)\\Microsoft\\Edge\\Application\\msedge.exe\"  ";
// \" 뒤에 띄어쓰기 1칸
string cmd = browser + "www.hanbit.co.kr";
system(cmd.c_str());    // string을 char*로 변경
```

그림 6-13 system( ) 함수로 실행한 Edge 브라우저

웹 브라우저로 여러 웹 사이트를 방문하면, 방문한 URL을 스택에 push해 놓는다. 그리고 [이전 페이지] 버튼을 클릭한 개념으로 pop해서 방문한 URL을 역순으로 재방문한다. 예로 네이버, 다음, 네이트 순서로 방문한 후 [이전 페이지] 버튼을 클릭하면 반대로 네이트, 다음, 네이버 순서로 웹 페이지를 표시한다.

URL 세 곳을 방문한 후 약 5초 기다렸다가 다시 역순으로 방문하는 코드를 스택으로 구현하면 Code06-09.cpp와 같다.

TIP • 다음 코드를 실행하기 전에 미리 Microsoft Edge 웹 브라우저를 실행해 놓아야 한다.

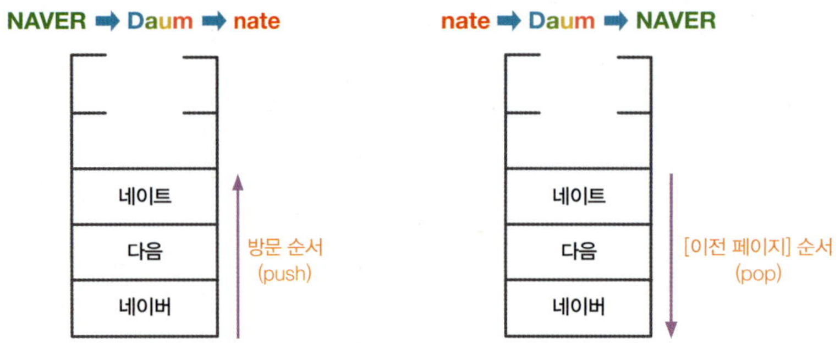

그림 6-14 스택에서 URL 데이터를 push 및 pop하는 과정

Code06-09.cpp 스택을 활용한 웹 브라우저의 [이전 페이지] 버튼 기능 구현

```
#include "..\CookHeader.h"
#include <Windows.h>
#include <stdlib.h>

int S_SIZE;
Array <string> stack;
int top = -1;

… // 생략(Code06-08.cpp의 7~47행과 동일. 단, 각 함수의 println()은 삭제하고, SIZE변수는 S_SIZE로 변경)

int main() {
    S_SIZE = 100;
    for (int i = 0; i < S_SIZE; i++)
        stack.push_back("None");

    string browser = "\"C:\\Program Files (x86)\\Microsoft\\Edge\\Application\\msedge.exe\" ";
    Array <string> urls = { "naver.com", "daum.net", "nate.com" };

    for (int i = 0; i < len(memory); i++) {
        string url = urls[i];
        push(url);
        string cmd = browser + url;
```

```
60         system(cmd.c_str());
61         print(url + "-->");
62         Sleep(1000);
63     }
64     println("방문 종료");
65     Sleep(5000);
66 
67     while (true) {
68         string url = pop();
69         if (url == "None")
70             break;
71         string cmd = browser + url;
72         system(cmd.c_str());
73         print(url + "-->");
74         Sleep(1000);
75     }
76     println("방문 종료");
77 }
```

실행 결과

```
naver.com--> daum.net--> nate.com--> 방문 종료
nate.com--> daum.net--> naver.com--> 방문 종료
```

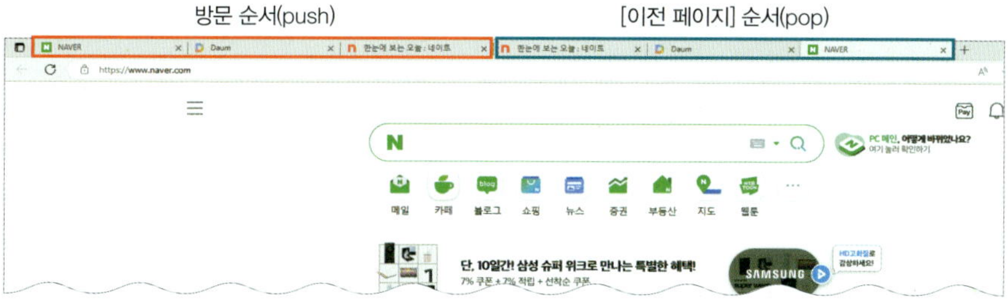

그림 6-15 실행 결과

2~3행 시간 측정과 명령어 사용을 위해서 Windows.h와 stdlib.h를 임포트했다.

5행 SIZE가 Windows.h에 이미 정의가 되어있어서, 충돌을 막기 위해서 스택의 크기 변수를 S_SIZE로 변경했다.

49행 URL은 최대 100개까지 방문하도록 했다.

53행 MS Edge 브라우저의 경로를 준비했다.

54행 urls 배열에 방문할 웹 사이트를 3개를 미리 준비해 두었다.

56~63행 urls 배열에서 URL을 하나씩 가져와 스택에 삽입한 후 웹 브라우저로 접속한다. 그리고 접속된 내용을 화면에 출력한다. 동시에 접속되지 않도록 62행에서 1초(=1000 밀리초)를 멈춘 후 반복해서 다음 URL에 접속한다.

64~65행 urls 배열의 모든 URL에 접속이 끝나면 5초간 멈춘다.

67~75행 스택에서 모든 URL을 추출해서 방문한다. 접속한 순서와 반대로 URL을 방문한다. 방문 후에는 역시 1초간 멈춘다.

2 괄호의 매칭 검사

괄호가 여러 개 사용된 수식에서 짝이 올바른지도 스택으로 확인할 수 있다.

올바른 괄호

네 종류의 괄호 (), {}, [], 〈〉를 사용한 다음과 같은 간단한 수식에서도 다양한 경우가 발생할 수 있다.

- (A + B) : 여는 괄호와 닫는 괄호의 쌍이 맞다.
-) A + B (: 괄호 개수는 맞지만 여는 괄호로 시작하지 않아서 틀렸다.
- ((A + B) − C : 여는 괄호와 닫는 괄호의 개수가 달라서 틀렸다.
- (A + B] : 여는 괄호와 닫는 괄호의 종류가 달라서 틀렸다.
- (〈A + { B − C } / [C * D] 〉) : 다양한 괄호가 나오지만 쌍이 맞다.

스택을 활용한 괄호 검사를 간단히 수행할 수 있다. '여는 괄호를 만나면 push하고 닫는 괄호를 만나면 pop한다'는 규칙을 적용한 후 push 또는 pop하는 과정에서 다음 내용을 확인하면 된다.

> ❶ 닫는 괄호를 만났을 때 스택은 비어 있지 않아야 한다.
> ❷ 닫는 괄호를 만났을 때 추출한 괄호는 여는 괄호여야 한다.
> ❸ ❷를 만족해도 두 괄호의 종류(소괄호, 중괄호, 대괄호)가 같아야 한다.
> ❹ 모든 수식의 처리가 끝나면 스택은 비어 있어야 한다.

[그림 6-16]의 예를 살펴보자. 처음에 여는 괄호를 만난 1단계와 2단계에서는 괄호를 push한다. 3단계에서는 닫는 괄호를 만나 pop해서 현재 닫는 괄호와 pop한 여는 괄호의 종류가 같은지 확인한다. 4단계에서도 동일하게 확인한다. 마지막 5단계에서는 스택이 비어 있어야 한다.

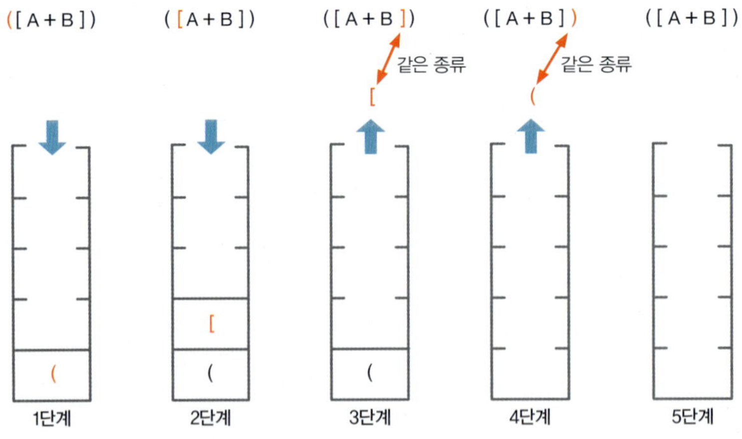

그림 6-16 스택에서 괄호 검사를 처리하는 과정 예 : ([A + B])

[그림 6-16]의 괄호 검사 예를 구현하려면 우선 여는 괄호는 push하고, 닫는 괄호를 만나면 pop해야 한다. 수식 중 글자 하나가 추출되었는데, 괄호라면 다음 과정을 처리한다.

```
if 괄호가 (, [, {, < 중 하나면
    push(괄호);
else if 괄호가 ), ], }, > 중 하나면
   열린 괄호 = pop();
   if 두 괄호의 짝이 맞으면
        통과;
   else
        오류;
```

이 코드에서 열린 괄호라면 무조건 push한다. 닫는 괄호일 때는 스택에서 하나를 꺼내서 현재 괄호와 짝이 맞는지 확인하면 된다. 그리고 모든 수식의 글자를 처리한 후 다음과 같이 스택이 비었는지 확인하여 Code06-10.cpp처럼 구현한다.

```
if 스택이 비었으면
      정상
else
      오류
```

Code06-10.cpp 스택을 활용한 괄호 매칭 검사 구현

```
#include "..\CookHeader.h"

int SIZE;
Array <string> stack;
int top = -1;

// 생략(Code06-08.cpp의 7~47행과 동일. 단, 각 함수의 println()은 삭제)

bool checkBracket(string expr) {
    for (int i = 0; i < len(expr); i++) {
        string ch = expr.substr(i,1);    // 한 글자 추출

        if (ch == "(" || ch == "[" || ch == "{" || ch == "<")
            push(ch);
        else if (ch == ")" || ch == "]" || ch == "}" || ch == ">") {
            string out = pop();
            if (ch == ")" && out == "(")
                continue;
```

```
                else if (ch == "]" && out == "[")
                    continue;
                else if (ch == "}" && out == "{")
                    continue;
                else if (ch == ">" && out == "<")
                    continue;
                else
                    return false;
            } else
                continue;
    }

    if (isStackEmpty())
        return true;
    else
        return false;
}

int main() {
    SIZE = 100;
    for (int i = 0; i < SIZE; i++)
        stack.push_back("None");

    Array <string> exprAry = { "(A+B)", ")A+B(", "((A+B)-C", "(A+B]", "(<A+{B-C}/[C*D]>)" };
    string expr;
    for (int i = 0; i < len(exprAry); i++) {
        expr = exprAry[i];
        top = -1;
        string res;
        res = checkBracket(expr) ? "true" : "false";
        println(expr + " ==> " + res);
    }
}
```

실행 결과

```
(A+B) ==> true
)A+B( ==> false
((A+B)-C ==> false
(A+B] ==> false
(<A+{B-C}/[C*D]>) ==> true
```

46~72행 수식 문자열을 매개변수로 받아 괄호가 올바른지 검사한 후 올바르면 true를 반환하고, 문제가 있으면 false를 반환한다.

47~66행 수식 문자열에서 글자의 수만큼 반복한다.

48행 차례대로 한 글자를 추출한다.

50~65행 50행에서 문자가 여는 괄호라면, 51행에서 괄호를 스택에 삽입한다. 52~63행은 괄호가 닫는 괄호라면 53행에서 스택에서 추출한 것과 비교한다. 54~61행은 같은 종류의 괄호라면 정상 상태이므로 if 문을 종료하고 다시 반복문으로 올라간다. 62행은 괄호 종류가 다르면 오류이므로 63행에서 false를 반환하고 함수를 종료한다. 64~65행은 괄호가 아닌 모든 문자는 별도 처리 없이 그냥 넘어간다.

68~71행 47행의 for 문을 이용하여 모든 문자의 처리가 끝났다면 스택은 비어 있어야 정상이다. 그렇지 않으면 false를 반환한다.

79행 검사할 문자열을 5개 준비한다.

81~87행 82행에서 수식 문자열을 하나씩 꺼내서 처리한다. 83행에서 top을 −1로 초기화하고(=스택을 비우고) 각 문자열을 처리한다. 85~86행에서 checkBracket()의 결과가 true(=1)이면 "true"를, ffalse(=0)이면 "false"를 출력한다.

연습문제

1 종이컵을 스택에 넣는 동작과 거리가 먼 것은?

① 먼저 넣은 종이컵이 가장 나중에 나온다.

② 종이컵은 한곳으로만 들어간다.

③ 종이컵은 한곳으로만 나온다.

④ 종이컵은 가장 먼저 들어간 것이 가장 먼저 나온다.

2 다음 중 스택의 삽입과 추출에서 사용되는 용어 세 가지를 고르시오.

```
insert, delete, top, push, bottom, center, header, current, pre, pop
```

3 ❶과 ❷에 들어갈 용어를 각각 채우시오.

[❶]은(는) 데이터를 쌓아올린 구조로 나중에 추가된 데이터가 먼저 삭제되는 [❷] 방식으로 운영된다.

4 ❶은 스택에서 데이터를 삽입하는 코드고, ❷는 추출하는 코드로 모두 top과 관련된 코드다. ❶~❷를 채우시오.

```
Array <string> stack = { "None", "None", "None", "None", "None" };
int top = -1;

[ ❶ ];
stack[top] = "값";

data = stack[top];
stack[top] = "None";
[ ❷ ];
```

5 스택이 꽉 찼는지 확인하는 함수다. ❶에 적합한 코드는?

```
bool isStackFull() {
  if ( [    ❶    ] )
    return true;
  else
    return false;
```

① top != SIZE−1
② top == SIZE−1
③ top != SIZE
④ top == SIZE

6 스택이 비었는지 체크하는 함수다. ❶에 적합한 코드는?

```
bool isStackEmpty() {
  if ( [    ❶    ] )
    return true;
  else
    return false;
}
```

① top != SIZE−1
② top == SIZE−1
③ top != SIZE
④ top == SIZE

7 스택에서 다음에 나올 데이터를 확인만 하는 함수다. ❶~❷를 채우시오.

```
return "None"
return stack
return stack[top]
return top
return true
return false
return SIZE
```

```
string peek() {
  if (isStackEmpty()) {
    println("스택이 비었습니다.");
    [    ❶    ];
  }
  [    ❷    ];
}
```

응용예제 01 헨젤과 그레텔의 집으로 돌아가기

난이도★☆☆

예제 설명 헨젤과 그레텔이 돌을 떨어뜨리면서 과자집으로 간다. 과자집에서 집으로 돌아갈 때는 떨어뜨린 순서와 반대로 돌을 주워야 한다. 스택을 이용해서 집으로 무사히 돌아가도록 하자.

실행 결과

```
Microsoft Visual Studio 디버그 콘솔
과자집에 가는 길 :  파랑--> 보라--> 노랑--> 주황--> 빨강--> 초록--> 과자집
우리집에 오는 길 :  초록--> 빨강--> 주황--> 노랑--> 보라--> 파랑--> 우리집
```

코드

```
#include "..\CookHeader.h"

int SIZE;
Array <string> stack;
int top = -1;

bool isStackEmpty() {
     if (top == -1)
          return true;
     else
          return false;
}

bool isStackFull() {
     if (top >= SIZE - 1)
          return true;
     else
          return false;
}

void push(string data) {
     if (isStackFull()) {
          return;
     }
     top++;
     stack[top] = data;
}
```

```
28
29 string pop() {
30     if (isStackEmpty()) {
31         return "None";
32     }
33     string data = stack[top];
34     stack[top] = "None";
35     top--;
36     return data;
37 }
38
39 int main() {
40     SIZE = 10;
41     for (int i = 0; i < SIZE; i++)
42         stack.push_back("None");
43
44     Array <string> stoneAry = { "빨강", "파랑", "초록", "노랑", "보라", "주황" };
45     randomInit(1, len(stoneAry)-1);
46     for (int i = 0; i < len(stoneAry) * 100; i++) {
47         int n1 = cookRandom(gen);
48         int n2 = cookRandom(gen);
49         swap(stoneAry[n1], stoneAry[n2]);
50     }
51
52     print("과자집에 가는 길 : ");
53     for (int i = 0; i < len(stoneAry); i++) {
54         string stone = stoneAry[i];
55         push(stone);
56         print(stone + "-->");
57     }
58     println("과자집");
59
60     print("우리집에 오는 길 : ");
61     while (true) {
62         string stone = pop();
63         if (stone == "None")
64             break;
65         print(stone + "-->");
66     }
67     println("우리집");
68 }
```

코드 설명

44행	색상이 각기 다른 돌을 6개가 들어간 배열을 준비한다.
45~50행	배열의 길이의 100배를 반복한다. 랜덤하게 배열의 위치 2개를 추출해서 49행의 swap( ) 함수로 값을 교환한다. 결국 배열이 랜덤하게 섞인다.
53~57행	과자집에 가는 길에 떨어뜨린 돌의 색상을 스택에 삽입한다. 그리고 돌의 색상을 출력한다. 최종적으로 돌을 떨어뜨린 순서로 출력한다.
61~66행	집으로 돌아가는 길에 스택에서 추출하여 돌의 색상을 떨어뜨린 반대 순서로 출력한다

응용예제 02

파일 내용을 완전히 거꾸로 출력하기

난이도★★★

예제 설명 텍스트 파일에서 전체 줄을 거꾸로 하고, 각 줄의 글자도 거꾸로 출력하는 프로그램을 작성한다. 다음은 4행짜리 파일을 처리한 결과다. 참고로 사용한 파일은 C:\CookDataC\indian.txt로 저장했으며, 내용은 영문으로만 구성해야 한다.

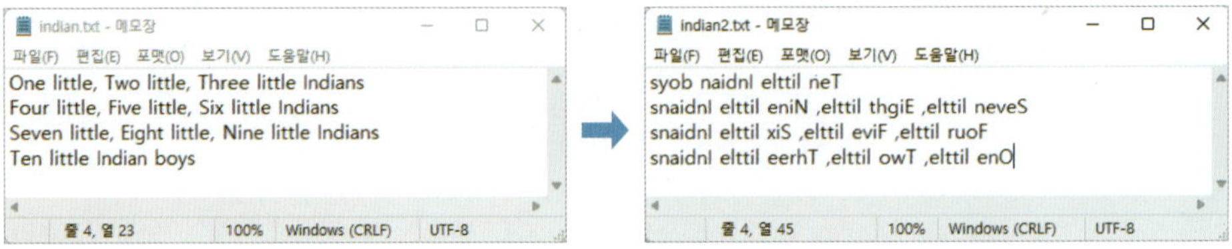

실행 결과

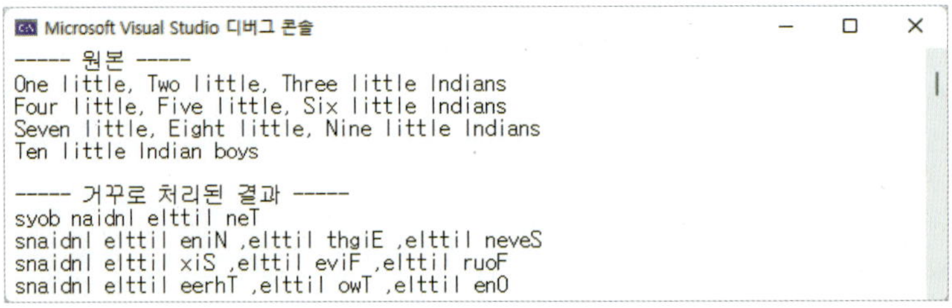

코드

```
#include "..\CookHeader.h"

int SIZE;
Array <string> stack;
int top = -1;

bool isStackEmpty() {
    if (top == -1)
        return true;
    else
        return false;
}

bool isStackFull() {
    if (top >= SIZE - 1)
        return true;
    else
        return false;
}
```

```
void push(string data) {
    if (isStackFull()) {
        return;
    }
    top++;
    stack[top] = data;
}

string pop() {
    if (isStackEmpty()) {
        return "None";
    }
    string data = stack[top];
    stack[top] = "None";
    top--;
    return data;
}

int main() {
    SIZE = 100;
    for (int i = 0; i < SIZE; i++)
        stack.push_back("None");

    FILE* rFp = fopen("C:\\CookDataC\\indian.txt", "r");
    char str[100];

    println("----- 원본 -----");
    while (feof(rFp) == 0) {
        fgets(str, 100, rFp);
        push((string)str);
        cout << str;
    }
    fclose(rFp);

    println(endl);
    println("----- 거꾸로 처리된 결과 -----");
    while (true) {
        string line = pop();
        if (line == "None")
            break;

```

```
62         Array <string> miniStack;        // 각 행의 한 글자씩 저장할 스택
63         for (int i = 0; i < len(line); i++)
64             miniStack.push_back("");
65         int miniTop = -1;
66 
67         for (int i = 0; i < len(line); i++) {
68             string ch = line.substr(i, 1);        // 한 글자씩 추출
69             miniTop++;
70             miniStack[miniTop] = ch;
71         }
72         while (true) {
73             if (miniTop == -1)
74                 break;
75             string ch = miniStack[miniTop];
76             miniTop--;
77             cout << ch;
78         }
79     }
80 }
```

코드 설명

40행	스택 크기를 100으로 설정해서 텍스트 파일을 최대 100행으로 제한한다.
44행	indian.txt 파일을 연다.
48~52행	49행에서 한 줄을 읽어서 50행에서 스택에 삽입한다. 51행에서 내용을 출력한다.
57~79행	스택에서 글자를 추출한 후 각 행별로 한 글자씩 별도의 스택에 삽입하고, 추출해서 문자를 거꾸로 만들어 출력한다.
58행	원래 순서의 반대 순서로 행이 추출된다.
62~65행	별도의 스택을 준비한다. 스택의 크기는 각 행의 글자 수로 설정한다.
67~71행	별도의 스택에 각 글자를 삽입한다. 68행에서 한 글자를 추출해서 69~70행에서 별도의 스택에 삽입한다.
72~78행	별도의 스택에서 글자를 추출해서 출력한다. 결국 마지막 행부터 글자 순서도 반대로 출력된다.

CHAPTER 07
큐

학습목표

- 큐의 개념을 파악한다.
- 큐에 데이터를 넣거나 추출하는 원리를 이해한다.
- C 언어로 큐를 조작하는 코드를 작성한다.
- 큐로 활용되는 다양한 응용 프로그램을 작성한다.

SECTION
00 생활 속 자료구조와 알고리즘

터널에 기차가 들어갈 때는 1호차, 2호차, 3호차… 순서로 들어간다. 마찬가지로 터널을 빠져나올 때도 1호차, 2호차, 3호차… 순서로 빠져나온다. 큐는 이렇게 먼저 들어간 것이 먼저 나오는 구조를 의미한다.

은행 ATM기에서 예금을 인출할 때도 마찬가지로, 먼저 줄을 선 사람이 먼저 인출한다. 이것도 큐의 한 형태로 볼 수 있다.

SECTION 01 큐의 기본

1 큐의 개념

큐(Queue) 자료구조는 입구와 출구가 따로 있는 원통 형태다. 6장에서 배운 스택과 대비된다. 입구가 하나라 처음 들어간 것이 가장 마지막에 나오는 FILO(First In Last Out) 특징이 있는 스택과 달리 입구와 출구가 다르다. [그림 7-1]의 (b)와 같이 유명한 맛집에는 긴 '대기줄'이 있는데, 이 대기줄이 전형적인 큐 형태를 띤다. 즉, 먼저 온 사람이 먼저 들어가는 FIFO(First In First Out) 특징이 있다.

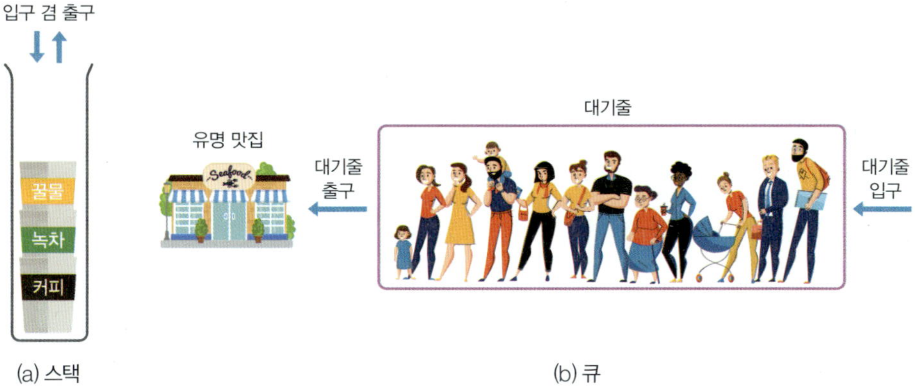

그림 7-1 스택과 큐 차이점

[그림 7-2]와 같이 대기줄에 화사, 솔라, 문별이 차례로 줄을 선다고 가정해 보자. 먼저 처음에 들어간 화사는 삽입 1단계처럼 첫 번째 칸에 줄을 설 것이다. 삽입 2단계와 삽입 3단계를 거치면 솔라와 문별이 차례대로 두 번째, 세 번째 칸에 줄을 서게 된다.

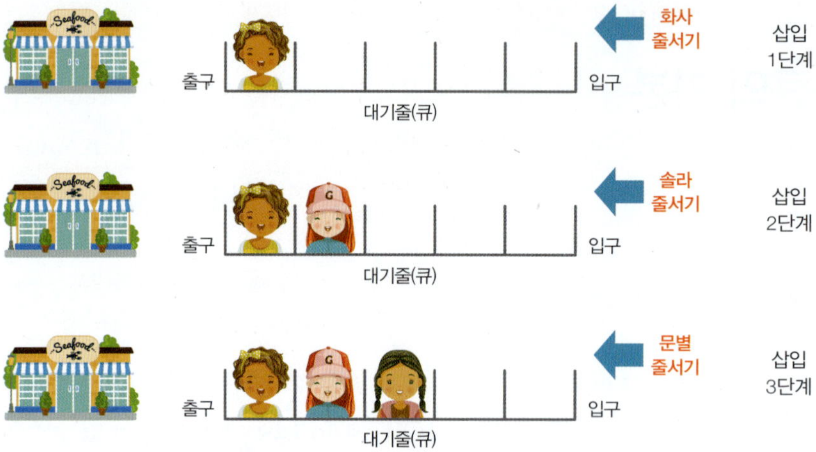

그림 7-2 대기줄(큐)의 삽입 작동 원리

이제 맛집에 빈자리가 나서 줄을 섰던 손님들이 들어갈 수 있게 되었다. [그림 7-3]의 추출 1단계에서 '대기 손님 나오기' 작동을 하면 출구에서 가장 가까운 화사가 맛집에 들어간다. 그리고 연속해서 '대기 손님 나오기' 작동을 하면 솔라와 문별이 차례대로 대기줄에서 나온다. 줄서기를 시작한 순서는 화사→솔라→문별이며, 추출된 순서도 화사→솔라→문별로 입력과 출력 순서가 동일하다. 큐 구조에서 주의할 점은 대기 중에 들어갈 때는 화사, 솔라, 문별 등 사람을 지정해서 들어갈 수 있지만, 대기줄에서 나올 때는 특정 사람을 선택할 수 없다는 것이다. 나올 때는 항상 대기줄(=큐) 출구에서 가장 가까운 사람이 나올 수밖에 없는 구조다. 그래서 [그림 7-3]에서 '화사 나오기'가 아닌 '대기 손님 나오기' 작동으로 적어 놓은 것이다.

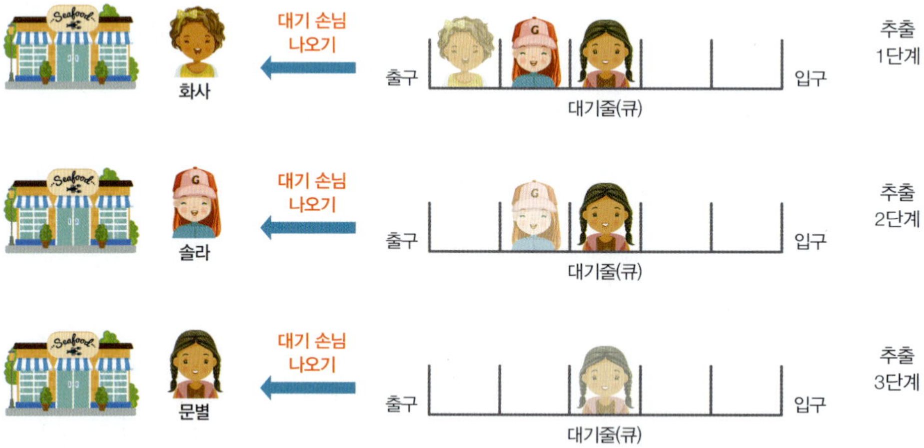

그림 7-3 대기줄(큐)의 추출 작동 원리

2 큐의 원리

큐는 양쪽이 뚫려 있는 구조다. 한쪽에서는 삽입만 진행되고, 다른 쪽에서는 추출만 진행된다. 큐에 데이터를 삽입하는 작동을 enQueue(인큐)라고 하며, 반대로 데이터를 추출하는 작동을 deQueue(데큐)라고 한다. 또 큐의 중요한 용어로 front(머리)와 rear(꼬리)가 있다. 데이터를 삽입할 때는 꼬리 바로 다음 위치에 삽입하고, 데이터를 추출할 때는 머리 위치가 추출된다. 즉, 머리는 저장된 데이터 중 첫 번째 데이터를 가리키고, 꼬리는 저장된 데이터 중 마지막 데이터를 가리킨다.

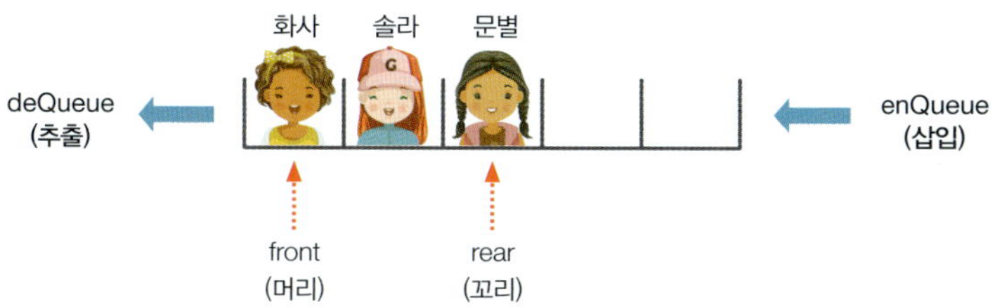

그림 7-4 큐의 구조와 용어

TIP • 스택에서 삽입은 push(푸시)라고 하며, 추출은 pop(팝)이라고 했다. 또 스택은 최상위 데이터를 가리키는 top(톱)을 사용했다. [그림 7-4]에서는 개념적으로 표현하려고 front에 첫 번째 데이터가 들어 있다고 표현했지만, 실제로는 첫 번째 데이터 바로 앞을 front가 가리켜야 한다. 이것은 잠시 후에 다시 언급하겠다.

데이터 삽입 : enQueue

큐에서 데이터를 삽입하는 enQueue 과정을 알아보자. 큐 5칸이 모두 빈 상태에서, 즉 front와 rear 값이 모두 −1인 상태에서 화사를 삽입하려면 1단계로 rear를 오른쪽으로 한 칸 이동한다. rear의 초깃값이 −1이었으므로 한 칸 위로 이동해서 rear는 0이 된다. 그리고 2단계로 화사를 삽입한다. 현재 rear의 위치에 들어가므로 0번 위치에 화사가 삽입된다.

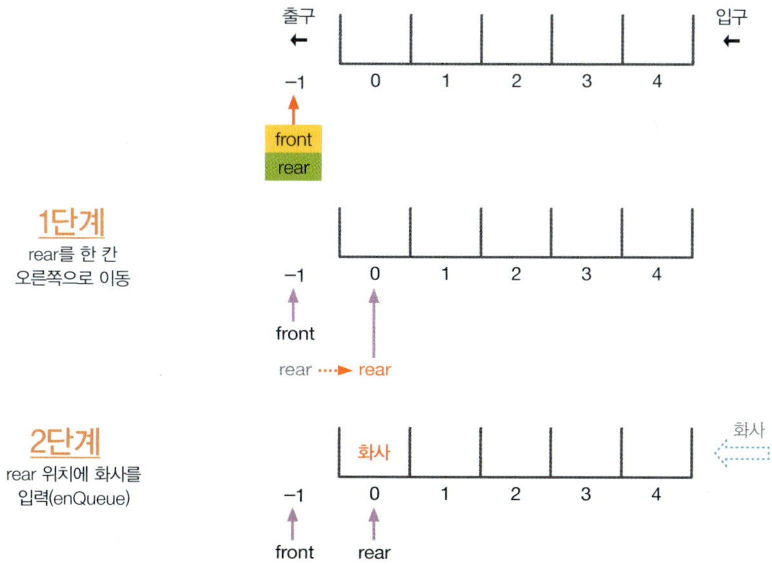

그림 7-5 큐에서 데이터를 삽입하는 과정

데이터 추출 : deQueue

큐에서 데이터를 추출(deQueue)하는 것은 맨 왼쪽의 데이터를 꺼내는 과정이다. 출구는 왼쪽 하나뿐이므로 맨 왼쪽 것을 꺼낼 수밖에 없고, 중간 데이터는 꺼낼 수 없다. 그래서 데이터를 추출할 때는 어떤 값을 지정해서 꺼낼 수 없고, 그냥 추출 과정만 전달하면 된다. 즉, [그림 7-6]에서 화사를 지정해서 꺼내는 것이 아니라, 그냥 deQueue를 하면 자연스럽게 맨 왼쪽의 화사가 추출된다([그림 7-6]은 화사와 솔라가 기존에 큐에 들어 있다고 가정했다). 1단계로 front 위치를 오른쪽으로 한 칸 이동한 후 2단계로 front 위치에 있는 데이터를 꺼낸다.

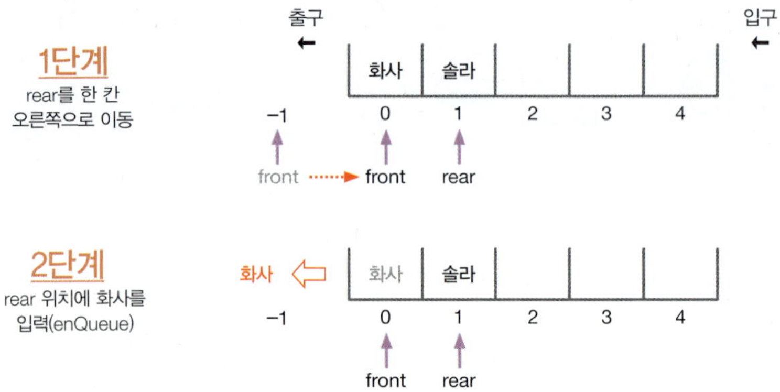

그림 7-6 큐에서 데이터를 추출하는 과정

SECTION 02

큐의 간단 구현

1 큐 생성

큐는 배열 형태로 구현할 수 있다. 배열 크기를 미리 지정한 후 해당 크기의 빈 큐를 만들어 보자.

큐는 초기에 크기를 지정하고 배열로 생성할 수 있다. 다음 코드처럼 작성하면 [그림 7-7]과 같이 크기가 5칸인 빈 상태의 큐가 생성된다. 큐의 머리와 꼬리를 가리키는 front와 rear는 아직 데이터가 없으므로 −1로 초기화한다. front와 rear가 둘 다 −1이면 초기 상태고 큐가 비었다는 의미로 해석하면 된다.

```
Array <string> queue = { "None", "None", "None", "None", "None" };
int front = -1, rear = -1;
```

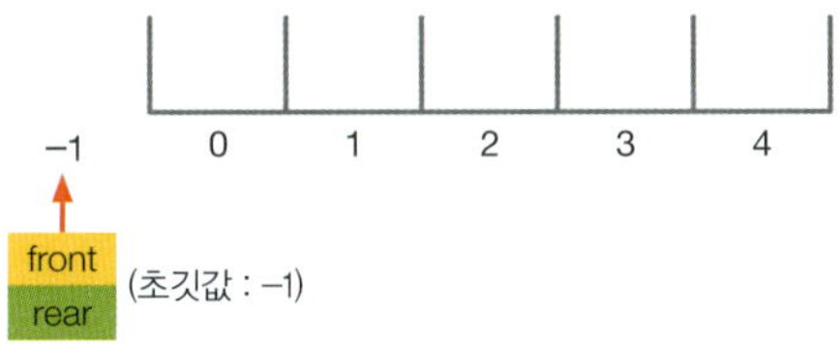

그림 7-7 크기가 5칸인 큐의 초기 상태

2 데이터 삽입 : enQueue

생성한 큐에 화사를 넣으려면 ❶ 우선 rear(꼬리)를 1 증가시킨 후 ❷ rear 위치에 데이터를 넣는다.

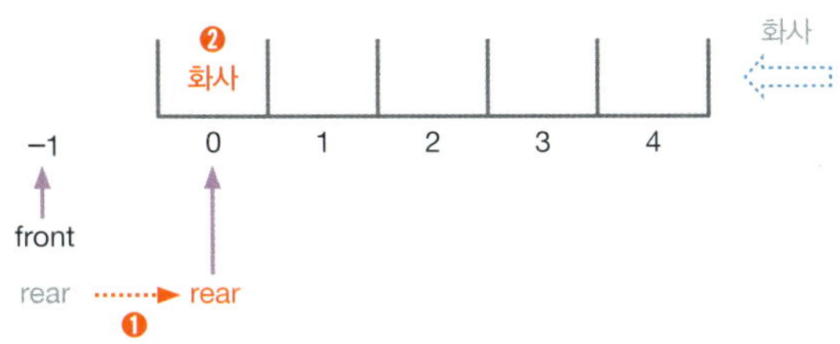

그림 7-8 큐의 데이터 삽입 과정

[그림 7-8]과 같은 방법으로 데이터를 3개 입력하는 큐는 Code07-01.cpp처럼 구현한다.

Code07-01.cpp 크기가 5칸인 큐의 생성과 데이터 3개 입력

```
1  #include "..\CookHeader.h"
2
3  Array <string> queue = { "None", "None", "None", "None", "None" };
4  int front = -1, rear = -1;
5
6  int main() {
7      rear++;
8      queue[rear] = "화사";
9      rear++;
10     queue[rear] = "솔라";
11     rear++;
12     queue[rear] = "문별";
13
14     println("------- 큐 상태 -------");
15     print("[출구] <-- ")
16     for (int i = 0; i< len(queue); i++)
17         print(queue[i]);
18     println("<-- [입구]");
19 }
```

실행 결과

```
------- 큐 상태 -------
[출구] <--  화사 솔라 문별 None None <-- [입구]
```

3~4행 크기가 5칸인 빈 큐를 준비하고, front 및 rear의 초깃값을 −1로 지정한다.

7~8행 rear를 1 증가시키고(=rear를 0으로 만들고), 해당 위치에 데이터를 삽입한다. 즉, 처음이므로 배열의 0번째 데이터가 입력된다.

9~12행 추가로 데이터를 2개 삽입한다.

14~18행 큐 상태를 확인한다. 출구인 왼쪽부터 출력되어 [그림 7-4]와 모양이 같다.

❸ 데이터 추출 : deQueue

데이터가 3개 있는 큐에서 데이터를 추출하려면 ❶ front를 1 증가시킨 후 ❷ front 위치의 데이터를 밖으로 추출하고 ❸ front 위치의 데이터는 None으로 만든다.

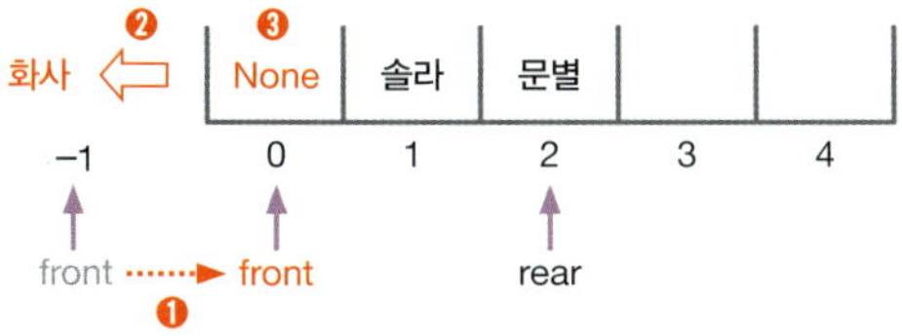

그림 7-9 큐의 데이터 추출 과정

TIP • 사실 ❸ 작동은 생략해도 상관없다. 큐에는 꼭 None이 아니라 쓰레기가 들어 있어도 상관없다. 어차피 큐는 front와 rear 위치를 조절해서 작동한다. [그림 7-9]에서 0번, 3번, 4번 칸에는 None이거나 아무 쓰레기 값이 있어도 된다.

[그림 7-9]와 같은 방법으로 스택에서 데이터를 3개 추출하는 과정은 Code07-02.cpp처럼 구현한다.

Code07-02.cpp 큐에서 데이터 3개 추출

```
#include "..\CookHeader.h"

Array <string> queue = { "화사", "솔라", "문별", "None", "None" };
int front = -1, rear = 2;

int main() {
    println("------- 큐 상태 -------");
    print("[출구] <-- ");
    for (int i = 0; i < len(queue); i++)
        print(queue[i]);
    println("<-- [입구]");
    println("--------------------");

    string data;

    front++;
    data = queue[front];
    queue[front] = "None";
    println("deQueue-->" + data);

    front++;
    data = queue[front];
    queue[front] = "None";
    println("deQueue-->" + data);

```

```
26        front++;
27        data = queue[front];
28        queue[front] = "None";
29        println("deQueue-->" + data);
30        println("---------------------");
31
32        println("------- 큐 상태 -------");
33        print("[출구] <-- ");
34        for (int i = 0; i < len(queue); i++)
35            print(queue[i]);
36        println("<-- [입구]");
37 }
```

실행 결과

```
------- 큐 상태 -------
[출구] <--  화사 솔라 문별 None None <-- [입구]
---------------------
deQueue-->화사
deQueue-->솔라
deQueue-->문별
---------------------
------- 큐 상태 -------
[출구] <--  None None None None None <-- [입구]
```

3~4행 테스트용으로 크기가 5칸인 큐에 3칸을 채운 상태로 준비한다. 그리고 front는 −1로 지정하고, rear는 2로 지정한다.

7~12행 데이터 추출 이전의 큐 상태를 출력한다.

16~19행 front 위치를 오른쪽으로 증가시킨 후 현재 front 위치의 데이터를 추출한다. 그리고 front 위치에 "None"을 대입해서 데이터를 삭제한다. 19행에서 추출한 데이터를 출력한다.

21~29행 큐에서 데이터를 2개 더 추출한다.

32~36행 데이터를 3개 추출한 이후의 큐 상태를 출력한다. 빈 큐가 출력된다.

SECTION
03 큐의 일반 구현

1 큐 초기화

앞서 데이터가 5개로 제한된 큐를 구현하는 방법을 익혔다. 다음 코드는 5개짜리 빈 큐를 생성한다.

```
Array <string> queue = { "None", "None", "None", "None", "None" };
```

하지만 훨씬 큰 큐에서는 일일이 None 값을 타이핑할 수 없어 다음과 같은 큐 초기화가 필요하다. SIZE 값만 변경하면 원하는 크기의 빈 큐가 생성된다.

```
int SIZE = 5;                        // 큐 크기
Array <string> queue;
int front = -1, rear = -1;

for (int i = 0; i < SIZE; i++)   // SIZE 크기의 빈 큐 만들기
    queue.push_back("None");
```

오른쪽이 입구, 왼쪽이 출구라고 가정한 채 진행하면 된다.

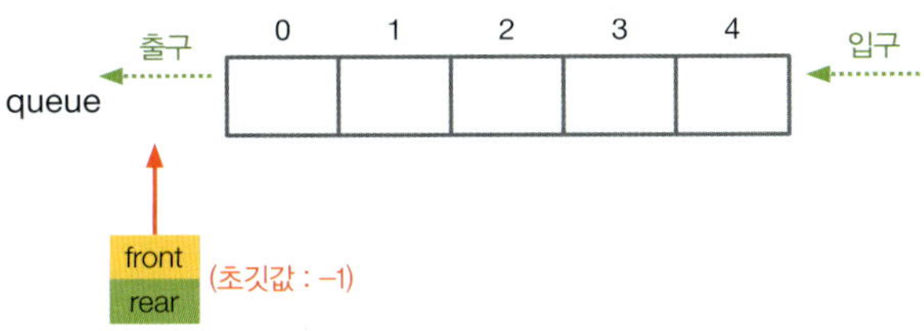

그림 7-10 초기화된 큐

2 데이터 삽입

큐에서 데이터를 삽입하는 함수를 만들어 손쉽게 삽입할 수 있다. 단 삽입할 때는 큐가 이미 꽉 찼는지 확인해야 한다. 앞서 예로 든 5칸짜리 큐도 5개의 데이터가 이미 들어 있는 상태에서 데이터를 삽입할 때는 더는 삽입되지 않도록 조치할 필요가 있다.

큐가 꽉 찼는지 확인하는 함수

먼저 큐가 꽉 찼는지 확인한 후 큐에 여유 칸이 있을 때 데이터를 삽입해야 한다. rear 값이 '큐 크기-1'과 같다면 큐가 꽉 찬 상태다.

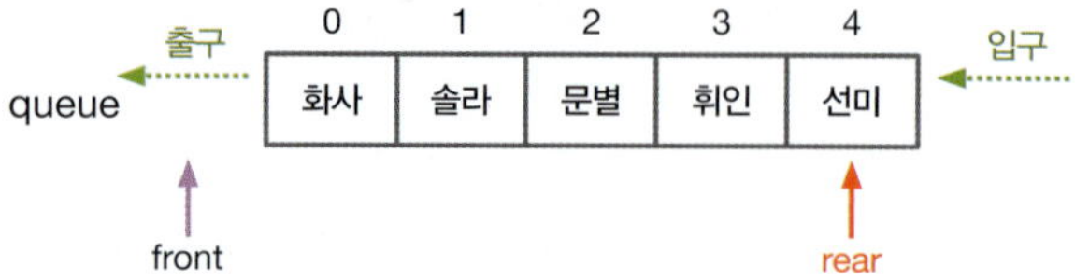

그림 7-11 큐가 꽉 찬 상태

[그림 7-11]은 크기가 5칸인 큐에 이미 데이터가 5개 모두 들어 있다. rear가 4번 칸(0번부터 시작)을 가리키고 있으며 큐 크기는 5이므로 다음과 같이 확인한다.

```
if (rear값 == 큐 크기-1)
    큐가 꽉 찼음;
```

큐가 꽉 찼는지 확인하는 isQueueFull() 함수는 Code07-03.cpp처럼 구현한다.

Code07-03.cpp 큐가 꽉 찼는지 확인하는 함수

```
1  #include "..\CookHeader.h"
2  
3  int SIZE = 5;
4  Array <string> queue = { "화사", "솔라", "문별", "휘인", "선미" };
5  int front = -1, rear = 4;
6  
7  bool isQueueFull() {
8      if (rear == SIZE - 1)
9          return true;
10     else
11         return false;
12 }
13 
14 int main() {
15     print("큐가 꽉 찼는지 여부-->");
16     println((isQueueFull() ? "true" : "false")); // 0:false, 1:true
17 }
```

실행 결과

```
큐가 꽉 찼는지 여부--> true
```

3~5행 테스트용 큐를 크기 5로 설정하고 미리 꽉 채워 둔다. 데이터가 5개 모두 찼으므로 rear 값은 4로 설정한다.

7~12행 큐가 꽉 찼는지 확인하는 함수다. 8행에서 [그림 7-11]과 같이 rear가 '큐 크기-1'과 같으면 큐가 꽉 찬 것이므로 true를 반환하고, 그렇지 않으면 여유가 있는 것이므로 false를 반환한다.

16행 함수를 호출하며 큐가 꽉 찼는지 테스트한다. 3항 연산자를 사용해서 isQueueFull()의 반환값이 true(=1)이면 "true"를, false(=0)이면 "false"를 출력한다.

큐에 데이터를 삽입하는 함수

큐에 데이터를 삽입하는 함수를 작성하자. 앞서 생성한 isQueueFull() 함수를 사용해서 먼저 큐가 꽉 찼는지 확인하고, 여유가 있다면 데이터를 삽입하도록 코드를 작성하자.

Code07-04.cpp 큐에 데이터를 삽입하는 함수

```
1  #include "..\CookHeader.h"
2
3  int SIZE = 5;
4  Array <string> queue = { "화사", "솔라", "문별", "휘인", "None" };
5  int front = -1, rear = 3;
6
7  bool isQueueFull() {
...     // 생략(Code07-03.cpp의 8~11행과 동일)
12 }
13
14 void enQueue(string data) {
15     if (isQueueFull()) {
16         println("큐가 꽉 찼습니다.");
17         return;
18     }
19     rear++;
20     queue[rear] = data;
21 }
22
23 int main() {
24     printArray(queue);
25     enQueue("선미");
26     printArray(queue);
27     enQueue("재남");
28 }
```

실행 결과

```
[ 화사 솔라 문별 휘인 None ]
[ 화사 솔라 문별 휘인 선미 ]
큐가 꽉 찼습니다.
```

3~5행 테스트용 큐를 크기 5로 설정하고 데이터 4개를 미리 넣어 놓았다. 데이터가 4개이므로 rear 값은 3으로 설정한다.

14~21행 매개변수로 넘겨받은 data를 큐에 삽입하는 함수다. 15행에서 우선 큐가 꽉 찼는지 확인하고, 꽉 찼다면 메시지를 출력한 후 그냥 함수를 종료한다. 여유가 있다면 19~20행으로 데이터를 큐에 삽입한다.

24~27행 24행에서 현재 큐 상태를 출력하고, 25행에서 데이터를 삽입한다. 26행에서 정상적으로 삽입된 후의 큐 상태를 출력한다. 27행에서는 꽉 찬 큐에 다시 데이터 삽입을 시도하나 메시지만 출력되고 데이터는 삽입되지 않았다.

SELF STUDY 7-1

Code07-04.cpp의 isQueueFull() 함수를 없애고, 대신에 enQueue() 함수 안으로 그 기능을 모두 구현하자. 실행 결과는 Code07-04.cpp와 같다.

실행 결과

```
[화사 솔라 문별 휘인 None]
[화사 솔라 문별 휘인 선미]
큐가 꽉 찼습니다.
```

3 데이터 추출

큐에서 데이터를 추출하는 함수를 만들어 효율적으로 추출할 수 있도록 하자. 데이터를 추출하기 전에 먼저 큐에 데이터가 있는지 확인해야 한다. 큐에 데이터가 없는데도 데이터를 추출하려고 시도할 때는 별도의 조치를 취해야 한다.

큐가 비었는지 확인하는 함수

먼저 큐가 비었는지 확인한 후 큐에 데이터가 있을 때만 추출해야 한다. front와 rear 값이 같다면 큐가 비어 있는 상태다.

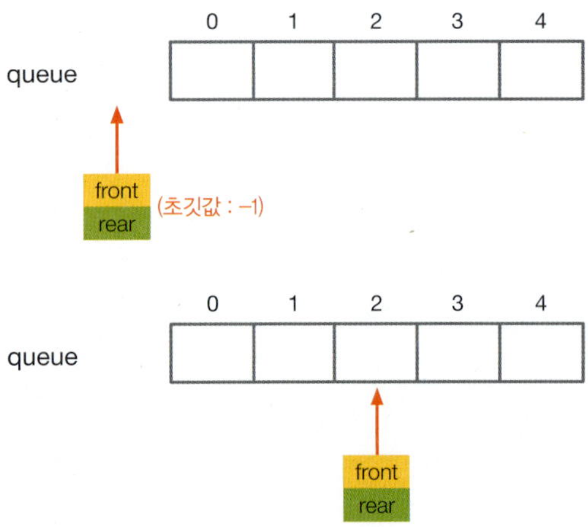

그림 7-12 두 가지 큐가 비어 있는 상태

[그림 7-12]는 크기가 5칸인 큐에 아무런 데이터도 없는 상태다. 즉, front와 rear의 값이 같다면 큐가 비어 있는 상태다.

```
if (front 값 == rear 값)
    큐가 비었음;
```

큐가 비었는지 체크하는 isQueueEmpty() 함수를 Code07-05.cpp처럼 생성해서 사용하면 된다.

Code07-05.cpp 큐가 비었는지 체크하는 함수

```
1  #include "..\CookHeader.h"
2
3  int SIZE = 5;
4  Array <string> queue;
5  int front = -1, rear = -1;
6
7  bool isQueueEmpty() {
8      if (front == rear)
9          return true;
10     else
11         return false;
12 }
13
14 int main() {
15     for (int i = 0; i < SIZE; i++)
16         queue.push_back("None");
17
18     print("큐가 비었는지 여부-->");
19     println((isQueueEmpty() ? "true" : "false")); // 0:false, 1:true
20 }
```

실행 결과

```
큐가 비었는지 여부--> true
```

3~5행 테스트용 큐를 크기 5로 설정하고 초기화한다. 처음에는 큐가 비었으므로 front와 rear를 같은 값인 -1로 설정한다. 실제 빈 큐의 생성은 15~16행에서 한다.

7~12행 큐가 비었는지 확인하는 함수다. 8행에서 [그림 7-12]와 같이 front와 rear가 같다면 큐가 빈 것이므로 true를 반환하고, 그렇지 않으면 큐에 데이터가 있는 것이므로 false를 반환한다.

19행 함수를 호출해서 큐가 비었는지 테스트한다. 3항 연산자를 사용해서 isQueueEmpty()의 반환값이 true(=1)이면 "true"를, false(=0)이면 "false"를 출력한다.

큐에서 데이터를 추출하는 함수

큐에서 데이터를 추출하는 함수를 작성하자. 앞서 생성한 isQueueEmpty( ) 함수를 사용해서 먼저 큐가 비었는지 확인하고, 큐에 데이터가 있다면 데이터를 추출하도록 코드를 작성하자.

Code07-06.cpp 큐에서 데이터를 추출하는 함수

```
1  #include "..\CookHeader.h"
2
3  int SIZE = 5;
4  Array <string> queue = { "화사", "None", "None", "None", "None" };
5  int front = -1, rear = 0;
6
7  bool isQueueEmpty() {
…      // 생략(Code07-05.cpp의 8~11행과 동일)
12 }
13
14 string deQueue() {
15     if (isQueueEmpty()) {
16         println("큐가 비었습니다.");
17         return "None";
18     }
19     front++;
20     string data = queue[front];
21     queue[front] = "None";
22     return data;
23 }
24
25 int main() {
26     string retData;
27     printArray(queue);
28     retData = deQueue();
29     println("추출한 데이터-->" + retData);
30     printArray(queue);
31     retData = deQueue();
32 }
```

실행 결과

```
[ 화사, None, None, None, None ]
추출한 데이터-->화사
[ None, None, None, None, None ]
큐가 비었습니다.
```

3~5행 테스트용 큐를 크기 5로 설정하고 데이터 1개만 미리 넣어 놓았다. 데이터가 1개이므로 rear를 0으로 설정했다.

14~23행 큐에서 데이터를 추출하여 반환하는 함수다. 15행에서 우선 큐가 비었는지 확인하고, 비었다면 메시지를 출력한 후 "None"을 반환한다. 데이터가 있다면 19행에서 front 위치를 증가시키고, 20행에서 front 위치의 데이터를 추출한다. 21행에서 현재 front 자리에 "None"을 대입해서 지운다. 22행에서 추출한 데이터를 반환한다.

26~31행 27행에서 현재 큐 상태를 출력하고, 28행에서 데이터를 추출한다. 29행에서 추출한 데이터를 화면에 출력한다. 30행에서 다시 현재 큐 상태를 확인한다. 31에서 빈 큐에 다시 데이터 추출을 시도하나 메시지만 출력되고 데이터는 추출되지 않았다.

SELF STUDY 7-2

Code07-06.cpp의 isQueueEmpty() 함수를 없애고, 대신에 deQueue() 함수 안으로 그 기능을 모두 구현하자. 실행 결과는 Code07-06.cpp와 같다.

실행 결과

```
[ 화사 None None None None ]
추출한 데이터-->화사
[ None None None None None ]
큐가 비었습니다.
```

4 데이터 확인

데이터를 deQueue하면 front가 오른쪽으로 한 칸 옮겨지고 해당 데이터가 큐에서 추출되어 삭제된다. 데이터를 뽑아내는 효과를 주는 것이다. 다음에 추출될 데이터를 큐에 그대로 두고 확인만 하는 것을 peek(픽)이라고 한다. [그림 7-13]과 같이 front+1 위치의 화사를 확인한 후 front 값은 변경 없이 그대로 두는 것이다.

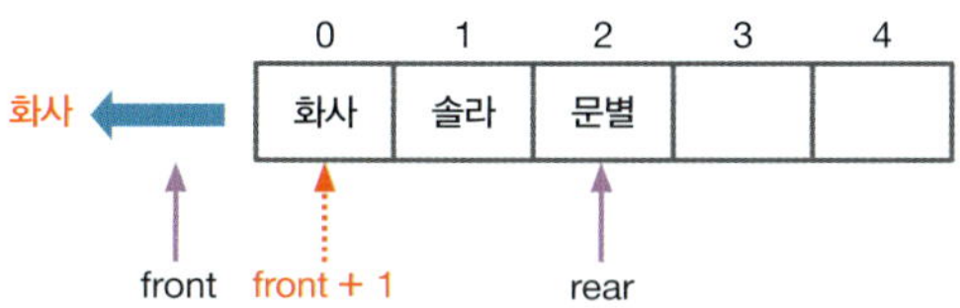

그림 7-13 데이터를 확인하는 peek 작동

peek() 함수는 Code07-07.cpp처럼 구현한다.

Code07-07.cpp 큐에서 front+1 위치의 데이터를 확인하는 함수

```
#include "..\CookHeader.h"

int SIZE = 5;
Array <string> queue = { "화사", "솔라", "문별", "None", "None" };
int front = -1, rear = 2;
```

```
6
7 bool isQueueEmpty() {
…      // 생략(Code07-05.cpp의 8~11행과 동일)
12 }
13
14 string peek() {
15     if (isQueueEmpty()) {
16         println("큐가 비었습니다.");
17         return "None";
18     }
19     return queue[front+1];
20 }
21
22 int main() {
23     string retData;
24     printArray(queue);
25     retData = peek();
26     println("다음에 추출될 데이터 확인-->" + retData);
27     printArray(queue);
28 }
```

실행 결과

```
[ 화사 솔라 문별 None None ]
다음에 추출될 데이터 확인-->화사
[ 화사 솔라 문별 None None ]
```

3~5행 테스트용 큐 크기를 5로 설정하고 데이터를 3개 미리 넣어 놓았다. rear 값은 2로 설정했다.

14~20행 front+1 위치의 데이터(=다음에 추출될 데이터)를 반환하는 함수다. 15행에서 우선 큐가 비었는지 확인하고, 비었다면 메시지를 출력한 후 "None"을 반환한다. 데이터가 있다면 19행에서 front+1 위치의 데이터를 반환한다.

23~27행 24행에서 현재 큐 상태를 출력하고, 25행에서 다음에 나올 데이터를 확인하고, 26행에서 출력한다. 27행에서 다시 현재 큐 상태를 출력한다. 큐 상태는 변함없을 것이다.

5 큐 완성

기능 통합 버전

앞서 작성한 큐의 데이터 삽입, 추출, 확인을 통합한 코드를 작성해 보자. 처음에 사용자에게 큐 크기를 입력받은 후 큐를 초기화해서 입력한 크기만큼 생성한다. 그리고 사용자가 삽입, 추출, 확인을 선택해서 작동하도록 코드를 완성해 보자. 앞서 다룬 함수들과 중복된 코드가 많지만, 전체를 보여 주고자 모든 코드를 그대로 표현하겠다.

Code07-08.cpp 큐 작동을 위한 통합 코드

```
#include "..\CookHeader.h"

int SIZE;
Array <string> queue;
int front = -1, rear = -1;

bool isQueueFull() {                // 큐가 꽉 찼는지 확인하는 함수
    if (rear == SIZE - 1)
        return true;
    else
        return false;
}

bool isQueueEmpty() {               // 큐가 비었는지 확인하는 함수
    if (front == rear)
        return true;
    else
        return false;
}

void enQueue(string data) {         // 큐에 데이터를 삽입하는 함수
    if (isQueueFull()) {
        println("큐가 꽉 찼습니다.");
        return;
    }
    rear++;
    queue[rear] = data;
}

string deQueue() {                  // 큐에서 데이터를 추출하는 함수
    if (isQueueEmpty()) {
        println("큐가 비었습니다.");
        return "None";
    }
    front++;
    string data = queue[front];
    queue[front] = "None";
    return data;
}

string peek() {
    if (isQueueEmpty()) {           // 큐에서 front+1 위치의 데이터를 확인하는 함수
        println("큐가 비었습니다.");
        return "None";
    }
```

```
    return queue[front+1];
}

int main() {
        input(SIZE, "큐 크기를 입력하세요 ==> ");
        for (int i = 0; i < SIZE; i++)
            queue.push_back("None");

        char select;
        input(select, "삽입(I)/추출(E)/확인(V)/종료(X) 중 하나를 선택 ==> ");

        string data;
        while (select != 'X' && select != 'x') {
            switch (select) {
            case 'I':
            case 'i':
                input(data, "입력할 데이터--> ");
                enQueue(data);
                print("큐 상태 : ");
                printArray(queue);
                break;
            case 'E':
            case 'e':
                data = deQueue();
                println("추출한 데이터-->" + data);
                print("큐 상태 : ");
                printArray(queue);
                break;
            case 'V':
            case 'v':
                data = peek();
                println("다음에 나올 데이터 확인-->" + data);
                printArray(queue);
                break;
            default:
                println("입력이 잘못됨");
            }
            input(select, "삽입(I)/추출(E)/확인(V)/종료(X) 중 하나를 선택 ==> ");
        }
        println("프로그램 종료!");
}
```

실행 결과

```
큐 크기를 입력하세요 ==> 5
삽입(I)/추출(E)/확인(V)/종료(X) 중 하나를 선택 ==> I
입력할 데이터--> 화사
큐 상태 : [ 화사 None None None None ]
삽입(I)/추출(E)/확인(V)/종료(X) 중 하나를 선택 ==> I
입력할 데이터--> 솔라
큐 상태 : [ 화사 솔라 None None None ]
삽입(I)/추출(E)/확인(V)/종료(X) 중 하나를 선택 ==> I
입력할 데이터--> 문별
큐 상태 : [ 화사 솔라 문별 None None ]
삽입(I)/추출(E)/확인(V)/종료(X) 중 하나를 선택 ==> E
추출한 데이터-->화사
큐 상태 : [ None 솔라 문별 None None ]
삽입(I)/추출(E)/확인(V)/종료(X) 중 하나를 선택 ==> E
추출한 데이터-->솔라
큐 상태 : [ None None 문별 None None ]
삽입(I)/추출(E)/확인(V)/종료(X) 중 하나를 선택 ==> E
추출한 데이터-->문별
큐 상태 : [ None None None None None ]
삽입(I)/추출(E)/확인(V)/종료(X) 중 하나를 선택 ==> E
큐가 비었습니다.
추출한 데이터-->None
큐 상태 : [ None None None None None ]
삽입(I)/추출(E)/확인(V)/종료(X) 중 하나를 선택 ==> X
프로그램 종료!
```

7~47행 큐 작동과 관련된 함수가 모두 있다. 이미 앞서 작성했던 코드와 동일하다.

50~52행 큐 크기를 사용자에게 입력받은 후 빈 큐를 생성한다.

54~55행 사용자에게 삽입(I)/추출(E)/확인(V)/종료(X) 중 하나를 입력받는다.

58~84행 사용자 입력에 따라 큐에 작동하는 함수를 호출한다. 83행에서 다시 사용자 입력을 받는다. 사용자가 X나 x를 입력하면 프로그램을 종료한다.

기능 통합 버전 개선

앞서 작성한 큐는 잘 작동하는 것처럼 보이지만, 약간 문제점이 있다. deQueue를 하면 큐의 앞쪽은 계속 비워지지만 다시 사용하지는 않는다.

크기가 5칸인 큐는 초기 상태에서 front와 rear가 모두 −1을 가리키다 데이터를 5개 삽입하면 [그림 7−14]의 (a)와 같이 여유 공간이 없어 더 이상 데이터가 입력되지 않는다. 이 상태에서 두 번 deQueue하면 화사와 솔라가 추출되어 (b)와 같이 앞쪽에 여유 공간이 2칸 생겨도 더 이상 데이터가 삽입되지 않는다.

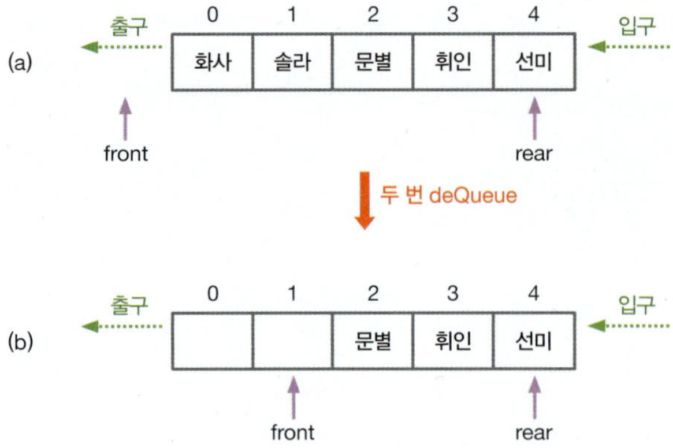

그림 7-14 큐가 꽉 찼는지 확인하는 함수의 문제점

[그림 7-14]와 같이 더 이상 데이터가 삽입되지 않는 이유는 지금까지 큐의 여유 공간은 다음과 같은 방식으로 확인했기 때문이다.

```
if (rear 값 == 큐 크기-1)
      큐가 꽉 찼음;
```

한 번 큐가 꽉 차면 rear가 '큐 크기−1'로 고정되고, 앞쪽에 여유 공간이 생겨도 rear 값은 변경되지 않기 때문에 앞쪽 공간을 사용할 수 없다. 이를 해결하려면 큐 데이터를 앞으로 한 칸 당긴 후 삽입하면 된다. 즉, 큐가 꽉 찼는지 확인하는 함수를 다음과 같이 수정한다.

```
❶ if (rear값 != 큐 크기-1)
      큐가 꽉 차지 않았음;
❷ else if ((rear값 == 큐 크기-1) and (front == -1))
      큐가 꽉 찼음;
❸ else
      [그림 7-14]의 (b)와 같은 상태로, 데이터를 앞으로 당기면 큐가 꽉 차지 않음;
```

❶ rear ≠ 큐 크기−1인 경우

[그림 7-15]와 같이 현재 rear 값은 2고 '큐 크기−1' 값은 4이므로, 두 값이 같지 않아 rear 뒤에 여유가 있는 상태다. 큐가 꽉 차지 않았다는 의미의 false를 반환한다.

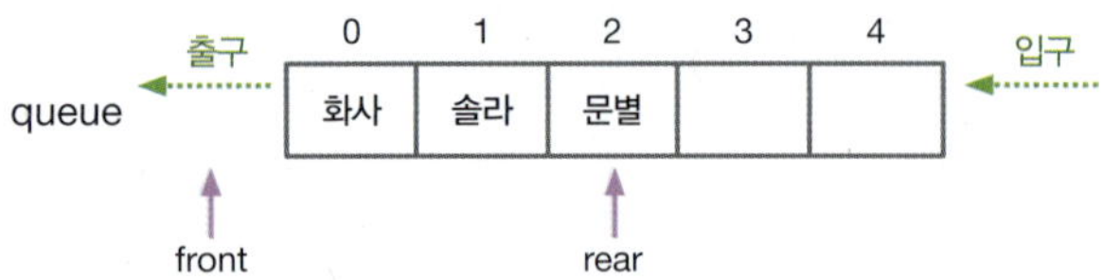

그림 7-15 rear 뒤에 여유가 있는 상태

❷ rear = 큐 크기-1, front = -1인 경우

[그림 7-16]과 같이 rear가 '큐 크기-1' 값인 4와 같고, front도 맨 앞인 -1이라면 더 이상 공간이 없다. 큐가 꽉 찼다는 의미의 true를 반환한다.

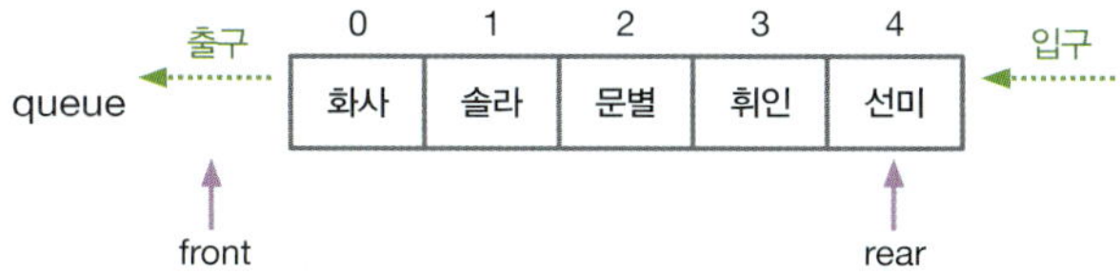

그림 7-16 큐가 꽉 찬 상태

❸ rear = 큐 크기-1, front ≠ -1인 경우

[그림 7-17]과 같이 rear가 '큐 크기-1' 값인 4와 같지만 front가 -1이 아닌 상태다. 즉, 앞에 여유 공간이 있는 경우다.

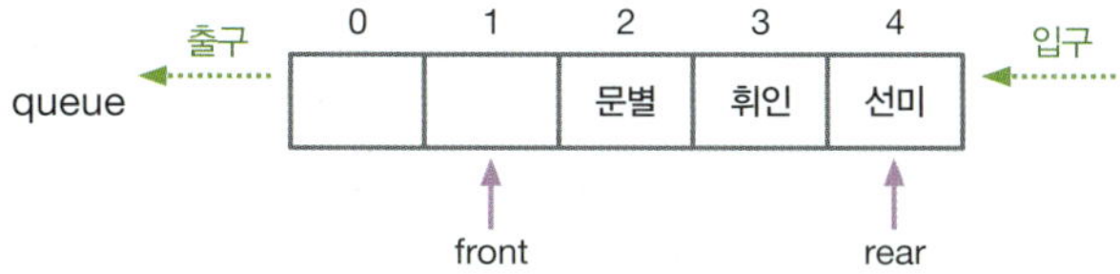

그림 7-17 rear는 끝이지만 앞쪽에 여유가 있는 경우

이때는 다음 순서로 전체를 왼쪽으로 한 칸씩 이동시켜 마지막에 빈칸을 만들어야 한다.

> **1** front+1 위치부터 rear 위치까지 왼쪽으로 한 칸씩 이동시킨다.
> **2** front 값에서 1을 뺀다.
> **3** rear 값에서 1을 뺀다.
> **4** 큐가 꽉 차지 않았다는 의미의 false를 반환한다.

1 front+1 위치부터 마지막 칸까지 왼쪽으로 한 칸씩 이동시킨다.

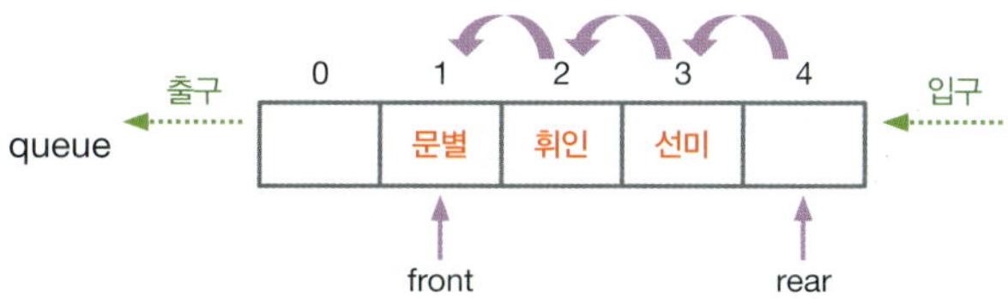

2 front 값에서 1을 뺀다. 즉, front를 왼쪽으로 한 칸 이동한다.

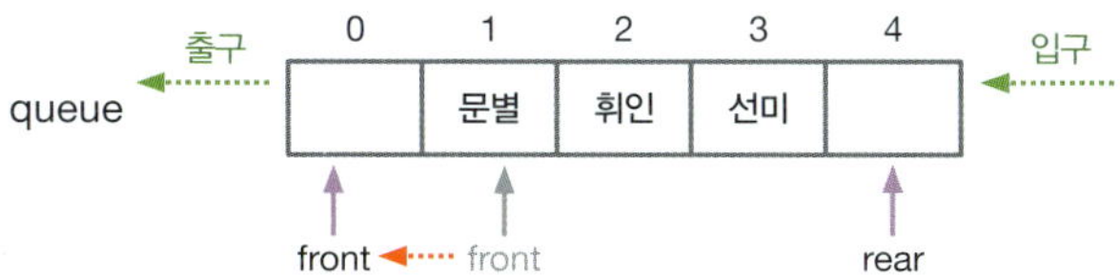

❸ rear 값에서 1을 뺀다. 즉, rear를 왼쪽으로 한 칸 이동한다.

❹ 큐가 꽉 차지 않았다는 의미의 False를 반환한다. 그러면 큐가 꽉 차지 않은 것이므로 마지막 칸에 데이터를 추가할 것이다.

따라서 isQueueFull() 함수를 Code07-09.cpp처럼 수정한다.

Code07-09.cpp 큐가 꽉 찼는지 확인하는 함수 개선 버전

```
#include "..\CookHeader.h"

int SIZE = 5;
Array <string> queue = { "None", "None", "문별", "휘인", "선미" };
int front = 1, rear = 4;

bool isQueueFull() {
    if (rear != SIZE - 1)
        return false;
    else if ((rear == SIZE-1) && (front == -1))
        return true;
    else {
   ❶  for (int i = front + 1; i < SIZE; i++) {
            queue[i - 1] = queue[i];
            queue[i] = "None";
        }
   ❷  front--;
   ❸  rear--;
   ❹  return false;
    }
}

int main() {
    print("큐가 꽉 찼는지 여부-->");
    println((isQueueFull() ? "true" : "false")); // 0:false, 1:true
    print("큐 상태 -->");
    printArray(queue);
}
```

실행 결과

```
큐가 꽉 찼는지 여부--> false
큐 상태 --> [ None 문별 휘인 선미 None ]
```

3~5행 테스트를 위해 [그림 7-17]과 같은 상태로 만든다.

7~21행 큐가 꽉 찼는지 확인하는 개선된 함수다. 8행에서 [그림 7-15]와 같이 rear 뒤에 빈칸이 있는지 확인한다. 10행에서 [그림 7-16]과 같이 큐가 꽉 찼는지 확인한다. 12행은 [그림 7-17]과 같이 rear가 '큐 크기-1'과 같지만, 앞부분에 빈칸이 있을 때 해당한다. 13~16행에서는 front+1부터 마지막까지 반복하는데 14행에서 앞 칸으로 한 칸 이동시키고, 15행에서 이동시킨 칸을 빈칸으로 만든다. 17행에서 front를 왼쪽으로 한 칸 이동시키고, 18행에서 rear를 왼쪽으로 한 칸 이동시킨다. 이제 큐 마지막 칸이 비어 있으므로 19행에서 false를 반환한다.

24~27행 큐가 꽉 찼는지 확인한다. 이때는 전체를 왼쪽으로 한 칸씩 이동한다. 그리고 21행에서 현재 큐 상태를 출력한다.

개선된 큐 완성

수정된 isQueueFull( ) 함수를 사용해서 다시 통합 코드를 작성해 보자. 이제부터 전체 공간에 여유가 있다면 데이터가 잘 삽입된다.

Code07-10.cpp 큐 작동을 위한 통합 코드 수정

```
1  #include "..\CookHeader.h"
2
3  int SIZE;
4  Array <string> queue;
5  int front = -1, rear = -1;
6
7  bool isQueueFull() {
8      if (rear != SIZE - 1)
9          return false;
10     else if ((rear == SIZE - 1) && (front == -1))
11         return true;
12     else {
13         for (int i = front + 1; i < SIZE; i++) {
14             queue[i - 1] = queue[i];
15             queue[i] = "None";
16         }
17         front--;
18         rear--;
19         return false;
20     }
21 }
22
⋯  // 생략(Code07-08.cpp의 14~86행과 동일)
```

실행 결과

```
큐 크기를 입력하세요 ==> 5
삽입(I)/추출(E)/확인(V)/종료(X) 중 하나를 선택 ==> I
입력할 데이터--> 화사
큐 상태 : [ 화사 None None None None ]
삽입(I)/추출(E)/확인(V)/종료(X) 중 하나를 선택 ==> I
입력할 데이터--> 솔라
큐 상태 : [ 화사 솔라 None None None ]
… → 문별, 휘인, 선미를 차례로 입력
큐 상태 : [ 화사 솔라 문별 휘인 선미 ]
삽입(I)/추출(E)/확인(V)/종료(X) 중 하나를 선택 ==> E
추출한 데이터-->화사
큐 상태 : [ None 솔라 문별 휘인 선미 ]
삽입(I)/추출(E)/확인(V)/종료(X) 중 하나를 선택 ==> E
추출한 데이터-->솔라
큐 상태 : [ None None 문별 휘인 선미 ]
삽입(I)/추출(E)/확인(V)/종료(X) 중 하나를 선택 ==> I
입력할 데이터--> 재남
큐 상태 : [ None 문별 휘인 선미 재남 ]
삽입(I)/추출(E)/확인(V)/종료(X) 중 하나를 선택 ==> V
다음에 나올 데이터 확인-->문별
[ None 문별 휘인 선미 재남 ]
삽입(I)/추출(E)/확인(V)/종료(X) 중 하나를 선택 ==> X
프로그램 종료!
```

SECTION 04

큐의 응용

1 원형 큐의 개념

앞서 다룬 큐는 한 줄에 차례대로 데이터가 입력·출력되는 순차 큐(Sequential Queue)다. 이보다 좀 더 효율적인 원으로 구성된 원형 큐(Circular Queue 또는 환형 큐)를 살펴보자. 실제로 큐를 구현할 때는 순차 큐보다 원형 큐를 더 많이 사용한다.

원형 큐는 큐의 처음과 끝이 연결된 구조다. 순차 큐처럼 배열로 구현하되 큐의 끝에 다다르면 다시 처음으로 이어지도록 처리하면 된다.

크기가 10만 개인 순차 큐의 앞쪽은 일부 비어 있지만 rear 값이 '큐 크기-1'인 상태를 생각해 보자. 순차 큐에 삽입(enQueue) 작동을 '큐 크기-1'해보자. Code07-09.cpp의 isQueueFull( ) 함수를 호출하면, 우선 3번 칸부터 99999번 칸까지 데이터가 앞으로 한 칸씩 이동해야 한다. front와 rear는 한 칸씩 왼쪽으로 이동하게 된다. 마지막으로 enQueue( ) 함수로 enQueue가 오른쪽으로 한 칸 이동하고 데이터가 입력된다.

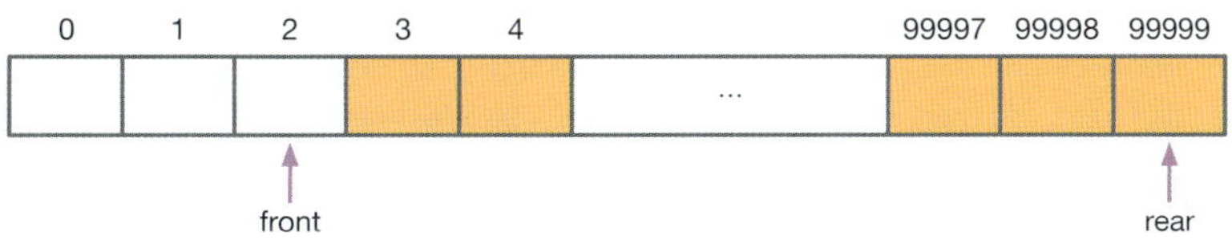

그림 7-18 순차 큐에서 앞쪽 일부를 제외하고 데이터가 꽉 찬 상태

데이터를 삽입하는 작동 자체는 문제가 없으나 데이터를 1개 삽입하려고 1단계에서 무려 99997회 이동했다. 이렇게 무리하게 일어나는 작업을 오버헤드(Overhead)라고 하며, 상당히 비효율적이다.

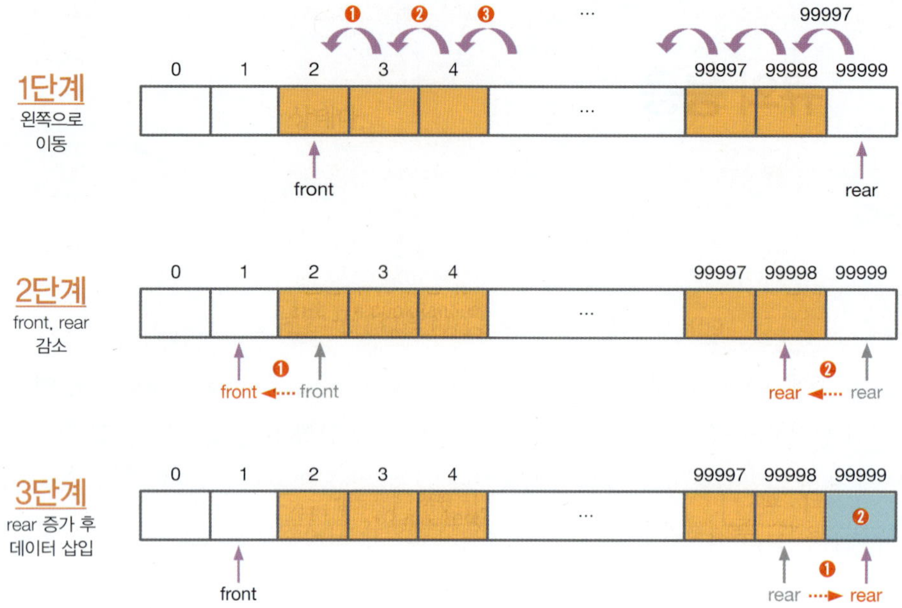

그림 7-19 앞쪽 일부를 제외하고 데이터가 꽉 찬 순차 큐에서 데이터 삽입

이 순차 큐를 구부려서 끝을 이은 [그림 7-20]과 같은 원형 큐라고 생각해 보자. (a)와 같이 앞쪽 일부만 제외하고 데이터가 꽉 찬 상태이더라도 처음과 끝이 이어졌으므로, (b)와 같이 rear를 다시 처음인 0으로 이동시킨 후 그 자리에 데이터를 입력하면 간단히 끝난다. 순차 큐와 달리 전혀 오버헤드가 발생되지 않았다. 원형 큐를 사용하면 크기가 동일한 배열을 활용해서 훨씬 효율적으로 작동할 수 있다.

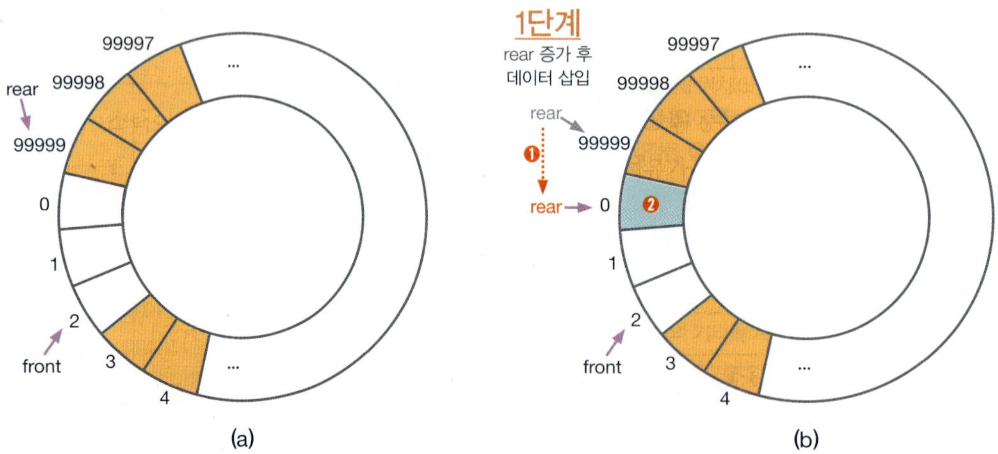

그림 7-20 앞쪽 일부를 제외하고 데이터가 꽉 찬 원형 큐에서 데이터 삽입

2 원형 큐 원리

원형 큐 초기화

원형 큐를 초기화하기 위해서는 순차 큐처럼 배열을 사용하되, 순차 큐와 달리 0번 칸 앞쪽이 −1이 아니므로 초깃값을 둘 다 0으로 지정하면 된다.

```
Array <string> 원형큐 = { "None", "None", "None", "None", "None" };
int front = 0, rear = 0;
```

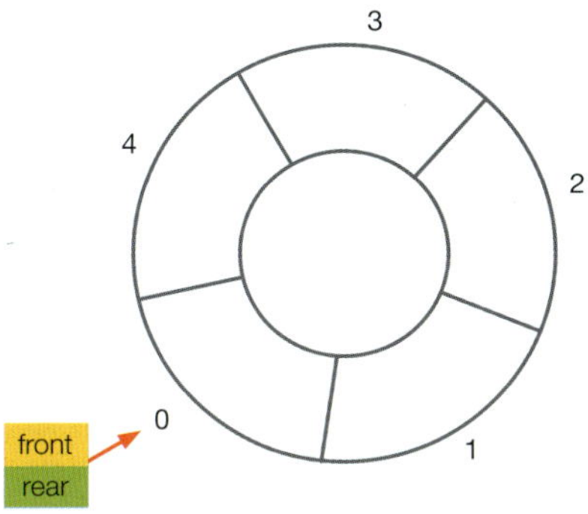

그림 7-21 원형 큐 초기화

TIP • 순차 큐 초기화

순차 큐와 원형 큐는 모두 동일한 배열 구조를 갖는다. 단, front 및 rear 값을 다르게 처리하는 것뿐이다.

```
Array <string> 순차큐 = { "None", "None", "None", "None", "None" };
int front = -1, rear = -1;
```

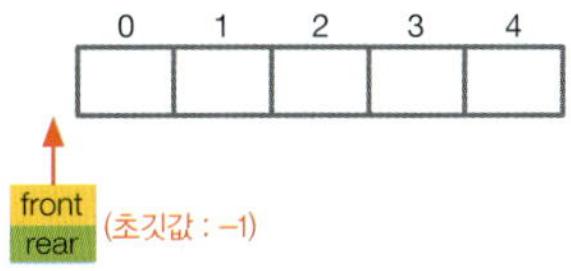

원형 큐가 빈 경우와 꽉 찬 경우

원형 큐가 비었는지 여부는 순차 큐가 비었는지 여부와 같다. 둘 다 front와 rear가 동일하면 비어 있다는 의미다.

```
if (front 값 == rear 값)
    큐가 비었음;
```

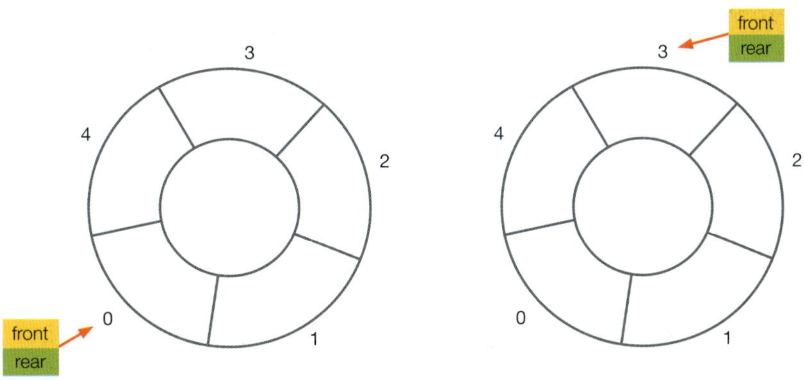

그림 7-22 원형 큐가 비어 있는 상태

반대로 rear+1과 front가 같은 경우에 원형 큐가 꽉 찬 것으로 처리된다. [그림 7-23]이 꽉 찬 경우의 예다. 그런데 왼쪽 그림은 rear가 4이므로 4+1=5가 되어 다시 0번째를 가리켜야 한다. rear+1 값을 큐 크기(여기에서는 5)로 나눈 나머지 값으로 처리하면 된다. 그러면 5가 다시 0으로 돌아온다. 다음과 같이 수식을 사용한다. 따라서 왼쪽은 rear+1(=5)을 5로 나눈 나머지 값이 0이고, front도 0이므로 원형 큐가 꽉 찬 상태로 처리된다. 오른쪽 그림도 rear+1(=2)을 5로 나눈 나머지 값이 2고, front도 2이므로 역시 원형 큐가 꽉 찬 상태로 처리된다.

```
if ((rear+1) % 5 == front 값)
    큐가 꽉 찼음;
```

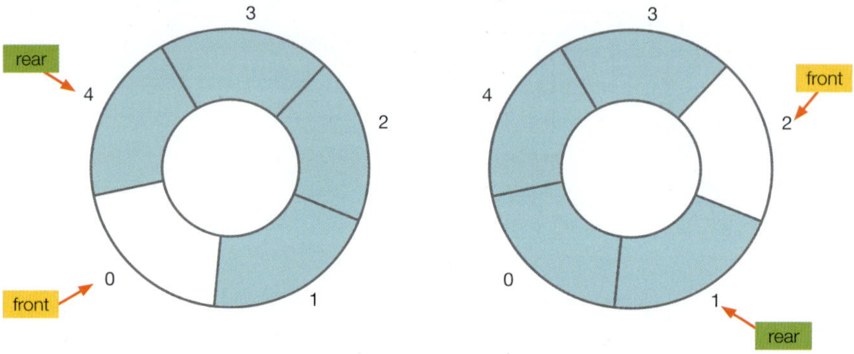

그림 7-23 원형 큐가 꽉 찬 상태

[그림 7-23]에서 보듯이 순차 큐와 다른 원형 큐의 특징은 전체 크기에서 한 칸을 사용하지 못한다는 것이다. 즉, 전체 원형 큐의 크기가 5라면 4개만 사용한다. [그림 7-23]에서 데이터를 1개 더 추가하면 [그림 7-24]와 같이 원형 큐의 모든 칸에 데이터가 꽉 차게 된다. 그러면 rear가 한 칸 증가하여 다시 front와 rear가 같게 되므로 큐가 비어 있다는 의미로 해석할 수 있다. 그래서 원형 큐에서는 전체에서 한 칸을 적게 사용한다.

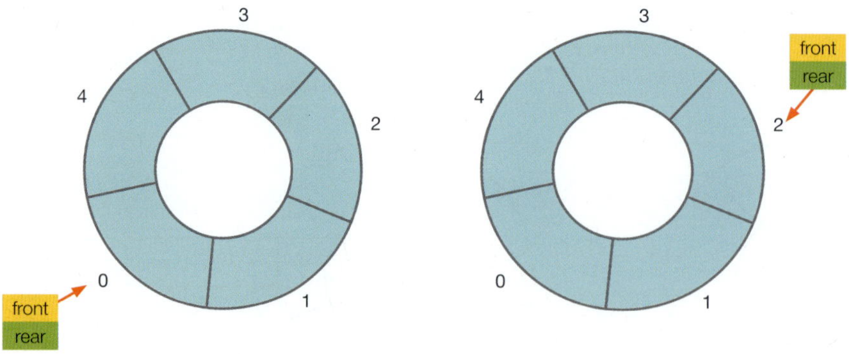

그림 7-24 원형 큐가 꽉 찼지만 빈 것으로 처리되는 잘못된 예

TIP • 원형 큐에서는 전체에서 한 칸을 적게 사용하므로, 공간 측면에서 손해를 보는 것처럼 느낄 수 있다. 하지만 실제로 큐를 사용할 때는 상당히 크게 사용하므로 한 칸쯤 손해 보는 것은 문제되지 않는다. 예로 1000000칸 크기에서 1000000칸을 사용하는 것이나 999999칸을 사용하는 것은 공간 효율적인 측면에서 거의 차이가 없다.

원형 큐의 데이터 삽입과 추출

원형 큐에서 데이터를 삽입하는 방법은 순차 큐와 큰 차이가 없다. 하지만 마지막 칸(이 예에서는 4) 다음은 다시 0이므로 rear의 다음 칸을 계산하려면 rear+1 값을 큐 크기(여기에서는 5)로 나눈 나머지 값으로 처리한다. 다음 예에서 0번 다음은 0+1을 5로 나눈 나머지 값 1번이 된다(4번 다음은 4+1을 5로 나눈 나머지 값 0번이 된다). 예로 '화사'를 입력하면 다음과 같다.

```
  if (큐가 꽉 찼음)
      return;
❶ rear = (rear+1) % 큐 크기;
❷ queue[rear] = "화사";
```

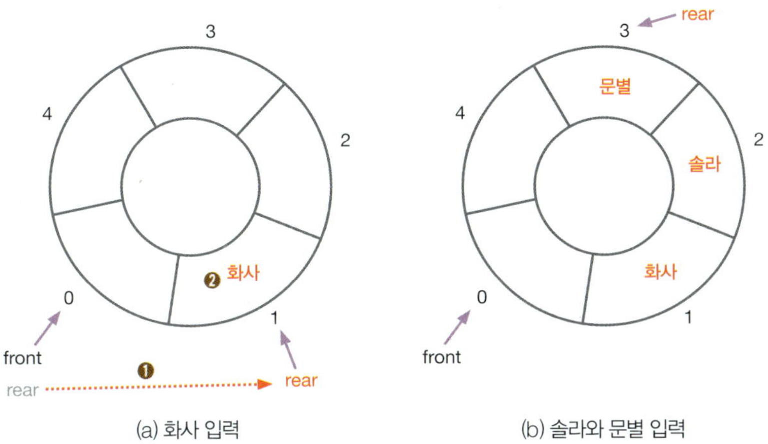

그림 7-25 원형 큐에 데이터 입력

원형 큐에서 데이터를 추출하는 방법도 순차 큐와 큰 차이가 없다. 하지만 마지막 칸(이 예에서는 4) 다음은 다시 0이므로 front 다음 칸을 계산하려면 front+1 값을 큐 크기(여기에서는 5)로 나눈 나머지 값으로 처리한다.

```
  if (큐가 비었음)
       return;
❶ front = (front+1) % 큐 크기;
❷ 데이터 = queue[front];
❸ queue[front] = "None";
```

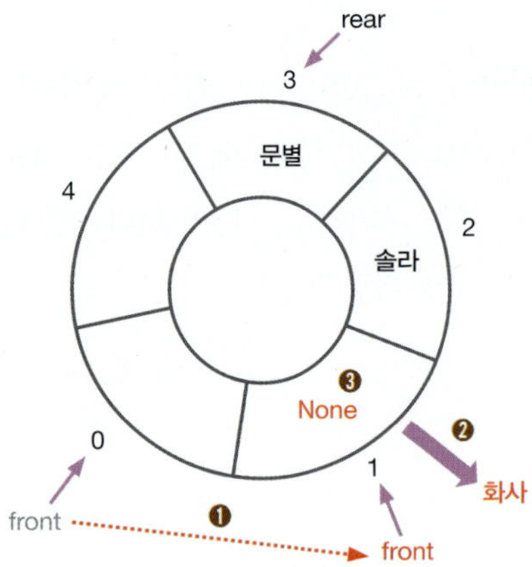

그림 7-26 원형 큐에서 데이터 추출

3 원형 큐 구현

앞서 확인한 개념으로 원형 큐를 구현하자. 순차 큐와 비교하여 isQueueFull() 함수가 다르고, 기타 함수에서는 다음 칸을 계산할 때 (현재 위치+1)을 큐 크기로 나누는 것이 다르다.

Code07-11.cpp 원형 큐 작동을 위한 통합 코드

```
#include "..\CookHeader.h"

int SIZE;
Array <string> queue;
int front = 0, rear = 0;

bool isQueueFull() {
    if ((rear+1)% SIZE == front)
        return true;
    else
        return false;
}

bool isQueueEmpty() {
    if (front == rear)
        return true;
    else
        return false;
}
```

```

void enQueue(string data) {
    if (isQueueFull()) {
        println("큐가 꽉 찼습니다.");
        return;
    }
    rear = (rear+1) % SIZE;
    queue[rear] = data;
}

string deQueue() {
    if (isQueueEmpty()) {
        println("큐가 비었습니다.");
        return "None";
    }
    front = (front + 1) % SIZE;
    string data = queue[front];
    queue[front] = "None";
    return data;
}

string peek() {
    if (isQueueEmpty()) {
        println("큐가 비었습니다.");
        return "None";
    }
    return queue[(front + 1) % SIZE];
}

int main() {
    input(SIZE, "큐 크기를 입력하세요 ==> ");
    for (int i = 0; i < SIZE; i++)
        queue.push_back("None");

    char select;
    input(select, "삽입(I)/추출(E)/확인(V)/종료(X) 중 하나를 선택 ==> ");

```

```
    string data;
    while (select != 'X' && select != 'x') {
        switch (select) {
        case 'I':
        case 'i':
            input(data, "입력할 데이터--> ");
            enQueue(data);
            print("큐 상태 : ");
            printArray(queue);
            println("front : " + to_string(front) + ", rear : " + to_string(rear));
            break;
        case 'E':
        case 'e':
            data = deQueue();
            println("추출한 데이터-->" + data);
            print("큐 상태 : ");
            printArray(queue);
            println("front : " + to_string(front) + ", rear : " + to_string(rear));
            break;
        case 'V':
        case 'v':
            data = peek();
            println("다음에 나올 데이터 확인-->" + data);
            printArray(queue);
            println("front : " + to_string(front) + ", rear : " + to_string(rear));
            break;
        default:
            println("입력이 잘못됨");
        }
        input(select, "삽입(I)/추출(E)/확인(V)/종료(X) 중 하나를 선택 ==> ");
    }
    println("프로그램 종료!");
}
```

실행 결과

```
큐 크기를 입력하세요 ==> 5
삽입(I)/추출(E)/확인(V)/종료(X) 중 하나를 선택 ==> I
입력할 데이터--> 화사
큐 상태 :  [ None 화사 None None None ]
front : 0, rear : 1
삽입(I)/추출(E)/확인(V)/종료(X) 중 하나를 선택 ==> I
입력할 데이터--> 솔라
큐 상태 :  [ None 화사 솔라 None None ]
front : 0, rear : 2
```

```
삽입(I)/추출(E)/확인(V)/종료(X) 중 하나를 선택 ==> I
입력할 데이터--> 문별
큐 상태 : [ None 화사 솔라 문별 None ]
front : 0, rear : 3
삽입(I)/추출(E)/확인(V)/종료(X) 중 하나를 선택 ==> I
입력할 데이터--> 휘인
큐 상태 : [ None 화사 솔라 문별 휘인 ]
front : 0, rear : 4
삽입(I)/추출(E)/확인(V)/종료(X) 중 하나를 선택 ==> I
입력할 데이터--> 재남
큐가 꽉 찼습니다.
큐 상태 : [ None 화사 솔라 문별 휘인 ]
front : 0, rear : 4
삽입(I)/추출(E)/확인(V)/종료(X) 중 하나를 선택 ==> E
추출한 데이터-->화사
큐 상태 : [ None None 솔라 문별 휘인 ]
front : 1, rear : 4
삽입(I)/추출(E)/확인(V)/종료(X) 중 하나를 선택 ==> I
입력할 데이터--> 재남
큐 상태 : [ 재남 None 솔라 문별 휘인 ]
front : 1, rear : 0
삽입(I)/추출(E)/확인(V)/종료(X) 중 하나를 선택 ==> V
다음에 나올 데이터 확인-->솔라
[ 재남 None 솔라 문별 휘인 ]
front : 1, rear : 0
삽입(I)/추출(E)/확인(V)/종료(X) 중 하나를 선택 ==> E
추출한 데이터-->솔라
큐 상태 : [ 재남 None None 문별 휘인 ]
front : 2, rear : 0
삽입(I)/추출(E)/확인(V)/종료(X) 중 하나를 선택 ==> X
프로그램 종료!
```

5행 원형 큐는 초기 값을 모두 0으로 한다.

7~12행 원형 큐가 꽉 찼는지 체크한다. [그림 7-23]과 같이 rear 다음이 front라면 원형 큐는 꽉 찬 상태다. 원형 큐이므로 다음 칸은 (rear+1)을 큐 크기로 나눈 나머지 값으로 계산한다.

14~19행 원형 큐가 비었는지 체크한다. [그림 7-22]와 같이 front와 rear가 같으면 원형 큐는 비어 있는 것이다.

26, 35, 46행 삽입을 위한 enQueue( ) 함수, 추출을 위한 deQueue( ) 함수, 확인을 위한 peek( ) 함수는 거의 순차 큐와 동일하다. 단 다음 위치를 계산하려고 (현재 위치+1)을 큐 크기로 나눈 나머지 값으로 계산한다.

연습문제

1 대기줄(큐)에 줄을 서는 동작과 거리가 먼 것은?

① 먼저 줄을 선 사람이 가장 먼저 입장한다.

② 입구와 출구가 따로 있다.

③ 출구는 한곳으로만 사용한다.

④ 필요할 경우 가장 나중에 줄을 선 사람이 가장 먼저 입장되기도 한다.

2 큐에서 삽입과 추출에 사용되는 용어 네 가지를 고르시오.

```
insert, rear, delete, top, enQueue, bottom, front, header, current, pre, pop, deQueue
```

3 ❶과 ❷에 들어갈 용어를 각각 채우시오.

[❶]는(은) 한쪽 끝에서는 데이터를 추가할 수 있고 다른 쪽에서는 삭제 작업만 할 수 있는 구조로 이러한 운영 방식을 [❷](이)라고 한다.

4 큐에서 ❶은 데이터를 삽입하는 코드고, ❷는 데이터를 추출하는 코드다. 모두 front 또는 rear와 관련된 코드다. ❶~❷를 채우시오.

```
Array <string> queue = { "None", "None", "None", "None", "None" };
int front = -1, rear = -1;

[ ❶ ];
queue[rear] = "화사";

[ ❷ ];
data = queue[front];
queue[front] = "None";
```

5 큐가 꽉 찾는지 확인하는 함수다. ❶ 에 적합한 코드는?

```
bool isQueueFull() {
    if (        ❶        )
        return true;
    else
        return false;
```

① rear != SIZE−1 ② rear == SIZE−1

③ rear != SIZE ④ rear == SIZE

6 큐가 비었는지 확인하는 함수다. ❶에 적합한 코드는?

```
bool isQueueEmpty() {
    if (        ❶        )
        return true;
    else
        return false;
```

① front != rear ② front == rear

③ front != 0 ④ front == 0

7 원형 큐와 관련된 내용 중 맞는 것을 고르세요.

① front와 rear의 초기값은 −1이다

② front와 rear가 같으면 큐가 빈 것이다.

③ 첫번째 삽입된 데이터는 배열의 0번 위치에 들어간다.

④ 데이터의 추출은 front 위치에서 추출 후, front를 1 증가시킨다.

연습문제

IT@COOKBOOK

8 큐에서 다음에 나온 데이터를 확인만 하는 함수다. ❶~❷를 채우시오.

```
return "None"
return front
return queue
return queue[front+1]
return rear
return true
return false
return SIZE
```

```
string peek() :
    if (isQueueEmpty()) :
        println("큐가 비었습니다.");
        [    ❶    ];
    }
    [    ❷    ];
}
```

응용예제 01

유명 맛집의 대기줄 구현하기

난이도★★☆

예제 설명 유명 맛집의 대기줄에는 손님들이 들어온 순서대로 줄을 선다. 그리고 대기줄이 꽉 차면 더 이상 손님을 받지 않는다. 이제 대기줄 손님들은 자리가 생기면 1명씩 식당으로 들어간다. 맨 앞쪽 손님이 대기줄에서 식당으로 들어갈 때마다 대기줄 뒤쪽 손님들은 한 칸씩 이동해서 줄을 다시 서도록 한다.

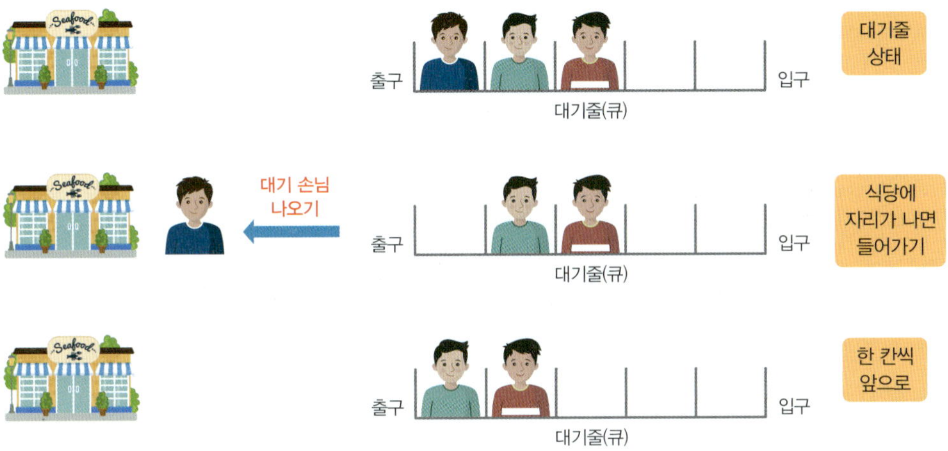

실행 결과

```
선택 Microsoft Visual Studio 디버그 콘솔
대기 줄 상태 : [ 정국 뷔 지민 진 슈가 ]
정국님 식당에 들어감
대기 줄 상태 : [ 뷔 지민 진 슈가 None ]
뷔님 식당에 들어감
대기 줄 상태 : [ 지민 진 슈가 None None ]
지민님 식당에 들어감
대기 줄 상태 : [ 진 슈가 None None None ]
진님 식당에 들어감
대기 줄 상태 : [ 슈가 None None None None ]
슈가님 식당에 들어감
대기 줄 상태 : [ None None None None None ]
식당 영업 종료!
```

코드

```
#include "..\CookHeader.h"

int SIZE = 5;
Array <string> queue;
int front = -1, rear = -1;

bool isQueueFull() {
    if (rear == SIZE - 1)
        return true;
    else
        return false;
}

bool isQueueEmpty() {
    if (front == rear)
        return true;
    else
        return false;
}

void enQueue(string data) {
    if (isQueueFull()) {
        println("큐가 꽉 찼습니다.");
        return;
    }
    rear++;
    queue[rear] = data;
}

string deQueue() {
    if (isQueueEmpty()) {
        println("큐가 비었습니다.");
        return "None";
    }
    front++;
    string data = queue[front];
    queue[front] = "None";

```

```
    for (int i = front + 1; i < rear + 1; i++) { // 모든 사람을 한 칸씩 앞으로 당긴다.
        queue[i - 1] = queue[i];
        queue[i] = "None";
    }
    front = -1;
    rear--;
    return data;
}

string peek() {
    if (isQueueEmpty()) {
        println("큐가 비었습니다.");
        return "None";
    }
    return queue[front+1];
}

int main() {
    for (int i = 0; i < SIZE; i++)
        queue.push_back("None");

    enQueue("정국");
    enQueue("뷔");
    enQueue("지민");
    enQueue("진");
    enQueue("슈가");
    print("대기 줄 상태 : ");
    printArray(queue);

    int last = rear + 1;          // 현재 손님의 마지막 위치
    for (int i = 0; i < last; i++) {
        println(deQueue() + "님 식당에 들어감");
        print("대기 줄 상태 : ");
        printArray(queue);
    }

    println("식당 영업 종료!");
}
```

코드 설명

30~46행	순차 큐에서 데이터를 추출한다. 즉, 맨 앞쪽 손님이 식당으로 들어간다.
39~44행	현재 남은 손님을 모두 앞으로 당긴다. front는 35~37행을 실행하면 항상 0이 된다. 39~42행은 1번째 칸 손님부터 마지막 손님까지 앞으로 한 칸씩 이동시킨다. 손님은 다시 첫 번째 칸부터 대기하고 있으므로 43행에서 다시 front를 -1로 하고, 44행에서 마지막 손님 자리인 rear는 한 칸 앞으로 한다.
57~58행	5칸짜리 빈 대기줄을 만든다.
60~64행	손님 5명을 대기줄에 세운다.
68~73행	현재 대기줄의 모든 손님을 식당에 입장시킨다.

응용예제 02

콜센터의 응답 대기 시간 계산하기

난이도★★★

예제 설명 한빛전자서비스 콜센터는 9시에 영업을 시작한다. 9시 전부터 전화 문의가 여러 건 대기하고 있다. 전화 문의는 주제에 따라 통화 시간이 다를 것으로 예상한다. 예로 고장 수리는 3분, 사용 문의는 9분, 환불 문의는 4분, 기타 문의는 1분으로 통화 예상 시간이 설정되어 있다. 9시 이전에 고객이 전화를 하면 9시에 업무를 개시한 후 자신이 어느 정도 대기해야 하는지 시간을 알려 준다(단 원형 큐를 이용하여 구현한다).

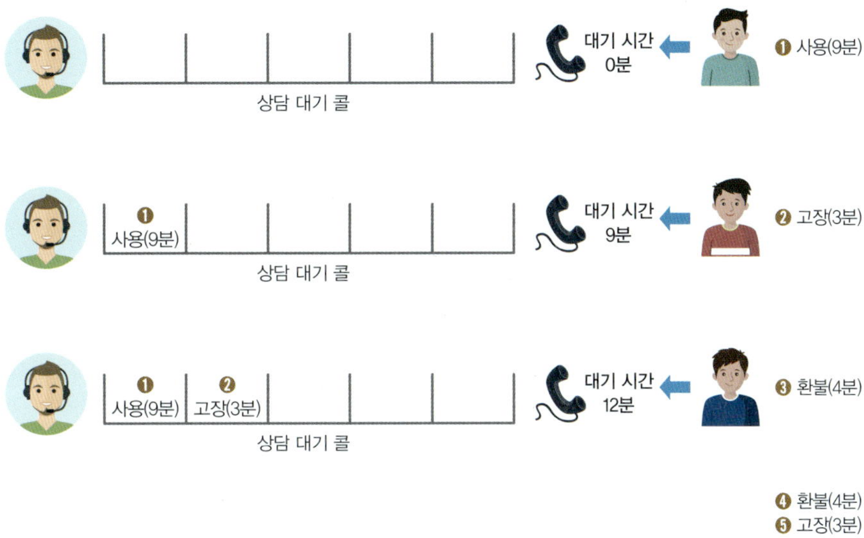

실행 결과

```
Microsoft Visual Studio 디버그 콘솔
귀하의 대기 예상시간은 0분입니다.
현재 대기 콜 --> [ { None 0 } { None 0 } { None 0 } { None 0 } { None 0 } { None 0 } ]

 귀하의 대기 예상시간은 9분입니다.
현재 대기 콜 --> [ { None 0 } { 사용 9 } { None 0 } { None 0 } { None 0 } { None 0 } ]

 귀하의 대기 예상시간은 12분입니다.
현재 대기 콜 --> [ { None 0 } { 사용 9 } { 고장 3 } { None 0 } { None 0 } { None 0 } ]

 귀하의 대기 예상시간은 16분입니다.
현재 대기 콜 --> [ { None 0 } { 사용 9 } { 고장 3 } { 환불 4 } { None 0 } { None 0 } ]

 귀하의 대기 예상시간은 20분입니다.
현재 대기 콜 --> [ { None 0 } { 사용 9 } { 고장 3 } { 환불 4 } { 환불 4 } { None 0 } ]

 최종 대기 콜 --> [ { None 0 } { 사용 9 } { 고장 3 } { 환불 4 } { 환불 4 } { 고장 3 } ]
 프로그램 종료!
```

코드

```
#include "..\CookHeader.h"

int SIZE = 6;
Array <Array <string>> callQueue;          // 큐를 2차원 배열로 지정
int front = 0, rear = 0;

bool isQueueFull() {
    if ((rear + 1) % SIZE == front)
        return true;
    else
        return false;
}

bool isQueueEmpty() {
    if (front == rear)
        return true;
    else
        return false;
}

void enQueue(Array <string> data) {
    if (isQueueFull()) {
        println("큐가 꽉 찼습니다.");
        return;
    }
    rear = (rear + 1) % SIZE;
    callQueue[rear] = data;
}

Array <string> deQueue() {
    if (isQueueEmpty()) {
        println("큐가 비었습니다.");
        return { "None", "0" };
    }
    front = (front + 1) % SIZE;
    Array <string> data = callQueue[front];
    callQueue[front] = { "None", "0" };
    return data;
}

```

```
Array <string> peek() {
    if (isQueueEmpty()) {
        println("큐가 비었습니다.");
        return { "None", "0" };
    }
    return callQueue[(front + 1) % SIZE];
}

int calcTime() {
    int timeSum = 0;
    for (int i = (front + 1) % SIZE; i < (rear + 1) % SIZE; i++)
        timeSum += stoi(callQueue[i][1]);
    return timeSum;
}

int main() {
    for (int i = 0; i < SIZE; i++)
        callQueue.push_back({"None", "0"});

    Array <Array <string>> waitCall = { {"사용", "9"}, {"고장", "3"}, {"환불", "4"},
    {"환불", "4"}, {"고장", "3"} };

    for (int i = 0; i < len(waitCall); i++) {
        Array <string> call = waitCall[i];
        int waitTime = calcTime();
        println("귀하의 대기 예상시간은 " + to_string(waitTime) + "분입니다.");
        print("현재 대기 콜 -->");
        printArray2(callQueue);
        print(endl);
        enQueue(call);
    }

    print("최종 대기 콜 -->");
    printArray2(callQueue);
    println("프로그램 종료!");
}
```

코드 설명

3행	원형 큐 크기를 6으로 설정한다.
49~54행	현재 상담 대기 콜에 걸려 온 모든 통화의 대기 시간 합계를 구한다. 51~52행에서 데이터가 들어 있는 칸의 각 대기 시간을 합한다.
60행	전화가 5건 걸려 온 것으로 가정한다.
62~70행	각 전화가 걸려 올 때마다 현재 대기 시간을 알려 주고, 상담 대기 콜의 상태를 출력한다. 그리고 요청 전화를 상담 대기 콜에 넣는다.
73행	모든 전화를 처리한 후 상담 대기 콜의 최종 상태를 확인한다.

CHAPTER 08

이진 트리

학습목표

- 이진 트리 개념을 파악한다.
- C 언어로 이진 트리를 구현하는 코드를 작성한다.
- 이진 트리 중 활용도가 높은 이진 탐색 트리를 이해하고 활용한다.
- 이진 탐색 트리를 활용하여 다양한 응용 프로그램을 작성한다.

SECTION

00 생활 속 자료구조와 알고리즘

회사에서는 사장 아래 각 부문의 이사가 있고, 이사 아래는 각 부서의 부장이 있다. 그 아래에도 차장, 과장, 대리 등 조직이 구성되어 있다. 이런 조직표의 구성을 트리 구조로 볼 수 있다.

컴퓨터의 Windows 폴더는 C:\를 기준으로 그 하위에 폴더들이 계속 이어져 있는 구조다. 이 또한 트리 구조로 표현될 수 있다.

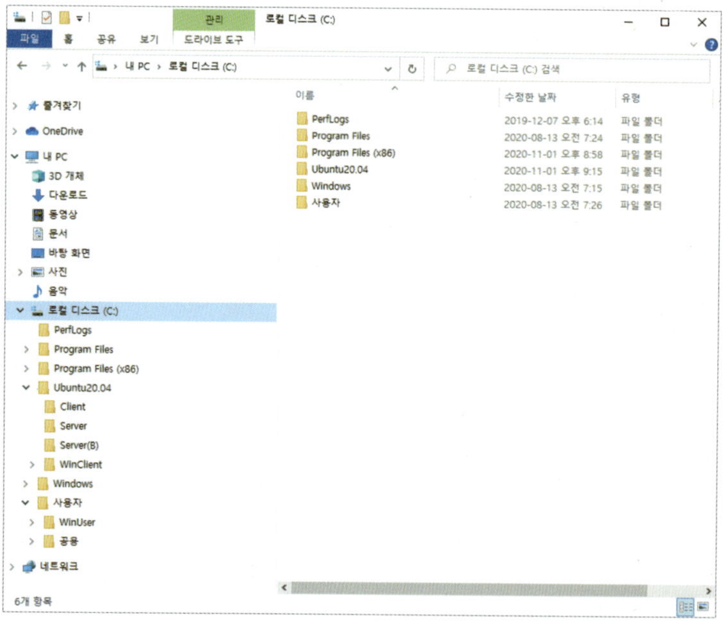

SECTION 01

이진 트리의 기본

1 이진 트리의 개념

트리(Tree) 자료구조는 나무를 거꾸로 뒤집어 놓은 형태다. 그래서 트리의 맨 위를 루트(Root, 뿌리)라고 한다. 루트를 레벨 0으로 두고 나뭇잎에 해당하는 아래로 내려올수록 레벨이 1씩 증가한다. [그림 8-1]의 (b)는 회사를 예로 든 것으로, 대표가 루트고 그 아래에 있는 이사 직책 2명이 레벨1이 된다.

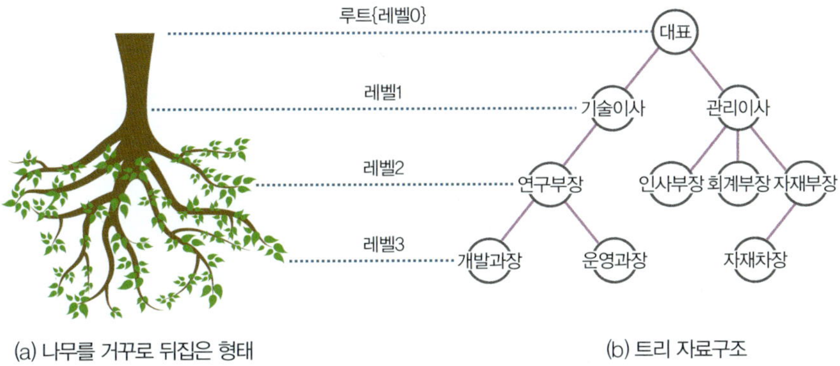

그림 8-1 나무와 트리 자료구조 비교

트리에서 각 위치를 노드라고 한다. [그림 8-1]은 노드가 모두 10개고 각 노드는 선, 즉 에지(edge)로 연결되어 있다. 위 노드와 바로 아래 노드의 관계를 부모-자식 관계라고 한다. 대표 노드의 자식은 기술이사와 관리이사 노드 2개가 되고, 관리이사 노드는 다시 자식 노드를 3개 가진다. 자식 노드 개수를 차수(degree)라고 한다. 대표 노드는 자식이 둘이므로 차수가 2고, 관리이사 노드는 자식이 셋이므로 차수가 3이다. 자식이 없는, 즉 차수가 0인 노드를 리프(leaf)라고 한다. 개발과장, 운영과장, 인사부장, 회계부장, 자재차장이 리프 노드에 해당한다.

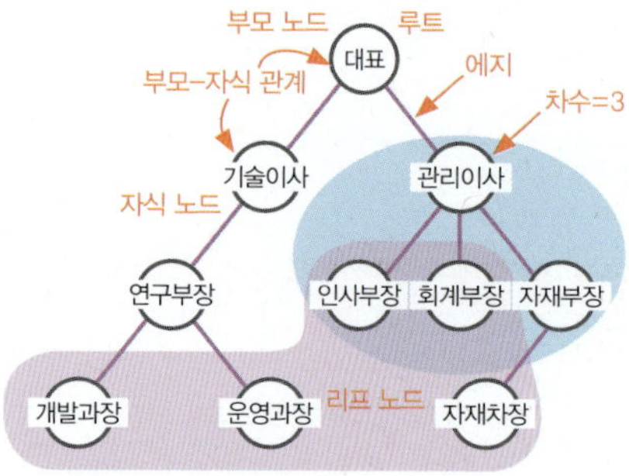

그림 8-2 트리 자료구조의 주요 용어

트리의 차수는 차수가 가장 높은 노드를 기준으로 정한다. 따라서 [그림 8-2]는 차수가 3인 트리다. 컴퓨터는 데이터를 0과 1로 표현하므로 트리 자료구조를 구현하려고 최대 차수가 2인 이진 트리(binary tree)를 사용한다. 이진 트리는 [그림 8-3]과 같이 모든 노드의 자식이 최대 2개인 트리다. 이진 트리는 모든 노드가 자식이 2개 이하로 구성되어 있다.

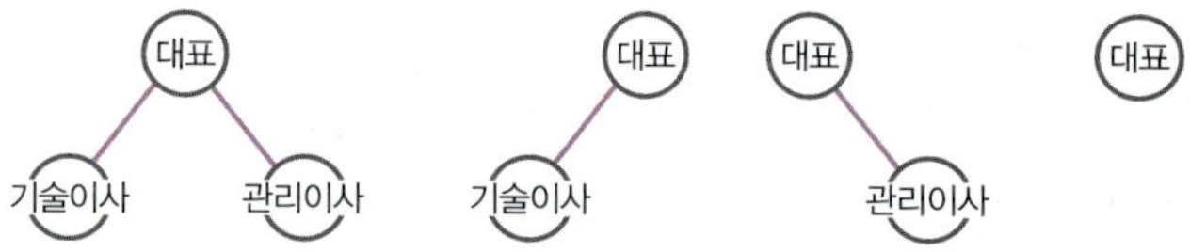

그림 8-3 이진 트리 예

[그림 8-4]는 이진 트리의 일반 형태로, 높이가 3이고 루트 노드(대표)를 기준으로 왼쪽과 오른쪽 서브 트리 2개로 구성되어 있다. 그리고 두 서브 트리도 계속 서브 트리로 나눌 수 있다. 그림에서 왼쪽 기술이사 노드는 왼쪽 서브 트리가 연구부장, 개발과장, 운영과장으로 구성되고 오른쪽 서브 트리는 없다.

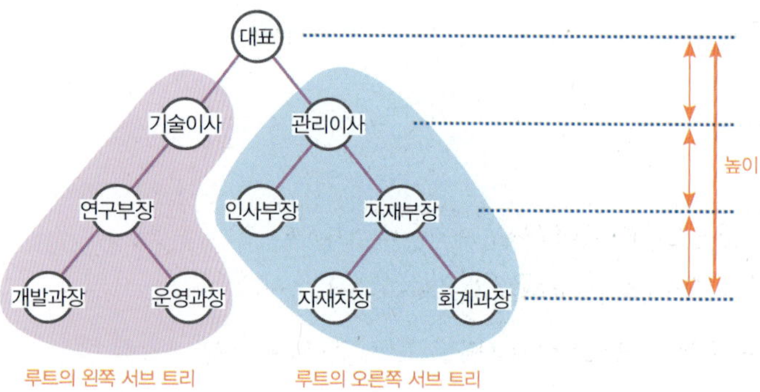

그림 8-4 일반 이진 트리

2 이진 트리의 종류

이진 트리는 포화 이진 트리(full binary tree), 완전 이진 트리(complete binary tree), 편향 이진 트리(skewed binary tree) 3개로 나눈다.

■ **포화 이진 트리**

포화 이진 트리는 모든 노드가 꽉 차 있는 상태의 트리다. 노드 개수가 $2^{\text{높이}+1}-1$ 공식으로 계산된다. 예를 들어 높이가 3인 포화 이진 트리는 노드 개수가 $2^{3+1}-1 = 15$개다.

[그림 8-5]와 같이 높이가 2인 포화 이진 트리는 노드 개수가 $2^{2+1}-1 = 7$개다. 이진 트리에는 번호를 부여할 수 있는데, 루트 노드부터 왼쪽에서 오른쪽으로 번호를 부여하므로 [그림 8-5]와 같은 포화 이진 트리는 [그림 8-6]과 같이 1~7번호를 부여한다.

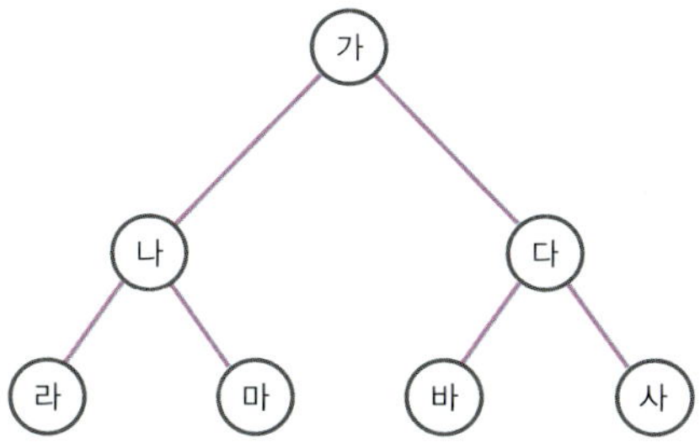

그림 8-5 포화 이진 트리 예

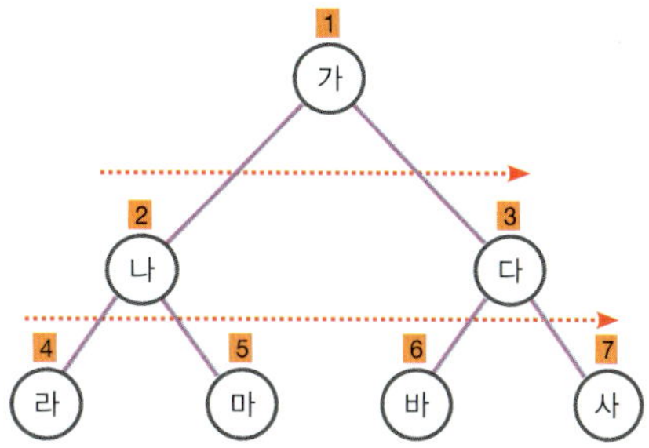

그림 8-6 포화 이진 트리의 번호 부여 순서

■ **완전 이진 트리**

완전 이진 트리는 번호를 부여한 순서로 노드가 배치된다. 노드가 일부 비어 있어도 되지만 [그림 8-7]과 같이 끝 번호의 노드는 비어 있어야 한다.

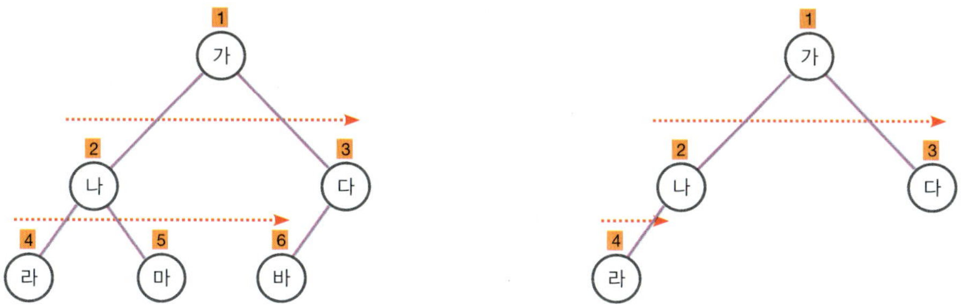

그림 8-7 완전 이진 트리 예

반면 [그림 8-8]과 같은 트리는 완전 이진 트리가 아니다. 그냥 이진 트리일 뿐이다.

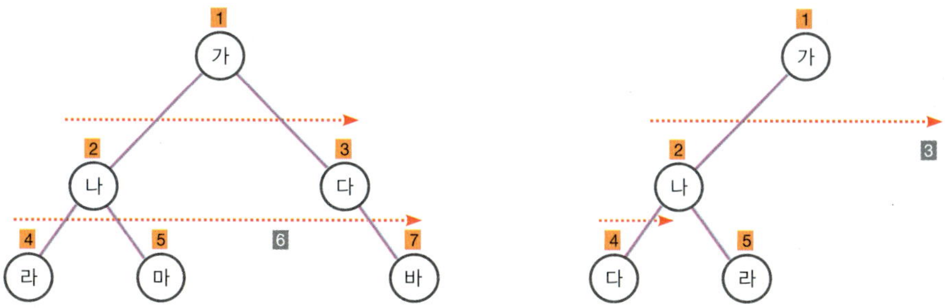

그림 8-8 일반 이진 트리

■ **편향 이진 트리**

편향 이진 트리는 모든 노드가 오른쪽이나 왼쪽으로 연결된 트리다. [그림 8-9]는 왼쪽 편향 이진 트리와 오른쪽 편향 이진 트리다.

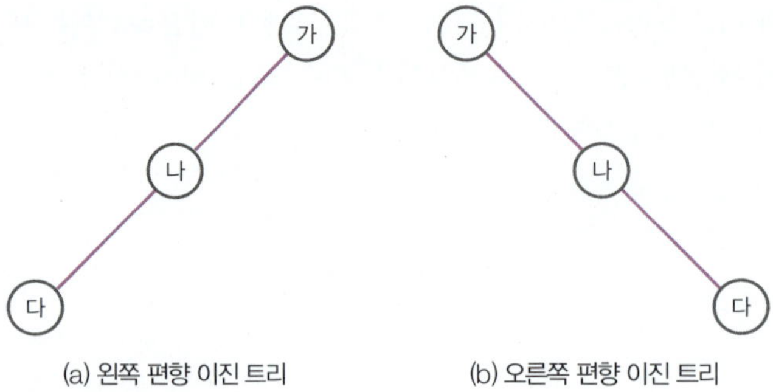

그림 8-9 편향 이진 트리

3 이진 트리의 노드 구조

트리는 왼쪽 자식과 오른쪽 자식으로 구성된다. 그러므로 [그림 8-10]의 (a)와 같이 왼쪽과 오른쪽 링크가 있는 이중 연결 리스트 구조로 만들 수 있다. 이 노드를 활용하여 트리를 구성한 예가 (b)와 (c)다. 루트 노드인 '가'부터 왼쪽과 오른쪽 링크를 가리키도록 구성하고, 가리킬 곳이 없는 링크는 그냥 비워 두면 된다.

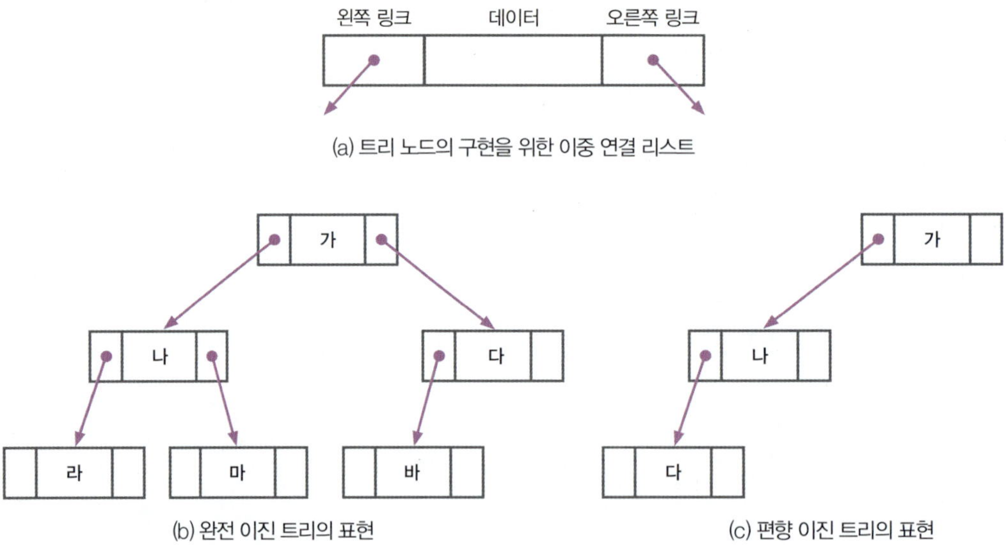

그림 8-10 이중 연결 리스트를 이용한 트리 노드 표현

SECTION 02

이진 트리의 간단 구현

1 이진 트리 생성

[그림 8-11]과 같이 높이가 2고 데이터가 6개인 완전 이진 트리를 구현해 보자.

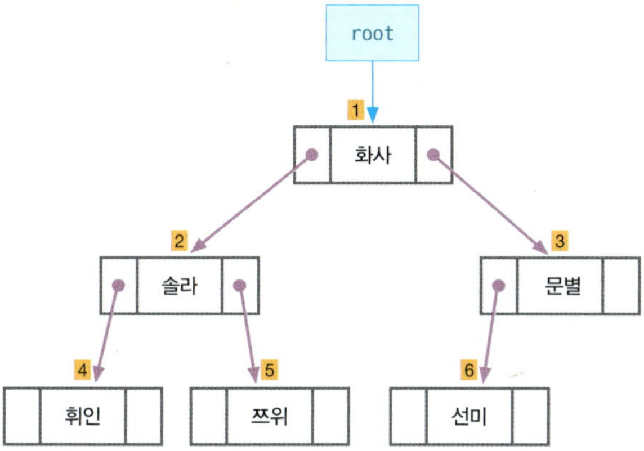

그림 8-11 생성할 이진 트리 예

[그림 8-11]의 이진 트리는 다음 순서로 생성한다.

1 화사 노드(node1)를 생성하고, 루트로 지정한다.

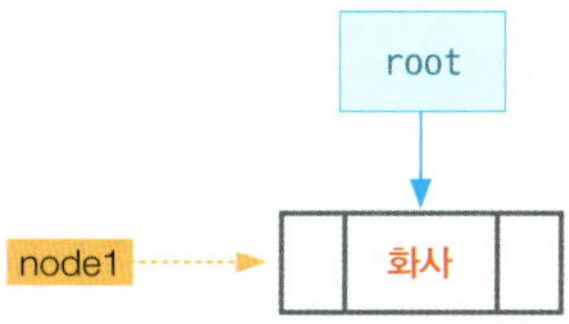

2 두 번째 노드(솔라)를 생성하고 화사 노드의 왼쪽 노드로 지정한다.

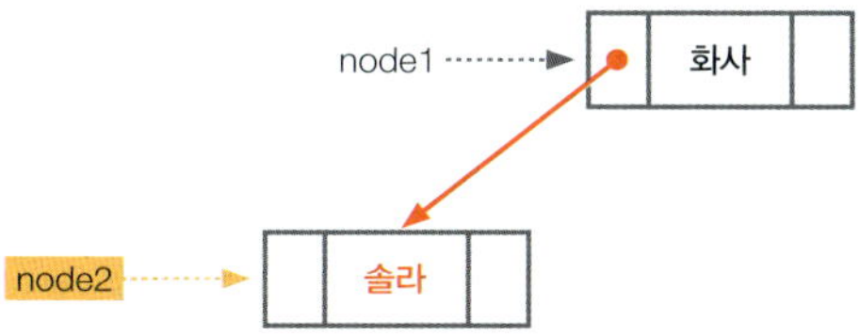

❸ 세 번째 노드(문별)를 생성하고 화사 노드의 오른쪽 노드로 지정한다.

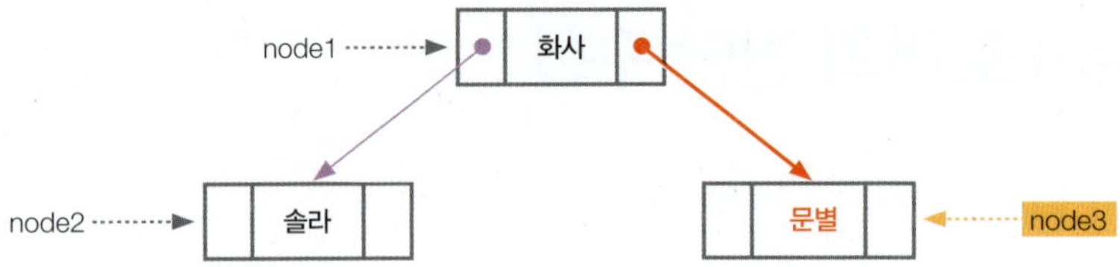

❹ 네 번째부터 여섯 번째까지 노드를 생성하고 부모 노드와 연결한다.

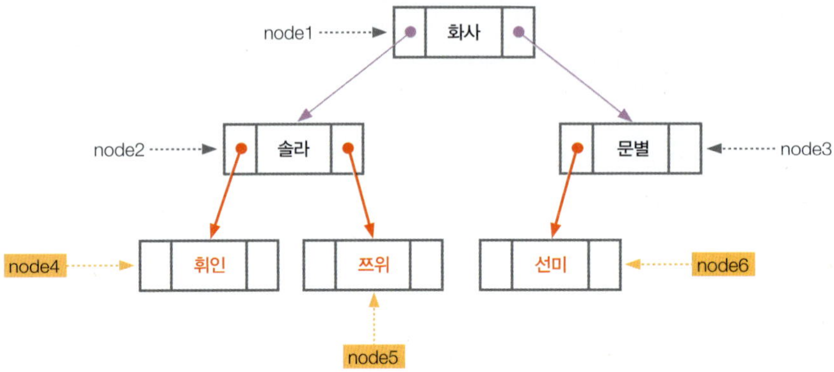

이진 트리를 생성하는 과정은 Code08-01.cpp처럼 구현한다.

Code08-01.cpp 높이가 2인 완전 이진 트리의 생성

```
#include "..\CookHeader.h"

typedef struct _TreeNode {   // 이진 트리 노드
      struct _TreeNode* left = NULL;
      string data;
      struct _TreeNode* right = NULL;
} TreeNode;

int main() {
      TreeNode* root;

      TreeNode* node1 = new TreeNode;
      node1->data = "화사";
      root = node1;

      TreeNode* node2 = new TreeNode;
      node2->data = "솔라";
      node1->left = node2;

      TreeNode* node3 = new TreeNode;
      node3->data = "문별";
      node1->right = node3;
```

```
23
24     TreeNode* node4 = new TreeNode;
25     node4->data = "휘인";
26     node2->left = node4;
27
28     TreeNode* node5 = new TreeNode;
29     node5->data = "쯔위";
30     node2->right = node5;
31
32     TreeNode* node6 = new TreeNode;
33     node6->data = "선미";
34     node3->left = node6;
35
36     println(root->data);
37     println(root->left->data + " " + root->right->data);
38     println(root->left->left->data + " " + root->left->right->data + " " + root->right->
       left->data);
39 }
```

실행 결과

```
화사
솔라 문별
휘인 쯔위 선미
```

3~7행 이진 트리의 노드 구조체를 선언한다. 왼쪽 링크, 데이터, 오른쪽 링크로 구성되어 있다.

12~13행 첫 노드인 화사 노드를 생성한다.

14행 첫 노드를 루트로 지정한다.

16~18행 솔라 노드를 생성하고 화사 노드의 왼쪽 자식 노드로 지정한다.

20~34행 노드를 각각 생성하여 276쪽 4와 같은 트리를 구성한다.

36~38행 생성된 트리의 노드를 루트(= 화사 노드)를 기준으로 출력한다.

2 이진 트리 순회

순회 종류

이진 트리의 노드 전체를 한 번씩 방문하는 것을 순회(traversal)라고 한다. 자료구조로 데이터를 효율적으로 활용하는 대표적인 방법은 필요한 데이터를 효과적으로 검색하는 것이다. 이를 위해 이진 트리에서는 노드 데이터를 처리하는 순서에 따라 전위 순회(preorder traversal), 중위 순회(inorder traversal), 후위 순회(postorder traversal)를 사용할 수 있다.

■ **전위 순회**

전위 순회는 노드의 데이터를 먼저 처리한다.

❶ 현재 노드 데이터 처리
❷ 왼쪽 서브 트리로 이동
❸ 오른쪽 서브 트리로 이동

■ **중위 순회**

중위 순회는 노드의 데이터를 중간에 처리한다.

❶ 왼쪽 서브 트리로 이동
❷ 현재 노드 데이터 처리
❸ 오른쪽 서브 트리로 이동

■ **후위 순회**

후위 순회는 노드의 데이터를 마지막에 처리한다.

❶ 왼쪽 서브 트리로 이동
❷ 오른쪽 서브 트리로 이동
❸ 현재 노드 데이터 처리

이와 같이 각 순회 방식은 데이터를 언제 처리하느냐에 따라서 구분할 뿐 기본 작동 원리는 같다. 따라서 여기에서는 전위 순회를 중심으로 동작 원리를 살펴보겠다.

전위 순회 작동

전위 순회는 루트에서 시작하여 데이터 처리→왼쪽 서브 트리→오른쪽 서브 트리 순서로 순회한다. 다음 이진 트리를 전위 순회하는 과정을 살펴보자.

0 전위 순회할 이진 트리

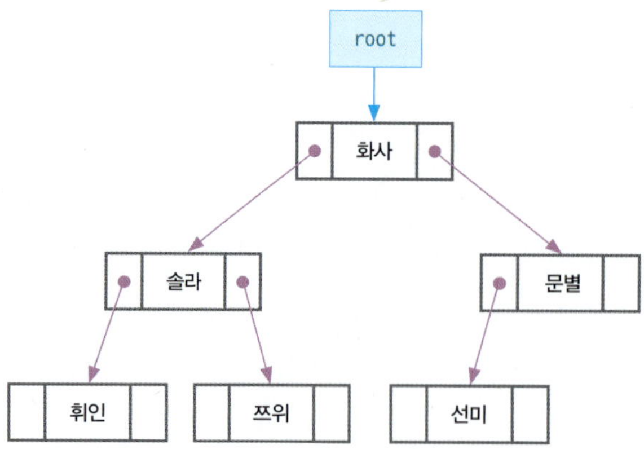

1 루트 노드(화사)의 데이터를 처리하고 왼쪽 서브 트리로 이동한다.

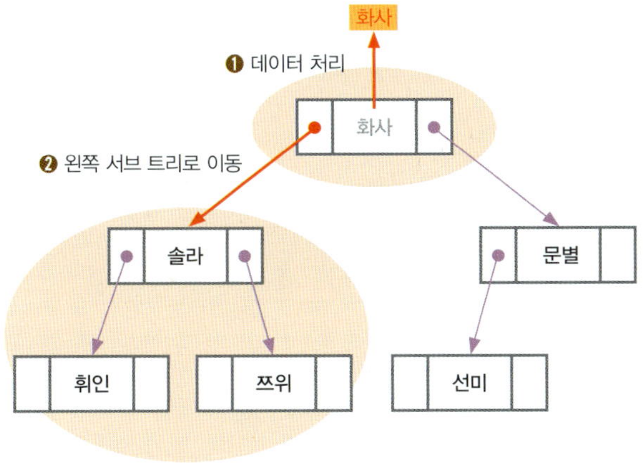

2 이동한 왼쪽 서브 트리의 솔라 데이터를 처리하고 다시 왼쪽 서브 트리로 이동한다.

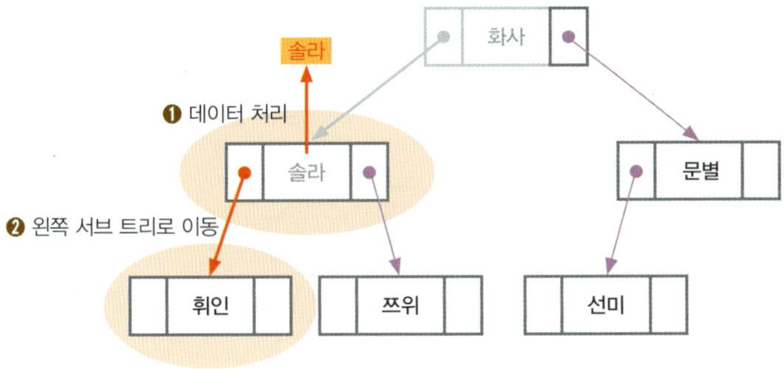

3 이동한 왼쪽 서브 트리의 휘인 데이터를 먼저 처리하고, 다시 왼쪽 서브 트리를 처리하려고 하나 왼쪽 서브 트리가 없어 오른쪽 서브 트리를 처리하려고 한다. 그런데 오른쪽 서브 트리도 없으므로 휘인 노드는 처리가 완료되었다.

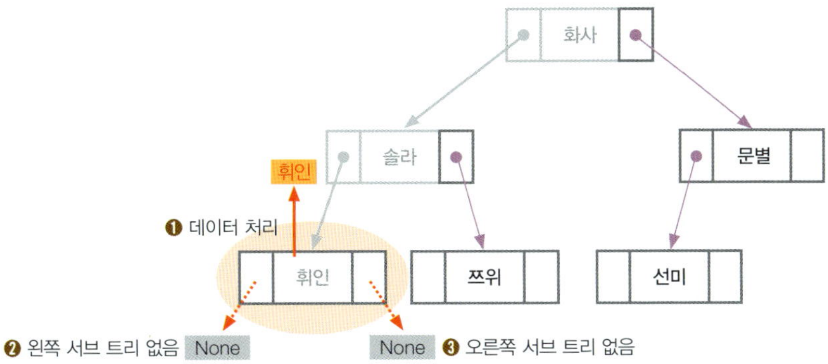

4 현재 노드(휘인 노드)는 더 이상 처리할 것이 없으므로 앞 노드로 올라가서 처리하지 않았던 오른쪽 서브 트리로 내려간다.

5 이동한 오른쪽 서브 트리의 쯔위 데이터를 먼저 처리하고, 왼쪽 서브 트리를 처리하려고 하나 왼쪽 서브 트리가 없어 오른쪽 서브 트리를 처리하려고 한다. 그런데 오른쪽 서브 트리도 없으므로 쯔위 노드는 처리가 완료되었다.

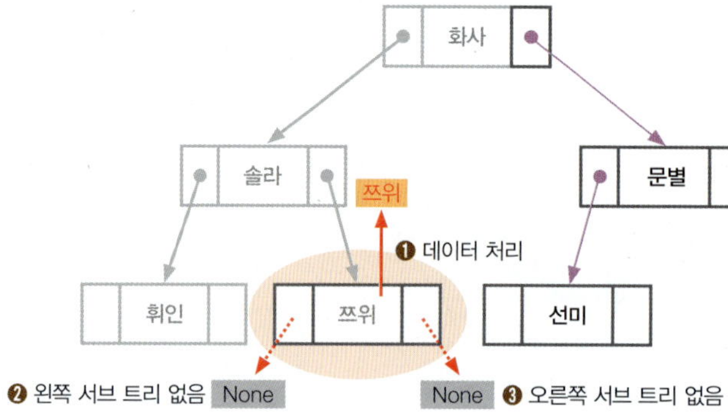

6 현재 노드(쯔위 노드)는 더 이상 처리할 것이 없으므로 앞 노드(솔라 노드)로 올라간다. 앞 노드도 처리가 완료되었으므로 다시 앞 노드(화사 노드)로 올라가 오른쪽 서브 트리로 이동한다.

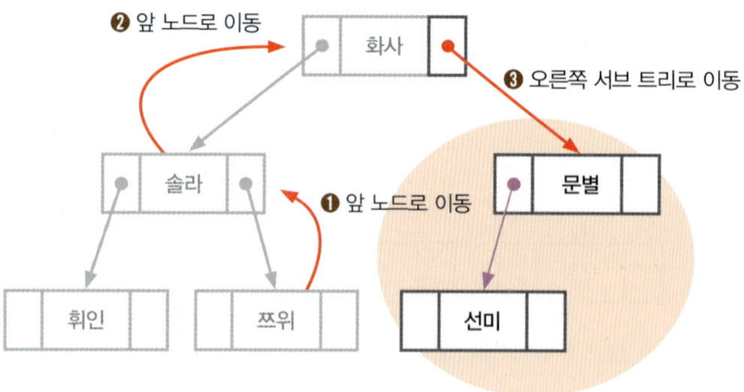

7 이동한 오른쪽 서브 트리의 문별 데이터를 먼저 처리하고 다시 왼쪽 서브 트리로 이동한다.

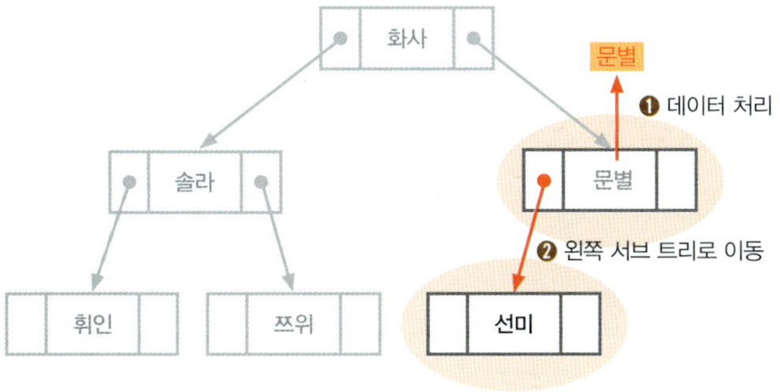

8 이동한 왼쪽 서브 트리의 선미 데이터를 먼저 처리하고, 다시 왼쪽 서브 트리를 처리하려고 하나 왼쪽 서브 트리가 없어 오른쪽 서브 트리를 처리하려고 한다. 그런데 오른쪽 서브 트리도 없으므로 선미 노드는 처리가 완료되었다. 그리고 트리의 모든 노드 순회가 완료되었다.

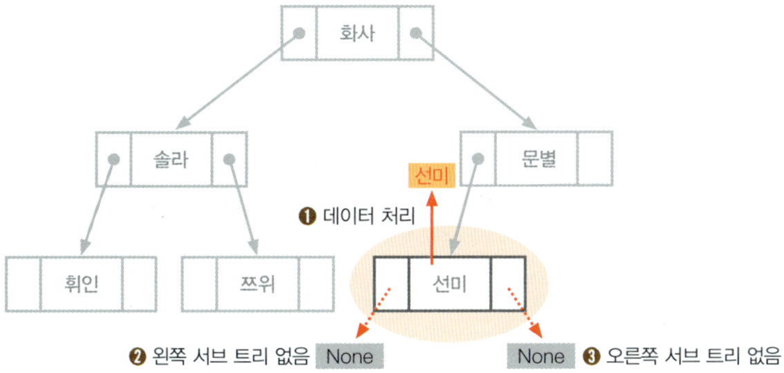

1~**8**에서 출력된 데이터를 확인하면 화사, 솔라, 휘인, 쯔위, 문별, 선미 순이다. 즉, 전위 순회인 현재 데이터 → 왼쪽 서브 트리 → 오른쪽 서브 트리 순서로 출력된 것을 확인할 수 있다.

좀 더 간단한 트리 순회

앞서 살펴본 단계로 '전위 순회의 작동'처럼 하나씩 따져 가면서 순회할 수도 있으나, 좀 더 직관적으로는 다음 그림과 같이 트리를 순회할 수 있다.

■ **전위 순회 : 루트 → 왼쪽 → 오른쪽**

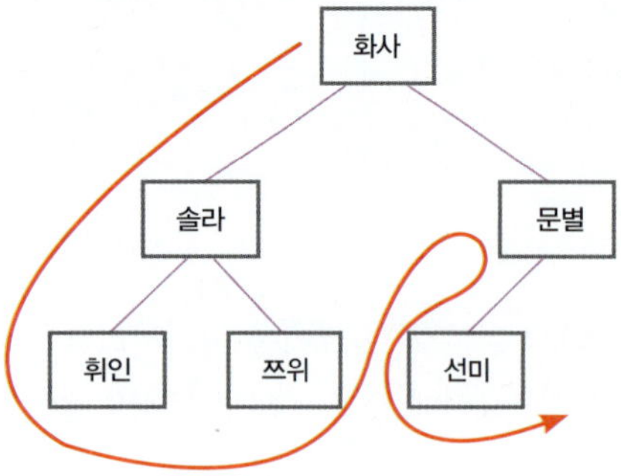

화살표 방향대로 따라가면 화사 → 솔라 → 휘인 → 쯔위 → 문별 → 선미 순서로 방문한다.

■ **중위 순회 : 왼쪽 → 루트 → 오른쪽**

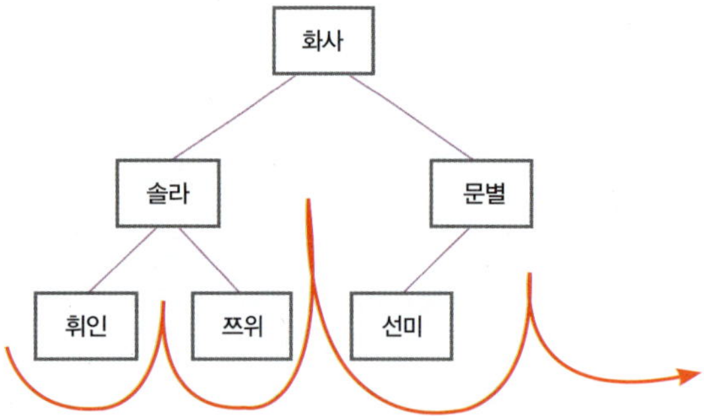

화살표 방향대로 따라가면 휘인 → 솔라 → 쯔위 → 화사 → 선미 → 문별 순서로 방문한다.

■ **후위 순회 : 왼쪽 → 오른쪽 → 루트**

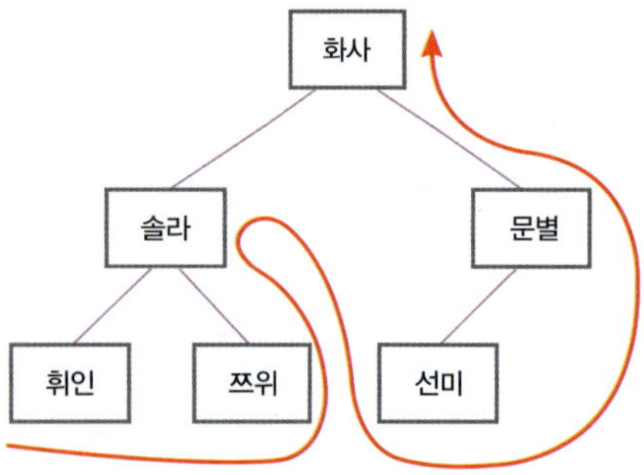

화살표 방향대로 따라가면 휘인 → 쯔위 → 솔라 → 선미 → 문별 → 화사 순서로 방문한다.

이진 트리 순회 구현

이진 트리의 순회는 스택(Stack)이나 재귀 함수(Recursion Function)를 이용해 구현할 수 있다. 스택을 이용하는 방식은 코드가 복잡하므로 재귀 함수를 이용하는 방식을 간단히 살펴보겠다. 재귀 함수는 10장에서 자세히 다루므로 일단 "자신이 자신을 호출하는 함수" 정도로만 기억하자. 그리고 코드 내용을 이해하지 못하더라도 순회 결과가 나오는 정도로만 이번 코드를 실행하고 넘어가자. 10장을 학습한 후에는 이 코드를 더 잘 이해할 수 있을 것이다.

Code08-02.cpp 이진 트리의 순회(재귀 함수 사용)

```
#include "..\CookHeader.h"

// 생략(Code08-01.cpp의 3~7행과 동일)

void preOrder(TreeNode* node) {
    if (node == NULL)
        return;
    print(node->data + "->");
    preOrder(node->left);
    preOrder(node->right);
}

void inOrder(TreeNode* node) {
    if (node == NULL)
        return;
    inOrder(node->left);
    print(node->data + "->");
    inOrder(node->right);
}

void postOrder(TreeNode* node) {
    if (node == NULL)
        return;
    postOrder(node->left);
    postOrder(node->right);
    print(node->data + "->");
}

int main() {
// 생략(Code08-01.cpp의 10~34행과 동일)

    print("전위 순회 : ");
    preOrder(root);
    println("끝");

```

```
64     print("중위 순회 : ");
65     inOrder(root);
66     println("끝");
67
68     print("후위 순회 : ");
69     postOrder(root);
70     println("끝");
71 }
```

실행 결과

```
전위 순회 : 화사-> 솔라-> 휘인-> 쯔위-> 문별-> 선미-> 끝
중위 순회 : 휘인-> 솔라-> 쯔위-> 화사-> 선미-> 문별-> 끝
후위 순회 : 휘인-> 쯔위-> 솔라-> 선미-> 문별-> 화사-> 끝
```

9~15행 전위 순회를 위한 재귀 함수다. 루트→왼쪽→오른쪽 순서로 순회한다.

17~23행 중위 순회를 위한 재귀 함수다. 왼쪽→루트→오른쪽 순서로 순회한다.

25~31행 후위 순회를 위한 재귀 함수다. 왼쪽→오른쪽→루트 순서로 순회한다.

60~70행 전위 순회→중위 순회→후위 순회 순서로 각 함수를 호출한다. 시작은 root가 가리키는 화사 노드를 기준으로 한다.

SELF STUDY 8-1

Code08-02.cpp를 수정해서 다음 그림과 같이 만들고, 전위/중위/후위 순회를 시켜 보자.

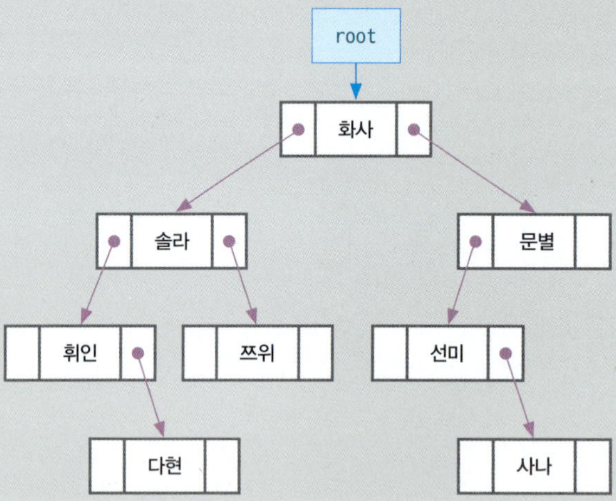

실행 결과

```
전위 순회 : 화사->솔라->휘인->다현->쯔위->문별->선미->사나->끝
중위 순회 : 휘인->다현->솔라->쯔위->화사->선미->사나->문별->끝
후위 순회 : 다현->휘인->쯔위->솔라->사나->선미->문별->화사->끝
```

SECTION 03

이진 탐색 트리의 일반 구현

1 이진 탐색 트리 생성

이진 탐색 트리(Binary Search Tree)는 이진 트리 중 활용도가 높은 트리로, 데이터 크기를 기준으로 일정 형태로 구성한다. [그림 8-12]는 이진 탐색 트리의 예로, 루트의 10 값을 기준으로 왼쪽에는 10보다 작은 값을 갖는 노드로 구성되어 있고, 오른쪽에는 10보다 큰 값을 갖는 노드로 구성되어 있다. 그리고 같은 방법으로 루트의 왼쪽 서브 트리와 오른쪽 서브 트리도 왼쪽에는 작은 값으로 구성되어 있고, 오른쪽에는 큰 값으로 구성되어 있다.

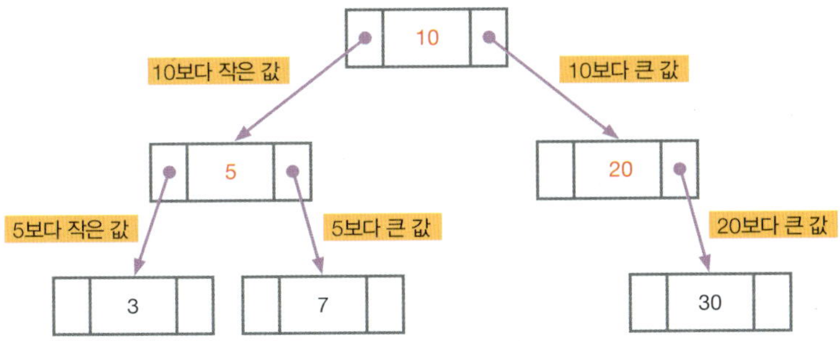

그림 8-12 이진 탐색 트리의 대표적인 형태

TIP • 이진 탐색 트리는 이진 트리의 일종이지만, 완전 이진 탐색 트리는 아니다.

정리하면 이진 탐색 트리는 다음 특징이 있다.

❶ 왼쪽 서브 트리는 루트 노드보다 모두 작은 값을 가진다.

❷ 오른쪽 서브 트리는 루트 노드보다 모두 큰 값을 가진다.

❸ 각 서브 트리도 ❶, ❷ 특징을 갖는다.

❹ 모든 노드 값은 중복되지 않는다. 즉, 중복된 값은 이진 탐색 트리에 저장할 수 없다.

앞서 데이터가 6개인 완전 이진 트리를 생성했지만 실제로는 데이터 개수가 제한적이지 않을 수 있다. 따라서 여기에서는 [그림 8-13]과 같이 루트 노드만 root 변수로 사용하고, 나머지 노드는 별도의 변수 없이 무한대 메모리에 넣는 형태로 생성할 것이다. 단 그림에는 노드가 트리 구조로 가지런히 들어 있지만, 실제로는 노드의 위치나 순서는 상관없이 서로 링크로만 연결된다.

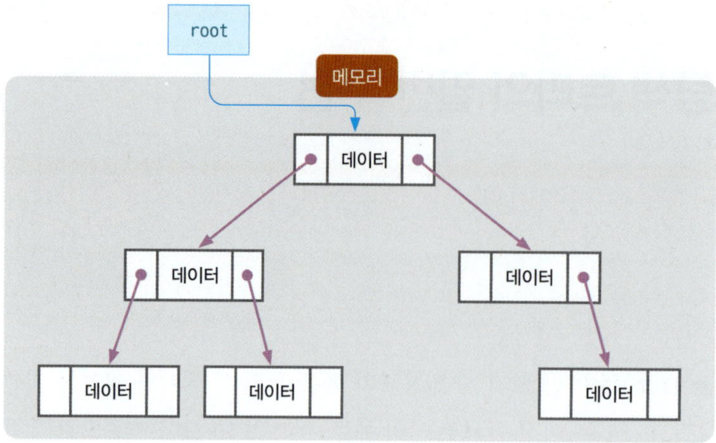

그림 8-13 생성할 이진 탐색 트리

먼저 메모리를 준비하고 root는 NULL로 초기화한다.

```
Array <TreeNode*> memory;
TreeNode* root = NULL;
```

그리고 배열에 있는 데이터를 차례대로 이진 탐색 트리에 삽입하는데, 여기에서는 다음 데이터 6개를 삽입할 것이다.

```
Array <string> nameAry = { "블랙핑크", "레드벨벳", "마마무", "에이핑크", "걸스데이", "트와이스" };
```

먼저 배열의 첫 번째 데이터를 최상위 노드로 지정한 후 다음 과정을 거친다.

```
❶ node = new TreeNode;              // 노드 생성
❷ node->data = "블랙핑크";          // 첫 데이터 입력
❸ root = node;                      // 첫 번째 노드를 루트 노드로 지정
❹ memory.push_back(node);           // 생성한 노드를 메모리에 저장
```

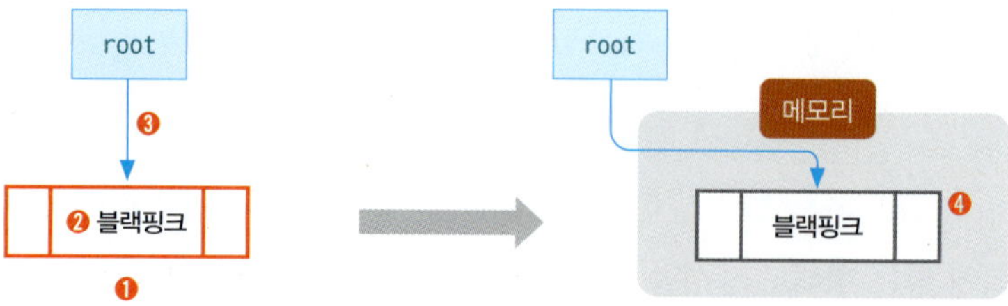

그림 8-14 첫 번째 데이터 삽입

다음 두 번째 이후 데이터를 삽입할 때는 이진 탐색 트리의 특징을 고려해야 한다. 즉, 다음과 같이 루트 노드보다 입력할 데이터가 작으면 왼쪽에 삽입하고, 크면 오른쪽에 삽입하도록 코드를 작성해야 한다.

```
   ❶ { string name = "레드벨벳";       // 두 번째 데이터
       node = new TreeNode;             // 새 노드 생성
       node->data = name;               // 새 노드에 데이터 입력
 ❷~❹ { current = root;                  // 현재 작업 노드를 루트 노드로 지정
       if (name < current->data)        // 입력할 값을 현재 작업 노드의 값과 비교
          current->left = node;         // 작으면 새 노드를 왼쪽 링크로 연결
       else
          current->right = node;        // 크면 새 노드를 오른쪽 링크로 연결
   ❺ memory.push_back(node);            // 새 노드를 메모리에 저장
```

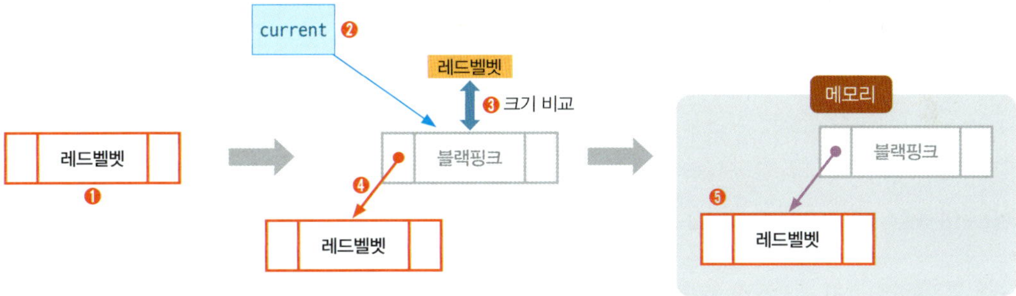

그림 8-15 두 번째 데이터 삽입

이제 이진 탐색 트리에서 데이터를 삽입하는 일반적인 형태를 알아보자. [그림 8-16]은 레벨2의 초기 상태인 이진 탐색 트리에 6 데이터를 삽입하는 과정이다.

이진 탐색 트리에서 데이터를 삽입할 때는 [그림 8-16]과 같이 삽입할 위치를 찾고자 루트부터 시작하여 다음과 같이 왼쪽 및 오른쪽 링크가 비어 있지 않는 경우를 찾아야 한다. 즉, 1단계에서 현재 작업 노드(루트 노드)인 10과 크기를 비교한 후 10보다 6이 작으므로 왼쪽 링크로 지정하려고 했으나, 이미 왼쪽 링크가 있으므로 왼쪽 링크가 가리키는 노드를 현재 작업 노드로 변경해야 한다. 2단계에서 현재 작업 노드인 8과 6을 비교한다. 8보다 6이 작으므로 왼쪽 링크로 지정하려고 했으나, 역시 이미 왼쪽 링크가 있으므로 왼쪽 링크가 가리키는 노드를 현재 작업 노드로 변경해야 한다. 3단계에서 현재 작업 노드인 3과 6을 비교한다. 3보다 6이 크고 오른쪽 링크도 비어 있으므로 4단계에서 3의 오른쪽 링크로 6을 연결했다.

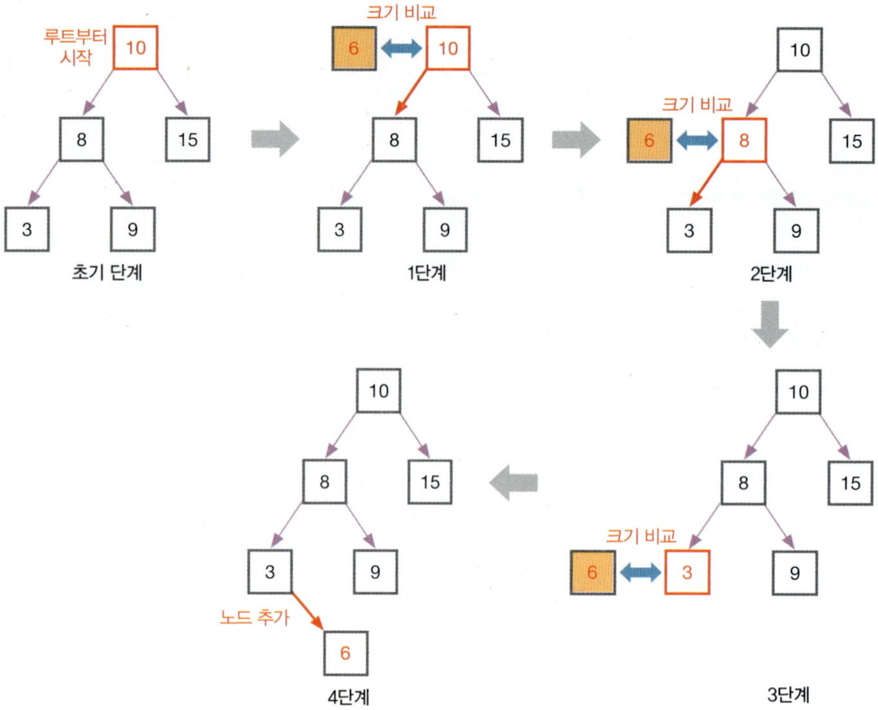

그림 8-16 레벨이 2인 이진 탐색 트리에서 6 데이터를 삽입하는 과정

[그림 8-16]과 같이 반복적으로 자리를 찾아가는 과정을 코드 형태로 구현하면 다음과 같다.

```
name = 6;                              // 위치를 찾을 새 데이터
node = new TreeNode;                   // 새 노드 생성
node->data = name;

❶current = root;                        // 루트부터 시작. 초기 단계
❷while (true) :                         // 무한 반복
    ❸if (name < current->data) {        // 1단계
        ┌if (current->left == NULL {     // 4단계
      ❹ │     current->left = node;      // 4단계
        │     break;
        └}
      ❺current = current->left;         // 2~3단계
    else {
        ┌if (current->right == NULL) {   // 4단계
      ❻ │     current->right = node;     // 4단계
        │     break;
        └}
        current = current->right;
    }
}
```

❶ 루트 노드부터 시작하여 ❷ 무한 반복한다. ❸에서 데이터 6을 현재 작업 노드의 10과 비교하니 더 작다. ❹에서 현재 작업 노드의 왼쪽 링크가 비어 있다면 거기에 새 노드를 연결하고 반복문을 종료하면 되지만 왼쪽 링크에 이미 다른 노드가 있으므로 ❺에서 현재 작업 노드를 자식 노드인 8로 지정한다. 다시 ❸을 수행하여 6을 현재 작업 노드 8과 비교하니 더 작다. 이번에도 ❹에서 현재 작업 노드의 왼쪽 링크에 이미 다른 노드가 있으므로 ❺에서 현재 작업 노드를 자식 노드인 3으로 지정한다. 다시 ❸을 수행하여 데이터 6을 현재 작업 노드 3과 비교하니 3보다 크다. ❻에서 현재 작업 노드의 오른쪽 링크가 비어 있어 오른쪽 링크에 새 노드를 연결하고 반복문을 종료한다.

이진 탐색 트리에서 데이터를 삽입하는 과정을 통합하여 Code08-03.cpp처럼 구현한다.

Code08-03.cpp 이진 탐색 트리의 삽입 작동

```
#include "..\CookHeader.h"

typedef struct _TreeNode {
    struct _TreeNode* left = NULL;
    string data;
    struct _TreeNode* right = NULL;
} TreeNode;

Array <TreeNode*> memory;
TreeNode* root = NULL;            // 루트 노드(고정)
Array <string> nameAry = {"블랙핑크", "레드벨벳", "마마무", "에이핑크", "걸스데이", "트와이스"};

void freeMemory() {               // 메모리의 모든 노드의 메모리를 해제한다.
    for (int i = 0; i < len(memory); i++)
        delete memory[i];
}

int main() {
    TreeNode* node;
    TreeNode* current;            // 현재 노드 작업용(변경)

    node = new TreeNode;
    node->data = nameAry[0];
    root = node;
    memory.push_back(node);

    for (int i = 1; i < len(nameAry); i++) {
        string name = nameAry[i];
        node = new TreeNode;
        node->data = name;

        current = root;
```

```
33         while (true) {
34             if (name < current->data) {
35                 if (current->left == NULL) {
36                     current->left = node;
37                     break;
38                 }
39                 current = current->left;
40             }
41             else {
42                 if (current->right == NULL) {
43                     current->right = node;
44                     break;
45                 }
46                 current = current->right;
47             }
48         }
49         memory.push_back(node);
50     }
51     println("이진 탐색 트리 구성 완료!");
52     freeMemory();
53 }
```

실행 결과

```
이진 탐색 트리 구성 완료!
```

11행 이름 배열을 위한 데이터를 6개 준비한다. 맨 앞에 있는 '블랙핑크'를 루트 노드의 데이터로 사용한다.

22~25행 이름 배열의 첫 번째 데이터(블랙핑크)를 루트 노드로 생성하고 메모리 공간에 넣는다.

27~50행 이름 배열의 두 번째(레드벨벳)부터 모두 처리한다.

28~30행 두번째 데이터부터 추출해서 새 노드를 생성한다.

32행 항상 루트 노드(블랙핑크)부터 시작한다. 즉, 현재 작업 노드는 항상 루트 노드부터 진행된다.

33~48행 새 노드가 자리를 찾을 때까지 무한 반복한다.

34~40행 새 노드가 현재 작업 노드보다 작으면 35행에서 현재 작업 노드의 왼쪽이 비어 있는지 확인한다. 비어 있으면 36행에서 새 노드를 현재 작업 노드의 왼쪽 링크에 연결하고 37행에서 무한 반복을 종료한다. 이름 배열에서 추출한 하나의 데이터는 완성되었다. 현재 작업 노드가 비어있지 않으면 39행에서 현재 작업 노드를 왼쪽 자식 노드로 변경한 후 33행으로 다시 올라간다.

41~47행 34~40행과 반대로 새 작업 노드가 클 때는 오른쪽 방향으로 진행한다.

49행 위치를 찾아 자리를 잡은 새 노드를 메모리 공간에 넣는다.

2 노드 검색

이진 탐색 트리에서 데이터를 검색할 때도 루트 노드부터 다음 과정을 진행한다.

```
1 if (현재 작업 노드의 데이터 == 찾을 데이터)
        탐색 종료
2 else if (현재 작업 노드의 데이터 < 찾을 데이터)
        왼쪽 서브 트리 탐색
3 else
        오른쪽 서브 트리 탐색
```

앞서 완성된 이진 탐색 트리에서 마마무를 찾는 예로 과정을 살펴보자.

1 찾고자 하는 마마무를 루트 노드의 데이터와 비교한다. 마마무가 루트 노드의 데이터보다 작아 왼쪽으로 이동한다.

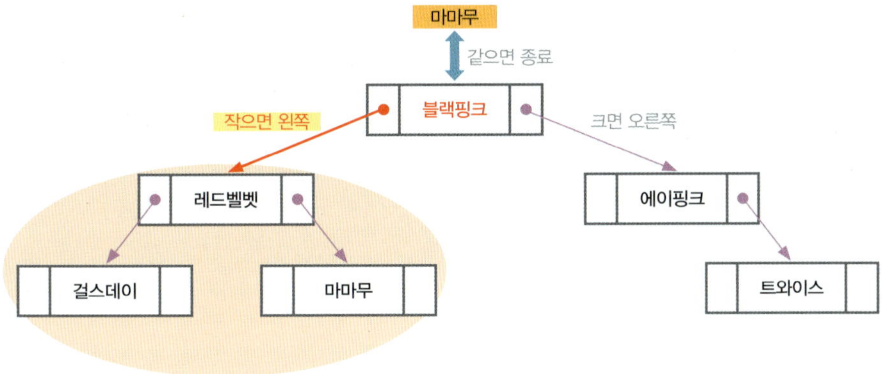

2 왼쪽 서브 트리에서도 동일하게 처리한다. 찾고자 하는 마마무가 왼쪽 서브 트리의 루트 노드보다 커 오른쪽으로 이동한다.

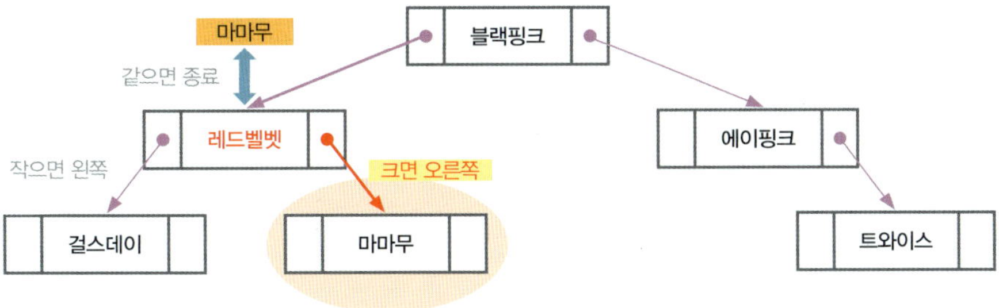

3 오른쪽 서브 트리에서도 동일하게 처리한다. 그런데 여기에서는 마마무를 찾았으므로 종료한다.

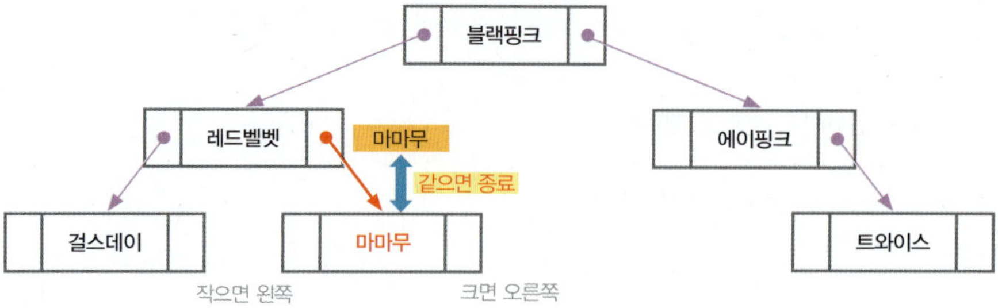

여기에서는 **1**~**3**을 거쳐 마마무를 찾았다. 하지만 못 찾는 경우도 있다. 예를 들어 바바배추를 찾는다면 **3**에서 바바배추가 마마무보다 커 오른쪽 서브 노드로 이동해야 한다. 하지만 마마무의 오른쪽 링크는 None으로 비어 있어서 찾는 데이터가 이진 탐색 트리에 없는 것으로 처리해야 한다.

따라서 이진 탐색 트리에서 데이터를 검색하는 코드를 Code08-04.cpp처럼 구현한다.

Code08-04.cpp 이진 탐색 트리의 검색 작동

```
#include "..\CookHeader.h"

// 생략(Code08-03.cpp의 3~50행까지 동일)

    string findName = "마마무";
    current = root;
    while (true) {
        if (findName == current->data) {
            println(findName + " 찾음.");
            break;
        }
        else if (findName < current->data) {
            if (current->left == NULL) {
                println(findName + " 트리에 없음.");
                break;
            }
            current = current->left;
        }
        else {
            if (current->right == NULL) {
                println(findName + " 트리에 없음.");
                break;
            }
            current = current->right;
        }
    }
    freeMemory();
}
```

실행 결과

```
마마무 찾음.
```

52행 찾고자 하는 데이터다. 트리에 없는 데이터를 넣으면 트리에 없다는 메시지가 나온다.

53행 루트부터 검색을 시작한다.

54~74행 데이터를 찾거나 못 찾을 때까지 무한 반복한다.

55~58행 데이터를 찾으면 종료한다.

59~65행 찾을 데이터가 더 작으면 64행에서 왼쪽 서브 트리를 현재 작업 노드로 변경하고 다시 진행한다. 60행에서 데이터가 더 작으나, 왼쪽 링크가 비어 있다면 데이터를 못 찾은 것이므로 메시지를 출력하고 종료한다.

66~72행 찾을 데이터가 더 클 경우다. 59~65행과 방식이 같다.

SELF STUDY 8-2

Code08-04.cpp를 수정해서 nameAry에 있지와 여자친구를 추가하자. 그리고 검색할 이름을 입력받은 후 검색하도록 하자.

실행 결과

```
찾을 그룹이름 --> 있지
있지 찾음.
찾을 그룹이름 --> 소녀시대
소녀시대 트리에 없음.
```

3 노드 삭제

이진 탐색 트리에서 데이터를 삭제할 때는 다음 세 가지 상황으로 나누어 생각해 볼 수 있다.

리프 노드(맨 아래쪽 노드) 삭제

이진 탐색 트리에서 리프 노드의 삭제는 가장 간단하다. 부모 노드의 링크를 None으로 변경하고, 현재 작업 노드를 삭제하면 된다. 즉, [그림 8-17]에서 마마무를 삭제하는 경우 마마무의 부모 노드의 링크를 None으로 변경하고 삭제한다.

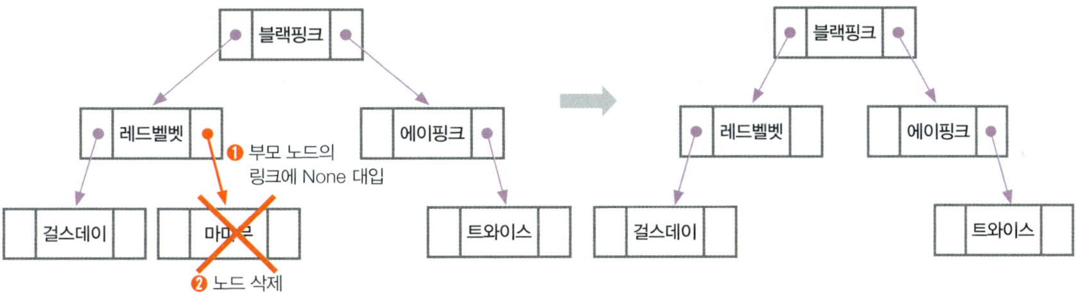

그림 8-17 리프 노드 삭제

현재 노드가 부모 노드의 왼쪽 링크인지, 오른쪽 링크인지 구분하고자 코드 형태로 구현하면 다음과 같다.

```
if (parent.left == current)         // 부모 노드 왼쪽 링크와 삭제할 노드가 같으면
    parent->left = NULL;            // 부모 노드의 왼쪽에 NULL 대입
else                                // 부모 노드 오른쪽 링크와 삭제할 노드가 같으면
    parent->right = NULL;           // 부모 노드의 오른쪽에 NULL 대입

current->data="None";               // 노드 삭제
```

자식 노드가 하나인 노드 삭제

자식 노드가 하나인 노드를 삭제할 때는 [그림 8-18]과 같이 삭제할 노드를 가리키는 부모 노드의 링크를 자식 노드로 먼저 변경한 후 해당 노드를 삭제해야 한다. 그리고 코드를 구현할 때는 왼쪽 자식 노드가 있는 경우와 오른쪽 자식 노드가 있는 경우로 나누어 생각해야 한다.

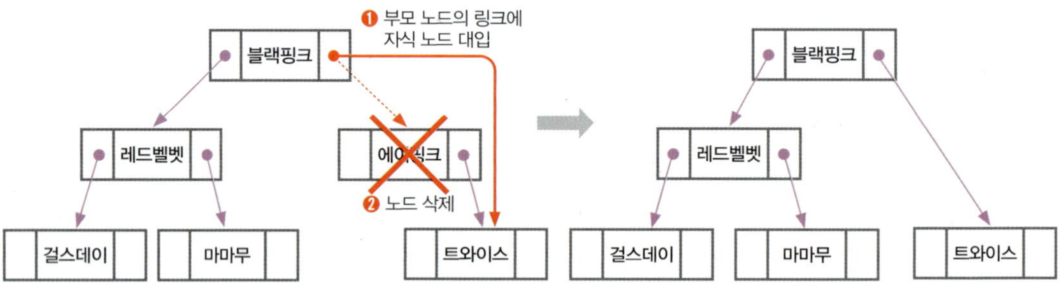

그림 8-18 자식 노드가 1개인 노드 삭제

■ 왼쪽 자식 노드가 있는 경우

```
if (parent->left == current)          // 부모 노드 왼쪽 링크와 삭제할 노드가 같으면
    parent->left = current->left;     // 부모 노드의 왼쪽 링크에 왼쪽 자식 노드 대입
else                                  // 부모 노드 오른쪽 링크와 삭제할 노드가 같으면
    parent->right = current->left;    // 부모 노드의 오른쪽 링크에 왼쪽 자식 노드 대입

current->data = "None";               // 노드 삭제
```

■ 오른쪽 자식 노드가 있는 경우

```
if (parent->left == current)          // 부모 노드 왼쪽 링크와 삭제할 노드가 같으면
    parent->left = current->right;    // 부모 노드의 왼쪽 링크에 오른쪽 자식 노드 대입
else                                  // 부모 노드 오른쪽 링크와 삭제할 노드가 같으면
    parent->right = current->right;   // 부모 노드의 오른쪽 링크에 오른쪽 자식 노드 대입

current->data = "None";               // 노드 삭제
```

자식 노드가 둘인 노드 삭제

자식 노드가 둘 있는 노드를 삭제할 때는 재귀를 사용해야 편리하다. 그런데 재귀는 10장에서 다루므로 자식 노드가 둘인 경우 삭제는 10장을 학습한 후 생각해 보자.

데이터 삭제 함수의 완성

이진 탐색 트리에서 데이터를 삭제하는 각 경우를 고려하여 코드로 구현하면 Code08-05.cpp와 같다.

Code08-05.cpp 이진 탐색 트리의 삭제 작동

```
#include "..\CookHeader.h"

// 생략 (Code08-03.cpp의 3~50행까지 동일)

    string deleteName = "마마무";
    TreeNode* parent; // 현재 노드의 부모 노드 작업용 (변경)

    current = root;
    parent = NULL;
    while (true) {
        if (deleteName == current->data) {
            if (current->left == NULL && current->right == NULL) {
                if (parent->left == current)
                    parent->left = NULL;
                else
                    parent->right = NULL;
                current->data = "None";
            }
            else if (current->left != NULL && current->right == NULL) {
                if (parent->left == current)
                    parent->left = current->left;
                else
                    parent->right = current->left;
                current->data = "None";
            }
            else if (current->left == NULL && current->right != NULL) {
                if (parent->left == current)
                    parent->left = current->right;
                else
                    parent->right = current->right;
                current->data = "None";
            }
            println(deleteName + " 삭제됨.");
            break;
        }
```

```
83          else if (deleteName < current->data) {
84              if (current->left == NULL) {
85                  println(deleteName + " 트리에 없음");
86                  break;
87              }
88              parent = current;
89              current = current->left;
90          }
91          else {
92              if (current->right == NULL) {
93                  print(deleteName + " 트리에 없음");
94                  break;
95              }
96              parent = current;
97              current = current->right;
98          }
99      }
100     freeMemory();
101 }
```

실행 결과

```
마마무 삭제됨.
```

52행 삭제하려는 데이터다. 트리에 없는 데이터를 삭제하려고 하면 트리에 없다는 메시지가 나온다.

55행 루트부터 검색을 시작한다.

53,56행 삭제하는 노드의 상위 노드를 저장할 변수다(루트는 삭제 대상이 아니므로 NULL로 초기화한다).

57~99행 데이터를 찾거나 못 찾을 때까지 무한 반복한다.

58~82행 삭제할 데이터를 찾았을 때 처리되는 부분이다.

59~65행 삭제할 노드가 리프 노드일 경우에 처리된다. 자신을 가리키던 부모 노드의 링크를 NULL로 만들고 노드를 삭제한다.

66~72행 삭제할 노드의 왼쪽 자식 노드가 있을 경우에 처리된다. 67~71행에서 부모 노드의 링크에 하위 노드의 링크를 대입한다. 그리고 노드를 삭제한다.

73~79행 삭제할 노드의 오른쪽 자식 노드가 있을 경우 처리된다.

83~98행 deleteName이 왼쪽 또는 오른쪽 서브 트리에 있는지 구분해서 진행한다.

SECTION 04 이진 탐색 트리의 응용

이진 탐색 트리는 데이터를 보관하고 검색할 때 효율적이다. 순서대로 보관하기 때문에 검색에서도 효율성이 크다. 도서관에 새로 입고된 책 정보를 이진 탐색 트리에 보관해서 검색도 할 수 있게 하자. 단 다음과 같이 책 이름과 작가 이름을 각각 이진 탐색 트리로 생성한다.

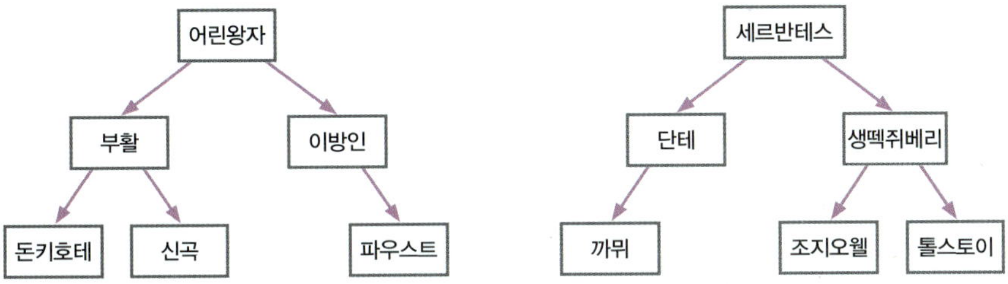

(a) 책 이름 이진 탐색 트리 (b) 작가 이름 이진 탐색 트리

그림 8-19 책 이름 및 작가 이름으로 생성한 이진 탐색 트리

책 이름 및 작가 이름 리스트는 다음과 같이 미리 준비해 놓는다. 그리고 srand( ) 및 rand( )를 활용해서 배열 내용을 랜덤하게 섞는다. ['책이름', '작가']가 한 덩어리로 섞이므로 책 이름과 작가 이름은 쌍은 변하지 않는다. bookAry 배열을 랜덤하게 섞으면 이진 탐색 트리의 구성 형태는 변할 수 있지만 검색 결과는 바뀌지 않는다.

```
Array <Array <string>> bookAry = { {"어린왕자", "생떽쥐베리"}, {"이방인", "까뮈"},
   {"부활", "톨스토이"}, {"신곡", "단테"}, {"돈키호테", "세르반테스"}, {"동물농장", "조지오웰"},
   {"데미안", "헤르만헤세"}, {"파우스트", "괴테"}, {"대지", "펄벅"} };

srand((int)time(NULL));
for (int i = 0; i < len(bookAry) * 100; i++) {  // 100회 섞음
   int n1 = rand() % len(bookAry);
   int n2 = rand() % len(bookAry);
   swap(bookAry[n1], bookAry[n2]);            // 랜덤하게 뽑은 두 위치를 교환
}
```

트리가 2개이므로 루트 노드를 저장할 변수도 2개 준비한다.

```
TreeNode *rootBook, *rootAuth;
```

책 이름 트리와 작가 이름 트리를 따로 구현한다. 기존 이진 탐색 트리를 만드는 방식과 크게 다르지 않게 Code08-06.cpp처럼 구현한다. 조금 길지만 이미 배운 코드들과 상당 부분 유사하므로 어렵지 않게 이해할 수 있을 것이다.

Code08-06.cpp 도서관 책 목록의 보관과 검색

```
#include "..\CookHeader.h"

typedef struct _TreeNode {
    struct _TreeNode* left = NULL;
    string data;
    struct _TreeNode* right = NULL;
} TreeNode;

Array <TreeNode*> memory;
TreeNode *root;
TreeNode *rootBook, *rootAuth;
Array <Array <string>> bookAry = { {"어린왕자", "생떽쥐베리"}, {"이방인", "까뮈"},
    {"부활", "톨스토이"}, {"신곡", "단테"}, {"돈키호테", "세르반테스"}, {"동물농장", "조지오웰"},
    {"데미안", "헤르만헤세"}, {"파우스트", "괴테"}, {"대지", "펄벅"} };

void freeMemory() {
    for (int i = 0; i < len(memory); i++)
        delete memory[i];
}
int main() {
    srand((int)time(NULL));     // bookAry를 랜덤하게 섞기
    for (int i = 0; i < len(bookAry) * 100; i++) {
        int n1 = rand() % len(bookAry);
        int n2 = rand() % len(bookAry);
        swap(bookAry[n1], bookAry[n2]);
    }

    TreeNode* node;
    TreeNode* current;          // 현재 노드 작업용 (변경)

    //// 책 이름 트리 ////
    node = new TreeNode;
    node->data = bookAry[0][0];
    rootBook = node;
    memory.push_back(node);

```

```
    for (int i = 1; i < len(bookAry); i++) {
        string name = bookAry[i][0];
        node = new TreeNode;
        node->data = name;

        current = rootBook;
        while (true) {
            if (name < current->data) {
                if (current->left == NULL) {
                    current->left = node;
                    break;
                }
                current = current->left;
            }
            else {
                if (current->right == NULL) {
                    current->right = node;
                    break;
                }
                current = current->right;
            }
        }
        memory.push_back(node);
    }
    println("책 이름 트리 구성 완료!");

    //// 작가 이름 트리 ////
    node = new TreeNode;
    node->data = bookAry[0][1];
    rootAuth = node;
    memory.push_back(node);

    for (int i = 1; i < len(bookAry); i++) {
        string name = bookAry[i][1];
        node = new TreeNode;
        node->data = name;

        current = rootAuth;
        while (true) {
            if (name < current->data) {
                if (current->left == NULL) {
                    current->left = node;
                    break;
                }
                current = current->left;
            }
```

```
            else {
                if (current->right == NULL) {
                    current->right = node;
                    break;
                }
                current = current->right;
            }
        }
        memory.push_back(node);
    }
    println("작가 이름 트리 구성 완료!");

    //// 책 이름 및 작가 이름 검색 ////
    string bookOrAuth, findName;
    input(bookOrAuth, "책검색(1), 작가검색(2)-->");
    input(findName, "검색할 책 또는 작가-->");

    if (bookOrAuth == "1")
        root = rootBook;
    else
        root = rootAuth;

    current = root;
    while (true) {
        if (findName == current->data) {
            println(findName + " 찾음.");
            break;
        }
        else if (findName < current->data) {
            if (current->left == NULL) {
                println(findName + " 트리에 없음.");
                break;
            }
            current = current->left;
        }
        else {
            if (current->right == NULL) {
                println(findName + " 트리에 없음.");
                break;
            }
            current = current->right;
        }
    }
    freeMemory();
}
```

실행 결과

```
책 이름 트리 구성 완료!
작가 이름 트리 구성 완료!
책검색(1), 작가검색(2)-->1
검색할 책 또는 작가-->대지
대지 찾음.
```

11행 책 이름 트리와 작가 이름 트리의 루트 노드를 각각 준비한다.

12~14행 책 이름과 작가 이름 쌍으로 되어 있는 책 배열을 미리 준비했다.

21~26행 책 배열을 랜덤하게 섞었다.

33~34행 책 배열의 첫 번째 데이터 첫 번째 항목(=책 이름)을 새 노드 데이터로 준비하고, 새 노드를 책 이름 루트 노드로 지정한다.

37~60행 두 번째 책부터 책 이름으로 이진 탐색 트리를 생성한다.

38행 [책이름, 작가이름] 배열에서 책 이름만 추출한다.

65~66행 책 배열의 첫 번째 데이터 두 번째 항목(=작가 이름)을 새 노드 데이터로 준비하고, 새 노드를 작가 이름 루트 노드로 지정한다.

69~92행 두 번째 책부터 작가 이름으로 이진 탐색 트리를 생성한다.

97~98행 책 이름 또는 작가 이름으로 검색할지 선택하고, 검색할 책 이름 또는 작가 이름을 입력받는다.

100~103행 97행에서 입력한 값에 따라 루트 노드를 책 이름 또는 작가 이름 루트 노드로 지정한다.

연습문제

1 트리에 대한 설명 ❶~❹에 알맞은 용어를 다음 중에서 고르시오.

> 레벨, 노드, 에지, 루트

> 트리의 맨 위를 [❶](이)라고 한다. [❶]을(를) [❷] 0으로 두고 나뭇잎에 해당하는 아래로 내려올수록 [❷]이(가) 1씩 증가한다. 트리에서 각 위치를 [❸](이)라고 한다. 각 [❸]은(는) [❹](으)로 연결되어 있다.

2 이진 트리를 모두 고르시오.

①

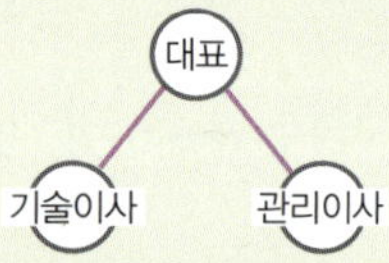

②

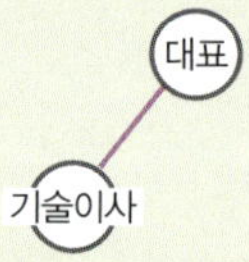

③

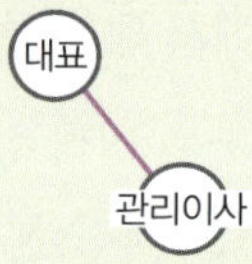

④

3 다음 중 ❶~❸ 설명에 해당하는 것을 고르시오.

> 완전 이진 트리, 포화 이진 트리, 편향 이진 트리

❶ 모든 노드가 오른쪽이나 왼쪽으로 연결된 트리다.

❷ 모든 노드가 꽉 차 있는 상태의 트리다.

❸ 번호 부여 순서로 노드가 배치된다. 노드가 일부 비어 있어도 된다.

4 이진 트리의 노드 구조에 대한 설명 중 가장 거리가 먼 것은?

① 데이터와 링크 2개로 구성되어 있다.

② 링크는 왼쪽 링크와 오른쪽 링크 두 가지다.

③ 필요한 경우 링크를 3개 이상 구성할 수도 있다.

④ 보통 왼쪽 링크, 데이터, 오른쪽 링크의 순서로 구성한다.

5 이진 트리의 순회는 전위, 중위, 후위 세 가지가 있다. 다음은 어떤 순회에 대한 설명인가?

> ❶ 왼쪽 서브 트리로 이동
>
> ❷ 오른쪽 서브 트리로 이동
>
> ❸ 현재 노드 데이터 처리

6 다음 이진 트리를 전위 순회, 중위 순회, 후위 순회한 결과를 각각 쓰시오.

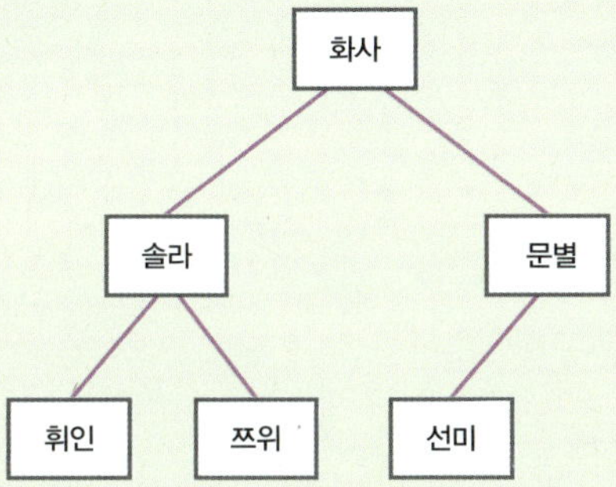

7 이진 탐색 트리의 특징과 가장 거리가 먼 것은?

① 왼쪽 서브 트리는 루트 노드보다 모두 작은 값을 가진다.

② 오른쪽 서브 트리는 루트 노드보다 모두 작은 값을 가진다.

③ 각 서브 트리도 ①, ②의 특징을 갖는다.

④ 모든 노드 값은 필요하다면 중복될 수도 있다.

8 이진 탐색 트리의 삭제 동작 중에서 재귀 함수를 사용해야 하는 경우는?

① 리프 노드(맨 아래쪽 노드)를 삭제하는 경우

② 자식 노드가 하나(왼쪽)인 노드를 삭제하는 경우

③ 자식 노드가 하나(오른쪽)인 노드를 삭제하는 경우

④ 자식 노드가 둘 있는 노드를 삭제하는 경우

연습문제

IT@COOKBOOK

9 다음은 이진 탐색 트리에서 반복적으로 자리를 찾아가는 코드다. ❶~❸에 적합한 코드를 다음에서 고르시오.

```
current = current->left
current = current->right
name < current->data
```

```
name = 6;
node = new TreeNode;
node->data = name;

current = root;
while (true) :
   if (         ❶          ) {
      if (current->left == NULL) {
         current->left = node;
         break;
      }
      (         ❷          );
   else {
      if (current->right == NULL) {
         current->right = node;
         break;
      }
      (         ❸          )
   }
}
```

10 이진 탐색 트리의 삽입 작동 코드의 일부다. ❶에 적합한 코드는?

```
node = new TreeNode;
node->data = nameAry[0];
root = node;
memory.push_back(node);

for (      ❶      ; i < len(nameAry); i++) {
    string name = nameAry[i];
    node = new TreeNode;
    node->data = name;
// 생략
```

① int i = −1

② int i = 0

③ int i = 1

④ int i = 2

응용예제 01

편의점에서 판매된 물건 목록 출력하기

난이도★★☆

예제 설명 편의점에서는 매일 다양한 물품을 판매한다. 하루에 판매하는 물건은 당연히 중복해서 여러 개 판매한다. 마감 시간에 오늘 판매된 물건 종류를 살펴볼 때는 중복된 것은 하나만 남기도록 한다. 이진 탐색 트리를 활용해서 중복된 물품은 하나만 남기자.

편의점에서 하루 판매된 물건(중복○)　　　　오늘 판매된 물건(중복×)

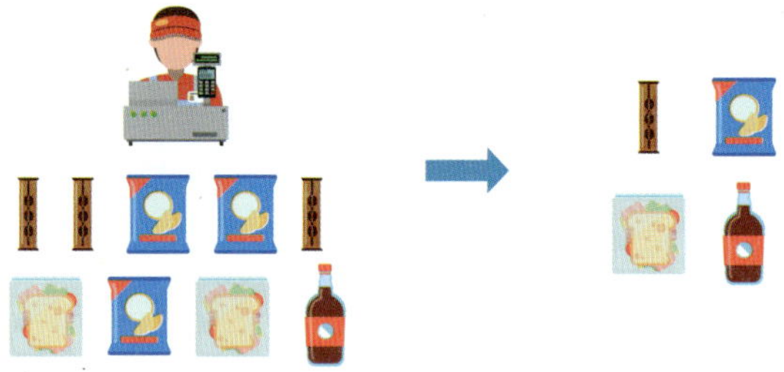

실행 결과

```
Microsoft Visual Studio 디버그 콘솔
오늘 판매된 물건(중복O) --> [ 삼다수 레쓰비캔커피 삼다수 바나나맛우유 코카콜라 삼다수 삼각김밥 코카콜라 삼다수 코카콜라
삼각김밥 바나나맛우유 코카콜라 삼각김밥 레쓰비캔커피 삼각김밥 츄파춥스 츄파춥스 삼다수 삼다수 ]

이진 탐색 트리 구성 완료!

오늘 판매된 물건(중복X) --> 삼다수  레쓰비캔커피  바나나맛우유  삼각김밥  코카콜라  츄파춥스
```

코드

```
#include "..\CookHeader.h"

typedef struct _TreeNode {
    struct _TreeNode* left = NULL;
    string data;
    struct _TreeNode* right = NULL;
} TreeNode;

Array <TreeNode*> memory;
TreeNode* root;                          // 루트 노드(고정)
Array <string> dataAry = { "바나나맛우유", "레쓰비캔커피", "츄파춥스", "도시락",
"삼다수", "코카콜라", "삼각김밥" };

void freeMemory() {
    for (int i = 0; i < len(memory); i++)
        delete memory[i];
}

void preOrder(TreeNode* node) {
    if (node == NULL)
        return;
    print(node->data + " ");
    preOrder(node->left);
```

```
    preOrder(node->right);
}

int main() {
    Array <string> sellAry;                // 랜덤하게 판매된 제품 배열
    srand(time(NULL));
    for (int i = 0; i < 20; i++) {
        int num = rand() % len(dataAry); // dataAry 중에서 하나 추출
        sellAry.push_back(dataAry[num]);
    }
    print("오늘 판매된 물건(중복O) -->");
    printArray(sellAry);

    TreeNode* node;
    TreeNode* current;                     // 현재 노드 작업용(변경)

    node = new TreeNode;
    node->data = sellAry[0];
    root = node;
    memory.push_back(node);

    for (int i = 1; i < len(sellAry); i++) {
        string name = sellAry[i];
        node = new TreeNode;
        node->data = name;

        current = root;
        while (true) {
            if (name == current->data)
                break;
            if (name < current->data) {
                if (current->left == NULL) {
                    current->left = node;
                    break;
                }
                current = current->left;
            }
            else {
                if (current->right == NULL) {
                    current->right = node;
                    break;
                }
                current = current->right;
            }
        }
        memory.push_back(node);
    }
```

```
70     println("\n이진 탐색 트리 구성 완료!");
71
72     print("\n오늘 판매된 물건(중복X) -->");
73     preOrder(root);
74     println("");
75
76     freeMemory();
77 }
```

코드 설명

11행	편의점에서 판매되는 물품 종류를 일곱 가지로 가정한다.
18~24행	재귀 호출 방식의 전위 순회 함수를 선언했다.
27~32행	물품 중에서 랜덤하게 20개를 중복해서 판매한다
34행	중복해서 판매한 물품을 출력한다.
36~69행	중복해서 판매한 물품을 이용해서 이진 탐색 트리를 생성한다.
51~52행	이미 판매한 물품일 경우에는 아무 작업도 하지 않고 그냥 넘어간다. 50행으로 올라가는 효과다. 이 두 행이 중복된 물품을 제거하는 효과를 갖는다.
68행	판매되지 않은 물품이 이진 탐색 트리에서 자리를 잡을 때마다 메모리 공간에 추가한다.
73행	전위 순회 방식으로 이진 탐색 트리가 출력된다.

응용예제 02

폴더 및 하위 폴더에 중복된 파일 이름 찾기

난이도★★★

예제 설명 특정 폴더를 지정해 해당 폴더와 그 하위 폴더에 모든 파일을 조회하여 이름이 같은 파일이 있으면 그 이름을 출력한다. 예로 C:/Program Files/Common Files 폴더와 그 하위 폴더에는 이름이 동일한 파일이 몇 개 있다. 단 여러 번 중복되더라도 한 번만 출력하자.

실행 결과

```
Microsoft Visual Studio 디버그 콘솔
C:₩Program Files₩Common Files₩ 및 그 하위 디렉터리의 중복된 파일 목록 -->
[ ₩in8 en-US ko-KR pdmui.dll tipresx.dll.mui vmciver.dll ]
```

TIP • 이 프로젝트는 C++ 언어 표준을 ISO C++17 표준으로 변경해야 한다.

❶ 비주얼 스튜디오 [솔루션 탐색기]의 프로젝트 이름(Ex08-02)에서 마우스 오른쪽 버튼을 누르고 [속성]을 선택한다.

❷ 프로젝트의 속성 창의 왼쪽에서 [구성 속성]-[일반]을 선택한다.

❸ 오른쪽의 [C++ 언어 표준]을 ISO C++17 표준(/std:c++17)으로 변경하고 [확인]을 누른다.

코드

```
#include "../CookHeader.h"
#include <filesystem>
using namespace std::filesystem;

typedef struct _TreeNode {
    struct _TreeNode* left = NULL;
    string data;
    struct _TreeNode* right = NULL;
} TreeNode;

Array <TreeNode*> memory;
TreeNode* root;                 // 루트 노드 (고정)
Array <string> fnameAry;        // 모든 파일 이름 배열
Array <string> dupFnameAry;     // 중복된 파일 이름 배열

void freeMemory() {
    for (int i = 0; i < len(memory); i++)
        delete memory[i];
}

int main() {
    // 하위 경로의 모든 폴더 이름 및 파일 이름 저장
    string folderName = "C:\\Program Files\\Common Files\\";
    for (auto& f : recursive_directory_iterator(folderName))
        fnameAry.push_back(f.path().filename().string());
```

```

    TreeNode* node;
    TreeNode* current; // 현재 노드 작업용(변경)

    node = new TreeNode;
    node->data = fnameAry[0];
    root = node;
    memory.push_back(node);

    for (int i = 1; i < len(frameAry); i++) {
        string name = fnameAry[i];
        node = new TreeNode;
        node->data = name;

        current = root;
        while (true) {
            if (name == current->data) {
                dupFnameAry.push_back(name);
                break;
            }
            if (name < current->data) {
                if (current->left == NULL) {
                    current->left = node;
                    break;
                }
                current = current->left;
            }
            else {
                if (current->right == NULL) {
                    current->right = node;
                    break;
                }
                current = current->right;
            }
        }
        memory.push_back(node);
    }

    // 중복된 파일 이름 한 개만 남김
    sortArray(dupFnameAry);
    setArray(dupFnameAry);

    println(folderName + " 및 그 하위 디렉터리의 중복된 파일 목록 -->");
    printArray(dupFnameAry);

    freeMemory();
}
```

코드 설명

2~3행	폴더의 파일 목록을 조회하기 위한 함수를 사용하기 위해서 임포트한다.
13행	지정한 폴더 및 그 하위 폴더의 파일 이름을 저장할 배열을 준비한다.
14행	중복되는 파일 이름을 저장할 배열을 준비한다.
23~25행	지정 폴더(여기에서는 C:\\Program Files\\Common Files\\)에 있는 파일 및 그 하위 폴더의 파일 목록들을 추출해서 fnameAry 배열에 저장하다. recursive_directory_iterator(지정 폴더) 함수는 지정 폴더 및 그 하위 폴더의 목록을 반환해서 f에 하나씩 저장한 후 25행을 실행한다. 결국 fnameAry에는 지정한 폴더 및 하위 폴더의 모든 파일 이름이 저장된다.
30~32행	첫 번째 파일 이름을 루트 노드로 지정한다.
35~62행	두 번째 파일 이름부터 이진 탐색 트리에 추가한다. 기존 이진 탐색 트리를 생성하는 코드와 거의 동일하다.
43행	중복된 파일 이름을 dupNameAry 배열에 계속 추가한다. 같은 파일 이름이 2회 이상 나올 수도 있으므로 여러 번 같은 파일 이름이 들어갈 수 있다.
65~66행	동일한 값을 여러 개 제거하고 하나만 남기는 코드다. sortArray(배열이름)은 배열의 내용을 정렬하고, setArray(배열이름)은 배열에 동일한 값이 연속해서 나오면 1개씩만 남긴다. 이 두 함수는 CookHeader.h에 매크로로 정의해 놓았다.
68~69행	해당 폴더에 중복된 파일 이름을 출력한다.

CHAPTER 09

그래프

학습목표

- 그래프의 개념을 파악한다.
- 그래프를 구성하는 C 언어 코드를 작성한다.
- 그래프로 활용되는 응용 프로그램을 작성한다.

SECTION

00 생활 속 자료구조와 알고리즘

서울시에서는 늦게까지 일하는 시민들을 배려하여 야간까지 운행하는 올빼미 버스를 운행하고 있다. 올빼미 버스는 서로 교차하면서 갈아탈 수도 있으며, 버스 정류장과 경로가 포함된 노선도를 서울시 웹 사이트에서 제공한다. 이렇게 버스 정류장과 여러 노선이 함께 포함된 형태가 그래프 구조다.

링크드인(Linked in)과 같은 사회 관계망 서비스의 연결도 그래프의 한 형태다.

SECTION 01

그래프의 기본

1 그래프의 개념

그래프(Graph)는 여러 노드가 서로 연결된 자료구조다. 그래프는 [그림 9-1]과 같이 루트에서 하위 노드 방향으로만 이어지는 트리와 달리 여러 노드가 연결되어 있을 수 있다.

TIP • 트리도 그래프 일종이지만, 트리와 그래프를 구현하는 코드 등이 확연히 다르기 때문에 이 둘은 별도로 생각하는 편이 더 낫다.

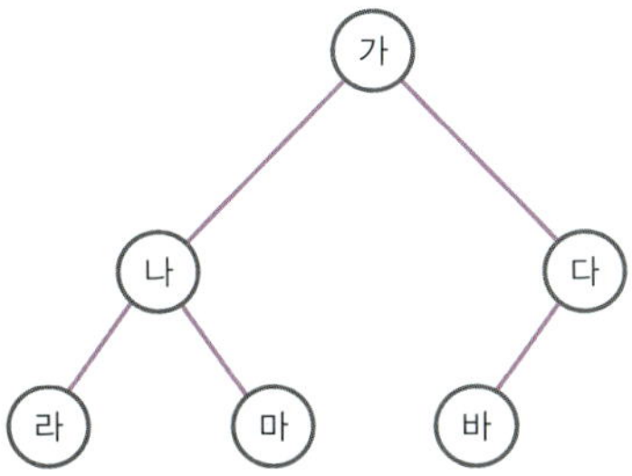

(a) 트리 예

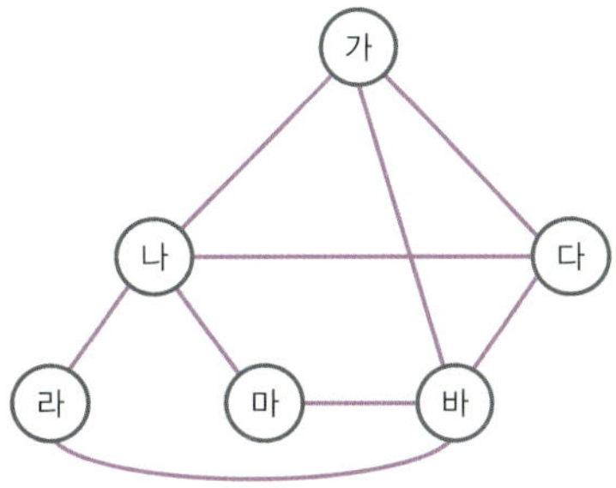

(b) 그래프 예

그림 9-1 트리와 그래프의 차이

지하철 노선도, KTX 노선도, 각 도시를 연결하는 도로망, 전기 회로 연결 상태, 인맥 관계도 등이 그래프를 활용한 예다.

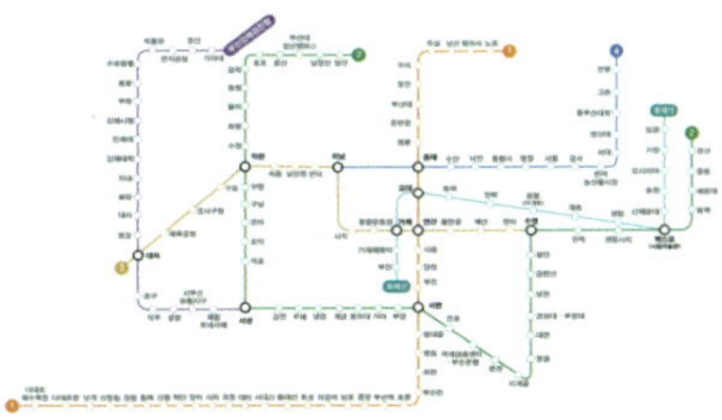

지하철 노선도(부산)

KTX 노선도

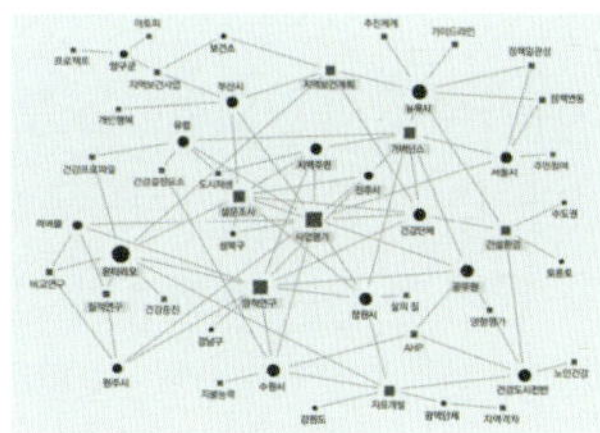

도시 도로망

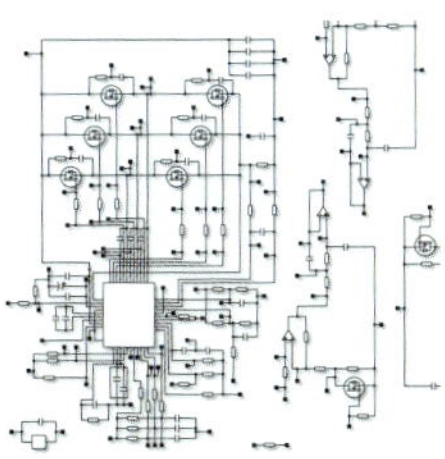

전기 회로도

인맥 관계도

그림 9-2 그래프를 활용한 다양한 예

2 그래프의 종류

그래프는 정점을 연결하는 간선의 방향성 여부에 따라 방향 그래프와 무방향 그래프로 나눈다. 간선에 가중치를 부여하여 가중치 그래프도 만들 수 있다.

무방향 그래프

트리의 노드(Node)에 해당하는 용어가 그래프에서는 정점(Vertex)이다. 정점을 연결하는 선은 간선(Edge)이므로 그래프는 정점과 간선의 집합으로 볼 수 있다. [그림 9-3]은 간단한 그래프 형태로, 간선에 방향성이 없어 무방향 그래프라고 한다.

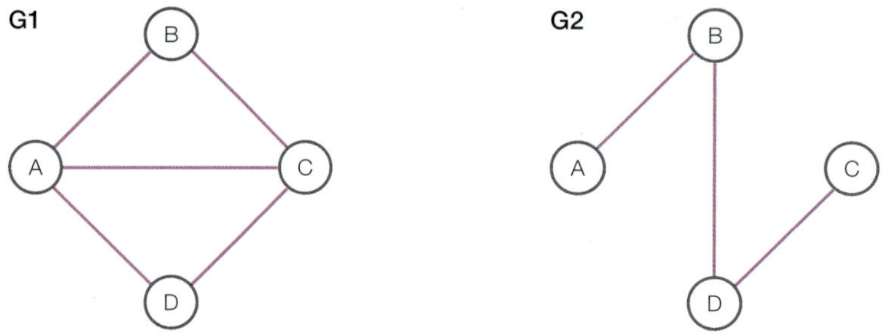

그림 9-3 무방향 그래프의 형태

그래프에서 정점은 Vertex의 V로, 간선은 Edge의 E로, 그래프는 Graph의 G로 표기한다. 따라서 정점 집합을 V(G)로, 간선 집합을 E(G)로 표기하므로 [그림 9-3]의 G1, G2 그래프의 정점 집합은 각각 다음과 같이 표현할 수 있다. 모양은 다르지만 정점 집합은 동일하다.

```
V(G1) = {A, B, C, D}
V(G2) = {A, B, C, D}
```

무방향 그래프의 간선은 연결하는 두 정점을 ( ) 괄호로 표현한다. 즉, 정점 A와 B의 간선을 (A, B)로 표현한다. [그림 9-3]과 같은 무방향 그래프는 방향이 없어 (A, B)와 (B, A)가 동일한 간선이므로, 다음과 같이 한 번만 표현하면 된다.

```
E(G1) = { (A, B), (A, C), (A, D), (B, C), (C, D) }
E(G2) = { (A, B), (B, D), (D, C) }
```

방향 그래프

방향성이 있는 방향 그래프는 [그림 9-4]와 같이 화살표로 간선 방향을 표기한다. 그래프의 정점 집합은 무방향 그래프와 같다.

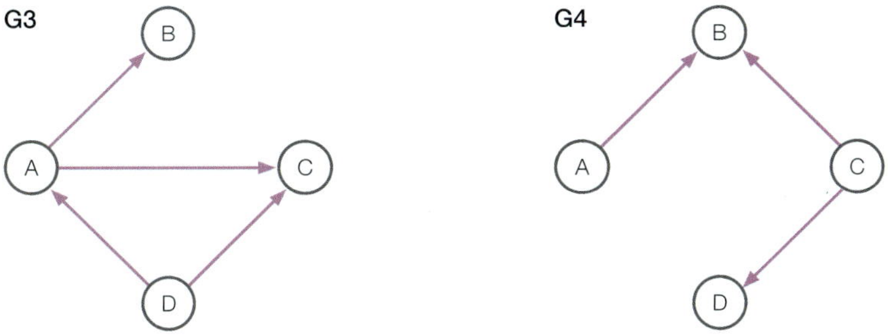

그림 9-4 **방향 그래프의 형태**

```
V(G3) = {A, B, C, D}
V(G4) = {A, B, C, D}
```

반면 방향 그래프의 간선은 연결하는 두 정점을 〈 〉로 묶어 표현한다. 즉, 정점 A와 B의 간선을 〈A, B〉로 표현한다. 그리고 간선에 방향성이 있어 〈C, D〉와 〈D, C〉는 다른 간선이므로 다음과 같이 표현한다.

```
E(G3) = { <A, B>, <A, C>, <D, A>, <D, C> }
E(G4) = { <A, B>, <C, B>, <C, D> }
```

가중치 그래프

앞서 살펴본 G1~G4 그래프는 간선의 가중치가 모두 1로 동일하기에 따로 표기하지 않았다. 간선마다 가중치가 다르게 부여된 그래프를 가중치 그래프(Weight Graph)라고 한다.

무방향 그래프와 방향 그래프에 각각 가중치를 부여한 경우 어떤 차이가 있는지 살펴보자. 예를 들어 [그림 9-5]에서 간선에 표현된 숫자를 고속도로 통행료라고 가정하자. 서울에서 대전으로 가는 경우 (a)의 무방향 가중치 그래프에서는 서울→대전(합계 : 3)으로 이동하면 되지만 (b)의 방향 가중치 그래프에서는 서울에서 대전으로 바로 갈 수 없다. 그래서 다른 파주나 춘천 방향으로 거쳐 가야 하는데, 가장 효율적인 이동이 서울→파주→춘천→대전(합계 : 7) 순서다. 서울→춘천→대전(합계 : 9) 순서는 도시를 가장 적게 거치지만 통행료가 더 많이 들기 때문이다.

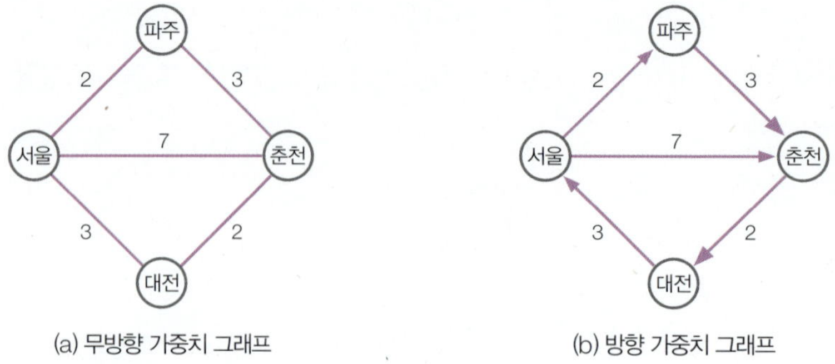

그림 9-5 가중치 그래프 예

3 그래프의 깊이 우선 탐색

원하는 데이터를 찾고자 그래프의 모든 정점을 한 번씩 방문하는 방법을 알아보자. 그래프의 모든 정점을 한 번씩 방문하는 것을 그래프 순회(Graph Traversal)라고 한다. 그래프 순회 방식은 깊이 우선 탐색(Depth First Search, DFS)과 너비 우선 탐색(Breadth First Search, BFS)이 대표적인데, 여기에서는 깊이 우선 탐색을 중심으로 살펴본다.

깊이 우선 탐색 과정을 예로 살펴보자. [그림 9-6]의 예에서는 '문별'부터 시작하여 가나다 순으로 탐색한다고 하자. 여기에서는 문별부터 시작했으나 그래프는 트리와 달리 부모와 자식 개념이 없으므로, 어떤 정점에서 시작해도 결과는 같다.

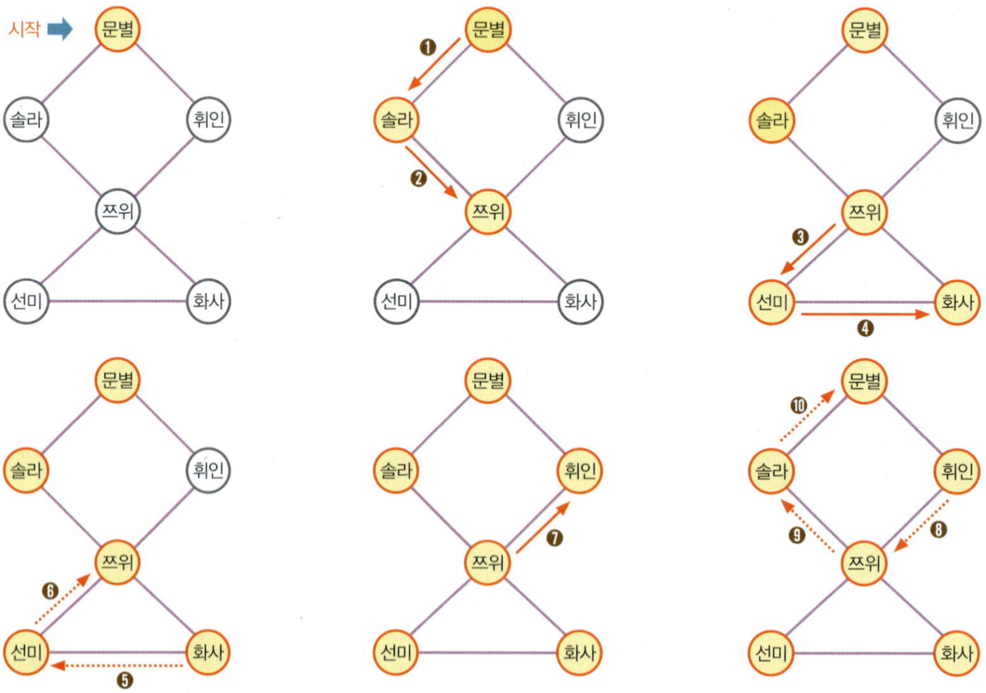

그림 9-6 깊이 우선 탐색 그래프 예 : 문별부터 시작

예에서는 문별에서 시작하여 가나다 순에 따라 솔라→쯔위 순으로 방문한다. 쯔위는 연결된 간선이 여러 개이므로 그중 선미 → 화사 순으로 방문하며 계속 깊이를 파고드는 방식으로 방문하여 화사와 연결된 정점을 모두 방문했다. 그래서 ❺와 같이 화사 이전의 선미로 돌아간다. 선미도 연결된 모든 정점을 방문했으므로 ❻과 같이 쯔위로 돌아간다. 쯔위는 자신과 연결된 정점 여러 개 중에서 방문하지 않았던 ❼과 같이 휘인을 방문한다. [그림 9-6]을 보면 모든 노드를 방문한 것으로 보이지만 그래프는 정점마다 연결된 선이 여러 개 있을 수 있기 때문에 반드시 시작 정점까지 돌아가야 한다. 따라서 ❽과 같이 휘인 이전의 쯔위로, ❾와 같이 쯔위 이전의 솔라로, ❿과 같이 솔라 이전의 문별로 돌아간 후 모든 정점의 방문이 완료된 것으로 처리된다.

4 그래프의 인접 행렬 표현

그래프를 코드로 구현할 때는 일반적으로 인접 행렬(Adjacency Matrix)을 사용한다. 인접 행렬은 정방형으로 구성된 행렬로 정점이 4개인 그래프는 4×4 인접 행렬로 표현한다. 인접 행렬은 [그림 9-7]과 같이 왼쪽에는 출발점, 위쪽에는 도착점을 표현한 후 연결되었다면 1로, 연결되지 않았다면 0으로 표시한다. 출발점과 도착점이 같은 자기 자신은 모두 0으로 표시한다. 따라서 다음과 같이 정점만 표현할 때는 출발점과 도착점이 같은 경우만 0으로 초기화된다.

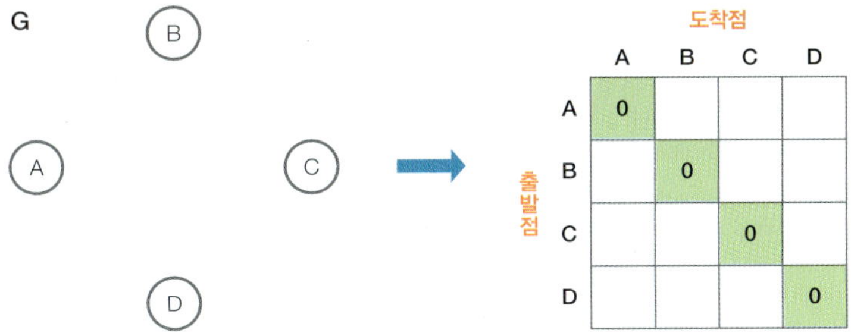

그림 9-7 정점이 4개인 그래프의 인접 행렬 초기 상태

이렇게 초기화된 인접 행렬을 사용하여 무방향 그래프 G1과 방향 그래프 G3을 표현하는 방법을 각각 살펴보자.

무방향 그래프의 인접 행렬

[그림 9-7]과 같이 초기화된 인접 행렬에 무방향 그래프 G1을 표현하는 과정은 다음과 같다.

1 출발점 A와 연결된 도착점 B, C, D의 칸을 1로 설정한다.

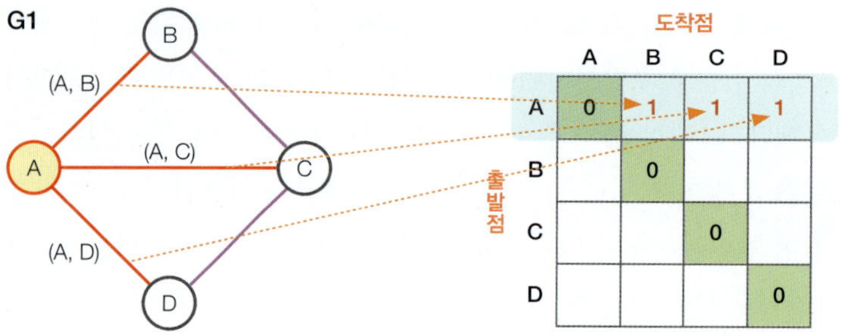

TIP • 무방향 그래프는 방향이 없기 때문에 (A, B) 대신 (B, A)로 표현해도 된다.

2 출발점 B와 연결된 도착점 A와 C의 칸을 1로 설정하고, 연결되지 않은 도착점 D는 0으로 설정한다.

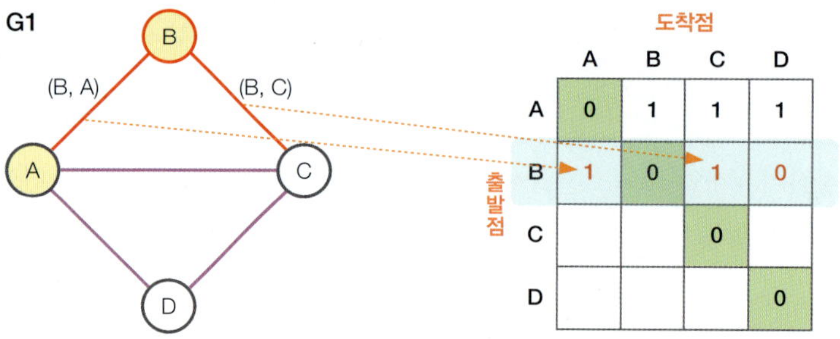

3 같은 방식으로 출발점 C와 D를 인접 행렬로 추가한다.

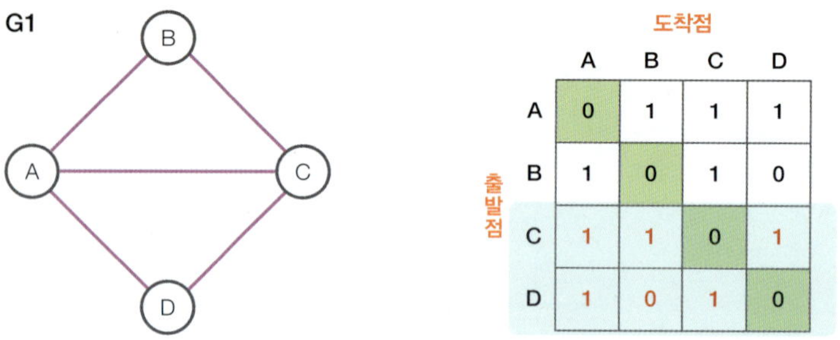

무방향 그래프는 방향성이 없으므로 출발점과 도착점을 바꾸어도 결과가 같다. 출발점 B를 기준으로 하면 B–A, B–C 두 간선이 연결되는데, 도착점 B를 기준으로 해도 A–B, C–B로 두 간선은 동일하다. 그래서 무방향 그래프의 인접 행렬은 대각선을 기준으로 서로 대칭된다는 특성이 있다.

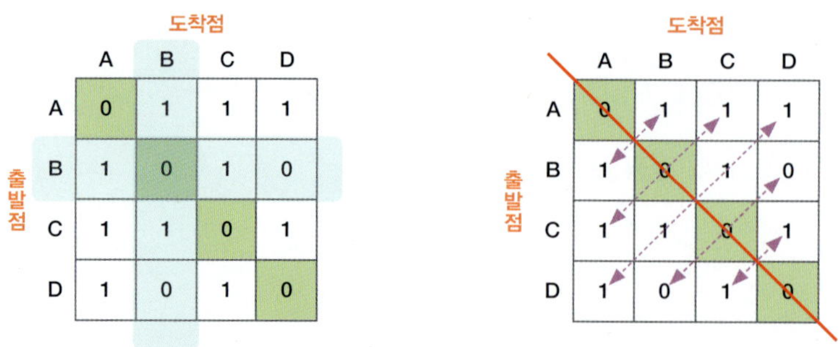

그림 9-8 무방향 그래프의 대칭 특성

방향 그래프의 인접 행렬

마찬가지로 [그림 9-7]과 같이 초기화된 인접 행렬에 앞서 예로 든 방향 그래프 G3을 표현하는 과정은 다음과 같다.

1 출발점 A에서 나가 도착점이 B, C의 칸만 1로 설정하고 나머지는 0으로 채운다.

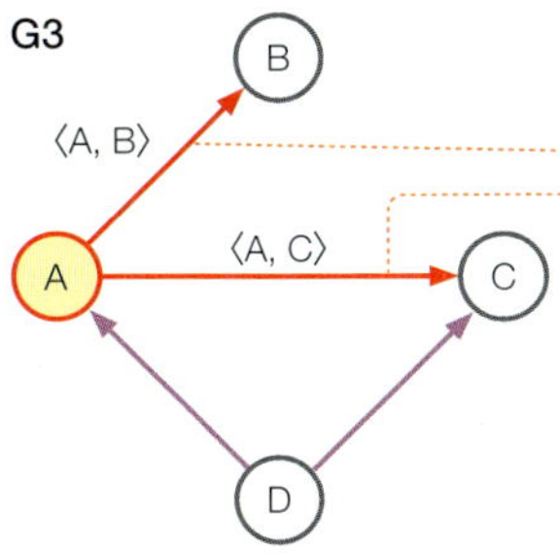

출발점 \ 도착점	A	B	C	D
A	0	1	1	0
B		0		
C			0	
D				0

2 출발점 B와 C는 나가는 곳이 없으므로 모두 0으로 채운다.

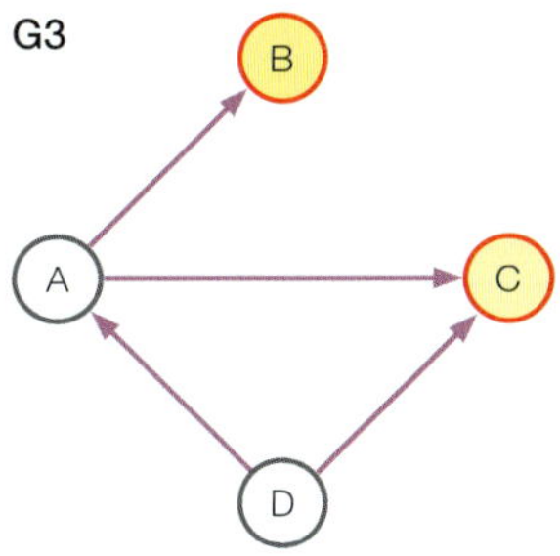

출발점 \ 도착점	A	B	C	D
A	0	1	1	0
B	0	0	0	0
C	0	0	0	0
D				0

3 출발점 D는 도착점 A와 C만 1로 설정하고 나머지는 0으로 채운다.

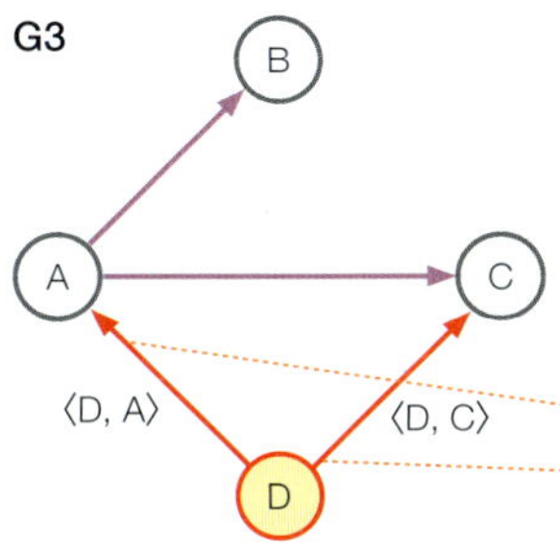

출발점 \ 도착점	A	B	C	D
A	0	1	1	0
B	0	0	0	0
C	0	0	0	0
D	1	0	1	0

이처럼 방향 그래프는 무방향 그래프와 달리 대각선을 기준으로 대칭되지 않는다. 도착점과 출발점이 대칭되지 않아 ⟨A, B⟩는 ⟨B, A⟩와 다르다.

SECTION 02 그래프의 구현

1 그래프 생성

앞서 예로 든 무방향 그래프 G1과 방향 그래프 G3을 구현해 보자. 방법은 같으므로 그래프 G1을 구현한 후 그래프 G3까지 구현된 형태로 완성할 것이다.

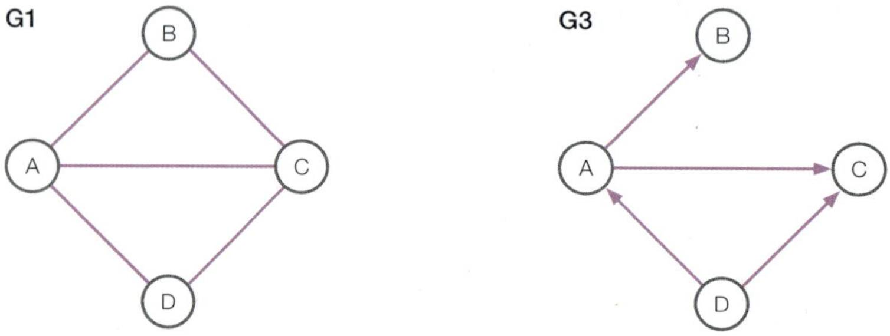

그림 9-9 구현할 무방향 그래프 G1과 방향 그래프 G3

그래프 정점 생성

그래프를 C 코드로 구현하려면, 앞서 그래프를 인접 행렬로 표현한 부분을 그대로 구현하면 된다. 인접 행렬은 2차원 배열이므로, 다음과 같이 크기를 매개 변수로 전달 받은 후에, 행과 열의 크기가 같은 2차원 배열을 반환하는 함수로 작성할 수 있다. 또한 2차원 배열을 Graph라고 typedef로 지정해서 코드의 가독성을 높였다.

```
❶ typedef Array <Array <int>> Graph;

❷ Graph initGraph(int size) {
       Graph G;
       Array <int> tmpAry;
       for (int i = 0; i < size; i++) {
  ❸       tmpAry.clear();
           for (int k = 0; k < size; k++)
               tmpAry.push_back(0);
       ❹ G.push_back(tmpAry);
       }
       return G;
   }

❺ Graph G1 = initGraph(4);
```

❶에서 2차원 정수 배열(=인접 행렬)을 Graph라는 이름으로 명명했다. ❷에서 initGraph( )함수는 매개변수로 생성될 그래프의 크기(size)를 전달 받는다. ❸은 size가 4라면 4×4 크기의 0으로 초기화된 2차원 배열의 형태인 인접 행렬을 생성한다. 최종적으로 생성한 인접 행렬을 ❹에서 반환한다. 결국 인접 행렬은 그래프와 동일한 것이다. ❺에서 생성한 G1 그래프는 아직 연결되지 않은 [그림 9-10]과 같은 그래프가 생성되는 것이다.

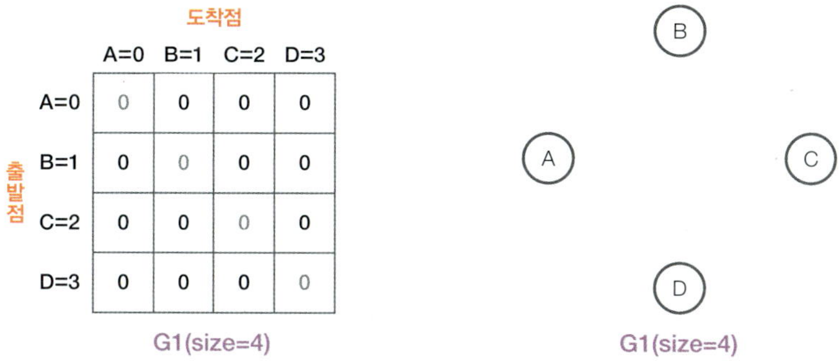

그림 9-10 정점 4개를 가진 그래프의 초기 상태(인접 행렬)와 그래프

그래프 정점 연결

코드에서는 [그림 9-10]의 왼쪽과 같이 2차원 배열 내용만 있으며, 그림에 표시한 출발점 및 도착점 A, B, C, D 이름은 개념적으로 이해하기 편리하도록 가정한 것이다. 배열의 행과 열이 첨자 0, 1, 2, 3으로 표현되지만 개념적으로는 A, B, C, D로 생각할 수 있다.

우선 정점 A와 B에 연결된 간선은 각각 다음과 같이 구현한다.

```
G1[0][1] = 1;    // (A, B) 간선
G1[0][2] = 1;    // (A, C) 간선
G1[0][3] = 1;    // (A, D) 간선
```

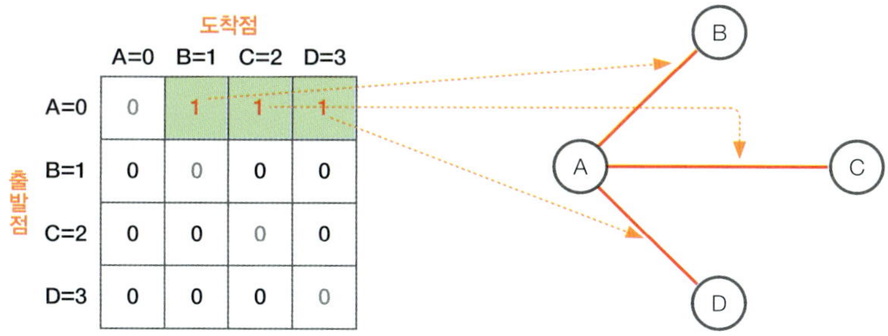

그림 9-11 정점 A와 연결된 간선 구현 코드와 결과

```
G1[1][0] = 1;    // (B, A) 간선
G1[1][2] = 1;    // (B, C) 간선
```

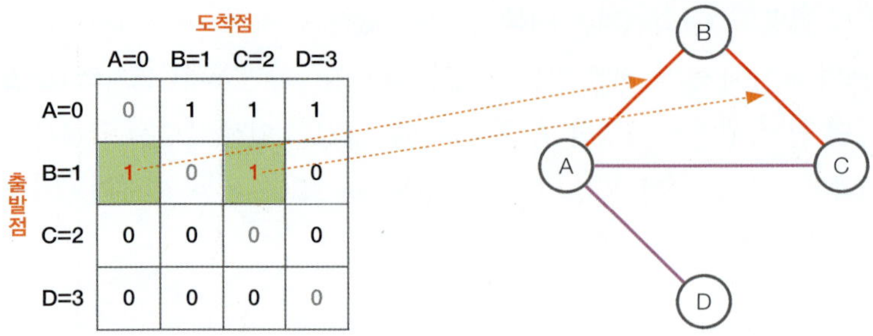

그림 9-12 정점 B와 연결된 간선 구현 코드와 결과

같은 방식으로 출발점 C와 D를 다음과 같이 연결한다.

```
G1[2][0] = 1;    // (C, A) 간선
G1[2][1] = 1;    // (C, B) 간선
G1[2][3] = 1;    // (C, D) 간선

G1[3][0] = 1;    // (D, A) 간선
G1[3][2] = 1;    // (D, C) 간선
```

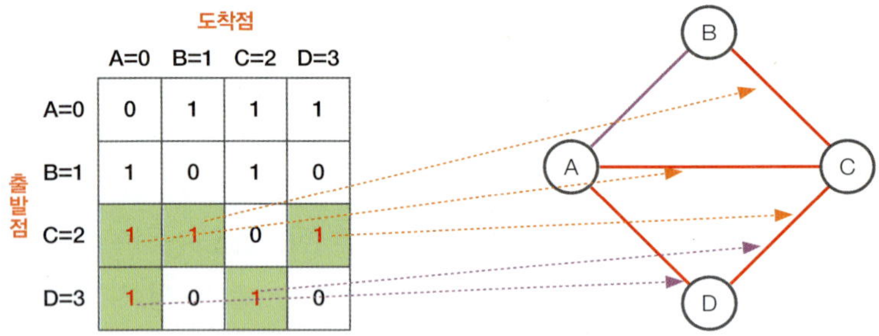

그림 9-13 정점 C 및 D와 연결된 간선 구현 코드와 결과

최종적으로 무방향 그래프 G1과 방향 그래프 G3는 Code09-01.cpp처럼 구현한다.

Code09-01.cpp 무방향 그래프 G1과 방향 그래프 G3의 구현

```
#include "..\CookHeader.h"

typedef  Array <Array <int>> Graph;
Graph initGraph(int size) {
    Graph G;
    Array <int> tmpAry;
    for (int i = 0; i < size; i++) {
        tmpAry.clear();
        for (int k = 0; k < size; k++)
                tmpAry.push_back(0);
        G.push_back(tmpAry);
    }
```

```
    return G;
}

// 전역 변수
Graph G1, G3;

int main() {
    G1 = initGraph(4);
    G1[0][1] = 1; G1[0][2] = 1; G1[0][3] = 1;
    G1[1][0] = 1; G1[1][2] = 1;
    G1[2][0] = 1; G1[2][1] = 1; G1[2][3] = 1;
    G1[3][0] = 1; G1[3][2] = 1;

    println("## G1 무방향 그래프 ##");
    for (int row = 0; row < 4; row++) {
        for (int col = 0; col < 4; col++) {
            print(G1[row][col]);
        }
        println("");
    }

    G3 = initGraph(4);
    G3[0][1] = 1; G3[0][2] = 1;
    G3[3][0] = 1; G3[3][2] = 1;

    println("## G3 방향 그래프 ##");
    for (int row = 0; row < 4; row++) {
        for (int col = 0; col < 4; col++) {
            print(G3[row][col]);
        }
        println("");
    }
}
```

실행 결과

```
## G1 무방향 그래프 ##
0 1 1 1
1 0 1 0
1 1 0 1
1 0 1 0
## G3 방향 그래프 ##
0 1 1 0
0 0 0 0
0 0 0 0
1 0 1 0
```

3행 2차원 정수 배열(=인접 행렬)을 Graph라는 이름으로 명명했다.

4~14행 initGraph() 함수는 매개변수로 생성될 그래프의 크기(size)를 전달받는다. 5~12행은 size크기의 0으로 초기화된 2차원 배열의 형태인 인접 행렬을 생성한다. 최종적으로 생성한 인접 행렬을 13행에서 반환한다.

19행 무방향 그래프로 사용할 G1 그래프를 생성한다. 간선 없이 정점만 4개 생성된다.

20~23행 [그림 9-9]에서 왼쪽 무방향 그래프의 각 정점마다 간선을 연결했다. 소스의 줄을 줄이려고 각 정점별로 같은 행에 코딩했다.

26~31행 그래프를 출력한다. 각 행별로 열을 4개씩 출력하여 결국 4×4 인접 행렬이 출력된다.

33행 무방향 그래프로 사용할 G1 그래프를 생성한다. 간선 없이 정점만 4개 생성된다.

34~35행 [그림 9-9]에서 오른쪽 방향 그래프의 각 정점마다 간선을 연결했다. 출발점 A와 D만 간선을 가지고 있다.

38~43행 그래프를 출력한다.

SELF STUDY 9-1

Code09-01.cpp를 수정해서 다음 그림과 같은 무방향 그래프가 출력되도록 하자.

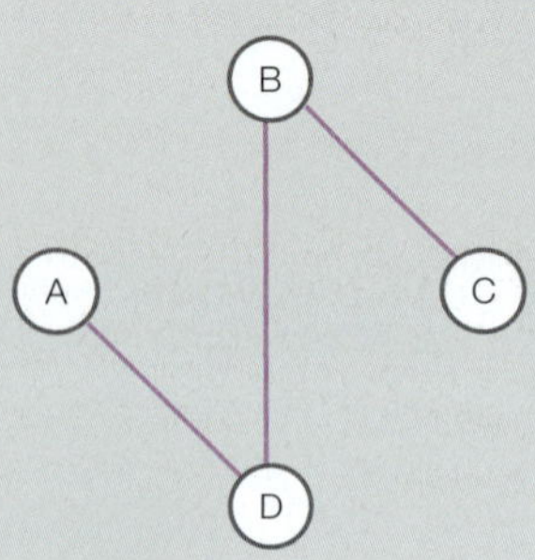

실행 결과

```
## 무방향 그래프 ##
0 0 0 1
0 0 1 1
0 1 0 0
1 1 0 0
```

그래프 개선

무방향 그래프를 인접 행렬로 구성할 때 0, 1, 2, … 숫자로 구성했다. 하지만 실제 그래프는 [9-14]와 같이 사람 이름, 도시 이름 등으로 구성하기도 한다.

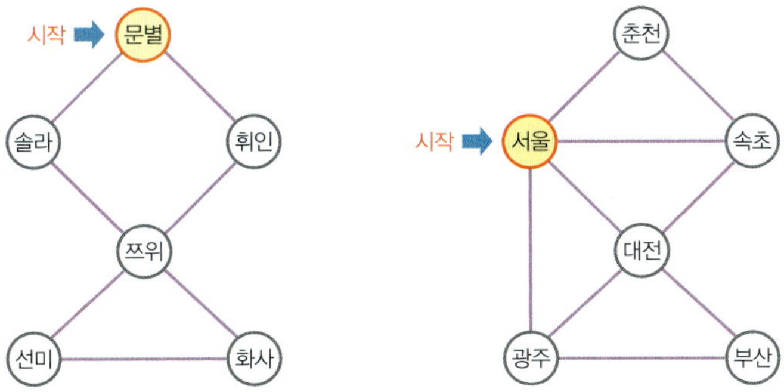

그림 9-14 그래프의 실제 형태

물론 인접 행렬은 다음과 같이 0은 문별, 1은 솔라, 2는 휘인, 3은 쯔위 등으로 가정하여 그래프를 구성할 수 있다.

```
G1[0][1] = 1; G1[0][2] = 1;
G1[1][0] = 1; G1[1][3] = 1;
```

하지만 변수 이름을 정점 번호로 지정하면 더 직관적이다. 변수 이름은 한글도 지원된다.

```
int 문별 = 0, 솔라 = 1, 휘인 = 2, 쯔위 = 3;
G1[문별][솔라] = 1; G1[문별][휘인] = 1;
G1[솔라][문별] = 1; G1[솔라][쯔위] = 1;
```

인접 행렬을 출력할 때 [그림 9-15]의 (b)와 같이 행 및 열의 주석 없이 숫자만 출력하면 실제 내용을 그래프와 비교하기 어렵다. 반면 (c)와 같이 주석을 추가하면 그래프와 비교하기가 한결 수월하다.

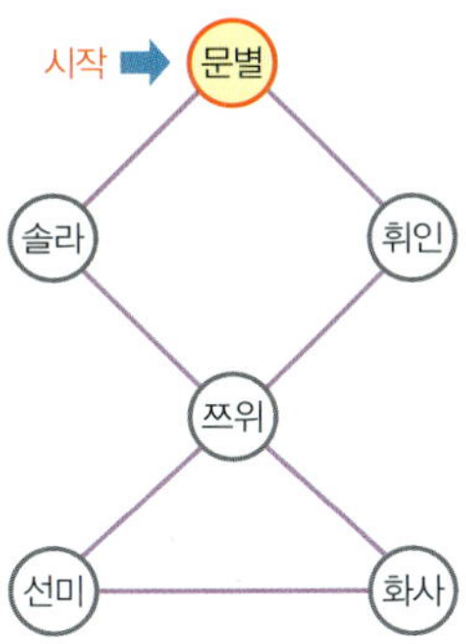

(a) 구현할 그래프

```
0  1  1  0  0  0
1  0  0  1  0  0
1  0  0  1  0  0
0  1  1  0  1  1
0  0  0  1  0  1
0  0  0  1  1  0
```

(b) 행과 열의 주석이 없는 인접 행렬

	문별	솔라	휘인	쯔위	선미	화사
문별	0	1	1	0	0	0
솔라	1	0	0	1	0	0
휘인	1	0	0	1	0	0
쯔위	0	1	1	0	1	1
선미	0	0	0	1	0	1
화사	0	0	0	1	1	0

(c) 행과 열의 주석이 있는 인접 행렬

그림 9-15 행과 열의 주석이 없는 인접 행렬과 주석이 있는 인접 행렬

[그림 9-15]의 (c)와 같이 출력하려면 코드를 다음과 같이 구현한다.

```
Array <string> nameAry= { "문별", "솔라", "휘인", "쯔위", "선미", "화사" };
print("  ");
for (int v = 0; v < len(G1); v++)
    print(nameAry[v]);
println("");
for (int row = 0; row < len(G1); row++) {
    print(nameAry[row]+" ");
    for (int col = 0; col < len(G1[row]); col++) {
        print(G1[row][col]);
        print(" ");
    }
    println("");
}
println("");
```

Code09-01.cpp에서 무방향 그래프만 [그림 9-15]의 (c)와 같이 행과 열의 주석이 있는 인접 행렬 형태로 구현하면 Code09-02.cpp와 같다.

Code09-02.cpp 개선된 무방향 그래프 G1

```
#include "..\CookHeader.h"

typedef  Array <Array <int>> Graph;
Graph initGraph(int size) {
    Graph G;
    Array <int> tmpAry;
    for (int i = 0; i < size; i++) {
        tmpAry.clear();
        for (int k = 0; k < size; k++)
            tmpAry.push_back(0);
        G.push_back(tmpAry);
    }
    return G;
}

Graph G1;
Array <string> nameAry = { "문별", "솔라", "휘인", "쯔위", "선미", "화사" };
int 문별 = 0, 솔라 = 1, 휘인 = 2, 쯔위 = 3, 선미 = 4, 화사 = 5;

void printGraph(Graph g) {
    print("  ");
    for (int v = 0; v < len(g); v++)
        print(nameAry[v]);
    println("");
```

```
25      for (int row = 0; row < len(g); row++) {
26          print(nameAry[row]+" ");
27          for (int col = 0; col < len(g[row]); col++) {
28              print(g[row][col]);
29              print(" ");
30          }
31          println("");
32      }
33      println("");
34  }
35
36  int main() {
37      int gSize = 6;
38      G1 = initGraph(gSize);
39      G1[문별][솔라] = 1; G1[문별][휘인] = 1;
40      G1[솔라][문별] = 1; G1[솔라][쯔위] = 1;
41      G1[휘인][문별] = 1; G1[휘인][쯔위] = 1;
42      G1[쯔위][솔라] = 1; G1[쯔위][휘인] = 1; G1[쯔위][선미] = 1; G1[쯔위][화사] = 1;
43      G1[선미][쯔위] = 1; G1[선미][화사] = 1;
44      G1[화사][쯔위] = 1; G1[화사][선미] = 1;
45
46      println("## G1 무방향 그래프 ##\n");
47      printGraph(G1);
48  }
```

실행 결과

```
## G1 무방향 그래프 ##

     문별 솔라 휘인 쯔위 선미 화사
문별  0    1    1    0    0    0
솔라  1    0    0    1    0    0
휘인  1    0    0    1    0    0
쯔위  0    1    1    0    1    1
선미  0    0    0    1    0    1
화사  0    0    0    1    1    0
```

20~34행 인접 행렬을 출력할 때 행과 열의 주석을 추가해서 출력하는 printGraph( ) 함수를 선언한다. 18행의 nameAry에 저장된 내용을 주석으로 사용해서 출력한다.

37행 정점 개수를 6개로 지정한다.

38~44행 그래프를 생성하고, 그래프의 간선을 연결한다. 이름을 사용해서 더 가독성을 높였다.

47행 인접 행렬을 출력한다.

2 깊이 우선 탐색 구현

깊이 우선 탐색 구현을 위한 준비

깊이 우선 탐색을 구현하려면 스택을 사용해야 한다. 방문한 정점을 스택에 푸시해 놓고, 방문할 곳이 막다른 곳이라면 스택에서 팝하는 방식을 사용한다. 그리고 기존에 방문했는지 여부를 확인하고자 방문했던 기록을 저장하는 데 배열을 사용한다.

이번에는 코드를 좀 더 간략히 하고자 별도의 top을 사용하지 않고 다음과 같이 push_back( )으로 푸시를, pop_back( )으로 팝하는 스택을 사용한다. 그리고 len( )으로 스택 길이를 확인하여 0이면 스택이 빈 것으로 처리한다.

```
Array <int> stack;
stack.push_back(값1);
int data = stack[len(stack) - 1];
stack.pop_back();

if (len(stack) == 0 )
    println("스택이 비었음");
```

push(값1) 효과 (stack.push_back(값1);)

data = pop( ) 효과 (int data = stack[len(stack) - 1]; stack.pop_back();)

visitedAry 배열에 방문 정점을 저장해서 visitedAry 배열에 해당 정점이 있다면 방문한 적이 있는 것으로 처리한다. 그리고 숫자로는 0, 1, 2, 3에 해당하지만 그림에는 정점 이름이 A, B, C, D로 표현되도록 할 것이다.

```
Array <int> visitedAry;
visitedAry.push_back(0);        // 정점 A(번호 0)를 방문하면, 방문 기록(visitedAry)에 추가
visitedAry.push_back(1);        // 정점 B(번호 1)를 방문하면, 방문 기록(visitedAry)에 추가

if (isInArray(visitedAry, 0))   // 정점 A(번호 0)가 방문 기록에 있을 때
    println("A는 이미 방문함");
```

TIP • isInArray(배열, 값)는 CookHeader.h 파일에 매크로로 정의되어 있다. '값'이 '배열'에 포함되어 있으면 true를, 그렇지 않으면 false를 반환한다. 2장에서 이미 다루었다.

그리고 방문 기록 visitedAry 배열을 출력할 때는 알파벳으로 출력하도록 변경할 것이다. 'A'는 65와 동일한 값이므로 65+0을 char로 형변환하면 65에 해당하는 문자 A를 출력한다.

```
for (int i = 0; i < len(visitedAry); i++)
    print((char)('A' + visitedAry[i]));
```

깊이 우선 탐색의 단계별 구현

[그림 9-16]과 같은 간단한 그래프를 깊이 우선 탐색하는 과정을 구현해 보자. 알파벳 순서로 방문한다고 가정하면 왼쪽 그림에서 **1**, **2**, **4**는 정점을 방문하는 이동이고 **3**, **5**, **6**은 더 이상 방문할 곳이 없어 되돌아오는 이동이다. 그래프에서 다음 정점을 찾는 과정은 인접 행렬에서 먼저 만나는 1을 찾는 과정에 해당한다.

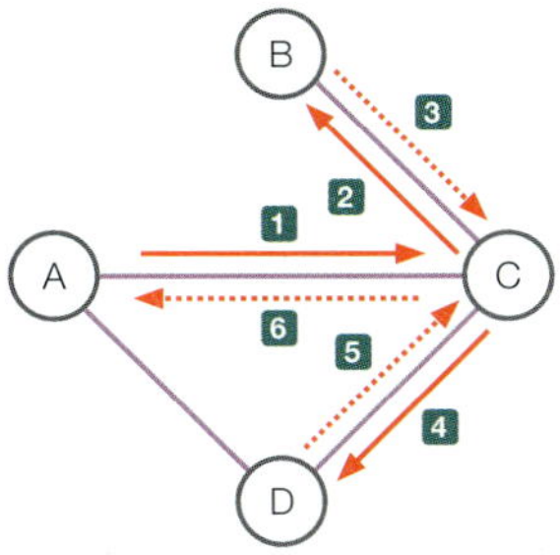

도착점 / 출발점

	A=0	B=1	C=2	D=3
A=0	0	0	1	1
B=1	0	0	1	0
C=2	1	1	0	1
D=3	1	0	1	0

그림 9-16 깊이 우선 탐색으로 탐색할 그래프

첫 번째 정점을 방문하는 것부터 시작하여 **1**~**6** 이동을 단계별로 구현해 보자.

0 첫 번째 정점 방문

❶ 현재 정점을 가리키는 current 변수에 정점 A(번호 0)를 대입한다. 그런 다음 정점 A를 ❷ 스택에 푸시하고 ❸ 방문 기록에 추가한다.

```
❶ current = 0;    // 시작 정점
❷ stack.push_back(current);
❸ visitedAry.push_back(current);
```

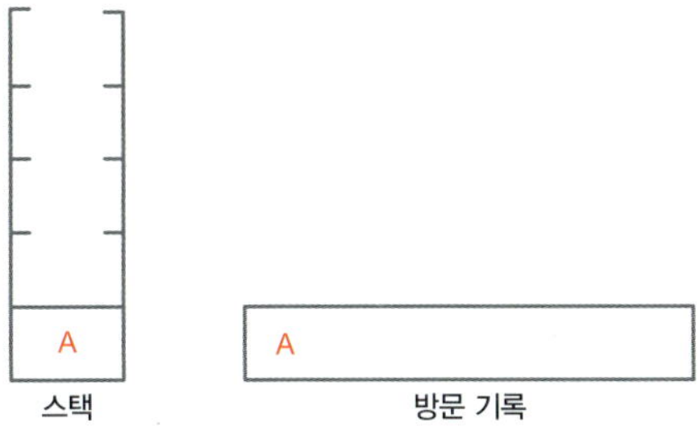

1 과정(정점 C 방문)

다음 정점을 방문하고자 ❶ 현재 정점 A에 연결된 도착점 A~D 열에서 1을 찾는다. ❷ 1이 먼저 나오는 정점 C를 다음 정점으로 설정하고 반복문을 빠져나간다. ❸ 찾은 다음 정점 C를 현재 정점(current)으로 설정하고 ❹ 스택과 방문 기록에 넣는다.

```
❶ int next = -1;
  for (int vertex = 0; vertex < 4; vertex++) {
    if (G1[current][vertex] == 1) {
  ❷   next = vertex;
      break;
    }
  }

❸ current = next;
❹ stack.push_back(current);
  visitedAry.push_back(current);
```

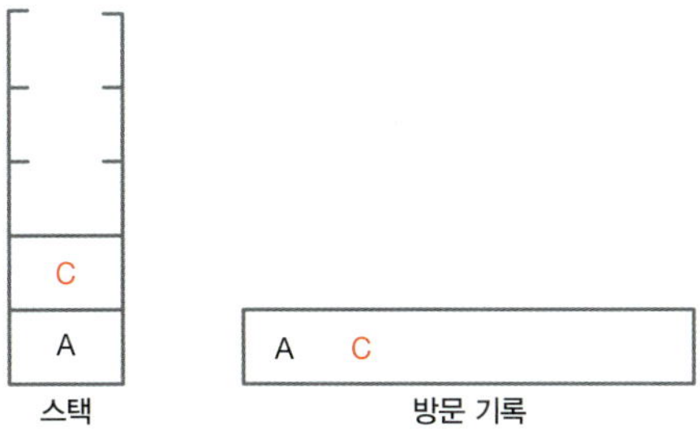

2 과정(정점 B 방문)

다음 정점을 방문하고자 ❶ 현재 정점 C와 연결된 도착점 A~D 열에서 1을 찾는다. ❷ 연결된 정점 A, B, C 중 방문한 적이 있는 정점 A를 탈락시키고 ❸ 그다음 순위인 정점 B를 방문한다. ❹ 다음 정점 B를 현재 정점으로 설정하고 ❺ 스택과 방문 기록에 넣는다.

```
   int next = -1;
   for (int vertex = 0; vertex < 4; vertex++) {
     if (G1[current][vertex] == 1) {
        if (isInArray(visitedAry, vertex)) // 방문한 적이 있는 정점이면 탈락
     ❷  { }
        else {                            // 방문한 적인 없으면 다음 정점으로 지정
❶   ❸       next = vertex;
            break;
        }
     }
   }

❹ current = next;
❺ stack.push_back(current);
   visitedAry.push_back(current);
```

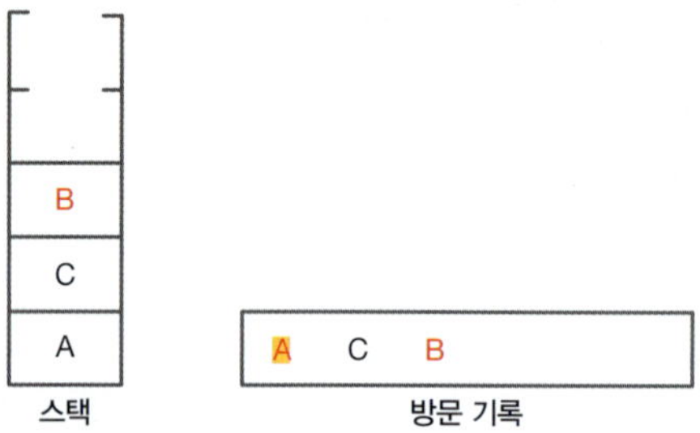

3 과정(되돌아오는 이동)

다음 정점을 방문하고자 ❶ 현재 정점 B와 연결된 도착점 A~D 열에서 1을 찾는다. ❷ 연결된 정점 C는 방문한 적이 있으므로 탈락시키고 ❸ 그다음 순위를 찾지만 ❹ 더 방문할 정점을 못 찾아 ❺ 스택에서 정점 B를 다시 팝하여 현재 정점으로 지정한다.

```
int next = -1;
for (int vertex = 0; vertex < 4; vertex++) {
    if (G1[current][vertex] == 1) {
        if (isInArray(visitedAry, vertex))    // 방문한 적이 있는 정점이면 탈락
        { }
        else {                                // 방문한 적인 없으면 다음 정점으로 지정
            next = vertex;
            break;
        }
    }
}
if (next != -1) {                             // 다음에 방문할 정점이 있는 경우
    current = next;
    stack.push_back(current);
    visitedAry.push_back(current);
}
❹ else {                                      // 다음에 방문할 정점이 없는 경우
  ❺ current = stack[len(stack) - 1];
    stack.pop_back();
}
```

4 과정(정점 D 방문)

현재 정점 B 다음으로 방문할 정점이 없어 스택에서 정점 C를 팝하여 현재 정점으로 지정한다. 정점 C와 연결된 정점 중 A와 B는 방문한 적이 있으므로 탈락시키고, 정점 D를 방문하려고 현재 정점(current)으로 설정한 후 스택과 방문 기록에 넣는다.

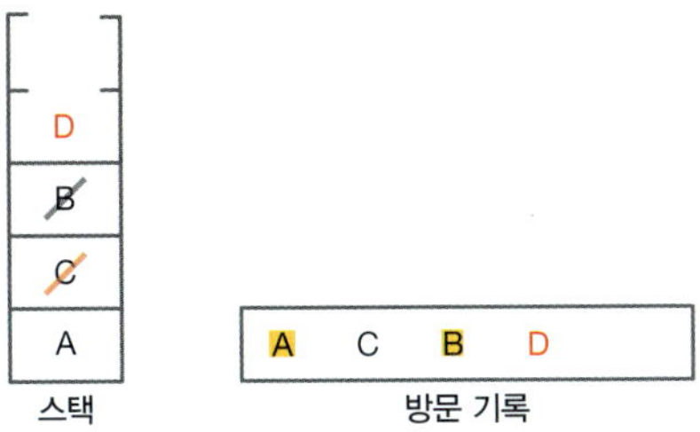

5 과정(되돌아오는 이동)

정점 D와 연결된 정점 A와 C 둘 다 방문한 적이 있어 더 방문할 정점을 못 찾아 스택에서 정점 D를 다시 팝하여 현재 정점으로 지정한다.

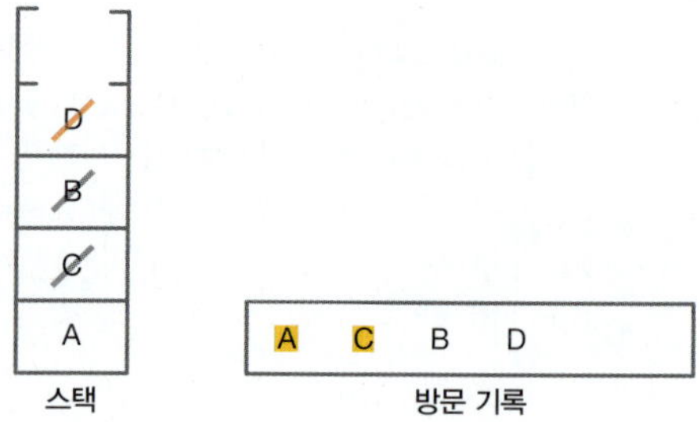

6 과정(되돌아오는 이동)

현재 정점 D 다음으로 방문할 정점이 없어 스택에서 정점 A를 팝한다. 다음 정점을 방문하기 전에 스택이 비어 있다면 모든 정점을 방문한 것이다. 반복문을 종료한다.

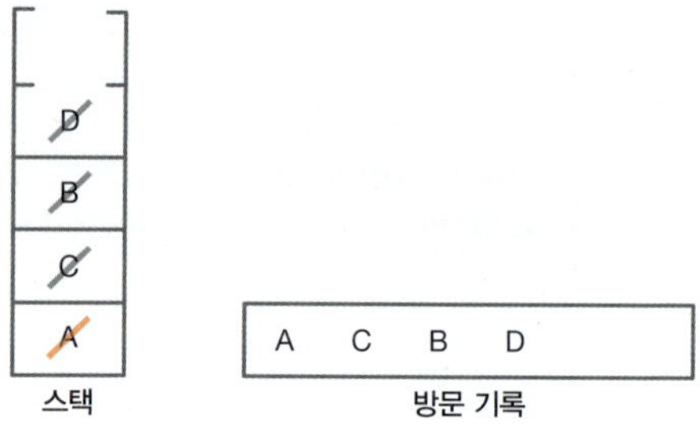

앞서 설명한 전체 코드를 확인해 보자.

Code09-03.cpp 깊이 우선 탐색의 구현

```
#include "..\CookHeader.h"

typedef  Array <Array <int>> Graph;
Graph initGraph(int size) {
     Graph G;
     Array <int> tmpAry;
     for (int i = 0; i < size; i++) {
          tmpAry.clear();
          for (int k = 0; k < size; k++)
               tmpAry.push_back(0);
          G.push_back(tmpAry);
     }
     return G;
}

Graph G1;
Array <int> stack;
Array <int> visitedAry;

int main() {
     Graph G1 = initGraph(4);
     G1[0][2] = 1; G1[0][3] = 1;
     G1[1][2] = 1;
```

```
    G1[2][0] = 1; G1[2][1] = 1; G1[2][3] = 1;
    G1[3][0] = 1; G1[3][2] = 1;

    println("## G1 무방향 그래프 ##");
    for (int row = 0; row < 4; row++) {
        for (int col = 0; col < 4; col++) {
            print(G1[row][col])
        }
        println("");
    }

    int current = 0;            // 시작 정점
    stack.push_back(current);
    visitedAry.push_back(current);

    while (len(stack) != 0) {
        int next = -1;
        for (int vertex = 0; vertex < 4; vertex++) {
            if (G1[current][vertex] == 1) {
                if ( isInArray(visitedAry, vertex) ) // 방문한 적이 있으면 탈락
                { }
                else {          // 방문한 적이 없으면 다음 정점으로 지정
                    next = vertex;
                    break;
                }
            }
        }
        if (next != -1) {       // 다음에 방문할 정점이 있는 경우
            current = next;
            stack.push_back(current);
            visitedAry.push_back(current);
        }
        else {                  // 다음에 방문할 정점이 없는 경우
            current = stack[len(stack) - 1];
            stack.pop_back();
        }
    }

    print("방문 순서-->");
    for (int i = 0; i < len(visitedAry); i++)
        print((char)('A' + visitedAry[i]));

}
```

실행 결과

```
## G1 무방향 그래프 ##
0 0 1 1
0 0 1 0
1 1 0 1
1 0 1 0
방문 순서--> A C B D
```

3~14행 그래프 함수를 선언했다.

16~18행 전역 변수를 선언했다. G1은 그래프, stack은 스택, visitedAry는 방문 배열로 사용한다.

21~25행 [그림 9-16]의 그래프를 생성한다.

27~33행 그래프(인접 행렬)를 출력한다.

35~37행 첫 번째 정점 A를 방문하고 처리한다. 스택에 A를 넣고, 방문 기록에도 A를 넣는다.

39~60행 스택에 아무것도 없을 때까지 반복한다. 스택이 비었다는 의미는 모든 정점을 방문 완료했다는 것이다.

40행 다음에 방문할 정점을 −1로 초기화한다. 51행에서 next가 계속 −1이라면 56~59행에서 스택에서 정점을 하나 팝하여 현재 정점으로 지정한다.

41~50행 현재 정점과 연결된 다른 정점을 찾는다. 찾을 정점은 0~4(그림에서는 A~D) 순서로 반복한다. 42~49행에서 인접 행렬에 1로 설정되어 있다면 43행에서 기존 방문 여부를 체크한 후 방문하지 않았다면 46행에서 다음 정점으로 지정하고, 47행에서 for 문을 종료한다. 43행의 isInArray()는 CookHeader.h에 정의되어 있다.

51~55행 다음 정점을 찾았다면, 다음 정점을 현재 정점으로 지정하고 스택과 방문 배열에 넣는다.

56~59행 다음 정점을 찾지 못했다면 스택에서 정점을 팝해서 현재 정점으로 지정한다.

62~64행 방문한 순서대로 정점을 출력한다.

SELF STUDY 9-2

Code09-03.cpp를 수정해서 다음 그림과 같은 무방향 그래프를 순회해 보자.

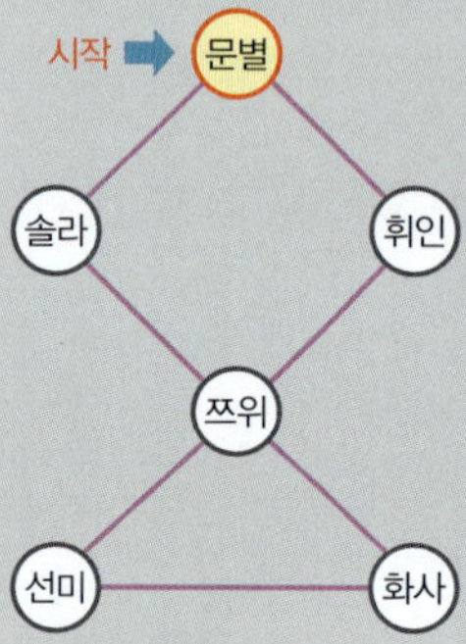

실행 결과

```
방문 순서--> 문별  솔라  쯔위  휘인  선미  화사
```

SECTION

03 그래프의 응용

그래프의 정점이 모두 연결되었는지 확인하는 함수를 작성한다. 그리고 그래프 종류 중 신장 트리 및 최소 비용 신장 트리를 살펴보고 구현 방법을 알아본다.

1 친구가 연락되는지 확인

친구들의 비상연락망에서 특정한 친구가 연락되는지 확인하는 방법을 살펴본다. 비상연락망은 [그림 9-17]의 (a)와 같이 모든 친구가 연결되어 있어야 한다. (b)와 같은 경우에는 일부 친구에게 연락할 수가 없다. 왼쪽부터 반시계 방향으로 화사, 선미와 화사, 휘인에게 연락되지 않는 경우다. 따라서 특정 친구에서 연락되는지 여부를 확인할 필요가 있다.

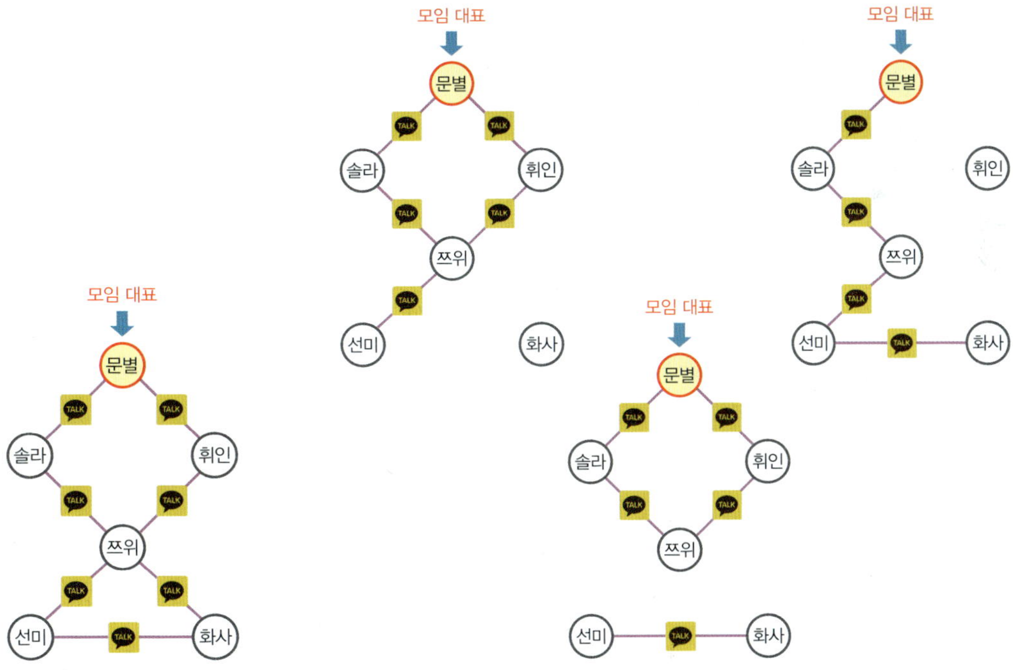

(a) 비상 연락망의 기본 형태

(b) 비상 연락망의 연결이 끊긴 경우

그림 9-17 비상 연락망 예

앞서 학습했던 그래프 순회를 활용해서 모임 대표부터 시작하여 연결된 모든 친구에게 연락해 본다. 그리고 특정 친구가 연락되었는지 여부를 확인하는 방식을 사용하자.

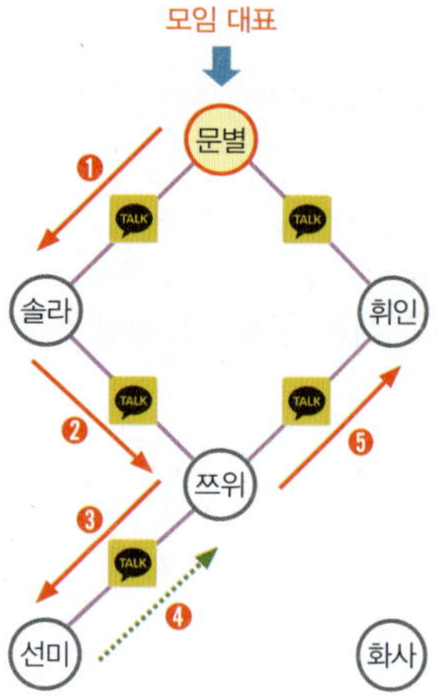

그림 9-18 비상연락망 연결이 끊긴 경우

우선 화사만 동떨어진 [그림 9-18] 그래프의 인접 행렬을 생성한다.

```
int gSize = 6;
G1 = initGraph(gSize);
G1[문별][솔라] = 1; G1[문별][휘인] = 1;
G1[솔라][문별] = 1; G1[솔라][쯔위] = 1;
G1[휘인][문별] = 1; G1[휘인][쯔위] = 1;
G1[쯔위][솔라] = 1; G1[쯔위][휘인] = 1; G1[쯔위][선미] = 1;
G1[선미][쯔위] = 1;
```

모임 대표를 시작 정점으로 하여 연결을 확인하는 코드는 Code09-03.cpp와 거의 동일하다. 시작 정점인 문별부터 방문을 시작하여 연결된 모든 친구에게 연락하고 그 결과를 visitedAry에 저장한다.

```
Array <int> stack;
Array <int> visitedAry;     // 방문한 정점

int current = 0;            // 시작 정점
stack.push_back(current);
visitedAry.push_back(current);

while (len(stack) != 0) {
    int next = -1;
    for (int vertex = 0; vertex < gSize; vertex++) {
        if (g[current][vertex] != 0) {
            if (isInArray(visitedAry, vertex))       // 방문한 적이 있으면 탈락
            {   }
```

```
            else {          // 방문한 적이 없으면 다음 정점으로 지정
                next = vertex;
                break;
            }
        }
    }
    if (next != -1) {       // 다음에 방문할 정점이 있는 경우
        current = next;
        stack.push_back(current);
        visitedAry.push_back(current);
    }
    else {                  // 다음에 방문할 정점이 없는 경우
        current = stack[len(stack) - 1];
        stack.pop_back();
    }
}
```

그런 다음 순회 결과인 visitedAry에 화사가 들어 있는지 확인하면 그래프에 연결된 상태인지 알 수 있다.

```
if (isInArray(visitedAry, 화사))
    return true;            // 연락이 됨
else
    return false;           // 연락이 안 됨
```

비상연락망에 친구가 연락되는지 여부를 findVertex( ) 함수로 작성하고 매개변수는 검색할 그래프(=인접 행렬)와 찾을 정점으로 한다. 이 함수는 Code09-05.cpp에서도 그대로 사용한다. 메인 함수에서는 [그림 9-18]의 그래프를 만들고, 모든 친구가 연락이 되는지 확인해 본다.

Code09-04.cpp 특정 정점이 그래프에 연결되어 있는지 확인하는 함수

```
#include "..\CookHeader.h"

typedef  Array <Array <int>> Graph;
Graph initGraph(int size) {
    // 생략(Code09-03.cpp의 5~13행과 동일)
}

int gSize = 6;
Graph G1;
Array <string> nameAry = { "문별", "솔라", "휘인", "쯔위", "선미", "화사" };
int 문별 = 0, 솔라 = 1, 휘인 = 2, 쯔위 = 3, 선미 = 4, 화사 = 5;
```

```

bool findVertex(Graph g, int findVtx) {
    Array <int> stack;
    Array <int> visitedAry;

    int current = 0;            // 시작 정점
    stack.push_back(current);
    visitedAry.push_back(current);

    while (len(stack) != 0) {
        int next = -1;
        for (int vertex = 0; vertex < gSize; vertex++) {
            if (g[current][vertex] != 0) {
                if (isInArray(visitedAry, vertex)) // 방문한 적이 있으면 탈락
                { }
                else {          // 방문한 적이 없으면 다음 정점으로 지정
                    next = vertex;
                    break;
                }
            }
        }
        if (next != -1) {       // 다음에 방문할 정점이 있는 경우
            current = next;
            stack.push_back(current);
            visitedAry.push_back(current);
        }
        else {                  // 다음에 방문할 정점이 없는 경우
            current = stack[len(stack) - 1];
            stack.pop_back();
        }
    }

    if (isInArray(visitedAry, findVtx))
        return true;
    else
        return false;
}

int main() {
    G1 = initGraph(gSize);
    G1[문별][솔라] = 1; G1[문별][휘인] = 1;
    G1[솔라][문별] = 1; G1[솔라][쯔위] = 1;
    G1[휘인][문별] = 1; G1[휘인][쯔위] = 1;
    G1[쯔위][솔라] = 1; G1[쯔위][휘인] = 1; G1[쯔위][선미] = 1;
    G1[선미][쯔위] = 1;
```

```
65
66     for (int name = 0; name < gSize; name++) {
67         if (findVertex(G1, name)) {
68             println(nameAry[name] + " 연락이 됨 ^^");
69         }
70         else {
71             println(nameAry[name] + " 연락이 안 됨 ㅠ");
72         }
73     }
74 }
```

실행 결과

```
문별 연락이 됨 ^^
솔라 연락이 됨 ^^
휘인 연락이 됨 ^^
쯔위 연락이 됨 ^^
선미 연락이 됨 ^^
화사 연락이 안 됨 ㅠ
```

16행 전역 변수 gSize를 6으로 설정한다.

18~19행 직관적으로 출력하기 위해서, 변수 이름을 정점 번호로 지정했다.

21~56행 그래프에 정점이 연결되어 있는지 확인하는 함수를 정의한다. g는 그래프(=인접 행렬)이며, findVtx는 찾을 정점의 번호다.

22~50행 Code09-03.cpp에서 사용한 코드와 동일하다. 방문한 정점을 visitedAry에 기록하는 기능을 한다.

52~55행 방문 기록(visitedAry)에 찾을 정점이 있으면 true, 없으면 false를 반환한다

59~64행 [그림 9-18]을 그래프로 만들었다. 화사만 연결되어 있지 않다.

66~73행 모든 이름이 연결되어 있는지 확인하고 출력한다.

2 최소 비용으로 자전거 도로 연결

최소 간선으로 모든 정점이 연결되는 그래프인 신장 트리를 이용하여 최소 비용이 들게 우리나라 각 도시를 연결하는 자전거 도로 계획을 세워 본다.

최소 신장 트리 개념

최소 비용이 들게 연결하려면 신장 트리와 최소 신장 트리 개념을 알아야 한다. 먼저 신장 트리(Spanning Tree)는 최소 간선으로 그래프의 모든 정점이 연결되는 그래프다. [그림 9-19]와 같이 정점 4개짜리 그래프 예를 들어 보자.

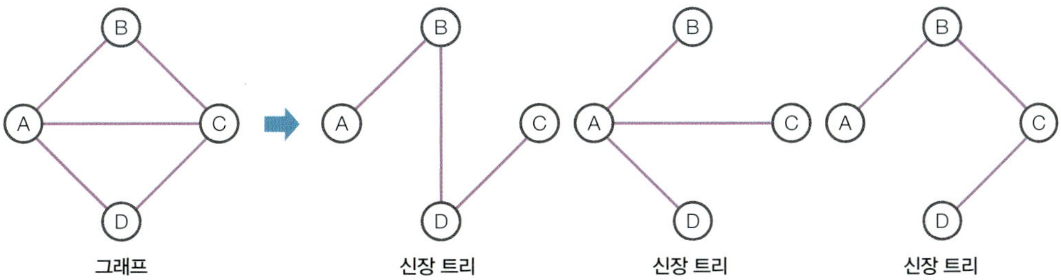

그림 9-19 그래프와 다양한 신장 트리

왼쪽 그래프는 계속 회전하는 방식으로 연결되어 있지만, 나머지 신장 트리 3개는 연결되지 않고 트리 형태로 나타난다. 그래서 신장 '그래프'가 아닌 신장 '트리'라고 한다. 신장 트리 특징은 간선 개수가 '정점 개수-1'을 갖는다. 이 예에서는 정점이 4개이므로 신장 트리는 간선이 3개로 구성된다.

그래프의 간선에 가중치가 있는 그래프를 가중치 그래프라고 한다. 간단한 가중치 그래프와 신장 트리는 [그림 9-20]과 같다.

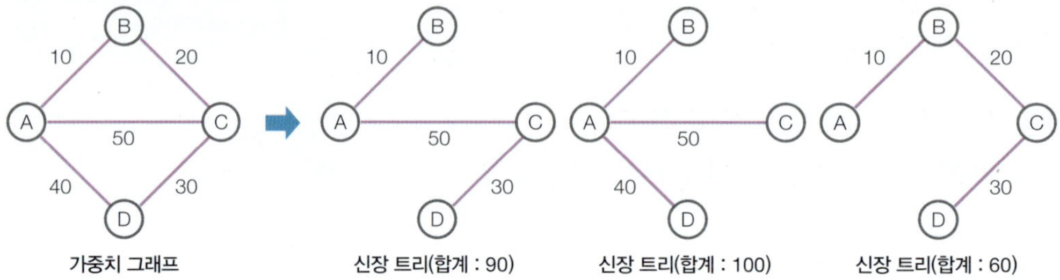

그림 9-20 가중치 그래프와 다양한 신장 트리

가중치 그래프에서 만들 수 있는 신장 트리 중 합계가 최소인 것을 최소 비용 신장 트리(Minimum Cost Spanning Tree)라고 한다. [그림 9-20]에서는 합계가 60인 오른쪽 신장 트리가 최소 비용 신장 트리가 된다.

최소 비용 신장 트리의 활용은 도시 간 도로를 건설할 때 가장 적은 비용으로 도로망을 구축하는 방법으로 활용된다. [그림 9-20]에서는 도시 A, B, C, D 4개를 도로망으로 연결한다면 간선 가중치를 도로 건설 비용으로 볼 수 있다. 신장 트리 3개 중에서 오른쪽 신장 트리가 가장 적은 비용으로 도로를 건설할 수 있다. 즉, 최소 비용 신장 트리가 비용 측면에서 가장 효율적인 도로망이 될 것이다.

이제 최소 비용 신장 트리를 활용하여 자전거 도로를 최소 비용으로 연결해 보자. 최소 비용 신장 트리를 구현하는 방법은 프림(Prim) 알고리즘, 크루스컬(Kruskal) 알고리즘 등이 있다. 여기에서는 크루스컬 알고리즘을 사용하여 구현한다.

우리나라 각 도시를 연결하는 자전거 도로 계획을 세우는 데 [그림 9-21]의 왼쪽과 같이 도시별로 연결 비용이 이미 결정되어 있다. 예로 서울과 춘천은 10억 원, 서울과 광주는 50억 원의 예산이 필요하다. 각 도시를 자전거 도로로 이동할 때 다른 도시를 거쳐서 가는 것은 상관없다. 자전거 도로를 최소 비용으로 완공했을 때는 오른쪽과 같이 완성할 수 있다.

[그림 9-21]의 왼쪽은 지금까지 다룬 그래프에 가중치를 추가한 형태이며, 오른쪽은 최소 비용 신장 트리로 구성한 상태다. 즉, 최소 비용 신장 트리를 활용하면 자전거 도로 공사에 소요되는 최소 비용을 산출할 수 있다.

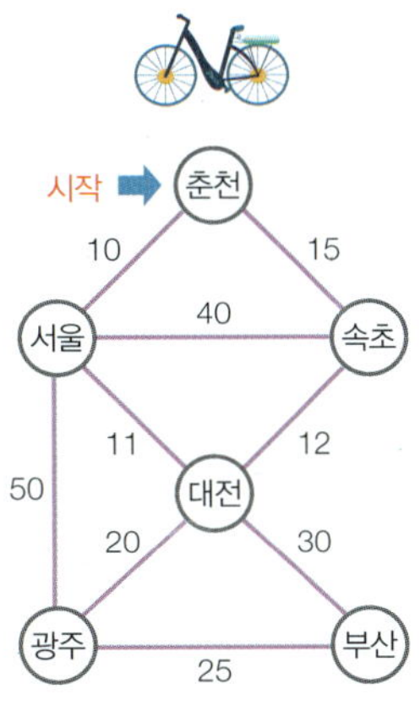

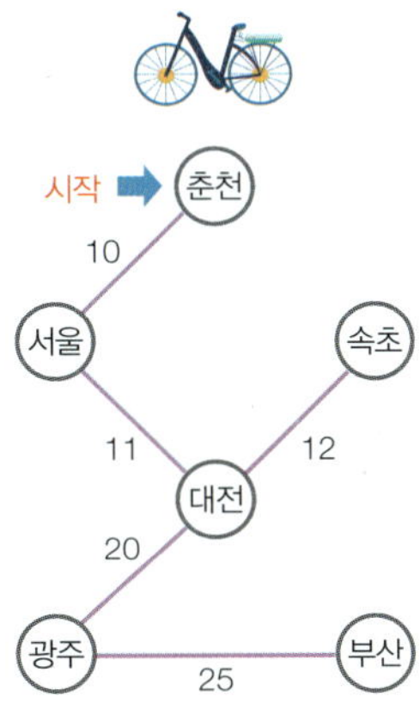

그림 9-21 각 도시별 자전거 도로 연결도

전체 자전거 도로를 위한 가중치 그래프 구현

[그림 9-21]의 왼쪽과 같이 전체 비용이 나와 있는 가중치 그래프를 구현해 보자. 가중치가 없는 무방향 그래프는 간선이 연결되면 1, 연결되지 않으면 0으로 처리했다. 반면 가중치 그래프는 간선이 연결되면 1 대신 가중치를, 연결되지 않으면 0으로 처리한다. 코드 가독성을 위해 도시 이름을 변수 이름으로 설정한다. [그림 9-22]와 같은 인접 행렬 및 그래프는 다음과 같이 작성할 수 있다.

```
Graph G1;
int gSize = 6;
Array <string> nameAry = { "춘천", "서울", "속초", "대전", "광주", "부산" };
int 춘천 = 0, 서울 = 1, 속초 = 2, 대전 = 3, 광주 = 4, 부산 = 5;

G1 = initGraph(gSize);
G1[춘천][서울] = 10; G1[춘천][속초] = 15;
G1[서울][춘천] = 10; G1[서울][속초] = 40; G1[서울][대전] = 11; G1[서울][광주] = 50;
G1[속초][춘천] = 15; G1[속초][서울] = 40; G1[속초][대전] = 12;
G1[대전][서울] = 11; G1[대전][속초] = 12; G1[대전][광주] = 20; G1[대전][부산] = 30;
G1[광주][서울] = 50; G1[광주][대전] = 20; G1[광주][부산] = 25;
G1[부산][대전] = 30; G1[부산][광주] = 25;
```

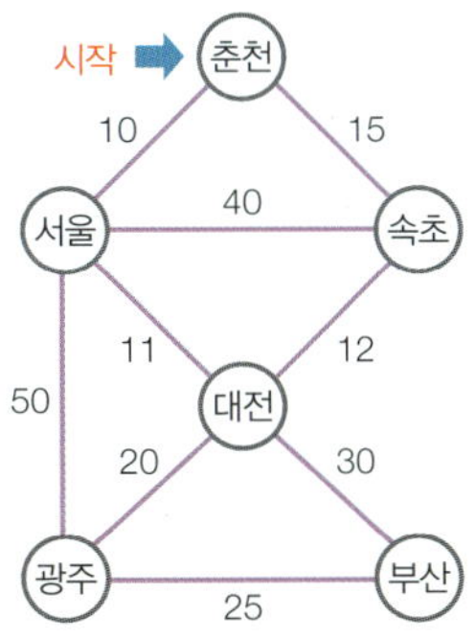

	춘천	서울	속초	대전	광주	부산
춘천	0	10	15	0	0	0
서울	10	0	40	11	50	0
속초	15	40	0	12	0	0
대전	0	11	12	0	20	30
광주	0	50	0	20	0	25
부산	0	0	0	30	25	0

그림 9-22 각 도시별 자전거 도로 연결 계획도

가중치와 간선 목록 생성

가중치와 간선을 별도 배열로 만들자. 예를 들어 가중치가 10인 서울과 춘천은 [10, 서울, 춘천] 형식으로 구성하는 코드를 작성하면, 간선이 9개인 무방향 그래프이므로 간선마다 시작점과 끝점이 교대로 [그림 9-23]과 같이 배열이 총 18개 생기고 '서울→춘천'과 '춘천→서울'은 같은 간선이다.

```
Array <Array <int>> edgeAry;
for (inti = 0; i < gSize; i++) {
    for (intk = 0; k < gSize; k++) {
        if (G1[i][k] != 0)
            edgeAry.push_back({G1[i][k], i, k});
    }
}
```

⬇

```
[[10, 춘천, 서울], [15, 춘천, 속초], [10, 서울, 춘천], [40, 서울, 속초], [11, 서울, 대전],
[50, 서울, 광주], [15, 속초, 춘천], [40, 속초, 서울], [12, 속초,대전], [11, 대전, 서울],
[12, 대전, 속초], [20, 대전, 광주], [30, 대전, 부산], [50, 광주, 서울], [20, 광주, 대전],
[25, 광주, 부산], [30, 부산, 대전], [25, 부산, 광주]]
```

그림 9-23 생성된 가중치와 간선 목록

간선 정렬

가중치를 기준으로 내림차순으로 간선을 정렬한다. 그런데 정렬할 항목이 [가중치, 출발도시, 시작도시] 형태로 되어 있다. C++의 sort( ) 함수를 사용해서 정렬한 후에, 다시 reverse( ) 함수를 역순으로 바꾸면 내림차순 정렬이 된다. 2장에서 CookHeader.h에 sort( )는 sortArray(배열) 이름으로, reverse( )는 reverseArray(배열) 이름으로 재정의해 놓았다.

정렬된 결과인 edgeAry는 다음과 같다. 가중치가 큰 간선부터 정렬되고 무방향이므로 [50, 서울, 광주]와 [50, 광주, 서울]은 동일한 간선이다.

```
sortArray(edgeAry);        // 정렬
reverseArray(edgeAry);     // 역순
```

⬇

```
[[50, 서울, 광주], [50, 광주, 서울], [40, 서울, 속초], [40, 속초, 서울], [30, 대전, 부산],
[30, 부산, 대전], [25, 광주, 부산], [25, 부산, 광주], [20, 대전, 광주], [20, 광주, 대전],
[15, 춘천, 속초], [15, 속초, 춘천], [12, 속초, 대전], [12, 대전, 속초], [11, 서울, 대전],
[11, 대전, 서울], [10, 춘천, 서울], [10, 서울, 춘천]]
```

그림 9-24 정렬된 가중치와 간선 목록

중복 간선 제거

간선 중에서 중복된 것을 제거하자. 동일한 간선이 2개씩 배치되었으므로 0번째부터 2번째, 4번째만 추출해서 새로운 배열에 저장하면 최종적으로 간선 9개가 가중치가 높은 순서로 정렬된다.

```
Array <Array <int>> newAry;
for (int i = 0; i < len(edgeAry); i += 2)
    newAry.push_back(edgeAry[i]);
```

⬇

```
[[50, 서울, 광주], [40, 서울, 속초], [30, 대전, 부산], [25, 광주, 부산], [20, 대전, 광주],
[15, 춘천, 속초], [12, 속초, 대전], [11, 서울, 대전], [10, 춘천, 서울]]
```

그림 9-25 중복을 제거한 가중치와 간선 목록

이 상태의 newAry 배열과 그래프를 표현하면 [그림 9-26]과 같다. 자전거 도로 연결망의 초기 상태다.

가중치	간선
50	서울 – 광주
40	서울 – 속초
30	대전 – 부산
25	광주 – 부산
20	대전 – 광주
15	춘천 – 속초
12	속초 – 대전
11	서울 – 대전
10	춘천 – 서울

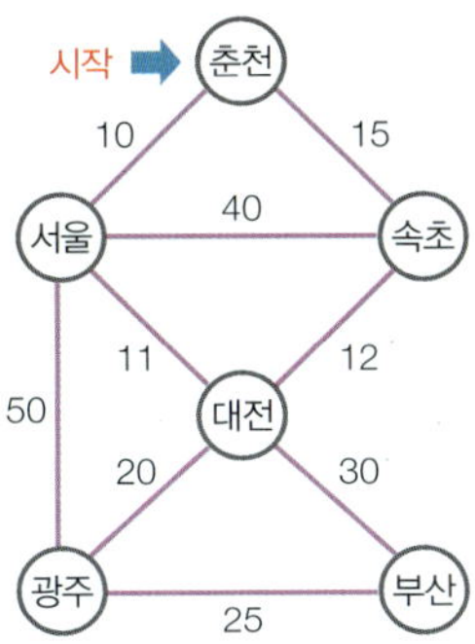

그림 9-26 가중치표와 자전거 도로 연결망

가중치가 높은 간선부터 제거

이제 가중치가 높은 간선부터 제거할 차례다. 그런데 도시를 연결할 때 모든 도시는 서로 연결되어 서로 방문이 가능해야 한다. 즉, [그림 9-27]과 같이 방문이 불가능한 경우는 허용되지 않는다.

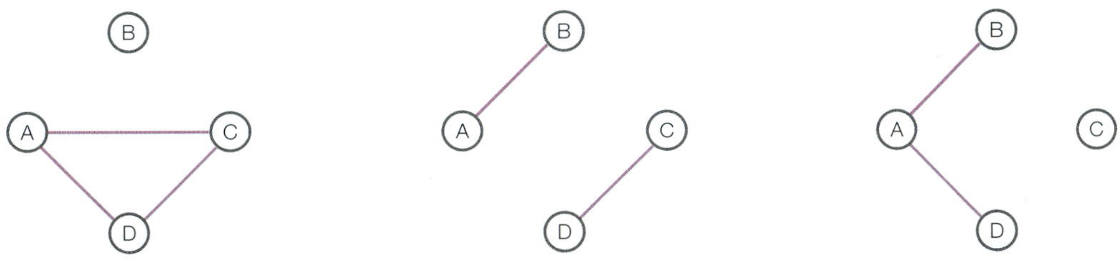

그림 9-27 도시가 연결되지 않는 것은 허용하지 않음

1 서울–광주 간선 제거

가장 가중치가 높은 서울–광주 간선은 제거해도 동떨어진 정점이 없다. 또 최소 신장 트리의 간선 개수는 '정점 개수–1(=5개)'이다. 서울–광주를 제거해도 간선이 8개 남기 때문에 완료 상태는 아니다. ❶ 가중치 배열 newAry에서 제거할 위치를 가리키는 index 변수를 서울–광주 간선이 있는 0으로 놓고, ❷ 서울–광주와 광주–서울 간선을 제거한 후 ❸ 가중치 배열에서 완전히 제거한다.

```
❶ int index = 0;

   start = newAry[index][1];          // 서울
   end = newAry[index][2];            // 광주

❷ {G1[start][end] = 0;
   G1[end][start] = 0;

❸ del(newAry, index);
```

가중치 배열(newAry)

index	가중치	간선
index ➡ 0	~~50~~	~~서울 – 광주~~
1	40	서울 – 속초
2	30	대전 – 부산
3	25	광주 – 부산
4	20	대전 – 광주
5	15	춘천 – 속초
6	12	속초 – 대전
7	11	서울 – 대전
8	10	춘천 – 서울

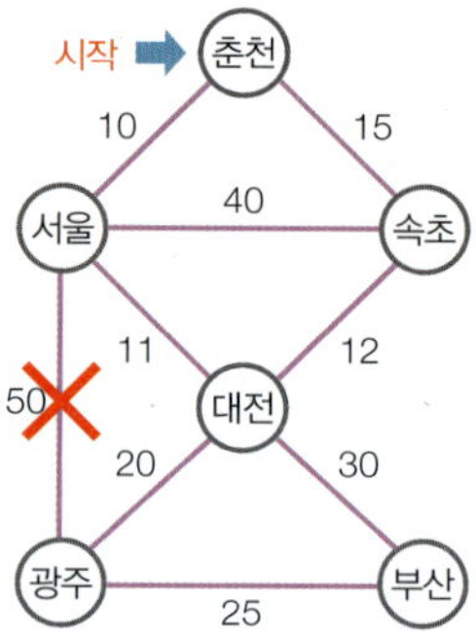

2 서울–속초 간선 제거

서울–속초 간선은 제거해도 동떨어진 정점이 없다. 또 최소 신장 트리의 간선 개수는 '정점 개수–1(=5개)'이다. 서울–속초를 제거해도 간선이 7개 남기 때문에 아직 완료 상태는 아니다. ❶ 가중치 배열 newAry에서 제거할 위치를 가리키는 index 변수를 서울–속초 간선이 있는 0으로 놓고, ❷ 서울–속초와 속초–서울 간선을 제거한 후 ❸ 가중치 배열에서 완전히 제거한다.

```
❶ int index = 0;

   start = newAry[index][1];          // 서울
   end = newAry[index][2];            // 속초

❷ {G1[start][end] = 0;
   G1[end][start] = 0;

❸ del(newAry, index);
```

가중치 배열(newAry)

index	가중치	간선
	~~50~~	~~서울 – 광주~~
index ➡ 0	~~40~~	~~서울 – 속초~~
1	30	대전 – 부산
2	25	광주 – 부산
3	20	대전 – 광주
4	15	춘천 – 속초
5	12	속초 – 대전
6	11	서울 – 대전
7	10	춘천 – 서울

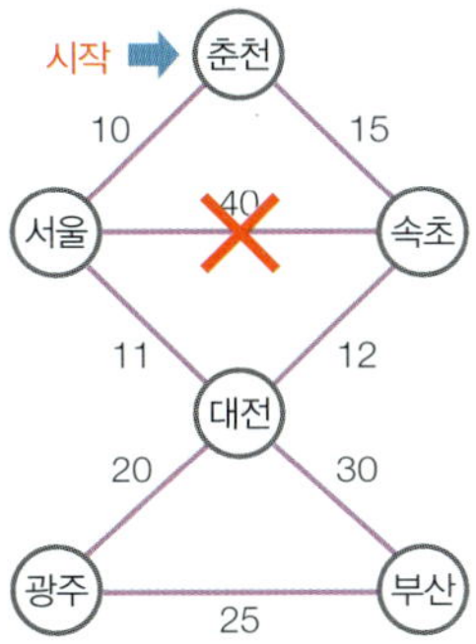

3 대전 – 부산 간선 제거

대전–부산 간선은 제거해도 동떨어진 정점이 없다. 또 최소 신장 트리의 간선 개수는 '정점 개수–1(=5개)'이다. 대전–부산을 제거해도 간선이 6개 남기 때문에 아직 완료 상태는 아니다. ❶ 가중치 배열 newAry에서 제거할 위치를 가리키는 index 변수를 대전–부산 간선이 있는 0으로 놓고, ❷ 대전–부산과 부산–대전 간선을 제거한 후 ❸ 가중치 배열에서 완전히 제거한다.

```
❶ int index = 0;

   start = newAry[index][1];          // 대전
   end = newAry[index][2];            // 부산

  {G1[start][end] = 0;
❷ {G1[end][start] = 0;

❸ del(newAry, index);
```

가중치 배열(newAry)

index	가중치	간선
	~~50~~	~~서울 – 광주~~
	~~40~~	~~서울 – 속초~~
index ➡ 0	~~30~~	~~대전 – 부산~~
1	25	광주 – 부산
2	20	대전 – 광주
3	15	춘천 – 속초
4	12	속초 – 대전
5	11	서울 – 대전
6	10	춘천 – 서울

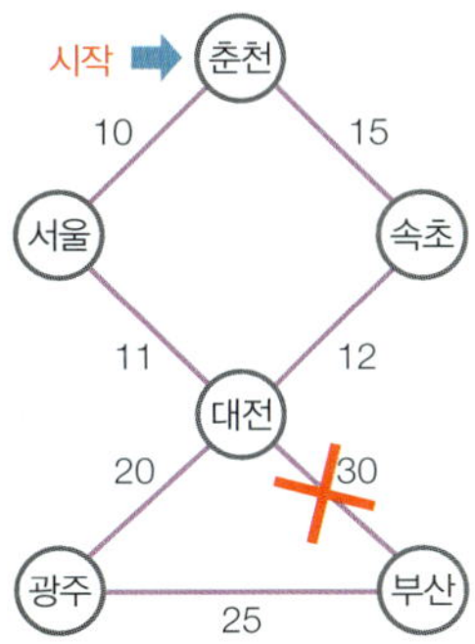

4 광주 – 부산 간선의 제거 시도와 원상 복구

광주–부산 간선은 제거하면 부산이 동떨어진 정점이 된다. 그러므로 광주–부산 간선 제거를 취소하고 index 변수를 다음 칸으로 옮겨야 된다. ❶ 가중치 배열 newAry에서 제거할 위치를 가리키는 index 변수는 현재 광주–부산 간선이 있는 0이다. ❷ 복구를 대비하여 saveCost 변수에 기존 가중치를 저장해 놓는다. ❸ 광주–부산, 부산–광주 간선을 제거한 후 ❹ Code09–04.cpp에서 작성했던 findVertex( ) 함수를 이용하여 제거된 각 정점(광주, 부산)이 기존 그래프와 동떨어졌는지 체크한다. ❺ 둘 중 하나라도 그래프와 동떨어졌다면 저장해 놓은 가중치 saveCost로 간선을 복구한다. 그리고 ❻ 가중치 배열 newAry에서 index를 1 증가시켜 제거할 위치를 배열의 다음 위치로 이동시킨다.

```
❶ int index = 0;

   start = newAry[index][1];        // 광주
   end = newAry[index][2];          // 부산
❷ saveCost = newAry[index][0];

❸ { G1[start][end] = 0;
   { G1[end][start] = 0;

❹ { startYN = findVertex(G1, start);
   { endYN = findVertex(G1, end);

   if (startYN && endYN)            // 두 정점 모두 그래프와 연결되어 있다면
       del(newAry, index);          // 가중치 배열에서 완전히 제거
❺ { else {
   {     G1[start][end] = saveCost;
   {     G1[end][start] = saveCost;
   ❻    index++;
   }
```

가중치 배열(newAry)

	가중치	간선
	~~50~~	~~서울 – 광주~~
	~~40~~	~~서울 – 속초~~
	~~30~~	~~대전 – 부산~~
index ➡ 0	~~25~~	~~광주 – 부산~~
1	20	대전 – 광주
2	15	춘천 – 속초
3	12	속초 – 대전
4	11	서울 – 대전
5	10	춘천 – 서울

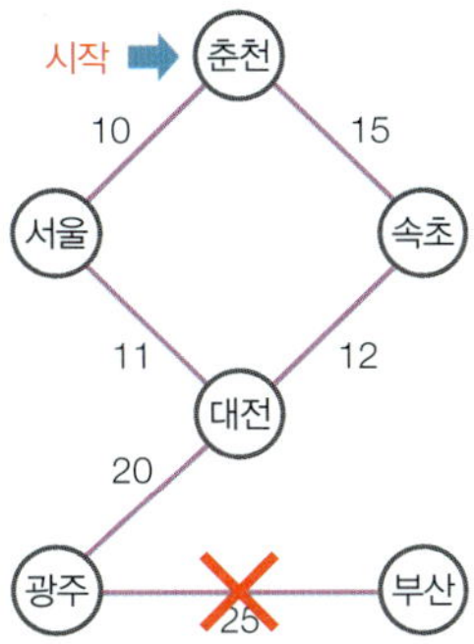

가중치 배열(newAry)

	가중치	간선
	~~50~~	~~서울 – 광주~~
	~~40~~	~~서울 – 속초~~
	~~30~~	~~대전 – 부산~~
0	25	광주 – 부산
index ➡ 1	20	대전 – 광주
2	15	춘천 – 속초
3	12	속초 – 대전
4	11	서울 – 대전
5	10	춘천 – 서울

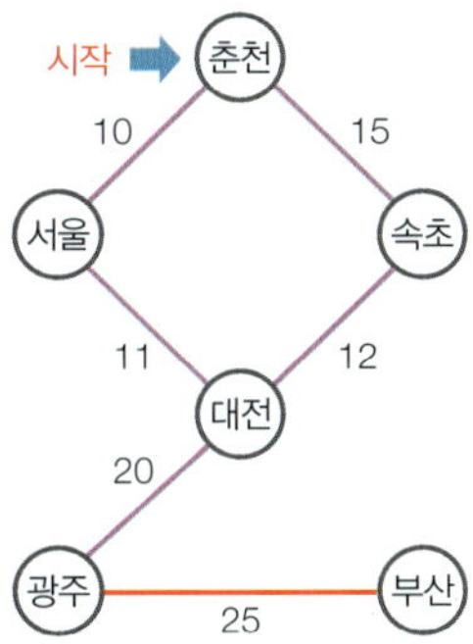

5 대전 – 광주 간선의 제거 시도와 원상 복구

대전–광주 간선을 제거할 차례다. 그런데 대전–광주를 제거하면 광주 및 부산이 동떨어진 정점이 된다. 그러므로 대전–광주의 제거 시도를 취소하고 가중치 배열 newAry에서 index 변수를 다음 칸으로 옮겨야 한다. 현재 가중치 배열 newAry의 index 변수가 1번째를 가리키고 있다. 대전–광주의 제거가 취소되었으므로, 인덱스를 1 증가시켜서 제거할 위치를 배열의 다음 위치인 2번째로 이동시킨다.

```
index = 1;    // 배열의 1번째 위치(대전-광주). 앞 단계에서 index를 1 증가시켰음

// 나머지는 앞 코드와 동일
```

가중치 배열(newAry)

	가중치	간선
	~~50~~	~~서울 – 광주~~
	~~40~~	~~서울 – 속초~~
	~~30~~	~~대전 – 부산~~
0	~~25~~	~~광주 – 부산~~
index ➡ 1	20	대전 – 광주
2	15	춘천 – 속초
3	12	속초 – 대전
4	11	서울 – 대전
5	10	춘천 – 서울

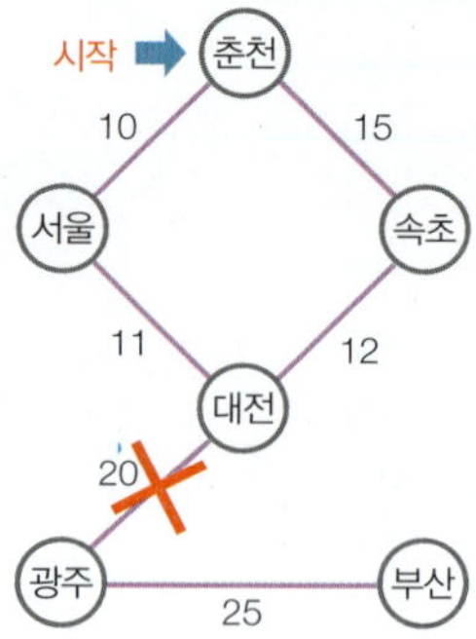

가중치 배열(newAry)

	가중치	간선
	~~50~~	~~서울 – 광주~~
	~~40~~	~~서울 – 속초~~
	~~30~~	~~대전 – 부산~~
0	25	광주 – 부산
1	20	대전 – 광주
index ➡ 2	15	춘천 – 속초
3	12	속초 – 대전
4	11	서울 – 대전
5	10	춘천 – 서울

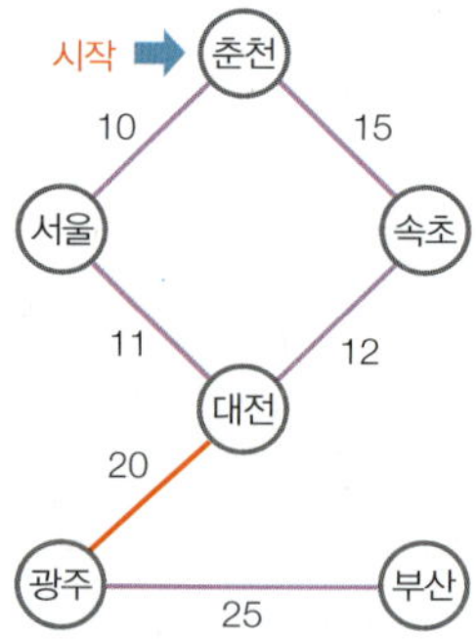

6 춘천 – 속초 간선 제거

춘천–속초 간선을 제거해도 동떨어진 정점이 없다. 그런데 이제는 남은 간선 개수가 5고 최소 신장 트리의 간선 개수는 '정점 개수–1(=5개)'과 동일하므로 최소 신장 트리가 완성되었다.

가중치 배열(newAry)

	가중치	간선
	~~50~~	~~서울 – 광주~~
	~~40~~	~~서울 – 속초~~
	~~30~~	~~대전 – 부산~~
0	25	광주 – 부산
1	20	대전 – 광주
index ➡ 2	~~15~~	~~춘천 – 속초~~
3	12	속초 – 대전
4	11	서울 – 대전
5	10	춘천 – 서울

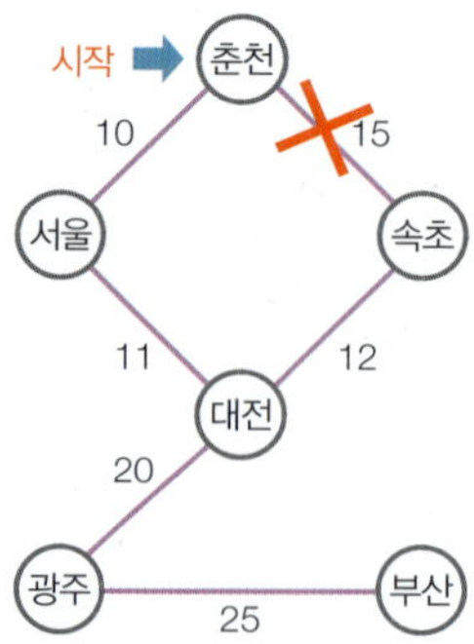

자전거 도로 건설을 위한 최소 비용 신장 트리의 전체 코드

앞서 설명한 전체 코드는 Code09-05.cpp와 같다.

Code09-05.cpp 최소 비용으로 자전거 도로를 건설하는 전체 코드

```
#include "..\CookHeader.h"

typedef  Array <Array <int>> Graph;
Graph initGraph(int size) {
     // 생략(Code09-03.cpp의 5~13행과 동일)
}

Graph G1;
int gSize = 6;
Array <string> nameAry = { "춘천", "서울", "속초", "대전", "광주", "부산" };
int 춘천 = 0, 서울 = 1, 속초 = 2, 대전 = 3, 광주 = 4, 부산 = 5;

void printGraph(Graph g) {  // 기존 printGraph()를 띄어쓰기 조절 위해 일부 변경
     print("  ");
     for (int v = 0; v < len(g); v++)
          print(nameAry[v]+" ");             // 출력 칸 조절
     println("");
     for (int row = 0; row < len(g); row++) {
          print(nameAry[row]+"  ");
          for (int col = 0; col < len(g[row]); col++) {
               if (g[row][col] == 0 )        // 0은 한칸 띄어쓰기
                    print(" 0");
               else
                    print(g[row][col]);
               print("  ");
          }
          println("");
     }
     println("");
}

bool findVertex(Graph g, int findVtx) {
     // 생략(Code09-04.cpp의 22~55행과 동일)
}

int main() {
     G1 = initGraph(gSize);
     G1[춘천][서울] = 10; G1[춘천][속초] = 15;
     G1[서울][춘천] = 10; G1[서울][속초] = 40; G1[서울][대전] = 11; G1[서울][광주] = 50;
     G1[속초][춘천] = 15; G1[속초][서울] = 40; G1[속초][대전] = 12;
     G1[대전][서울] = 11; G1[대전][속초] = 12; G1[대전][광주] = 20; G1[대전][부산] = 30;
```

```
    G1[광주][서울] = 50; G1[광주][대전] = 20; G1[광주][부산] = 25;
    G1[부산][대전] = 30; G1[부산][광주] = 25;

    println("## 자전거 도로 건설을 위한 전체 연결도 ##\n");
    printGraph(G1);

    Array <Array <int>> edgeAry;
    for (int i = 0; i < gSize; i++) {
        for (int k = 0; k < gSize; k++) {
            if (G1[i][k] != 0)
                edgeAry.push_back({ G1[i][k], i, k });
        }
    }

    sortArray(edgeAry);        // 정렬
    reverseArray(edgeAry);     // 역순

    Array <Array <int>> newAry;
    for (int i = 0; i < len(edgeAry); i += 2)
        newAry.push_back(edgeAry[i]);

    int index = 0;
    int start, end, saveCost;
    bool startYN, endYN;
    while (len(newAry) > gSize - 1) {
        start = newAry[index][1];
        end = newAry[index][2];
        saveCost = newAry[index][0];

        G1[start][end] = 0;
        G1[end][start] = 0;

        startYN = findVertex(G1, start);
        endYN = findVertex(G1, end);

        if (startYN && endYN)
            del(newAry, index); // index 위치의 아이템 삭제
        else {
            G1[start][end] = saveCost;
            G1[end][start] = saveCost;
            index++;
        }
    }
    println("## 최소 비용의 자전거 도로 연결도 ##\n");
    printGraph(G1);
}
```

실행 결과

```
## 자전거 도로 건설을 위한 전체 연결도 ##

      춘천 서울 속초 대전 광주 부산
춘천   0   10   15    0    0    0
서울  10    0   40   11   50    0
속초  15   40    0   12    0    0
대전   0   11   12    0   20   30
광주   0   50    0   20    0   25
부산   0    0    0   30   25    0

## 최소 비용의 자전거 도로 연결도 ##

      춘천 서울 속초 대전 광주 부산
춘천   0   10    0    0    0    0
서울  10    0    0   11    0    0
속초   0    0    0   12    0    0
대전   0   11   12    0   20    0
광주   0    0    0   20    0   25
부산   0    0    0   25    0    0
```

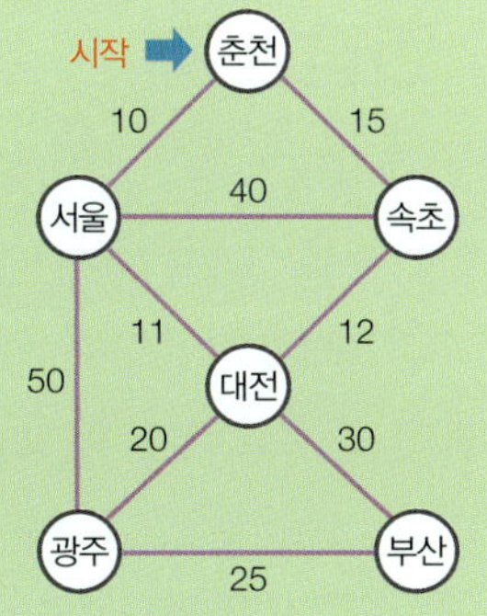

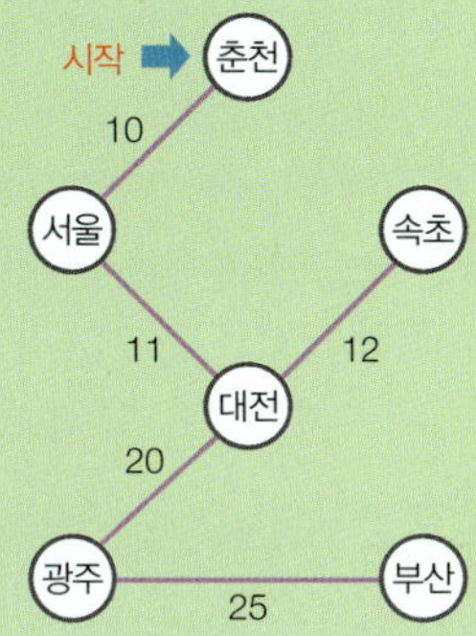

17행 정점(도시) 개수를 6개로 지정한다.

18~19행 도시 6개를 전역 변수로 선언한다.

70~84행 초기 상태의 자전거 도로 건설을 위한 전체 계획을 그래프(=인접 행렬)로 생성하고 출력한다.

89~95행 전체 그래프에서 [가중치, 출발도시, 도착도시] 형태의 간선 배열을 만들었다. 간선이 9개이므로 항목이 총 18개 생성된다.

97~98행 생성된 간선 배열을 가중치의 내림차순으로 정렬한다. sortArray() 및 reverseArray()는 CookHeader.h에 정의되어 있다.

100~102행 동일한 간선(출발도시–도착도시, 도착도시–출발도시)이 2개씩 중복되므로, 1개씩만 남겨 배열 newAry에 저장한다. newAry는 항목 9개만 남는다.

104행 시작 인덱스를 0번으로 지정한다. 즉, 처음에는 제일 가중치가 높은 간선을 지정한다.

107~125행 배열 newAry에 남아 있는 간선 개수가 '정점 개수−1'이 될 때까지 반복한다. 간선 개수가 '정점 개수−1'이 된다는 것은 최소 비용 신장 트리가 되었다는 의미다.

108~124행 가중치가 높은 간선부터 제거한다. 단 도시(=정점)가 동떨어지게 하는 간선은 제거하지 않는다(앞서 이미 모두 설명했다).

126~127행 최종으로 완성된 최소 비용 신장 트리를 출력한다

연습문제

1 다음 중 그래프가 아닌 것은?

① 지하철 노선도　　② 도시 도로망　　③ 회사 조직도　　④ 인맥 관계도

2 ❶~❹에 들어갈 용어를 각각 채우시오.

[❶]는(은) 여러 노드가 서로 연결된 자료구조다. [❷]은(는) [❶]의 일종으로 루트에서 하위 노드 방향으로만 이어지고 자식 노드가 2개 이하다. 반면 [❶]은(는) 두 개 이상의 정점을 연결해 데이터의 상관 관계를 표현해야 할 때 사용하는 구조로 가계도나 지하철 노선도가 대표적인 예다. [❶]은(는) 정점을 연결하는 간선에 방향성이 있는 [❸]와(과) 간선에 방향성이 없는 [❹](으)로 나눌 수 있다.

3 다음 무방향 그래프의 정점(Vertex) 집합을 표현한 것은?

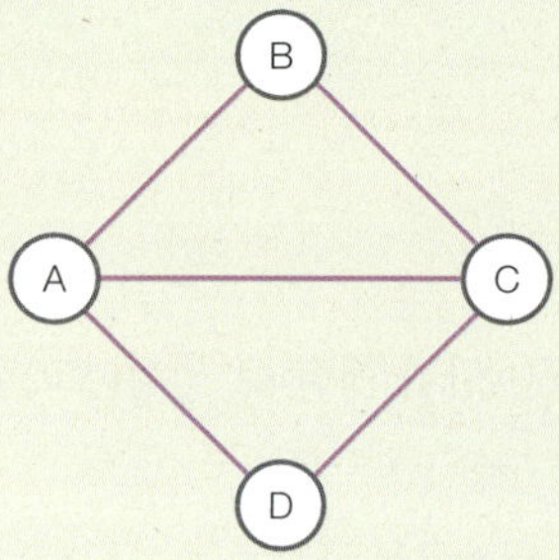

① A, B, C, D

② { A, B, C, D }

③ { (A, B), (B, D), (D, C) }

④ { (A, B), (A, C), (A, D), (B, C), (C, D) }

4 다음 방향 그래프의 간선(Edge) 집합을 표현한 것은?

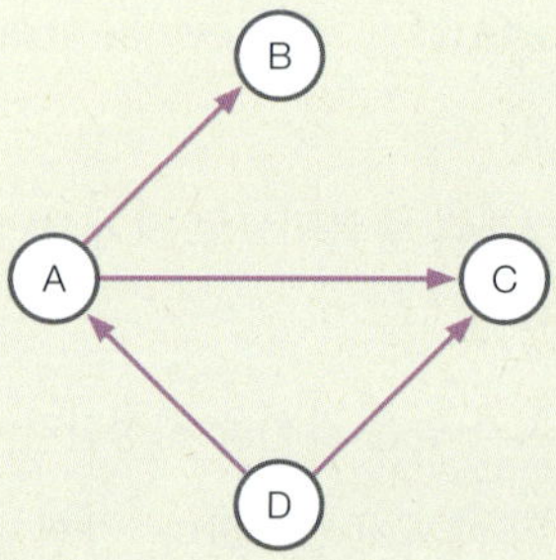

① A, B, C, D

② { A, B, C, D }

③ { 〈A, B〉, 〈C, B〉, 〈C, D〉 }

④ { 〈A, B〉, 〈A, C〉, 〈D, A〉 , 〈D, C〉 }

5 신장 트리(Spanning Tree)에 대한 설명 중 가장 거리가 먼 것을 고르시오.

① 그래프의 한 종류지만 트리형태로 나타난다.

② 간선의 개수는 정점 개수와 같다.

③ 신장 트리중 합계가 최소인 것을 최소 비용 신장 트리라 부른다.

④ 최소 비용 신장 트리는 도시간 도로망 구축 등에 활용된다.

6 다음 그래프를 깊이 우선 탐색할 때 방문 순서를 써 보시오. 단 왼쪽 먼저 방문한다고 가정한다.

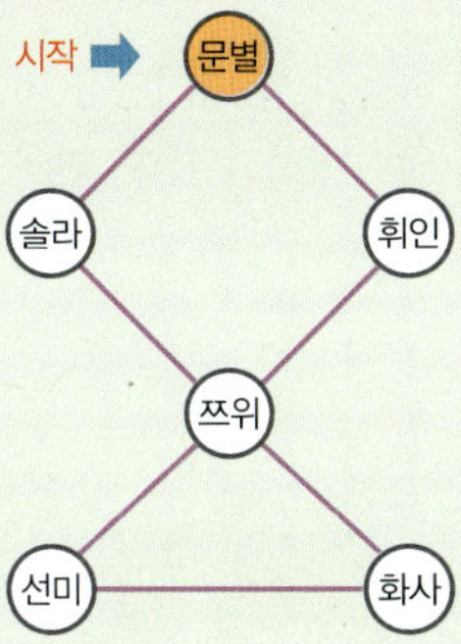

7 다음 무방향 그래프를 인접 행렬로 완성하시오.

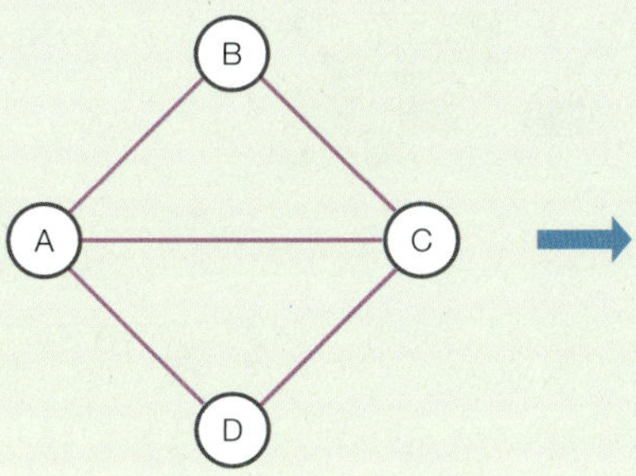

도착점 (열) / 출발점 (행)

	A	B	C	D
A	0			
B		0		
C			0	
D				0

8 그래프를 깊이 우선 탐색으로 구현하는 데 필요한 자료구조는?

① 선형 리스트

② 연결 리스트

③ 스택

④ 큐

9 그래프를 깊이 우선 탐색으로 구현하는 방법에 대한 설명과 거리가 먼 것은?

① 방문한 정점을 스택에 푸시해 놓고 방문할 곳이 막다른 곳이면 스택에서 팝한다.

② 기존에 정점을 방문한 기록은 반드시 스택 자료구조에 저장해야 한다.

③ push_back( )은 push, pop_back( )은 pop을 하는 함수로 사용할 수 있다.

④ 인접 행렬을 사용한다.

응용예제 01 허니버터칩이 가장 많이 남은 편의점 찾기

난이도★★☆

예제 설명 2014년에 출시한 허니버터칩은 한동안 상당한 인기로 구하기가 하늘의 별 따기만큼 어려울 정도였다. 우리 동네에서 허니버터칩 재고가 가장 많은 편의점을 알아내려고 한다. 편의점끼리는 서로 그래프 형태로 이어져 있다고 가정하자.

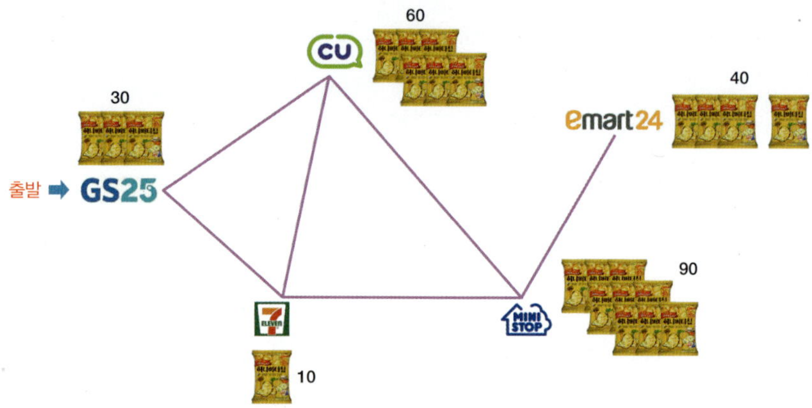

실행 결과

```
## 편의점 그래프 ##

         GS25    CU      Seven11  MiniStop Emart24
GS25     0       1       1        0        0
CU       1       0       1        1        0
Seven11  1       1       0        1        0
MiniStop 0       1       1        0        1
Emart24  0       0       0        1        0

허니버터칩 최대 보유 편의점(개수) --> MiniStop(90)
```

코드

```
#include "..\CookHeader.h"

typedef  Array <Array <int>> Graph;
Graph initGraph(int size) {
    Graph G;
    Array <int> tmpAry;
    for (int i = 0; i < size; i++) {
        tmpAry.clear();
        for (int k = 0; k < size; k++)
            tmpAry.push_back(0);
        G.push_back(tmpAry);
    }
    return G;
}

```

```
int gSize = 5;
Graph G1;
Array <Array <string>> storeAry = { {"GS25", "30"}, {"CU", "60"}, {"Seven11",
"10"}, {"MiniStop", "90"}, {"Emart24 ", "40"} };
int GS25 = 0, CU = 1, Seven11 = 2, MiniStop = 3, Emart24 = 4;

void printGraph(Graph g) {
    print("      ");
    for (int v = 0; v < len(g); v++)
        print(storeAry[v][0]);
    println("");
    for (int row = 0; row < len(g); row++) {
        print(storeAry[row][0]+" ");
        for (int col = 0; col < len(g[row]); col++) {
            print(g[row][col]);
            print("    ");
        }
        println("");
    }
    println("");
}

int main() {
    G1 = initGraph(gSize);
    G1[GS25][CU] = 1; G1[GS25][Seven11] = 1;
    G1[CU][GS25] = 1; G1[CU][Seven11] = 1; G1[CU][MiniStop] = 1;
    G1[Seven11][GS25] = 1; G1[Seven11][CU] = 1; G1[Seven11][MiniStop] = 1;
    G1[MiniStop][Seven11] = 1; G1[MiniStop][CU] = 1; G1[MiniStop][Emart24] = 1;
    G1[Emart24][MiniStop] = 1;

    println("## 편의점 그래프 ##\n");
    printGraph(G1);

    Array <int> stack;
    Array <int> visitedAry;     // 방문한 편의점

    int current = 0;            // 시작 편의점
    int maxStore = current;     // 최대 개수 편의점 번호(GS25)
    int maxCount = atoi(storeAry[current][1].c_str()); // 편의점에 있는 허니버터 숫자
    stack.push_back(current);
    visitedAry.push_back(current);

    while ( len(stack) != 0) {
        int next = -1;
        for (int vertex = 0; vertex < gSize; vertex++) {
            if (G1[current][vertex] == 1) {
```

```
61                  if (isInArray(visitedAry, vertex)) // 방문한 적이 있는 편의점이면 탈락
62                  {}
63                  else {          // 방문한 적이 없으면 다음 편의점으로 지정
64                      next = vertex;
65                      break;
66                  }
67              }
68          }
69          if (next != -1) {        // 다음에 방문할 편의점이 있는 경우
70              current = next;
71              stack.push_back(current);
72              visitedAry.push_back(current);
73              if (atoi(storeAry[current][1].c_str()) > maxCount) {
74                  maxCount = atoi(storeAry[current][1].c_str());
75                  maxStore = current;
76              }
77          }
78          else {                   // 다음에 방문할 편의점이 없는 경우
79              current = stack[len(stack) - 1];
80              stack.pop_back();
81          }
82      }
83      print("허니버터칩 최대 보유 편의점(개수) -->");
84      print(storeAry[maxStore][0] + "(" + storeAry[maxStore][1] + ")");
85  }
```

코드 설명

18행	편의점 배열을 {"이름", "허니버터칩개수"}로 정의한다.
19행	가독성을 위해 편의점 이름을 변수로 사용하고 0번부터 할당한다.
21~35행	편의점 그래프를 출력한다.
38~43행	그림과 동일하게 편의점 그래프(=인접 행렬)를 완성한다.
51행	시작 편의점을 GS25로 한다.
52~53행	최대 개수를 보유한 편의점을 일단 GS25로 지정하고, 최대 개수도 GS25가 보유한 개수로 일단 지정한다.
57~82행	그래프를 깊이 우선 탐색 방식으로 순회한다.
73~76행	방문한 편의점의 허니버터칩 개수가 최대 개수보다 많다면, 방문한 편의점을 최대 보유 편의점으로 지정한다.
83~84행	최대 보유 편의점 이름과 개수를 출력한다.

응용예제 02

가장 효율적인 해저 케이블망 구성하기

난이도★★☆

예제 설명 전 세계를 연결하는 해저 케이블망을 신규로 구성하고자 한다. 왼쪽 그림은 해저 케이블망 구성 전 속도를 계획한 지도다. 숫자는 네트워크 속도다. 가장 효율적인 비용으로 해저 케이블망을 구성하고자 속도가 가장 높은 연결은 남기고, 모든 도시가 연결되도록 가장 적은 개수의 연결도 남겨 놓는다. 결과는 오른쪽 그림과 같다.

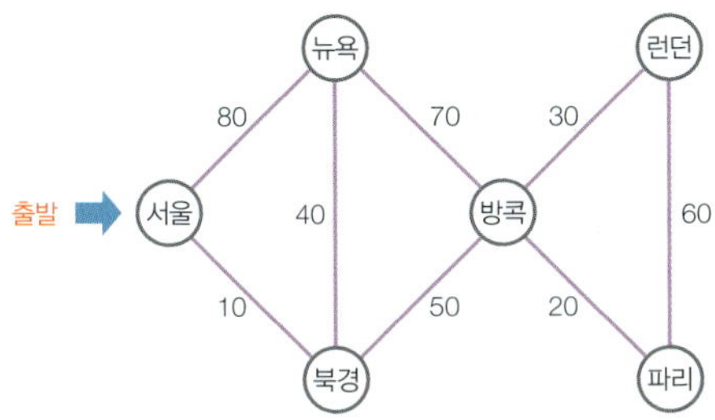

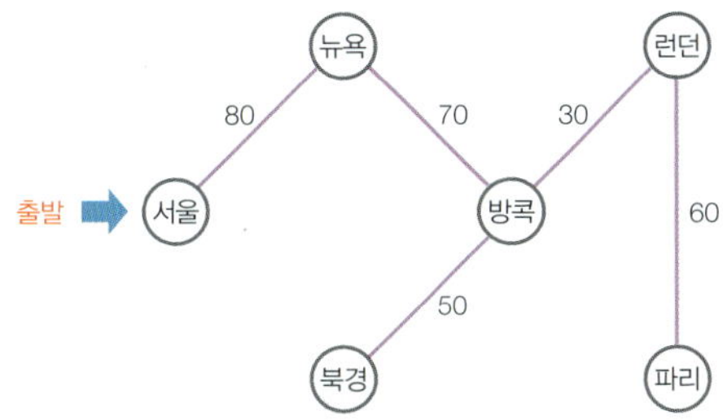

실행 결과

```
Microsoft Visual Studio 디버그 콘솔
## 해저 케이블 연결을 위한 전체 연결도 ##

      서울  뉴욕  런던  북경  방콕  파리
서울     0    80     0    10     0     0
뉴욕    80     0     0    40    70     0
런던     0     0     0     0    30    60
북경    10    40     0     0    50     0
방콕     0    70    30    50     0    20
파리     0     0    60     0    70     0

## 가장 효율적인 해저 케이블 연결도 ##

      서울  뉴욕  런던  북경  방콕  파리
서울     0    80     0     0     0     0
뉴욕    80     0     0     0    70     0
런던     0     0     0     0    30    60
북경     0     0     0     0    50     0
방콕     0    70    30    50     0     0
파리     0     0    60     0     0     0
```

코드

```
#include "..\CookHeader.h"

typedef  Array <Array <int>> Graph;
Graph initGraph(int size) {
    Graph G;
    Array <int> tmpAry;
    for (int i = 0; i < size; i++) {
        tmpAry.clear();
        for (int k = 0; k < size; k++)
            tmpAry.push_back(0);
        G.push_back(tmpAry);
    }
    return G;
}
```

```
int gSize = 6;
Graph G1;
Array <string> cityAry = { "서울", "뉴욕", "런던", "북경", "방콕", "파리" };
int 서울 = 0, 뉴욕 = 1, 런던 = 2, 북경 = 3, 방콕 = 4, 파리 = 5;

void printGraph(Graph g) { // 기존 printGraph()를 띄어쓰기 조절 위해 일부 변경
    print("    ");
    for (int v = 0; v < len(g); v++)
        print(cityAry[v] + " ");          // 출력 칸 조절
    println("");
    for (int row = 0; row < len(g); row++) {
        print(cityAry[row] + "  ");
        for (int col = 0; col < len(g[row]); col++) {
            if (g[row][col] == 0)         // 0은 한칸 띄어쓰기
                print(" 0");
            else
                print(g[row][col]);
            print("  ");
        }
        println("");
    }
    println("");
}

bool findVertex(Graph g, int findVtx) {
    Array <int> stack;
    Array <int> visitedAry;

    int current = 0;                      // 시작 정점
    stack.push_back(current);
    visitedAry.push_back(current);

    while (len(stack) != 0) {
        int next = -1;
        for (int vertex = 0; vertex < gSize; vertex++) {
            if (g[current][vertex] != 0) {
                if (isInArray(visitedAry, vertex)) // 방문한 적이 있으면 탈락
                { }
                else {                    // 방문한 적이 없으면 다음 정점으로 지정
                    next = vertex;
                    break;
                }
            }
        }
```

```
        if (next != -1) {    // 다음에 방문할 정점이 있는 경우
            current = next;
            stack.push_back(current);
            visitedAry.push_back(current);
        }
        else {               // 다음에 방문할 정점이 없는 경우
            current = stack[len(stack) - 1];
            stack.pop_back();
        }
    }

    if (isInArray(visitedAry, findVtx))
        return true;
    else
        return false;
}

int main() {
    int gSize = 6;
    G1 = initGraph(gSize);
    G1[서울][뉴욕] = 80; G1[서울][북경] = 10;
    G1[뉴욕][서울] = 80; G1[뉴욕][북경] = 40; G1[뉴욕][방콕] = 70;
    G1[런던][방콕] = 30; G1[런던][파리] = 60;
    G1[북경][서울] = 10; G1[북경][뉴욕] = 40; G1[북경][방콕] = 50;
    G1[방콕][뉴욕] = 70; G1[방콕][북경] = 50; G1[방콕][런던] = 30; G1[방콕][파리] = 20;
    G1[파리][방콕] = 20; G1[파리][런던] = 60;

    println("## 해저 케이블 연결을 위한 전체 연결도 ##\n");
    printGraph(G1);

    // 가중치 간선 목록
    Array <Array <int>> edgeAry;
    for (int i = 0; i < gSize; i++) {
        for (int k = 0; k < gSize; k++) {
            if (G1[i][k] != 0)
                edgeAry.push_back({ G1[i][k], i, k });
        }
    }

    sortArray(edgeAry);   // 순차 정렬

    Array <Array <int>> newAry;
    for (int i = 0; i < len(edgeAry); i += 2)
        newAry.push_back(edgeAry[i]);

```

```
105     int index = 0;
106     int start, end, saveCost;
107     bool startYN, endYN;
108     while ( len(newAry) > gSize - 1) { // 간선 개수가 '정점 개수-1'일 때까지 반복
109         start = newAry[index][1];
110         end = newAry[index][2];
111         saveCost = newAry[index][0];
112 
113         G1[start][end] = 0;
114         G1[end][start] = 0;
115 
116         startYN = findVertex(G1, start);
117         endYN = findVertex(G1, end);
118 
119         if (startYN && endYN)
120             del(newAry, index); // index 위치의 아이템 삭제
121         else {
122             G1[start][end] = saveCost;
123             G1[end][start] = saveCost;
124             index++;
125         }
126     }
127     println("## 가장 효율적인 해저 케이블 연결도 ##\n");
128     printGraph(G1);
129 }
```

코드 설명

17~19행	가독성을 위해 도시 이름을 변수로 사용하고 0번부터 할당한다.
21~38행	해저 케이블망 그래프를 출력한다.
40~75행	전달받은 그래프에 해당 정점이 있는지 체크하는 함수다.
80~85행	각 도시의 해저 케이블망을 구성하기 전 지도를 그래프로 구현한다.
91~97행	간선의 가중치와 연결 도시 이름을 배열로 구성한다.
99행	간선 배열을 가중치가 작은 것부터 오름차순으로 정렬한다. sortArray( )는 CookHeader.h에 정의되어 있다.
101~103행	중복된 간선을 하나씩만 남긴다.
108~126행	가장 속도가 느린 간선부터 제거한다. 단 간선을 제거한 후 도시가 동떨어져서 남으면 제거하지 않는다.
128행	가장 효율적인 구성의 해저 케이블망을 출력한다.

10

CHAPTER

재귀 호출

학습목표

- 재귀 호출의 개념과 작동을 이해한다.
- 재귀 호출을 위한 코드 형식을 이해한다.
- 재귀 호출을 다양한 응용 예로 연습한다.

SECTION 00

생활 속 자료구조와 알고리즘

엘리베이터에서 양쪽에 거울이 있을 경우 거울에 비친 자신이 서로 무한으로 반복해서 나타나는 것을 본 적이 있을 것이다. 두 거울은 서로를 무한 반복해서 비추므로, 사람이 눈을 뗄 때까지 빛의 속도로 동일한 장면을 반복해서 비춘다. 이번에 배울 재귀 알고리즘은 이렇게 동일한 작동을 무한적으로 반복하는 알고리즘을 의미한다.

마트료시카는 안에 또 다른 인형이 들어 있는 러시아 인형이다. 인형을 하나 열면 그 안에 반복해서 같은 모양의 인형이 들어 있다. 이 인형도 재귀 알고리즘처럼 동일한 작업을 계속 반복한다고 볼 수 있다.

SECTION 01

재귀 호출의 기본

1 재귀 호출의 개념

재귀 호출(Recursion)은 자신을 다시 호출하는 것이다. 재귀 호출은 처음 접하면 상당히 혼란스럽지만 자료구조와 알고리즘을 학습할 때 매우 유용한 방법이므로 꼭 알아 두어야 한다. 그래서 이 장은 개념을 완전히 이해하지 못해도 학습을 계속 진행하다 보면 자연스럽게 이해할 수 있도록 비슷한 사례와 코드를 반복 학습하는 형태로 구성되어 있다.

재귀 호출의 개념을 쉽게 이해하기 위해 다음 상황을 가정해 보자. 내일은 줄리엣의 생일이다. 로미오는 줄리엣에게 줄 반지를 특별하게 포장할 계획을 세웠다. 그래서 인터넷 쇼핑몰에서 여러 개가 겹쳐진 종이 포장 상자를 주문했다.

종이 상자가 몇 개나 겹쳐 있는지 모르므로 가장 안쪽 상자에 반지를 넣으려면 하나씩 꺼내 확인해야 한다. 로미오는 마지막 종이 상자가 나올 때까지 종이 상자 안의 상자를 열어 펼쳐 놓았다. 그리고 드디어 마지막 상자에 줄리엣에게 선물할 반지를 넣었다.

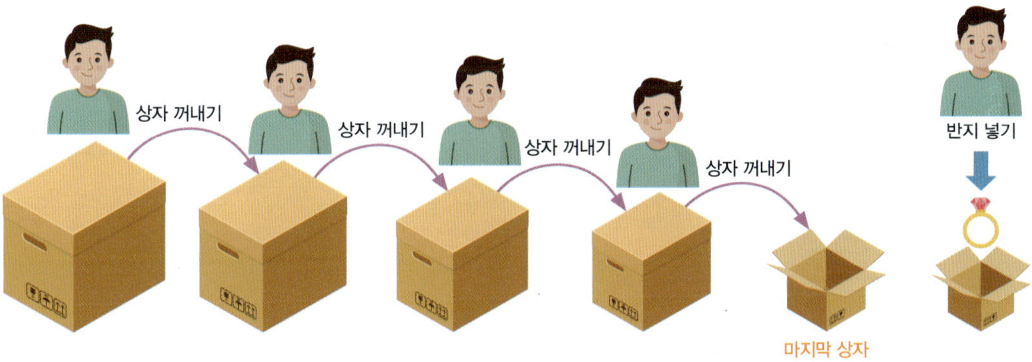

그림 10-1 마지막 상자가 나올 때까지 계속 반복해서 상자를 꺼내 마지막 상자에 반지 넣기

반지를 상자에 넣었다면 이제는 꺼낸 순서와 반대로 종이 상자를 다시 넣을 차례다. 마지막 상자부터 처음 상자까지 다시 상자를 넣는다.

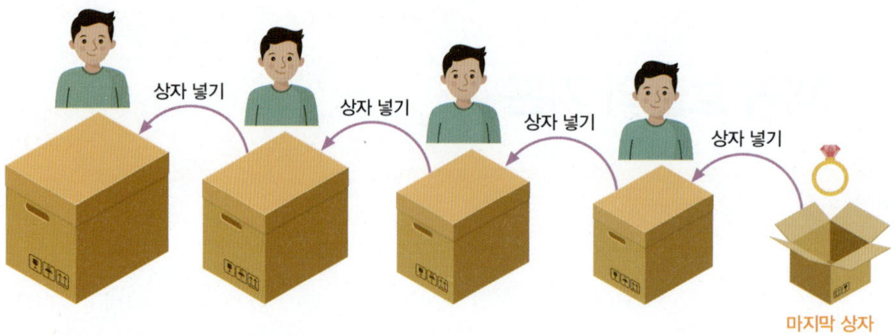

그림 10-2 마지막 상자부터 반복해서 상자 넣기

이 과정에 재귀 호출이 있다. 바로 종이 상자를 반복해서 꺼내는 과정과 반지를 넣은 후 종이 상자를 다시 반복해서 넣는 과정이다.

2 재귀 호출의 작동

재귀 호출은 자신을 다시 호출하므로 마치 강아지가 자신의 꼬리를 물고 빙글빙글 도는 형태다. 앞서 예로 든 상자를 반복해서 여는 과정을 재귀 호출 형태로 표현하면 [그림 10-3]과 같다. 그리고 이를 코드로 구현하면 Code10-01.cpp와 같다.

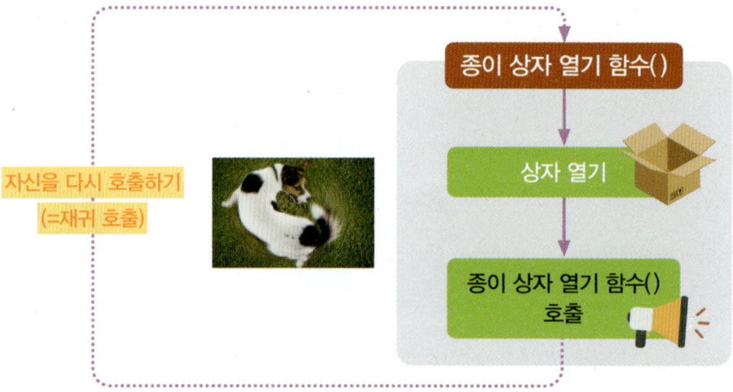

그림 10-3 재귀 함수 형태

Code10-01.cpp 재귀 호출 함수 기본

```
#include "..\CookHeader.h"

void openBox() {
    println("종이 상자를 엽니다. ^^");
    openBox();
}

int main() {
    openBox();    // 처음 함수를 호출
}
```

```
실행 결과
종이 상자를 엽니다. ^^
종이 상자를 엽니다. ^^
…(중략)…
종이 상자를 엽니다. ^^
종이 상자를 엽니다. ^^

C:\CooKDataC\Code10-01\x64\Debug\Code10-01.exe(프로세스 14484개)이(가) 종료되었습니다(코드:
-1073741571개).
```

3~6행 함수를 선언한다. 4행에서 메시지를 출력하고 5행에서 다시 자신을 호출한다.

9행 함수를 처음 호출한다.

openBox() 함수는 "종이 상자를 엽니다. ^^"를 출력하고 다시 openBox() 함수를 호출한다. 즉, 다음과 같이 자신을 계속 호출하고 메시지를 출력하는 동작을 무한 반복한다.

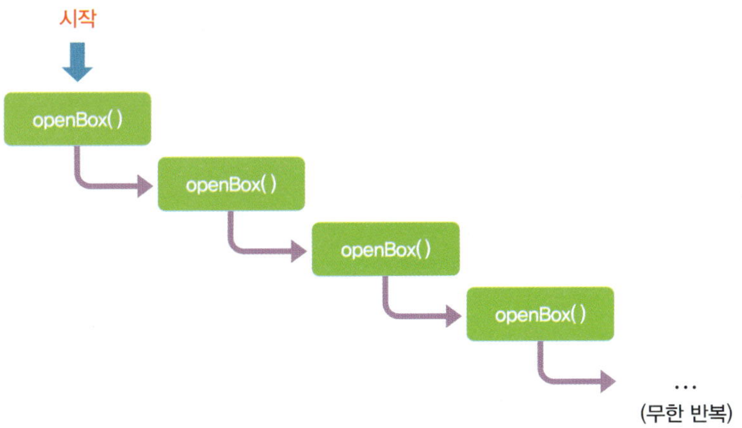

그림 10-4 무한 반복하는 재귀 호출

C 언어에서는 재귀 호출이 너무 많아지면 반복을 자동 종료한다. 일반적인 프로그램에서는 이렇게 무한 반복하는 경우는 거의 없으며, 무한 반복을 마치고 다시 되돌아가는 조건을 함께 사용한다.

예를 들어 10회 반복 후 호출한 곳으로 다시 돌아가는 조건을 넣어 보자. 함수를 호출한 곳으로 돌아가는 예약어는 return이다. 앞의 예에서 종이 상자를 열어 마지막 종이 상자를 만나면 다시 종이 상자를 닫도록 조건을 추가할 수 있다.

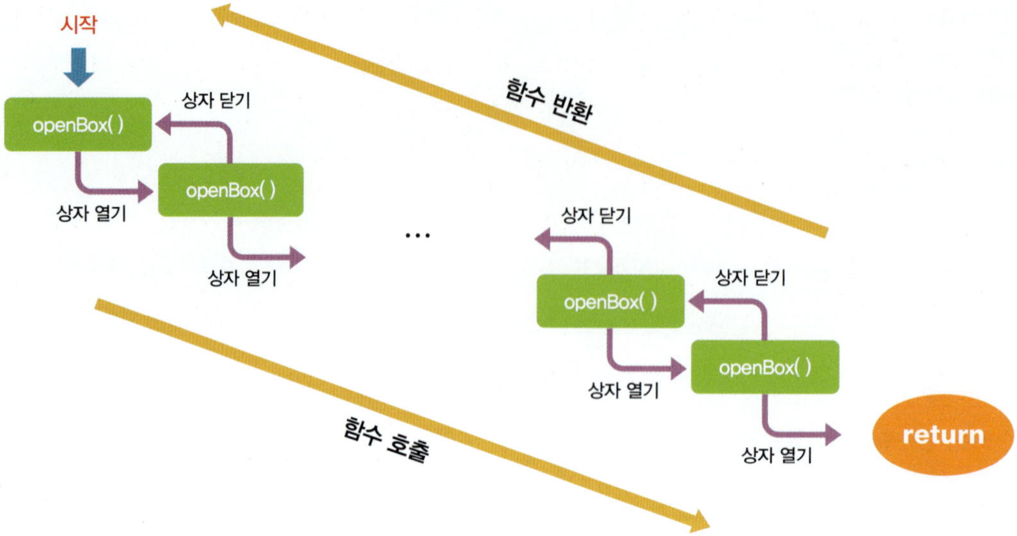

그림 10-5 반환 조건이 추가된 재귀 호출

종이 상자가 10개인 경우 [그림 10-5]의 과정을 코드로 구현하면 Code10-02.cpp와 같다.

Code10-02.cpp 재귀 호출 함수 기본(반환 조건 추가)

```
1  #include "..\CookHeader.h"
2
3  int boxCount = 10;
4
5  void openBox() {
6      println("종이 상자를 엽니다. ^^");
7      boxCount--;
8      if (boxCount == 0) {
9          println("** 반지를 넣고 반환합니다. **");
10         return;
11     }
12     openBox();
13     println("종이 상자를 닫습니다. ^^");
14 }
15
16 int main() {
17     openBox();    // 처음 함수를 호출
18 }
```

실행 결과

```
종이 상자를 엽니다. ^^
종이 상자를 엽니다. ^^
…(중략)…
종이 상자를 엽니다. ^^
종이 상자를 엽니다. ^^
** 반지를 넣고 반환합니다. **
종이 상자를 닫습니다. ^^
종이 상자를 닫습니다. ^^
…(중략)…
종이 상자를 닫습니다. ^^
종이 상자를 닫습니다. ^^
```

3행, 7행 boxCount를 10회로 설정하는 것은 종이 상자가 10겹이라는 의미다. 7행에서 종이 상자를 하나씩 꺼내는 작동을 한다.

8~11행 8행에서 종이 상자를 모두 꺼냈으면(=마지막 종이 상자면) 9행에서 반지를 넣고 10행에서 return 문으로 지금까지 호출한 반대로 돌아간다. 즉, 13행으로 돌아가 메시지를 출력한다.

10행의 return 문을 만나면 어디로 돌아가는지 좀 더 간단히 살펴보자. boxCount를 3회만 한다고 가정하면 [그림 10-6]과 같이 작동할 것이다. 재귀 호출할 때마다 openBox() 함수의 복사본이 생겨서 그 복사본을 호출한다고 생각하면 더 개념이 명확해진다.

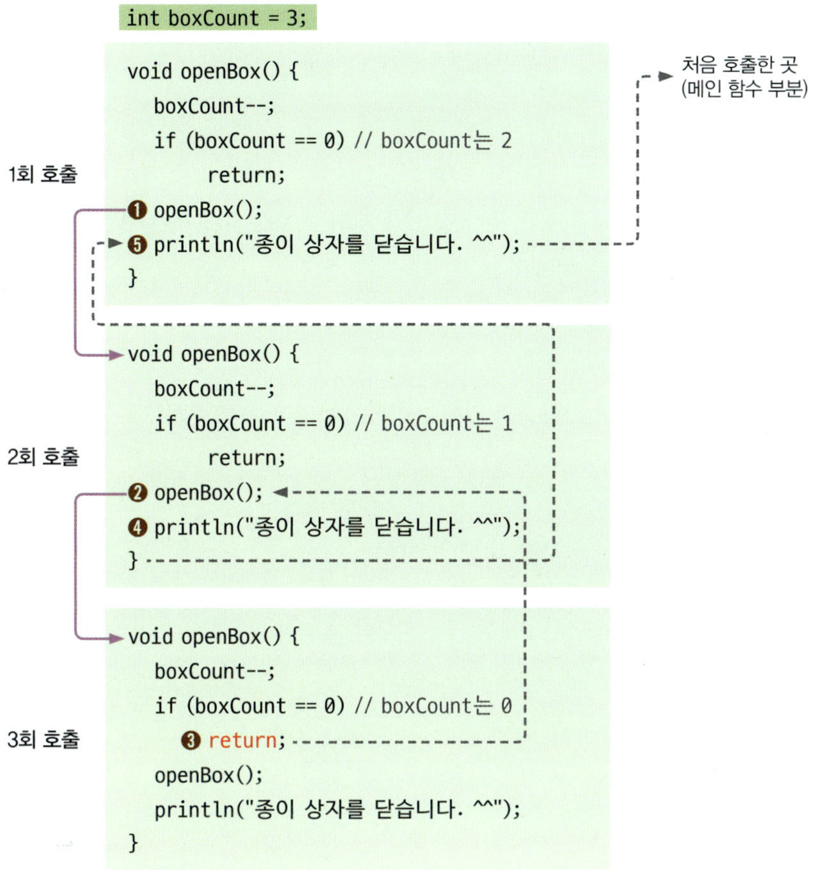

그림 10-6 함수의 재귀 호출 방식 이해

[그림 10-6]에서 1회 호출하면 아직은 boxCount가 2이므로 ❶을 만나 재귀 호출한다. 2회 호출에서도 아직 boxCount가 1이므로 ❷를 만나서 재귀 호출한다. 3회 호출에서는 boxCount가 0이 되어서 ❸의 return 문을 만나 자신을 호출한 2회 호출로 돌아가서 바로 아래 println( ) 문을 실행한다. 2회 호출 함수의 끝부분인 ❹에서 다시 자신을 호출한 1회로 돌아가 바로 아래 println( ) 문을 실행하고, 1회 호출 함수의 끝부분인 ❺에서 자신을 처음 호출한 메인 함수로 돌아간다.

이런 방식으로 재귀 호출이 일어나면, 아무리 많은 호출이더라도 마지막 호출에서 return을 만나게 되면 차근차근 원래 호출했던 곳으로 한 단계씩 돌아가는 것이다.

SECTION 02

재귀 호출의 구현

1 재귀 호출을 이용한 수 합계

1부터 10까지 합계를 내는 방법에는 반복문을 이용한 방법과 재귀 호출을 이용하는 방법이 있다. 이 둘을 비교해서 재귀 호출의 작동 방식을 이해해 보자.

반복문을 이용한 구현

1부터 10까지든, 10부터 1까지든 동일하므로 다음과 같이 10부터 1까지 합계를 구하도록 작성한다.

```
int sumValue = 0;
for (int n = 10; n > 0; n--)
    sumValue += n;
print("10 + 9 + ... + 1 = ");
println(sumValue);
```

실행 결과

```
10 + 9 + ... + 1 = 55
```

재귀 함수를 이용한 구현

반복문을 이용한 10+9+8+7+6+5+4+3+2+1의 합계는 결국 10+(1부터 9까지 합계)와 같다. 이는 10+9+(1부터 8까지 합계)로 표현할 수 있다.

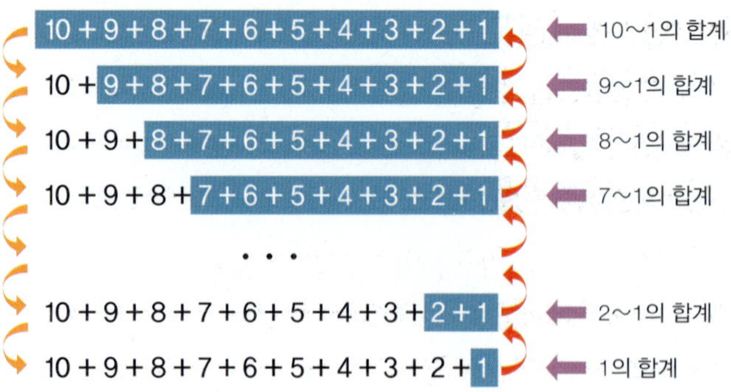

그림 10-7 10부터 1까지 합계

10부터 1까지 합계를 구하는 [그림 10-7]의 재귀 호출 과정을 재귀 함수로 작성하면 Code10-03.cpp와 같다. 그리고 단계별 과정은 [그림 10-8]과 같다.

Code10-03.cpp 10부터 1까지의 합계를 재귀 호출로 구현

```
1  #include "..\CookHeader.h"
2
3  int addNumber(int num) {
4      if (num <= 1)
5          return 1;
6      return num + addNumber(num - 1);
7  }
8
9  int main() {
10     print(addNumber(10));
11 }
```

실행 결과

```
55
```

3~7행 재귀 함수를 선언한다. 4~5행에서 num이 1 이하면 1을 반환한다. 그렇지 않으면 6행에서 num−1을 다시 재귀 호출하고 num과 더한다.

10행 10을 재귀 함수로 호출한다.

```
 (1단계) 10행의 addNumber(10) 호출
 (2단계) 6행의  10 + addNumber(9) 호출
 (3단계) 6행의    9 + addNumber(8) 호출
 (4단계) 6행의      8 + addNumber(7) 호출
 (5단계) 6행의        7 + addNumber(6) 호출
 (6단계) 6행의          6 + addNumber(5) 호출
 (7단계) 6행의            5 + addNumber(4) 호출
 (8단계) 6행의              4 + addNumber(3) 호출
 (9단계) 6행의                3 + addNumber(2) 호출
(10단계) 6행의                  2 + addNumber(1) 호출
(11단계) 5행의                    1 반환
(10단계) 6행의                  2 + 1(=3) 반환
 (9단계) 6행의                3 + 3(=6) 반환
 (8단계) 6행의              4 + 6(=10) 반환
 (7단계) 6행의            5 + 10(=15) 반환
 (6단계) 6행의          6 + 15(=21) 반환
 (5단계) 6행의        7 + 21(=28) 반환
 (4단계) 6행의      8 + 28(=36) 반환
 (3단계) 6행의    9 + 36(=45) 반환
 (2단계) 6행의  10 + 45(=55) 반환
 (1단계) 10행의 55 출력
```

그림 10-8 10부터 1까지 합계 재귀 호출

[그림 10-8]에서 1단계부터 10단계까지 재귀 호출을 반복한 후 11단계에서 1을 반환하고 다시 10단계, 9단계, … 순으로 값을 반환한다. 결국 10부터 1까지 합계를 출력한다. 5부터 1까지 합계로 단순화하면 [그림 10-9]와 같다.

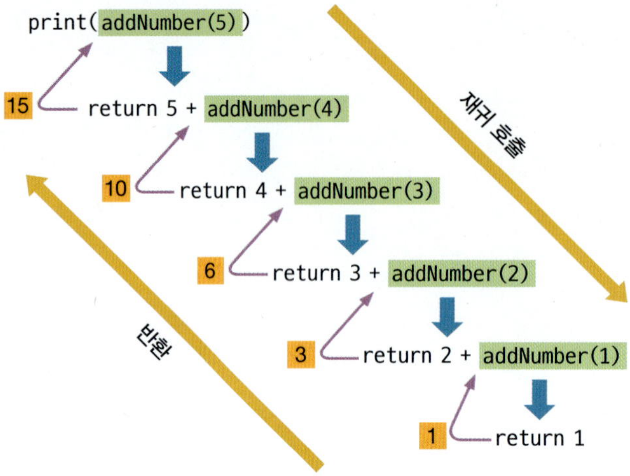

그림 10-9 5부터 1까지 합계 재귀 호출 과정

SELF STUDY 10-1

Code10-03.cpp를 수정해서 두 수를 입력받고 두 숫자 사이의 합계를 구하는 코드를 작성하자. 단 입력하는 숫자는 작은 숫자 또는 큰 숫자 중 어느 것을 먼저 입력해도 같다.

실행 결과

```
숫자1-->1
숫자2-->10
55

숫자1-->10
숫자2-->1
55
```

2 팩토리얼

팩토리얼(Factorial)은 특정 숫자부터 1까지를 곱하는 것으로 10!은 10×9×8×7×6×5×4×3×2×1이다. 팩토리얼도 숫자 합계처럼 반복문이나 재귀 함수로 구현할 수 있다.

반복문을 이용한 구현

10!은 반복문을 이용하여 다음과 같이 구현할 수 있다. 결과는 3628800으로 10×9×8×7×6×5×4×3×2×1의 결과다.

```
int factValue = 1;        // 곱셈이므로 초깃값을 1로 설정
for(int n = 10; n > 0; n--)
    factValue *= n;
println("10 * 9 * ... *1 = " + to_string(factValue));
```

실행 결과

```
10 * 9 * ... * 1 = 3628800
```

재귀 함수를 이용한 구현

10!인 10×9×8×7×6×5×4×3×2×1은 10×(9!)과 같고 이는 10×9×(8!)과 같으므로 [그림 10-10]과 같이 표현할 수 있다.

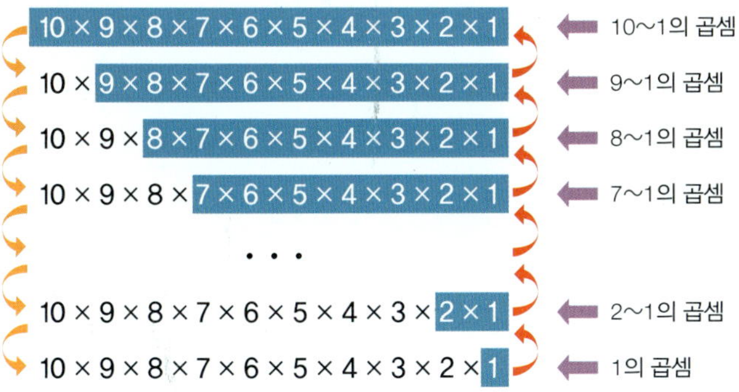

그림 10-10 10! 계산

[그림 10-10]의 재귀 호출 과정을 재귀 함수로 작성하면 다음과 같다. Code10-03.cpp와 거의 동일하다. 이 재귀 함수를 이용하여 5!을 구하는 코드는 Code10-04.cpp와 같다.

```
int factorial(int num) {
    if (num <= 1)
        return 1;
    return num * factorial(num - 1);
}

int main() {
    println("10! = " + to_string(factorial(10)));
}
```

Code10-04.cpp 5!을 재귀 호출로 구현

```
1  #include "..\CookHeader.h"
2
3  int factorial(int num) {
4      int retVal;
5      if (num <= 1) {
6          println("1 반환");
7          return 1;
8      }
9      println(to_string(num) + " * " + to_string(num-1) + "! 호출");
10     retVal = factorial(num - 1);
11
12     println(to_string(num) + " * " + to_string(num - 1) + "!(=" + to_string(retVal) + ") 반환");
13     return num * retVal;
14 }
15
16 int main() {
17     println("\n5! = " + to_string(factorial(5)));
18 }
```

실행 결과

```
5 * 4! 호출
4 * 3! 호출
3 * 2! 호출
2 * 1! 호출
1 반환
2 * 1!(=1) 반환
3 * 2!(=2) 반환
4 * 3!(=6) 반환
5 * 4!(=24) 반환

5! = 120
```

3~14행 재귀 함수를 선언한다.

5~8행 매개변수 num이 1 이하면 1을 반환한다.

9행 매개변수 num이 1 이상이면 "숫자*숫자−1! 호출" 글자를 출력한다.

10행 num−1을 다시 factorial( )로 재귀 호출한다. 그리고 retValue에 넣는다. 즉, num이 10부터 2까지 반복해서 재귀 호출한다.

12행 재귀 호출이 모두 끝나고 반환되면 "숫자*(숫자−1)!(=계산값) 반환" 글자를 출력한다.

13행 num*(num−1)!의 값을 반환한다.

17행 5!를 구하기 위해서 재귀 함수를 처음 호출한다.

Code10-04.cpp의 작동 과정을 단계별로 살펴보자. 크게 A와 B 부분으로 나누어 살펴본다.

1 A 부분에서 main( ) 함수의 factorial(5)를 호출한다.

```
int factorial(int num) {                                          A
    int retVal;
    if (num <= 1) {
        println("1 반환");
        return 1;
    }
    println(to_string(num) + " * " + to_string(num-1) + "! 호출");

B   retVal = factorial(num - 1);

    println(to_string(num) + " * " + to_string(num - 1) + "!(=" + to_string(retVal) + ") 반환");
    return num * retVal;
}

int main() {
    println("\n5! = " + to_string(factorial(5)));
}
```

2~**5** num이 5, 4, 3, 2인 상태에서 A 부분의 7~8행 실행(재귀 함수 1~4회 호출)

```
int factorial(int num) {                                          A
    int retVal;
    if (num <= 1) {
        println("1 반환");
        return 1;
    }
    println(to_string(num) + " * " + to_string(num-1) + "! 호출");
        factorial(num - 1);
```

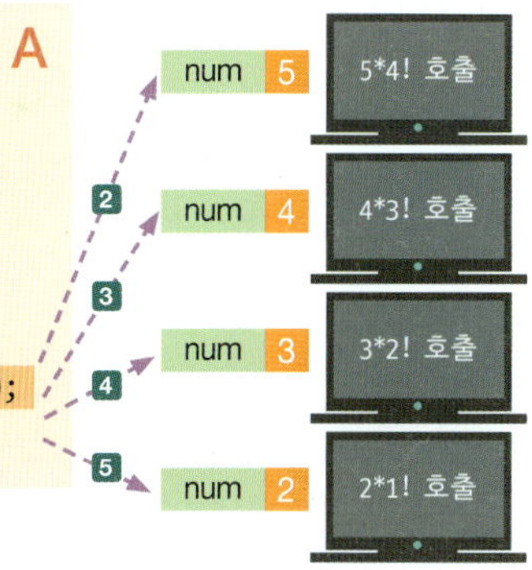

6 num이 1인 상태에서 A 부분의 3~6행을 실행하여 1 반환(재귀 함수 5회 호출)

```
int factorial(int num) {                                          A
    int retVal;
    if (num <= 1) {
        println("1 반환");
        return 1;
    }
    println(to_string(num) + " * " + to_string(num-1) + "! 호출");
        factorial(num - 1);
```

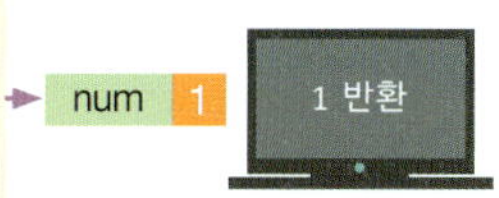

반환된 5~2 num이 2, 3, 4, 5인 상태에서 B 부분의 2~3행 실행

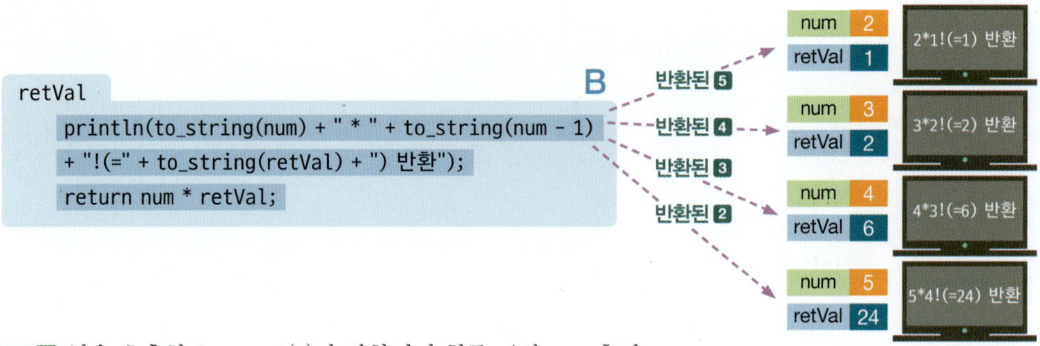

반환된 1 처음 호출한 factorial(5)가 반환되어 최종 5!인 120 출력

```
int factorial(int num) {                                                    A
    int retVal;
    if (num <= 1) {
        println("1 반환");
        return 1;
    }
    println(to_string(num) + " * " + to_string(num-1) + "! 호출");

B   retVal = factorial(num - 1);

    println(to_string(num) + " * " + to_string(num - 1) + "!(=" + to_string(retVal) + ") 반환");
    return num * retVal;
}

int main() {
    println("\n5! = " + to_string(factorial(5)));
}
```

120 반환

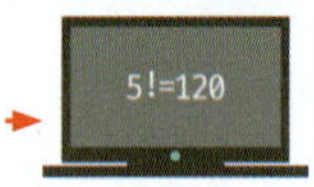

SECTION 03

재귀 호출의 연습

1 우주선 발사 카운트다운

우주선 발사를 위해 카운트하는 코드를 재귀 함수를 이용해서 구현해 보자.

Code10-05.cpp 카운트다운을 재귀 호출로 구현

```
1  #include "..\CookHeader.h"
2
3  void countDown(int n) {
4      if (n == 0) {
5          println("발사!!");
6      }
7      else {
8          println(n);
9          countDown(n - 1);
10     }
11 }
12
13 int main() {
14     countDown(5);
15 }
```

실행 결과

```
5
4
3
2
1
발사!!
```

3~11행 카운트다운하는 재귀 함수다. 매개변수는 카운트다운을 할 숫자를 받는다.

4~6행 숫자가 0이면 발사한다. 그리고 if~else 문을 마치므로 함수를 반환한다.

7~10행 숫자가 0이 아니면 숫자를 출력하고 다시 숫자–1을 재귀 호출한다.

14행 5부터 카운트다운한다

2 별 모양 출력하기

입력한 숫자만큼 차례대로 별 모양을 출력하는 코드를 재귀 함수를 이용해서 작성해 보자.

Code10-06.cpp 별 모양 출력을 재귀 호출로 구현

```
1  #include "..\CookHeader.h"
2
3  void printStar(int n) {
4      if (n > 0) {
5          printStar(n-1);
6          for (int i = 0; i < n; i++)
7              print("★");
8          println("");
9      }
10 }
11
12 int main() {
13     printStar(5);
14 }
```

실행 결과

```
★
★★
★★★
★★★★
★★★★★
```

3~10행 별 모양을 출력하는 재귀 함수다. 매개변수로 출력할 별의 숫자를 받는다.

4~8행 숫자가 0보다 크면 5행에서 다시 재귀 호출한다. 그리고 6~7행에서 별을 n개수만큼 출력한다. 8행은 별의 개수를 출력한 후에 한줄을 뗀다.

13행 별 5개의 출력을 실행한다

3 구구단 출력하기

2단부터 9단까지 구구단을 출력하는 코드를 재귀 함수를 이용해서 작성해 보자.

Code10-07.cpp 구구단 출력을 재귀 호출로 구현

```
1  #include "..\CookHeader.h"
2
3  void gugu(int dan, int num) {
4      println(to_string(dan) + " x " + to_string(num) + " = " + to_string(dan * num));
5      if (num < 9)
6          gugu(dan, num + 1);
7  }
8
9  int main() {
10     for (int dan = 2; dan < 10; dan++) {
11         println("## " + to_string(dan) + "단 ##");
12         gugu(dan, 1);
13     }
14 }
```

실행 결과

```
## 2단 ##
2 x 1 = 2
2 x 2 = 4
2 x 3 = 6
…(중략)…
9 x 8 = 72
9 x 9 = 81
```

3~7행 구구단의 각 단을 출력하는 재귀 함수다. 매개변수로 출력할 단과 곱할 숫자를 전달받는다.

4행 구구단을 출력한다. '단×숫자=결과' 형식으로 출력된다.

5~6행 곱할 숫자가 9보다 작다면 함수를 재귀 호출한다.

10~13행 2단부터 9단까지 반복해서 함수를 호출한다. 각 단의 상단에는 제목을 출력한다.

SELF STUDY 10-2

Code10-07.cpp를 수정해서 각 단이 세로로 나오도록 코드를 작성하자.

실행 결과

```
2x1= 2   3x1= 3   4x1= 4   5x1= 5   6x1= 6   7x1= 7   8x1= 8   9x1= 9
2x2= 4   3x2= 6   4x2= 8   5x2=10   6x2=12   7x2=14   8x2=16   9x2=18
…(중략)…
2x8=16   3x8=24   4x8=32   5x8=40   6x8=48   7x8=56   8x8=64   9x8=72
2x9=18   3x9=27   4x9=36   5x9=45   6x9=54   7x9=63   8x9=72   9x9=81
```

4 N제곱 계산하기

N제곱을 계산하는 코드를 재귀 함수를 이용해서 작성해 보자.

Code10-08.cpp N제곱 계산을 재귀 호출로 구현

```
1  #include "..\CookHeader.h"
2
3  string tab = "";
4  int pow(int x, int n) {
5      tab += "    ";
6      if (n == 0)
7          return 1;
8      println(tab + to_string(x) + "*" + to_string(x) + "^(" + to_string(n) + "-1)");
9      return x * pow(x, n - 1);
10 }
11
12 int main() {
13     println("2^4");
14     println("답-->" + to_string(pow(2, 4)));
15 }
```

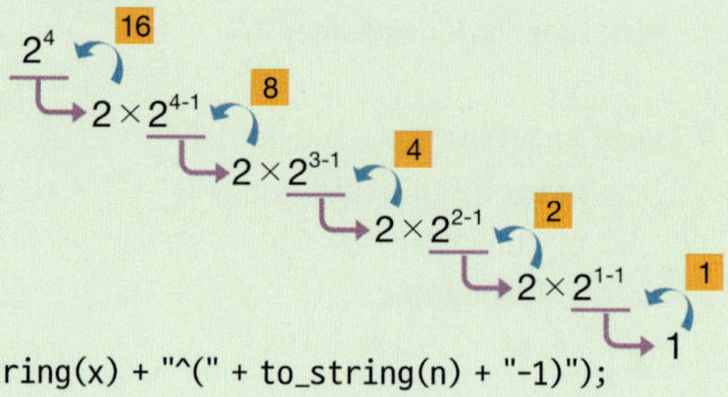

실행 결과

```
2^4
    2*2^(4-1)
        2*2^(3-1)
            2*2^(2-1)
                2*2^(1-1)
답-->16
```

3행 각 행을 출력할 때마다 띄어쓰기를 위한 공백 문자를 저장할 전역 변수다.

4~10행 x의 n제곱을 각 단계마다 출력하고 계산하는 재귀 함수다.

5행 한 단계를 출력할 때마다 공백을 4칸씩 추가한다.

6~7행 제곱할 값이 0이면 1을 반환한다. 즉, 모든 수의 0제곱은 1이다.

8행 현재 재귀 상태의 값을 출력한다.

9행 다시 n−1을 재귀 호출한다.

14행 2의 4제곱을 함수 호출한다

5 배열의 합 계산하기

랜덤하게 생성한 배열의 합계를 구하는 코드를 재귀 함수를 이용해서 작성해 보자.

Code10-09.cpp 배열의 합계를 재귀 호출로 구현(실행 결과는 실행할 때마다 다름)

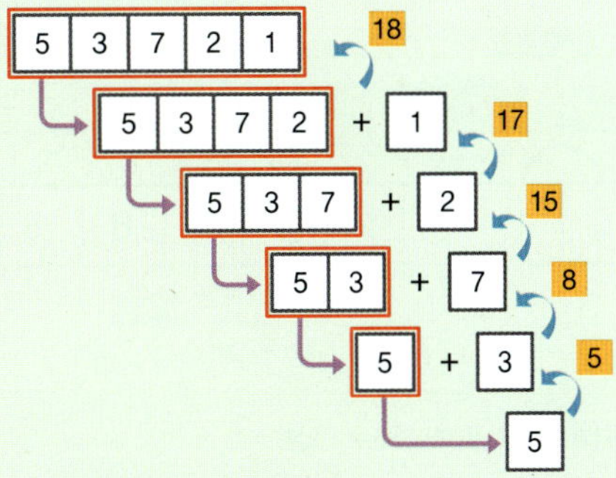


```
1  #include "..\CookHeader.h"
2
3  int arySum(Array <int> arr, int n) {
4      if (n < 0)
5          return arr[0];
6      return arySum(arr, n - 1) + arr[n];
7  }
8
9  int main() {
10     Array <int> ary;
11     randomInit(0, 255);                          // 0~255 사이 랜덤한 숫자
12     int arrCount = (cookRandom(gen) + 10) / 10;  // 배열 크기 (1개~20개)
13     for (int i = 0; i < arrCount; i++)
14         ary.push_back(cookRandom(gen));           // 배열에 입력할 숫자.(0~255)
15     printArray(ary);
16     print("배열 합계 -->");
17     print(arySum(ary, len(ary) - 1));
18 }
```

실행 결과

```
[ 238 151 224 103 23 234 186 163 76 206 192 181 234 190 216 0 149 91 ]
배열 합계 --> 3095
```

3~7행 배열의 합계를 내는 재귀 함수를 선언한다. 매개변수로 배열 이름과 배열의 마지막 위치를 전달받는다.

4~5행 배열의 위치가 가장 첫 번째라면 배열의 첫 번째 값을 반환한다.

6행 배열의 마지막 위치를 하나 앞으로 변경해서 함수를 재귀 호출한다. 그리고 배열의 현재 위치 값과 더한다.

11행 랜덤한 값을 초기화한다. randomInit( ) 및 cookRandom(gen)은 CookHeader.h에 정의되어 있다.

12행 10~20 사이의 숫자를 랜덤하게 생성한다. 배열의 크기로 사용한다.

13~14행 배열의 크기만큼 반복해서 0~255 사이의 숫자로 채운다.

15~17행 배열을 출력하고, 배열의 합계를 계산하고자 arySum( ) 함수를 호출한다.

6 피보나치 수 구하기

피보나치 수(Fibonacci Numbers)는 첫 번째는 0, 두 번째는 1이며, 그 이후는 앞 두 숫자의 합계인 수열이다. 즉, 0, 1, 1, 2, 3, 5, 8, 13, 21, 34, 55, 89, 144, 233, 377, 610, 987, …으로 표현되는 것을 의미한다. 이 피보나치 수를 재귀 함수를 이용해서 작성해 보자.

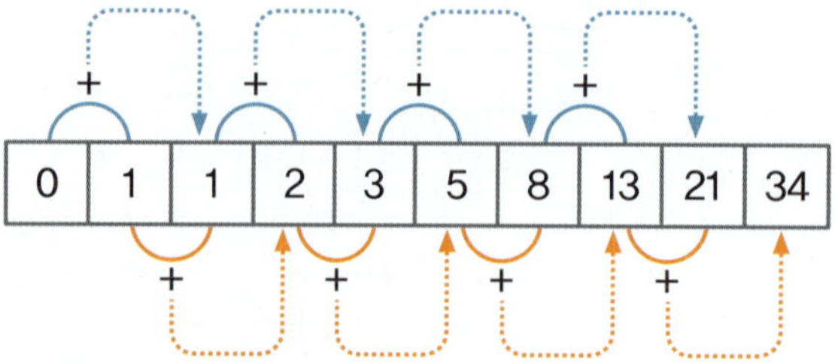

그림 10-11 피보나치 수 구성

Code10-10.cpp 피보나치 수를 재귀 호출로 구현

```
1  #include "..\CookHeader.h"
2
3  int fibo(int n) {
4      if (n == 0)
5          return 0;
6      else if (n == 1)
7          return 1;
8      else
9          return fibo(n - 1) + fibo(n - 2);
10 }
11
12 int main() {
13     print("피보나치 수 --> 0 1");
14     for (int i = 2; i < 20; i++)
15         print(fibo(i));
16 }
```

실행 결과

```
피보나치 수 --> 0 1 1 2 3 5 8 13 21 34 55 89 144 233 377 610 987 1597 2584 4181
```

3~10행 피보나치 수를 반환하는 재귀 함수다. 매개변수로 피보나치 수의 위치를 전달받는다. 예로 7을 전달받으면 7번째(0부터 카운트) 위치의 피보나치 수를 계산한다.

4~7행 0번째는 0, 1번째는 1을 반환한다.

8~9행 0번째와 1번째 이외에는 앞 두 숫자의 합계를 반환한다. 재귀 함수를 사용한다.

13행 0과 1은 그대로 출력한다.

14~15행 2번째 위치부터 19번째 위치까지 피보나치 수를 구해서 출력한다.

SECTION 04 재귀 호출의 응용

1 회문 판단하기

회문(Palindrome)은 앞에서부터 읽든 뒤에서부터 읽든 동일한 단어나 문장을 의미한다. 오른쪽은 회문의 예로 대·소문자는 구분하지 않고 공백이나 특수 문자는 제외한다.

```
level
kayak
radar
Borrow or rob
I prefer pi
기러기
일요일
주유소의 소유
다 큰 도라지일지라도 큰다
야 너 이번 주 주번이 너야
야 이 달은 밝은 달이야
마지막 날 날 막지 마
```

회문은 첫 글자와 마지막 글자를 비교하여 같으면 회문일 수 있고 다르면 회문이 아니다. 비교하지 않은 글자가 한 글자 이하이면 회문으로 확정하고, 한 글자 이하가 아니면 첫 글자는 다음 글자로 마지막 글자는 바로 앞 글자로 이동하는 식으로 비교하고 확인하는 과정을 반복한다. 회문이 아닌 경우와 회문인 경우를 예로 살펴보자.

[그림 10-12]의 예에서 (a)는 첫 글자와 마지막 글자가 같아 회문일 수 있는데 비교하지 않은 글자가 한 글자 이하가 아니므로 (b)와 같이 앞뒤로 한 칸씩 이동한 후 같은 방법으로 비교하고 확인한다. 이렇게 다시 앞뒤 글자로 이동한 후 비교·확인하면 (c)와 같이 두 글자가 다르므로 회문이 아니다.

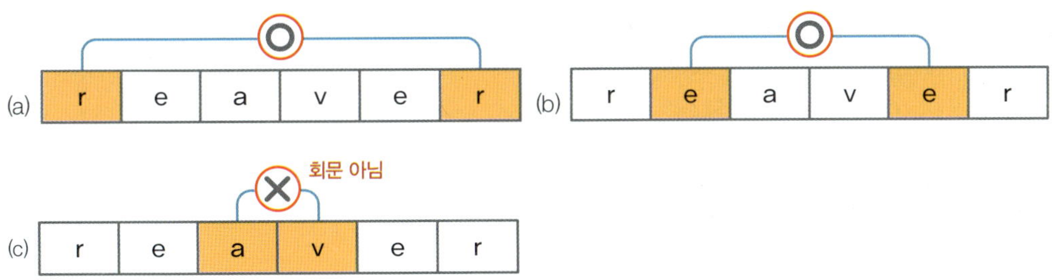

그림 10-12 회문이 아닌 예 : reaver

[그림 10-13]의 예에서 (a)는 첫 글자와 마지막 글자가 같아 회문일 수 있는데 비교하지 않은 글자가 한 글자 이하가 아니라서 (b)와 같이 앞뒤로 한 칸씩 이동한다. 동일한 방법으로 비교하니 같고 비교하지 않은 글자가 한 글자 이하라서 회문으로 확정한다.

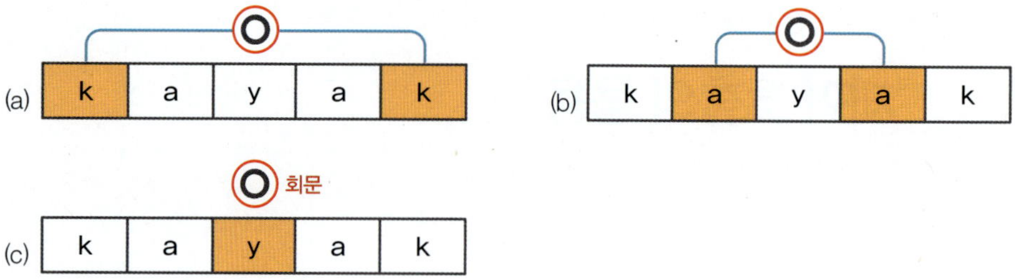

그림 10-13 회문인 예 : kayak

회문을 확인하는 과정을 재귀 호출 방식으로 구현하면 Code10-11.cpp와 같다.

Code10-11.cpp 회문 여부를 구별하기

```
#include "..\CookHeader.h"

bool palindrome(string pStr) {
    if (len(pStr) <= 1)
        return true;

    int pSize = len(pStr);
    if (pStr[0] != pStr[pSize - 1])
        return false;

    return palindrome(pStr.substr(1, pSize - 2));
}

int main() {
    Array <string> strAry = { "reaver", "kayak", "Borrow or rob", "Race Car", "Was it a
    cat I saw", "love love" };

    for (int i = 0; i < len(strAry); i++) {
        string testStr = strAry[i];
        print(testStr + "-->");
        removeChar(testStr, ' ');                  // 공백 제거
        for(int k=0; k< len(testStr); k++)         // 모두 대문자로
            testStr[k] = toupper(testStr[k]);
        if (palindrome(testStr)) {
            println("O");
        }
        else {
            println("X");
        }
    }
}
```

실행 결과

```
reaver--> X
kayak--> O
Borrow or rob--> O
Race Car--> O
Was it a cat I saw--> O
love love--> X
```

3~12행 회문 여부를 구별하는 재귀 함수다. 매개변수로 문자열을 전달받는다.

4~5행 문자열의 길이가 1 이하라면 회문으로 처리한다. len(문자열)은 문자열의 길이를 구한다.

7~9행 현재 문자열의 맨 앞과 마지막 글자가 다르면 회문이 아닌 것으로 처리한다.

11행 아직 회문 여부가 결정되지 않았다면, 앞뒤 한 칸씩 잘라 내고 재귀 함수를 호출해서 다시 회문 여부를 확인한다.

15행 회문 여부를 확인할 문자열 배열을 준비했다.

17~29행 문자열을 하나씩 회문 여부를 확인하고 출력한다.

18~19행 처리할 문자열을 우선 출력한다.

20행 문자열의 공백을 모두 제거한다. removeChar()는 CookHeader.h에 매크로로 정의했다.

21~22행 문자열을 모두 대문자로 만든다.

23~28행 함수를 호출해서 회문이라면 O를, 아니라면 X를 출력한다.

2 프랙탈 그리기

프랙탈(Fractal)은 작은 조각이 전체와 비슷한 기하학적인 형태를 의미하는데, 이런 특징을 '자기 유사성'이라고 한다. 자기 유사성(Self Similarity)은 부분을 확대하면 전체와 동일한 또는 닮은 꼴의 모습을 나타내는 성질이 있다. 프랙탈은 다양한 자연 현상에서도 많이 볼 수 있다. 예로 나무줄기, 번개, 강줄기, 나뭇잎, 산호초 등이 있다.

그림 10-14 자연 현상에서 나타나는 프랙탈 형태

프랙탈은 자연뿐 아니라, 수학적 도형으로도 구성할 수 있다. 다음 예처럼 삼각형, 사각형, 원 등의 구조를 자기 복제 형태로 반복해서 구성한다. [그림 10-15]와 같이 도형 프랙탈의 일부는 다시 전체 프랙탈과 형태가 동일하다. 이런 형태는 재귀(Recursion) 방식으로 구현할 수 있다.

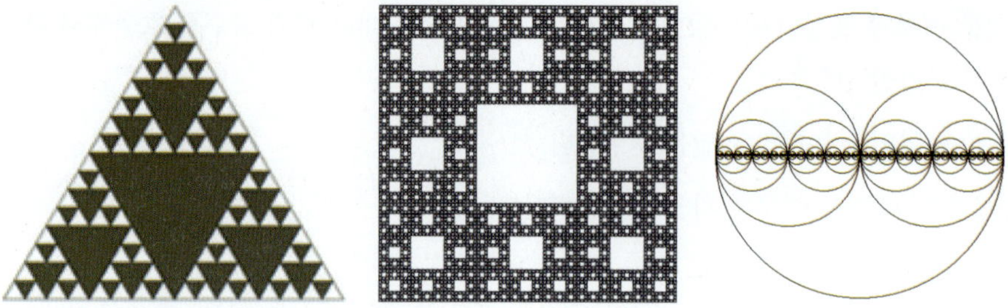

그림 10-15 수학적 도형으로 구성한 프랙탈

도형을 그릴 때는 GUI(Graphical User Interface) 형식의 화면 출력이 필요하다. 비주얼 C++은 Windows.h 헤더 파일에서 도스창에 선, 원 등을 그릴 수 있는 그래픽 기능을 제공한다. 다음 코드는 1000×1000 크기의 화면에 반지름 400 크기의 원을 그린다. 코드를 실행한 후에 창을 전체 화면으로 크게 변경하고, 아무 키나 누르면 원이 그려진다.

TIP • 비주얼 C++에서 그래픽을 출력하는 라이브러리를 WinAPI라고 한다. 이와 관련해서는 별도로 학습할 내용이 많으므로 여기서는 프랙탈의 화면 출력을 위한 최소한의 기능만 사용하고, 재귀 호출과 직접적인 관련이 있는 것은 아니므로 상세한 설명은 생략한다.

Code10-12.cpp 간단한 원을 그리는 GUI 프로그래밍

```
#include "..\CookHeader.h"
#include <Windows.h>
#include <conio.h>

int main() {
    _getch();                       // 멈춤 효과

    HWND hwnd = GetForegroundWindow();
    HDC hdc = GetDC(hwnd);          // 또는 HDC hdc = GetDC(NULL);

    int cx = 1000 / 2;
    int cy = 1000 / 2;
    int r = 400;

    Ellipse(hdc, cx-r, cy-r, cx+r, cy+r);

    ReleaseDC(hwnd, hdc);
}
```

2행 GUI 프로그래밍을 위해 Windows.h를 사용한다.

3행 6행의 일시 멈춤을 위해 conio.h를 사용한다.

6행 키를 누를 때 까지 실행을 멈춘다. 결과 창을 확대한 후에 키를 눌러 원을 그리기 위한 코드다.

8~9행 GUI 그래픽을 위한 코드다. GUI 출력을 위해서 거의 고정된 형식으로 사용한다.

11~13행 원을 그리려고 원의 중심점(cx, cy)을 화면 중앙으로 정한다. 11~12행은 화면 크기를 1000으로 가정하고 중심점을 찾고자 2로 나누었다. 13행에서 반지름을 적당히 400 정도로 했는데, 지름은 800이 된다.

15행 화면에 원을 그린다. 첫 매개변수는 8행에서 생성한 값을 대입한다. 이후 매개변수 4개는 좌측 끝 x와 y, 우측 끝 x와 y를 입력한다. 결국 500, 500을 중심으로 한 반지름 400(지름은 800) 크기의 원을 그린다.

17행 GUI 그래픽을 종료한다. 8~9행과 함께 거의 고정된 형식으로 사용한다.

TIP • 윈도 업데이트 버전에 따라 Code10-12.cpp와 같이 그래픽을 출력하는 화면이 보이지 않는 경우가 발생될 수 있다. 그럴 때는 9행의 (hwnd)를 (NULL)로 수정하고 실행한다. 그런 다음 실행 창을 화면 오른쪽 구석으로 옮긴 후 Enter를 누르면 결과 화면이 보일 것이다. 이후의 그래픽을 출력하는 코드는 같은 방식으로 시도해 본다.

원 도형의 간단한 프랙탈 그리기

원 도형의 프랙탈은 하나의 원 안에 작은 원을 2개 좌우로 그리는 것을 재귀 호출로 반복하면 된다. [그림 10-16]을 보면 3단계까지만 안쪽으로 원을 그리는 재귀 호출 방식을 표현했다.

[그림 10-16]에서 ❶번 원을 그린 후 1/2 크기로 왼쪽의 ❷번 원을 그린다. 다시 1/2 크기의 왼쪽 ❸번 원을 그린다. 3단계까지 들어왔으므로 반환해서 ❷번 원으로 돌아간 후 오른쪽 ❹번 원을 그린다. 역시 3단계까지 들어왔으므로 반환해서 ❷번 원으로 돌아간다. ❷번 원에서는 안쪽 2개를 모두 그렸으므로 반환해서 ❶번 원으로 돌아간 후 1/2 크기의 오른쪽 ❺번 원을 그린다. 이런 방식으로 재귀 호출을 반복하면 프랙탈 원이 그려진다. 이 방법을 코드로 구현하면 Code10-13.cpp와 같다.

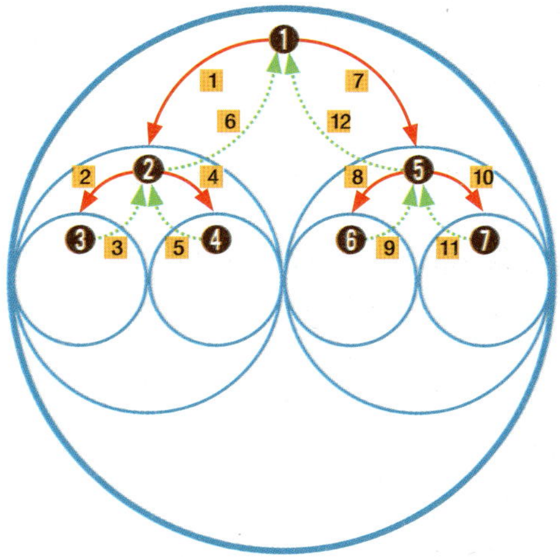

그림 10-16 3단계까지 원을 그리는 재귀 호출 방식

Code10-13.cpp 3단계의 프랙탈 원 그리기

```
#include "..\CookHeader.h"
#include <Windows.h>
#include <conio.h>

HWND hwnd;
HDC hdc;
int circleNumber = 0;
int wSize = 1000;
int radius = 400;

void drawCircle(int x, int y, int r) {
    circleNumber++;
    Ellipse(hdc, x - r, y - r, x + r, y + r);
    string strNum = to_string(circleNumber);
    TextOut(hdc, x, y-r, (LPCWSTR)strNum.c_str(), 1);
    if (r >= radius / 2) {
        drawCircle(x - r / 2, y, r / 2);
        drawCircle(x + r / 2, y, r / 2);
    }
}

int main() {
    _getch();
    hwnd = GetForegroundWindow();
    hdc = GetDC(hwnd);    // 또는 hdc = GetDC(NULL);

    drawCircle(wSize / 2, wSize / 2, radius);

    ReleaseDC(hwnd, hdc);
}
```

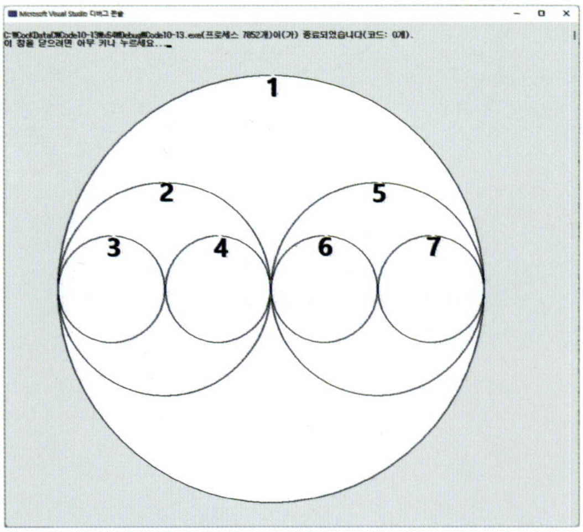

5~9행 관련된 전역변수를 선언한다. circleNumber는 그려진 원의 순서를 화면에 표시하는 용도로 사용된다. wSize는 화면 크기이고, radius는 시작 반지름이다.

11~20행 원을 그리는 재귀 함수를 선언한다. 매개변수로 원의 중심(x, y)과 반지름 r을 전달받는다

12행 그려진 원의 순서를 1씩 증가시킨다.

13행 현재 중심 (x, y)에 현재 반지름 r의 크기로 원을 그린다.

14~15행 원의 중앙 위쪽에 그려진 순서의 번호를 쓴다. 14행에서 숫자를 문자열로 변환하고, 15행에서 TextOut()은 문자열로 변환한 숫자를 해당 위치에 출력한다.

16~19행 9행에서 선언한 전체 반지름(radius)의 1/2보다 크거나 같은 동안 반복한다. 결국 3단계까지만 반복한다. 17행에서 원의 왼쪽 부분에 현재 반지름의 1/2 크기로 재귀 호출한다. 18행에서는 원의 오른쪽 부분에 현재 반지름의 1/2 크기로 재귀 호출한다.

27행 drawCircle() 함수를 윈도 화면의 중심 x, y 및 시작 반지름으로 처음으로 호출했다.

원 도형의 전체 프랙탈 그리기

이제는 원 도형의 프랙탈 전체를 그려 주는 코드를 작성하자. Code10-13.cpp와 대부분 비슷하며, 재귀 호출을 원의 반지름이 5 이상일 때까지 반복하도록 하고, 원 색상을 알록달록하게 표시되도록 했다.

Code10-14.cpp 전체 프랙탈 원 그리기

```
#include "..\CookHeader.h"
#include <Windows.h>
#include <conio.h>

HWND hwnd;
HDC hdc;
HPEN pen;                          // 색상 펜
int wSize = 1000;
int radius = 400;

void setRandomColor() {
    randomInit(0, 255);            // 0~255 사이의 랜덤값 초기화
    int r = cookRandom(gen);
    int g = cookRandom(gen);
    int b = cookRandom(gen);
    pen = CreatePen(PS_SOLID, 1, RGB(r, g, b));
    SelectObject(hdc, pen);
}

```

```
20 void drawCircle(int x, int y, int r) {
21     setRandomColor();
22     Ellipse(hdc, x - r, y - r, x + r, y + r);
23     if (r >= 5) {
24         drawCircle(x - r / 2, y, r / 2);
25         drawCircle(x + r / 2, y, r / 2);
26     }
27 }
28
29 int main() {
30     _getch();
31     hwnd = GetForegroundWindow();
32     hdc = GetDC(hwnd);          // 또는 hdc = GetDC(NULL);
33
34     drawCircle(wSize / 2, wSize / 2, radius);
35
36     ReleaseDC(hwnd, hdc);
37 }
```

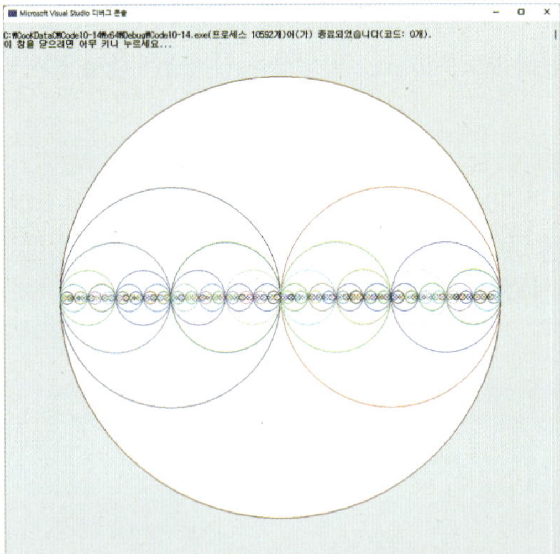

7행 펜의 색상을 저장하는 전역 변수를 준비한다.

11~18행 랜덤하게 색상을 추출하는 함수를 선언한다. 13~15행에서 Red, Green, Blue의 3가지 색을 랜덤하게 준비하고, 16행에서 추출한 색상의 펜을 준비한다. 17행에서 색상을 설정했다. 이후에 그려지는 원은 해당 색상으로 그려진다.

21~22행 랜덤하게 색상을 선정한 후 원을 그린다.

23행 반지름이 5이상이라면 계속 재귀 호출을 반복한다.

연습문제

1 재귀 호출 관련 설명으로 가장 거리가 먼 것은?

① 자기 자신을 다시 호출하는 개념이다.

② 재귀 호출의 무한 반복 코드를 작성하면, C 언어는 어느 정도 반복하다가 자동 종료시킨다.

③ 재귀 호출의 무한 반복을 마치려면 return 문을 사용한다.

④ 재귀 호출을 위한 예약어는 for 또는 while이다.

2 10부터 100까지 합계를 구하는 코드다. ❶~❷에 적합한 코드를 다음 중 골라 채우시오.

```
return 10
return 1
return 0
addNumber(num - 1)
addNumber(num)
addNumber(num + 1)
```

```
int addNumber(int num) {
    if (num <= 10)
        [ ❶ ];
    return num + [ ❷ ];
}

int main() {
    print(addNumber(100));
}
```

3 팩토리얼을 구하는 코드다. ❶~❸에 적합한 코드를 다음 중 골라 채우시오.

```
num <= 1
num >= 1
num <= 0
num >= 0
factorial(num - 1)
factorial(num)
factorial(num + 1)
num + retVal
num - retVal
num * retVal
num / retVal
```

```
int factorial(int num) {
    int retVal;
    if ([ ❶ ])
        return 1;
    retVal = [ ❷ ];
    return [ ❸ ];
}
```

연습문제

4 입력한 숫자의 크기만큼 별 모양을 출력하는 함수의 ❶~❷를 완성하시오.

```
void printStar(intn) {
    if ([    ❶    ]) {
        for (inti = 0; i < n; i++)
            print("★");
        println("");
        printStar([    ❷    ]);
    }
}
intmain() {
    printStar(5);
}
```

실행 결과

```
★★★★★
★★★★
★★★
★★
★
```

5 1부터 1000까지 임의의 숫자 배열의 합계를 재귀 호출로 구현한 코드의 ❶을 완성하시오.

```
int arySum(Array <int> arr, int n) {
    if (n < 0)
        return arr[0];
    return [            ❶            ];
}

int main() {
    Array <int> ary;
    srand(time(NULL));
    int arrCount= rand() % 10 + 11;
    for (int i = 0; i < arrCount; i++)
        ary.push_back(rand() % 1000) + 1;
    printArray(ary);
    print("배열 합계 -->");
    print(arySum(ary, len(ary) - 1));
}
```

6 24까지 피보나치 수를 재귀 호출로 구현한 코드의 ❶~❹를 완성하시오.

```
int fibo(int n) {
    if (n == 0)
        return [ ❶ ];
    else if (n == 1)
        return [ ❷ ];
    else
        return fibo([ ❸ ]) + fibo([ ❹ ]);
}

int main() {
    print("피보나치 수 --> 0 1");
    for (int i = 2; i < 25; i++)
        print(fibo(i));
}
```

7 다음이 설명하는 것은 무엇인지 고르세요.

> 앞에서 읽든 뒤에서 읽든 동일한 단어나 문장을 말한다. 대소문자는 구분하지 않고 공백이나 특수 문자는 제외한다.

① 프렉탈　　② 회문

③ 신장 트리　　④ 피보나치 수열

응용예제 01 진수 변환하기

난이도★★☆

예제 설명 10진수 정수를 입력하면, 2진수/8진수/16진수로 변환되어 출력되는 프로그램을 재귀 함수를 이용하여 작성한다.

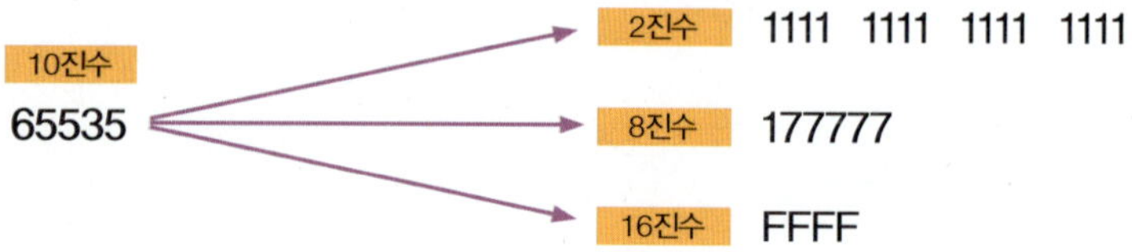

실행 결과

```
Microsoft Visual Studio 디버그 콘솔
10진수 입력 --> 65535

2진수 :  1 1 1 1 1 1 1 1 1 1 1 1 1 1 1 1
8진수 :  1 7 7 7 7 7
16진수 :  F F F F
```

코드

```c
#include "..\CookHeader.h"

Array <string> numberChar
  = { "0", "1", "2", "3", "4", "5", "6", "7", "8", "9", "A", "B", "C", "D", "E", "F" };

void  notation(int base, int n) {
     if (n < base) {
          print(numberChar[n]);
     }
     else {
          notation(base, n / base);
          print(numberChar[n % base]);
     }
}

int main() {
     int number;
     input(number, "10진수 입력 --> ");
     print("\n2진수 : ");
     notation(2, number);
     print("\n8진수 : ");
     notation(8, number);
     print("\n16진수 : ");
     notation(16, number);
}
```

코드 설명

3~4행	16진수까지 처리하려고 8행과 12행에서 출력할 때 해당 위치의 문자를 출력한다. 즉, 16진수를 처리 중에 10을 출력해야 하면 배열의 10번째인 "A"를 출력한다.
6~14행	진수를 구하는 재귀 함수다. 매개변수 base는 2 또는 8 또는 16의 진수를 받으며, n은 변환할 10진수를 넘겨받는다.
7~9행	변환할 진수 이하이면 값을 출력하고 함수를 마친다. 즉, return이 자동으로 실행된다. 예로 8진수의 경우 7이라면 그냥 7을 출력한다.
10~13행	n 값이 진수 이상이면 7행에서 진수로 나눈 몫을 가지고 다시 재귀 호출한다. 재귀 호출이 반환되면 나머지를 출력한다.
17~24행	변환할 10진수를 입력받고, 2진수/8진수/16진수로 변환해서 출력한다

응용예제 02 시에르핀스키 삼각형 그리기

난이도★★★

예제 설명 시에르핀스키(Sierpinski) 삼각형은 큰 삼각형 안에 정삼각형 3개를 균등하게 생성한다. 다음 그림과 같이 변의 길이와 왼쪽 아래 시작점(x, y)이 정해지면 큰 삼각형은 A점, B점, C점을 연결하면 된다. 그리고 안쪽 삼각형 3개는 A점, A−1점, A−2점이 시작점이 되고 변의 길이는 1/2이 된다. 이것을 재귀 호출로 반복하면 프랙탈 모양이 된다. 각 위치를 구하는 수식은 그림에 표현했다.

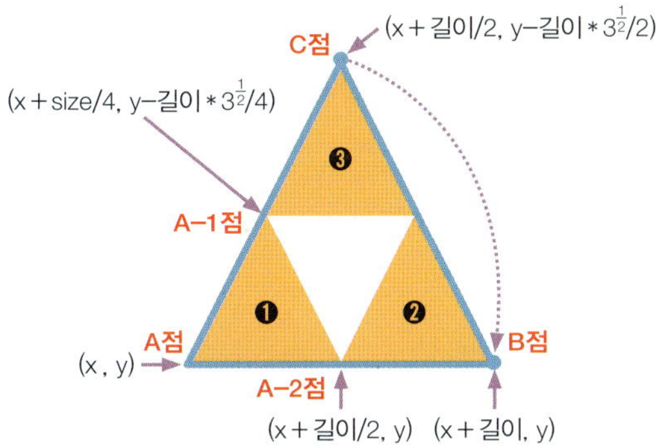

실행 결과

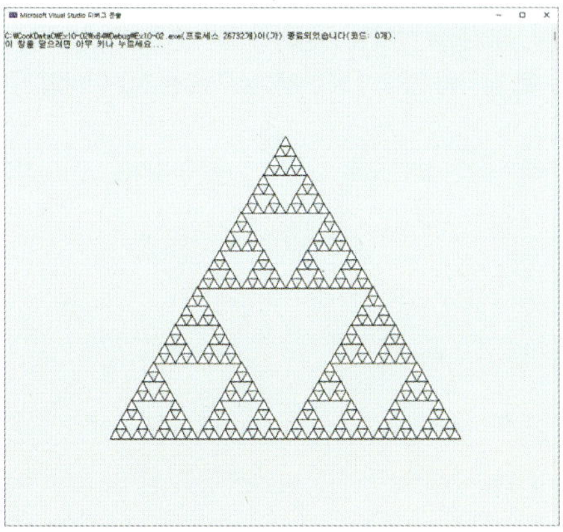

코드

```
1  #include "..\CookHeader.h"
2  #include <Windows.h>
3  #include <conio.h>
4
5  HWND hwnd;
6  HDC hdc;
7  int wSize = 1000;
8
9  void drawTriangle(double x, double y, double size) {
10     if (size >= 30) {
11         drawTriangle(x, y, size / 2);
12         drawTriangle(x + size / 2, y, size / 2);
13         drawTriangle(x + size / 4, int(y - size * (pow(3, 0.5) / 4)), size / 2);
14     }
15     else {
16         POINT pts[] = { {x, y}, { x + size, y}, {x + size / 2, y - size * pow(3,0.5) / 2} };
17         Polygon(hdc, pts, 3);  // 삼각형 그리기
18     }
19 }
20
21 int main() {
22     _getch();
23     hwnd = GetForegroundWindow();
24     hdc = GetDC(hwnd);          // 또는 hdc = GetDC(NULL);
25
26     drawTriangle(wSize / 5, wSize / 5 * 4, wSize * 2 / 3);
27
28     ReleaseDC(hwnd, hdc);
29 }
```

코드 설명

9~19행	시에르핀스키 삼각형을 그리는 함수다. 매개변수로 왼쪽 아래 점(x, y)과 변의 길이 size를 받는다.
10~14행	변의 길이가 30 미만이 될 때까지, 다시 삼각형 3개로 나눈다. 11행은 왼쪽 아래 작은 삼각형, 12행은 오른쪽 아래 작은 삼각형, 13행은 위쪽 작은 삼각형을 재귀 호출해서 그린다.
15~18행	변의 길이가 30 미만이 되면, 삼각형을 그리고 반환한다. 즉, 30 미만의 삼각형으로 전체를 채우는 효과가 되어 그림에는 큰 삼각형 형상이 표현된다(실제로는 30 미만의 작은 삼각형으로만 그려져 있다).
26행	삼각형의 시작점은 왼쪽 아래 적당한 부분으로 지정하고, 변의 길이는 윈도 창의 2/3로 시작한다.

CHAPTER 11

기본 정렬 알고리즘

학습목표

- 정렬의 개념을 파악한다.
- 정렬을 위한 코드의 형식을 이해한다.
- 기본적인 정렬 방식을 학습한다.
- 정렬을 활용한 응용 프로그램을 작성한다.

SECTION 00 생활 속 자료구조와 알고리즘

대학에서 수업을 듣는 학생들은 자신이 원하는 자리에 마음대로 앉는다. 하지만 교수 출석부에는 학생의 학번 또는 이름 순서로 학생 명단이 작성되어 있다.

요리사도 칼을 여러 개 사용하지만, 가능하면 칼 크기대로 가지런히 놓고 사용하는 것을 좋아한다. 이렇게 순서대로 데이터가 나열되어 있는 것을 정렬이라고 한다.

실생활에서는 정렬되지 않아도 사용 가능하지만, 정렬하면 더 빠르고 편리하게 사용할 수 있는 것이 상당히 많다.

SECTION 01 정렬의 기본

1 정렬의 개념

중요 알고리즘 중 하나인 정렬(Sort)은 자료들을 일정한 순서대로 나열하는 것이다. 순서대로 나열할 때는 작은 것부터 나열하는 방법과 큰 것부터 나열하는 방법이 있다.

[그림 11-1]은 정렬 예다. 키가 작은 강아지부터 키가 큰 사람 순으로 나열된 것처럼 작은 것부터 큰 순으로 나열된 방법을 오름차순 정렬(Ascending Sort)이라고 한다. 반대로 몸무게가 무거운 동물을 먼저 나열하는 방법을 내림차순 정렬(Descending Sort)이라고 한다.

(a) 작은 키에서 큰 키 순으로 오름차순 정렬

(b) 무거운 순에서 가벼운 순으로 내림차순 정렬

그림 11-1 오름차순 정렬과 내림차순 정렬 예

사전은 정렬이 사용된 대표적인 예다. 영어 사전의 단어가 정렬되어 있지 않다면 단어를 찾을 때마다 첫 페이지부터 찾아보아야 할 것이다. 찾는 단어가 운 좋게 앞쪽에 있다면 다행이지만 운이 나쁘면 사전의 맨 끝부분까지 페이지를 넘겨야 할지도 모른다. 이렇듯 정렬은 일상생활에서도 다양하게 사용된다.

그림 11-2 실생활 정렬 예

2 정렬 알고리즘의 종류

오름차순 정렬이든 내림차순 정렬이든 결과의 형태만 다를 뿐이지 같은 방식으로 처리된다. 이 책에서는 혼란을 최소화하고자 오름차순 중심으로 정렬을 설명한다.

정렬하는 방법에 대한 정렬 알고리즘은 수십 가지다. 이해하고 구현하기 쉽지만 속도가 느린 알고리즘, 이해하고 구현하기 어렵지만 속도가 빠른 알고리즘, 특수한 상황에서만 효율적인 알고리즘, 메모리를 적게 사용하는 알고리즘 등 다양하다. 이 책에서는 다음 네 가지 정렬 알고리즘을 살펴볼텐데 선택과 삽입 정렬은 이 장에서 살펴본다. 성능은 좋으나 비교적 구현이 까다로운 버블 정렬과 퀵 정렬은 12장에서 살펴본다.

- 선택 정렬(Selection Sort)
- 삽입 정렬(Insertion Sort)
- 버블 정렬(Bubble Sort)
- 퀵 정렬(Quick Sort)

SECTION 02

기본 정렬 알고리즘의 원리와 구현

1 선택 정렬

선택 정렬 개념

선택 정렬(Selection Sort)은 여러 데이터 중에서 가장 작은 값을 뽑는 작동을 반복하여 값을 정렬하는 방식이다.

선택 정렬 방법으로 가족을 키 순서대로 세워보자. 먼저 키가 가장 작은 가족을 찾아 맨 앞에 세운다. 해피가 제일 작으므로 맨 앞에 세우면 7명이 남는다(1단계). 남은 가족 중 제일 작은 동생을 찾아 해피 뒤에 세운다(2단계). 남은 가족 중 제일 작은 내가 동생 뒤에 선다(3단계). 같은 방식으로 가장 작은 사람을 계속 세우면 가족을 키 순으로 오름차순 정렬할 수 있다(4~8단계).

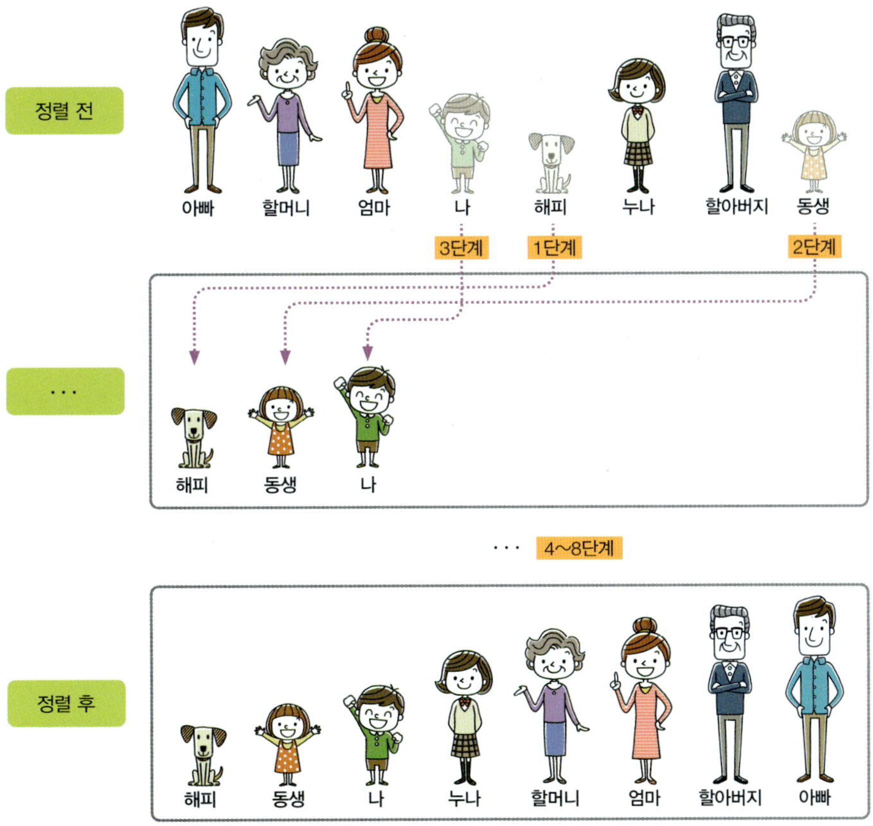

그림 11-3 선택 정렬 예 : 오름차순 정렬

최솟값을 찾는 방법

선택 정렬을 구현하려면 가장 작은 값을 찾는 함수가 필요하다. 최솟값은 다양한 방법으로 찾을 수 있지만 여기에서는 다음 방식을 사용한다.

❶ 배열의 첫 번째 값을 가장 작은 값으로 지정한다.

❷ 가장 작은 값으로 지정한 값을 다음 차례의 값과 비교하여 가장 작은 값을 변경하거나 그대로 두는 방법으로 마지막 값까지 비교를 마친 후 현재 가장 작은 값으로 지정된 값을 가장 작은 값으로 결정한다.

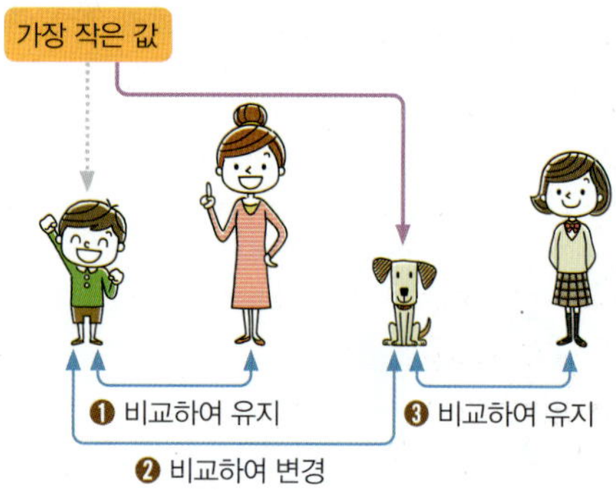

그림 11-4 최솟값을 찾는 단계 예

[그림 11-4]의 단계를 코드로 구현하면 Code11-01.cpp와 같다.

Code11-01.cpp 배열에서 최솟값 위치를 찾는 함수

```
#include "..\CookHeader.h"

Array <int> testAry = { 55, 88, 33, 77 };

int findMinIdx(Array <int> ary) {
    int minIdx = 0;
    for (int i = 1; i < len(ary); i++) {
        if (ary[minIdx] > ary[i])
            minIdx = i;
    }
    return minIdx;
}

```

```
14 int main() {
15     int minPos = findMinIdx(testAry);
16     print("최솟값 -->");
17     println(testAry[minPos]);
18 }
```

실행 결과

```
최솟값 --> 33
```

3행 테스트용 배열을 준비한다.

5~12행 배열에서 가장 작은 값의 위치를 찾아서 반환한다.

6행 우선 배열의 첫 번째 값(0번째)을 현재 최솟값 위치로 지정한다.

7~10행 배열의 두 번째 값(1번째)부터 마지막까지 반복한다. 8행에서 배열의 i번째 값과 현재 최솟값을 비교해서 배열의 i번째 값이 현재 최솟값보다 작다면 i를 현재 최솟값 위치로 지정한다.

11행 찾아낸 배열의 최솟값 위치를 반환한다.

15~17행 배열에서 최솟값 위치를 찾고, 찾은 최솟값 위치의 값을 출력한다.

SELF STUDY 11-1

Code11-01.cpp를 수정해서 최댓값 위치를 찾도록 코드를 작성하자.

실행 결과

```
최댓값 --> 88
```

선택 정렬 구현

최솟값을 찾는 함수까지 만들었으므로 이제는 선택 정렬을 구현하는 전체 코드를 작성할 차례다. 먼저 배열을 사용하는 방법을 좀 더 명확히 하고 진행하자. 주로 7장까지는 배열을 사용할 때, 개념을 좀 더 명확히 하려고 미리 배열 크기를 지정한 후 사용했다. 즉, 다음 예처럼 크기가 3인 배열을 준비하고 값을 입력하는 방법을 사용했다.

```
Array <int> ary = { 0, 0, 0 };
ary[0] = 100;
ary[1] = 100;
ary[2] = 100;
```

하지만 앞으로는 배열 크기를 미리 지정하지 않고 가변 크기의 배열인 Array의 특성을 그대로 사용한다. 빈 배열을 준비한 후 push_back() 함수로 배열에 값을 추가하기만 하면 배열 크기가 자동으로 늘어난다.

TIP • Array는 C++ STD의 Vector를 재정의한 이름이다. CookHeader.h에 정의해 놓았다. 이와 관련한 내용은 2장에서 설명했다.

```
Array <int> ary;
ary.push_back(100);
ary.push_back(200);
ary.push_back(300);
```

앞서 설명한 선택 정렬의 단계는 가변 크기의 배열을 사용해서 다음과 같이 구현한다.

Code11-02.cpp 선택 정렬의 구현

```
1  #include "..\CookHeader.h"
2
3  Array <int> before = { 188, 162, 168, 120, 50, 150, 177, 105 };
4  Array <int> after;
5
6  int findMinIdx(Array <int> ary) {
7      int minIdx = 0;
8      for (int i = 1; i < len(ary); i++) {
9          if (ary[minIdx] > ary[i])
10             minIdx = i;
11     }
12     return minIdx;
13 }
14
15 int main() {
16     print("정렬 전 -->");
17     printArray(before);
18     int arySize = len(before);
19     for (int i = 0; i < arySize; i++) {
20         int minPos = findMinIdx(before);
21         after.push_back(before[minPos]);
22         del(before, minPos);
23     }
24     print("정렬 후 -->");
25     printArray(after);
26 }
```

실행 결과

```
정렬 전 --> [ 188 162 168 120 50 150 177 105 ]
정렬 후 --> [ 50 105 120 150 162 168 177 188 ]
```

3~4행 정렬 전 배열인 before와 정렬 후 배열 after를 준비한다.

17행, 25행 정렬 전, 후 배열을 출력한다.

19~23행 배열 크기만큼 반복한다. 20행에서 정렬 전 배열(before)에서 최솟값 위치를 찾고, 찾은 값을 정렬 후 배열(after)의 맨 뒤에 추가한다. 그리고 22행에서 정렬 후 배열에 넣은 값을 정렬 전 배열에서 제거한다. 이제 정렬 전 배열에는 가장 작은 값을 제외한 나머지 데이터만 남게 된다. 이를 배열의 전체 개수만큼 반복한다. del( )은 CookHeader.h에 매크로로 선언했다.

두 변수 값 교환

알고리즘을 구현할 때 두 변수 값을 교환해야 하는 경우가 종종 생긴다. 원칙적으로 한 번에 두 변수의 값을 교환할 수 없으므로, 임시 공간을 사용해야 한다. 예로 A 변수에 100이, B 변수에 200이 들어 있다면 다음 단계를 거쳐야 한다.

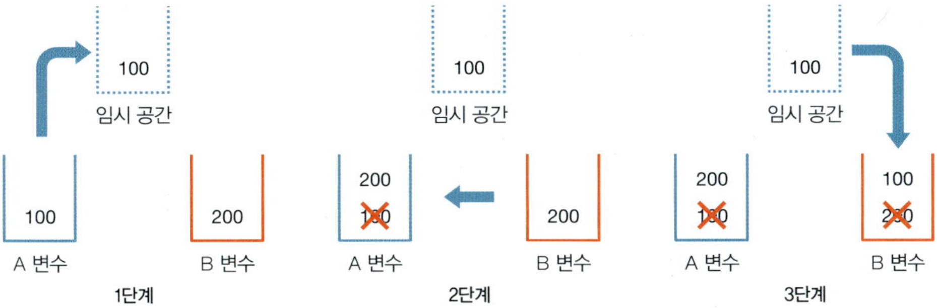

그림 11-5 두 변수 값의 교환

1단계에서 A 변수의 값을 임시 공간에 넣는다. 2단계에서는 B 변수의 값을 A 변수에 넣는다. 그러면 A 변수의 기존 값은 덮어써진다. 3단계에서는 임시 공간에 저장한 값(기존 A 변수 값)을 B 변수에 넣는다. 코드는 다음과 같다.

```
int temp = A;
A = B;
B = temp;
```

개선된 선택 정렬

앞에서는 선택 정렬 전 배열, 정렬 후 배열 2개를 사용했다. 하지만 배열 하나로 데이터를 정렬하는 방식이 더 효율적이다. 간단히 데이터 4개를 정렬하는 예를 살펴보자. '배열 크기-1'회의 큰 반복을 하고 이 큰 반복을 사이클(Cycle)이라고 하자. 예에서는 데이터가 4개이므로 (b)와 같이 총 3회의 사이클이 필요하다. 반복되는 변수를 cycle이라고 하면 cycle은 0, 1, 2로 3회 반복하는 것이다.

(a) 선택 정렬할 데이터 (b) 3회 사이클

그림 11-6 선택 정렬 전 초기 상태

선택 정렬을 위해 먼저 사이클1 중 맨 앞의 값을 가장 작은 값으로 지정한 후 나머지 값과 비교해서 가장 작은 값을 찾는다(현재 4개 처리).

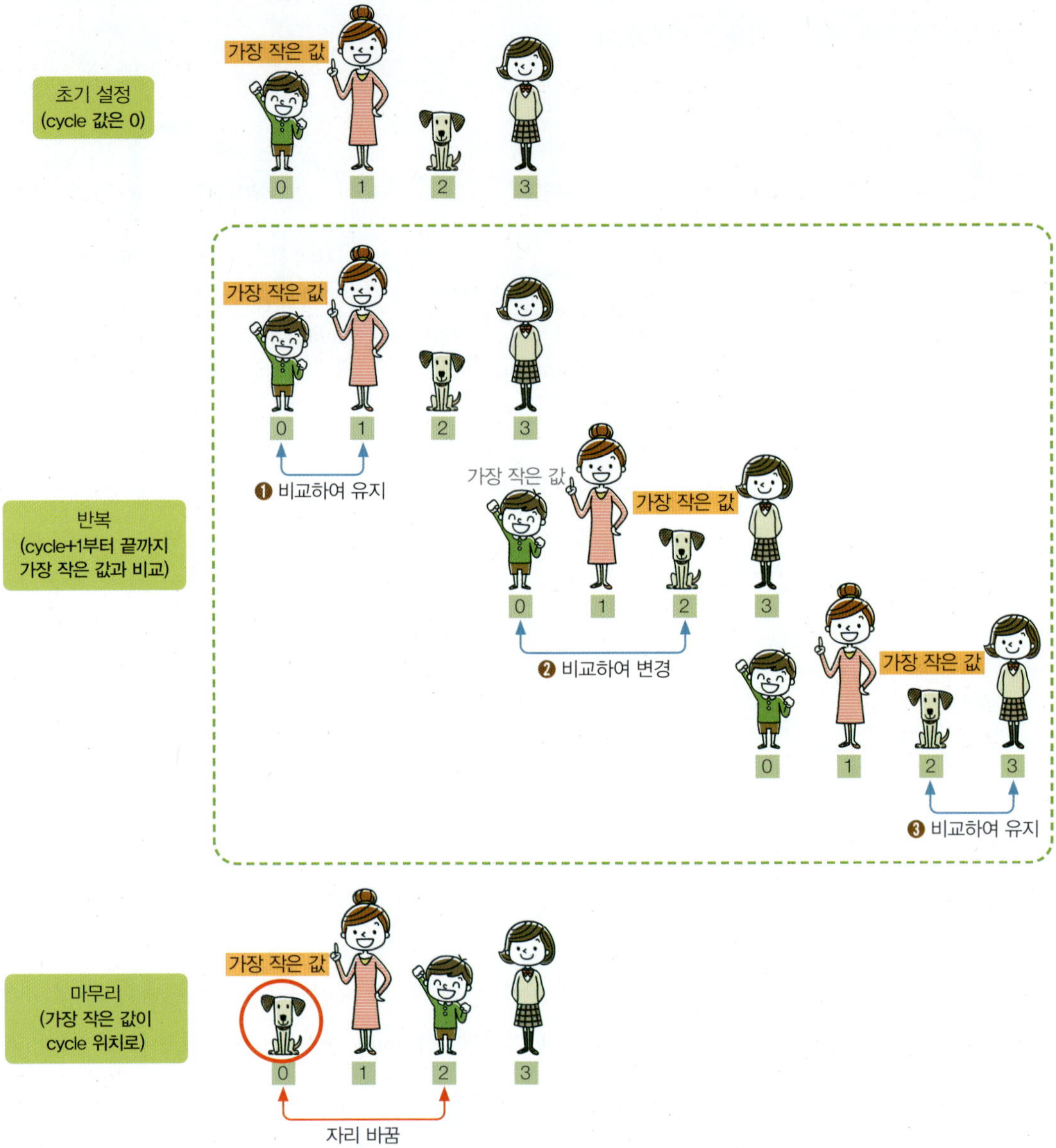

그림 11-7 선택 정렬 예 : 사이클1

다음으로 사이클1에서 찾은 가장 작은 값을 제외한 사이클2 중 맨 앞의 값을 가장 작은 값으로 우선 지정하고, 나머지 값들과 비교하여 제일 작은 값을 찾는다.

그림 11-8 선택 정렬 예 : 사이클2

사이클2에서 찾은 가장 작은 값을 제외한 사이클3 중 맨 앞의 값을 가장 작은 값으로 우선 지정하고, 나머지 값들과 비교해서 제일 작은 값을 찾는다(현재 2개 처리).

그림 11-9 선택 정렬 예 : 사이클3

모든 사이클이 완료되면 배열에는 [그림 11-10]과 같이 정렬된 결과가 남는다.

그림 11-10 선택 정렬 후 데이터

앞서 설명한 내용을 전체 코드로 구현하면 Code11-03.cpp와 같다. 최솟값 위치를 찾는 함수를 없애고 정렬하는 함수인 selectionSort()에서 모두 처리하도록 한다.

Code11-03.cpp 개선된 선택 정렬

```
1  #include "..\CookHeader.h"
2
3  Array <int> dataAry = { 188, 162, 168, 120, 50, 150, 177, 105 };
4
5  Array <int> selectionSort(Array <int> ary) {
6      int n = len(ary);
7      for (int cycle = 0; cycle < n - 1; cycle++) {
8          int minIdx = cycle;
9          for (int i = cycle+1; i < n; i++) {
10             if (ary[minIdx] > ary[i])
11                 minIdx = i;
12         }
13         int tmp = ary[cycle];
14         ary[cycle] = ary[minIdx];
15         ary[minIdx] = tmp;
16     }
17     return ary;
18 }
19
20 int main() {
21     print("정렬 전 -->");
22     printArray(dataAry);
23     dataAry = selectionSort(dataAry);
24     print("정렬 후 -->");
25     printArray(dataAry);
26 }
```

실행 결과

```
정렬 전 --> [ 188 162 168 120 50 150 177 105 ]
정렬 후 --> [ 50 105 120 150 162 168 177 188 ]
```

5~18행 배열을 전달받아 선택 정렬 방식으로 정렬한 후 반환하는 함수다.

6행 배열 길이를 구해서 n 변수에 대입한다.

7~16행 [그림 11-6]의 (b)에서 사이클을 바깥 for 문으로 지정한다. '배열 크기-1' 횟수만큼 반복한다. 배열 크기가 4라면 cycle 값이 0, 1, 2 등 3회 반복한다.

8행 각 사이클의 맨 앞 데이터를 최솟값 위치로 일단 지정한다. [그림 11-7]~[그림 11-9]의 [초기 설정]에서 '가장 작은 값'을 지정한 것이다.

9~12행 각 사이클의 두 번째 값부터 최솟값과 비교한다. [그림 11-7]~[그림 11-9]의 [반복]을 수행한다. 최솟값 위치를 찾아내는 작업을 한다.

13~15행 각 사이클의 첫 번째 값과 찾은 최솟값을 교환한다. [그림 11-7]~[그림 11-9]의 [마무리]를 수행한다

선택 정렬 성능

정렬에서 중요한 사항 중 하나는 정렬을 완료하는 비교 횟수다. Code11-03.cpp의 10행이 몇 번 수행되었는지 확인하면 된다. Code11-03.cpp는 이중 반복문이 사용되므로 배열에서 정렬할 데이터 개수가 4개라면, 7행의 cycle과 9행의 i는 다음과 같이 비교할 횟수가 계산된다.

Cycle 값	i 값	비교 횟수
0	1, 2, 3	3회
1	2, 3	2회
2	3	1회

총 6회가 계산된다. 그러므로 데이터 개수가 4일 때 Code11-03.cpp의 10행은 다음과 같이 반복된다.

```
cycle이 0일 때 → 3(=4-1)번 수행
cycle이 1일 때 → 2(=4-2)번 수행
cycle이 2일 때 → 1(=4-3)번 수행
```

이것을 일반화하여 데이터 개수가 n개라면 다음과 같이 계산된다.

```
cycle이 0일 때 → n-1번 수행
cycle이 1일 때 → n-2번 수행
cycle이 2일 때 → n-3번 수행
cycle이 3일 때 → n-4번 수행
...(중략)...
cycle이 n-3일 때 → 2번 수행
cycle이 n-2일 때 → 1번 수행
```

결국 비교 횟수는 거꾸로 하면 $1+2+3+\cdots+(n-1)$번이 된다. 이를 수식으로 유도하기 전에 먼저 1부터 10까지 합계를 구하는 방법은 [그림 11-11]과 같다.

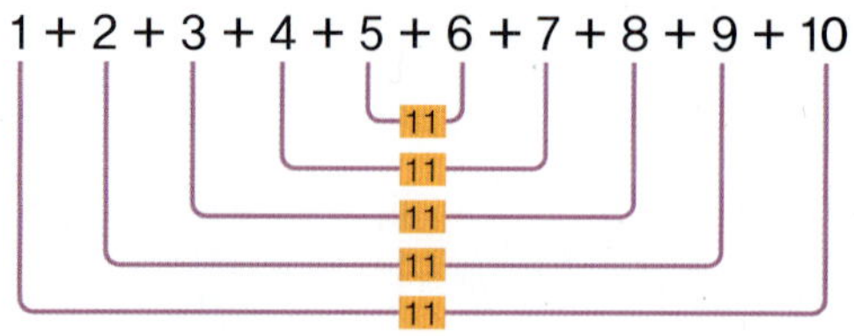

그림 11-11 1부터 10까지 합계

그런데 [그림 11-11]은 11이 5회 반복되므로 다음과 같이 계산된다.

```
11 * 5회 = 55
```

앞의 수식은 10까지 합계이므로 숫자 10을 중심으로 표현하면 다음과 같다.

```
(10 + 1) × (10 / 2) = 55
```

결국 1부터 n까지 합계는 다음 수식과 같다. 앞의 수식에 10 대신에 n을 대입하면 된다.

$$(n+1)\times\frac{n}{2}=\frac{(n+1)\times n}{2}$$

이제 돌아와서 비교 횟수의 합계인 $1+2+3+\cdots+(n-1)$은 1부터 $n-1$까지 합계이므로 앞의 수식에서 n 대신에 $n-1$을 대입하면 된다. 위 수식의 오른쪽에 n 대신 $n-1$을 대입하자.

$$\frac{(n-1+1)\times(n-1)}{2}=\frac{n\times(n-1)}{2}=\frac{1}{2}n^2-\frac{1}{2}n$$

데이터가 4개인 경우 맨 오른쪽에 4를 대입하면 (16/2−4/2)이므로 동일하게 6이 나온다. 그런데 1장에서 나온 알고리즘 성능 측정을 위한 빅-오(Big-Oh) 표기법대로 하면 최대차수만 고려하게 되고 계수도 필요 없으므로 최종적으로 선택 정렬의 연산 수는 $O(n^2)$이 된다. 이는 입력 개수가 작다면 별 문제가 안 되지만, 입력 개수가 커질수록 기하급수적으로 비교 횟수(또는 연산 횟수)가 늘어나기에 성능이 나쁜 알고리즘이라고 볼 수 있다. 예로 입력 데이터 개수가 100,000(10만)개라면 처리할 수는 10,000,000,000(100억)번으로 엄청나게 증가하게 된다.

TIP • 데이터 개수에 따른 빅-오 표기법별 연산 횟수는 [표 1-1]에서 살펴보았다.

2 삽입 정렬

삽입 정렬 개념

삽입 정렬(Insertion Sort)은 기존 데이터 중에서 자신의 위치를 찾아 데이터를 삽입하는 정렬 방법을 사용한다. 앞서 예로 든 가족을 키 순으로 세우는 예에 이번에는 삽입 정렬을 적용해 보자.

그림 11-12 삽입 정렬 전 초기 상태

가장 앞에 있는 아빠를 일단 줄에 세운다.

그림 11-13 삽입 정렬 1단계 : 아빠 정렬

다음으로 할머니는 아빠보다 작으므로 아빠 앞에 세운다.

그림 11-14 삽입 정렬 2단계 : 할머니 정렬

다음으로 엄마를 줄에 세운다. 엄마는 할머니보다 크고, 아빠보다 작으므로 그 사이에 세운다.

그림 11-15 **삽입 정렬 3단계 : 엄마 정렬**

같은 방식으로 각 가족을 자신보다 작은 사람과 큰 사람 사이에 세우면 된다.

그림 11-16 **삽입 정렬 4~8단계 : 마지막 동생 정렬**

이렇게 우리 가족을 키 순서대로 오름차순 정렬했다.

삽입 위치를 찾는 방법

삽입 정렬을 구현하려면 먼저 현재 값을 배열 중에 삽입할 위치를 찾는 함수가 필요하다. 삽입 정렬의 전제 조건은 삽입할 위치를 찾는 기존 배열은 이미 정렬되어 있다는 점이다. [그림 11-13] ~ [그림 11-16]의 정렬 후 부분에서 이미 정렬되어 있는 것을 확인할 수 있다. 몇 가지 상태에서 어떻게 삽입할 위치를 찾는지 알아보자.

빈 배열일 때는 [그림 11-17]과 같이 첫 번째 자리에 삽입한다.

그림 11-17 빈 배열일 때

배열에 삽입할 값보다 큰 값이 있을 때는 [그림 11-18]과 같이 처음부터 비교해 가면서 자신보다 큰 값을 만나면 그 값 바로 앞에 삽입한다.

그림 11-18 배열에 삽입할 값보다 큰 값이 있을 때

배열에 삽입할 값보다 큰 값이 없을 때는 [그림 11-19]와 같이 맨 뒤에 삽입한다.

그림 11-19 배열에 삽입할 값보다 큰 값이 없을 때

빈 배열일 때와 배열에 삽입할 값보다 큰 값이 없을 때는 동일하게 작동한다. 둘 다 자신보다 큰 값이 없으므로, 현재 배열의 맨 뒤에 삽입된다. 빈 배열일 때는 맨 뒤가 첫 번째가 되는 것이다. 삽입될 값의 위치를 찾는 기능을 함수로 구현하면 Code 11-04.cpp와 같다.

Code11-04.cpp 배열에서 자신이 삽입될 위치를 찾는 함수

```
1  #include "..\CookHeader.h"
2
3  int findInsertIdx(Array <int> ary, int data) {
4      int findIdx = -1;     // 초깃값은 없는 위치로
5      for (int i = 0; i < len(ary); i++) {
6          if (ary[i] > data) {
7              findIdx = i;
8              break;
9          }
10     }
11     if (findIdx == -1)    // 큰 값을 못 찾음 == 제일 마지막 위치
12         return len(ary);
13     else
14         return findIdx;
15 }
16
17 int main() {
18     Array <int> testAry;
19     int insPos;
20
21     testAry = {};
22     insPos = findInsertIdx(testAry, 55);
23     println("삽입할 위치 --> " + to_string(insPos));
24
25     testAry = { 33, 77, 88 };
26     insPos = findInsertIdx(testAry, 55);
27     println("삽입할 위치 --> " + to_string(insPos));
28
29     testAry = { 33, 55, 77, 88 };
30     insPos = findInsertIdx(testAry, 100);
31     println("삽입할 위치 --> " + to_string(insPos));
32 }
```

실행 결과

```
삽입할 위치 --> 0
삽입할 위치 --> 1
삽입할 위치 --> 4
```

3~15행 배열에서 자신이 삽입될 위치를 찾아서 반환한다. 매개변수 중 ary는 정렬된 배열이고, data는 삽입할 데이터다.

4행 삽입할 위치를 없는 위치인 −1로 우선 지정한다. 11행에서 findIdx 값이 여전히 −1이라는 것은 삽입할 위치를 찾지 못했으므로, 배열 중 가장 큰 값이라는 의미다. 그러므로 12행에서 마지막 위치를 반환한다.

5~10행 배열에서 자신보다 큰 값을 찾으면 그 위치가 삽입될 위치다. 그리고 반복문을 종료한다.

13~14행 13행과 14행에서는 찾은 위치를 반환한다.

21~23행 [그림 11-17]과 같이 빈 배열에서 삽입할 위치를 찾는다.

25~27행 [그림 11-18]과 같이 중간에 삽입할 위치를 찾는다.

29~31행 [그림 11-19]와 같이 자신보다 큰 값이 없을 때 삽입할 위치를 찾는다.

삽입 정렬 구현

삽입할 위치를 찾는 함수까지 만들었으므로 이제 삽입 정렬을 구현할 차례다. 먼저 배열에 데이터를 삽입하는 방식을 살펴보자. CookHeader.h에 정의해 놓은 insertArray(배열, 삽입할 위치, 값)를 사용하면 간단하다. 빈 배열에는 다음 예처럼 X번째 위치에 값을 삽입하면 된다.

TIP • insertArray( ) 및 printArray( )의 내용은 2장에서 설명했다.

```
testAry = { };
insertArray(testAry, 0, 55);
printArray(testAry);
```

실행 결과

```
[ 55 ]
```

이번에는 여러 개가 있는 상태에서 1번째 위치에 55를 삽입해 보자.

```
testAry = { 33, 77, 88 };
insertArray(testAry, 1, 55);
printArray(testAry);
```

실행 결과

```
[ 33, 55, 77, 88 ]
```

배열의 맨 뒤에 값을 삽입해 보자. 4번째 위치에 100을 삽입해 보자.

```
testAry = { 33, 55, 77, 88 };
insertArray(testAry, 4, 100);
printArray(testAry);
```

실행 결과

```
[ 33, 55, 77, 88, 100 ]
```

삽입 정렬을 간단히 코드로 구현하면 Code11-05.cpp와 같다.

Code11-05.cpp 삽입 정렬의 구현

```
#include "..\CookHeader.h"

Array <int> before = { 188, 162, 168, 120, 50, 150, 177, 105 };
Array <int> after = {};

int findInsertIdx(Array <int> ary, int data) {
    int findIdx = -1;    // 초깃값은 없는 위치로
    for (int i = 0; i < len(ary); i++) {
```

```
9          if (ary[i] > data) {
10             findIdx = i;
11             break;
12         }
13     }
14     if (findIdx == -1)          // 큰 값을 못 찾음 == 제일 마지막 위치
15         return len(ary);
16     else
17         return findIdx;
18 }
19
20 int main() {
21     print("정렬 전 -->");
22     printArray(before);
23     int arySize = len(before);
24     for (int i = 0; i < arySize; i++) {
25         int data = before[i];
26         int insPos = findInsertIdx(after, data);
27         insertArray(after, insPos, data);
28     }
29     print("정렬 후 -->");
30     printArray(after);
31 }
```

실행 결과

```
정렬 전 --> [ 188 162 168 120 50 150 177 105 ]
정렬 후 --> [ 50 105 120 150 162 168 177 188 ]
```

3~4행 정렬 전 배열인 before와 정렬 후 배열인 after를 준비한다.

22행, 29행 정렬 전, 후의 배열을 출력한다.

24~28행 배열 크기만큼 반복한다. 25행에서 배열에 데이터를 차례대로 data에 넣는다. 26행에서 정렬 후 배열(after)에 삽입될 위치를 찾고, 27행에서 정렬 후 배열(after)의 찾은 위치에 삽입한다. 이를 배열 전체 개수만큼 반복한다. insertArray()는 CookHeader.h에 정의되어 있다.

SELF STUDY 11-2

Code11-05.cpp를 수정해서 랜덤하게 0~200 사이의 숫자 10개를 생성한 후, 내림차순으로 정렬하도록 코드를 작성하자(실행 결과는 실행할 때마다 다름).

실행 결과

```
정렬 전 --> [ 132 170 130 52 90 136 90 197 3 196 ]
정렬 후 --> [ 197 196 170 136 132 130 90 90 52 3 ]
```

개선된 삽입 정렬

앞에서는 삽입 정렬을 하려고 정렬 전 배열, 정렬 후 배열 2개를 사용했다. 하지만 배열을 2개 사용하는 것보다 배열 하나에서 데이터를 정렬하는 방식이 더 효율적이다. 간단히 데이터 4개를 정렬해 보자. 우선은 '배열 크기-1'회의 큰 반복을 해야 한다. 마찬가지로 이 큰 반복을 사이클이라고 하며, 예에서는 데이터가 4개이므로 총 3회의 사이클이 필요하다. 처음에는 앞 2개를, 다음에는 3개를, 그 다음에는 4개를 처리하게 된다.

(a) 삽입 정렬할 데이터 (b) 3회 사이클

그림 11-20 삽입 정렬 전 초기 상태

먼저 사이클1의 마지막을 현재로 두고 두 데이터를 비교해서 작은 것을 앞으로 가져온다(현재 2개 처리).

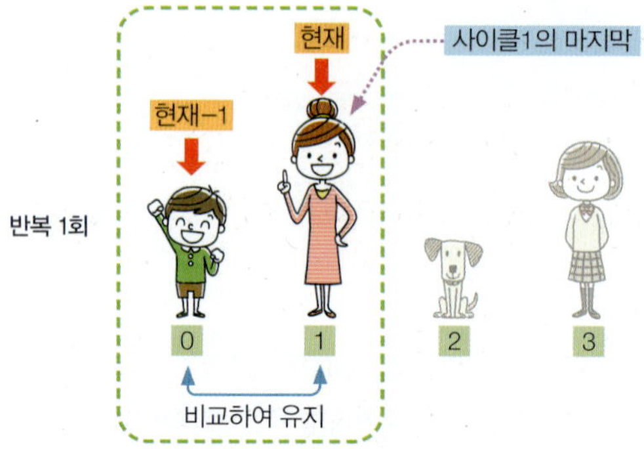

그림 11-21 삽입 정렬 예 : 사이클1

사이클 중 마지막 2개부터 각 쌍을 비교해서 작은 것을 앞으로 가져온다(현재 3개 처리).

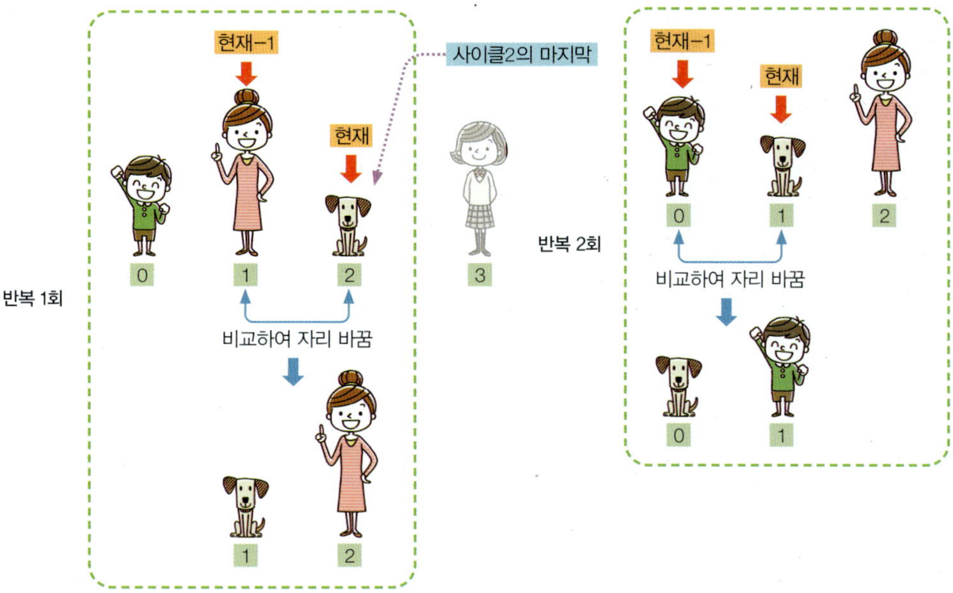

그림 11-22 삽입 정렬 예 : 사이클2

사이클3 중 마지막 2개부터 각 쌍을 비교해서 작은 것을 앞으로 가져온다(현재 4개 처리).

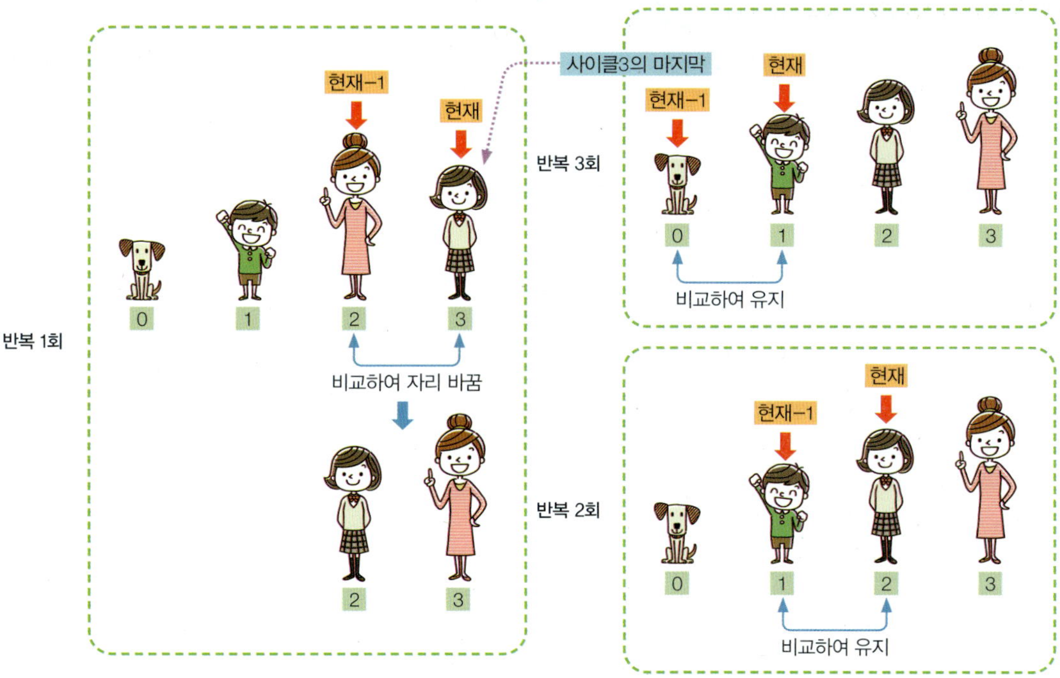

그림 11-23 삽입 정렬 예 : 사이클3

모든 사이클이 완료되면 배열은 [그림 11-24]와 같이 정렬된 결과가 남는다.

그림 11-24 정렬 후 데이터

앞서 설명한 내용을 전체 코드로 구현하면 Code11-06.cpp와 같다. 삽입할 위치를 찾는 함수를 없애고, 정렬 함수인 insertionSort( )에서 모두 처리하도록 한다.

Code11-06.cpp 삽입 정렬의 효율적인 구현

```
#include "..\CookHeader.h"

Array <int> dataAry = { 188, 162, 168, 120, 50, 150, 177, 105 };

Array <int> insertionSort(Array <int> ary) {
    int n = len(ary);
    for (int end = 1; end < n; end++) {
        for (int cur = end; cur > 0; cur--) {
            if (ary[cur - 1] > ary[cur]) {
                int tmp = ary[cur - 1];
                ary[cur - 1] = ary[cur];
                ary[cur] = tmp;
            }
        }
    }
    return ary;
}

int main() {
    print("정렬 전 -->");
    printArray(dataAry);
    dataAry = insertionSort(dataAry);
    print("정렬 후 -->");
    printArray(dataAry);
}
```

실행 결과

```
정렬 전 --> [ 188, 162, 168, 120, 50, 150, 177, 105 ]
정렬 후 --> [ 50, 105, 120, 150, 162, 168, 177, 188 ]
```

2~8행 배열을 전달받아서 삽입 정렬 방식으로 정렬한 후 반환하는 함수다.

3행 배열 길이를 구해서 n 변수에 대입한다.

4행 [그림 11-20](b)의 사이클을 바깥 for 문으로 지정한다. 1부터 시작하므로 '배열 크기-1' 횟수만큼 반복한다. 그리고 첨자인 end 변수는 각 사이클의 끝 위치를 지정한다. [그림 11-21]~[그림 11-23]에 표시된 사이클의 마지막을 의미한다. 그림에서는 1, 2, 3 차례로 값이 변한다.

5~7행 각 사이클의 맨 뒤부터 1번째까지 반복한다. cur 변수는 사이클1에서는 1, 사이클2에서는 2와 1, 사이클3에서는 3, 2, 1로 변한다. 6행에서 [그림 11-21]~[그림 11-23]과 같이 현재(cur)와 현재 앞(cur-1) 위치의 값을 비교하여 앞에 것이 작다면 7행에서 두 값을 교환한다.

8행 정렬된 배열의 결과를 반환한다.

삽입 정렬 성능

삽입 정렬도 선택 정렬과 마찬가지로 연산 수는 $O(n^2)$이 된다. 역시 입력 개수가 작다면 별 문제가 안 되지만, 입력 개수가 커질수록 기하급수적으로 비교 횟수(또는 연산 횟수)가 늘어나기에 성능이 좋지 않은 알고리즘이라고 볼 수 있다.

SECTION 03

기본 정렬 알고리즘의 응용

1 1차원 배열의 중앙값 계산

평균값과 중앙값

평균값은 전체 데이터 값을 합친 후 개수로 나누는 것이다. 반의 성적 평균, 우리나라 사람의 평균 몸무게, 5월 평균 기온, 장마철 평균 강수량 등이 대표적이다. 그런데 데이터 값 중에서 비정상적인 수치가 섞여 있을 때는 평균을 대푯값으로 사용하기가 어렵다. 예를 들어 반 학생의 한 달 평균 용돈을 파악하려고 학생 10명에게 한달 용돈을 적어 내라고 했다. 모두 1만 원 단위로 적어 냈는데 한 학생만 1원 단위로 적어 냈다고 가정하자.

7	5	11	6	9	80000	10	6	15	12

평균은 80081/10 = 약 8008이므로 반 학생들의 한 달 평균 용돈은 대략 8000만 원이 된다. 거의 부유한 중동 국가의 왕족 수준의 용돈을 받는 학생들로 소문이 나게 될 것이다. 이렇게 비정상적인 값의 영향을 배제하고 대푯값을 구하는 방법 중 하나가 중앙값이다.

중앙값 계산

중앙값은 데이터를 일렬로 정렬해서 나열한 후 나열된 숫자의 가운데에 위치하는 값을 대푯값으로 하는 방법이다. 앞서 예를 든 용돈의 중앙값을 처리하려면 우선 데이터를 오름차순 또는 내림차순으로 정렬해야 한다. 학생 용돈을 정렬한 결과는 다음과 같다.

5	6	6	7	9	10	11	12	15	80000

전체 데이터 개수인 10을 2로 나눈 5번째(0부터 카운트)가 중앙이므로, 중앙값으로 처리한다. 그러므로 반 학생의 중앙값은 9만 원이며 이를 대푯값으로 처리할 수 있다(데이터가 짝수 개인 경우에는 중앙값을 개수/2 또는 개수/2−1 어느 것을 해도 된다. 앞의 예에서는 데이터가 10개이므로 10/2를 해서 5번째를 사용했으나, 10/2−1로 계산해서 4번째를 사용해도 무방하다).

중앙값을 코드로 구현하면 Code11-07.cpp와 같다. 정렬은 선택 정렬 또는 삽입 정렬 어떤 방식을 사용해도 동일한 결과다. 여기에서는 선택 정렬을 사용했다.

Code11-07.cpp 중앙값 계산

```
1  #include "..\CookHeader.h"
2
3  Array <int> moneyAry = { 7, 5, 11, 6, 9, 80000, 10, 6, 15, 12 };
4
5  Array <int> selctionSort(Array <int> ary) {
6      int n = len(ary);
7      for (int cycle = 0; cycle < n - 1; cycle++) {
8          int minIdx = cycle;
9          for (int i = cycle+1; i < n; i++) {
10             if (ary[minIdx] > ary[i])
11                 minIdx = i;
12         }
13         int tmp = ary[cycle];
14         ary[cycle] = ary[minIdx];
15         ary[minIdx] = tmp;
16     }
17     return ary;
18 }
19
20 int main() {
21     print("용돈 정렬 전 -->");
22     printArray(moneyAry);
23     moneyAry = selctionSort(moneyAry);
24     print("용돈 정렬 후 -->");
25     printArray(moneyAry);
26     print("용돈 중앙값 -->");
27     println(moneyAry[ len(moneyAry) / 2] );
28 }
```

실행 결과

```
용돈 정렬 전 --> [ 7 5 11 6 9 80000 10 6 15 12 ]
용돈 정렬 후 --> [ 5 6 6 7 9 10 11 12 15 80000 ]
용돈 중앙값 --> 10
```

3행 학생 10명의 용돈을 순서 없이 배열에 저장한다.

5~18행 선택 정렬 방식으로 배열을 정렬한 후 정렬된 배열을 반환한다.

27행 용돈 배열의 중앙(전체 길이/2)에 위치한 값(중앙값)을 출력한다. 정수 연산이므로 홀수일 경우 소수점이 없어진다.

2 파일 이름의 정렬 출력

지정된 폴더의 하위 폴더와 파일 목록 추출

8장의 [응용예제 02]에서 지정한 폴더에서 하위 폴더를 포함한 파일 목록을 추출하는 방법을 알아 보았다. 복습을 겸해서 다시 살펴보면 다음 코드는 C:\\Program Files\\Common Files\\ 폴더의 파일을 배열에 저장하는 기능을 하는 코드다.

```
string folderName = "C:\\Program Files\\Common Files\\";
for (auto& f : recursive_directory_iterator(folderName))
    fnameAry.push_back(f.path().filename().string());

println(len(fnameAry));
```

실행 결과

```
551
```

필자는 폴더 및 파일이 551개 있지만, 독자에 따라서 숫자 크기는 다를 수 있다. 이 코드에서는 fnameAry에 폴더 및 파일명이 551개 순서 없이 들어가 있다는 정도만 이해하면 된다. 파일 목록은 다음과 비슷한 형태로 들어 있을 것이다.

```
[DESIGNER MSADDNDR.OLB EPSON EPW!3 SSRP E_WT50RP.EXE microsoft shared ClickToRun .LNK
a640.cab.cat a640.hash a640_exp.cab.cat a640_exp.hash api-ms-win-core-file-l1-2-0.dll …
```

파일 목록 정렬

파일은 '파일명.확장명'으로 구분되어 있다. 이것을 파일명 및 확장명으로 분리해서 정렬하는 방법을 사용하겠다. 파일 탐색기에서 사용하는 방법과 비슷하다.

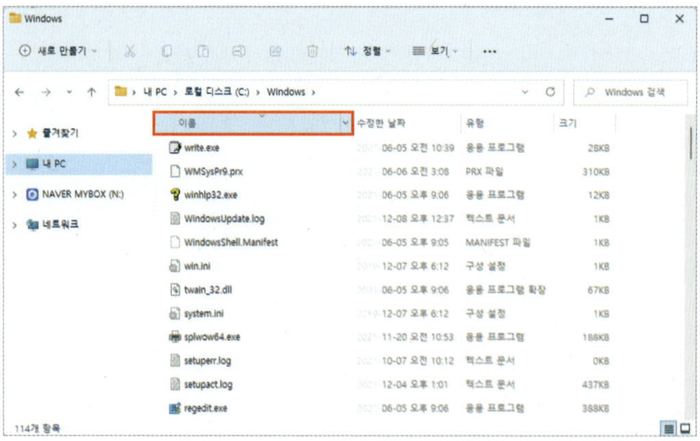

그림 11-25 파일 탐색기에서 파일명을 내림차순으로 정렬한 상태

파일 목록 배열을 파일명으로 내림차순 정렬한 결과와 확장명으로 내림차순 정렬한 결과를 출력하는 코드는 Code11-08.cpp와 같다. 정렬 방식은 삽입 정렬을 사용했다.

TIP • 이 프로젝트는 다음 방법으로 C++ 언어 표준을 ISO C++17 표준으로 변경해야 한다.
❶ 비주얼 스튜디오 [솔루션 탐색기]의 프로젝트 이름(Code11-08)에서 마우스 오른쪽 버튼을 누르고 [속성] 선택
❷ 프로젝트의 속성 창의 왼쪽에서 [구성 속성]-[일반] 선택
❸ [C++언어 표준]을 'ISO C++17 표준(/std:c++17)'으로 선택하고 [확인] 클릭

Code11-08.cpp 파일명으로 내림차순 정렬

```
#include "../CookHeader.h"
#include <filesystem>
using namespace std::filesystem;

Array <string> fileAry;

Array <string> makeFileList(string folderName) {
    Array <string> fnameAry;
    for (auto& f : recursive_directory_iterator(folderName)) {
        fnameAry.push_back(f.path().filename().string());
    }
    return fnameAry;
}

Array <string> insertionSort(Array <string> ary) {
    int n = len(ary);
    for (int end = 1; end < n; end++) {
        for (int cur = end; cur > 0; cur--) {
            if (ary[cur - 1] < ary[cur]) {
                string tmp = ary[cur - 1];
                ary[cur - 1] = ary[cur];
                ary[cur] = tmp;
            }
        }
    }
    return ary;
}

int main() {
    // 하위 경로의 모든 폴더 이름 및 파일 이름 저장
    string folderName = "C:\\Program Files\\Common Files\\";
    fileAry = makeFileList(folderName);
    fileAry = insertionSort(fileAry);
    print("파일명 역순 정렬 -->");
    printArray(fileAry);
}
```

실행 결과

```
파일명 역순 정렬 --> [ zh-phonetic.xml zh-dayi.xml zh-changjei.xml zh-TW zh-CN wab32res.dll.
mui wab32res.dll.mui wab32res.dll wab32.dll vstoee90.tlb vstoee100.tlb vstoee.dll
vsockver.dll vsocklib_x86.dll vsocklib_x64.dll vsock.sys vsock.inf vsock.cat
vsjitdebuggerps.dll vmx86ver.dll vmx86.sys vmx86.inf vmx86.cat vmx86 vmusbver.dll vmusb.
sys vmusb.inf vmusb.cat vmusb vmciver.dll vmciver.dll vmci_sockets.h vmci.sys (이하 생략)
```

7~13행 폴더명을 넘겨받아서 해당 폴더 및 하위 폴더에 포함된 파일명 목록을 반환한다.

15~27행 배열을 넘겨받아서 삽입 정렬을 수행한다. 19행에서 큰 값을 앞으로 가져오므로 내림차순으로 정렬된다.

31~35행 C:\\Program Files\\Common Files\\ 폴더의 파일 목록을 만들어서 삽입 정렬을 수행한 후 결과를 출력한다.

연습문제

1 정렬에 대한 기본 개념과 거리가 먼 것은?

① 순서대로 나열하는 것을 의미한다.

② 작은 것부터 나열하는 것을 오름차순 정렬이라고 한다.

③ 큰 것부터 나열하는 것을 내림차순 정렬이라고 한다.

④ 영어 사전이나 국어 사전은 내림차순 정렬되어 있다.

2 정렬 알고리즘의 종류와 거리가 먼 것은?

① 선택 정렬 ② 재귀 정렬

③ 삽입 정렬 ④ 퀵 정렬

3 선택 정렬에 대한 설명과 거리가 먼 것은?

① 데이터 중에서 가장 작은 값 또는 가장 큰 값을 뽑는 작동을 반복한다.

② 키 순서, 이름 순서, 몸무게 순서 등을 정렬할 때 사용할 수 있다.

③ 정렬은 오름차순과 내림차순으로 정렬할 수 있다.

④ 개념은 어렵지만 속도가 가장 빠른 정렬 중 하나다.

4 다음 정렬되지 않은 데이터 집합을 보고 답하시오.

인덱스	0	1	2	3	4
데이터	16	3	7	4	10

① 선택 정렬로 오름차순으로 정렬하는 과정을 보이시오.

② 삽입 정렬로 오름차순으로 정렬하는 과정을 보이시오.

5 최솟값 위치를 찾는 코드다. ❶~❷에 적합한 코드를 다음 중 골라 채우시오.

```
minIdx = 0
minIdx = 1
minIdx = None
minIdx = len(ary)
i = minIdx
ary[minIdx] = i
i = ary[minIdx]
minIdx = i
```

```
int findMinIdx(Array <int> ary) {
    int [    ❶    ];
    for (int i = 1; i < len(ary); i++) {
        if (ary[minIdx] > ary[i])
            [    ❷    ];
    }
    return minIdx;
}
```

연습문제

6 a 변수와 b 변수를 교환하는 방법을 구현한 코드로 올바른 것은?

① a = temp; temp = b; b = a;

② temp = b; b = a; a = temp;

③ a = b ; b = a; temp= b;

④ temp = a; b = a; b = temp;

7 선택 정렬의 성능에 대한 빅-오 표기법은?

① $O(n)$　　② $O(2n)$

③ $O(n^2)$　　④ $O(n^3)$

8 삽입 정렬에 대한 설명으로 거리가 먼 것은?

① 기존 데이터 중에서 자신의 위치를 찾아 데이터를 삽입하는 정렬이다.

② 키 순서, 이름 순서, 몸무게 순서 등을 정렬할 때 사용할 수 있다.

③ 정렬은 오름차순과 내림차순으로 정렬할 수 있다.

④ 개념은 어렵지만 속도가 가장 빠른 정렬 중 하나다.

9 배열에서 자신이 삽입될 위치를 찾는 코드다. ❶~❸에 적합한 코드를 다음 중 골라 채우시오.

findIdx = -1	findIdx = 0	findIdx = 1	findIdx = None
return len(ary) - 1	return len(ary)	return len(ary) + 1	return 0
return findIdx - 1	return findIdx	return findIdx + 1	return 1

```
int findInsertIdx(Array <int> ary, int data) {
    int [    ❶    ];
    for (int i = 0; i < len(ary); i++) {
        if (ary[i] > data) {
            findIdx= i;
            break;
        }
    }
    if (findIdx == -1)
        [    ❷    ];
    else
        [    ❸    ];
}
```

응용예제 01

성적별로 조 편성하기

난이도★☆☆

예제 설명 학생의 성적별로 정렬한 후 가장 성적이 높은 학생과 가장 성적이 낮은 학생을 짝으로 조를 만들어 주자. 전체 학생 수는 짝수라고 가정한다.

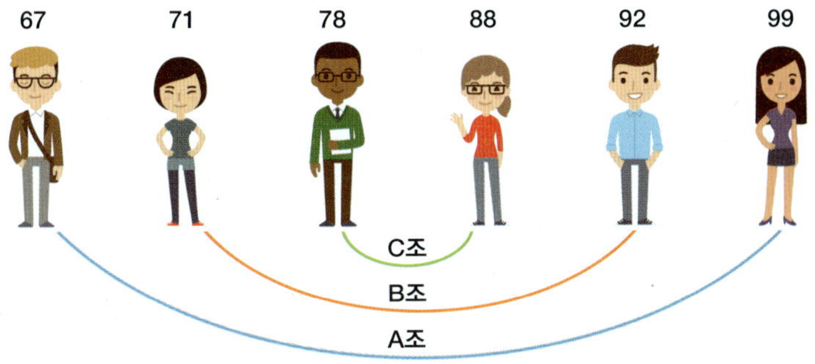

실행 결과

```
Microsoft Visual Studio 디버그 콘솔
정렬 전 --> [ { 선미 88 } { 초아 99 } { 화사 71 } { 영탁 78 } { 영웅 67 } { 민호 92 } ]
정렬 후 --> [ { 영웅 67 } { 화사 71 } { 영탁 78 } { 선미 88 } { 민호 92 } { 초아 99 } ]
## 성적별 조 편성표 ##
영웅:초아
화사:민호
영탁:선미
```

코드

```
#include "../CookHeader.h"

Array <Array <string>> scoreAry = { {"선미", "88"}, {"초아", "99"}, {"화사",
"71"}, {"영탁", "78"}, {"영웅", "67"}, {"민호", "92"} };

Array <Array <string>> scoreSort(Array <Array <string>>  ary) {
        int n = len(ary);
        for (int end = 1; end < n; end++) {
            for (int cur = end; cur > 0; cur--) {
                if (stoi(ary[cur - 1][1]) > stoi(ary[cur][1])) {
                    Array <string> tmp = ary[cur - 1];
                    ary[cur - 1] = ary[cur];
                    ary[cur] = tmp;
                }
            }
        }
        return ary;
}

```

```
19 int main() {
20     print("정렬 전 -->");
21     printArray2(scoreAry);
22     scoreAry = scoreSort(scoreAry);
23     print("정렬 후 -->");
24     printArray2(scoreAry);
25     println("## 성적별 조 편성표 ##");
26     int n = len(scoreAry);
27     for (int i = 0; i < n/2; i++)
28         println(scoreAry[i][0] + ":" + scoreAry[n-1-i][0]);
29 }
```

코드 설명

5~17행	3행의 이름/점수 배열을 넘겨받아서 점수를 기준으로 오름차순 정렬한 후 정렬된 결과를 반환한다. 9행에서 점수로 비교했다.
22행	이름/점수 배열을 함수를 호출해서 정렬한다.
26~28행	2명씩 조를 편성하므로, 전체 인원수/2만큼만 반복한다. 28행에서 첫 번째와 마지막, 두 번째와 마지막-1, … 방식으로 조를 맺어 출력한다

응용예제 02 2차원 배열의 중앙값 찾기

난이도★★☆

예제 설명 2차원 배열 값에서 중앙값을 찾는다. 2차원 배열을 1차원 배열로 만든 후 정렬하는 방법을 사용한다.

55	33	250	44
88	1	76	23
199	222	38	47
155	145	20	99

↓

55	33	250	44	88	1	76	23	199	222	38	47	155	145	20	99

↓

1	20	23	33	38	44	47	55	67	88	99	145	155	199	222	250

실행 결과

```
Microsoft Visual Studio 디버그 콘솔
1차원 변경 후, 정렬 전 --> [ 55 33 250 44 88 1 67 23 199 222 38 47 155 145 20 99 ]
1차원 변경 후, 정렬 후 --> [ 1 20 23 33 38 44 47 55 67 88 99 145 155 199 222 250 ]
중앙값 --> 67
```

코드

```
#include "../CookHeader.h"

Array <Array <int>> ary2 = { {55, 33, 250, 44}, {88, 1, 67, 23}, {199, 222, 38, 47}, {155, 145, 20, 99} };
Array <int> ary1;

Array <int> selctionSort(Array <int> ary) {
    int n = len(ary);
    for (int cycle = 0; cycle < n - 1; cycle++) {
        int minIdx = cycle;
        for (int i = cycle + 1; i < n; i++) {
            if (ary[minIdx] > ary[i])
                minIdx = i;
        }
        int tmp = ary[cycle];
        ary[cycle] = ary[minIdx];
        ary[minIdx] = tmp;
    }
    return ary;
}
```

```
20
21 int main() {
22     for (int i = 0; i < len(ary2); i++)
23         for (int k = 0; k < len(ary2[i]); k++)
24             ary1.push_back(ary2[i][k]);
25
26     print("1차원 변경 후, 정렬 전 -->");
27     printArray(ary1);
28     ary1 = selctionSort(ary1);
29     print("1차원 변경 후, 정렬 후 -->");
30     printArray(ary1);
31     print("중앙값 -->");
32     println(ary1[ len(ary1) / 2]);
33 }
```

코드 설명

3~4행	입력 값인 2차원 배열 ary2와 이를 1차원 배열로 만들 ary1 변수를 준비한다.
6~19행	1차원 배열을 전달받아서 오름차순으로 정렬한 후 배열을 반환하는 함수다. 선택 정렬의 방법을 사용한다.
22~24행	2차원 배열을 하나씩 1차원 배열에 넣었다. 각 행과 열만큼 반복한다.
28행	1차원 배열을 정렬한다.
32행	정렬된 1차원 배열의 중앙값을 선정한다

CHAPTER 12

고급 정렬 알고리즘

학습목표

- 성능을 향상시킬 수 있는 정렬 방식을 학습한다.
- 고급 정렬을 활용한 응용 프로그램을 작성한다.

SECTION 00

생활 속 자료구조와 알고리즘

골프장에서 골프를 치는 사람들을 이름 순서로 줄을 세우는 것은 인원이 적기 때문에 그다지 어렵지 않고, 어떤 정렬 방식을 사용해도 상관 없다. 하지만 여름철 해운대 해수욕장의 많은 인원을 이름 순서로 줄을 세울 때는 정렬하는 시간이 상당히 오래 걸릴 수 있다. 그래서 정렬 방식 중에서도 빠르게 정렬되는 방법을 채택해서 사용해야 한다.

SECTION 01

고급 정렬 알고리즘의 원리와 구현

1 버블 정렬

버블 정렬 개념

버블 정렬(Bubble Sort)은 첫 번째 값부터 시작해서 바로 앞뒤 데이터를 비교하여 큰 것은 뒤로 보내는 방법을 사용하는 정렬이다. 버블 정렬의 특징은 각 사이클이 끝날 때마다 마지막 위치에 가장 큰 데이터가 자리 잡는다는 것이다. [그림 12-1]과 같이 정렬을 위해 비교하는 모양이 거품(Bubble)처럼 생겼다고 해서 '버블 정렬'이라고 한다.

그림 12-1 버블 정렬의 기본 개념

버블 정렬 구현

배열 하나에서 데이터를 버블 정렬함으로써 원리를 알아보자. 예로 데이터 4개를 간단히 정렬해 본다. '배열 크기-1'번 사이클을 반복하므로 [그림 12-2]의 (b)와 같이 3회 사이클을 반복하고 사이클1은 전체 4개 데이터를, 사이클2는 앞부터 3개, 사이클3은 앞부터 2개 데이터를 처리한다.

(a) 버블 정렬할 데이터 (b) 3회 사이클

그림 12-2 버블 정렬 예

사이클1에서는 [그림 12-3]과 같이 데이터 4개 중 앞부터 2개씩을 비교해서 큰 것을 뒤로 보낸다.

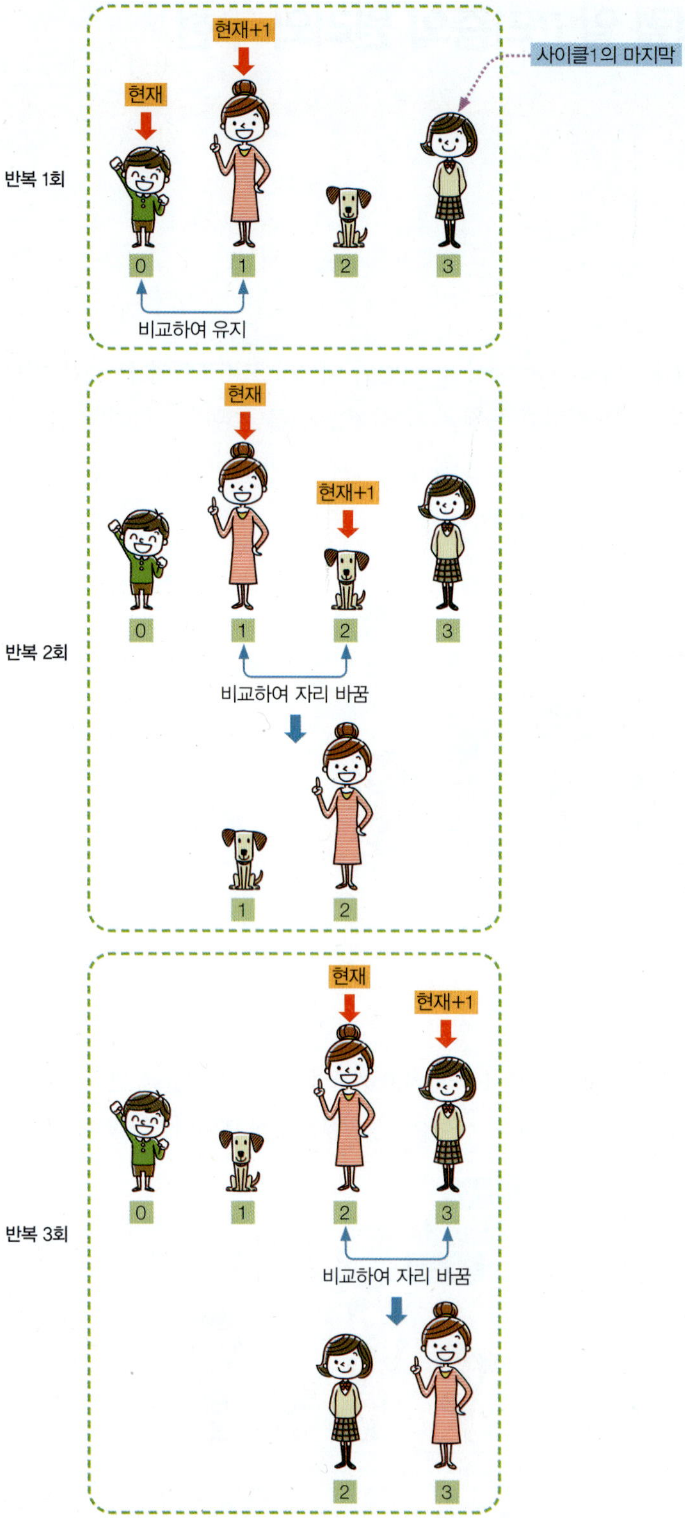

그림 12-3 버블 정렬 예 : 사이클1

사이클2에서는 [그림 12-4]와 같이 데이터 3개 중 앞부터 2개씩을 비교해서 큰 것을 뒤로 보낸다.

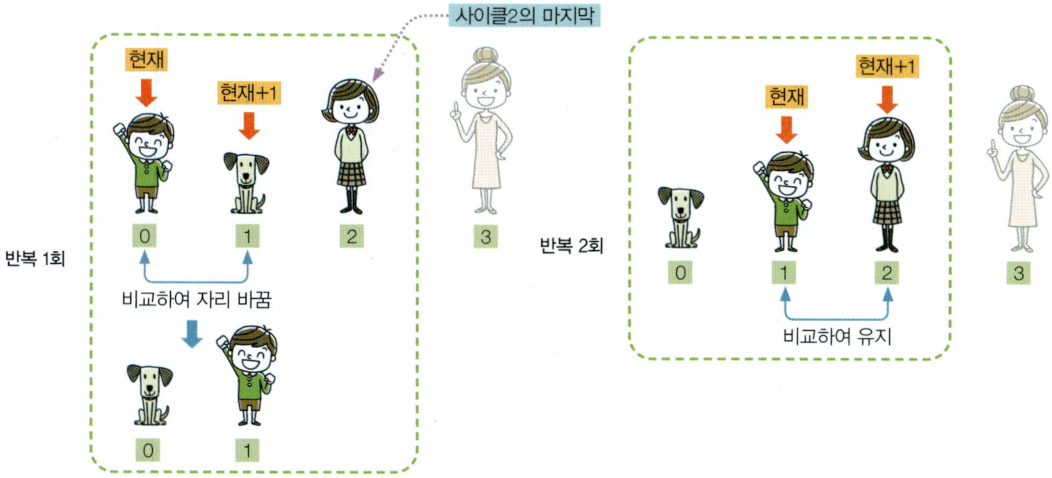

그림 12-4 버블 정렬 예 : 사이클2

사이클3에서는 [그림 12-5]와 같이 데이터 2개 중 앞부터 2개씩 비교해서 큰 것을 뒤로 보낸다.

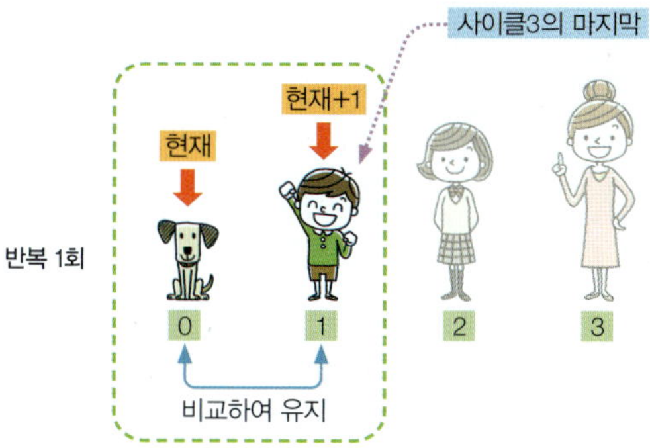

그림 12-5 버블 정렬 예 : 사이클3

모든 사이클이 완료되면 배열은 [그림 12-6]과 같이 정렬된 결과가 남는다.

그림 12-6 정렬 후 데이터

앞서 설명한 내용을 전체 코드로 구현하면 Code12-01.cpp와 같다.

Code12-01.cpp 버블 정렬 구현

```
1  #include "..\CookHeader.h"
2
3  Array <int> dataAry = { 188, 162, 168, 120, 50, 150, 177, 105 };
4
5  Array <int> bubbleSort(Array <int> ary) {
6      int n = len(ary);
7      for (int end = n - 1; end > 0; end--) {
8          for (int cur = 0; cur < end; cur++) {
9              if (ary[cur] > ary[cur + 1]) {
10                 int tmp = ary[cur + 1];
11                 ary[cur + 1] = ary[cur];
12                 ary[cur] = tmp;
13             }
14         }
15     }
16     return ary;
17 }
18
19 int main() {
20     print("정렬 전 -->");
21     printArray(dataAry);
22     dataAry = bubbleSort(dataAry);
23     print("정렬 후 -->");
24     printArray(dataAry);
25 }
```

실행 결과

```
정렬 전 --> [ 188 162 168 120 50 150 177 105 ]
정렬 후 --> [ 50 105 120 150 162 168 177 188 ]
```

5~17행 배열을 전달받아서 버블 정렬 방식으로 정렬한 후 반환하는 함수다.

6행 배열 길이를 구해서 n 변수에 대입한다.

7행 [그림 12-2]의 (b)에서 사이클을 바깥 for문으로 지정한다. n-1부터 1까지 반복하므로, '배열 크기-1' 횟수만큼 반복한다. 그리고 첨자인 end 변수는 각 사이클의 끝 위치를 지정하는 것으로 [그림 12-3]~[그림 12-5]에 표시된 '사이클의 마지막'을 의미한다. 그림 예로는 3, 2, 1 차례로 값이 변한다.

8~14행 각 사이클의 맨 앞부터 end-1번째까지 반복한다. cur 변수는 사이클1에는 0과 1과 2로, 사이클2에서는 0과 1로, 사이클3에서는 0으로 변한다. 6행에서는 [그림 12-3]~[그림 12-5]와 같이 현재(cur)와 현재 다음(cur+1) 위치의 값을 비교해서 앞에 것이 크다면 7행에서 두 값을 교환한다.

16행 정렬된 배열의 결과를 반환한다

버블 정렬 성능과 특이점

버블 정렬도 삽입 정렬, 선택 정렬과 마찬가지로 연산 수는 $O(n^2)$이다. 정렬할 데이터 개수가 작다면 별 문제가 안 되지만, 데이터 개수가 커질수록 기하급수적으로 비교 횟수(또는 연산 횟수)가 늘어나기에 성능이 좋지 않은 알고리즘이라고 볼 수 있다. 하지만 버블 정렬은 기존에 배열이 어느 정도 정렬되어 있다면 연산 수가 급격히 줄어든다. 예를 들어 다음과 같이 데이터 1개를 제외하고 대부분 정렬되어 있는 배열을 생각해 보자.

그림 12-7 대부분의 데이터가 어느 정도 정렬된 초기 상태

이 배열의 데이터는 8개이므로, 사이클은 8−1=7번을 반복하는 것이 원칙이다. 먼저 버블 정렬 방법에 따라 사이클1을 완료하면 [그림 12-8]과 같이 된다. 아빠는 4회의 자리 바꿈이 발생되고 결과적으로 맨 뒤로 이동되었다. 그런데 결과를 보니 사이클1만 마쳤는데도 정렬이 완료되었다.

그림 12-8 사이클1의 작동과 결과(자리 바꿈 4회 발생)

이제 사이클2를 진행해 보자. 그런데 이미 정렬된 상태이므로 사이클2에서는 자리 바꿈이 한 번도 발생되지 않는다.

그림 12-9 사이클2의 작동과 결과(자리 바꿈 발생하지 않음)

사이클2에서는 이미 정렬된 상태라는 것을 파악할 수 있다. 그러므로 사이클3~7은 더 이상 진행하지 않고 정렬을 마쳐도 된다.

이렇게 사이클 중간에서 이미 정렬된 상태일 때 더 이상 사이클을 진행하지 않고 종료하는 버블 정렬을 코드로 구현해 보자. Code12-01.cpp의 bubbleSort( ) 함수 안에서 자리 바꿈이 발생했는지 체크해서 자리 바꿈이 발생하지 않았다면 정렬을 마치도록 수정한다.

Code12-02.cpp 개선된 버블 정렬의 구현

```
#include "..\CookHeader.h"

Array <int> dataAry = { 50, 105, 120, 188, 150, 162, 168, 177 };

Array <int> bubbleSort(Array <int> ary) {
    int n = len(ary);
    for (int end = n-1; end > 0; end--) {
        bool changeYN = false;
        print("#사이클-->");
        printArray(ary);
        for (int cur = 0; cur < end; cur++) {
            if (ary[cur] > ary[cur+1]) {
                int tmp = ary[cur + 1];
                ary[cur + 1] = ary[cur];
                ary[cur] = tmp;
                changeYN = true;
            }
        }
        if (!changeYN)
            break;
    }
    return ary;
}

int main() {
    print("정렬 전 -->");
    printArray(dataAry);
    dataAry = bubbleSort(dataAry);
    print("정렬 후 -->");
    printArray(dataAry);
}
```

실행 결과

```
정렬 전 --> [ 50 105 120 188 150 162 168 177 ]
#사이클 --> [ 50 105 120 188 150 162 168 177 ]
#사이클 --> [ 50 105 120 150 162 168 177 188 ]
정렬 후 --> [ 50 105 120 150 162 168 177 188 ]
```

8행 각 사이클마다 자리 바꿈이 발생되었는지 확인하는 변수다. 우선은 자리 바꿈이 발생되지 않았다고 가정한다.

9행 사이클이 몇 번 수행되었는지 체크하려고 배열 상태를 출력한다.

12~17행 자리 바꿈이 발생하면 changeYN을 True로 변경해서 자리 바꿈이 발생된 것으로 설정한다.

19~20행 자리 바꿈이 발생되지 않았다면 이미 정렬이 완료된 것이다. 반복문을 종료한다.

SELF STUDY 12-1

Code12-02.cpp를 수정해서 랜덤하게 0부터 200 사이의 숫자 10개를 생성한 후 내림차순으로 정렬하도록 코드를 작성하자. 그리고 몇 번의 비교 후에 정렬했는지 횟수를 출력하자.

실행 결과

```
정렬 전 --> [ 162 136 18 154 171 29 87 124 140 127 ]
정렬 후 --> [ 18 29 87 124 127 136 140 154 162 171 ]
## 39회의 비교로 정렬 완료
```

2 퀵 정렬

퀵 정렬 개념

퀵 정렬(Quick Sort)은 기준을 하나 뽑은 후 기준보다 작은 그룹과 큰 그룹을 나누어 다시 각 그룹으로 정렬하는 방법이다. 이때 나눈 그룹을 다시 정렬하고자 재귀 호출을 하고, 각 그룹의 정렬이 완료되면 합치는 방식을 사용한다.

그림 12-10 퀵 정렬의 개념

퀵 정렬 구현

가족을 정렬하는 예로 살펴보자. 퀵 정렬에서는 기준(pivot)을 선정하는 것이 첫 과정이다. 기준은 어떤 것을 선정해도 상관없지만 일반적으로 중간에 위치한 데이터를 선정한다.

그림 12-11 퀵 정렬 전 초기 상태

할머니를 기준으로 선정한 후 할머니보다 작은 가족은 왼쪽 그룹, 큰 가족은 오른쪽 그룹으로 보낸다.

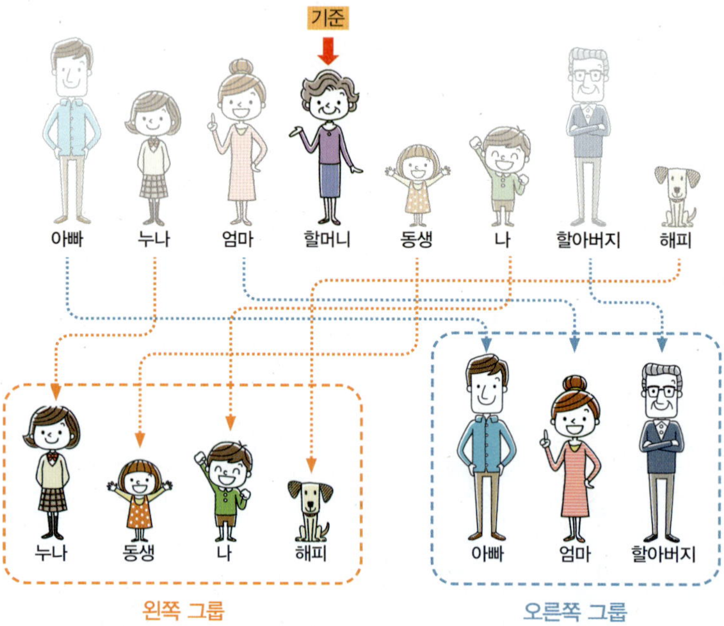

그림 12-12 퀵 정렬 1단계

나뉜 두 그룹에서 왼쪽 그룹을 정렬해 보자. [그림 12-13]의 (a)와 같이 동생을 기준으로 왼쪽 그룹과 오른쪽 그룹으로 다시 나눈다. 나뉜 왼쪽 그룹에는 (b)와 같이 남은 데이터가 1개뿐이므로 정렬을 완료한다. 다음으로 오른쪽 그룹은 (c)와 같이 다시 나를 기준으로 왼쪽 그룹과 오른쪽 그룹으로 나누고 왼쪽은 데이터가 없어 정렬 완료, 오른쪽은 데이터가 하나이므로 정렬을 완료함으로써 최종적으로 왼쪽 그룹을 (d)와 같이 정렬을 완료한다.

그림 12-13 퀵 정렬 2단계 : 왼쪽 그룹 정렬

이번에는 [그림 12-12]의 오른쪽 그룹을 정렬해 보자. 먼저 [그림 12-14]의 (a)와 같이 엄마를 기준으로 왼쪽 그룹과 오른쪽 그룹으로 나누고 왼쪽 그룹은 데이터가 없어 (b)와 같이 정렬을 완료한다. 엄마의 오른쪽 그룹은 (c)와 같이 아빠를 기준으로 두 그룹으로 나누었을 때 (c)와 같이 왼쪽에 데이터가 하나라 정렬을 완료하고 오른쪽은 데이터가 없어 정렬을 완료함으로써 최종적으로 오른쪽 그룹을 (d)와 같이 정렬을 완료한다.

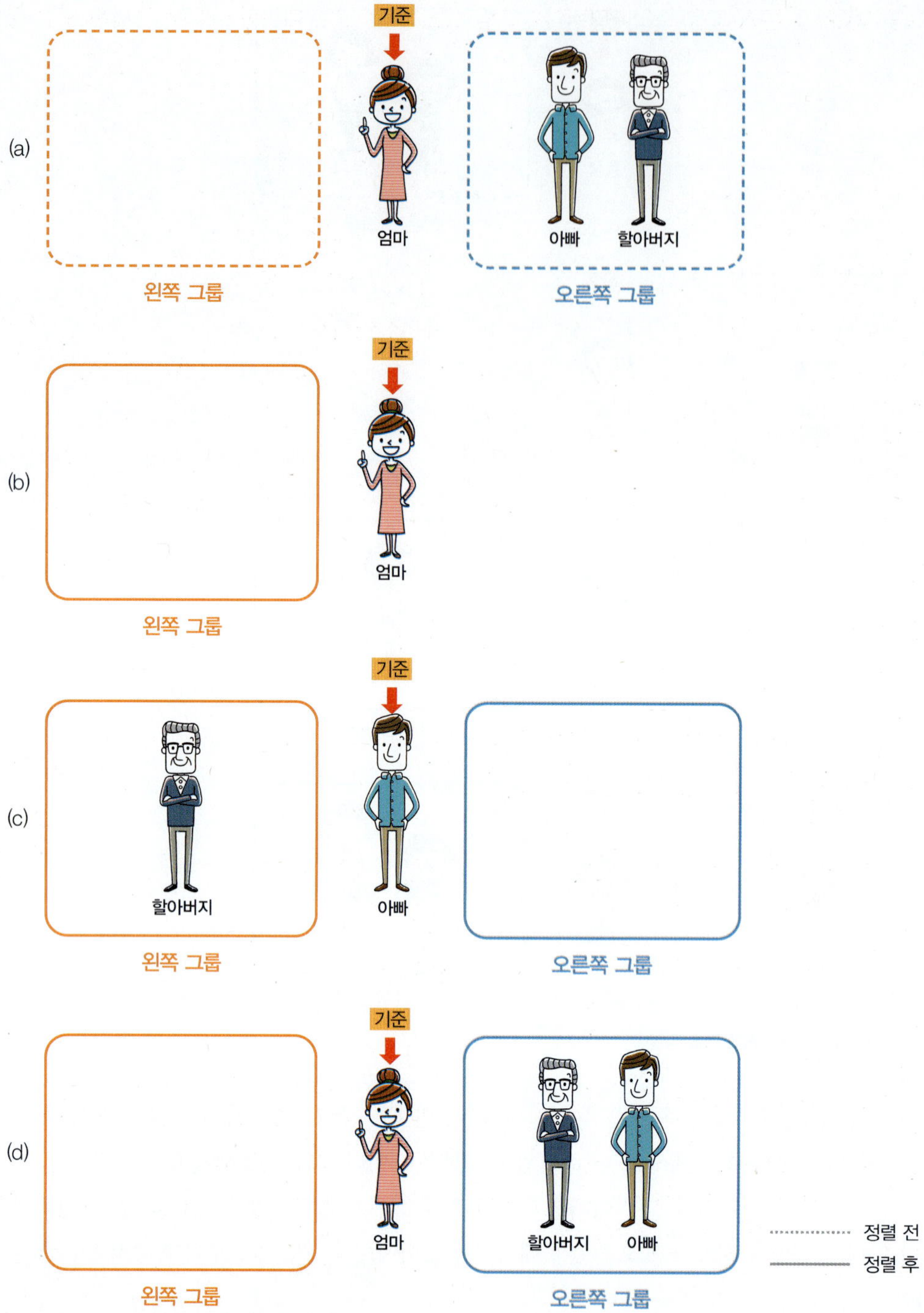

그림 12-14 퀵 정렬 3단계 : 오른쪽 그룹 정렬

왼쪽 그룹, 기준, 오른쪽 그룹으로 나열된다. [그림 12-15]는 전체 데이터가 모두 정렬된 최종 상태다.

그림 12-15 퀵 정렬 완료

앞의 단계를 코드로 구현해 보자. 기준 설정, 왼쪽 그룹, 오른쪽 그룹으로 반복해서 진행하는데, 이 함수를 재귀 호출로 구현하면 된다.

Code12-03.cpp 퀵 정렬의 간단한 구현

```
#include "..\CookHeader.h"

Array <int> dataAry = { 188, 150, 168, 162, 105, 120, 177, 50 };

Array <int> quickSort(Array <int> ary) {
    int n = len(ary);
    if (n <= 1)                         // 정렬할 리스트의 개수가 1개 이하면
        return ary;

    int pivot = ary[n / 2];             // 중간값을 기준 값으로 지정
    Array <int> leftAry, rightAry;

    for (int i = 0; i < n; i++) {
        int num = ary[i];
        if (num < pivot)
            leftAry.push_back(num);
        else if (num > pivot)
            rightAry.push_back(num);
    }

    Array <int> retLeft, retRight;
    retLeft = quickSort(leftAry) ;      // 왼쪽 배열 재귀
    retLeft.push_back(pivot);           // 피벗과 결합
    retRight = quickSort(rightAry);     // 오른쪽 배열 재귀
    retLeft.insert(retLeft.end(), retRight.begin(), retRight.end()); // 왼쪽 + 오른쪽 --> 왼쪽 대입
```

```
26     return retLeft;
27 }
28
29 int main() {
30     print("정렬 전 -->");
31     printArray(dataAry);
32     dataAry = quickSort(dataAry);
33     print("정렬 후 -->");
34     printArray(dataAry);
35 }
```

실행 결과

```
정렬 전 --> [ 188 150 168 162 105 120 177 50 ]
정렬 후 --> [ 50 105 120 150 162 168 177 188 ]
```

5~27행 재귀 호출 기법을 사용하는 퀵 정렬 함수다.

6~8행 배열의 길이가 1개 이하라면 배열을 반환한다. 즉 배열에 데이터가 1개라면 이미 정렬된 배열이다.

10행 가운데 위치한 것을 기준(pivot)으로 지정한다.

11행 기준보다 작은 데이터를 저장할 왼쪽 배열과 기준보다 큰 것을 저장할 오른쪽 배열을 준비한다.

13~19행 기준에 따라서 왼쪽 또는 오른쪽 배열에 데이터를 저장한다.

21~26행 왼쪽 배열, 기준, 오른쪽 배열을 다시 재귀 호출해서 정렬한 후 반환한다.

SELF STUDY 12-2

Code12-03.cpp를 수정해서 랜덤하게 0부터 200 사이의 숫자 10개를 생성한 후 내림차순으로 정렬하도록 코드를 작성하자. 그리고 몇 번의 비교 후에 정렬했는지 횟수를 출력하자.

실행 결과

```
정렬 전 --> [ 68 97 47 80 114 102 61 188 126 8 ]
정렬 후 --> [ 8 47 61 68 80 97 102 114 126 188 ]
## 25회의 비교로 정렬 완료
```

중복 값을 고려한 퀵 정렬

Code12-03.cpp는 중복 값이 있으면 중복 값을 하나만 남긴다. 즉, 중복 값이 없거나 중복 값을 하나로 처리할 경우에 적합한 정렬이다. 하지만 중복 값까지 고려한다면 코드를 다음과 같이 약간 수정해야 한다.

Code12-04.cpp 퀵 정렬의 간단한 구현(중복된 값을 고려)

```
1  #include "..\CookHeader.h"
2
3  Array <int> dataAry = { 120, 120, 188, 150, 168, 50, 50, 162, 105, 120, 177, 50 };
4
5  Array <int> quickSort(Array <int> ary) {
6      int n = len(ary);
7      if (n <= 1)                         // 정렬할 리스트의 개수가 1개 이하면
8          return ary;
9
10     int pivot = ary[n / 2];             // 중간값을 기준 값으로 지정
11     Array <int> leftAry, midAry, rightAry;
12
13     for (int i = 0; i < n; i++) {
14         int num = ary[i];
15         if (num < pivot)
16             leftAry.push_back(num);
17         else if (num > pivot)
18             rightAry.push_back(num);
19         else
20             midAry.push_back(num);
21     }
22
23     Array <int> retLeft, retRight;
24     retLeft = quickSort(leftAry);                                    // 왼쪽 배열 재귀
25     retLeft.insert(retLeft.end(), midAry.begin(), midAry.end());     // 왼쪽 + 중간
26     retRight = quickSort(rightAry);                                  // 오른쪽 배열 재귀
27     retLeft.insert(retLeft.end(), retRight.begin(), retRight.end());// 왼쪽 + 오른쪽 --> 왼쪽에 대입
28     return retLeft;
29 }
30
31 int main() {
32     print("정렬 전 -->");
33     printArray(dataAry);
34     dataAry = quickSort(dataAry);
35     print("정렬 후 -->");
36     printArray(dataAry);
37 }
```

실행 결과

```
정렬 전 --> [ 120 120 188 150 168 50 50 162 105 120 177 50 ]
정렬 후 --> [ 50 50 50 105 120 120 120 150 162 168 177 188 ]
```

3행 중복된 데이터가 있는 배열을 준비한다.

11행 기준과 동일한 데이터가 있을 경우에 저장할 midAry를 준비한다. midAry에는 모두 동일한 값이 들어간다.

19~20행 기준과 동일한 데이터는 midAry에 저장한다.

25행 동일한 데이터가 들어 있는 midAry를 왼쪽 배열과 연결한다. 배열끼리의 연결이므로 insert()를 사용한다.

퀵 정렬 일반 구현

앞서 퀵 정렬을 위해 왼쪽 그룹과 오른쪽 그룹을 위한 별도의 배열을 사용했다. 이번에는 원래의 배열 하나로 퀵 정렬을 하는 방법을 살펴보자.

앞서 다룬 예를 그대로 사용하여 단계별로 살펴보자. 처음에는 첫 번째를 start로, 마지막을 end로 둔 후 재귀로 호출될 때마다 start(시작점)와 end(끝점)를 전달받으면서 진행된다. 그러다 start가 end보다 크거나 같으면 재귀를 종료한다. 즉, 정렬할 데이터가 1개 이하라 더는 정렬할 데이터가 없어 재귀를 종료한다.

❶ start(시작점)에 있는 아빠 위치를 low로, end(끝점)에 있는 해피 위치를 high로 둔다.

❷ low와 high의 중간 위치에 있는 할머니 키를 기준 값으로 설정한다.

❸ low가 high보다 크거나 같아질 때까지 ❶~❸과 같이 반복한다.

❶ low 위치에 있는 키 값은 기준 값보다 클 때까지 증가시키고 high 위치에 있는 키 값은 기준 값보다 작을 때까지 감소시킨다. 예에서는 앞 ❷에서 이미 아빠가 할머니보다 크고, 해피가 할머니보다 작으므로 low 위치와 high 위치가 증가 및 감소하지 않고 변함이 없다. 먼저 low 위치에 있는 아빠와 high 위치에 있는 해피를 교환한 후 low 위치는 1 증가, high 위치는 1 감소시킨다.

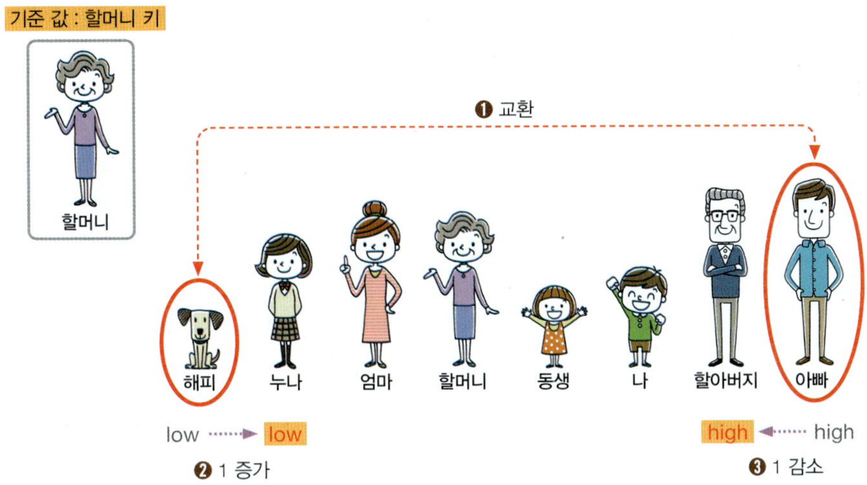

❷ low 위치에 있는 키 값은 기준 값보다 클 때까지 증가시키고 high 위치에 있는 키 값은 기준 값보다 작을 때까지 감소시킨다. 예에서는 앞 ❶에서 엄마가 기준 값보다 크고, 나는 기준 값보다 작으므로 low 위치와 high 위치가 엄마와 나에서 멈춘다. 먼저 low 위치에 있는 엄마와 high 위치에 있는 나를 교환한 후 low 위치는 1 증가, high 위치는 1 감소시킨다.

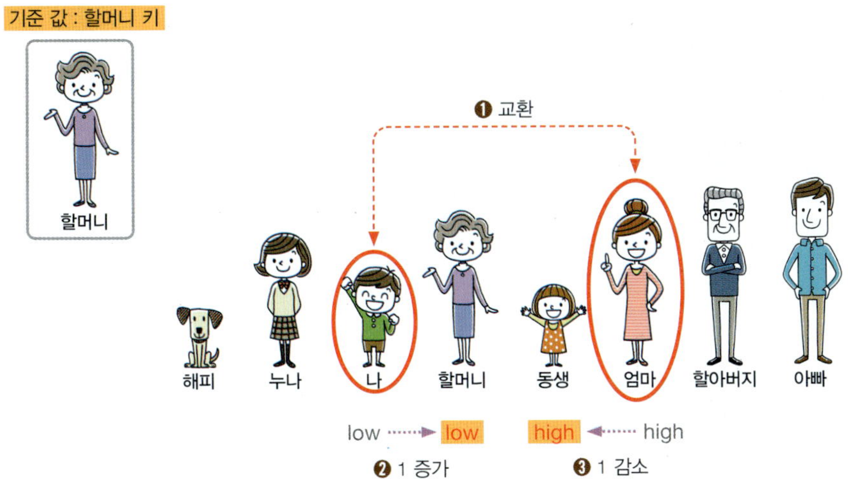

❸ low 위치에 있는 키 값은 기준 값보다 클 때까지 증가시키고 high 위치에 있는 키 값은 기준 값보다 작을 때까지 감소시킨다. 예에서는 앞 ❷에서 할머니가 기준 값과 같아 low 위치는 변함이 없고 동생도 기준 값보다 작으므로 high 위치가 변함이 없다. low 위치에 있는 할머니와 high 위치에 있는 동생을 교환한 후 low 위치는 1 증가, high 위치는 1 감소시키면 low 위치가 high 위치보다 커져 종료한다.

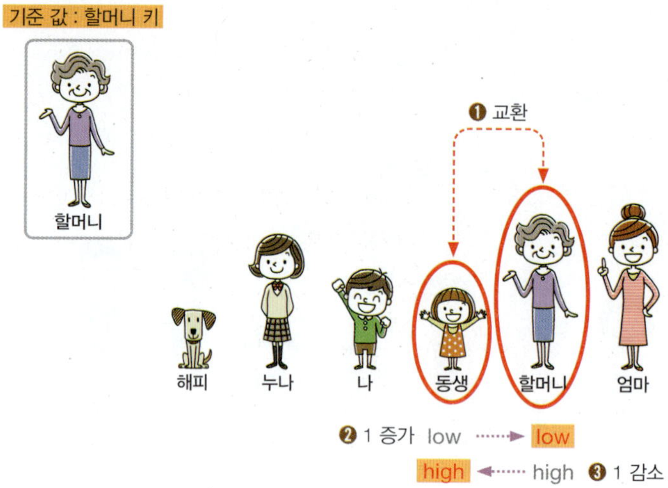

4 low 위치를 중심 위치(mid)로 하면 왼쪽에는 작은 값들이, 오른쪽에는 큰 값들이 들어갔다. 즉, 두 그룹으로 분리되었다. 왼쪽 작은 값 그룹과 오른쪽 큰 값 그룹에 대해 1~3을 재귀적으로 진행한다.

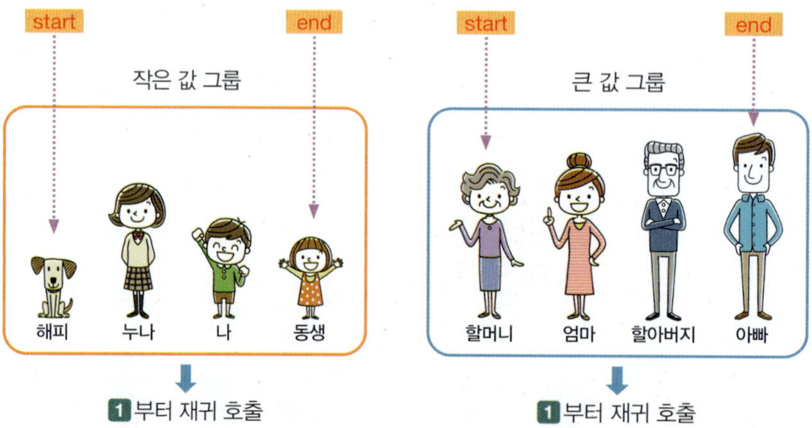

추가 배열 없이 기존 배열 안에서 모두 정렬했다. 코드로 구현하면 Code12-05.cpp와 같다.

Code12-05.cpp 퀵 정렬의 일반적인 구현

```
#include "..\CookHeader.h"

Array <int> dataAry = { 188, 150, 168, 162, 105, 120, 177, 50 };

void qSort(Array <int> &arr, int start, int end) {
    if (end <= start)
        return ;

    int low = start;
    int high = end;

    int pivot = arr[(low + high) / 2];    // 작은 값은 왼쪽, 큰 값은 오른쪽으로 분리
    while (low <= high) {
        while (arr[low] < pivot)
            low++;
        while (arr[high] > pivot)
            high--;
        if (low <= high) {
            int temp = arr[low];
            arr[low] = arr[high];
            arr[high] = temp;
            low++;
            high--;
        }
    }

    int mid = low;

    qSort(arr, start, mid - 1);
    qSort(arr, mid, end);
}

void quickSort(Array <int> &ary) {
    qSort(ary, 0, len(ary)-1);
}

int main() {
    print("정렬 전 -->");
    printArray(dataAry);
    quickSort(dataAry);
    print("정렬 후 -->");
    printArray(dataAry);
}
```

실행 결과

```
정렬 전 --> [ 188 150 168 162 105 120 177 50 ]
정렬 후 --> [ 50 105 120 150 162 168 177 188 ]
```

5~31행 재귀 호출 함수이며, 배열(arr)을 시작(start)부터 끝(end)까지 퀵 정렬한다.

6~7행 정렬할 배열이 1개 이하면(=시작이 끝보다 같거나 크면) 함수를 종료한다.

9~10행 배열을 작고 큰 두 그룹으로 나누려고 시작은 low에, 끝은 high에 대입한다.

12행 중간 위치를 기준으로 설정한다.

13~25행 low와 high가 만나거나 교차할 때까지 반복한다.

14~15행 low가 기준보다 큰 값을 만날 때까지 1씩 증가한다.

16~17행 high가 기준보다 작은 값을 만날 때까지 1씩 감소한다.

18~24행 low가 high보다 작거나 같으면, low와 high를 교환하고 1씩 증가 및 감소시킨다.

27~30행 low를 중심점으로 배열을 두 그룹으로 분리한다. 그리고 작은 그룹과 큰 그룹을 다시 재귀 호출한다.

33~34행 quickSort() 함수를 호출하면 재귀 함수인 qSort()를 호출한다

퀵 정렬 성능과 특이점

퀵 정렬도 가장 나쁜 경우에는 삽입 정렬, 선택 정렬과 마찬가지로 연산 수는 $O(n^2)$이 되지만 평균적으로 $O(n \log n)$의 연산 수를 갖는다. 이는 다른 정렬에 비해서 상당히 빠른 속도이며, 특히 정렬할 데이터양이 많을수록 다른 정렬보다 매우 우수한 성능을 낸다. 예로 n이 데이터 100만 개를 정렬한다면 삽입 정렬이나 선택 정렬은 100만*100만=약 1조의 연산 횟수이지만, 퀵 정렬은 100만*log100만=약 2000만의 연산 횟수로 처리된다. 상당한 차이임을 알 수 있다.

SECTION 02

고급 정렬 알고리즘의 응용

다양한 색상 값이 있는 컬러 이미지를 종종 흑백 이미지로 변경하는 경우가 있다. 이때 컬러 색상을 흑백으로 변환할 때 중앙값을 사용해야 정확한 결과가 표현되기도 한다. 중앙값을 계산하려면 우선 정렬을 해야 하며, 대용량 크기의 이미지는 퀵 정렬처럼 속도가 빠른 정렬을 사용해야 한다. 퀵 정렬을 이용해 컬러 이미지를 흑백 이미지로 변환해보자.

1 컬러와 흑백 색상 표현

컬러 이미지를 흑백 이미지로 만들기 전에 이미지 색상의 표현법을 간략하게 이해하고 있어야 한다.

이미지 파일은 [그림 12-16]과 같이 컬러, 그레이, 흑백 이미지로 나눌 수 있고 256가지(0~255)의 Red, Green, Blue 색이 조합되어서 표현된다. Red, Green, Blue 색이 어떻게 조합되어 표현되는지 2×2픽셀의 이미지로 가정하며 살펴보자.

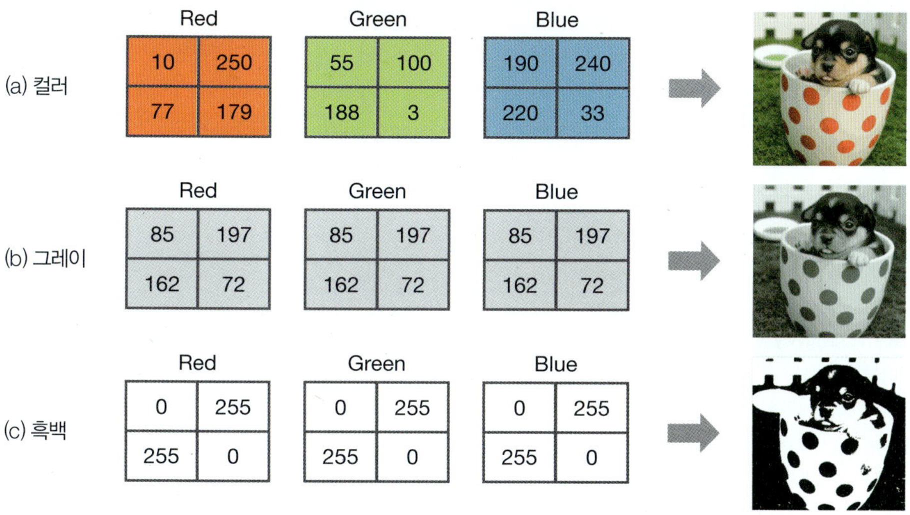

그림 12-16 컬러, 그레이, 흑백 이미지의 색상 표현

[그림 12-16]에서 (a)의 컬러를 그레이로 변환하려면 Red, Green, Blue 세 값을 합하고 3으로 나눈 후 (b)와 같이 Red, Green, Blue 값으로 모두 사용한다. 그리고 이 그레이를 흑백으로 표현할 때는 (c)와 같이 0~255 중간값인 127을 기준으로 127보다 작으면 0으로, 127보다 크면 255로 처리한다.

2 컬러 이미지의 1차원 배열 표현

컬러 이미지 불러오고 출력하기

C++에서 이미지 파일을 읽어올 때는 CImage 클래스를 사용하면 된다. 컬러 이미지가 흑백으로 변환된 결과를 화면에서 보려면, 10장에서 사용한 GUI 방법에 SetPixel( ) 함수를 사용하면 된다. 다음 코드는 readImage( ) 함수에서 2차원 배열 imageAry에 컬러 이미지를 불러들인 후에, printImage( ) 함수에서 2차원 배열의 내용을 화면에 출력한다. 결국 화면에는 컬러 이미지가 출력된다.

TIP • Windows 업데이트 버전에 따라서 그래픽을 출력하는 화면이 잘 보이지 않는 경우가 발생될 수 있다. 그럴 때는 23행의 (hwnd)를 (NULL)로 수정하고 실행한다. 그리고 실행 창을 화면 오른쪽 구석으로 옮긴 후 Enter를 누르면 결과 화면이 보일 것이다. 이후의 그래픽을 출력하는 코드는 같은 방식으로 시도해 본다.

Code12-06.cpp GIF 파일의 간단한 화면 출력

```
1  #include "..\CookHeader.h"
2  #include <Windows.h>
3  #include <atlimage.h>
4  #include <conio.h>
5
6  CString filename = "C:/CookDataC/PNG/pet01.png";
7  COLORREF imageAry[512][512];
8  int ROW = 512, COL = 512;;
9
10 void readImage() {
11      CImage image;
12      image.Load(filename);
13
14      for (int i = 0; i < ROW; i++)
15          for (int k = 0; k < COL; k++)
16              imageAry[i][k] = image.GetPixel(k, i);
17 }
18
19 void printImage() {
20      HWND hwnd;
21      HDC hdc;
22      hwnd = GetForegroundWindow();
23      hdc = GetDC(hwnd);          // 또는 hdc = GetDC(NULL);
24
25      for (int i = 0; i < ROW; i++)
26          for (int k = 0; k < COL; k++) {
27              int Rvalue = GetRValue(imageAry[i][k]);
28              int Gvalue = GetGValue(imageAry[i][k]);
29              int Bvalue = GetBValue(imageAry[i][k]);
30              SetPixel(hdc, k + 100, i + 100, RGB(Rvalue, Gvalue, Bvalue));
31          }
```

```
32      ReleaseDC(hwnd, hdc);
33 }
34
35 int main() {
36      _getch();
37      readImage();
38      printImage();
39 }
```

3행 CImage 클래스를 사용하기 위해서 포함한다.

6행 컬러 이미지 파일의 경로 및 파일명을 문자열로 준비한다. PNG, JPG, BMP 등 파일의 사용이 가능하다.

7행 COLORREF는 Red, Green, Blue 정보가 포함된 픽셀(Pixel)을 의미한다. imageAry는 512×512 크기의 컬러 이미지를 불러와 각 픽셀 정보를 저장하기 위한 2차원 배열이다.

8행 코드를 단순화하기 위해서 행과 열을 512×512 크기로 고정한다. 즉, 이미지 파일은 정확히 512×512 크기만 사용할 수 있다(제공되는 이미지 파일을 사용하는 것을 권장한다).

10~17행 컬러 이미지 파일을 읽어 각 픽셀 정보를 2차원 배열 imageAry에 저장한다.

11~12행 CImage 클래스 및 Load() 함수를 사용하면 컬러 이미지 파일을 읽어 들일 수 있다.

19~33행 imageAry 배열의 내용을 화면에 출력한다. 23행에서 GetDC()와 32행의 ReleaseDC()를 통해 픽셀을 출력할 모니터의 정보를 사용한다.

25~31행 512×512회 반복한다. 27~29행에서 imageAry의 각 픽셀에서 Red, Green, Blue 값을 각각 추출한 후 30행에서 화면에 출력한다. 화면에는 i와 k의 위치를 바꿔서 출력해야 정상적으로 출력된다.

35~38행 메인 코드에서 컬러 이미지를 읽어서 화면에 출력한다.

컬러 이미지를 1차원 배열로 만들기

Code12-06.cpp에서 출력한 이미지는 가로와 세로의 2차원 배열 형태이므로 [그림 12-17]과 같이 1차원 배열로 변경해 보자.

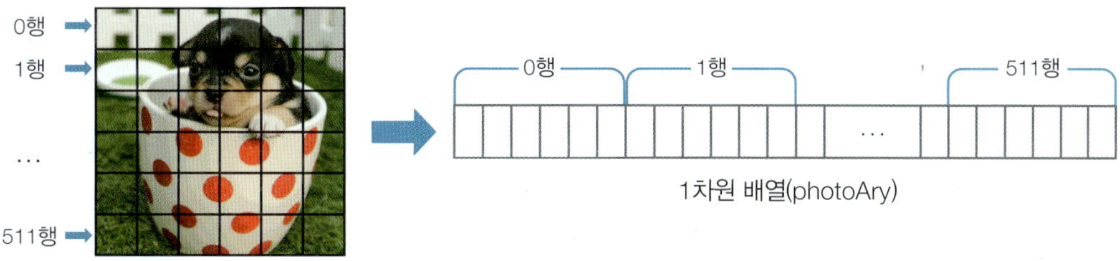

그림 12-17 2차원 이미지를 1차원 배열로 변환

앞서 설명했듯이 컬러 이미지의 각 점에는 Red, Green, Blue 값이 3개 있다. 따라서 1차원 배열 하나에 저장할 때는 세 점을 합한 평균으로 저장한다.

```
❶ int r = GetRValue(imageAry[i][k]);
  int g = GetGValue(imageAry[i][k]);
  int b = GetBValue(imageAry[i][k]);
❷ int value = (r + g + b) / 3;
❸ photoAry.push_back(value);
```

❶의 GetRValue(픽셀), GetGValue(픽셀), GetBValue(픽셀)은 각 픽셀의 Red, Green, Blue 값을 3개 반환한다. 그래서 r, g, b 변수 3개에서 값을 받았다. ❷와 ❸에서 세 값의 평균을 계산해서 1차원 배열에 추가하면 된다. 이렇게 세 색상의 평균을 내는 것은 컬러 색상(Red, Green, Blue)을 그레이 이미지로 변환하는 방식이다. 전체 코드는 Code12-07.cpp와 같다. 그리고 실행한 결과는 Code12-06.cpp와 같다.

Code12-07.cpp GIF 파일을 1차원 배열로 저장

```
1  #include "..\CookHeader.h"
…  // 생략(Code12-06.cpp의 2~33행과 동일)
34
35 int main() {
36     _getch();
37     readImage();
38
39     Array <int> photoAry;
40     for (int i = 0; i < ROW; i++)
41         for (int k = 0; k < COL; k++) {
42             int r = GetRValue(imageAry[i][k]);
43             int g = GetGValue(imageAry[i][k]);
44             int b = GetBValue(imageAry[i][k]);
45             int value = (r + g + b) / 3;
46             photoAry.push_back(value);
47         }
48
49     // 이 부분에 필요한 내용 추가
50
51     printImage();
52 }
```

39행 빈 1차원 배열을 준비한다.

40~47행 512×512=262144번 반복한다.

42~46행 [그림 12-17]과 같은 2차원 이미지를 262144 크기의 1차원 배열로 저장한다.

3 컬러 이미지의 흑백 이미지로의 변환

흑백 이미지는 검은색(0)과 흰색(255)으로만 표현되는데, 현재 1차원 배열인 photoAry는 그레이 이미지 정보인 0~255의 값을 가지고 있다. 따라서 다음과 같이 중간값인 127을 기준으로 0부터 127까지는 0으로 변환하고, 128부터 255까지는 255로 변환해야 한다. 그런 다음 [그림 12-18]과 같이 변환된 1차원 배열을 2차원 배열 imageAry에 다시 대입시켜서 흑백 이미지를 출력하는 전체 코드는 Code12-08.cpp와 같다.

```
if (photoAry[i] <= 127)
    photoAry[i] = 0;
else
    photoAry[i] = 255;
```

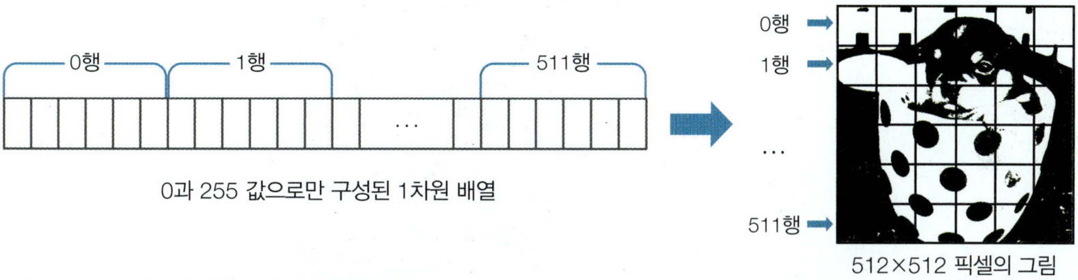

그림 12-18 1차원 배열을 2차원 이미지로 전환

Code12-08.cpp 1차원 배열을 흑백 값으로 변환 후 화면 출력

```
… // 생략(Code12-07.cpp의 1~47행과 동일)

    // GrayScale(256색) --> BW Image(2색)
    for (int i = 0; i < len(photoAry); i++) {
        if (photoAry[i] <= 127)
            photoAry[i] = 0;
        else
            photoAry[i] = 255;
    }

    // imageAry를 BW로 변경
    int pos = 0;
    for (int i = 0; i < ROW; i++)
        for (int k = 0; k < COL; k++) {
            int r, g, b;
            r = g = b = photoAry[pos];
            imageAry[i][k] = RGB(r, g, b);
            pos++;
        }
    printImage();
}
```

49~55행 1차원 배열의 개수(262144번)만큼 반복해서 127이하는 0으로, 127초과는 255로 값을 변경한다.

58행 1차원 배열의 첨자로 사용할 0부터 262143까지 반복할 변수 pos를 준비한다.

59~65행 512×512 횟수를 반복해서 2차원 배열에 1차원 배열의 값을 대입한다. Red, Green, Blue를 모두 동일한 값으로 대입한다. 즉, 흑백으로 변경된 값을 다시 2차원 배열에 대입시키는 과정이다.

퀵 정렬로 중앙값 계산하기

Code12-08.cpp에서 변환한 이미지는 50행에서 기준 값을 127로 정해서 변환해도 큰 문제가 없었지만, 어두운 이미지는 이 기준 값으로 변환하면 [그림 12-19]와 같은 결과가 나온다.

그림 12-19 어두운 이미지를 127을 기준으로 흑백으로 변환한 예

이 이미지는 대부분 127 미만의 어두운 색상 값을 가지기 때문이다. 이때는 해당 이미지의 중앙값을 계산해서 기준 값으로 사용하는 것이 좋다.

Code12-08.cpp의 50행에서 127이 아닌 이미지 중앙값을 계산해서 기준 값을 계산할 때 중앙값을 처리하려면 정렬을 해야 한다. 이때 데이터 개수가 많으므로 Code12-09.cpp와 같이 퀵 정렬을 사용하면 유용하다. 이미지는 이 책에서 제공하는 pet02.png를 사용했다.

Code12-09.cpp 퀵 정렬을 이용한 중앙값을 찾아서 처리

```
… // 생략(Code12-06.cpp의 1~33행과 동일)

void qSort(Array <int>& arr, int start, int end) {
    if (end <= start)
        return;

    int low = start;
    int high = end;

    int pivot = arr[(low + high) / 2];
    while (low <= high) {
        while (arr[low] < pivot)
            low++;
        while (arr[high] > pivot)
            high--;
        if (low <= high) {
            int temp = arr[low];
            arr[low] = arr[high];
            arr[high] = temp;
            low++;
            high--;
        }
    }

    int mid = low;

    qSort(arr, start, mid - 1);
    qSort(arr, mid, end);
}

void quickSort(Array <int>& ary) {
    qSort(ary, 0, (len(ary) - 1);
}

int main() {
    _getch();
    readImage();

```

```
71      Array <int> photoAry;
72      for (int i = 0; i < ROW; i++)
73          for (int k = 0; k < COL; k++) {
74              int r = GetRValue(imageAry[i][k]);
75              int g = GetGValue(imageAry[i][k]);
76              int b = GetBValue(imageAry[i][k]);
77              int value = (r + g + b) / 3;
78              photoAry.push_back(value);
79          }
80
81      // 중앙값 찾기
82      Array <int> dataAry;
83      copyArray(photoAry, dataAry);
84      quickSort(dataAry);
85      int midValue = dataAry[ROW * COL / 2];
86
87      // GrayScale(256색) --> BW Image(2색)
88      for (int i = 0; i < len(photoAry); i++) {
89          if (photoAry[i] <= midValue)
90              photoAry[i] = 0;
91          else
92              photoAry[i] = 255;
93      }
94
95      // imageAry를 BW로 변경
96      int pos = 0;
97      for (int i = 0; i < ROW; i++)
98          for (int k = 0; k < COL; k++) {
99              int r, g, b;
100             r = g = b = photoAry[pos];
101                 imageAry[i][k] = RGB(r, g, b);
102                 pos++;
103             }
104         printImage();
105
```

35~65행 퀵 정렬을 위한 함수를 2개 준비한다.

82~83행 1차원 배열인 photoAry를 정렬하려고 dataAry 배열로 복사한다. copyArray()는 Cook Header.h에 정의되어 있다.

84행 dataAry 배열을 정렬한다.

85행 중앙값에 해당하는 픽셀 값을 찾는다.

89행 찾은 중앙값을 기준으로 0과 255로 분류한다.

연습문제

1 버블 정렬에 대한 설명으로 거리가 먼 것은?

① 첫 번째 값부터 시작해서 바로 앞뒤 데이터를 비교하며 큰 것을 뒤로 보내는 방법을 사용한다.

② 키 순서, 이름 순서, 몸무게 순서 등을 정렬할 때 사용할 수 있다.

③ 오름차순과 내림차순으로 정렬할 수 있다.

④ 삽입 정렬이나 선택 정렬보다 성능이 나쁘다.

2 오름차순으로 정렬하는 버블 정렬 함수다. ❶~❷에 적합한 코드를 다음 중 고르시오.

```
end = n - 1; end < 0; end++
end = n - 1; end > 0; end--
end = n; end <= 0; end--
ary[cur] > ary[cur + 1]
ary[cur] < ary[cur + 1]
ary[cur - 1] > ary[cur + 1]
```

```
Array <int> bubbleSort(Array <int> ary) {
    int n = len(ary);
    int end, cur;
    for (          ❶          ) {
        for (cur = 0; cur < end; cur++) {
            if (          ❷          ) {
                int tmp= ary[cur + 1];
                ary[cur + 1] = ary[cur];
                ary[cur] = tmp;
            }
        }
    }
    return ary;
}
```

3 버블 정렬이 선택 정렬이나 삽입 정렬보다 성능이 더 좋은 경우는?

① 데이터가 이미 정렬이 거의 되어 있고, 중간에 정렬되지 않은 데이터가 하나 있을 때

② 데이터가 정렬이 전혀 안 되어 있는 경우

③ 오름차순 정렬할 때

④ 내림차순 정렬할 때

연습문제

4 퀵 정렬에 대한 설명으로 거리가 먼 것은?

① 기준을 하나 뽑은 후 기준보다 작은 그룹과 큰 그룹을 나누어 다시 각 그룹으로 정렬한다.

② 키 순서, 이름 순서, 몸무게 순서 등을 정렬할 때 사용할 수 있다.

③ 오름차순과 내림차순으로 정렬할 수 있다.

④ 삽입 정렬이나 선택 정렬보다 성능이 더 나쁘다.

5 퀵 정렬의 성능에 대한 빅-오 표기법은?

① $O(n)$ ② $O(2n)$ ③ $O(n^2)$ ④ $O(n \log n)$

6 다음 정렬되지 않은 데이터 집합을 보고 답하시오.

인덱스	0	1	2	3	4
데이터	16	3	7	4	10

(1) 버블 정렬로 오름차순으로 정렬하는 과정을 보이시오.

(2) 퀵 정렬로 오름차순으로 정렬하는 과정을 보이시오.

7 오름차순으로 정렬하는 버블 정렬 함수다. ❶~❷에 적합한 코드를 다음 중 고르시오. 단 중간에 정렬이 완료되면 종료되는 기능이 추가되었다.

```
changeYN = true
changeYN = false
changeYN = yes
changeYN = no
!changeYN
changeYN
changeYN == Yes
changeYN == no
```

```
Array <int> bubbleSort(Array <int> ary) {
    int n = len(ary);
    for (int end = n-1; end > 0; end--) {
        bool changeYN= false;
        for (int cur = 0; cur < end; cur++) {
            if (ary[cur] > ary[cur+1]) {
                int tmp= ary[cur + 1];
                ary[cur + 1] = ary[cur];
                ary[cur] = tmp;
                [    ❶    ];
            }
        }
        if ([    ❷    ])
            break;
    }
    return ary;
}
```

8 오름차순으로 정렬하는 퀵 정렬 함수다. ❶~❸에 적합한 코드를 다음 중 고르시오.

```
ary[n]                  ary[n / 2]
ary[n * 2]              ary[n + 1]
ary[n - 1]
quickSort(leftAry)      quickSort(rightAry)
quickSort(retLeft)      uickSort(retRight)
quickSort(pivot)        quickSort(ary)
```

```
Array <int> quickSort(Array <int> ary) {
    int n = len(ary);
    if (n <= 1)
        return ary;
    int pivot = [ ❶ ];
    Array <int> leftAry, rightAry;
    for (int i = 0; i < n; i++) {
        int num = ary[i];
        if (num < pivot)
            leftAry.push_back(num);
        else if (num > pivot)
            rightAry.push_back(num);
    }
    Array <int> retLeft, retRight;
    retLeft= [ ❷ ];
    retLeft.push_back(pivot);
    retRight= [ ❸ ];
    retLeft.insert(retLeft.end(), retRight.begin(), retRight.end());
    return retLeft;
}
```

응용예제 01

선택 정렬과 퀵 정렬의 성능 비교하기

난이도★☆☆

예제 설명 선택 정렬은 $O(n^2)$의 연산 횟수를, 퀵 정렬은 평균 $O(n \log n)$의 연산 횟수를 갖는다. 정렬할 데이터양에 따라서 두 정렬 방식의 시간 차이를 비교해 본다. 데이터는 1000, 10000, 20000, 40000개를 정렬한다. 실행 결과는 컴퓨터의 성능에 따라서 달리 나올 수 있지만, 선택 정렬은 개수가 많아질수록 시간이 급격히 증가하는 것을 동일하게 확인할 수 있다. 퀵 정렬은 개수가 많아져도 짧은 시간에 정렬 가능하다.

실행 결과

```
Microsoft Visual Studio 디버그 콘솔
## 데이터 수 : 1000 개
선택 정렬 -->0.004000초
퀵 정렬   -->0.000000초

## 데이터 수 : 10000 개
선택 정렬 -->0.401000초
퀵 정렬   -->0.003000초

## 데이터 수 : 20000 개
선택 정렬 -->1.612000초
퀵 정렬   -->0.004000초

## 데이터 수 : 40000 개
선택 정렬 -->6.371000초
퀵 정렬   -->0.009000초
```

코드

```
#include "..\CookHeader.h"

Array <int> selectionSort(Array <int> ary) {
    int n = (len(ary);
    for (int cycle = 0; cycle < n - 1; cycle++) {
        int minIdx = cycle;
        for (int i = cycle+1; i < n; i++) {
            if (ary[minIdx] > ary[i])
                minIdx = i;
        }
        int tmp = ary[cycle];
        ary[cycle] = ary[minIdx];
        ary[minIdx] = tmp;
    }
    return ary;
}

void qSort(Array <int>& arr, int start, int end) {
    if (end <= start)
        return;

    int low = start;
    int high = end;

```

```
    int pivot = arr[(low + high) / 2];
    while (low <= high) {
        while (arr[low] < pivot)
            low++;
        while (arr[high] > pivot)
            high--;
        if (low <= high) {
            int temp = arr[low];
            arr[low] = arr[high];
            arr[high] = temp;
            low++;
            high--;
        }
    }

    int mid = low;

    qSort(arr, start, mid - 1);
    qSort(arr, mid, end);
}

void quickSort(Array <int>& ary) {
    qSort(ary, 0, (len(ary) - 1);
}

int main() {
    Array <int> countAry = { 1000, 10000, 20000, 40000 };
    Array <int> selectAry, quickAry;

    for (int i = 0; i < len(countAry); i++) {
        randomInit(10000, 99999);        // 랜덤 데이터 생성
        selectAry.clear();
        quickAry.clear();
        for (int r = 0; r < countAry[i]; r++) {
            int num = cookRandom(gen);
            selectAry.push_back(num);
            quickAry.push_back(num);
        }
        time_t start, end;
        println("## 데이터 수 : " + to_string(countAry[i]) + " 개");
        start = clock();
        selectionSort(selectAry);
        end = clock();
        println("선택 정렬 -->" + to_string((end - start)/1000.0) + "초");
        start = clock();
        quickSort(selectAry);
        end = clock();
```

```
72          println("퀵 정렬   -->" + to_string((end - start)/1000.0) + "초");
73          println("");
74      }
75  }
```

코드 설명

3~48행	선택 정렬과 퀵 정렬을 정의한다.
51행	임의로 생성할 데이터 개수를 배열에 미리 지정한다.
55행	랜덤 값을 10000~99999로 초기화한다. randomInit( ) 및 59행의 cookRandom(gen)은 CookHeader.h에 정의되어 있다.
58~62행	정렬할 각 배열에 10000~99999까지의 임의의 값을 1000, 10000, 20000, 40000개 생성한다.
65행, 67행, 69행, 71행	각 정렬의 시간을 측정한다.
68행, 72행	각 정렬에서 걸린 시간을 초 단위로 출력한다.

응용예제 02 이미 정렬된 줄에 끼어들기

난이도★★☆

예제 설명 배열이 이미 정렬된 상태에서 맨 마지막 값이 아무 위치에나 끼어들 때, 다시 정렬하는 효율적인 방법을 생각해 보자. 일반적인 상태에서 성능이 뛰어난 퀵 정렬과 대부분의 데이터가 정렬된 상태에서 효율적인 버블 정렬을 사용하여 이런 특수한 상태에 더 효율적인 알고리즘을 예상해 본다.

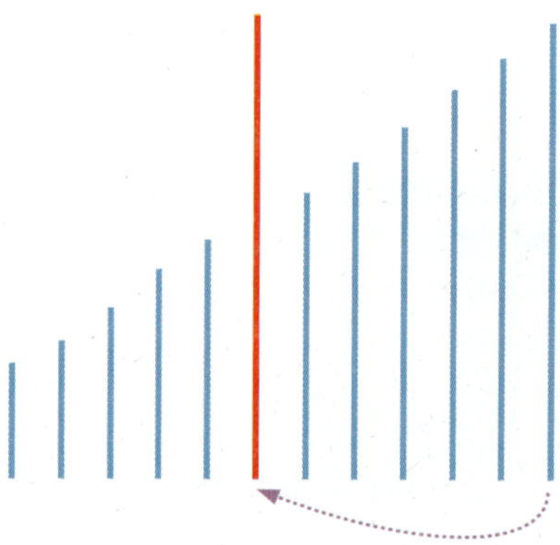

제일 큰 데이터가 중간에 끼어듦

실행 결과

```
Microsoft Visual Studio 디버그 콘솔
# 데이터 개수 --> 10000000
# 끼어든 위치 --> 29603
다시 정렬 시간(버블 정렬) -->0.335000초
다시 정렬 시간(퀵 정렬) -->1.965000초
```

코드

```
#include "..\CookHeader.h"

Array <int> bubbleSort(Array <int> ary) {
    int n = len(ary);
    for (int end = n-1; end > 0; end--) {
        bool changeYN = false;
        for (int cur = 0; cur < end; cur++) {
            if (ary[cur] > ary[cur+1]) {
                int tmp = ary[cur + 1];
                ary[cur + 1] = ary[cur];
                ary[cur] = tmp;
                changeYN = true;
            }
        }
        if (!changeYN)
            break;
    }
    return ary;
}

void qSort(Array <int>& arr, int start, int end) {
    if (end <= start)
        return;

    int low = start;
    int high = end;

    int pivot = arr[(low + high) / 2];
    while (low <= high) {
        while (arr[low] < pivot)
            low++;
        while (arr[high] > pivot)
            high--;
        if (low <= high) {
            int temp = arr[low];
            arr[low] = arr[high];
            arr[high] = temp;
            low++;
            high--;
        }
    }

    int mid = low;

    qSort(arr, start, mid - 1);
    qSort(arr, mid, end);
}
```

```
48
49 void quickSort(Array <int>& ary) {
50     qSort(ary, 0, len(ary) - 1);
51 }
52
53 int main() {
54     Array <int> tempAry;
55     Array <int> bubbleAry, quickAry;
56
57     randomInit(1000000, 9999999);      // 1000000 ~ 9999999 랜덤 데이터 생성
58     for (int r = 0; r < 10000000; r++) {
59         int num = cookRandom(gen);
60         tempAry.push_back(num);
61     }
62     sortArray(tempAry);                           // C++ 정렬 기능
63     int rndPos = rand() % len(tempAry);
64     println("# 데이터 개수 --> " + to_string(len(tempAry)));
65     println("# 끼어든 위치 --> " + to_string(rndPos));
66     insertArray(tempAry, rndPos, tempAry[len(tempAry) - 1]);
67
68     copyArray(tempAry, bubbleAry);      // 복사
69     copyArray(tempAry, quickAry);       // 복사
70
71     time_t start, end;
72     start = clock();
73     bubbleSort(bubbleAry);
74     end = clock();
75     println("다시 정렬 시간(버블 정렬) -->" + to_string((end - start) / 1000.0) + "초");
76
77     start = clock();
78     quickSort(quickAry);
79     end = clock();
80     println("다시 정렬 시간(퀵 정렬) -->" + to_string((end - start) / 1000.0) + "초");
81 }
```

코드 설명

3~19행	대부분 정렬된 상태에서 효율적인 버블 정렬을 정의한다.
58~62행	임의로 데이터를 100만 개 생성하고, C++의 정렬 기능을 이용해서 정렬한다. sortArray( )는 CookHeader.h에 정의되어 있다.
63행	끼어들 임의의 위치를 선정한다.
66행	이미 정렬된 배열에서 임의의 위치에 배열의 마지막 데이터를 끼워 넣는다. insertArray( )는 CookHeader.h에 정의되어 있다.
68~69행	정렬할 각 배열을 복사한다. copyArray( )는 CookHeader.h에 정의되어 있다.

CHAPTER 13

검색 알고리즘

학습목표

- 검색의 개념을 파악한다.
- 검색을 위한 코드 형식을 이해한다.
- 검색의 다양한 알고리즘을 학습한다.
- 검색을 활용한 응용 프로그램을 작성한다.

SECTION 00

생활 속 자료구조와 알고리즘

뒤죽박죽으로 섞여 있는 단어 퍼즐에서 TWICE라는 단어를 찾아서 만들어 보자. 섞여 있는 퍼즐을 하나씩 뒤져 가면서 글자를 완성해야 하므로, 시간이 상당히 오래 걸릴 것이다.

이번에는 깔끔하게 알파벳 순서로 되어 있는 퍼즐을 사용해서 TWICE를 완성해 보자. 빠르고 쉽게 단어를 찾아서 만들 수 있다. 이렇게 '검색'은 정렬된 상태에서는 빠르게 원하는 것을 찾을 수 있다.

SECTION 01 검색의 기본

1 검색 개념

검색(Search)을 간단히 정의하면 '어떤 집합에서 원하는 것을 찾는 것'으로, 탐색이라고도 한다. 책상에서 형광펜 찾기, 지하철 노선도에서 강남역 찾기, 국어 사전에서 소나기밥의 뜻 찾기, 월리를 찾아라 그림에서 월리 찾기 등이 모두 검색에 해당한다.

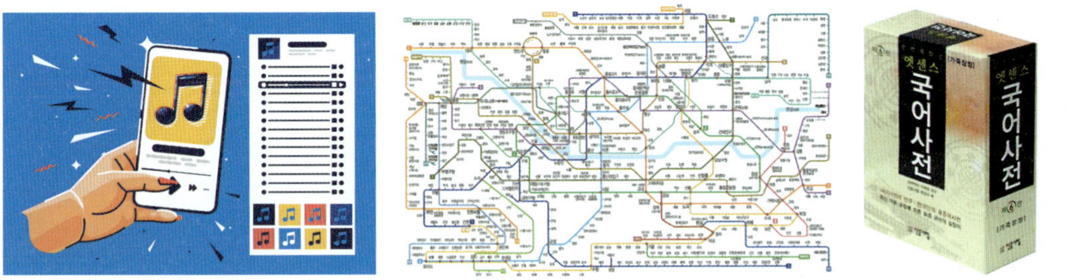

그림 13-1 검색의 다양한 예

검색에는 순차 검색, 이진 검색, 트리 검색 등이 있다. 검색 결과로 특정 집합의 위치인 인덱스를 알려 준다. 검색에 실패하면, 즉 찾는 데이터가 집합에 없다면 −1을 반환하는 것이 일반적이다.

2 검색 알고리즘 종류

검색은 데이터 상태에 따라 다른 알고리즘을 사용할 수 있다. 검색할 집합이 정렬되어 있지 않은 상태라면 순차 검색을 해야 한다. 순차 검색은 처음부터 끝까지 차례대로 찾아보는 것으로 쉽지만 비효율적인 검색이다. 하지만 집합의 데이터가 정렬되어 있지 않다면 순차 검색 외에 특별한 방법은 없다.

데이터가 정렬되어 있다면 순차 검색과 이진 검색 모두를 사용할 수 있다. 검색에서 상당히 효율적인 방법 중 하나가 이진 검색이다. 단 이진 검색은 데이터가 정렬되어 있어야 검색이 가능하다. 이진 검색은 순차 검색에 비해서 월등히 효율적이라 데이터가 몇 백만 개, 몇 천만 개 이상이어도 빠르게 찾아낼 수 있다. 마지막으로 8장에서 학습한 이진 탐색 트리를 활용한 트리 검색도 데이터 검색에는 상당히 효율적이지만 트리의 삽입, 삭제 등에는 부담이 되는 특성이 있다.

SECTION 02 순차 검색과 이진 검색 알고리즘

1 순차 검색 알고리즘

어떤 데이터는 정렬되지 않은 상태로 존재하고, 어떤 데이터는 정렬된 상태로 존재한다. 예로 시집이나 소설은 내용이 정렬되어 있지 않지만, 영어 사전은 알파벳으로 이미 정렬되어 있다. 이 두 경우에 데이터를 찾는 방법이 좀 다르므로, 두 상태에 대해 검색 방법을 살펴보자.

정렬되지 않은 집합의 순차 검색 원리와 구현

순차 검색은 찾을 데이터를 집합의 맨 앞부터 찾아가야 한다. [그림 13-2]와 같이 정렬되지 않은 집합에서 데이터를 찾는 작업을 검색이 성공하는 경우와 실패하는 경우로 그 과정을 살펴보자.

그림 13-2 키 순으로 정렬되지 않은 집합

■ 검색에 성공하는 경우

누나와 키가 같은 사람을 첫 번째 데이터부터 차례로 비교해서 위치 5에서 찾았다.

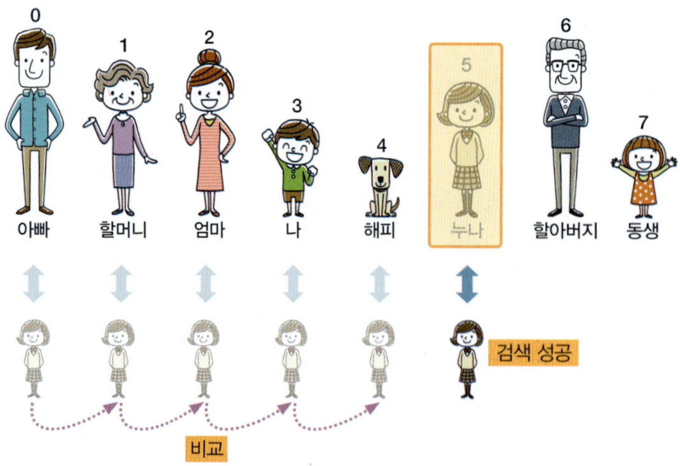

그림 13-3 검색 성공 예

■ **검색에 실패하는 경우**

이번에는 고영희 씨와 키가 같은 사람을 찾아보자. 찾으려는 고영희 씨와 맨 첫 번째 데이터부터 마지막 데이터까지 비교했으나 못 찾아 검색에 실패한다. 이 경우에는 −1 위치를 찾았다고 반환해서 검색에 실패한 것으로 처리한다.

그림 13-4 검색 실패 예

이처럼 순차 검색은 집합에서 찾을 데이터를 처음부터 찾아가야 한다. 정렬되지 않은 데이터의 순차 검색을 코드로 구현해 보자. 실행 결과를 보면 배열에 있는 105는 5회 비교해서 위치를 찾았고, 104는 배열에 없어 배열 끝까지 비교한 후 없다는 것을 확인했다.

Code13-01.cpp 정렬되지 않은 데이터의 순차 검색

```
#include "..\CookHeader.h"

Array <int> dataAry = { 188, 150, 168, 162, 105, 120, 177, 50 };

int seqSearch(Array <int> ary, int fData) {
    int pos = -1;
    int sz = len(ary);
    print("## 비교한 데이터 ==>");
    for (int i = 0; i < sz; i++) {
        print(ary[i]);
        if (ary[i] == fData) {
            pos = i;
            break;
        }
    }
    println("");
    return pos;
}

int main() {
```

```
21      int findData;
22      input(findData, "* 찾을 값을 입력하세요. -->");
23      print("배열-->");
24      printlnArray(dataAry);
25      int position = seqSearch(dataAry, findData);
26      if (position == -1) {
27          println(to_string(findData) + "이(가) 없네요.");
28      }
29      else {
30          println(to_string(findData) + "은(는)" + to_string(position) + " 위치에 있음");
31      }
32  }
```

실행 결과

```
* 찾을 값을 입력하세요. --> 105
배열--> [ 188 150 168 162 105 120 177 50 ]
## 비교한 데이터 ==> 188 150 168 162 105
105은(는)4 위치에 있음

* 찾을 값을 입력하세요. --> 104
배열--> [ 188 150 168 162 105 120 177 50 ]
## 비교한 데이터 ==> 188 150 168 162 105 120 177 50
104이(가) 없네요.
```

3행 정렬되지 않은 배열을 준비한다.

5~18행 매개변수로 받은 ary 배열에서 fData를 찾는 함수다. 찾은 위치를 반환한다.

6행 찾은 위치(pos)를 일단 −1로 설정한다. 이 값이 변경되지 않으면 fData를 찾지 못한 것이다. fData를 찾지 못하면 17행에서 −1 위치를 그대로 반환한다.

7행 배열 크기를 계산한다.

8행, 10행 찾는 과정을 확인하는 용도로, 비교한 데이터를 출력했다. 함수의 처리 흐름과는 별 연관이 없으므로 생략해도 된다.

9~15행 배열의 처음부터 끝까지 찾는 값(fData)과 비교한다.

11~14행 데이터를 찾으면 찾은 위치(pos)를 저장하고 반복문을 종료한다. 17행에서 찾은 위치를 반환한다.

21~22행 찾고자 하는 데이터 변수(findData)를 준비한다.

SELF STUDY 13-1

Code13-01.cpp를 수정해서 중복된 데이터가 여러 개 있을 때, 위치 여러 개를 배열로 만들어서 반환하도록 코드를 변경하자. 코드 중 dataAry와 findData는 다음과 같이 변경한다.

dataAry = [188, 50, 150, 168, 50, 162, 105, 120, 177, 50]

findData = 50

실행 결과

```
배열--> [ 188 50 150 168 50 162 105 120 177 50 ]
50이(가) 있는 위치 : [ 1 4 9 ]
```

정렬된 집합의 순차 검색 원리와 구현

다음과 같이 정렬된 집합에서 순차 검색하는 방법을 생각해 보자.

그림 13-5 키 순으로 정렬된 집합

■ 검색에 성공하는 경우

누나와 키가 같은 사람을 첫 번째 데이터부터 차례로 비교해서 위치 3에서 찾았다.

그림 13-6 검색 성공

■ 검색에 실패하는 경우

해피보다는 크고 동생보다는 작은 고영희 씨를 찾아보자. 첫 번째 데이터부터 비교하다가 찾을 데이터보다 큰 데이터를 만나도 못 찾으면 이후는 검색할 필요 없이 검색에 실패한 것이다. 즉, 현재 비교하는 동생이 고영희 씨보다 이미 커 더 이상 검색은 의미가 없다. 이때는 더 이상 진행하지 않고 −1 위치를 찾았다고 반환해서 검색에 실패한 것으로 처리한다.

그림 13-7 검색 실패

정렬된 데이터의 순차 검색을 코드로 구현해 보자. 검색에 실패하는 경우에는 더 빠른 결과를 낼 수 있다. 24행에서는 코드를 간략하게 하고자 정렬을 별도로 구현하지 않고 C++에서 제공하는 정렬 기능을 사용했다. 실행 결과를 보면 배열에 있는 150을 4회 비교하여 위치를 찾았고, 70(고영희 씨의 키)의 경우 2회만 비교한 후 없다는 것을 확인했다.

Code13-02.cpp 정렬된 데이터의 순차 검색

```
1  #include "..\CookHeader.h"
2  
3  Array <int> dataAry = { 188, 150, 168, 162, 105, 120, 177, 50 };
4  
5  int seqSearch(Array <int> ary, int fData) {
6      int pos = -1;
7      int sz = len(ary);
8      print("## 비교한 데이터 ==>");
9      for (int i = 0; i < sz; i++) {
10         print(ary[i]);
11         if (ary[i] == fData) {
12             pos = i;
13             break;
14         }
15         else if (ary[i] > fData) {
16                 break;
17         }
18     }
19     println("");
20     return pos;
21 }
22 
23 int main() {
24     sortArray(dataAry);
25     int findData;
26     input(findData, "* 찾을 값을 입력하세요. -->");
```

```
27         print("배열-->");
28         printlnArray(dataAry);
29         int position = seqSearch(dataAry, findData);
30         if (position == -1) {
31             println(to_string(findData) + "이(가) 없네요.");
32         }
33         else {
34             println(to_string(findData) + "은(는) " + to_string(position) + " 위치에 있음");
35         }
36 }
```

실행 결과

```
* 찾을 값을 입력하세요. --> 150
배열--> [ 50 105 120 150 162 168 177 188 ]
## 비교한 데이터 ==> 50 105 120 150
150은(는) 3 위치에 있음

* 찾을 값을 입력하세요. --> 70
배열--> [ 50 105 120 150 162 168 177 188 ]
## 비교한 데이터 ==> 50 105
70이(가) 없네요.
```

3행 정렬되지 않은 배열을 준비한다.

5~21행 매개변수로 받은 ary 배열에서 fData를 찾는 함수다. 찾은 위치를 반환한다.

6행 찾은 위치(pos)를 일단 −1로 설정한다. 이 값이 변경되지 않으면 fData를 찾지 못한 것이다. fData를 찾지 못하면 20행에서 −1 위치를 그대로 반환한다.

7행 배열 크기를 계산한다.

8행, 10행 찾는 과정을 확인하는 용도로, 비교한 데이터를 출력했다. 함수의 처리 흐름과는 별 연관이 없으므로 생략해도 된다.

9~18행 배열의 처음부터 끝까지 찾는 값(fData)과 비교한다.

11~14행 데이터를 찾으면 찾은 위치(pos)를 저장하고 반복문을 종료한다. 20행에서 찾은 위치를 반환한다.

15~17행 비교하는 데이터가 찾는 값(fData)보다 크면 검색에 실패한 것이므로 반복문을 종료한다.

24행 정렬된 배열에서 검색하고자 C++의 기능을 사용해서 배열을 정렬한다. sortArray()는 CookHeader.h에 정의되어 있다.

25~26행 찾고자 하는 데이터 변수(findData)를 준비하고 입력받는다.

29행 데이터를 찾는 함수를 호출한다.

30~35행 찾은 결과가 −1이라면 배열에 찾을 값이 없는 것이다. 그렇지 않으면 찾는 값과 찾은 위치를 출력한다.

순차 검색의 시간 복잡도

정렬되지 않은 집합의 순차 검색은 찾는 데이터가 앞쪽에 배치되어 있는 운이 좋은 경우에는 몇 번의 비교만으로 검색을 완료할 수 있다. 하지만 가장 뒤쪽에 배치되거나 아예 없는 데이터를 모든 데이터와 비교해야 한다. 데이터 개수가 n개라면 시간 복잡도는 $O(n)$으로 표현된다.

정렬된 집합의 순차 검색 역시 운이 좋게 찾을 데이터가 앞쪽이라면 몇 번의 비교만으로 완료할 수 있다. 검색할 데이터가 없는 경우에도 데이터의 크기가 작다면 앞쪽만 검색한 후 검색 실패를 효율적으로 확인할 수 있다. 하지만 최악의 경우에는 맨 마지막까지 검색을 할 수 있으므로 시간 복잡도는 $O(n)$으로 표현해야 한다.

2 이진 검색 알고리즘

이진 검색의 원리와 시간 복잡도

정렬된 데이터 집합을 검색하는 경우에는 이진 검색(Binary Search)을 주로 사용하는데, 순차 검색에 비해서 엄청난 성능으로 데이터를 검색할 수 있다. 이진 검색은 전체를 반씩 잘라 내서 한쪽을 버리는 방식을 사용한다. [그림 13-8]과 같이 데이터 개수가 계속 1/2씩만 남으므로 급격히 비교할 데이터 개수가 줄어든다.

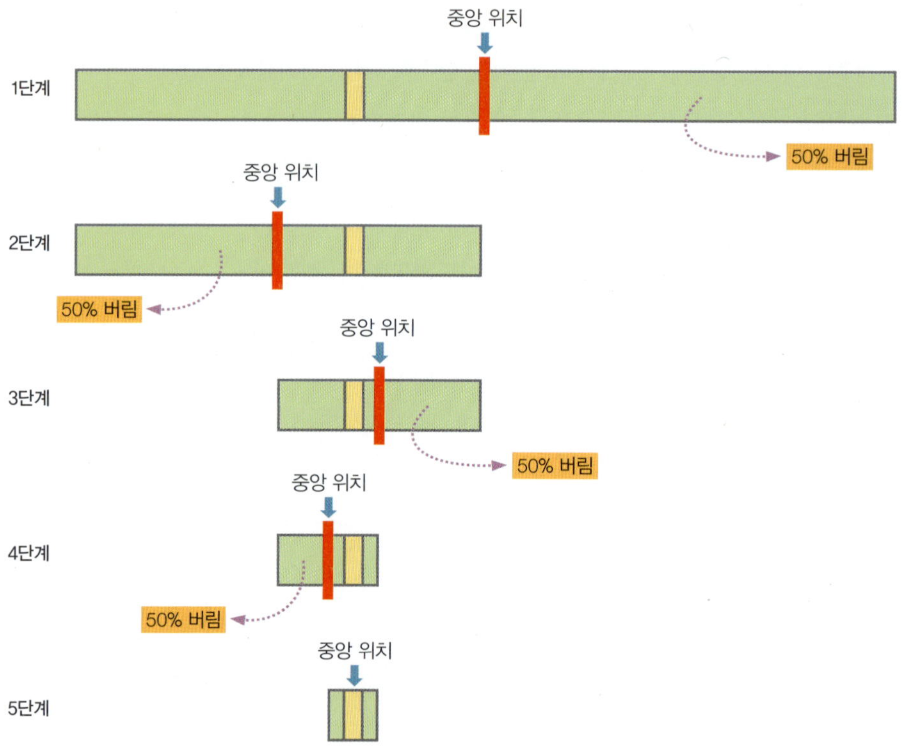

그림 13-8 이진 탐색의 간단한 그림

[그림 13-8]에서 찾는 값(노란색)을 검색하고자 1단계에서 중앙 위치를 기준으로 잡는다. 그리고 찾는 값이 왼쪽 구역에 있으므로 오른쪽 구역은 버린다. 2단계에서는 다시 중앙 위치를 기준으로 찾는 값이 오른쪽 구역에 있으므로 왼쪽 구역은 버린다. 이렇게 반복하면 5단계에서는 중앙 위치가 바로 찾는 값이 되어서 검색에 성공하는 것이다.

이렇게 이진 검색의 데이터 개수를 1/2로 줄여 가면서 비교한 시간 복잡도는 $O(\log_2 n)$이 된다. $O(n)$에 비해서 엄청나게 효과적인 방식이다. 예로 데이터 개수가 100,000,000(1억)이라면 $\log_2$ 1억=약 27회 정도의 비교로 데이터를 찾을 수 있다.

이진 검색 구현

이진 검색 구현은 키를 찾기 위해 계속 시작, 중앙, 끝을 반복적으로 1/2씩 줄여 가면서 계산하는 방식이다. 정렬된 가족 데이터에서 '할머니'와 키가 같은 사람을 찾는 과정을 이진 탐색으로 알아보자.

그림 13-9 이진 탐색할 정렬된 가족 데이터

1 전체의 첫 데이터를 '시작'으로 지정하고, 마지막 데이터를 '끝'으로 지정한 후 시작과 끝의 중앙인 누나를 할머니와 비교한다. 중앙(누나)은 할머니보다 작으므로 중앙(누나)을 포함한 왼쪽 사람은 더 이상 비교할 필요가 없다.

TIP • 시작이 0, 끝이 9이므로 (0+9)/2=4.5에서 소수점은 버린 4를 중앙으로 선정한다.

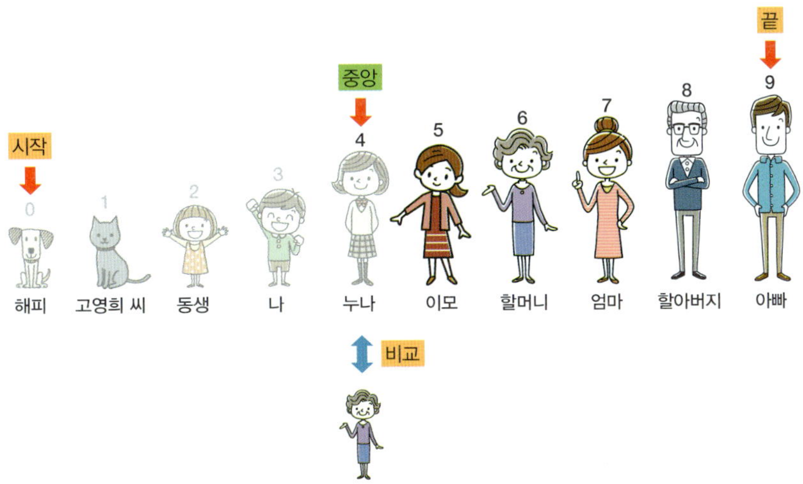

2 끝은 그대로 두고 시작을 중앙(누나)의 바로 오른쪽 이모로 옮긴다. 중앙(누나)의 오른쪽 그룹에서 다시 시작과 끝의 1/2 위치인 새 중앙(엄마)을 할머니와 비교한다. 중앙(엄마)은 할머니보다 크므로 중앙(엄마)을 포함한 오른쪽 사람은 더 이상 비교할 필요가 없다.

TIP • 시작이 5, 끝이 9이므로 (5+9)/2=7을 새 중앙으로 선정한다.

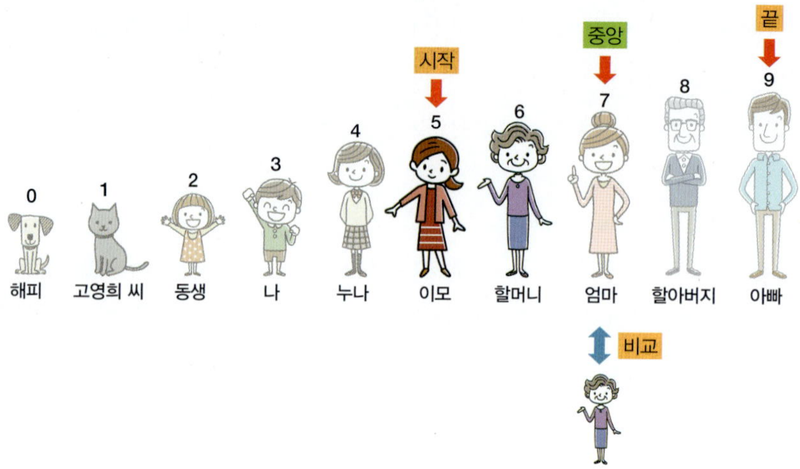

3 시작은 그대로 두고 끝을 중앙(엄마)의 바로 왼쪽인 할머니로 옮긴다. 중앙(엄마)의 왼쪽 그룹에서 다시 시작과 끝의 1/2 위치인 새 중앙(이모)을 할머니와 비교한다. 중앙(이모)은 할머니보다 작으므로 중앙(이모)을 포함한 왼쪽은 더 이상 비교할 필요가 없다.

TIP • 시작이 5, 끝이 6이므로 (5+6)/2=5.5에서 소수점을 버린 5를 중앙으로 선정한다.

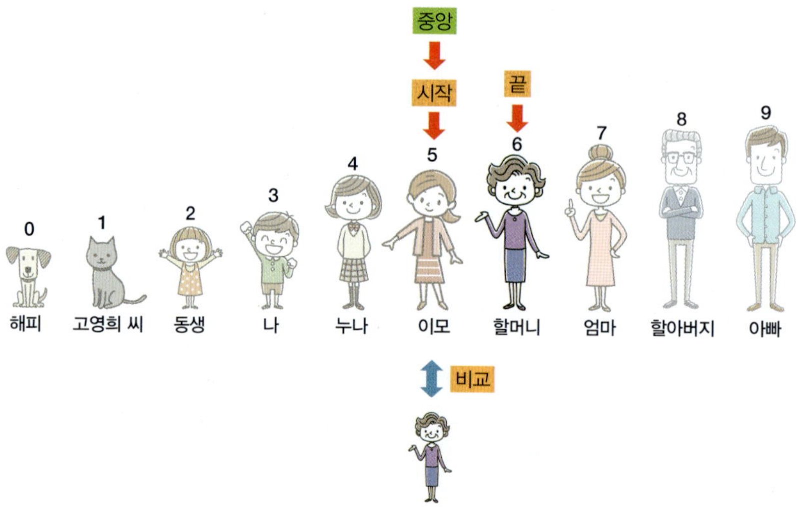

4 끝은 그대로 두고 시작을 중앙(이모)의 바로 오른쪽으로 옮긴다. 중앙(이모)의 오른쪽 그룹에서 다시 시작과 끝의 1/2 위치인 새 중앙(할머니)을 할머니와 비교한다. 할머니는 할머니와 키가 같으므로 검색에 성공했다.

TIP • 시작이 6, 끝이 6이므로 (6+6)/2=6을 중앙으로 선정한다.

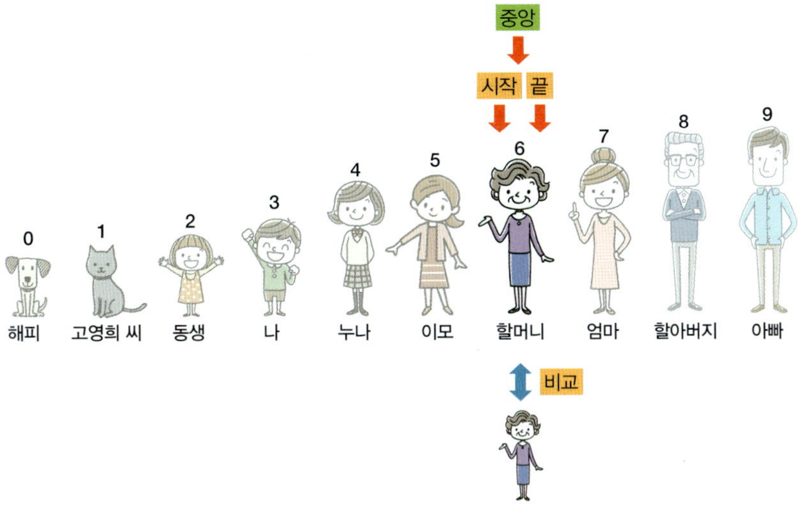

할머니가 아닌 삼촌(키가 할머니와 엄마 사이라고 가정)을 검색했다면, [그림 13-10]과 같이 작동한다. **4**에서 중앙(할머니)은 삼촌보다 작으므로 중앙(할머니)을 포함한 왼쪽은 더 이상 비교할 필요가 없다. 끝은 그대로 두고 시작을 중앙(할머니)의 바로 오른쪽 엄마로 옮긴다. 그런데 시작이 끝보다 커져서 더 이상 비교할 데이터가 없다. 삼촌은 검색에 실패했다.

그림 13-10 이진 탐색에서 실패할 경우

이처럼 이진 검색은 다음과 같이 키를 찾기 위해 계속 시작, 중앙, 끝을 반복적으로 1/2씩 줄여가면서 계산하는 방식이다. 이진 검색처럼 검색할 범위를 1/2씩 반복해서 분할하는 기법을 분할 정복(Divide and Conquer)이라고 한다.

```
시작 = 0;
끝 = 배열길이 - 1;
while (시작 <= 끝) {
  중앙 = (시작+끝) / 2;
  if (찾는값 == 중앙값)
     검색 성공. 중앙 위치 반환;
  else if (찾는값> 중앙값)
     시작 = 중앙 + 1;
  else
     끝 = 중앙 - 1;
}

while 문에서 중앙 위치를 반환하지 못하고, 여기까지 오면 검색 실패;
```

완전한 코드로 구현해 보자. 이 코드에서 23행의 findData를 삼촌의 키(165)로 넣고 실행하면, 값이 없다고 결과가 나올 것이다.

Code13-03.cpp 정렬된 데이터의 이진 검색

```
1  #include "..\CookHeader.h"
2
3  Array <int> dataAry = { 50, 60, 105, 120, 150, 160, 162, 168, 177, 188 };
4
5  int binSearch(Array <int> ary, int fData) {
6      int pos = -1;
7      int start = 0;
8      int end = len(ary) - 1;
9
10     while (start <= end) {
11         int mid = (start + end) / 2;
12         if (fData == ary[mid])
13             return mid;
14         else if (fData > ary[mid])
15             start = mid + 1;
16         else
17             end = mid - 1;
18     }
19     return pos;
20 }
21
```

```
22 int main() {
23     int findData = 162;
24 
25     print("배열-->");
26     printlnArray(dataAry);
27     int position = binSearch(dataAry, findData);
28     if (position == -1) {
29         println(to_string(findData) + "이(가) 없네요.");
30     }
31     else {
32         println(to_string(findData) + "은(는) " + to_string(position) + " 위치에 있음");
33     }
34 }
```

실행 결과

```
배열--> [ 50 60 105 120 150 160 162 168 177 188 ]
162은(는) 6 위치에 있음
```

3행 [그림 13-9]의 1단계 차례대로 해피, 고영희 씨, 동생, 나, 누나, 이모, 할머니, 엄마, 할아버지, 아빠 순서로 정렬된 값을 배열에 준비했다.

5~20행 매개변수로 받은 ary 배열에서 fData를 찾는 이진 검색 함수로, 찾은 위치를 반환한다. 6행에서 찾은 위치(pos)를 일단 −1로 설정한다. 13행을 실행해서 중앙값을 반환하지 못하면, fData를 찾지 못한 경우다. 19행에서 pos 값인 −1 위치를 그대로 반환한다. 7~8행에서 시작과 끝 위치를 선정한다. 처음에는 배열 전체를 포함한다. [그림 13-8]의 1단계에 해당한다.

10~18행 시작이 끝보다 커질 때까지 계속 반복한다. while 문을 빠져나온다는 것은 [그림 13-10]의 이진 탐색에서 실패할 경우에 해당한다. 11행에서 배열의 중앙 위치를 계산한다. 12~13행에서 배열의 중앙 위치가 찾는 값(fData)이면 검색에 성공한 것이다. 중앙 위치를 반환하고 함수를 마친다. 14~15행에서 찾는 값이 중앙 위치보다 크다면, 찾는 값이 배열의 오른쪽에 존재하는 것이다. 시작점을 중앙 위치+1로 변경한다. [그림 13-8]의 2단계와 4단계에 해당한다. 16~17행은 그 외(=찾는 값이 중앙 위치보다 작다면) 배열의 왼쪽에 찾는 값이 존재하는 것이다. 끝점을 중앙 위치−1로 변경한다. [그림 13-8]의 1단계와 3단계에 해당한다.

19행 while 문에서 위치를 반환하지 못했다면, 배열에서 값을 찾지 못한 것이다. pos의 값(−1)을 반환한다. [그림 13-10]의 이진 탐색에서 실패할 경우에 해당한다.

23행 찾는 값은 할머니 키인 162를 대입한다.

28~33행 찾은 결과가 −1이라면 배열에 찾을 값이 없는 것이다. 그렇지 않으면 찾는 값과 찾은 위치를 출력한다.

SELF STUDY 13-2

Code13-03.cpp를 수정해서 랜덤하게 0과 100000 사이의 숫자 100000개를 생성한 후 0과 100000 사이의 숫자 하나를 랜덤하게 뽑아서 찾도록 코드를 작성하자. 또 몇 번 반복해서 검색에 성공하거나 실패했는지도 확인하자.

실행 결과

```
배열 일부--> [ 1 1 4 6 7 ] ... [ 99992 99993 99996 99996 99998 ]
3032은(는) 2989 위치에 있음
## 13회 검색함

배열 일부--> [ 1 2 2 2 2 ] ... [ 99995 99995 99998 99998 99998 ]
83896이(가) 없네요.
## 17회 검색함
```

SECTION 03

이진 검색 알고리즘의 응용

색인 또는 인덱스(Index)는 순서가 없는 데이터에서 특정 열(Column)만 추출하여 순서대로 정렬한 것이다. 색인은 원래 데이터 위치도 함께 관리해야 한다. [그림 13-11]을 보자.

도서명 색인표

정렬됨

도서명	위치
대지	1층 15번째
데미안	2층 5번째
돈키호테	2층 22번째
동물농장	3층 2번째
부활	1층 10번째
신곡	2층 11번째
어린왕자	1층 20번째

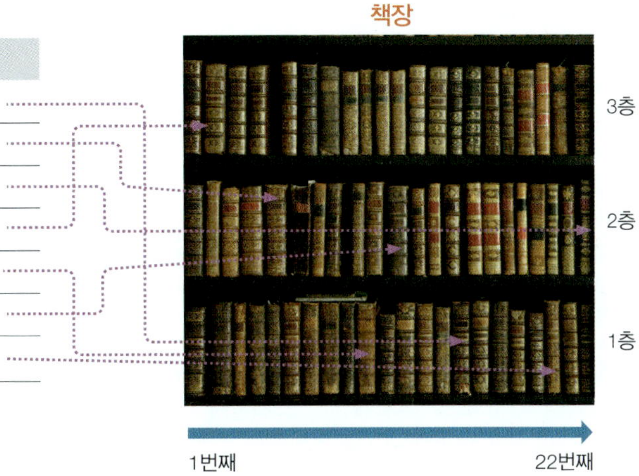

그림 13-11 책장과 도서명 색인표

[그림 13-11]에서 오른쪽 책장은 3층으로 되어 있고, 책들이 순서 없이 꽂혀 있다. 여기에서 책을 찾으려면 1층 1번째부터 3층 22번째까지 순차 검색을 해야 한다. 그렇다고 책장의 책을 가나다 순서로 정렬하기에는 너무 힘들고 시간이 걸릴 것 같다. 그래서 왼쪽의 [도서명 색인표]를 만들기로 했다. 책 제목만 적어 가나다 순서로 정렬한 후 책 제목 옆 실제로 책이 꽂혀 있는 위치를 기록해 놓았다. 이제는 책 제목을 [도서명 색인표]에서 찾은 후 해당 위치의 책을 꺼내기만 하면 된다. 즉, 빠른 검색이 된다. 예를 들어 '부활'이라는 책을 찾고 싶다면 [도서명 색인표]에서 부활을 찾는다. 가나다 순서로 되어 있기 때문에 빠르게 찾을 수 있다. 그리고 그 옆의 '1층 10번째'를 보고 실제 책장의 1층 10번째에 꽂힌 책을 뽑으면 된다. 이런 방식은 물리적으로 책장의 책을 가나다 순서대로 하는 것보다 효율적이다.

책장의 책이 도서명으로 정렬되어 있는데, 이번에는 작가명으로 찾는다고 하자. 역시 순서가 없는 것과 마찬가지이므로 책장 전체를 순차 검색해야 할 것이다. 이와 달리 색인표는 얼마든지 추가할 수 있다. [그림 13-12]와 같이 [작가명 색인표]만 추가하면 작가명으로 빠르게 책을 찾을 수 있다.

색인표를 만든 후 도서명 또는 작가명으로 이진 검색하면 아주 빠른 검색이 가능하다. 여기에서는 색인표를 만들어 이진 검색을 해 보자. 먼저 도서명과 작가가 있는 책장에서 도서명으로 색인을 만들어 보자. 책장은 [그림 13-13]과 같이 순서 없이 되어 있다고 가정한다.

작가명 색인표

정렬됨

작가명	위치
단테	2층 11번째
세르반테스	2층 22번째
쌩떽쥐베리	1층 20번째
조지오웰	3층 2번째
톨스토이	1층 10번째
펄벅	1층 15번째
헤르만헤세	2층 5번째

그림 13-12 작가명 색인표

순번(책 위치)	도서명	작가명
0	어린왕자	쌩떽쥐베리
1	이방인	까뮈
2	부활	톨스토이
3	신곡	단테
4	돈키호테	세르반테스
5	동물농장	조지오웰
6	데미안	헤르만헤세
7	파우스트	괴테
8	대지	펄벅

그림 13-13 색인을 만들 책장 예

1 책장 배열을 정의한다.

```
책장배열 = {{"어린왕자", "쌩떽쥐베리"}, {"이방인", "까뮈"}, {"부활", "톨스토이"},
          {"신곡", "단테"}, {"돈키호테", "세르반테스"}, {"동물농장", "조지오웰"},
          {"데미안", "헤르만헤세"}, {"파우스트", "괴테"}, {"대지", "펄벅"}};
```

2 도서명만 추출하고, 도서명 열에 책의 순번(=책장 위치)을 기록한다. '색인표 배열'은 아직 정렬 전이다.

```
색인표_배열 = {} ;
순번 = 0
for (i=0; i<전체책; i++) {
  책한권= 책장[i];
  색인표_배열.push_back( {책한권[도서명], 순번} );
  순번 ++;
}
```

도서명	순번
어린왕자	0
이방인	1
부활	2
신곡	3
돈키호테	4
동물농장	5
데미안	6
파우스트	7
대지	8

그림 13-14 정렬 전 색인표

3 도서명을 기준으로 색인표 배열을 정렬한다. C++의 정렬 기능을 사용해서 0번째 열인 도서명 열

을 기준으로 정렬하면 된다.

TIP • 이 장은 '검색'에 초점을 맞추고자 정렬은 12장에서 배운 코드가 아닌 C++의 정렬 기능을 사용해 간략하게 작성한다.

```
sortArray(정렬_색인표);
```

도서명	순번
대지	8
데미안	6
돈키호테	4
동물농장	5
부활	2
신곡	3
어린왕자	0
이방인	1
파우스트	7

그림 13-15 정렬 후 색인표

4 같은 방식으로 **2**~**3**의 과정을 거쳐 [작가명 색인표]를 만든다.

도서관 책 찾기의 완전한 코드를 완성해 보자. 색인표를 검색하는 함수는 앞서 배운 이진 검색 함수를 사용해서 코드를 구현한다. 52행 또는 61행에서 없는 도서명이나 작가명을 입력하면 해당 도서나 작가가 없다고 출력될 것이다.

Code13-04.cpp 정렬된 데이터의 이진 검색

```
1  #include "..\CookHeader.h"
2  
3  Array <Array <string>> bookAry = { {"어린왕자", "쌩떽쥐베리"}, {"이방인", "까뮈"},
4       {"부활", "톨스토이"}, {"신곡", "단테"}, {"돈키호테", "세르반테스"},
5       {"동물농장", "조지오웰"}, {"데미안", "헤르만헤세"}, {"파우스트", "괴테"}, {"대지", "펄벅"} };
6  Array <Array <string>> nameIndex, authIndex;
7  
8  Array <Array <string>> makeIndex(Array <Array <string>> ary, int pos) {
9       Array <Array <string>> sortedAry;
10      int index = 0;
11      for (int i = 0; i < len(ary); i++) {
12          Array <string> data = ary[i];
13          sortedAry.push_back({ data[pos] , to_string(index) });
14          index++;
15      }
16      sortArray(sortedAry);     // 앞 데이터로 정렬
17      return sortedAry;
18 }
```

```
int bookSearch(Array <Array <string>> ary, string fData) {
    int pos = -1;
    int start = 0;
    int end = len(ary) - 1;

    while (start <= end) {
        int mid = (start + end) / 2;
        if (fData == ary[mid][0])
            return stoi(ary[mid][1]);
        else if (fData > ary[mid][0])
            start = mid + 1;
        else
            end = mid - 1;
    }
    return pos;
}

int main() {
    print("# 책장의 도서 ==>");
    printlnArray2(bookAry);
    println("");

    nameIndex = makeIndex(bookAry, 0);
    print("# 도서명 색인표 ==>");
    printlnArray2(nameIndex);
    println("");

    authIndex = makeIndex(bookAry, 1);
    print("# 작가명 색인표 ==>");
    printlnArray2(authIndex);
    println("");

    string findName = "신곡";
    int findPos = bookSearch(nameIndex, findName);
    if (findPos != -1) {
        println(findName + "의 작가는 " + bookAry[findPos][1] + "입니다.");
    }
    else {
        println(findName + " 책은 없습니다.");
    }

    findName = "괴테";
    findPos = bookSearch(authIndex, findName);
    if (findPos != -1) {
```

```
64            println(findName + "의 도서는 " + bookAry[findPos][0] + "입니다.");
65        }
66        else {
67            println(findName + " 작가는 없습니다.");
68        }
69 }
```

실행 결과

```
# 책장의 도서 ==> [ {어린왕자 쌩떽쥐베리} {이방인 까뮈} {부활 톨스토이} {신곡 단테} {돈키호테 세르반테스} {동물농장 조지오웰} {데미안 헤르만헤세} {파우스트 괴테} {대지 펄벅} ]

# 도서명 색인표 ==> [ {대지 8} {데미안 6} {돈키호테 4} {동물농장 5} {부활 2} {신곡 3} {어린왕자 0} {이방인 1} {파우스트 7} ]

# 작가명 색인표 ==> [ {괴테 7} {까뮈 1} {단테 3} {세르반테스 4} {쌩떽쥐베리 0} {조지오웰 5} {톨스토이 2} {펄벅 8} {헤르만헤세 6} ]

신곡의 작가는 단테입니다.
괴테의 도서는 파우스트입니다.
```

3~5행 책장 배열에 초기 데이터를 넣었다. 순서 없이 책이 꽂힌 책장으로 보면 된다.

6행 비어 있는 도서명 색인표와 작가명 색인표를 준비한다.

8~18행 색인표를 만들어서 반환한다. 매개변수 ary는 열을 여러 개 가질 수 있고, pos는 색인표를 만들 열의 번호다. 예로 pos가 1이면 1번째 열로 색인표를 만든다.

9~15행 [그림 13-14]와 같이 아직은 순서대로 정렬되지 않은 색인표를 만든다. 색인표는 각 행을 배열 {도서명 또는 작가명, 원본 배열의 위치}로 만든다.

16행 [그림 13-15]와 같이 정렬된 색인표를 만든다. 2차원 배열의 앞쪽 값을 기준으로 정렬된다. 즉, 도서명 또는 작가명 열로 정렬된다. sortArray()는 CookHeader.h에 정의되어 있다.

20~35행 앞서 배운 이진 검색 함수를 사용해서 책 또는 작가를 찾는다. 27~28행에서 찾을 데이터와 도서명 또는 작가명과 비교한 후 도서명 또는 작가명이 저장된 원본 배열 위치를 반환한다. 예로 ary[mid]는 배열 {"신곡", "3"}의 형태이므로, 찾는 값(fData)이 "신곡"이라면 27행이 true가 되어 원본 배열 위치인 "3"을 숫자 3으로 변환한 후 반환한다.

38~50행 38~40행에서 책장 모습을 출력하고 42~50행에서 도서명 색인표와 작가명 색인표를 생성하고 출력한다.

52~59행 도서명으로 검색해서 책장 배열의 위치를 찾는다. 55행에서는 책장 배열에서 도서명에 해당하는 작가 이름을 출력한다.

61~68행 앞과 반대로 작가명으로 검색한다.

연습문제

1 다음 중 검색 종류가 아닌 것은?

① 순차 검색　　② 이진 검색　　③ 트리 검색　　④ 스택 검색

2 정렬되지 않은 집합을 검색하는 방식은?

① 순차 검색　　② 이진 검색　　③ 트리 검색　　④ 스택 검색

3 검색에 실패할 경우 일반적으로 반환하는 값은?

① −2　　② −1　　③ 0　　④ 1

4 정렬된 집합을 순차 검색할 때의 장점으로 옳은 것은?

① 데이터를 끝까지 검색해야 한다.

② 중간에 검색에 실패하는 경우에는 더 이상 검색하지 않아도 된다.

③ 정렬되지 않은 집합을 검색하는 것과 효율성에 차이가 없다.

④ 이진 검색에 비해서 빠른 결과를 낼 수 있다.

5 정렬된 데이터를 순차 검색하는 함수다. ❶~❸에 적합한 코드를 다음 중 고르시오.

i<sz-1	i<sz	i<sz+1	i<sz+2
ary[i] != fData	ary[i] > fData	ary[i] < fData	ary[i] == fData
return ary	return i	return pos	return size

```
int seqSearch(Array <int> ary, int fData) {
   int pos = -1;
   int sz= len(ary);
   for (int i = 0; [    ❶    ] ; i++) {
     if (ary[i] == fData) {
          pos = i;
          break;
     }
     else if ( [    ❷    ] ) {
             break;
     }
   }
   println("");
   [    ❸    ];
}
```

6 순차 검색의 성능에 대한 빅-오 표기법은?

① $O(n)$

② $O(2n)$

③ $O(n^2)$

④ $O(n \log n)$

7 이진 검색의 설명 중 거리가 먼 것은?

① 데이터가 반드시 정렬되어 있어야 사용할 수 있다.

② 순차 검색에 비해서 엄청난 성능으로 데이터를 검색할 수 있다.

③ 데이터 수가 1/2씩 급격히 줄어드는 효과를 준다.

④ 시간 복잡도는 $O(n)$이다.

8 정렬된 데이터를 이진 검색하는 함수의 ❶~❷에 적합한 코드를 다음 중 고르시오.

(start+end)*2	(start+end)/2	(start+end)+2	(start+end)-2
return mid	return fData	return ary	return pos

```
int binSearch(Array <int> ary, int fData) {
    int pos = -1;
    int start = 0;
    int end = len(ary) - 1;

    while (start <= end) {
        int mid = [      ❶      ];
        if (fData == ary[mid])
            [      ❷      ];
        else if (fData> ary[mid])
            start = mid + 1;
        else
            end = mid - 1;
    }
    return pos;
}
```

응용예제 01

편의점에서 판매된 물건 목록과 개수 세기

난이도★★☆

예제 설명 편의점에서는 매일 다양한 물건들이 판매된다. 하루에 판매되는 물건은 당연히 중복되어 여러 개가 판매된다. 마감 시간에 오늘 판매된 물건의 종류와 개수를 살펴볼 때 중복된 것은 하나만 남기도록 한다. 정렬과 이진 검색을 활용해서 처리한다.

실행 결과

```
Microsoft Visual Studio 디버그 콘솔
#오늘 판매된 전체 물건(중복O, 정렬X) --> [ 레쓰비캔커피 레쓰비캔커피 도시락 삼다수 츄파춥스 코카콜라 코카콜라 도시락 츄파춥스 도시락 코카콜라 츄파춥스 츄파춥스 레쓰비캔커피 바나나맛우유 레쓰비캔커피 삼각김밥 레쓰비캔커피 코카콜라 바나나맛우유 ]

#오늘 판매된 전체 물건(중복O, 정렬O) --> [ 도시락 도시락 도시락 레쓰비캔커피 레쓰비캔커피 레쓰비캔커피 레쓰비캔커피 레쓰비캔커피 바나나맛우유 바나나맛우유 삼각김밥 삼다수 츄파춥스 츄파춥스 츄파춥스 츄파춥스 코카콜라 코카콜라 코카콜라 코카콜라 ]

#오늘 판매된 전체 물품 종류(중복X) --> [ 도시락 레쓰비캔커피 바나나맛우유 삼각김밥 삼다수 츄파춥스 코카콜라 ]

결산 결과 ==> [ { 도시락 3 } { 레쓰비캔커피 5 } { 바나나맛우유 2 } { 삼각김밥 1 } { 삼다수 1 } { 츄파춥스 4 } { 코카콜라 4 } ]
```

코드

```
#include "..\CookHeader.h"

Array <string> dataAry = { "바나나맛우유", "레쓰비캔커피", "츄파춥스", "도시락",
        "삼다수", "코카콜라", "삼각김밥" };

int binSearch(Array <string> ary, string fData) {
    int pos = -1;
    int start = 0;
    int end = len(ary) - 1;

    while (start <= end) {
        int mid = (start + end) / 2;
        if (fData == ary[mid])
            return mid;
```

```
        else if (fData > ary[mid])
            start = mid + 1;
        else
            end = end - 1;
    }
    return pos;
}

int main() {
    Array <string> sellAry;             // 랜덤하게 판매된 제품 배열
    Array <string> sellProduct;         // 중복이 제거된 제품 배열

    randomInit(0, len(dataAry)-1);      // dataAry의 인덱스 번호로 초기화
    for (int i = 0; i < 20; i++) {
        int num = cookRandom(gen);      // dataAry 중에서 하나 추출
        sellAry.push_back(dataAry[num]);
    }
    print("#오늘 판매된 전체 물건(중복O, 정렬X) -->");
    printlnArray(sellAry);
    println("");
    sortArray(sellAry);                 // 정렬
    print("#오늘 판매된 전체 물건(중복O, 정렬O) -->");
    printlnArray(sellAry);
    println("");
    copyArray(sellAry, sellProduct);    // 복사
    setArray(sellProduct);              // 중복 제거
    print("#오늘 판매된 전체 물품 종류(중복X) -->");
    printlnArray(sellProduct);
    println("");

    Array <Array <string>> countAry;    // { {물품1, 갯수}, {물품2, 갯수} .... }
    for (int i = 0; i < len(sellProduct); i++) {
        string product = sellProduct[i];
        int count = 0;
        int pos = 0;
        while (pos != -1) {
            pos = binSearch(sellAry, product);
            if (pos != -1) {
                count++;
                del(sellAry, pos);
            }
        }
        countAry.push_back({ product, to_string(count) });
    }

```

```
59      print("결산 결과 ==>");
60      printlnArray2(countAry);
61 }
```

코드 설명

3행	일곱 종류 물품을 준비한다.
5~20행	이진 검색 함수다. 앞에서 배운 것과 동일하다.
26~30행	랜덤하게 20개 판매하고 sellAry에 저장한다. randomInit( )는 CookHeader.h에 정의되어 있다.
34행	판매된 물품 20개를 정렬한다. sortArray( )는 CookHeader.h에 정의되어 있다.
39행	물품 중복을 제거하고 1개씩만 남긴다. setArray(배열)은 배열에서 중복된 값을 제거하고 하나만 남긴다. 결국 sellProduct는 물품 종류가 하나씩만 남는다. setArray( )는 CookHeader.h에 정의되어 있다.
44행	{ {물품1, 개수}, {물품2, 개수}, …} 형태로 만들 빈 2차원 배열을 준비한다.
45~57행	판매된 물품 종류별로 개수를 센다. 47행에서 개수를 초기화하고 48행에서 찾은 위치도 0으로 초기화한다.
49~56행	물품을 찾은 위치가 −1이 아닌 동안(=찾는 물품이 없을 때까지) 반복한다. 50행에서 물품 위치를 찾고, 51행에서 찾은 경우(=−1이 아닌 경우) 52~53행에서 개수를 증가시키고, 물품을 sellAry에서 제거한다. 해당 물품(product)이 sellAry에 더 이상 없다면 찾지 못하므로 −1이 반환되고, while 문이 종료된다. 56행에서 물품과 판매 수량을 배열로 만들어서 countAry에 추가한다.
59~60행	총 결산 결과를 출력한다

응용예제 02 순차 검색과 이진 검색의 성능 비교하기

난이도★★☆

예제 설명 데이터 100만 개를 랜덤하게 생성해서 정렬되지 않은 배열과 정렬된 배열을 각각 준비한다. 정렬 여부만 다르지 두 배열에는 동일한 값이 들어 있다. 정렬되지 않은 배열에는 순차 검색으로 몇 번 만에 데이터를 찾는지, 정렬된 배열에서는 이진 검색으로 몇 번 만에 데이터를 찾는지 비교한다.

실행 결과

```
Microsoft Visual Studio 디버그 콘솔
#비정렬 배열(100만개) --> [ 125018 87755 404326 751562 91160 ]~~~ [ 275243 225336 832886 916647 762095 ]
#정렬 배열(100만개) --> [ 0 1 1 4 4 ]~~~ [ 999995 999997 999998 999998 999998 ]

순차 검색(비정렬 데이터) -->224057회
이진 검색(정렬 데이터) -->18회
```

코드

```
#include "..\CookHeader.h"

Array <int> dataAry, sortedAry;
int searchCount = 0;

int seqSearch(Array <int> ary, int fData) {
    int pos = -1;
    for (int i = 0; i < len(ary); i++) {
        searchCount++;
        if (ary[i] == fData) {
            pos = i;
            break;
        }
    }
    return pos;
}

int binSearch(Array <int> ary, int fData) {
    int pos = -1;
    int start = 0;
    int end = len(ary) - 1;

    while (start <= end) {
        searchCount++;
        int mid = (start + end) / 2;
        if (fData == ary[mid])
            return mid;
        else if (fData > ary[mid])
            start = mid + 1;
        else
            end = mid - 1;
    }
    return pos;
}

int main() {
    int findData = 7878;

    randomInit(0, 999999);                   // 0~999999
    for (int r = 0; r < 1000000; r++) {
        int num = cookRandom(gen);
        dataAry.push_back(num);
    }

    int rndPos = cookRandom(gen);            // 임의의 위치
    insertArray(dataAry, rndPos, findData); // 7878을 임의의 위치에 끼워 넣기
```

```
47      copyArray(dataAry, sortedAry);       // 복사
48      sortArray(sortedAry);                // 정렬
49
50      // 일부만 출력
51      Array <int> frontAry = { dataAry.begin(), dataAry.begin() + 5 };
52      Array <int> rearAry = { dataAry.end() - 5, dataAry.end() };
53      print("# 비정렬 배열(100만 개) -->");
54      printArray_(frontAry);     print("~~~");     printArray(rearAry);
55      frontAry = { sortedAry.begin(), sortedAry.begin() + 5 };
56      rearAry = { sortedAry.end() - 5, sortedAry.end() };
57      print("# 정렬 배열(100만 개) -->");
58      printArray_(frontAry);     print("~~~");     printArray(rearAry);
59      println("");
60
61      int pos;
62      searchCount = 0;
63      pos = seqSearch(dataAry, findData);
64      if (pos != -1)
65          println("순차 검색(비정렬 데이터) -->" + to_string(searchCount) + "회");
66
67      searchCount = 0;
68      pos = binSearch(sortedAry, findData);
69      if (pos != -1)
70          println("이진 검색(정렬 데이터) -->" + to_string(searchCount) + "회");
71  }
```

코드 설명

3행	정렬되지 않은 배열과 정렬된 배열을 준비한다.
4행	몇 번 반복하는지 세는 변수를 준비한다.
6~16행	순차 검색을 하는 함수다. 앞에서 배운 함수와 동일한 형태다. 몇 회를 반복하는지 확인하려고 9행에서 센다.
18~34행	이진 검색을 하는 함수다. 앞에서 배운 함수와 동일한 형태다. 역시 24행으로 몇 회 반복했는지 센다.
37행	찾을 데이터를 7878로 지정한다.
39~43행	데이터 100만 개를 랜덤하게 생성한다. 데이터 범위는 0부터 999999까지다. randomInit( )는 CookHeader.h에 정의되어 있다.
45~46행	찾을 데이터를 100만 개 중 임의의 위치에 끼워 넣는다. insertArray( )는 CookHeader.h에 정의되어 있다.
47~48행	정렬되지 않은 dataAry를 sortedAry에 복사한 후, sortedAry는 정렬한다. copyArray( )와 sortArray( )는 CookHeader.h에 정의되어 있다.
51~59행	정렬되지 않은 배열과 정렬된 배열을 각각 앞뒤 5개씩 출력한다. printArray_( )는 배열을 출력하고 행이 넘어가지 않는다. printArray_( ) 및 printArray( )는 CookHeader.h에 정의되어 있다.
61~65행	정렬되지 않은 배열로 순차 검색을 진행한다. 검색에 성공하면(=반환 위치가 -1이 아니면) 몇 번 만에 검색에 성공했는지 횟수를 출력한다.
67~70행	정렬된 배열로 이진 검색을 진행한다. 검색에 성공하면(=반환 위치가 -1이 아니면) 몇 번 만에 검색에 성공했는지 횟수를 출력한다.

14

CHAPTER

동적 계획법

학습목표

- 복잡한 문제 풀이를 위한 알고리즘을 이해한다.
- 브루트 포스 검색과 탐욕 알고리즘에 대해 살펴본다.
- 동적 계획법을 이해하고 코드를 구현한다.
- 동적 계획법을 응용한 프로그램을 작성한다.

SECTION 00

생활 속 자료구조와 알고리즘

나폴레옹은 1805년 아우스터리츠 전투에서 자신의 군대보다 큰 군대를 상대하게 되었다. 상대편과 바로 상대할 경우 전투에서 질 것이므로 나폴레옹은 중앙을 공격해서 상대편을 1/2로 분할시켰다. 그리고 각각 분할된 상대편을 차례로 공격해서 전투를 승리로 이끌었다.

나폴레옹이 사용한 적을 작게 분할해서 공격하는 방식을 활용한 것이 '분할 정복 알고리즘'이다. 이 장에서 배울 동적 계획법도 분할 정복 알고리즘처럼 큰 문제를 작게 쪼갠 후에 해결하는 방식을 사용한다.

SECTION 01

동적 계획법의 개념

동적 계획법은 불필요한 연산을 줄이고, 최적의 답안을 구하는 알고리즘이다. 배낭 문제로 브루트 포스 검색과 탐욕 알고리즘을 보완해 주는 동적 계획법의 등장 배경을 이해해 보자.

1 배낭 문제

배낭 문제(Knapsack Problem)는 무게와 가격이 다른 여러 물건 중에서, 가장 효율적으로 배낭을 채우기 위한 문제다. 다음과 같은 상황을 가정해 보자. 보물 탐험가 철수는 10년 동안 세계 곳곳을 찾아 헤맨 끝에 드디어 전설의 보물섬을 발견했다. 섬에는 기존에는 볼 수 없던 엄청나게 크고 진귀한 보석들이 사방에 널려 있다. 철수는 배낭에 가장 효율적으로 보석을 채워서 섬을 빠져나오려고 한다. 배낭에 넣을 수 있는 무게는 한정되어 있고, 엄청나게 큰 보석 4개가 있으며, 각각의 무게와 가격이 서로 다르다고 가정하자. 그리고 철수 가방에는 최대 7kg의 짐만 넣을 수 있다. 철수는 어떻게 가방을 채워야 가장 큰 이익으로 보물섬을 빠져나갈 것인지 고민이 생겼다.

그림 14-1 보물과 배낭

2 브루트 포스 검색

브루트 포스 검색(Brute Force Search)은 모든 경우의 수를 나열한 후 그중에서 최선의 해결책을 찾는 방법이다. Brute는 '짐승', force는 '힘'을 의미하므로, 짐승처럼 무식한 힘으로 전체 경우의 수를 검색한다는 것이다. 이 방법의 장점은 가장 좋은 결과를 확실히 추출할 수 있다는 것이다.

앞의 배낭 문제를 브루트 포스 검색으로 해결해 보자. [그림 14-1]의 보물섬에 있는 다음 보석 4개를 조합하여 배낭에 담을 수 있는 경우의 수는 [그림 14-2]와 같다.

보석 종류	무게	가격
금괴	6kg	13억
수정	4kg	8억
루비	3kg	6억
진주	5kg	12억

❶ **아무것도 넣지 않는 경우** : 무게 문제는 없으나 탐험가가 아무 보석도 없이 보물섬을 빠져나갈 리는 없다.

❷ **보석을 하나씩만 넣는 경우** : 모두 최대 무게를 넘지 않지만 금괴를 넣었을 때 가장 가격이 높다.

❸ **보석을 2개씩 넣는 경우** : 수정+루비 조합만 제외하고 모두 최대 무게를 넘는다. 수정+루비 2개의 최대 가격은 14억으로 금괴 하나만 넣을 때보다 가격이 높다.

❹ 보석을 3개씩 넣는 경우 : 모두 최대 무게가 넘는다.

❺ 보석 4개를 모두 넣는 경우 : 최대 무게를 넘는다.

그림 14-2 브루트 포스 검색을 이용한 배낭 문제 해결

[그림 14-2]를 살펴보면 배낭에 보석을 담을 수 있는 최선의 방법은 수정과 루비를 넣은 14억 원임을 알 수 있다. 그런데 브루트 포스 검색은 데이터 개수가 많아지면 계산할 수도 많아진다는 문제가 있다. 계산할 데이터 개수가 n이면 연산은 2^n번 계산된다.

이 예에서는 보석 개수가 4이므로 $2^4 = 16$가지 경우의 수가 나오지만, 보석 종류가 20가지만 되더라도 2^{20} = 약 100만 가지 경우의 수가 나온다. 데이터 개수가 40개라면 2^{40} = 약 1조 가지 경우의 수가 발생되어 현실적으로 계산하기가 어렵다.

3 탐욕 알고리즘

탐욕 알고리즘(Greedy Algorithm)은 이름 그대로 가장 탐욕적으로 문제를 해결해 간다는 의미다. 즉, 가장 큰 이익의 데이터를 맨 먼저 선택하고, 그다음 이익이 큰 데이터를 취하는 방식으로 데이터를 선택한다. 탐욕 알고리즘을 사용하면 가장 효과적인 결과를 얻는 경우도 있지만, 그렇지 않은 경우도 있다. 이번에는 앞의 배낭 문제를 탐욕 알고리즘으로 해결해 보자. 보석 4개의 조건은 496쪽 표와 같다.

❶ 가장 가격이 높은 금괴를 배낭에 넣어 본다. 배낭의 용량이 7kg이므로 가장 비싼 금괴(6kg)를 담을 수 있다.

❷~❹ 다음으로 가격이 높은 진주 → 수정 → 루비 순으로 배낭에 넣어 보지만 모두 7kg을 넘게 되므로 담을 수 없다.

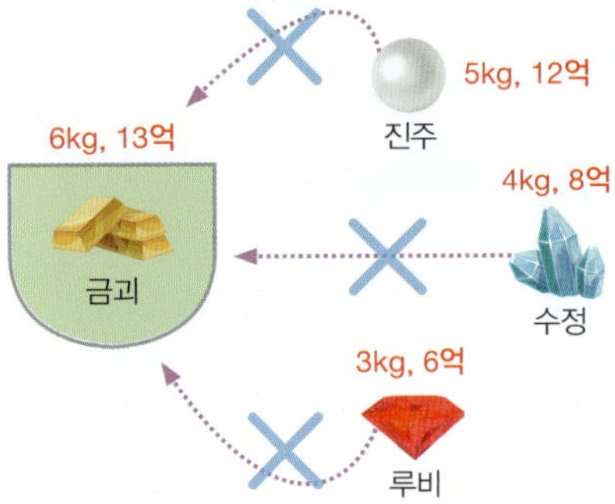

❺ 더 이상 시도해 볼 필요가 없으므로 금괴 하나를 넣는 ❶을 가장 효율적인 배낭 꾸리기로 결정짓는다.

그림 14-3 탐욕 알고리즘을 이용한 배낭 문제 해결

탐욕 알고리즘으로 처리된 결과는 배낭에 금괴 1개를 담는 것이다. 즉, 13억 원의 이익을 얻었다. 하지만 브루트 포스 검색에서는 수정과 루비를 넣은 14억 원의 가격이 더 최선의 이익이었다. 결과에서 알 수 있듯이 탐욕 알고리즘은 항상 최선의 결과를 얻지 못할 수도 있다.

4 브루트 포스 검색과 탐욕 알고리즘의 비교

브루트 포스 검색은 모든 경우의 수를 다 확인해 봄으로써 최선의 결과를 확실히 도출할 수 있다. 탐욕 알고리즘도 경우에 따라서는 브루트 포스 검색처럼 최선의 결과를 얻을 수도 있지만, 이번과 같은 보석을 담는 배낭 문제에서는 최선의 결과를 얻지 못했다. 하지만 탐욕 알고리즘은 적은 연산 횟수로 결과를 얻을 수 있는 장점이 있다. 최선의 결과를 얻지 못할 수도 있지만, 적정한 이익을 얻는데 나쁘지 않은 결과를 냈다.

[그림 14-4]와 같이 보석 종류가 40개인 상황을 가정해 보자. 보물 탐험가는 기본 보석 4개 외에 36개를 추가로 발견했다. 단 추가로 발견한 보석 36개는 기존 보석 4개보다 가격이 낮고 무게는 모두 2kg이라고 가정한다.

그림 14-4 배낭 문제(보석 종류가 40개인 경우)

브루트 포스 검색으로 해결하려면 보석이 40개이므로 다음과 같이 40개로 발생되는 모든 경우의 수를 나열해야 한다.

❶ 보석을 담지 않은 경우 : 1가지

❷ 보석을 1개 담는 경우 : 40가지

❸ 보석을 2개 담는 경우 : 1560가지(=40!/(40−2)!)

❹ 보석을 3개 담는 경우 : 44460가지(=40!/(40−3)!)

❺ 보석을 4개 담는 경우 : 2024640가지(=40!/(40−4)!)

…

TIP • 여러 개(n) 중에서 일부 개(r)를 고르는 경우의 수는 순열 $_nP_r$ 로 계산할 수 있다. $_nP_r$ = n!/(n−r)!이므로, 40개 중 2개를 담는 경우는 40!/(40−2)! = 40!/38! = 40*39 = 1560으로 계산된다.

결국 전체 경우의 수는 2^{40} = 약 1조 가지 상황이 된다. 이렇게 40개를 처리하기 위해 브루트 포스 검색으로 모든 경우를 처리하는 것은 현실적으로 불가능하다.

이제 보석 40개를 탐욕 알고리즘으로 처리해 보자. 가장 비싼 보석을 담는 것을 시작으로 진행한다.

❶ 가장 비싼 보석을 우선 담음 → 금괴를 담음

❷ 2번째로 비싼 보석을 추가로 넣어 봄 → 진주를 넣어 보지만 7kg이 넘어 실패

❸ 3번째로 비싼 보석을 추가로 넣어 봄 → 수정을 넣어 보지만 7kg이 넘어 실패

❹ 4번째로 비싼 보석을 추가로 넣어 봄 → 루비를 넣어 보지만 7kg이 넘어 실패

❺ 5번째로 비싼 보석을 추가로 넣어 봄 → 보석1을 넣어 보지만 7kg이 넘어 실패

…

㊵ 40번째로 비싼 보석을 추가로 넣어 봄 → 보석N을 넣어 보지만 7kg이 넘어 실패

탐욕 알고리즘으로 처리하니 40회 연산으로 금괴를 담는 것이 가장 큰 이익이라는 결과를 얻었다. 비록 금괴 1개를 배낭에 담은 것이 수정과 루비를 넣은 것보다 좋은 결과는 아니지만 40번 연산만으로 결과를 도출했다. 브루트 포스 검색으로는 현실적으로 처리가 불가능한 것을 탐욕 알고리즘으로 차선책의 결과를 도출했다고 볼 수 있다.

SECTION 02

동적 계획법의 원리와 구현

1 동적 계획법 원리

앞서 브루트 포스 검색은 최적의 답안을 구했지만 연산이 너무 많았고, 탐욕 알고리즘은 연산 수는 적었지만 최적의 답안이 아닌 경우가 발생할 수 있었다. 이를 해결하는 것이 동적 계획법(Dynamic Programming, DP)이다. 동적 계획법은 불필요한 연산을 줄이고, 최적의 답안을 구하는 알고리즘이다. 동적 계획법은 적은 연산과 최적의 해답 도출 두 가지를 모두 만족하는 좋은 알고리즘이다. 동적 계획법의 방식은 큰 문제를 작은 문제로 단순화한 후 재귀적인 호출을 활용하여 전체 문제를 해결한다.

동적 계획법의 주어진 문제를 하위 문제(Subproblem) 여러 개로 나누어 푼 후 그것을 결합하여 최종적인 해법을 찾는다. 즉, 앞 단계에서 간단히 문제를 계산한 후 그 해결책을 다음 단계에서 사용하여 문제를 해결해 나간다. 이런 방법을 사용하면 계산 횟수를 획기적으로 줄일 수 있다. [그림 14-4]와 같이 보석이 많을 때 브루트 포스 검색으로는 경우의 수가 너무 많아서 현실적으로 거의 불가능하다. 이 경우에 동적 계획법은 문제 해결을 위한 좋은 알고리즘으로 사용될 수 있다. 이어서 나오겠지만 동적 계획법을 실제로 구현할 때는 메모이제이션(Memoization)이라는 프로그래밍 방식을 사용함으로써 빠른 실행 결과를 얻을 수 있다.

TIP • 동적 계획법에서 동적을 의미하는 Dynamic은 가변적, 다단계적이라는 의미를 내포한다. 앞 단계로 다음 단계가 가변적으로 변한다는 의미로 생각하면 된다.

앞서 다룬 네 가지 보석을 담는 배낭 문제를 동적 계획법으로 처리해 보자. 배낭에 담을 수 있는 보석은 [표 14-1]과 같다고 가정한다.

표 14-1 배낭 문제 보석

보석 종류	무게	가격
금괴	6kg	13억
수정	4kg	8억
루비	3kg	6억
진주	5kg	12억

2차원 표 구성과 초기화

배낭 문제에서 보석은 총 4개다. 행은 배낭에 넣은 물건의 최대 개수로 0~4개, 열은 배낭에 담을 수 있는 무게로 총 7kg이므로 0~7kg로 하여 2차원 표를 만들고 초기화한다. 처음에는 0개로 시작하고, 이어서 금괴, 수정, 루비, 진주로 물건을 추가로 늘린다. 열은 물건을 넣었을 때, 배낭의 최대 무게를 표시한다. 표 안의 노란색 부분은 물건을 넣었을 때 배낭에 들어 있는 최대 가격이다. 먼저 물건 개수가 0개인 행과 배낭 무게가 0kg인 열을 모두 0원으로 초기화한다. 여기에서 기억할 점은 0행의 물건에서 '없음'도 하나의 보석으로 취급한다는 점이다. 그리고 0kg도 무게 중 하나로 동일하게 취급하자.

	물건 최대 개수 \ 배낭 무게	0kg	1kg	2kg	3kg	4kg	5kg	6kg	7kg
(0kg, 0억) 없음	0개	0원	0원	0원	0원	0원	0원	0원	0원
(6kg, 13억)	1개 (금괴)	0원							
(4kg, 8억)	2개 (수정 추가)	0원			배낭의 최대 가격				
(3kg, 6억)	3개 (루비 추가)	0원							
(5kg, 12억)	4개 (진주 추가)	0원							

그림 14-5 동적 계획법의 초기화

코드로 초기화할 때는 '없음' 보석 행을 추가하기 위해 행 개수를 (보석 숫자+1=5)로 하고, 열의 개수도 배낭 무게 0kg 열을 추가하기 위해 (최대 배낭 무게+1=8)로 한다.

```
배열 = { {0, 0, 0, 0, 0, 0, 0, 0},
         {0, 0, 0, 0, 0, 0, 0, 0},
         {0, 0, 0, 0, 0, 0, 0, 0},
         {0, 0, 0, 0, 0, 0, 0, 0},
         {0, 0, 0, 0, 0, 0, 0, 0} };
```

또는

```
배열 = emptyArray2(8, 5);
```

TIP • emptyArray2(행, 열)은 행×열 크기의 빈 2차원 정수 배열을 생성한다. CookHeader.h에 정의해 놓았다.

열의 첫 행과 첫 열을 0으로 초기화하는 것은 동적 계획법의 시작을 위한 방법이다. 제시된 문제를 가장 작은 문제로 쪼개면 배낭은 0kg, 보석은 '없음'으로 시작된다고 가정하는 것이다.

물건이 1개일 때(금괴)

이제 배낭에 금괴를 채워 나갈 차례다. 금괴는 무게가 6kg이고 가격은 13억이다. 빈 행부터 채워 간다.

1 1kg 배낭에는 금괴(6kg)를 넣을 수 없어 물건 0개를 채운 가격인 바로 위 행의 결과를 그대로 가져온다.

	물건 최대 개수 \ 배낭 무게	0kg	1kg	2kg	3kg	4kg	5kg	6kg	7kg
(0kg, 0억) 없음	0개	0원	0원	0원	0원	0원	0원	0원	0원
(6kg, 13억)	1개 (금괴)	0원	0원						
(4kg, 8억)	2개 (수정 추가)	0원							
(3kg, 6억)	3개 (루비 추가)	0원							
(5kg, 12억)	4개 (진주 추가)	0원							

코드로는 다음과 같다. 현재 보석(지금은 금괴)의 무게인 6kg보다 현재 배낭 무게인 1kg이 작으므로 금괴를 넣을 수 없다. 바로 앞의 행 가격을 그대로 사용한다.

```
if (금괴무게 > 현재배낭무게)
    배열[행][열] = 배열[행-1][열];
```

2~**5** 2~5kg 배낭에도 금괴(6kg)를 넣을 수 없어 물건 0개를 채운 가격인 바로 위 행의 결과를 그대로 가져온다.

	물건 최대 개수 \ 배낭 무게	0kg	1kg	2kg	3kg	4kg	5kg	6kg	7kg
(0kg, 0억) 없음	0개	0원	0원	0원	0원	0원	0원	0원	0원
(6kg, 13억)	1개 (금괴)	0원	0원	0원	0원	0원	0원		
(4kg, 8억)	2개 (수정 추가)	0원							
(3kg, 6억)	3개 (루비 추가)	0원							
(5kg, 12억)	4개 (진주 추가)	0원							

6 6kg 배낭에는 금괴를 담을 수 있고 여유분(현재 배낭 무게–금괴 무게)까지 넣으면 더 이익일 것이다. 여기에서 여유분은 0kg(6kg–6kg)이고 이는 앞 단계의 0kg 배낭에 해당하므로 가격이 0원이다. 결국 금괴 가격 13억에 '없음' 행의 배낭 무게 0kg의 가격인 0원을 합하면 된다. 그런 다음 6kg 배낭에 보석을 넣지 않은 경우의 0억과 비교하여 더 높은 13억을 채운다.

TIP • 앞서 언급했지만 '없음' 보석도 한 종류의 보석(행)으로 취급하고, 배낭 무게 0kg도 열의 한 종류로 취급한다.

	물건 최대 개수 \ 배낭 무게	0kg	1kg	2kg	3kg	4kg	5kg	6kg	7kg
(0kg, 0억) 없음	0개	0원	0원	0원	0원	0원	0원	0원	0원
(6kg, 13억)	1개(금괴)	0원	0원	0원	0원	0원	0원	13억	
(4kg, 8억)	2개 (수정 추가)	0원							
(3kg, 6억)	3개 (루비 추가)	0원							
(5kg, 12억)	4개 (진주 추가)	0원							

❶ 여유분 가격
❶ 금고(6kg) 가격
❷ 비교

코드는 다음과 같이 구현한다.

```
if (금괴무게 <= 현재배낭무게)
    배열[행][열] = max(금괴_가격 + 앞 행의 [현재배낭무게-금괴무게] 열, 바로 위 가격);
```

7 7kg 배낭도 6kg 배낭과 방법이 같다. 금괴 가격 13억에 여유분에 해당하는 1kg 배낭에 해당하는 0원을 합한 후 보석을 넣지 않은 경우의 0억과 비교하여 더 높은 13억을 채운다.

	물건 최대 개수 \ 배낭 무게	0kg	1kg	2kg	3kg	4kg	5kg	6kg	7kg
(0kg, 0억) 없음	0개	0원	0원	0원	0원	0원	0원	0원	0원
(6kg, 13억)	1개(금괴)	0원	0원	0원	0원	0원	0원	13억	13억
(4kg, 8억)	2개 (수정 추가)	0원							
(3kg, 6억)	3개 (루비 추가)	0원							
(5kg, 12억)	4개 (진주 추가)	0원							

❶ 여유분 가격 ❶ 금고(6kg) 가격 ❷ 비교

물건이 2개일 때(수정을 추가할 수 있을 때)

이제 금괴가 든 배낭에 수정을 채울 차례다. 수정은 무게는 4kg이고 가격은 8억이다. 빈 행부터 채워 간다.

1~**3** 1~3kg 배낭에는 수정을 넣을 수 없어 바로 위 행의 결과를 그대로 가져온다.

	물건 최대 개수 \ 배낭 무게	0kg	1kg	2kg	3kg	4kg	5kg	6kg	7kg
(0kg, 0억) 없음	0개	0원	0원	0원	0원	0원	0원	0원	0원
(6kg, 13억)	1개 (금괴)	0원	0원	0원	0원	0원	0원	13억	13억
(4kg, 8억)	2개 (수정 추가)	0원	0원	0원	0원				
(3kg, 6억)	3개 (루비 추가)	0원							
(5kg, 12억)	4개 (진주 추가)	0원							

4 4kg 배낭에는 수정을 담을 수 있다. 마찬가지로 여유분 0kg의 가격은 앞 단계의 0kg 배낭에 해당하는 0원이다. 수정 가격인 8억에 0원을 합한 후 바로 위에서 계산한 금괴를 하나 채운 가격과 비교하여 더 높은 8억을 채운다.

물건	물건 최대 개수 \ 배낭 무게	0kg	1kg	2kg	3kg	4kg	5kg	6kg	7kg
(0kg, 0억) 없음	0개	0원	0원	0원	0원	0원	0원	0원	0원
(6kg, 13억)	1개 (금괴)	0원	0원	0원	0원	0원	0원	13억	13억
(4kg, 8억)	2개 (수정 추가)	0원	0원	0원	0원	8억			
(3kg, 6억)	3개 (루비 추가)	0원							
(5kg, 12억)	4개 (진주 추가)	0원							

❶ 여유분 가격 ❷ 비교 ❶ 수정(4kg) 가격

5 5kg 배낭도 4kg 배낭과 거의 동일한 방법으로 8억을 채운다.

물건	물건 최대 개수 \ 배낭 무게	0kg	1kg	2kg	3kg	4kg	5kg	6kg	7kg
(0kg, 0억) 없음	0개	0원	0원	0원	0원	0원	0원	0원	0원
(6kg, 13억)	1개 (금괴)	0원	0원	0원	0원	0원	0원	13억	13억
(4kg, 8억)	2개 (수정 추가)	0원	0원	0원	0원	8억	8억		
(3kg, 6억)	3개 (루비 추가)	0원							
(5kg, 12억)	4개 (진주 추가)	0원							

❶ 여유분 가격 ❷ 비교 ❶ 수정(4kg) 가격

6 6kg 배낭에는 수정을 담을 수 있다. 여유분 2kg은 앞 단계의 2kg 배낭에서 이미 계산한 0원을 추가로 넣을 수 있다. 결국 수정의 가격인 8억에 앞 행의 배낭 무게 2kg 가격인 0원을 합하면 된다.

그런데 6kg 배낭에 바로 위에서 계산한 결과가 더 가격이 높은지 확인하여 8억보다 더 높은 13억으로 채운다.

물건	물건 최대 개수 \ 배낭 무게	0kg	1kg	2kg	3kg	4kg	5kg	6kg	7kg
(0kg, 0억) 없음	0개	0원	0원	0원	0원	0원	0원	0원	0원
(6kg, 13억)	1개 (금괴)	0원	0원	0원	0원	0원	0원	13억	13억
(4kg, 8억)	2개 (수정 추가)	0원	0원	0원	0원	8억	8억	13억	
(3kg, 6억)	3개 (루비 추가)	0원							
(5kg, 12억)	4개 (진주 추가)	0원							

❶ 여유분 가격 ❷ 비교 ❶ 수정(4kg) 가격

앞서 살펴보았지만 코드는 다음과 같다.

```
if (수정무게 <= 현재배낭무게)
    배열[행][열] = max(수정_가격 + 앞 행의 [현재배낭무게-수정무게] 열, 바로 위 가격);
```

7 7kg 배낭도 6kg 배낭과 거의 동일한 방법으로 13억을 채운다.

물건	물건 최대 개수 \ 배낭 무게	0kg	1kg	2kg	3kg	4kg	5kg	6kg	7kg
(0kg, 0억) 없음	0개	0원	0원	0원	0원	0원	0원	0원	0원
(6kg, 13억)	1개 (금괴)	0원	0원	0원	0원	0원	0원	13억	13억
(4kg, 8억)	2개 (수정 추가)	0원	0원	0원	0원	8억	8억	13억	13억
(3kg, 6억)	3개 (루비 추가)	0원							
(5kg, 12억)	4개 (진주 추가)	0원							

❶ 여유분 가격 ❷ 비교 ❶ 수정(4kg) 가격

물건이 3개일 때(루비를 추가할 수 있을 때)

이제 금괴, 수정이 든 배낭에 루비를 추가로 채울 차례다. 루비 3kg 가격은 6억이다. 루비 행의 빈 칸을 채워 가자.

1~**2** 1~2kg 배낭에 루비를 넣을 수 없어 바로 앞의 결과를 그대로 가져온다.

3 3kg 배낭은 물건이 2개일 때의 **4**와 거의 동일하다. 루비 가격인 6억을 채운다.

4~**5** 4~5kg 배낭은 물건이 2개일 때의 **6**과 거의 동일하다. 루비 가격인 6억+0원보다 바로 위의 8억인 더 크므로 8억으로 채운다.

6 6kg 배낭은 물건이 2개일 때의 **6**과 거의 동일하다. 루비 가격인 6억+0원보다 바로 위의 13억이 더 크므로 13억으로 채운다.

7 7kg 배낭은 동적 계획법을 사용하는 데 중요한 의미가 있는 단계다. 루비에 여유분 4kg(7kg−3kg) 가격까지 합해서 넣는 것이 좋다. 여유분 4kg은 앞 단계의 4kg 배낭에서 이미 계산한 8억을 추가로 넣을 수 있다. 결국 루비 가격인 6억에 수정 행의 배낭 무게 4kg 가격인 8억을 합하면 된다. 그리고 7kg 배낭에 앞의 보석을 넣은 경우가 더 가격이 높은지 확인하여 수정과 앞 행의 가격을 합친 14억을 채운다.

TIP • 이번 단계가 탐욕 알고리즘에서는 찾아내지 못했던 최상의 비용을 찾아낸 단계다. 또 브루트 포스 검색으로는 엄청나게 많은 경우를 모두 비교해서 찾는 것을 훨씬 적은 연산으로 찾아냈다.

	배낭 무게 / 물건 최대 개수	0kg	1kg	2kg	3kg	4kg	5kg	6kg	7kg
(0kg, 0억) 없음	0개	0원	0원	0원	0원	0원	0원	0원	0원
(6kg, 13억)	1개 (금괴)	0원	0원	0원	0원	0원	0원	13억	13억
(4kg, 8억)	2개 (수정 추가)	0원	0원	0원	0원	8억	8억	13억	13억
(3kg, 6억)	3개 (루비 추가)	0원	0원	0원	6억	8억	8억	13억	14억
(5kg, 12억)	4개 (진주 추가)	0원							

❶ 여유분 가격

❷ 비교

❶ 루비(3kg) 가격

물건이 4개일 때(진주를 추가할 수 있을 때)

앞 단계와 동일한 과정을 거쳐 마지막 행(최대 4개 보석)과 마지막 열(최대 배낭 무게 7kg)에는 최상의 이익을 가지는 14억이 대입된다.

	배낭 무게 / 물건 최대 개수	0kg	1kg	2kg	3kg	4kg	5kg	6kg	7kg
(0kg, 0억) 없음	0개	0원	0원	0원	0원	0원	0원	0원	0원
(6kg, 13억)	1개 (금괴)	0원	0원	0원	0원	0원	0원	13억	13억
(4kg, 8억)	2개 (수정 추가)	0원	0원	0원	0원	8억	8억	13억	13억
(3kg, 6억)	3개 (루비 추가)	0원	0원	0원	6억	8억	8억	13억	14억
(5kg, 12억)	4개 (진주 추가)	0원	0원	0원	6억	8억	12억	13억	14억

2 동적 계획법 구현

앞서 설명된 동적 계획법의 절차를 완전한 코드로 구현하면 Code14-01.cpp와 같다.

Code14-01.cpp 동적 계획법의 구현

```
#include "..\CookHeader.h"

int maxWeight = 7;                          // 배낭 최대 무게
int rowCount = 4;                           // 보석 숫자
Array <int> weight = { 0, 6, 4, 3, 5 };     // 보석 무게(0, 금괴, 수정, 루비, 진주)
Array <int> money = { 0, 13, 8, 6, 12 };    // 보석 가격(0, 금괴, 수정, 루비, 진주)

int knapsack() {
    println("## 메모이제이션 배열 ##");

    Array <Array <int>> memoAry;
    memoAry = emptyArray2(rowCount + 1, maxWeight + 1);    // 빈 배열 준비

    for (int row = 1; row < rowCount + 1; row++) {
        print(to_string(row) + "개 -->");                    // 1 ~ 4개(4회)
        for (int col = 1; col < maxWeight + 1; col++) {      // 1col KG ~ 7col KG
            if (weight[row] > col) { // 물건 무게가 열보다 크면 == 물건이 가방에 안 들어가면
```

```
18                 memoAry[row][col] = memoAry[row - 1][col];
19             } else {                        // 물건이 가방에 들어가면
20                 int value1 = money[row] + memoAry[row - 1][col - weight[row]];
21                 int value2 = memoAry[row - 1][col];
22                 memoAry[row][col] = max(value1, value2);
23             }
24             printf("%3d", memoAry[row][col]);
25         }
26         println("");
27     }
28     return memoAry[rowCount][maxWeight];
29 }
30 
31 int main() {
32     int maxValue = knapsack();
33     println("\n배낭에 담을 수 있는 보석의 최대 가격 -->" + to_string(maxValue) + "억 원");
34 }
```

실행 결과

```
## 메모이제이션 배열 ##
1개 -->  0  0  0  0  0 13 13
2개 -->  0  0  0  8  8 13 13
3개 -->  0  0  6  8  8 13 14
4개 -->  0  0  6  8 12 13 14

배낭에 담을 수 있는 보석의 최대 가격 -->14억 원
```

3행 배낭의 최대 무게를 설정한다. 열 개수는 12행에서 배낭의 최대 무게+1로 지정할 것이다.

4행 보석의 숫자를 설정한다. 행 개수는 12행에서 보석의 숫자+1로 지정할 것이다.

8~29행 배낭 문제를 풀어서 최상의 이익을 반환한다.

9행, 15행, 24행, 26행 메모이제이션 배열을 출력하는 부분이다. 실제 프로그램 실행과는 별 상관이 없다.

12행 배열을 생성한다. 행은 보석의 개수+1, 열은 배낭의 최대 무게+1개로 설정한다. [그림 14-5]의 초기 형태를 생성하는 것이다.

14~27행 동적 계획법을 진행해서 앞에서 설명한 대로 처리를 한다.

14행 배열의 행을 처리한다. row는 1부터 4까지 반복되는데 보석 배열의 1은 금괴, 2는 수정, 3은 루비, 4는 진주에 해당한다.

16행 배열의 열을 처리한다. col은 1부터 7까지 반복되는데 배낭 무게의 1~7kg에 해당한다.

17~18행 보석 무게가 현재 열(=현재 배낭의 무게)보다 큰 경우다. 그렇다면 보석은 배낭에 넣을 수가 없다. 바로 위의 가격을 그대로 가져온다. 물건이 1개일 때의 ❶~❺와 물건이 2개일 때의 ❶~❸ 등이 이 경우에 해당한다.

19~23행 보석 무게가 현재 열(=현재 배낭의 무게)보다 작거나 같은 경우다. 그렇다면 보석을 배낭에 넣을 수가 있다. 보석 무게와 남은 여유 무게에 해당하는 가격을 합한 것과 바로 위 행의 가격 중 큰 것을 선택한다. 물건이 1개일 때의 ❻~❼과 물건이 2개일 때의 ❹~❼ 등이 이 경우에 해당한다

28행 메모이제이션 배열이 생성된 후 맨 마지막 위치 값을 반환한다. 이 값이 가장 큰 이익이다.

SELF STUDY 14-1

Code14-01.cpp에서 보석의 순서가 바뀌어도 동일한 결과가 나오는지 확인하자. 즉, 진주, 루비, 금괴, 수정의 순서로 보석이 배열되어 있어도 동일한지 확인하자.

실행 결과

```
## 메모이제이션 배열 ##
1 개 --> 0 0 0 0 12 12 12
2 개 --> 0 0 6 6 12 12 12
3 개 --> 0 0 6 6 12 13 13
4 개 --> 0 0 6 8 12 13 14

배낭에 담을 수 있는 보석의 최대 가격 --> 14억 원
```

SECTION
03 동적 계획법의 응용

황금이 있는 미로의 왼쪽 상단 입구에서 출발하여 오른쪽 하단 출구로 나가면서 가장 많은 황금을 가지고 지나가는 방법을 동적 계획법으로 알아내자. 단 오른쪽 및 아래로 한 칸씩만 이동할 수 있다.

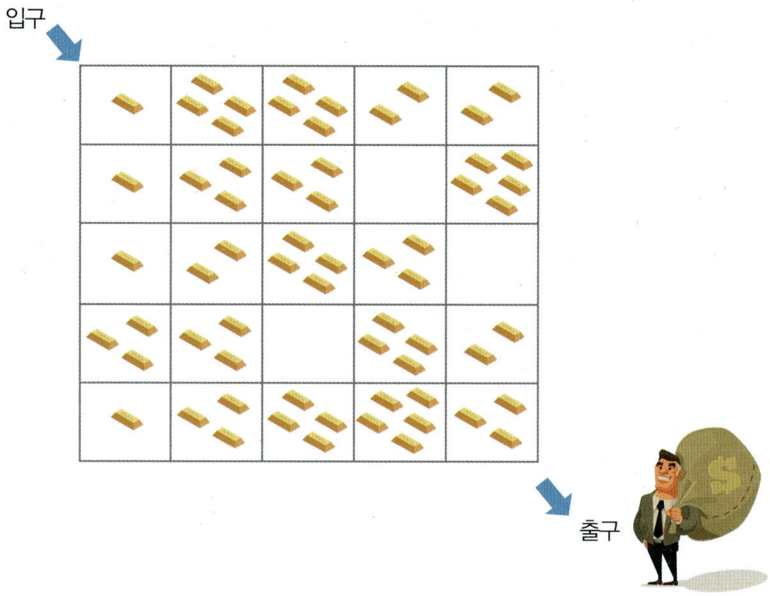

그림 14-6 황금 미로

1. 황금 미로를 2차원 배열로 작성한다. 그리고 메모이제이션 배열을 작성해서 각 칸에 누적된 황금 개수를 채우기 위해 5×5 메모이제이션 배열을 준비한다.

```
황금미로 = { {1, 4, 4, 2, 2},
            {1, 3, 3, 0, 5},
            {1, 2, 4, 3, 0},
            {3, 3, 0, 4, 2},
            {1, 3, 4, 5, 3} };
```

```
메모이제이션 = emptyArray2(ROW, COL);  // 5x5의 빈 배열
```

황금 미로

1	4	4	2	2
1	3	3	0	5
1	2	4	3	0
3	3	0	4	2
1	3	4	5	3

메모이제이션

0	0	0	0	0
0	0	0	0	0
0	0	0	0	0
0	0	0	0	0
0	0	0	0	0

2 황금 미로 값으로 첫 행을 채운다. [0][0] 위치부터 누적된 값으로 채운다.

```
열합계= 황금미로[0][0];
for (int i = 1; i < 5; i++) {
    열합계+= 황금미로[i][0];
    메모이제이션[i][0] = 열합계;
}
```

누적함 황금 미로

1	4	4	2	2
1	3	3	0	5
1	2	4	3	0
3	3	0	4	2
1	3	4	5	3

→

메모이제이션

1	5	9	11	13
0	0	0	0	0
0	0	0	0	0
0	0	0	0	0
0	0	0	0	0

3 황금 미로 값으로 첫 열을 채운다. [0][0] 위치부터 누적된 값으로 채운다.

```
행합계= 황금미로[0][0];
for (int i = 1; i < 5; i++) {
    행합계+= 황금미로[0][i];
    메모이제이션[0][i] = 행합계;
}
```

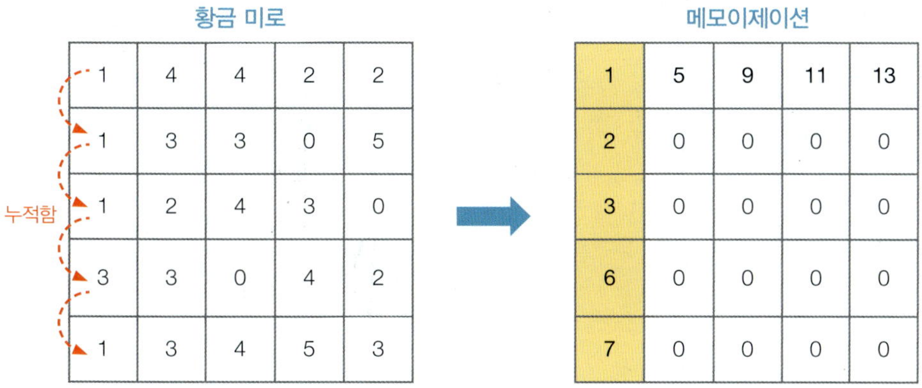

4 1행을 처리한다.

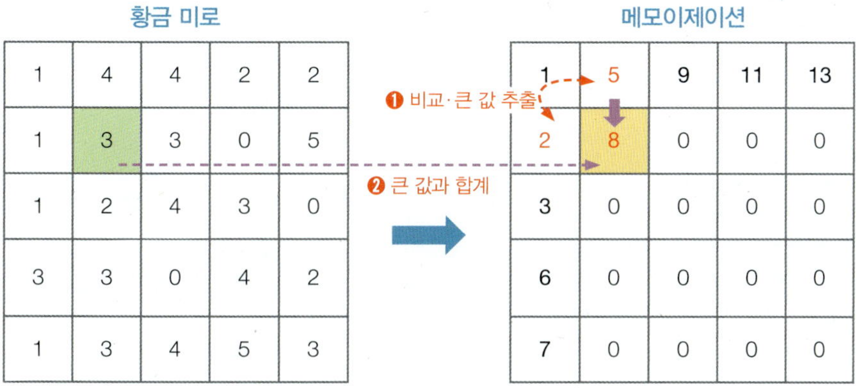

자리를 이동한 후 동일한 작업을 반복한다. 메모이제이션 1행 2열의 왼쪽과 위쪽 중 큰 값과 황금 미로의 1행 2열 위치를 더해서 메모이제이션에 채운다.

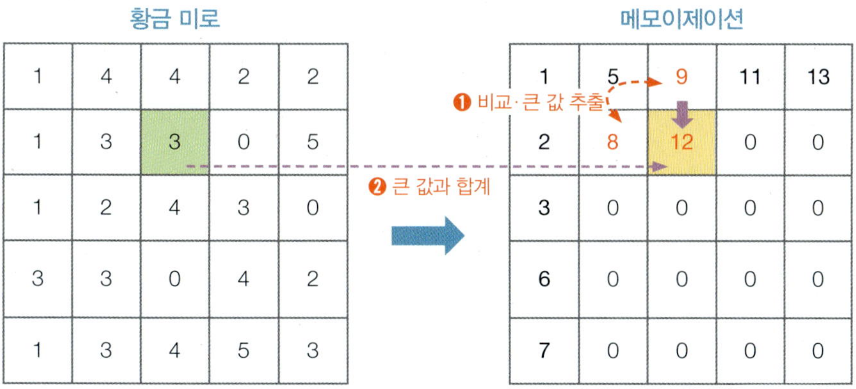

같은 방법으로 1행의 나머지를 모두 채운다.

황금 미로

1	4	4	2	2
1	3	3	0	5
1	2	4	3	0
3	3	0	4	2
1	3	4	5	3

메모이제이션

1	5	9	11	13
2	8	12	12	18
3	0	0	0	0
6	0	0	0	0
7	0	0	0	0

5 2~4행을 동일한 방식으로 반복하면 다음과 같이 메모이제이션이 채워진다. 최종적으로 완성된 마지막 행, 마지막 열의 값이 최대 이익의 결과다. 이 예에서는 금괴를 31개 얻는 것이 가장 좋은 결과다.

```
for (int row = 1; row < ROW; row++) {
    for (int col = 1; col < COL; col++) {
        if (메모이제이션[row][col - 1] > 메모이제이션[row - 1][col])
            메모이제이션[row][col] = 메모이제이션[row][col - 1] + 황금미로[row][col];
        else
            메모이제이션[row][col] = 메모이제이션[row-1][col] + 황금미로[row][col];
    }
}
```

황금 미로

1	4	4	2	2
1	3	3	0	5
1	2	4	3	0
3	3	0	4	2
1	3	4	5	3

메모이제이션

1	5	9	11	13
2	8	12	12	18
3	10	16	19	19
6	13	16	23	25
7	16	20	28	31

황금 미로의 완전한 코드를 완성해 보자.

Code14-02.cpp 동적 계획법 활용(황금 미로)

```
#include "..\CookHeader.h"

int ROW=5, COL = 5;
Array <Array <int>> goldMaze = { {1, 4, 4, 2, 2},
                                 {1, 3, 3, 0, 5},
                                 {1, 2, 4, 3, 0},
                                 {3, 3, 0, 4, 2},
                                 {1, 3, 4, 5, 3} };

int growRich() {
    Array <Array <int>> memo = emptyArray2(ROW, COL);      // 5X5 빈 배열
    memo[0][0] = goldMaze[0][0];

    int rowSum = memo[0][0];
    for (int i = 1; i < ROW; i++) {
        rowSum += goldMaze[0][i];
        memo[0][i] = rowSum;
    }

    int colSum = memo[0][0];
    for (int i = 1; i < COL; i++) {
        colSum += goldMaze[i][0];
        memo[i][0] = colSum;
    }

    for (int row = 1; row < ROW; row++) {
        for (int col = 1; col < COL; col++) {
            if (memo[row][col - 1] > memo[row - 1][col])
                memo[row][col] = memo[row][col - 1] + goldMaze[row][col];
            else
                memo[row][col] = memo[row-1][col] + goldMaze[row][col];
        }
    }

    return memo[ROW-1][COL-1];
}

int main() {
    int macolGold = growRich();
    println("\n황금 미로에서 얻은 최대 황금 개수 -->" + to_string(macolGold));
}
```

실행 결과

```
황금 미로에서 얻은 최대 황금 개수 -->31
```

3~8행 황금 미로의 크기를 가로 5, 세로 5로 지정한다.

10~36행 황금 미로에서 동적 계획법을 이용해서 가장 큰 이익을 구하는 함수다.

11행 빈 메모이제이션 배열을 만든다.

12행 메모이제이션 배열의 첫 번째 (0, 0) 위치에 황금 미로의 첫 번째 값을 대입한다.

14~18행 0번 행의 누적합을 위해 첫 번째 값을 저장한다. 그리고 15행에서 0행 1열부터 누적합을 계산해서 메모이제이션 배열에 대입한다.

20~24행 0번 열의 누적합을 위해 첫 번째 값을 저장한다. 그리고 21행에서 1행 0열부터 누적합을 계산해서 메모이제이션 배열에 대입한다.

26~33행 첫 번째 행(0행)과 첫 번째 열(0열)을 제외하고 1행 1열부터 값을 채워 나간다. 메모이제이션 배열에서 처리할 위치의 위쪽과 왼쪽 값 중 큰 값과 황금 미로의 해당 위치 값을 더하여 대입한다.

35행 마지막 행과 마지막 열의 값을 반환한다. 즉, 황금 미로에서 얻을 수 있는 가장 큰 값을 반환한다.

39~40행 황금 미로를 탐색하는 함수를 호출하고 탐색 결과 최대 황금 개수를 출력한다

SELF STUDY 14-2

Code14-02.cpp에서 황금 미로가 아닌 압정 미로라면 최소 압정을 밟으면서 통과하는 것이 최선일 것이다. 가장 최소로 밟을 수 있는 압정 개수를 구하자.

실행 결과

```
압정 미로에서 밟은 최소 압정 개수 -->16
```

연습문제

1 브루트 포스 검색과 탐색 알고리즘에 대한 설명으로 거리가 먼 것은?

① 브루트 포스 검색은 개수가 많아질수록 계산할 양이 기하급수적으로 늘어난다.

② 탐욕 알고리즘으로 항상 최적의 해를 구할 수 없다.

③ 브루트 포스 검색으로 항상 최적의 해를 구할 수 있다.

④ 탐욕 알고리즘도 개수가 많아지면 브루트 포스 검색과 계산할 양이 비슷해진다.

2 다음과 같은 보석이 있을 때 브루트 포스 검색으로 7kg 배낭에 담을 수 있는 최적의 해를 구하면 어떤 보석을 넣어야 하는가?

보석 종류	무게	가격
금괴	6kg	13억
수정	4kg	8억
루비	3kg	6억
진주	5kg	12억

3 다음과 같은 보석이 있을 때 탐욕 알고리즘으로 7kg 배낭에 담을 수 있는 최적의 해를 구하면 어떤 보석을 넣어야 하는가?

보석 종류	무게	가격
금괴	6kg	13억
수정	4kg	8억
루비	3kg	6억
진주	5kg	12억

4 다음이 설명하는 알고리즘이 무엇인지 고르시오.

> 가장 큰 이익의 데이터를 맨 먼저 선택하고, 그 다음 이익이 큰 데이터를 취하는 방식으로 데이터를 선택한다. 이 알고리즘을 사용하면 가장 효과적인 결과를 얻는 경우도 있지만, 그렇지 않은 경우도 있다.

① 탐욕 알고리즘

② 부르트 포스

③ 동적 계획법

④ 배낭 문제

연습문제

IT@COOKBOOK

5 동적 계획법에 대한 설명으로 거리가 먼 것은?

① 불필요한 연산을 줄이고 최적의 답안을 구한다.

② 브루트 포스 검색과 마찬가지로 최적의 해를 구한다.

③ 데이터 개수가 너무 많으면 처리하기가 어렵다.

④ 하위 문제 여러 개로 쪼개서 문제를 해결한다.

6 동적 계획법에서 사용하는 2차원 배열을 지칭하는 용어는?

① 메모리제이션

② 메모이제이션

③ 메모리 배열

④ 동적 배열

7 동적 계획법 배낭 함수다. ❶~❷에 적합한 코드를 다음 중 고르시오.

```
row < rowCount            row < rowCount+1
row < rowCount-1          row < rowCount+2
weight[row] < col         weight[row] > col
weight[row] == col        weight[row] != col
```

```
int knapsack() {
    Array <Array <int>> memoAry;
    memoAry= emptyArray2(rowCount+ 1, maxWeight+ 1);
    for (int row = 1; row < rowCount+1; row++) {
        for (int col = 1; [    ❶    ]; col++) {
            if ([    ❷    ]) {
                memoAry[row][col] = memoAry[row - 1][col];
            } else {
                int value1 = money[row] + memoAry[row - 1][col - weight[row]];
                int value2 = memoAry[row - 1][col];
                memoAry[row][col] = max(value1, value2);
            }
        }
    }
    return memoAry[rowCount][maxWeight];
}
```

응용예제 01

황금 미로에서 길 표시하기

난이도★★☆

예제 설명 황금 미로에서 가장 이익이 되는 길을 찾아 출력하되, 지나온 길은 0으로 표시한다.

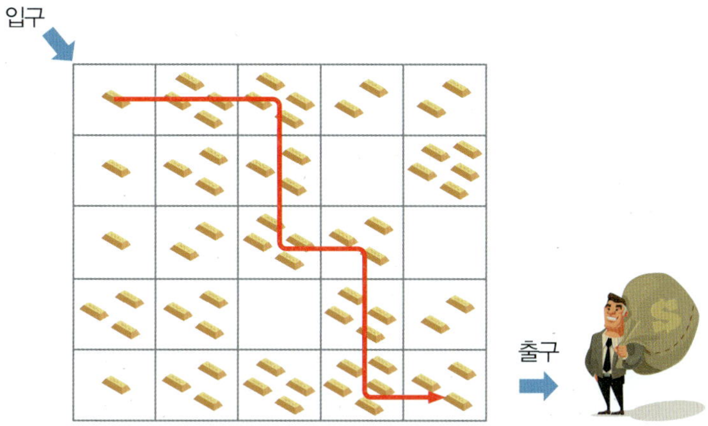

실행 결과

```
Microsoft Visual Studio 디버그 콘솔
## 메모이제이션 ##
  1   5   9  11  13
  2   8  12  12  18
  3  10  16  19  19
  6  13  16  23  25
  7  16  20  28  31

## 메모이제이션(황금 미로 길) ##
  0   0   0  11  13
  2   8   0  12  18
  3  10   0   0  19
  6  13  16   0  25
  7  16  20   0   0

황금 미로에서 얻은 최대 황금 개수 -->31
```

코드

```
#include "..\CookHeader.h"

int ROW = 5, COL = 5;
Array <Array <int>> goldMaze = {{1, 4, 4, 2, 2},
                    {1, 3, 3, 0, 5},
                    {1, 2, 4, 3, 0},
                    {3, 3, 0, 4, 2},
                    {1, 3, 4, 5, 3}};

void printMaze(Array <Array <int>> arr) {
    for (int i = 0; i < ROW; i++) {
        for (int k = 0; k < COL; k++) {
            printf("%3d ", arr[i][k]);
        }
```

```
        println("");
    }
}

int growRich() {
    Array <Array <int>> memo = emptyArray2(ROW, COL);        // 5X5 빈 배열
    memo[0][0] = goldMaze[0][0];

    int rowSum = memo[0][0];
    for (int i = 1; i < ROW; i++) {
        rowSum += goldMaze[0][i];
        memo[0][i] = rowSum;
    }

    int colSum = memo[0][0];
    for (int i = 1; i < COL; i++) {
        colSum += goldMaze[i][0];
        memo[i][0] = colSum;
    }

    for (int row = 1; row < ROW; row++) {
        for (int col = 1; col < COL; col++) {
            if (memo[row][col - 1] > memo[row - 1][col])
                memo[row][col] = memo[row][col - 1] + goldMaze[row][col];
            else
                memo[row][col] = memo[row - 1][col] + goldMaze[row][col];
        }
    }

    int retValue = memo[ROW - 1][COL - 1];

    println("## 메모이제이션 ##");
    printMaze(memo);

    int row = ROW - 1;
    int col = COL - 1;
    memo[row][col] = 0;
    while (row != 0 || col != 0) {
        if (row - 1 >= 0 && col - 1 >= 0) {
            if (memo[row - 1][col] > memo[row][col - 1])
                row--;
            else
                col--;
        }
        else if (row - 1 < 0 && col >= 0)
            col--;
        else
            row--;
```

```
63            memo[row][col] = 0;
64        }
65
66        println("\n## 메모이제이션(황금 미로 길) ##");
67        printMaze(memo);
68
69        return retValue;
70 }
71
72 int main() {
73        int macolGold = growRich();
74        println("\n황금 미로에서 얻은 최대 황금 개수 -->" + to_string(macolGold));
75 }
```

코드 설명

10~17행	매개변수로 받은 2차원 배열을 형식에 맞추어 출력한다.
44행, 69행	최대 이익 값을 저장한 후 69행에서 반환한다.
49~64행	완성된 메모이제이션의 마지막 행, 열부터 거꾸로 가격이 높은 행과 열을 찾아서 0으로 표시한다. 즉, 가장 이익이 되는 황금 미로의 길을 표시한다.
52행	시작점인 0행 0열이 될 때까지 반복한다.
53행	바로 위 값과 바로 왼쪽 값이 미로 바깥 부분인지 확인한다. 바로 위 값이 미로 바깥이라면 60행에서 미로를 왼쪽으로만 이동시킨다. 바로 왼쪽 값이 미로 바깥이라면 62행에서 미로를 위쪽으로만 이동시킨다

응용예제 02 피보나치 수열

난이도★★☆

예제 설명 피보나치 수열은 현재 값을 계산하려고 이전 두 값을 합하는 수열을 의미한다. 다음과 같다.

1, 1, 2, 3, 5, 8, 13, 21, 34, 55, …

예로 Fibo(5)를 구하려면 Fibo(4) + Fibo(3)이 된다. 또 Fibo(4)는 다시 Fibo(3) + Fibo(2)가 된다. 이런 방식은 재귀 호출을 사용해서 계산할 수도 있고, 동적 계획법 방식으로도 계산할 수 있다. 두 방식의 결과는 동일하지만 연산 횟수는 획기적으로 차이가 발생한다. 예로 Fibo(30) 정도를 계산하려면 재귀 방식은 약 260만 번 연산해야 하지만, 동적 계획법은 30번 정도면 계산이 끝난다.

실행 결과

```
Microsoft Visual Studio 디버그 콘솔
## 30번째 피보나치 수열 ##
재귀 방식 ---> 답: 1346269, 반복수 : 2692537
DP 방식 ---> 답: 1346269, 반복수 : 29
```

코드

```
1  #include "..\CookHeader.h"
2
3  int count_dp = 0, count_recu = 0;
4
5  int recu_fibo(int n) {
6      count_recu++;
7      if (n < 2)
8          return 1;
9      else
10         return recu_fibo(n - 1) + recu_fibo(n - 2);
11 }
12
13 int dp_fibo(int n) {
14     Array <int> memo = { 1, 1 };
15     if (n < 2)
16         return memo[n];
17     else {
18         for (int i = 2; i < n + 1; i++) {
19             memo.push_back(memo[i - 1] + memo[i - 2]);
20             count_dp++;
21         }
22         return memo[n];
23     }
24 }
25
26 int main() {
27     println("## 30번째 피보나치 수열 ##");
28
29     int res;
30     res = recu_fibo(30);
31     println("재귀 방식 ---> 답: " + to_string(res) + ", 반복수 : " + to_
       string(count_recu));
32
33     res = dp_fibo(30);
34     println("DP 방식 ---> 답: " + to_string(res) + ", 반복수 : " + to_
       string(count_dp));
35 }
```

코드 설명

3행	재귀 호출과 동적 계획법의 연산 수를 세는 변수다.
5~11행	피보나치 수열을 재귀 호출 방식으로 계산했다. n이 2 미만이라면 1을 반환한다.
13~24행	피보나치 수열을 동적 계획법 방식으로 계산했다. memo 배열에 계산된 값을 계속 기록해서 앞서 계산한 것을 재사용하는 방식을 사용한다.
30~34행	재귀 호출 방식과 동적 계획법으로 30번째 피보나치 수열을 계산한다

도전예제

01 웹브라우저의 앞/뒤 이동 기능 구현하기
02 넷플릭스 영화 검색하기
03 두 가수 그룹에서 같은 이름 찾기
04 펀치 기계의 평균 점수 구하기
05 로봇 청소기 도킹스테이션 복귀 구현하기

도전예제 01

웹브라우저의 앞/뒤 이동 기능 구현하기

크롬이나 에지 등의 웹 브라우저에서 방문한 기록은 히스토리(History)로 남는다. 여러 사이트를 방문한 후에 〈뒤로 가기〉 버튼을 누르면 바로 앞 URL로, 〈앞으로 가기〉 버튼을 누르면 바로 다음 URL로 이동하게 해본다. 웹 서핑을 할 때 방문한 사이트의 히스토리가 〈뒤로 가기〉 또는 〈앞으로 가기〉 버튼으로 작동하는 프로그램을 작성해 보자.

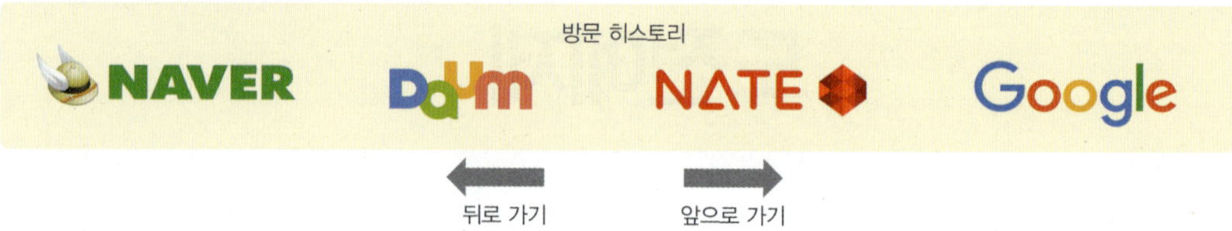

입력 x를 입력할 때까지, 웹 주소를 계속 입력받는다.

출력

- < 또는 >를 누르면 뒤로가기 또는 앞으로 가기가 작동한다.
- 방문한 URL을 모두 출력한다.
- x를 입력하면 종료한다.

실행 예

```
URL : naver.com
URL : daum.net
URL : nate.com
URL : google.com
URL : x
--- 히스토리 구성 완료 ---
naver.com daum.net nate.com google.com

현재 URL--> google.com
방향키 < 또는 > : <
nate.com로 이동했습니다.
방향키 < 또는 > : <
daum.net로 이동했습니다.
방향키 < 또는 > : <
naver.com로 이동했습니다.
방향키 < 또는 > : <
첫 번째 URL 입니다.
방향키 < 또는 > : >
daum.net로 이동했습니다.
방향키 < 또는 > :
...
```

코드 골격 예

```
// 교재 131쪽 Code04-08.cpp 참고
...
string findPrevURL(string cUrl) {
   ...
}

string findNextURL(string cUrl) {
   ...
}

int main() {
   ...
   while (true) {
      input(url, "URL : ");
      ...
   }
   ...
   while (true) {
      input(arrow, "방향키 < 또는 > : ");
      ...
   }
}
```

도전예제 02 넷플릭스 영화 검색하기

넷플릭스(Netflix)에서는 수많은 영화를 제공한다. 원하는 영화의 제목을 검색해 재생할 수 있다. 영화 제목과 영화 필름을 이진 탐색 트리로 구성한 후, 영화를 검색해 재생하는 프로그램을 작성해 보자.

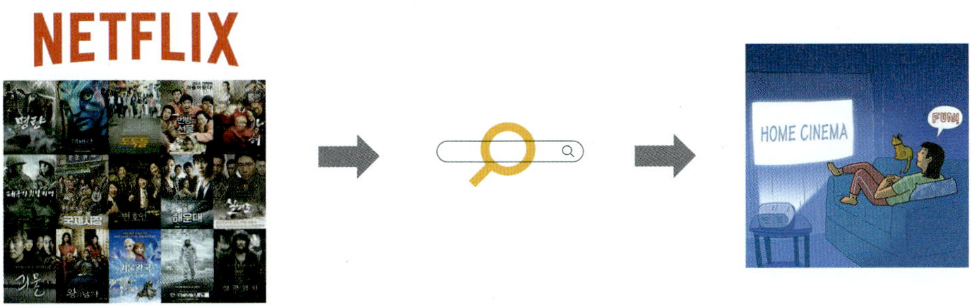

입력

- 영화 제목과 영화 필름 파일명을 2차원 배열로 미리 준비한다.
- 검색할 영화 제목을 입력한다.

출력

- 저장된 영화 목록을 출력한다.
- 검색 성공 여부 및 영화 파일을 출력한다.

실행 예

```
------- 넷플릭스 영화 목록 ------
[ { 범죄도시3 범죄도시3.mp4 } { 플래시  플래시.mp4 } { 인어공주 인어공주.mp4 }
{ 슈퍼마리오 슈퍼마리오.mp4 } { 드림팰리스 드림팰리스.mp4 } { 존윅4  존윅4.mp4 } ]

보고 싶은 영화 --> 인어공주
인어공주 찾음.                      } 검색 성공
인어공주.mp4 영화를 재생합니다.
...
보고 싶은 영화 --> 아바타2          } 검색 실패
아바타2 영화는 없습니다.
```

코드 골격 예

```
// 교재 289쪽 Code08-03.cpp 참고
typedef struct _TreeNode {
    struct _TreeNode* left = NULL;
    Array<string> data;
    struct _TreeNode* right = NULL;
} TreeNode;
...
int main() {
    TreeNode* node;
    TreeNode* current;

    // 영화 목록 트리와 영화 검색: 교재 292쪽 Code08-04.cpp 참고
    ...
}
```

도전예제 03 두 가수 그룹에서 같은 이름 찾기

국내 가수 그룹은 적게는 2명에서 많게는 10명 내외로 구성되어 있다. 가명을 사용하는 가수도 있어 다른 그룹의 가수와 이름이 같은 경우도 종종 있다. 브브걸(BB GIRLS)의 유나와 있지(ITZY)의 유나 같은 경우다. 이름이 정렬된 두 그룹에 같은 이름의 가수가 있는지 확인하는 프로그램을 재귀 함수로 구현해 보자.

브브걸(BB GIRLS)

있지(ITZY)

입력 가수 그룹의 멤버 이름이 정렬된 2개 배열을 준비한다. 각 배열은 정렬되어 있다.

출력

- 두 가수 그룹을 전체 출력한다.
- 비교하는 과정을 출력한다.
- 최종적으로 두 가수 그룹에 같은 이름이 있는지를 출력한다.

실행 예

```
브브걸==> [ 민영 유나 유정 은지 ]
있지==> [ 류진 리아 예지 유나 채령 ]

* 비교값: 은지<-->채령
* 비교값: 은지<-->유나
* 비교값: 유정<-->유나
* 비교값: 유나<-->유나

(결과)두 그룹은 같은 이름 멤버가 있어요.
```

코드 골격 예

```
#include "..\CookHeader.h"

bool isEqualName(Array<string> ary1, int n1, Array<string> ary2, int n2) {
   ...
}

int main() {
   Array <string> bbgirls = { "민영", "유나", "유정", "은지" };
   Array <string> itzy = { "류진", "리아", "예지", "유나", "채령" };
   ...
}
```

도전예제 04

펀치 기계의 평균 점수 구하기

길거리나 오락실에 있는 펀치 기계를 사용해 주먹의 힘을 측정할 수 있다. 펀치 기계에 저장된 사람들의 평균 점수를 구해보자. 운동선수의 너무 높은 점수나 어린이들의 너무 낮은 점수가 평균을 왜곡하기도 하므로 이런 극단적인 값은 제외한 일반적인 시도의 평균 점수를 구해보자.

펀치 기계의 순서 없이 저장된 점수의 중앙값을 구한 후, 중앙값의 1.5배가 넘거나 중앙값의 1/3 이하인 점수는 제외한 나머지 점수의 평균을 구해본다.

입력 배열에 0과 1000 사이의 임의의 수 20개가 들어 있다.

출력

- 정렬 전과 정렬 후의 점수
- 점수의 중앙값
- 중앙값의 1.5배 이상이거나, 중앙값의 1/3 이하인 값을 제외한 나머지 점수의 평균을 출력한다.

실행 예

```
전체 펀치 점수 --> [ 757 710 728 629 910 404 545 583 575 393 259 32 383 371 428 719
484 323 359 927 ]
점수 정렬 후 --> [ 32 259 323 359 371 383 393 404 428 484 545 575 583 629 710 719
728 757 910 927 ]
점수 중앙값 --> 545
정상적인 펀치의 평균값 --> 508
```

코드 골격 예

```
#include "..\CookHeader.h"

Array <int> selctionSort(Array <int> ary) {
  // 교재 407쪽 Code11-03.cpp 참고
}

int main() {

  Array <int> scoreAry;

  randomInit(0, 1000);
  for (int i = 0; i < 20; i++) {
    int num = cookRandom(gen);
    scoreAry.push_back(num);
  }

  print("전체 펀치 점수 -->");
  printArray(scoreAry);
  scoreAry = selctionSort(scoreAry);
  print("점수 정렬 후 -->");
  printArray(scoreAry);
  ...
}
```

도전예제 05 로봇 청소기 도킹스테이션 복귀 구현하기

한빛 로봇 청소기는 자동으로 청소하다가 배터리가 30% 남으면 도킹 스테이션으로 돌아가 충전하도록 프로그래밍이 되어 있다. 로봇 청소기는 도킹 스테이션에 돌아가는 중에도 청소를 계속 하므로 미처 도킹 스테이션에 도착하기도 전에 방전이 될 수 있다. 로봇 청소기가 쓰레기를 최대한 청소하면서 방전되지 않고 도킹 스테이션에 도착하게 하는 프로그램을 작성해보자. 단, 청소할 방에 쓰레기가 흩어져 있고, 쓰레기를 하나 청소할 때마다 로봇 청소기의 배터리가 1%가 감소한다고 가정한다.

입력

- 방을 7×7 배열로 표현한다. 방에는 쓰레기가 널려져 있다. 쓰레기는 각 칸마다 0개~3개가 있을 수 있다(랜덤하게 쓰레기를 만든다).
- 로봇 청소기는 왼쪽 위에 있으며 오른쪽 아래 집으로 가야 한다.

출력

- 랜덤한 7×7 배열
- 로봇 청소기가 최대한 쓰레기를 많이 주우며 집으로 갈 경우 쓰레기양 및 도착 가능 여부

실행 예

```
--- 방의 쓰레기 상태---
[ 3 1 3 0 3 3 1 ]
[ 1 1 3 3 0 3 0 ]
[ 1 3 2 1 1 3 0 ]
[ 3 1 1 3 1 0 2 ]
[ 3 1 3 2 1 3 3 ]
[ 2 0 2 1 1 0 0 ]
[ 3 1 2 3 0 3 3 ]

도킹 스테이션으로 돌아가는 길의 최대 쓰레기 수 -->29
도킹 스테이션 복귀 성공 !!
```

코드 골격 예

```
#include "..\CookHeader.h"

int ROW = 7, COL = 7;
Array <Array <int>> trushMaze = emptyArray2(ROW, COL);

int gotoStation() {
   // 교재 517쪽 Code14-02.cpp 참고
}

int main() {
   for (int i = 0; i < ROW; i++) {
      for (int k = 0; k < COL; k++) {
   ...
}
```

기호

A B

C

D

E F G

I K L

M N O

P Q R

S

INDEX